Johann Joseph Görres

Die christliche Mystik

Erster Band

Literaricon

Johann Joseph Görres

Die christliche Mystik

Erster Band

ISBN/EAN: 9783956973383

Auflage: 1

Erscheinungsjahr: 2014

Erscheinungsort: Treuchtlingen, Deutschland

Literaricon Verlag Inhaber Roswitha Werdin, Uhlbergstr. 18, 91757 Treuchtlingen

www.literaricon.de

Die

christliche Mystik,

von

J. Görres,

Professor der Geschichte an der königlichen L. M. Universität
in München.

Erster Band.

Regensburg und Landshut 1836.

Verlag von G. Joseph Manz.

(Krüll'sche Universitätsbuchhandlung.)

Vorrede.

Warum denn diese Mystik jetzt, zu so ungelegener Zeit, erscheint, da doch dieser Artikel längst erledigt ist, und die Delinquentin auf der Bibliothek in Dresden unter der abschreckenden Rubrik: Philosophia falsa et fanatica, seit des seligen Adelungs Zeiten, im Zuchthaus sitzt? Der Ursachen sind vielerlei, wovon ich hier einige melden will. Zuerst: es läßt seit geraumer Zeit ein so fataler Höllenstank von Schwefeldampf und arsenikalischem Knoblauchsduft auf Erden sich verspüren, daß die Mosetta allen honetten Christenmenschen den Athem versetzen will. Viele lieben den Ruch; er prükelt ihnen angenehm in der Nase, befördert die schleimigten Absonderungen, und bringt ihre Lebensgeister in eine fröhliche Bewegung; das ist Natursympathie, simile simili gaudet. Andern aber, wozu auch der Verfasser dieses Buchs gehört, ist der Schwaden verhaßt, wie Tod und Pestilenz, und die böse Grubenwitterung liegt wie Kobold und Alp drückend auf ihrer Brust. Da wollte ich denn vorerst nur ein wenig mit Heilthum räuchern, und etwas Luftzug machen; zur Erleichterung und Erfrischung der Beklommnen; freilich wieder den Andern zum Verdruß; die aber werden sich die kleine Beschwer mit dem Kirchengeruch doch wohl gefallen lassen, da ja auch wir Andern ihre Assa foetida hinnehmen müssen.

Weiter. Ein Theil unserer ritterlichen Jugend, der die ganze Welt durchstreift, ob er etwa irgendwo einen Unterdrückten eingemauert findet, den er befreien könnte; hat vor Kurzem den Thurm entdeckt, in dem seit achtzehnhundert Jahren der Geist den Leib, und das Wort das Fleisch, gefangen hält, und hat sogleich freudig das Minstrellied: Richard, o mein König! intonirt, damit der Inhaftirte vorerst die Gegenwart der Helfer erfahre. Es ist freilich ein kläglich und beweglich Schauspiel, was dieser Hungerthurm bietet; wie der zu todt gepeinigte Leib ganz von Kräften gekommen, und das macerirte Fleisch in der langen Kreuzigung ganz von Fleisch gefallen, so daß es blaß und welk kaum mehr die Wegsteuer hat; während der Tyrann oben sich gütlich thut, und den Raub alles in seinen Vortheil wendet, wie sich eben an den Helfern zeigt. Weil diese Retter nun aber den ganzen Umfang des Greuels noch nicht zu kennen scheinen; habe ich, um sie anzufrischen, und ihren Unwillen auf die monströsen Tugendhaftigkeiten, zu denen das verderbliche System geführt, hinzulenken, einmal ein recht treues Gemälde der schmählichen Unterdrückung entwerfen wollen, damit der ganze Jammer des Fleisches ans Tagslicht komme. Es ist billig, daß nach dem Sprichwort: wie du gepfiffen, so wird dir gesungen, dem Unterdrücker geschehe, was er am Unterdrückten gethan; und er nun seinerseits 1800 Jahre in den Thurm gesetzt, auch an seinem Theil erfahre, wie der Hunger thut, und die schmale Kost gedeiht, und das Thränenbrod anschlägt. Da gibt die Ascese nun den jungen Befreiern die beste Hülfe und Anleitung; sie dürfen nur ihre Schärfe gegen den Tyrannen Ugolino wenden, und ihm alle Peinen und die rationalistische Hungerkost zutheilen, dem mißhan-

delten Fleiſch aber alle Tröſtungen, alles Gemach und
alle guten Biſſen zuſtecken; dann wird der Pocher bald
zahm werden, und das Jammerbild unten, in kürzeſter
Friſt zum preißwürdigſten Maſtvieh aufgefüttert, wird
ihrer Ausſtellung Ehre machen. Wollen ſie darauf noch
weiter gehen, dann wird das Buch von den dämoniſchen
Verhältniſſen die beſte Anleitung geben, wie die Sache
vollends umzukehren; ſo daß die emanzipirte Braut als
Malatascas zärtlich Geliebte, unbeſchadet der Aufklärung,
alle die Wunder thut, die das dumme Volk ſich zuvor
von ſeinen Heiligen vormachen laſſen.

Weiter und drittens habe ich mich auch um unſere
Theologen verdient machen wollen. Die haben bekannt=
lich, nachdem ſie ſchon lange Verdacht geſchöpft, und
deswegen ſtark nachgegrübelt, endlich die Entdeckung ge=
macht: Pentateuch und Evangelien ſeyen Mythen, ſo eine
Art von univerſalhiſtoriſchen Kindermärchen, die Mutter
Gans den Völkern, wenn ſie noch an ihren Fingern
ſaugen, erzählt, um ſie damit in Schlaf zu ſchwatzen
und zu ſchrecken. Es ſind die Balleien proteſtantiſcher
Zunge, in denen man dieſen Schatz entdeckt; von unſe=
ren Katholiſchen ſind nur Einige ſo neben mit gelaufen,
entweder als Pfeifer das Lied: bei Männern, welche Liebe
fühlen, neben dem Zuge immer wiederholt aufſpielend;
oder gegen ein mäßiges Douceur von Lob aufgeklärter
Geſinnungen in den Literaturzeitungen und Journalen,
ſonſt gratis das Leiterchen tragend, als das Hündchen
gehenkt werden ſollte. Die Alten haben es vor fünfzig
Jahren ſchon gezwitſchert; jetzt pfeifen es die Jungen von
allen Dächern: doch ſoll das Volk nichts hören davon;
denn es möchte ſonſt die Amtsemolumente nach ſeiner
Art auch mythiſch nehmen, und das wäre eine verdrieß=

liche, mehr als unbequeme Sache. Nun ist die Mystik,
wie die Kirche deutet, nichts als ein in den Heiligen sich
spiegelndes Evangelium; ein durch die Jahrhunderte, in
immer sich erweiternden Kreisen, fortgehendes Wallen und
Schwingen der Bewegung, die damals zuerst angehoben.
Diese Heiligen haben aber, in ihrer Beschränktheit und
Unwissenheit, den Grund, auf den sie gebaut, nicht für
Mythe und Fabel, sondern für ernste Wirklichkeit genom=
men; und was sie nun in dieser Voraussetzung gewirkt
und erworben und umsonst geschenkt erhalten, hat auch
ganz den Anschein ernster und überernster Wirklichkeit;
und tausende und abermal tausende von Zeugen, nicht
Gestalten aus der Fabelwelt, sondern wahrhaftige, wirk=
liche Menschen, und zwar von der allerglaubwürdigsten
Art, haben es eben so genommen und gesehen, und ha=
ben es bei Allem, was ihnen heilig war, beschworen.
Das Gleiche haben aber nun auch ähnliche Leute für den
alten Grund geleistet und gethan; ja sie haben ihr Leben
dafür hergegeben, und doch ist's, wie diese vorsichtigen
Theologen sagen, Schein und Schaum gewesen; und da
die an den Folgenden durch alle die Jahrhunderte sich
immer wieder verjüngende und bekräftigende Tradition auch
null und nichtig ist, so wird es für sie auch nichts
seyn müssen um die fortgesetzte Bewegung, wie die ur=
sprüngliche nichts gewesen; und selbst was wir mit eige=
nen Augen sehen, wird Täuschung seyn. Damit sind wir
denn glücklich die gesammte Geschichte und all den histo=
rischen Quark los geworden; denn sie hat keine größere
Sicherheit, als diese betrügliche Überlieferung, sondern
eine viel schlechtere; weil sie allein auf dem Zeugnisse
aller der schlechten Leidenschaften ruht, die mitgewirkt oder
zugesehen. So wird das ganze historische Wesen, mit

dem man die Jugend plagt, am Ende nichts seyn, als
etwa der Rücklauf der Knoten der Ecliptik durch die verschie=
denen Himmelszeichen, im Verlaufe der 24,000 und mehr
Erdenjahre, die im großen Weltjahre enthalten sind.
Schon Napoleon mußte jeden Aufmerksamen auf die
rechten Wege bringen; sein projectirter Zug nach Eng=
land, was war es anders, als der mythische Zug Rama's
nach Deve Lanca gegen den Riesenfürsten; und die Bä=
ren und Wolfskönige, die dem Helden zu Hülfe kommen,
und Hanuman, der ihm die Brücke geschlagen, was sind
sie anders, als die hohen Bundsgenossen, die sich dem
Zürnenden zum Werk gesellten, und die ihm wieder hal=
fen, als er in die Länder des Aufganges hinausgezogen,
um mit dem Hammer die Eisriesen zu schlagen. Seit
er weggekommen, und die Restauration ihre langweiligen
Allegorien ausgesponnen, und das juste milieu darauf
seine überschwenglichen Metaphern ausgeworfen, ist Alles
wieder eine romantische Wildniß worden; und im Sumpfe
sitzt das junge Teutschland, und die junge Schweiz, und
das junge Italien, und Jungfrankreich und Junghispania
und Britannia, und schneidet sich Pfeifen aus dem Rohr
und flötet, und kräht und gurrt und pfalzt, aus allen
Tonarten: es sind offenbar nichts als die stymphalischen
Vögel, die ihren Heracles erwarten, daß er mit der Klap=
per sie verscheuche. So wird alle Gegenwart zur Mythe;
die Kritik wird selbst zuletzt nicht mehr dem mythisiren=
den Prinzip zu widerstehen vermögen; sie wird zur Fliege,
die auf der Nase des Weltriesen sitzt, und mit den Füßen
sich die Flügel putzt, und nach rückwärts zur weiteren
Reinigung punktirte Arbeit macht. Ist es erst so weit
gekommen, dann ist Alles so ziemlich wieder in integrum
restituirt; und alle Mythen und mythischen Personen gehen

einträchtig mit einander fort, und suchen allmälig, so
gut es gehen will, sich wieder in die Wirklichkeit hin=
ein zu buchstabiren. Es soll meine Freude seyn, wenn
ich zu diesem Resultate einige, wenn auch indirekte Hülfe,
geleistet habe.

Einer noch andern sehr zahlreichen Klasse, unserer
Gottes= und anderer Männer, habe ich dann viertens
mich hülfreich und zuthätig erweisen wollen; damit sie
einmal wieder ihres überlegenen Verstandes froh werden
können. Es sind die, welche nach der Art des heraldi=
schen Doppeladlers geschaffen, mit dem duplirten Flug=
werke zugleich nach zweien Weltgegenden hinsteuern; mit
der Doppelzunge zwiefache Sprache reden; und dafür auch
mit der Doppelkralle zweimal querüber zu kratzen wissen.
Unsere jungen Pantheisten haben einerseits ihre Sache
ausgelegt: den constitutionellen Gott, den ersten Beam=
teten im Weltstaat, durch Wahl aus ihrer Mitte erlesen;
das Fleisch aus dem Stock genommen, und oben an ge=
setzt, den Geist aber in die Pönitenz verurtheilt; die
Frauen als Gesammtdomaine erklärt; die Zucht an die
Unzucht zur Correction ausgeliefert; Lust und Mord als
Engel dem Leben adjungirt, und was man sonst noch so
sieht, wenn man die Welt durch die Beine hindurch von
Unten herauf betrachtet. Ihren Prassern, Säufern, Hu=
rern, Blutschändern, Ehebrechern, Selbstmördern setzt
nun die Mystik ihre abgemergelten Geiselbrüder entgegen,
mit der Schaar ihrer gepanzerten Schmerzenreiche; ihre
fliegenden und leuchtenden Heiligen, verkommen in fin=
sterer Ascese und tödtlichem Fleischeshaß: alle insgesammt
übersichtig und überschwenglich in Himmelssturm und
Höllenzwang. Welch eine treffliche, unbezahlbare Gelegen=
heit für die zuvor Besagten, sich einmal wieder in ihrer

ganzen Glorie kund zu geben, und das alte Lied von ihrer
Vortrefflichkeit der Welt wieder vorzupfeifen. Sie dürfen
nur in Zeiten herbeifliegen, und haben sie sich erst den
rechten Punkt ersehen, und sich wahrhaft in die Mitte
zwischen die Pantheisten vom Fleisch und die Mystiker
vom Geist gesetzt, dann läuft hernach Alles wie von
selber ab. Sie legen die beiden Hälse kreuzweis übereinander, zanken aus dem rechten gelinde mit den Linken,
schelten aus dem linken aufs heftigste mit den Rechten:
Thoren einerseits, Thoren auf der andern Seite, der
Hochverstand in der Mitte; beede haben Unrecht, nur er
hat Recht im Überflusse. Was wollen denn auch die
jungen unbescheidenen, schwatzhaften Plauderer, wenn sie
solche Dinge auf offnem Markte reden; was unterschiede
dann noch zuletzt die Gescheiden von dem dummen Volke.
Und wenns nach den Andern ginge, dann wären die Gescheiden ja gar die Dummen, und das Licht wäre Finsterniß; was beides nicht seyn kann. Wenn die Extra-
vaganten sich doch nur bedeuten lassen, und ihr gegen-
seitiges Zuviel gegen einander austauschen wollten; sie
würden in der Verbindung zu einem überaus dauerhaften
Schlag zusammenwachsen. Die Straße in der Mitte ist
ja die getriebene Straße, die Königsstraße; und gerade
dazu ist sie ja angelegt, um mit Bequemlichkeit darauf zu
fahren. Gehts noch nicht schnell genug, so mag man
mit Schienen sie belegen, und es kann noch Vieles sonst
zu noch größerer Behaglichkeit erfunden werden; auch
fahren und reiten ja alle unsere Genien und Standes-
personen, die Musterreiter aller Art darauf, und befinden
sich wohl dabei. Warum wollen nun die Einen immer
oben aus mit den Kranichen gehen; die Andern immer
unten durch mit dem Mausescharren gerade durch die Fel-

der und die Sümpfe ziehen? Aber es ist eben so; diese
plagt der Teufel; den Andern lassen die himmlischen Heer-
schaaren keine Ruhe; und nun sollte der Mensch sich doch
unter die Erdscholle ducken, von der er genommen ist,
und mit den unsichtbaren Mächten nicht Prophetenbeeren
schmaußen wollen. Das kömmt aber Alles von dem unglücklichen Othem, der dem Erdmanne, als er schon fer-
tig gewesen, noch zuletzt ganz unnöthiger Weise einge-
blasen worden, und nun dem Aufgeblasenen keine Ruhe
läßt; den Klugen, — die ihn aufs nützlichste zur Dauung
des täglichen Brodes zu verwenden wissen, und zwar dem
Bauche seine unschuldigen Lustbarkeiten gern gestatten,
daneben aber das Herz gern mit poetischen Legenden, und
diesen zum Gegengewichte, den Kopf mit kleinen Gott-
losigkeiten erfreuen mögen, — zum bittersten Verdrusse. Ich
hoffe die Gelegenheit, die dies mein Buch, so recht wie
gefunden, an die Hand gibt, der Welt das Alles noch einmal, und zum tausendmaltausendsten Male breit auszulegen, wird von denen, die es angeht, dankbar bemerkt
und ihm zu Gnaden angerechnet werden.

Zum fünften habe ich dann auch um unsere Philosophie mir eine kleine Krone des Verdienstes erwerben
wollen. Sie ist in neuerer Zeit in Erfindungen recht
fleißig gewesen. Sie hat zuerst Gott überhaupt, der
ganz abhanden gekommen, wieder erfunden, und ihn als
Ding an sich vorläufig in Sicherheit gebracht. Darauf
hat sie, als sie ihren Fund sich genauer angesehen, glück-
licherweise auch seine Persönlichkeit entdeckt; ich glaube,
der unsterbliche Hegel ist auf diese weit führende Spur
gerathen; wenigstens hat man es an ihm gerühmt, und
seither, neben der Dinglichkeit, auch die Person mit
allen ihr annexen Rechten, in dem überglücklichen gebüh-

renb zu ehren angefangen. Als man erst darauf ge=
kommen, und nun wieder näher zugeschaut, hat man, wie
nun immer so eins das andere gibt, zur Verwunderung,
ja zur Bestürzung aller herbeigerufenen Zeugen, bemerkt,
daß die Persönlichkeit so reichlich hier zugegen, daß gar
drei Personen eines Wesens sich zu legitimiren wüßten;
und man hat die Sache nach reiflichem Bedenken zuletzt
eingebucht, und die Trinität durfte von da an ziem=
licher Anerkenntniß sich erfreuen. Als die große Ent=
deckerin so einmal in Zug gekommen, hat sie es dabei
nicht bewenden lassen, und hat schnell auch die Schö=
pfung aus dem Nichts den anderen Entdeckungen
hinzugefügt; und da auch das Christenthum zuvor unter
die Dinge gehört, die nichts gewesen, so mußte die Er=
findung des übrigen Christenthums bald den vorigen
sich anschließen. Als Nebenproduct ist bei allen diesen
großen Inventionen dann auch die Unsterblichkeit
der Seele abgefallen, die man recht gut zum Hausge=
brauch verwenden konnte; und der jüngste Glückliche, der
ausgefahren ins weite Meer, und weiter nachgeforscht,
hat sogar die Auferstehung alles Fleisches glücklich als
Beute mit heim gebracht: ein überaus großer Fund, mit
dessen näherer Untersuchung und Prüfung man sich in=
dessen eben jetzt beschäftigt findet. Es steht nun zu er=
warten, daß neben den sieben Sacramenten und den
Sacramentalien, auch die Kirche und ihre Unterschei=
dungslehre, die gesammte Tradition, und was sonst der
Katholizism in sich befaßt, an die Reihe kommen; wor=
auf dann der Papst als der Vorletztentdeckte, und ganz
zu allerletzt der Sündenfall, der sich der Anzüglichkeit
wegen, durchaus nicht will entdecken lassen, füglich den
Beschluß dieser ganzen Reihe von Erfindungen machen

könnte. Da das aber nun leider doch einmal ein Ende
nehmen muß, so habe ich weiter vorgedacht, und darum
dies Buch geschrieben, damit es diesem Entdeckungsgeiste
noch sobald nicht an Materie fehlen möge. Und in der
That, hier ist Stoff, um diesen vorstrebenden Geist auf
fünfzig und mehr Jahre zu beschäftigen; eine Erfindung
wird die andere rufen, wie bei den Seefahrten, unbe-
kannte Welttheile entlang, ein Vorgebirg dem andern ge-
winkt; am Ende wird eine ganze bedeckte, längst bekannte
aber ignorirte, neue Welt gewonnen seyn. Unsere Natur-
forscherei, unsere Physiologie und Psychologie ist furchtsam an ihr vorübergegangen; wo Einer ja einmal zufällig
einen scheuen Blick hingethan, hat er gleich sorgfältig
Alles wieder zugedeckt: denn hüte dich Kind, es beißt!
man weiß ja schon zum voraus, es ist Alles Aberglauben
aus dem Nebellande, wo sie das Wetter brauen. Auch
haben alle soliden Physikanten Wichtigeres und Gründ-
licheres zu thun. Da muß der Koth der vorfluthigen
Thiere wohl betrachtet und berochen werden; da sollen
die Arten des Schimmels gesondert, die Spulwürmer im
Leibe des Frosches sortirt werden; alle Elemente, die der
Moder in sich beschließt, rufen laut, und wollen alle gewußt und auswendig behalten seyn. Das ist Alles gut
und löblich an seiner Stelle; aber da meinen die Vor-
nirten, der forschende Geist, unausgesetzt niederblickend,
werde zuletzt der Erde eigenhörig; jeder Aufblick zur
Höhe falle ihm erst schwer, sey dann verdrüßlich, dann
verhaßt, zuletzt unmöglich, und nachdem er sich ganz entfremdet, was ihm das Nächste seyn sollte, dünke er sich
noch wunder wie groß in seinem Bettelstolze. Da ich
nun glücklich weder an diesem Hochmuth, noch an feiger
Menschenfurcht laborire; habe ich mich schon entschließen

müssen, die Fahrt nach dieser Atlantis hinzurichten; die
vor aller Menschen Augen steht, die aber, weil diese ihre
Augen gehalten sind, doch nur von den wenigsten gesehen
wird. Auf den Dank will ich gern verzichten; man legt
keine Ehre ein, wenn man die Indiscretion begeht, Dinge,
die man nicht wissen will, und die mit Fleiß vertuscht
und verborgen worden, wieder ans Tageslicht zu ziehen,
und den absichtlich Ignorirenden damit beschwerlich fällt.
Aber heraus ist's einmal, und man wird sich schon entschließen müssen, davon Notiz zu nehmen; auch müßte
es schlecht gehen, wenn sich nicht ein Mittel fände, die
Sache ohne Beschädigung des menschlichen Verstandes
wieder zurechtzusetzen und wegzureden.

Nachdem ich so zweideutiger Verdienste vielleicht allzu
sehr mich überhoben, will ich noch einige bescheidene
Worte hinzufügen, um die Hochfahrenden wieder gut zu
machen. Ich wollte eine Sache wieder zur Sprache bringen, die man seit geraumer Zeit selbst in der katholischen
Welt auf sich hat beruhen lassen; weil das wegwerfende
Gerede von der Gegenseite, selbst auf die Einsichtigeren,
nicht ohne Wirkung geblieben. Viele haben damit angefangen, auch ihrerseits scheu vor ihr, wie vor etwas Ge-
spenstischem, zurückzutreten; und die Erscheinung so lange
von sich abzuhalten, bis sie durch langes Ignoriren ihnen
zuletzt gar verkommen, und nun eine schimpfliche Unwissenheit das frühere geflissentliche Übersehen schwer gestraft. Nun ist ein solches furchtsames feiges Abwenden,
von irgend einer andringenden Idee, an sich schmählich
und unverzeihlich; und vollends gar, wenn sie wie diese,
so tief in das ganze Wesen des Glaubens, zu dem man
sich bekennt, und in dessen Macht man täglich am Altare
mystische Handlungen übt, und mystische Wirkungen voll-

bringt, verschlungen ist, und eine seiner Grundvesten bil=
det. Gebt die Mystik auf, und die Heiligen schwinden
euch dahin; die Wolke von Zeugen, die ihre wunderbaren
Wirkungen bezeugt, zieht wie ein Rauch davon, alle
Wahrheit in der kirchlichen Tradition untergrabend; aller
historisch gesicherte Grund ist euch dann unter den Füßen
weggezogen; und wie ihr eitel Fabelwerk täglich in eurem
Brevier gebetet, so habt ihr dergleichen auch verkündet;
und ihr müßt, wollt ihr wieder zur Consequenz und
Wahrheit kommen, thun wie die Andern thun, und euch
in die Verneinung setzen, euch zu Priestern des vernei=
nenden Geistes promovirend. Darum habe ich denn ge=
glaubt, es sei an der Zeit, dies Buch zu schreiben, und
in ihm die Sache einmal in ihrem ganzen Umfang zu
behandeln und darzustellen. Prinzipien waren längst fest=
gesetzt; das Christenthum hatte sie gegeben; Thatsachen in
erstaunlicher Menge waren in allen Zeiten, in allen Spra=
chen und in allen Ländern aufgeschrieben, und sie hatten
in den allerverschiedensten Naturen sich entwickelt. Waren
jene Prinzipien nun wirklich begründet, und enthielten
diese Thatsachen Wahrheit; dann mußten beide in einem
inneren lebendigen Zusammenhange stehen, und in der
Anschauung sich nun nahe gebracht, und dem Zuge dieses
Lebens hingegeben, sich zu einem wohl geschlossenen, in
sich abgerundeten Organism zusammenfügen; in dem nicht
blos die Thatsachen die Prinzipien und hinwiederum,
sondern auch eine Thatsache die andere, ein Prinzip das
andere sicherte und gewährte, und alle zu einer unwider=
stehlichen Evidenz sich einigten und verbanden. Das habe
ich nun versucht, und es hat sich so gefügt; wie sich in
diesem Theile schon andeutet, und im Verfolge weiter sich
ausweisen wird. Die Thatsachen sind nicht blos gerecht=

fertigt; es zeigt sich auch, daß sie so hervortreten mußten; und daß ihr Nichterscheinen naturwidrig gewesen seyn würde. Sie schließen sich alle gedränge zusammen, gegenseitig sich ergänzend; sie bilden in dieser Fügung bestimmt und stetig fortschreitende Gliederungen, die selber wieder in einem ähnlichen articulirten Bezuge zu einander stehen; eines fordert das andere, und wenn alle sich zuletzt gefunden, schließen sie sich um ihre Gründe, und die zuletzt um einen innersten tiefsten Grund zusammen: so daß das Ganze, sich seiner selbst erwehrend, jedem Angriffe durch die ihm einwohnende lebendige Wahrheit trotz zu bieten weiß. Damit ist dem dummen, frechen, brutalen Abläugnen der Thatsachen für allezeit ein Ende gemacht; man wird sich dazu entschließen müssen, ihre Wahrhaftigkeit zuzugeben: denn auf dem Wege des Negirens ist fortan nimmermehr weiter zu kommen. Mit den Prinzipien ist's freilich ein anderes; weil diese, wie alles Prinzipienhafte, im höheren Glauben ruhen, kann der Streit nimmermehr ausgehen, da selbst das Christenthum sich ihm nicht entziehen mag. Mit der Sicherung des Factischen erscheint aber dann auch die Überzeugung der Früheren, wie der Glaube der Einfältigen, vollkommen gerechtfertigt; und während sich nun ergibt, daß jene Überzeugung keineswegs auf Täuschung, absichtlicher oder verschuldeter, sich gründet, und dieser Glaube keineswegs so köhlerhaft ist, als der Dünkel der Neueren sich eingebildet; möchte sich auch die lange Verborgenheit dieser ganzen Wunderwelt als eine providentielle Verhüllung erklären, um sie dem Begaffen einer leeren, seichten Zeit zu entziehen. Wenn also jetzt, wo die Flachheit und Seichtigkeit ausscheidend, sich ihren eigenen Kreis gebildet, und dadurch die Zeiten in der Verruchtheit zwar verwe-

gener, aber gegen die Lichtseite hin doch auch tiefer und
eindringender und verstehender geworden, sich practisch
wieder zu enthüllen beginnt; dann sollte ich denken, es
möge auch dies mein Werk den Fügungen dieser Provi-
denz nicht entgegen seyn, und müsse, den Himmel öffnend,
während die Hölle ihren Schlund aufgethan, eine wohlthätige Wirkung zur Befestigung der Schwankenden, Un-
gewissen, Zagenden und Zweifelnden üben. Wenigstens
ist es dies gewesen, was mich, sehr gegen alle meine Absichten und Vorsätze, erst zu öffentlichen Vorlesungen über
die Mystik, und dann zur weiteren Ausarbeitung derselben
bestimmt.

Bei der Art, wie ich den Gegenstand behandelt habe,
hat sich übrigens eine Schwierigkeit herausgestellt, deren
Beseitigung vielfältig mein Nachdenken beschäftigt hat,
ohne mich zu einer durchgreifenden Abhülfe hinzuführen.
Wie die Sachen jetzt stehen in diesem Gebiete, die Wahrheit der Thatsachen außer Streit gesetzt, ist nun eine der
Hauptfragen, um die sich Alles wendet: was ist Sache
der Natur, und was die Gabe der Gnade? wo endet
die eine und wo hebt die andere an? eine Frage, die nur
Gott entscheiden, die der Mensch aber nur aprorimativ
sich beantworten kann. Soll aber nun auch nur ein Versuch zu einer solchen annäherungsweise vorschreitenden
Beantwortung gemacht, selbst nur vorbereitet werden;
dann muß zuvor der Naturgrund dieser Erscheinungen,
der, an dem sie spielen, und in dessen gesteigerten Kräften sie ablaufen, aufgeräumt, und klar vor Augen gelegt
seyn, in seinen Formen, Verhältnissen und Beziehungen;
damit die Untersuchung einen Ausgangspunkt gewinne;
zugleich auch eine gegebene Form, um daran das Thatsächliche anzuknüpfen, und es zu einem organischen Ganzen

zu erbauen; und diesen dann um sein Geheimniß zu be=
fragen: Nun sind aber die Dinge in den Naturwissen=
schaften, besonders in den physiologischen und psychologi=
schen, auf einen Punkt gediehen, daß man über sie schlech=
terdings nicht mehr ins Allgemeine hinaus reden kann,
ohne flach zu fallen, und sich in hohle, leere Redens=
arten zu verlieren. Es muß also zugleich in die Tiefe
eingedrungen, und bis zum Besonderften vorgegangen
seyn; um den Ansprüchen der Wissenschaft ihr Recht zu
thun, und gerade hier im rechten Sitze des Materialism
ihm die Waffen zu seiner Bekämpfung abzugewinnen.
Ein solches Vorbringen bis zum speciellften, setzt aber
nun Einsichten und Kenntnisse der Naturverhältnisse vor=
aus, die dem Leser eines Buches, das für Alle Interesse
hat, die sich mit den höheren und höchsten Gegenständen
gern beschäftigen, und das darum auch Allen leicht ver=
ständlich seyn sollte, schlechterdings nicht zugemuthet wer=
den können. Ich habe eine Zeit lang zwischen der Un=
thunlichkeit diese unumgänglichen Vorbedingungen mit
Stillschweigen zu umgehen; der Unschicklichkeit und Un=
fruchtbarkeit sie nur oberflächlich zu behandeln; und der
Unbequemlichkeit des tieferen Eingehens in dieselben für
die Leser geschwankt; zuletzt aber doch mich dahin entschie=
den, dem Rechte sein Recht zu lassen, aber das Unbe=
queme, soviel es irgend thunlich war, zu mindern und
zu erleichtern. Ich habe daher das Unvermeidliche wenig=
stens in der engsten Fassung gehalten, es in die neun
Bogen des ersten Buches zusammendrängend; dann aber
dies zu den andern Büchern also gestellt, daß es verstan=
den zwar alles Folgende, das sich daran erbaut, deutet
und erklärt und verständlicht; aber, wenn auch nicht durch=
drungen, es darum keineswegs unverständlich macht.

Leser also, denen solche Untersuchungen nicht geläufig sind, mögen daher einstweilen immerhin das erste Buch über=schlagen, wenn sie zuvor allenfalls das Kapitel über das mystische Kreuz p. 36, und etwa das über die organischen und geistigen Strömungen, p. 132 u. f. gelesen haben, um sich eine allgemeine Ansicht der zu Grunde liegenden Anschauung zu verschaffen. Die beiden andern Bücher werden ihnen dann keine Schwierigkeit darbieten; wenn sie ihnen nur eine ganz gewöhnliche Aufmerksamkeit zu=wenden wollen. Auch bei den folgenden habe ich ge=sorgt, daß die durchlaufenden, dem Kundigen leicht sicht=baren Beziehungen, so selten als möglich, und nur wo es durchaus nothwendig ist, den Unkundigen verwirrend, zu Tage treten; so daß auch sie durch sich vollkommen verständlich bleiben; obgleich freilich dies Verständniß, bei Durchschauung der Prämissen klarer und eindringender werden muß. Wollten daher diejenigen, die durch diese Worte sich zum Überschlagen dieses ersten Buches bestim=men lassen, es ganz zuletzt, wenn sie alles Übrige sich angesehen, nun auch durchlesen; dann würde es ihnen aus der Mystik selbst begreiflich werden, und ihnen wie=der diese begreiflicher machen helfen.

Das ist's, was ich diesem Theile des Buches vor=reden zu müssen geglaubt, es mag nun seine Fahrt durch's geistige Reich antreten; der zweite wird ihm binnen drei Monaten folgen.

München im Juli 1836.

J. Görres.

Inhaltsverzeichniß.

Prodromus galeatus.

Die Mystik ist ein Schauen und Erkennen unter Vermittlung eines höheren Lichtes, und ein Wirken und Thun unter Vermittlung einer höheren Freiheit; wie das gewöhnliche Wissen und Thun durch das dem Geiste eingegebne geistige Licht, und die ihm eingepflanzte persönliche Freiheit sich vermittelt findet. Das ist kürzester rationaler Ausdruck dessen, was die folgenden Blätter zu begründen und in annähernder Reihe in allen seinen Gliederungen darzustellen sich vorgesetzt. Spricht man aber, wie jetzt die Zeiten laufen, solche Worte aus, sogleich wird aus der Ferne dumpfer, immer näher kommender Schall der Lärmtrommel vernommen; wie der Staub auf den Wegen, so wird ein zahlreich Volk vom geschlagenen Wirbel aufgerührt; Väter und Älterväter und ihre Kinder und Kindeskinder kommen in Hast herbeigelaufen, alle rufend: Mystik, Aberglauben, Pfaffentrug, Mönchsbethörung, nieder mit der Mystik! Mit Gründen lassen die Rufenden sich nicht bedeuten, so will ich ihnen zum Eingang dann ein Gesicht erzählen, ob sie etwa, wenn sie sich in ihm erkennen, ihren Ungestümm mäßigen wollen, und dem, was unsterblich ist, fortan das Leben gönnen.

Einst in inneres Schauen vertieft, fand ich auf geräumige Ebene mich versetzt. Die Elemente hatten, so schien es, hier einst auf dem Wahlfeld sich gefunden und grimmigen Kampf gestritten; mit Asche war dem zum Zeugniß der Plan bedeckt, Dämpfe kochten im nachhaltigen Zorn da und dort aus der Erde auf; das ganze Feld war von einer dreifachen Reihe verkohlter, verschlackter Basalte, einer Saat von Drachenzähnen, umstarrt. In Mitte des Rundes stand ein Baum; einsam wie der Todesbaum auf Java, hatte er, so schien es, schon ein Zeuge jenes wilden Kampfs gestanden, und war jetzt noch der Einzige von jenem pflanzenhaften Riesengeschlecht übergeblieben, das in urweltlicher Zeit sich an der ersten Erde stark getrunken, und sich zahlreich über sie hin ausgebreitet. Jetzt waren so viele Jahrhunderte über ihn dahin gegangen, in unablässiger Wiederkehr hatte jeder Winter sein Haar gebleicht, jeder neue Frühling anderes hervorgetrieben, und er schien noch immer nicht ermüdet, noch auch des Lebens überdrüssig. Die Wurzeln hatten sich aus der Erde hervorgedrängt und trugen den hohlen Stamm; darüber breitete sich das Gezweige aus; zwischen Blättern, nach der Lichtseite weißwollig wie die Silberpappel, nach der Schattenseite wie die Nacht erdunkelnd, verbarg sich, wenn ihre Zeit gekommen, die Frucht, die ansehnlich von Gestalt, innerlich mit Asche gefüllt erschien. Am Fuße des Baumes quoll aus schlammiger Brunnentiefe eine Quelle schweren, bittern, übelriechenden, farbenschillernden Wassers auf; das dahinrinnende hatte keinen Fall gefunden, und so war es stehend worden, und hatte die Niederung umher in einen Sumpf verwandelt, den ein grüner Schimmel deckte und auf dem Irrlichter umherhuschten.

So war es um das Stillleben beschaffen in dieser Gegend; wie ich aber näher hingesehen, sah ich es bald auch mit lautem Leben sich erfüllen. Das Baumgewurzel schien das Lager der Trojanischen Saumutter mit ihren dreißig Ferkeln, schon mit einer hoffnungsvollen Nachkommenschaft von Ferkelsferkeln und weiter hinaus umringt. Die Kühle des Abends hatte sie jetzt hervorgelockt, sie hatten sich in den Sumpf geworfen, alt und jung, groß und klein, schwarze, blonde, rothbraune, ganz gestreifte und halbgestreifte, fleckige, borstige und wollige, alle tummelten sich mit Lust im Pfuhle, thaten zärtlich miteinander, wälzten sich im Schlamme um, und hatten ihr Wesen nach

ihrer Gebräuchlichkeit. Die Sonne wollte untergehen, und ver=
goldete mit ihrem Strahl so Baum wie den Koth im Sumpfe;
das schien die Saumutter einzuladen, nach gutem Ablaufe der
gemachten Turnübungen, der Ruhe sich hinzugeben; sie streckte
sich daher im flüssigen Golde aus, den Rüssel über dasselbe
hinaus der Sonne entgegenhaltend; die Frischlinge und Ferkel
um sie her, thaten nach ihrem Beispiel, und es wurde gute
Sieste abgehalten. Das immer tiefer niedergehende Licht schien
aber den schlafenden Säuen immer waagrechter in die blinzeln=
den Augen und der Nervenreiz brachte die Saumutter zuerst,
dann die andern zur Ungeduld, und bald auch zum Erwachen.
Entrüstet schnuffelten sie nun sich ermunternd in die Luft hin=
aus, und sahen giftig zur scheidenden Sonne auf. Die Mut=
ter intonirte zuerst ein zornig Grunzen, die Abkommen fielen
ihr bald im Chorus bei, und es hub sich ein Schreien durch
alle harten und weichen Tongeschlechter; es war nicht zu
verkennen, sie fluchten gleich den Äthiopen einstimmig dem
Gestirn, daß es ihren Schlaf bescheinend sie aus ihrer Ruhe
aufgeweckt. Ein sich erhebender Abendwind, der den Baum
durchwehend, einige seiner Früchte zu ihnen herniederschüttelte,
gab inzwischen ihren Gedanken bald andere Richtung. Die
Mutter schnappte zuerst nach den fallenden; die Kleinen waren
aber auch nicht faul und rissen ihr die Beute von dem Munde
weg; der Glückliche aber, der den Raub davon getragen,
mochte sich auch nur kurze Weile des Gewonnenen freuen, denn
Brüderlein that ihm desgleichen. Gute Freunde, wie sie gewe=
sen, wurden sie daher bald uneins, schnaußten sich an, bissen
sich und zerrten sich untereinander; der Pfuhl wurde unter
ihrem Gestampf bis zum Grunde aufgerührt, und die ganze
Umgegend war von ihrem zornigen Geschrei erfüllt, und von
der Mofetta verpestet, die sie aus dem Schlamme aufgerührt.

Unwillig über das säuische Getümmel, suchte mein Auge
einen andern Gegenstand, an dem es sich zerstreuen möge, und
da es also umforschend den Baum näher betrachtete, öffnete
sich ihm dort ein neues Schauspiel. Ich sah seinen Stamm
mit Schaaren von Ameisen bedeckt, größere von der Art der
Termiten, deren fünf und zwanzig auf einen Gran gehen, und

kleinere, weiße, schwarze, braune; alles lief in der emsigsten
Geschäftigkeit vom Stamme hinauf in das Gezweige, und wieder hinunter zu den Wurzeln; sie nagten an den Blättern,
saugten die Blüthen an, und naschten an den Früchten. über
den Pfuhl hatten sie an seichten Stellen, wo sie nicht von den
Säuen beunruhigt wurden, Dämme aufgeworfen, die zu den
Pyramiden führten, die sie sich sieben Ellen hoch am Rande
des Sumpfes aus rother Erde zur Wohnung aufgebaut. Da
innen hatten sie Wohnzimmer und Erziehungsstuben, Vorrathshäuser und gewölbte Rathssäle angelegt, und mit Bogenstel-
lungen und Gallerien sie wohl verbunden, während sanft ansteigende Treppen die Geschosse einigten; für Straßen und
Gänge waren die nöthigen Räume aufgespart, Brücken waren
über die Klüfte hergelegt, und Thore und Thüren gestatteten
den Zugang zu dem Innern; auf den frei gebliebenen Plätzen
aber waren Spaziergänge und kleine Gärten von Schwämm-
chen und Moosen angepflanzt, in denen die frohe Jugend sich
ergehen mochte. Jede Landstraße aber, die über die Dämme
führte, theilte sich am Ausgang wie am Eingang wieder in
zehn andere, damit keiner der auf ihnen Wandernden den andern hindern möge, und dort nun wie um Baum und Thürme
drängte sich das geschäftige Völkchen. Sie waren in Krieger
und Arbeiter getheilt, aber weder den einen noch den andern
war die Ruhe gegönnt. Mit den Rüsseln an die Erde schlagend, trommelten jene sich den Tact zu ihrer Wuselei, und so
zogen sie in ihren Schaaren unaufhörlich in den Straßen und
durch die bedeckten Gänge auf und nieder, ohne daß ein Endziel ihrer Bewegungen irgend sichtbar wurde. Die andern aber
liefen und eilten immerfort mit großer Hast, mit Spreu und
Splittern, kleinen Halmen, Blättchen von Katzengold und was
ihnen sonst begegnete, sich mühsam schleppend; bald die Last
vorwärts stoßend, bald sie nachziehend; nun sie fallen lassend,
dann sie wieder aufhebend; jetzt mit widerstrebenden Kräften
gegen einander rennend, dann mit vereinten gemeinsam zu Werke
gehend. In den Häusern aber war ein stetes Pochen, Häm-
mern, Raspeln, Hobeln, Sägen, Kneten, ein immerwährend
Laufen und Rennen und Überrennen; Treppe auf und Treppe

hinunter, ein unaufhörlich Mühen und Sorgen, Bücken und
Aufrichten, und das immerdar und ohne Unterlaß, heute wie
gestern und morgen wieder wie heute. Der Baum aber, nur
noch auf der Rinde stehend, und innen mit Mulm und Moder
erfüllt, schien die Mitte des gemeinen Wesens; dort saß die
Ameisenmutter in ihren Gemächern, und münzte regelmäßig
wie mit dem Prägestocke die Hoffnung der arbeitsamen Repu-
blik; die wurde dann von den aufwartenden Pädagogen in den
benachbarten Gallerien aufgefangen, und über die Dämme hinaus in die Erziehungsbehälter gebracht; dort ausgebrütet, ge-
pflegt, dressirt, uniformirt und zu der nämlichen Geschäftigkeit
angehalten, wie sie durch so viele Geschlechter die Väter schon
geübt, damit auch sie dereinst Theil nähmen an der Arbeit.
Und es ging ein Geruch aus von dem Gewimmel, sauer wie
der Geruch des Schweißes, und ich wunderte mich über die
unermüdete emsige Ameisigkeit, die sich selber zum Zwecke
nehmend, sich also wie ein nimmer abreißender Faden ins Un-
endliche fortzuspinnen nicht ermüdet. Was aber am meisten
mich in Erstaunen setzte, war die Sorgfalt, mit der sie das
Gold, das keinen Nutzen für sie haben konnte, überall im
Staub gesammelt und in ihre Vorrathshäuser eingetragen.

Wie ich also in diese Betrachtungen mich vertieft, wurde
es laut oben im Gezweige des Baumes, und dadurch wurde
meine Aufmerksamkeit dahin gerichtet. Im Wipfel saß Cacs,
der blinde Affe, und hielt eine academische Sitzung mit dem
Gockelhahn, dem Pfau und der Eule ab, ein Flug Hagelgänse
umkreiste die Academiker; das Faulthier aber, das wie ein
Sack im Gezweige hing und Blätter fraß, hörte auch mit halbem Ohre auf ihre Reden hin. Der Affe hatte eine Bischofs-
mütze angethan und einen Doctormantel um die Schulter her-
geschlagen; auf dem Schooße hatte er viele Blätter wie eines
Buches liegen, und baute daraus Kartenhäuser, die immer
gleich der Wind verwehte. Der Pfau hob sich auf seine Füße und
den Spiegel weit auseinanderbreitend, sprach er stolzirend und
rückwärts schauend zu dem Vorsitzer: Es ist doch was Schönes
um die Sonne und ihr Licht; wie brillant ich in dem Scheine
glänze! Der Gockelhahn nickte Beifall, der Affe aber sagte

verdrüßlich zu der Eule: Was meinst denn du von diesem Lichte, ist's wohl wahr, daß es, wie sie sagen, Alles und Jedes beleuchte und erquicke? ich meinerseits sehe nichts, und so ist auch nichts zu sehen. Kopfschüttelnd darauf die Blauaugige: Nicht ein wahres Wort ist an dieser Rede, du kannst es meinem scharfen Auge glauben, das bei Nacht jegliches Ding gewahrt, jetzt aber im Lichte nichts erblickt. Sie haben daher vom Anbeginn her die Welt betrogen; was sie für den Tag nehmen, ist in Wahrheit die Nacht, und dem Kundigen kann nur die Nacht als der rechte Tag erscheinen. So wechselten sie noch mehr gelehrte Reden. Darauf erhub sich Caes, der Vorstand, und sprach: Ich will euch die rechte Lehre künden. Als im Anfang das Nichts sich selbst verneint, ist dadurch aus seiner Nacht das Etwas an den Tag gekommen. Denn das Nichts ist seiner Natur nach und wesentlich Verneinung; die Verneinung aber muß aus angeborner Art das Vermögen haben, zu verneinen; verneint sie aber nun wirklich in dieser Macht sich selbst, dann wird die sich verneinende Verneinung nothwendig Bejahung werden, und diese Bejahung wird als Etwas vertreten. Es ist also grundverkehrt zu sagen, das Nichts bedürfe eines Bejahers, um etwas zu werden; der Bejaher bedarf vielmehr des Nichts, daß er entstehen könne; während das Nichts, sich selber genügend, nur sich selber den Tod geben darf, um aus sich und an sich den lebendigen Bejaher allen Dingen zum Gotte, sich selber aber zur Creatur zu gebären. Das erstgeborne Bejahte aber ist der Schlamm, der sich unten um des Baumes Wurzeln legt; das Zweitbejahte wird also der Baum selber seyn; der aber hat in neuer Verneinung als Drittes aus seinen Wurzeln die Schweinemutter erboren; als Viertes aus dem Stamme das emsige Myrmidonenvölkchen; aus seinen Zweigen dann euch, im Wipfel sofort mich selbst; von mir aber ist, indem ich meine Vortrefflichkeit zu negiren angefangen, der Mensch als das Letzte hervorgegangen, der dann uns verlassend im Abfall in die Religion und Civilisation hinein desertirt. Das ist die grauenvolle Pforte, die durch die Verneinung in's Daseyn führt; die Pforte des seligen Ausgangs wird daher durch die Bejahung

gehen. Bejaht der Gefallene wieder die Verneinung, die ihn
ins Daseyn gebracht, den Zweifel ihr entgegenwendend, dann
wird diese Verneinung aufgehoben, und es bleibt nur die eine
Grundverneinung zurück, und so wird der Weg wieder zurück
bis zur Mutter, zum Schlamme und zum Urnichts durchge-
macht. Das Nichts ist also Anfang und Ende aller Dinge;
von der Saumutter bis zum Menschen fällt und steigt die
Lebensleiter, jene Gipfel, dieser Abgrund; beide aber sind blut-
wie geistesverwandt, weswegen nach dem Araber Cophon
Bau der Eingeweide, wie Haut und Fett bei den Säuen und den
Menschen sich gänzlich ähnlich sehen; beide an gleichen Seu-
chen erkranken, und endlich auch Schweinefleisch und Menschen-
fleisch ganz und gar übereins schmecken. Die Gänse schnatter-
ten der Rede nach, der Hahn krähte und schlug freudig mit
den Flügeln, der Pfau legte seinen Spiegelfächer auseinander,
die Eule glotzte Beifall, auch die Myrmidonen kamen herbeigelaufen; tief von unten herauf ertönte das einstimmende Grunzen der Allmutter, die Wohlgefallen an dem Worte des blinden Propheten hatte: es war großer Jubel und rechte Lustbar-
keit in der edeln Genossenschaft.

Ich horchte verwundert den begeisterten Worten des Spre-
chers über den Urgrund und das Endziel seiner Mystik, und
hatte, den Sinn nachdenklich in die erhabene Lehre vertiefend,
mich in mancherlei Betrachtungen verloren; als ich wieder zu
mir gekommen, um mich blickte, hatte sich das Bild gänzlich
umgewandelt. Die Gegend war noch dieselbe, die Steinsäulen
starrten noch immer aus der Erde, der Baum stand noch wie
zuvor in Mitte des Kreises; aber die laute Gesellschaft hatte
sich unsichtbar gemacht, und statt ihrer war der Drache um
den Stamm des Versuchbaums hergewunden. Dumpf und wie
aus weiter Ferne hörte man jetzt die Schweine aus dem Bauche
des Ungethüms schreien und grunzen; die goldsuchenden, alles
durchwühlenden Ameisen hatten die Brusthöhle zum Lager sich
genommen, und wenn der Drache sich ringelnd die schillernden
Panzerschuppen bewegte, dann schien es, als regten sich überall
an ihm die Wimmelhaufen. Des Affen Kopf aber war Drachenhaupt geworden, und die Eule glotzte aus seinen Augen,

und des Hahnen Kamm schwoll auf seiner Stirne, und der Pfauenschweif bildete die Schlangenkrone; sein Mund aber redete: Hat euch etwa Gott verboten zu essen von dieser Frucht? Esset immerhin, denn am Tage, wo ihr esset, werden euch die Augen aufgethan, ihr werdet wie die Götter zu unterscheiden das Gute von dem Bösen; nimmer aber laßt nach dem Baume des Lebens euch gelüsten. Und mir wurde gesagt, durch die Säue, den Schweif des Drachen bildend, seyen Jene vorgestellt, die alle die Tage ihres Lebens hindurch Staub fressend und nur die Lust der Sinne kennend, stets all ihr Trachten dahin gerichtet hielten, das Höhere in den Koth unterzutreten, im Schmutze aber die Lebensessenz zu suchen. Die goldsuchenden Ameisen aber wurden mir auf Jene gedeutet, die, indem sie durch Geiz und Habgier getrieben, Wühlen und Erraffen zum ausschließlichen Geschäfte ihres Lebens machen, und darüber hinaus gar nichts anderes anerkennen, den Segen der Arbeitsamkeit zum Fluche wandeln, und so nun, wie sie gleich ihm auf der Brust an der Erde hinkriechend ein mühseliges Leben führen, mit ihm auch Theil nehmen an der einen Verwünschung, die ihn getroffen, wie die Vorigen sich mit ihm in die andere getheilt. Der blinde Affe endlich mit der gelehrten Genossenschaft wurde mir auf jene heillose Sophistenzunft ausgelegt, die in Allem sich aufs Nichts gestellt, und deren Streben darum aus Nichts durch Nichts auch wieder in Nichts aufgeht. Die Affen der Kirche also, die sie über anderem Grunde zu erbauen sich fruchtlos mühen, als dem göttlichen, auf dem sie allein in Unerschütterlichkeit ruhen mag; die Affen des Staates, die an ihm nur ausschließlich die irdische ja unterirdische Seite anerkennen, und ihn in Mitte der beweglichen Wellen wie ein Korallenriff aus Meeresgrund hinaufzumauern sich in immer unfruchtbarer und immer wieder neu anhebender Anstrengung abarbeiten; die Affen der Wissenschaft endlich, die allem Wissen das Leere zur Unterlage geben, den horror vacui aber zum Architecten des Werkes machen, und das System zur Puppenhülle sich zusammenweben und kleben und leimen, aus der sie, wenn die Zeit gekommen, dann als Gott auffliegen: sie Alle haben daher sich in das gekrönte Drachenhaupt in Eintracht zusammengethan, auf daß sie in ihm würden, wie die Götter. Wie ich aber dies überlegend noch einmal aufgesehen, da waren auch die Gänse, die im Fluge den Baum umkreißt, verschwunden; an ihrer Stelle aber schwebte ein Adler, die Blitze fassend, und der Zukunft des Herrn erwartend, daß er sie entsende.

So war es um dies Gesicht gethan, dessen Anwendung auf die Frage der Mystik sich leicht ergibt. Keine Mystik! ruft es unten aus dem Schlamme; keine Mystik! tönt es aus dem Mulm und Moder des hohlen Baumes; verflucht sey alle Mystik! wüthet die edle Schaar der Gottesmänner oben in der Höhe: denn die unten und oben stehen durch die Mühseligkeit der Mittleren verbunden, sind in eine große Genossenschaft verkehrter Lehre, schlechten Triebes und verkehrten Thuns geeint, und Alle insgesammt jedem höheren Streben gleich gehässig, sind gesenkten Hauptes, gebeugten Rückens und schlangenfüßig ·gleich den alten Erdgebornen in der gleichen Niedertracht einverstanden. Wie sie aber auch sich mühen und abmüden mögen, all ihr Widerspruch wird nach ewiger Ordnung nur zur Befestigung dessen führen, was sie angefeindet: die Zügellosigkeit des wilden Naturtriebs, die sie verkünden, zur Zügelung desselben in rechter Zucht und Ordnung; die Furie des rasenden Veitstanzes, in den sie mit immer zunehmender Beschleunigung der Tanzweise die Willenskräfte hineinzuspielen sich bemühen, zu frei im Ebenmaße geordneter Bewegung; endlich ihr gänzliches Verneinen alles Höheren, in der Rückwirkung desselben, nachdem die Thatsache durch den skeptischen Widerspruch sich überall erst gereinigt und festgestellt, zur vollen Bejahung, was eben der Gipfel aller wahren Mystik ist. Ich sage mit Vorbedacht gereinigt und festgestellt durch den skeptischen Widerspruch; denn es ist nicht also gemeint, als ob jeder, der irgend Zweifel in diesen Dingen hege, oder laut werden lasse, sofort einer jener drei Klassen beigezählt werden müsse. Mit Nichten! nur jenes freche Verwerfen der ausgemachtesten Thatsachen, jenes stupide Verneinen und Abläugnen vor aller Untersuchung her, dies geflissentliche sich Selbstverblenden, dies dämonische Anfeinden alles Höheren,

weil es dem Thier im Menschen, das Staub frißt und auf
dem Bauche kriecht, ein Abscheu ist und ein Grauen; kurz die
Sünde gegen den heiligen Geist in allen ihren Formen und
Gestalten, eine Sünde, die nicht vergeben wird, und darum die
Verdammniß dieser Zeit begründet: sie soll damit gezeichnet
werden und getroffen und abgewiesen. Der Zweifel aber an
sich, wenn mit guter Gesinnung verbunden, soll keineswegs
gescholten seyn; denn er ist das zügelnde, durch den Widerspruch Schranken gebende, mäßigende Element in uns, das,
während der Irrthum vor ihm nicht bestehen mag, die Wahrheit nur zu befestigen dient, das daher in unserem jetzigen
geistigen Zustande als unentbehrliches Correctif einer entgegengesetzten Stimmung gegenübersteht, die durch allzu leichtgläu-
bige Hingebung vielfache Täuschungen und Irrthümer uns bereitet, und wo mehr, als in den geheimnißbedeckten Gebieten,
von denen hier die Rede ist. Darum soll die Bejahung wohl
als das Erste, thetisch Setzende vorangehen, damit die Untersuchung einen Grund gewinne; aber dann werde auch in allem
Einzelnen der Widerspruch gehört, damit sich an ihm der gewonnene Grund befestige: denn das wäre eine blöde, zaghafte
Wahrheit, die sich nicht vor ihrem Widersatze, der, wenn sie
ist, nicht seyn muß, zu schützen wüßte.

Vorläufige Uebersicht der verschiedenen mystischen Gebiete als Einleitung.

Gibt es nur zwei grundwesentlich verschiedene Substanzen, eine ewige schaffend ungeschaffene, die Gottheit, und eine zeitliche unschaffend selbst, aber von jener sich zum Bilde ausgeschaffen in der Welt; dann wird jedes einzelne selbstständige Geschöpf im Verbande dieser Welt in zwiefachem Bezuge auch ein zwiefach Leben leben mögen: im vorherrschenden zur Aeußerlichkeit ein Aeußerliches, Nachbildliches, Ausgebreitetes; in überwiegender Bezüglichkeit zur innerlichen göttlichen Mitte ein Innerliches, Vorbildliches, in Verborgenheit Gesammtes. Jenes ist das natürliche Leben in seiner ausgehenden Verweltlichung im allgemeinsten Ausdruck gefaßt; dies das mystische in seiner eingehenden Vergöttlichung in seinem tiefsten Grunde ausgedrückt. Mystisch wird dieses mit Recht genannt, weil es sich in Gott dem tiefen Mysterium des Daseyns aufgesetzt; natürlich das andere eben so bedeutsam, weil es sich in der Natur, der sichtlichsten Offenbarung dieses Geheimnisses, begründet.

Ruht aber das mystische Leben auf Gott, dann nimmt es auch in Licht und Liebe Theil an der höheren Freiheit Gottes; geht das Natürliche aber auf in den Naturverband, dann wird es auch der gesetzlichen Gebundenheit der realen Dinge in Gehorsam sich fügen müssen: jenem sich hingebend, wird sich das Geschöpf befreien, diesem sich fügend, wird es ihm dasselbe hörig machen, und wie es wechselt zwischen innerem und äuße-

rem Leben, werden auch Liebe und Gesetz umeinander in ihm
zur Herrschaft gelangen. Stellt sich das Leben, auf Gott gefe=
stet, in den Bezug von ihm zu aller Creatur, wie das Chri=
stenthum fordert, dann macht es in sich und im Verbande der
geschaffenen Dinge bis zur Naturtiefe hinunter mit der Liebe
auch die göttliche Freiheit geltend. Setzt es sich aber auf die
Natur, und richtet sich auf diesem Grunde in dem Bezuge von
ihr zu Gott, wie die alte Zeit im Gefolge des Sündenfalls
gethan, dann räumt es in sich dem Gesetze die größere Herr=
schaft ein, und sogar sein Wandel in Gott muß der Macht
desselben erliegen. Selbst das weltliche Leben in der Natur
wird im ersten Falle in seinem Prinzipe mystisch; dagegen im
andern selbst das mystische Thun weltlich und naturalistisch,
und es deckt sich hier die Wurzel des großen Gegensatzes auf,
der zwischen religiöser und natürlicher Mystik besteht.

Wir haben in dieser einleitenden Betrachtung so Gott wie
die Welt und das besondere Geschöpf in ihr, als einfach ge=
nommen, und beide nur im Verhältnisse der Unterordnung der
Einen unter die Andern erwogen. Nun aber ist zwar Gott,
obgleich dreipersönlich, doch im tiefsten und innersten Grunde
eins und einig; die Welt aber, obgleich in ihrem Grund in
Gott geeinigt, doch in ihren eigenthümlichen Gründen dreige=
theilt. Diese Welt scheidet sich nämlich in eine sichtbare und
materielle, und eine unsichtbare geistige, und eine dritte sie
einigende organische; woraus sich denn ergibt, daß auch die
einzelne menschliche Creatur, aus dem Kreise dieser einigenden,
dreiwesig in Einpersönlichkeit seyn muß. Eine also geartete
Persönlichkeit, zwischen die beiden Weltreiche ihnen zum Bande
gestellt, wird von diesem Standpunkte aus in verschiedenartige
Bezüge eintreten können, die in den großen Grundbezug von
Gott zur Gesammtwelt eingetragen, die untergeordnete Gliede=
rung desselben, und sohin auch der Mystik und ihres Gegen=
satzes begründen.

Und zwar wird der einzelne Mensch, wenn er von diesem
seinem Standpunkte aus nach der äußerlichen Weise die also
getheilte Natur zur Unterlage nimmt, im engeren Gebiete, wie
zuvor im weiteren, in einen zwiefachen Bezug eintreten kön=

nen, indem er durch seine Leiblichkeit hindurch entweder die körperliche Natur zum Stützpunkt nimmt, um von da aus sich zur geistigen zu erheben; oder indem er durch das Mittel seiner Geistigkeit hindurch sich der geistigen aufsetzend, und in ihr bewurzelnd von da bis zur Körperlichkeit niedersteigt. Wie nun wieder die körperlich sichtbare Natur die äußere Offenbarung der geistig unsichtbaren ist, so wird in jenem ersten Bezuge auch ein äußerliches, tiefer verleiblichtes Leben unter der Hörigkeit an das Machtgebot des physischen Gesetzes begründet werden. Und wie dagegen die unsichtbare Geisterwelt das beschlossene Mysterium der körperlichen in sich befaßt; so wird das gesteigerte Leben in ihr in höherer geistiger Freiheit auch verhältnißmäßig jenem gegenüber als ein verborgen mystisches erscheinen, und es muß sich mithin in diesem Gebiete wieder eine esoterische Mystik im engeren Sinne einem exoterischen Naturalism entgegensetzen; zwischen beiden in der Mitte aber das gewöhnliche Leben, schwebend zwischen dem Zwange des physischen Gesetzes und dem höheren Gebote des moralisch Geistigen, sich befestigen.

Es begreift sich aus dem bisher Gesagten, daß diese Mystik im engeren Sinne, je nach der Verschiedenheit des Bezuges im mystischen Leben sich zwiefach gliedert, eben so wie das entsprechende Leben in der Äußerlichkeit eine gleiche Gliederung erfährt. Weil nämlich die physische Natur in den ihr einwohnenden Kräften, dem Stofflichen an ihr gegenüber, eben so ein Verborgenes, Geisterartiges in sich hat, wie die geistige Natur, dem ihr eigenthümlich Thätigen entgegen, in ihren Umhüllen ein sich kundgebend Stoffartiges; darum wird das Leben so im Geiste wie in der leiblichen Natur im Einen sich erhöhen, im Andern sich vertiefen können, und wie also die Mystik in eine psychische und eine physische sich theilt, so muß auch das Leben in der bloßen Erscheinung zwiespaltig sie je nach beiden Reichen gliedern.

Was nun zuerst die physische Hälfte dieser zweigetheilten Mystik betrifft, so wird sie zunächst den Gliederungen jener äußeren Natur, in deren Innerliches sie sich vertieft, folgen müssen, und dadurch in ihren verschiedenen Gestaltungen sich

bedingen. Da nun die Erde, in die der Mensch sich einge=
pflanzt findet, selbst in ein tieferes Innen und ein höheres
Außen zerfallend, im Monde ein noch Tieferes denn sie selber
unter sich, in der Sonne aber ein Höheres über sich hat, so
wird auch die Naturmystik dieser äußeren Articulation sich
fügen. Wie daher das innerlich tellurische Berührtwerden im Waf=
ser= und Metallfühlen, das Orakelwesen in Höhlen und unter An=
regung von erdhaften Ausdünstungen, der Heilschlaf und jede Art
von mondsüchtiger Affizirung einerseits jenem tieferen, so werden
andererseits alle Formen orgiastischer Begeisterung im bachanti=
schen Taumel, wie die thierische Brunst an den Sonnenstand
geknüpft und an die Weinrebe angewiesen, die Augurien und
Zeichendeutungen im Gebiete höherer Meteore, die Sehergabe
äußerlich blinder innerlich erschlossener Sänger und andere in
Ähnlichkeit verwandte Erscheinungen dem höheren angehören. Alle,
durch das Band magischer Bindemittel in den verschiedenen Naturge=
bieten sich bewurzelnd, erlangen in ihnen theilweise höhere Lebens=
erregung, und es sind dann immer Naturlichter, tiefere und
höhere, die in diesen Zuständen scheinen; Naturstimmen, die in
ihnen sprechen; Naturkräfte, die durch sie wirken, und so bil=
den sie Alle insgesammt vorzugsweise den Kreis naturalistischer
Mystik, in dem das im Naturgebiete wohl gefestete Alterthum
sich beschlossen gehalten.

In allen diesen mystischen Anregungen ist es das untere,
tiefere, organische Leben, das durch die ihm zunächst verbun=
dene tiefere Leiblichkeit hindurch sich mit jenen verschiedenen
Naturgebieten in engeren Verkehr versetzt, und von sich aus
dann auch die höheren geistigen Kräfte, und die ihnen zunächst
verbundenen obern Organe in Mitleidenschaft versetzt. Aber
dieser antiken Mystik tritt nun die andere psychische ent=
gegen, die in den höheren geistigen Gebieten Sitz und Aus=
gangspunkt genommen, und von da aus den höheren nervösen
Organism durchwirkend, die Bänder webt, die sie unmittelbar
mit dem umgebenden Geisterreich verbinden, und nun nach ab=
wärts in Mitleidenschaft das untere Leben bewegend, auch in das
seelenartige der Natur sich absteigend vertieft, wie die andere
aufsteigend auch in die ihr eigenthümliche Region hineingeragt.

Es sind die verschiedenen Formen des Hellsehens und des sogenannten Lebens-Magnetismus, die sich hier uns bieten, und die vorzugsweise der neueren, nervös und psychisch gesteigerten Zeit angehörig, Heerd und Mitte im Seelischen, Werkzeug aber in den Nervensystemen gefunden, und von da aus nun den psychischen Gebieten sich aufsetzend, bis in die tieferen Naturgebiete sich hinab verbreiten. Das Geisterreich aber, in dem diese psychische Mystik regionirt, wird vorzugsweise das dem Menschen am nächsten verwandte seyn, in dem die Abgeschiedenen der Gattung weilen, wie daher dieses Geistergebiet sich gliedert in ein höheres und ein tieferes, so wird auch die mystische Anregung gegliedert seyn, und zugleich auch nach Maaßgabe dieser Gliederung in die unteren Naturreiche niedergehen, die höheren überirdischen geistigen Gebiete gleichsam nur an den äußersten Säumen streifend.

So die neuere seelische wie die alte Lebensmystik sind ihrem Wesen nach durchaus profaner Art, und weil beide, nur jede in verschiedener Weise, Geschöpf zu Geschöpf in geheimen Bezug versetzen, und daher sich nirgendwo über das creatürliche Gebiet erheben, darum fallen sie auch ganz der Wissenschaft anheim, und bilden in ihr die eigentliche und wahre practische Metaphysik. Aber diesem naturalen, in seinem Gebiete scharf begränzten Mysticism gegenüber, gibt es einen andern, der den Bezug über die Creatur hinaus steigernd und ihn bis zu Gott, der ungeschaffenen Substanz erhöhend, diese nun zu einem Verhältnißgliede macht, zu dem sie das andere im geheimnißvollen Verbande richtet, und also auch über jene Metaphysik hinaus in ein überweltliches Gebiet des Schauens und Wirkens sich erhoben findet. Diese zweite Art von Mystik, spezifisch und in tiefster Wurzel geschieden von der andern, wird dieser, die da wissenschaftlich ist, gegenüber eine religiöse seyn; der profanen entgegen eine heilige; der weltlichen eine kirchliche, und im Umkreise der Kirche selbst das innerkirchliche Gebiet erfüllen.

Diese zweite Mystik, in schärfster Scheidung von der ersten ausgeschieden, wird jedoch wie Gottes Wirken, auf das sie sich begründet, wieder eine zwiefache Seite haben. Gott näm-

lich), als erster Urgrund aller Dinge, beharrend in sich in
schärfster Abgeschlossenheit, hat jedoch auch nach christlicher
Lehre in der Incarnation ohne Vermischung und Verwirrung
sich mit der Natur geeinigt, und sie mit sich durch den Menschen, den er angenommen, und indem er also sich ihr hingegeben,
ihr die Möglichkeit verschafft, auf dem Wege und in der Wahrheit und dem Leben, die er ihr bereitet, zu jenem urgründli-
chen Mysterium sich in Bezug zu setzen. So wird es mithin
eine zunächst zwiefache religiöse Mystik geben, deren eine der
verborgenen Gottheit, von der im Fleische offenbarten aus, als
ihrem Endziel entgegenstrebt, und also ansteigend sich mehr und
mehr in sie vertieft; die andere, die wenn sie durch höhere Verleihung dies ihr Ziel erreicht, in ihm ruht, und von ihm aus
niedersteigend ins Leben sich ergießt. Jene auf die durch den
menschgewordenen Gott gesteigerte Natur gestellt, wird eine
vom Tieferen zum Höheren aufstrebende seyn, und wie sie
also in verschiedenen Momenten allmälig bis zum Scheitelpunkte ansteigt, wird diese ihre ansteigende Bewegung je nach
den beiden Naturen hauptsächlich in zwei Stadien getheilt, indem zunächst die untere und äußere vitale Natur vorbereitend
in jene Bewegung gebracht wird, und dann auch zu höherer
Erhebung die innere seelische und geistige. Die andere aber,
die mit Gott einigende, wird, wie die Gottheit selbst, in
der sie grundfestet, reine und heitere Einheit ist, so auch nur
Eine seyn, und nur in ihrem Auslaufen etwa, in umgekehrter
Ordnung jene Stadien der andern zurück durchschreiten.

So gliedert sich denn auch diese eigentlich christlich religiöse Mystik in zwei, und durch Untergliederung des zweiten
in drei Glieder, deren eines in die von Gott ausgehende, die
beiden andern in die in ihn zurückkehrende Richtung gestellt
erscheinen. Alle, weil in einem Streben zum höchsten Ziele
gerichtet, ergreifen zugleich auch im andern das in der Erscheinung Gegebene in seiner untersten und weit gebreitetesten
Äußerlichkeit und seiner höchsten umfassendsten Innerlichkeit,
und so wird ihnen einerseits die physische Natur in ihren tiefsten Geheimnissen aufgeschlossen, andererseits das Geisterreich
in seinen höheren überirdischen Gebieten aufgethan; während

selbst die unerforschliche Gottheit sich der höchsten durch sie selbst herbeigeführten Stufe der Einigung nicht versagt, sondern mit Freigebigkeit sich mittheilt, durch alle ihre Gebiete sie durchleuchtend, durchwirkend und durchgründend.

Erwägen wir nun das Verhältniß jener naturalen Mystik, die wir zuerst betrachtet, zu dieser göttlichen, die wir jetzt in ihrer Eigenheit festgestellt, dann müssen wir allerdings diese letztere als die bei weitem würdigere, edlere und höhere anerkennen; aber wir können auch der andern an sich kein Arg und keine Makel beilegen: denn die Creatur ist von Gott ausgegangen, und alle Bezüge in ihr gehen daher zuletzt doch auf ihn zurück, und so kann an sich auch die Naturmystik der religiösen nicht entfremdet seyn, sondern ist in ihr begriffen, und bildet ihre creatürliche Unterlage. Aber es lauert, seit die Sünde eingedrungen, in dieser Unterlage eine Gefahr; weil mit diesem Eindringen in den Bezug der beiden Wesenheiten, der göttlichen und der creatürlichen ein Gegensatz eingetreten, der von gut zu bös gerichtet, zwar die eine der beiden nicht berührt, die andere aber in ihren verschiedenen Gebieten infizirt. Es ist nämlich die untere physische Natur je nach Kraft und Stoff in diesem Zwiespalt in eine heilkräftig nährende, und giftig zerstörende getheilt; Leben und Tod erscheinen in der organischen in stetem Kampf entzweit; das Sinnliche ist im Gesetz des Geistes und dem des Fleisches zerrissen; das Geistige selbst von Wahrheit und Lüge umeinander in Anspruch genommen; sogar das höhere Geisterreich ist der Zerrüttung nicht fremd geblieben, und erscheint unter Geister guter Art, und solche, die dämonischer Natur sind, ausgetheilt.

Der allgemeine Charakter dieses neuen Gegensatzes ist, in kurzen Worten ausgesprochen, der, daß Alles, was in einem Gliede desselben um das Gute, dessen Art es hat, geordnet steht, mit Gott ist und thut und wirkt, während Alles, was sich zu dem andern hält, wider Gott wirkt und kämpft und streitet. — In diesem Charakter wachen daher die Mächte der guten Seite für die Ordnung, Harmonie und Schöne der physischen Natur; während die, welche ihnen entgegen stehen, Umsturz, Unordnung, das Auflehnen wilder zügelloser Kräfte, und das wirre Gegenstreben titanischen Grimmes fördern. So sind nicht minder die Einen Hüter des Friedens, der Wohlordnung und des gesicherten Lebens in der organischen Natur; während die Anderen den Krieg der Lebenstriebe, die krankhafte Verzerrung des von jener Ordnung Umschriebenen und die Entwicklung des im Keime schlafenden Verderbens fördern. Alles Gesunde, Tüchtige, in harmonischer Wirksamkeit dem Guten Zustrebende in der ethischen Welt, alles Wahre, in rechter Beziehung Setzende hat in den Einen seine Pfleger; während jegliches moralisch Verworfene, Gehässige, in Feindseligkeit gegen das Gute dem Bösen Zustrebende dort, so wie Alles, was zur Lüge sich haltend das in rechter Beziehung Gesetzte verneint, und nur das Nichtzuverneinende bejaht, in den Andern seine Heger findet. So sind also die beiden Reiche durch alle ihre Gebiete und in allen ihren Mächten und Kräften widereinander, und nur darin zeigt sich die Ueberlegenheit desjenigen, das in Gottes Sache streitet, über das Andere, das gegen ihn zum Kampfe ausgezogen; daß, indem die wachsende Verneinung die Bejahung mittelbar in der Rückwirkung, wie die Sinkende unmittelbar, erweitert, sie mit steigender wie mit nachlassender Thätigkeit gleich sehr die Sache des Gegners fördert, und so wenn auch widerwillig ihr den Sieg bereitet.

Es folgt daraus unmittelbar, daß diese Entzweiung in jeder der verschiedenen Arten von Mystik, die wir ausgefunden, wiederkehren muß. Der Mensch in seiner Freiheit zwischen die beiden Reiche gestellt, findet wie im Guten, das seiner Natur geblieben, Bänder, die mit dem Lichtreich enger ihn verknüpfen, so in der Sünde, die in dieses sein Wesen eingedrungen, andere, um mit den Mächten der Finsterniß sich näher zu verbinden, und wird dann beidemal, dort in Bejahung hier in Verneinung, über sich hinaus und unter sich hinunter, wirklich oder scheinbar gehöht und ausgetieft, schärfer gespannt und gekräftigt und gegeistigt. So hat die Naturmystik des Alterthums in ihrer unteren niedersteigenden Seite in Steinen, Zauberkräutern und Zauberthieren die Bänder aufgesucht, um mit den zerstörenden Naturkräften unterer Ordnung im Bunde die eigene beschränkte Macht zu steigern, und jenes Geschlecht von Zauberweibern, das z. B. von Colchis herübergewandert, hat in diesem finstern Naturbezuge die schwarze Magie begründet; während die weiße, die auf die Lichtseite sich hingewendet, in den Pflegern, die sie in Priestergeschlechtern entgegengesetzter Art gefunden, jenen Sympathien nachgegangen, die sie mit den segenbringenden Naturkräften unterer Ordnung zu einigen versprochen. In gleicher Weise hat dieselbe Mystik, in ihren ansteigenden Strebungen mehr den geistigern Untergewalten sich zuwendend, durch Zaubersprüche, geheimnißvolle Formeln, Beschwörungen, Talismane und Amulette sich in der einen Richtung der schadenbringenden schreckenden Gewalten des Unterreiches zu bemächtigen gesucht, und indem sie im Dunkel der Mitternacht an den Kreuzwegen der finstern Hecate und ihrem gespenstischen Gefolge Opfer und Dienst geweiht, hat sie sich nach dieser Seite zur Goätie ausgebildet; während nach der andern ähnliches Bestreben die Mächte des Lichtreiches in den Umkreis menschlicher Thätigkeit zu ziehen, sich zur Theurgie entwickelte. Der gleiche Gegensatz der Strebungen hat in ähnlicher Weise auch schon im magnetischen Hellsehen der neueren Zeit sich kund gegeben, und wie in seiner niedersteigend organisch-physischen Richtung lockende, verführende, zerstörende Mächte des Unterreiches anderen heilkräftigen, besserwirkenden, segenbringenden gegenüber in den Kreis dieses Hellsehens eingetreten; so hat in seinen ansteigenden psychischen Strebungen ein gleicher Dualism zwischen finstern und hellen Geistern sich kund gegeben, und Bezüge haben so nach der einen wie der andern Seite sich gebildet, die dem, was im kirchlichen Gebiete in einer weit tieferen Weise sich begründet, analog gegenüberstehen.

Es kann nicht fehlen, der gleiche Gegensatz muß auch in der religiösen Mystik, so weit die Entzweiung eingedrungen in ihr Gebiet, wieder zum Vorschein kommen, und auch in sie eine neue Theilung bringen. Es ist aber die Zwietracht, die das Böse hervorgerufen, durch das gesammte creatürliche Gebiet hindurchgegangen es theilend unter ethisches Licht und Finsterniß. So lange die Mystik mithin in dem Gebiete des

Geschaffenen verweilt, wird sie diesem Gegensatze sich nimmer
zu entziehen im Stande seyn. Mit dem Eintreten in die hö=
heren geistigen Gebiete findet sie gleichmäßig von beiden Sei=
ten sich begrüßt und angesprochen, und an den Scheideweg
gestellt, gilt es sofort, wie sie sich bestimmt: ob sie sich zu den
dämonischen Mächten hält, wo sie dann zur dämonischen Mystik
sich ausgestaltet; oder ob sie den Geistern des Himmels sich
zuwendet und dann zur ächten und rechten Mystik, die da ist
vom guten Wasser, erhebt. Das wird für die beiden Grade
dieser Mystik, den unteren, der sich mehr in die physische Na=
tur versenkt, und den oberen, der mehr im eigenthümlichen
geistigen Gebiete weilt, Gültigkeit haben, und wie die dämo=
nische Mystik dort der schwarzen Magie, hier der Goätie als
ihrem Naturgrunde sich aufsetzt; so wird die bessere im tieferen
Naturgebiete mehr der weißen Magie, im höheren der Theur=
gie aufstehen.

Wie aber nun der Mystische, beiden Reichen durch innere
Sympathie verwandt, sich in eigener Selbstbestimmung einbür=
gern kann, in einem oder dem andern nach Wohlgefallen; so
werden doch, da beide sich in ihm berühren, auch selbst nach
getroffener Wahl, noch Wechselbezüge beider auf ihn statt fin=
den, in denen die Geschiedenen sich gleichsam vermitteln, und
eine Art von Übergang begründen. Hat nämlich die Wahl auf
die gute Seite sich entschieden und die Mystik im Lichtgebiete
sich festgesetzt, dann mag sie von da aus, als ihrer eigentlichen
Heimath auch ohne Gefahr die Gebiete der Nacht betretend,
in nächtlich finsterer Vision sie durchschauen und durch=
fühlen. Dagegen aber muß es auch den Mächten dieses Reichs
gestattet seyn, zur weiteren Reinigung und Läuterung des ihnen
feindseligen Prinzipes, in der dämonischen Versuchung
prüfend es anzugehen, ob es in der Anfechtung bestehe und
sich bewähre. Das Gleiche, nur in umgekehrter Richtung, wird
dann erfolgen, wenn die Mystik den anderen Pfad gewählt,
und nachdem sie im mitternächtlichen Reiche ihren Standpunkt
sich genommen, von da aus sich in das andere ergeht, und
seine Rückwirkung erfährt, die wie die andere auf das Ver=
derben, so auf Heil und Rettung gerichtet ist. Visionen und

Verſuchungen der erſten Art werden eine Brücke des Übergangs aus der Myſtik des guten Prinzipes ins Böſe; ſo wie Geſichte und Einwirkungen der andern, die der Vermittlung der Myſtik der bittern Wurzel mit jener der ſüßen bereiten, und beide eine Art von Mittelgebiet zwiſchen den beiden in ſich ſcharf geſchiedenen Gegenſätzen erfüllen.

Über allen dieſen Zwieſpalt hinauf erhebt ſich dann endlich die einigende Myſtik, ſo Anfang wie Endziel der ganzen myſtiſchen Bewegung. Wie nämlich dieſe Bewegung von Gott und ſeiner Begnadigung ihren erſten Ausgang genommen; ſo iſt all ihr Streben auch dahin gerichtet, zu jenem erſten Quellpunkt zurückzukehren, und hat ſie ihn erreicht, dort in Befriedigung zu ruhen. In Gottes Weſen aber iſt die Scheidung von Geiſtigem und Natürlichen nicht eingegangen; noch weniger wird es von dem Gegenſatz von gut und bös berührt: denn ſein eigenſter Charakter iſt eben lautere und heitere Einheit durch nichts getrübt, und es theilt dies Gepräge auch jeglichem Zuſtande mit, in dem in ſich Getheiltes mit ihm zur Einigung gelangt. Dieſe einigende Myſtik iſt daher Gipfel und Mitte aller Myſtik, in welche die getheilten Radien aller vorbereitenden Strebungen zuſammengehen, und ſich wie in ihrem gemeinſamen Knotenpunkte verbinden.

Aus dem Geſagten ergibt ſich leicht die natürliche Folge und Ordnung, in die ſich die der Myſtik angehörigen Materien zuſammenfügen, nach der ſie alſo auch am füglichſten und natürlichſten abgehandelt werden mögen.

Zunächſt, da der Menſch, wie er ſich hiſtoriſch findet, in Mitte aller der Naturbezüge, wie ſie die gewöhnlichen Lebenszuſtände bezeichnen, das Subject aller Myſtik iſt, wird die Unterſuchung auch mit ihm beginnen, und das verflochtene Gewebe dieſer Naturverhältniſſe, als die phyſiſche Grundlage aller ſpäter eintretenden höheren klar zu Tage legen.

Da Gott und Alles, was Gottes iſt, dann aber allem myſtiſchen Leben wie Anregung und Urſprung, ſo auch Endziel iſt, darum wird ſofort die Unterſuchung zu ihm übergehen, und über den gottgegebenen Grund der Myſtik ſich verbreitend, den in die chriſtliche Offenbarung gelegten Keim derſelben in

seiner allmäligen historischen Entwicklung bis zum Höhenpunkt
derselben hinauf begleiten.

Der Mensch, austretend aus den gewöhnlichen Naturbe=
zügen und unter der Leitung dieses höheren Entwicklungstrie=
bes in die Wege, die nach inwärts gehen, hinüberlenkend, be=
darf dazu einer gewissen Vorbereitung, in der die Natur und
Eigenheit gebrochen wird, und ihre auslaufenden Richtungen
ihre Umkehr finden; die ascetische, ordnende und reinigende
Disciplin, die diese Umwendung bewirkt, wird dann als der
nächste Vorwurf der fortschreitenden Untersuchung sich dar=
bieten.

Die Gewohnheit des Lebens ist durchbrochen, die eng um=
fassenden Naturbezüge haben ihre Lösung gefunden und die
Möglichkeit herbeigeführt, über sie hinaus andere und höhere
anzuknüpfen; aber nun theilen sich die Wege, der eine führt
auf weiter Bahn zu dem Abgrunde des Bösen hinunter, der
andere auf engerer zur Höhe des Guten und des Überguten
hinauf: die Wahl entscheidet, ob es dämonische Mystik sey oder
christliche, der sich das Leben ergeben.

Hat die Wahl auf die gute Seite sich entschieden, dann
schreitet sofort die lichte Mystik auf gottgeebneter Bahn ein=
her. Zwei Stadien theilen zunächst je nach zweien Vorgrün=
den diese Bahn, deren erstes noch unten in den Anfängen
mehr der Natur und natürlichen Dingen zugewendet steht; das
andere im Fortschritte von diesen mehr abgewendet, und tiefer
in das Geheimniß der unsichtbaren Welt eingedrungen, der
Gewöhnlichkeit mehr entrückt, dem Wunderbaren näher tritt.
Beide übereinanderliegende Verbindungen mystischer Zustände
werden zwei natürliche Abtheilungen bilden, in denen die weiter
gehende Untersuchung ihren Vorschritt gliedert.

Hat die Wahl auf die böse Seite sich geneigt, dann sinkt
sie auf abschüssiger Bahn dem Abgrunde immer näher, und
auch dieser Absturz wird in zweien übereinanderliegenden Ab=
gründen getheilt erscheinen, deren einer dem andern ruft, und
an denen auch die Untersuchung dämonischer Zustände Anhalt
und Gliederung findet. Die lichte zweigliedrige Mystik wird
in solcher Weise einer finstern gleichfalls zweigegliederten sich

gegenüberstellen, und beide werden in einer überleitenden Ab=
theilung im Mittelgebiete, das der Wechselwirkung beider Ge=
biete miteinander Raum gibt, äußerlich vermittelt; ihr Gegensatz
höher hinauf aber wird in einer höheren göttlichen Vermittlung
aufgehoben, die das Böse, obgleich Widersatz alles Guten,
doch zum Guten wendet und bezwingt. Die einigende My=
stik, die auf dieser Höhe die gereinigte Creatur mit Gott ver=
bindet, wird daher die letzte Tagweite des mystischen Weges,
das Endabsehen der ganzen Untersuchung, und Gipfel und
Schlußstein des ganzen Gebäudes bilden.

———

Erstes Buch.

Natürliche Unterlage der Mystik.

———

I.

Die allgemeinen Bezüge des Menschen zu sich und seiner Umgebung.

1.

Die Grundverhältnisse in der Natur der Dinge.

Alle Mystik will über die gewöhnliche Führung, in geordneten festbestimmten Welt- und Lebensverhältnissen hinaus, einen engeren Verkehr der menschlichen Creatur mit der Gottheit begründen, aus der Gottunterwürfigkeit im Verhältnisse der Kindschaft die Gottesfreundschaft in Liebe entfaltend. Seinen ersten und höchsten übernatürlichen Grund wird dieser vertraute Bezug mithin in der Gottheit als seiner wirkenden Ursache wie seinem Endziel finden; diesem seinem bedingenden, selber unbedingten Gliede, wird sich aber ein zweites Bedingtes, in der Creatur Gegebenes beifügen, das ganz im Kreise der Bedingungen des creatürlichen Daseyns begriffen, dem Verkehre seine natürliche Grundlage gibt. Über ihr und den gewöhnlichen Naturgesetzen erbaut sich daher das höhere Verhältniß von Seite des in dasselbe eingehenden Menschen. Den aufwärts strebenden Kräften muß sie nach abwärts ihren Stützpunkt geben; die Leiter, an der die Geister auf- und niedersteigen, steht auf ihr; und wie hoch nun der ansteigende Strahl sich immer erheben mag, wie sehr das Cryſtall seiner Waſſer im Lichte der Höhe sich klarifizirt; von seinem Quellbrunn, der ihn gegeben, vermag er sich nicht ganz loszusagen, noch auch von dem niederziehenden Gesetze der Tiefe sich völlig zu befreien. Den Sohn des Staubes begleiten daher die Elemente und ihre Ordnungen auf allen seinen Wegen; sie läutern sich nur und befreien sich mit ihm, so er ansteigt; vergröbern sich und erstarren in Gebundenheit, wenn er mit ihnen in die Tiefe niedergeht. Sie, überall die irdische Regel gebend, werden daher auch der Betrachtung Unterlage und Stützpunkt seyn müssen; worüber sie sich ausbreitend Fuß gewinnt, und an deren Verständniß sie nun alle höheren übergreifenden in Gott gesteigerten Verhältnisse haltend, sie sich zur Anschauung bringt.

Wie aber nun in der menschlichen Creatur ein Geist im Lebensodem sich in einem Leibe regt, und ein zweifaches Gesetz in geistiger und in leiblicher Ordnung in ihm regiert; so wird es auch ein erstes Grundverhältniß seyn, das aus einer in die andere sich hinüberzieht. Beide Glieder dieses Verhältnisses haben ursprünglich harmonisch sich gegenübergestanden; denn da das eine im Bilde der Gottheit, das andere in ihrem Gleichniß ausgeschaffen worden, haben sie, in einem dritten übereinstimmend, nothwendig auch unter sich übereinstimmen müssen. Sie haben aber dadurch übereingestimmt, daß das Bild als Vorbild im Gleichnisse als dem Nachbilde sich theoretisch wiedergefunden, und practisch es darum beherrscht; woraus dann die gesammte Symbolik des Lebens hervorgegangen. Als aber durch die Schuld das Bild der Gottheit verloren gegangen, und so Ausschein wie Wiederschein sich getrübt, weil, was uneins ist im gemeinsamen Dritten, auch uneins ist unter sich; da hat mit der Störung der Harmonie zwischen Urbild und Abbild, auch jene Symbolik für die Anschauung sich verwirrt, und indem das Gleichniß, statt dem Urbild sich zu fügen, es lieber sich zum eigenen Abbilde machen, und somit practisch es beherrschen möchte, hat jener Kampf begonnen zwischen den beiden Ordnungen, den eben die Mystik aufgenommen, und den sie zum Ende zu streiten sich bemüht; weil ohne das die Wiedereingeburt des Gottesbildes und die Wiederherstellung der alten Symbolik nicht geschehen mag. Das Reich

des geistigen Vorbildes ist aber in der Natursymbolik ein i n -
n e r e s, das des leiblichen Nachbildes ein ä u ß e r e s; das Verhältniß von J n n e n zu A u ß e n wird also in der natürlichen
Unterlage der Mystik das umfassendste Grundverhältniß seyn,
und wie ihr vorzüglichster Streit in dieser Richtung gestritten
wird, so wird auch der tiefste Naturgrund ihrer Symbolik in
ihr liegen.

Wir sehen die Sonne bisweilen in den Parhelien eine Art
von Naturmetaphysik üben, indem sie die verschiedenen Grund-
beziehungen, in denen sich ihr System erbaut, mit Lichtschrift
in den Luftkreis schreibt. In lichten Kreisen mancherlei Art,
mit denen sie in wechselnden Durchmessern sich umzieht, scheinen die Bahnen der Weltkörper um sie her sich zu spiegeln;
wie in andern, die sich diesen eingeschrieben finden, wieder
die in tieferer Ordnung die vorigen umkreisenden. Wo sich
die Kreise oder Kreisfragmente, zum sphärischen Kreuz verbunden, durchschneiden; spiegelt sie sich selber als planetarische
Nebensonne in einem erblassenden Bilde, sich in die Mitte
aller Bilder in gedämpftem Glanze stellend; bisweilen auch selbst
die Durchmesser der Kreise durch Lichtlinien bezeichnend, und
diese dann zum geradlinigten Kreuze zusammenfügend. Dieser
bildlichen Naturphilosophie verwandt, erscheint eine Art von
Naturmystik in der Lichterscheinung, über die der Lebensbeschreiber der heiligen Hildegardis uns Nachricht aufgezeichnet,
und die daher bei dem symbolischen Charakter alles Mystischen
in beide Naturgebiete des creatürlichen Daseyns, das geistige
wie das physische, hinüberspielt. Als die Heilige nämlich gestorben, erschienen über ihrer Wohnung zwei leuchtende, verschieden gefärbte Bogen, die in der Mitte sich durchkreuzend,
gleich zweien weit hinziehenden Lichtstraßen von Norden nach
Süden und von Osten nach Westen gingen. Oben im Kreuzungspunkte war ein klarer Schein, groß wie des Mondes
Scheibe, der die Finsternisse der Nacht zerstreute. Im Lichte
fand ein Kreuz sich eingeschrieben, im Beginne klein, dann ins
Unbegränzte wachsend; umher unzählige Kreise mancherlei
Farbe, jeder in seiner Mitte sein eigenes nur kleineres Kreuz
beschließend. Die Erscheinung, indem sie sich immer weiter

ausbreitete, schien auch abwärts in die Tiefe sich mehr und
mehr gegen das Haus zu senken, und verklärte den ganzen
Berg allumher.

Füglich wird uns diese leuchtende Erscheinung, wenn wir
sie näher ins Auge nehmen, zur zwiefachen Auffassungsweise
dieser Grundverhältnisse, der rationalen und der mystischen
hinüberleiten. Von der Höhe des Gewölbes ziehen die sich
kreuzenden Lichtstreifen bis zum fernen Gesichtskreis hin, und
schneiden dort vier Punkte ab, Aufgang und gegenüber Niedergang, und so Mittag und Mitternacht bezeichnend,
und durch die zwei sich kreuzenden Lichtstraßen die ostwest-
liche und die tagnächtliche untereinander verbunden. In
Gedanken aber am bedeckten Himmel der andern Hemisphäre
bis zu einem zweiten Kreuzungspunkte fortgeführt, wird dieser
dem ersten gegenüber, als Südpunkt dem Nordpunkte, einen
dritten Bezug ausscheiden, durch eine dritte auf die beiden
andern rechtwinklicht gestellte Achse, die nordsüdliche ausgedrückt. Diese drei Bezüge eingetragen in jenen ersten und
tiefsten zwischen Innen und Außen, und dadurch in seinen
beiden Gebieten, in jedem in eigenthümlicher Weise, zur Gültigkeit erhoben, werden nun Grund und Aufriß des Gebäudes
jeglicher geschaffenen Substanz wie des ganzen dreigetheilten
Weltalls bestimmen.

Es hat nämlich jegliche volle Substanz, so materielle wie
geistige, oder solche, die aus ihnen sich verknüpft, einen urthä-
tigen Quellpunkt ihres ausgebreiteten Daseyns in sich beschlossen, der in seiner lebendigen prägnanten Einheit sich erfassend,
recht als der ihr eingesäte Lebenskeim sich in ihr verbirgt. Um
diesen her aber ist nun ihre ganze äußere Erscheinung ausgegossen; die Vielheit in ihr zur Ruhe gebunden, umsteht jene
quellende Einheit, und so wie die gebende, an ihr der nehmenden, sich ausgelassen, also ist sie geworden und wird fortdauernd in ihren Veränderungen. Damit aber das geschehen
möchte, mußte Anbeginns und so noch anhaltend ein Drittes
verbindend zwischen beide mitten inne treten, und von der verhüllten Einheit zur offenbarten Vielheit hinüberreichend, sie in
Stetigkeit vermitteln. Die Einheit ist nun in der Tiefe der

Substanz ihr erster urkräftiger Grund, ihr formgebendes
an sich; die Vielheit ihr zweiter leidender Grund, ihr
Vermögen oder wenn körperlich, ihr Stoff aus dem; der
dritte aber, ihre eigentlich in die Vervielfältigung überleitende
Ursächlichkeit und Kraft ist als Linie zwischen beiden Punk=
ten, dem in Mitte und denen im Umkreis, die Achse jenes ersten
substanziellen Grundverhältnisses, das von Innen zu Außen
steht.

Diesem Grundverhältnisse sind nun alle die andern zum
Ausbau aufgetragen und eingegeben. Alle Vielheit, die in
irgend einer Substanz sich begriffen findet, geht zuletzt auf
Zweiheit zurück, wie sie ursprünglich von ihr ausgegangen.
In dieser Zweiheit hat daher, der inneren Einheit gegen=
über und von ihr gehalten, die Substanz vorerst zwei Sei=
ten gewonnen, die, weil alle Vielheit sich zuletzt auf sie
bezieht, als Mittelpunkte zweiter Ordnung dem Einen im ge=
meinsamen Centrum untergeordnet, sich ihm zur Seite stellen,
und durch eine Linie miteinander verbunden, in ihr den ersten
seitlichen Gegensatz ausdrücken. Aller Unbestand, der wesent=
lich die Zweiheit bezeichnet, aller Wechsel und Wandel, der
von ihr ausgeht, erscheint nun an diese beiden Punkte geknüpft;
alle Unrast des inneren Bildungstriebes, der immer aus jeder
Ruhe wieder hinausgetrieben, neuer Gestalt zueilt, hat in ihnen
seine Beziehungspunkte gefunden, nach denen er das bunte
Gestaltenspiel entfaltet. Aller Formenwechsel in der Metamor=
phose gleichzeitig miteinander ablaufender Erscheinungen; alle
Differenz im Nebeneinander der Elemente der Substanz, somit
alles Spezifische, Eigenschaftliche, Sonderheitliche, elementa=
risch Geschiedene bis zur äußersten Erschlossenheit hinaus, liegt
daher in der Linie, die sie unter sich verknüpft, die daher
als Ausdruck aller physisch und logisch differenzirenden Thätig=
keit erscheint. Wie am Morgen= und Abendhimmel, wo sich
Tag und Nacht berühren, aus Licht und Dunkel sich die Far=
ben der Morgen= und Abendröthe mischen, wie aus gleicher
Mischung der Rede und Schweigsamkeit, des Klanges und der
Stille, der in Höhe und Tiefe wechselnde Ton sich ausgebärt;
so stellen auch alle Farben der bunten Erscheinung und alle

Töne des lauten Lebens sich an diese Linie. Die Formationen der urweltlichen Erde haben sich in ihr aufgeschlossen; die Entfaltung und das Auseinanderranken der Pflanzen in ihren mannigfaltigen Gebilden geschieht ihr entlang; das Leben der Thiere erscheint in seiner Entwicklung durch sie bedingt, und wie die Organe des menschlichen Leibes in seiner Doppelheit sich ihr nach gliedern, so entfalten sich die Gedanken in ihr oben im Haupte, die Begriffe theilen sich, und die logische Klassenordnung je nach Gattung und Art und Spielart bis zum Individuum gliedert sich an ihr auseinander.

Wenn aber in solchem Triebe die Dinge, in diesem sich immer weiter öffnenden Verhältniß, sich mehr und mehr zu zweien streben; dann findet dies zweiende Bestreben seine Mäßigung in einem andern entgegengesetzter Art, das in der gleichen Linie wirksam, jenes erste ergänzt und begränzt. Wie immer nämlich im Wechsel und Wandel, der alles Irdische umtreibt, die Dinge auseinandergehen; immer bleibt ein Sehnen in ihnen zurück nach wandellosem Beharren und Ruhe in enger Beschlossenheit, und dies Sehnen, das gerade dann am lebhaftesten erwacht, wenn das Ausgetriebene am weitesten ausgewichen, ist eben, was der Ausweichung Schranten setzt. Es hebt daher dies Sehnen von zwei äußersten Gegensätzen des Wandelbaren an, und von da sucht es sich, der Verbindungslinie entlang, in einem Punkte auszugleichen, der, weil er die Allgemeinheit ist, in der alle im Gegensatze begriffenen Dinge übereinkommen, eben als der gesuchte Ruhepunkt, ihrem Streben Ziel gibt, ohne es je in Sättigung zu befriedigen. Also im Niedersteigen aus dem Besondern ins Allgemeine alle gegebnen Differenzen an dem letzteren ausgleichend, ist die Linie der Schiedniß jetzt in eine der Einigung umgeschlagen, und in ihr liegt sohin alles Zusammenstimmen und Zusammenklingen; alle Harmonie in Assonanz und Consonanz im Zwiespalte der Materie und ihrer Bewegung eben wie der Geister und all ihres Thuns, so wie dessen, was aus beiden sich gefügt. Aus der Bewegung zur Ruhe strebend ist dieser Trieb daher der stellende, haltende, festigende für alles Bewegte; in Mitte alles Umtriebes ruhend, ist die Linie seines Vorgangs die

zwischen ihren Angelpunkten unbewegte, um die alle Bewegung
kreist; im Wirbel des Auseinanderstrebenden die zusammen=
haltende, die Maaß gibt und Temperatur und Einklang dem
sonst Zerfahrenden. So ist sie also, im Geister= wie im Kör=
perreiche die große Weltachse, um die der bewegende Himmel
jegliches, das er ergreift, bewegt, die bewegliche Erde aber
sich bewegt findet. In dem Leben der physischen Natur wird
die Mensur der Tage, Jahre und Säcularbewegungen an ihr
geregelt; in der Geschichte gibt sie die innerliche Fügung, in
der sich das Gefüge des gleichzeitig Geschehenden ordnet; im
organischen Leben ist sie tragende Säule, um die alles Getheilte
zur Eintracht sich äquilibrirt; im Geiste Schwingungsachse für
alle Gedankenbewegung, in der alles Individuelle durch Ab=
straction in die Art, wie diese in der Gattung aufgeht, und
somit alle Verkettung der Gedanken sich erwirkt. Indem daher
in ihr Alles nach seiner Übereinstimmung sich zusammengliedert,
was in der andern nach seinen Unterschieden sich auseinander
articulirt; ist der indifferenzirende Trieb die Ergänzung des
differenzirenden, und beide, obgleich besondere entgegengesetzte
Strömungen bildend, gehören zueinander.

Ist so in Mitte des in die Getheiltheit Hinausstrebenden
und in die Einerleiheit Zurückstrebenden die stehende Achse ge=
festet, dann ist nun auch in Mitte des Zugleichseyenden der
Bewegung des im Nacheinander sich Folgenden die Bahn geöff=
net. Es ist nämlich jeglicher Substanz, neben der Mannigfal=
tigkeit der sich coordinirten Theile, auch eine Mannigfaltigkeit
der Zustände gegeben, die sie nacheinander durchlaufen kann,
und dieser entsprechend ist nun ein anderer Doppeltrieb in sie
gelegt, deren einer, wenn sie ihm Folge leistet, sie in schnellem
Wechsel durch diese Zustände hindurchführt, während der andere
hemmend diesem ausströmenden Fließen mit einem rückströmen=
den entgegentritt, und damit der allzu rasch vorschreitenden
Metamorphose ihre Gränze gibt, oder sie auch wohl rückläufig
macht. Alles·in Succession ablaufende, so im Geiste wie in
der Materie und im Organism, ist daher an dies zweite Dop=
pelverhältniß geknüpft; alles Historische sohin in seinem Vor=
gang wie in seinem Rückgange. Die Geschichte der Natur in

ihren verschiedenen Reichen und Gebieten verläuft daher in
dieser Richtung, denn die Genesis aller Dinge hat sich in ihr
begeben; die Generationen der Dinge am Himmel und auf der
Erde sind in ihr verkettet; die Formationen der Gebirge, die
verschiedenen Pflanzen und Thierschöpfungen reihen sich in ihr
zusammen; das Leben des Menschen in seinen Stufenjahren
und in seinem täglichen Wechsel läuft ab an ihr; alle Gedan=
kenverbindung vorschauend in rechtläufiger Bewegung der Nach=
einanderfolge, rückschauend in der rückläufigen des umschauen=
den Gedächtnisses erwirkt sich in ihr: denn der Strom der
Zeiten geht in diesem Bette, nach Vorwärts sich zugleich ent=
faltend und nach Rückwärts in der ursprünglichen Einheit sich
zusammenhaltend.

Beide Doppelrichtungen, entgegengesetzt, wie sie, jede in
sich und beide unter sich, sind, bedürfen einer dritten, die sie
ordnet und sie aus Differenz und Indifferenz integrirt; was
ein drittes Verhältniß bedingt, in dem diese Integration erfolgt.
Nur von einer höheren Einheit, die über die Vielheit hinaus
liegt, kann aber diese Integration geleistet werden; weil in ihr
allein, was unten in entgegengesetztem Streben auseinander=
geht, das Band findet, dem es gehorchen muß. An das Ver=
hältniß von Innen zu Außen, oder vielmehr seine Fortsetzung
und Übertragung in das Peripherische erscheint daher diese
neue Action geknüpft. Wie daher im Naturweltlichen die Sonne
die Einheit der Erdenvielheit ist, somit also die Integrirung
derselben an das Lichtgestirn sich knüpft, dies aber in Mittag
und Mitternacht, den Scheitel= und Fußpunkt seiner integri=
renden Wirkung auszeichnet; so wird in diesen Reichen die
von einem zum andern reichende Achse, die des Wechselver=
kehrs im Auf= und Niedersteigen zum Geben und Empfangen
seyn, und wir werden sie für alle anderen, auch die geistig
und leiblich gemischten Reiche, gültig, als die von Oben zu
Unten bezeichnen können. In dieser Linie wird also das Nie=
dersteigen der Einheit zu der Vielheit, die hingebende Herab=
lassung zu derselben, und im Gefolge der Einverleibung der
ihrem Thun sich lassenden, die Erhebung dieser zu ihr hinauf
erfolgen. Die Linie der Subsumtion aller auf= und nieder=

gehenden Kräftigkeit in allem Erschaffenen wird daher in ihr gegeben seyn, bedingt durch das stete Hin= und Hinüberschwingen der Vielheit aus ihrem Insichselbstseyn zum Seyn in der Einheit hinauf, und wieder zur vorigen Vereinsamung zurück. In ihr liegt daher im äußeren Naturhaushalt aller Wechsel zwischen Tageshelle und nächtlicher Finsterniß, Sonnenwärme und Winterkälte, höherer Freiheit und tieferer Gebundenheit; alle Einbildung höherer Naturtypen in die Unterwelt; alle Unterordnung der Naturgewalten, und somit alle Gliederung des Ganzen. Im Geisterreiche wird eben so durch sie jede gebietende Wirksamkeit des höher Gestellten auf das Untere, innerhalb der Sphäre desselben, bedingt; jeglicher von Oben niederkommende Einfluß wird in ihr aufgenommen, und die ganze Hierarchie der Gewalten ist in diesem Reiche wie im andern, über ihr erbaut. Endlich wird in ihr im Geistigorganischen so leiblich die aufsteigende Aneignung und Einleibung des Stoffes, wie geistig die absteigende Niederkunft und Rationalisirung der Idee erfolgen, und alle Gliederung des Geistes in seine Vermögen, wie alle Articulation des Leibes in seine Organe, in ihr sich gegeben, so wie im Leben der Wechsel zwischen Wachen und Schlaf selbst seiner Stufenalter sich geordnet finden.

Ist es aber also um dies Verhältniß gethan, dann wird auch die Linie des ersten Grundbezuges zwischen Innen und Außen zwar über, aber zugleich auch in der Richtung dieser Achse liegen. Es ist nämlich die erste Einheit in sich und für sich wohl allen diesen Beziehungen entrückt, und in unveränderter Selbigkeit gefestet. Aber eingehend in den Verkehr mit dem Anderen in der Tiefe, wie sie diesem von ihrer Einheit gibt, muß sie ihrerseits für denselben von seiner Zweierleiheit an sich nehmen, und so wird sie, indem sie die untere Sphäre in einer Mitte gründet, sie mit einer anderen höheren umhüllen, in der sie selber vorherrschend gebietet, in die sich aber auch wieder die andern Achsen der geordneten Vielheit in der Tiefe eingetragen. Wie nun aber im Verkehre beider Sphären sich jenes Verhältniß unten begründet, in dem die Aufnahme ihrer Einwirkung und das Ansteigen zu ihr hinauf geschieht; so wird dieser gegenüber in der Sphäre um die Einheit her eine entsprechende sich vorgerufen finden, in der die Mit= theilung und das Niedersteigen zur anderen hinab sich bereitet und vorbegründet. Da nun im Grundbezuge beider Welten die Sphäre der Einheit als die innere geistige, die der Viel= heit als die äußere physische erscheint, darum wird das Verhältniß von Innen zu Außen jene beiden Achsen nur untereinander verknüpfen, mithin also allein die Vermittlung von beiden seyn. In dieser also verbundenen Doppelachse, und in ihrer Aus= breitung in die andere nach Aufwärts und Abwärts hin, wird sich aller Verkehr zwischen Einheit und Vielheit ausführen, und die Vermittlung aller Gegensätze, in die jene an dieser sich aufgethan, und in die dafür die andere an der ersten sich zu= sammengeschlossen, erfolgen, und so wird überall das Dritte zwischen dem Erstgegebnen und dem Zweitgegebnen mitten inne liegen. Also gestellt aber wird dies Dritte nicht blos die Mitte der Einheitssphäre an die der Vielheitssphäre knüpfen, son= dern auch jede Achse an die entsprechende, und so auch Pol an Pol; es wird somit selber eine dritte verbindende und tren= nende Sphäre in ihm sich bilden, in allen Momenten der bei= den andern erbaut, und in ihren Achsen ausgezogen. Darum auch sind die drei Linien in allen dreien senkrecht übereinander aufgerichtet, damit die Gegensätze für ihre Wirkung ohne alle Störung freien Raum gewinnen; die Mitten aber, in denen keine Turbulanz ist, in verträglicher Ruhe in einem Punkt zu= sammenfallen, und die Thätigkeiten nun gegenseitig sich durch= wirkend und umspinnend in mehrfacher Wiederholung die Sphä= ren geistiger wie natürlicher Wirklichkeit abrunden.

2.

Das mystische Kreuz.

So hält die wissenschaftliche Anschauung die Kreise der Erscheinungswelt geordnet und geschlossen, und in ihren Radien um die Mitte wohl gefestet. Aber die Mystik weiß nichts von Radien und Achsen und Angelpunkten, desto besser aber kennt sie eine nahe verwandte Figur, die des Kreuzes nämlich. All ihr Grund ist in dies Zeichen gelegt, wie auch all ihr

Trachten von ihm seinen Ausgang nimmt; weil in ihm der, so
ihr Ziel und Vorbild ist, die Welt überwunden und alle ihre
Zauberkreise gebrochen hat. Vorbild aber ist er ihr für ihre in
Reinigung vorbereitende Disziplin; er ist es für ihren
Vorschritt in Streit und Gnade bis zur Todesüberwindung;
er ist es endlich der triumphirenden in der Ruhe der Einigung. Opfer zugleich und Opferpriester auf dem Kreuzesweg gehend, und auf dem Altare des Kreuzes sich darbringend,
hat er in der zwiefachen Eigenschaft von ihm seine Signatur
genommen, und diese der ihm nacheifernden reinigenden Mystik
wieder aufgeprägt. Wie er das Leben ablegend und es wie-
dernehmend auf seinen Bahnen vorgeschritten, ist ihm das genommene Zeichen ins Grab gefolgt, und mit ihm wieder aus
demselben auferstanden, und so haben denn alle in Selbsternie-
drigung Niedergebende und in Begnadigung Erhöhte in ihrem
Vorschritt sich mit ihm bezeichnet. Sich endlich einigend in
der Auffahrt mit dem Vater und geeinigt, ist das Kreuz auch
in die überweltlichen Räume ihm gefolgt, wie er in ihm als
Richter wiederkehrt; und so mußte auch ihr, der Einigenden, im Nachbilde geschehen, was am Vorbilde sich zugetragen, und auch die Einigung in diesem Zeichen erfolgen.

Dieses einmal eingesehen, wird die Mystik das Kreuzeszeichen überall wiederfinden, und am liebsten in ihm ihre Signaturen machen. So sieht sie die Pflanze in Ästen, Zweigen,
Blättern, Blüthen am freudigsten sich in ihm entfalten. Der
Vogel fliegt ihrer Anschauungsweise in dieser Form, wenn er
das Haupt vorwärts gerichtet, die Flügel in ihr auseinander-
breitet, und mit Schweif und Füßen nun den Flug zum Ziele
lenkt, das im Auge sich gewiesen. Der Fisch durchschneidet
in ihm die Welle, wie der Hirsch in ihm über die Berge eilt;
und so wird sie denn auch im Grundbau jeglicher Substanz es
leicht entdecken. Denn was in jeder der Anlage gemäß die
innerste und tiefste Mitte hält, wird ihr als der Kopftheil des
Kreuzes erscheinen; während es unten mit seinem Fuße in der
vergänglichen Vielheit und der Scheinbarlichkeit des äußeren
Daseyns in Mitte der Schädelstätte ruht. Zwischen Haupt-
und Fußtheil wird es dann im Dritten, das beide in stetiger

Thätigkeitsäußerung verbindet, die beiden Zweige seitlich aus=
einanderbreiten, und in ihnen das ruhend Feste oben, das be=
weglich Wandelbare der Tiefe unten ergreifen, und wie mit Armen
es fassend bilden und gestalten, daß aus dem Zusammenwirken
Aller die sichtbare Substanz erwächst. Dies Kreuz aber, was
also die Mystik nach ihrer Anschauungsweise in ihr gefunden,
wird nun eben nichts als die erste Grundachse von Innen zu
Außen, und die ihr zunächst verbundene von Oben zu Unten
seyn, und da an diese sich nun auch die beiden andern unzer=
trennbar knüpfen, und immer je zwei und zwei dieselbe Kreu=
zesform bilden; darum wird das Kreuz nur die Umsetzung
wissenschaftlicher Anschauung in die religiöse seyn, die auch in
jener Erscheinung über dem Hause der Sterbenden nur das
immer sich wiederholende Kreuz gesehen.

Leicht deutet sich aus dem Gesagten, warum die mystische
Anschauung in ihrer Vorliebe für dies Zeichen, wie in andern
Gebieten, so auch im psychologischen und physiologischen, soweit
beides innerhalb ihres Bereiches liegt, seiner sich bedient,
um ihre Signaturen auszutheilen. Berechtigt zu dieser Wahl
hat sie dadurch sich gefunden, daß die großen Typen, nach
denen sich die gesammte Natur erbaut, keineswegs beim Baue
des Menschen außer Wirkung gesetzt worden; da sie wohl eher
der Betrachtung an demselben erst verständlich nahe getreten,
und diese ihren inneren Zusammenhang am ersten von ihm abge=
zogen. Wie aber nun im Kreuze diese Typen nur in die kirch=
liche Form sich übertragen, und aus ihr dann mit gleicher
Leichtigkeit in die wissenschaftliche Auffassungsweise zurücküber=
setzt werden mögen, so bietet sich in ihm eine ausdrucksvolle
und geschmeidige Formel dar, an der auch unsere Betrachtung
diese Verhältnisse zu leichter Überschaulichkeit zu ordnen und zu
gliedern versuchen will.

Es lehrt aber die Kirche, wenn sie die ihr Angehörigen
mit dem Kreuzeszeichen sich bezeichnen läßt, die Stirne zuerst
unter dem Namen des Vaters zu berühren; ihr gegenüber dann
die Gegend der Herzgrube unter dem des Sohnes; weiter im
Aufgang nach Oben von der Rechten gegen die Linke hin zuerst die
linke, dann im Rückgang von der Linken zur Rechten die rechte

Schulter unter dem Namen des göttlichen Geistes zu bezeich=
nen, und den Act dann in der Mitte der Brust zu enden und
abzuschließen. Bei näherer Erwägung dieser Handlung wird
sich zunächst ergeben, daß wie sie gleich jeder andern zuvor im
Willen gewesen, ehe denn sie That geworden; sie auch nicht
blos das äußerlich Leibliche, gegen das sie sich zurückwendet,
sondern vor Allem das innerlich Geistige bezeichnen will, das
sich in diesem Äußeren verbirgt. Das besiegelte Außen deutet
also auf ein Innen, das zuerst die Signatur erlangt, ehe dann
das entgegenstehende Sichtbare das sichtbar gewordene Zeichen
aufgenommen, und so ist durch die Handlung zuerst das Ver=
hältniß des Innen und Außen, des Seelischen und des
Leiblichen bestimmt, und jenes als das Erste, dieses als das
Zweite in der Ordnung festgestellt. Wieder bezeichnet die im
Acte wirksame Hand nicht etwa den Rücken, die vom Augen=
punkte absehende Seite unserer Leiblichkeit, sondern die vordere,
die ihm zugewendet steht; diese wird also in einem zweiten da=
durch bestimmten Verhältniß von Vorne zu Hinten, als die
erste, die andere als die zweite in der Ordnung festgestellt.
Zum dritten erhält die Stirne, mit dem Namen des Vaters
bezeichnet, in ihm die Signatur der ersten Gottesmacht, und
zugleich auch, da der Himmel unter diesem Zeichen steht, die
des Himmels; wie die Herzgrube im Namen des Sohnes auch
seine Signatur zugleich mit der der Erde erlangt. Nun aber
ist der Himmel eben so oben, die Erde aber unten, wie die
Stirne auf der Höhe des Menschen steht, die Herzgrube aber
den Grund seiner Tiefe bezeichnet; ein neues organisches Ver=
hältniß wird also damit angegeben, und die Höhe, weil zuerst
berührt, auch als die erste in der Ordnung, die Tiefe als die
folgende zweite angesetzt. Indem wir sofort von Unten schief
gegen die Linke vorgehen, ist diese Linie Diagonale eines Recht=
ecks, das die Linie von der Herzgrube zur Brustmitte hinauf,
und die andere von da zur linken Schulter zu Seiten hat; in
die also auch die Bewegung in ihr zerlegt werden kann. Indem
aber diese Bewegung sich von der linken Schulter zur rechten
fortsetzt, und von dieser dann in die Brustmitte zurückgeht,
ergänzt sich die letztere mit der einen aus der Zerlegung her=

vorgegangenen erſten, in eine ganze und volle Bewegung von
der Rechten zur Linken, die der ganzen und vollen von der
Linken zur Rechten entſpricht. Die Hand alſo, eigentlich von
der Bruſtmitte zur linken Schulter, dann zur rechten hinüber,
und wieder zur Mitte in den Punkt ihres Ausgangs zurückgeführt, geht wie im Pendelſchlage von der Rechten zur Linken
und wieder rückläufig zur Rechten zurück, alſo gleichſam einen
ganzen Umlauf vollendend. Damit wird ſohin ein viertes orga-
niſches Verhältniß ausgedrückt, das von der Rechten zur
Linken ſteht, und durch die nach dem Niederſteigen wieder
anſteigende Hand angelegt, ſich zwiſchen Oben und Unten,
Vorn und Hinten ſtellt, mit ſeinem Zwieſpalt in der Tiefe
wurzelnd. Weil aber die Rechte es iſt, die zur Linken ſtre-
bend, auch zuerſt die Richtung von der Rechten zur Linken
andeutet; darum wird dieſe auch als die erſte in der Ordnung
gelten, die rückläufige von der Linken zur Rechten zurück aber
ihr als die zweite folgen. Alle Grundverhältniſſe, im vierten
zugleich für Innen und Außen gültig, ſind alſo in der Kreuzesform ausgedrückt.

Die Handlung, indem ſie mit der Berührung der Stirne
beginnt, will aber nun nicht etwa blos die berührte Stelle mit
der Signatur des Vaters bezeichnen; dieſe Stelle ſteht vielmehr nur ein für Alles, was um und an ihr iſt, ihr alſo zunächſt verknüpft, eine der Grundgliederungen des Organismus
bildet. Das Haupt ſohin mit allen Gebilden, die es in ſich
beſchließt, iſt gezeichnet mit des Vaters Zeichen, und gewinnt
damit die Bedeutung vom Himmel in der kleinen Welt der
Leiblichkeit. Eben ſo, indem der Name des Sohnes in die
Stelle der Herzgrube fällt, iſt nicht damit gemeint, dieſe
ausſchließlich unter ſeine Signatur zu ſtellen; ſondern Alles,
was dort von Formen und Bildungen ſich zu eigener geſonder-
ter Gruppe zuſammendrängt, iſt ihm hingegeben, und ſteht vor-
zugsweiſe unter ſeinem Zeichen. Wie das Wort ſchon andeutet, liegt aber das Herz in der Nähe jener Stelle, der Heerd
des ganzen unteren an daſſelbe geknüpften organiſchen Haus-
halts; das Herz und ſein Syſtem iſt mithin des Sohnes, und
ſomit wie Erde im organiſchen Conterfei des Weltalls. End-

lich will die eigentliche Berührungsstelle an den Schultern kei=
neswegs ausschließlich das Siegel des Geistes für sich in An=
spruch nehmen; sondern, wie sie für die Arme und Hände
eintritt, — die ihrerseits wieder für das ganze Sinnen und frei=
willige Bewegungssystem, dessen Haupttheil sie bilden, einste=
hen —, so wird auch mit dem Theile das Ganze gemeint, und
somit dies in seiner Kraft unter die Kraft aus der Höhe gege=
ben, und in der leiblichen Welt als das, was zwischen ihrem
Himmel und ihrer Erde in der Mitte steht, genommen und
eingeordnet. Nun aber ist der äußeren Handlung, wie wir
gesehen, eine innere vorangegangen, die im Ausgange aus
dem Willen in die andere, eben so das Psychische geheim inner=
lich in Gedanken bezeichnet, wie diese in äußerer That das
Organische. Das Bezeichnete wird dann jedesmal seinem äuße=
ren Ausdrucke entsprechen, und somit auch in der psychischen
Vergliederung dieselbe Bedeutung erlangen, die das andere im
Organischen hat. Somit also wird die höhere Geistigkeit,
die ihren Träger und ihr Organ im Haupte findet, unter dem
Insiegel der ersten Gottesmacht ausgeprägt erscheinen; die un=
tere in Nothwendigkeit gebundene, zur Knechtgestalt herabgestie=
gene, tiefer dem Fleische incarnirte, unter dem der zweiten;
die mittlere automatische, äußerlich in Wahrnehmung
umschauende in ihrer freigebundnen Energie an die dritte ge=
wiesen seyn. Wie daher im Abbilde der innere seelische Mensch
zum äußeren leiblichen sich so verhält, wie urbildlich der schaf=
fende Gedanke der Gottheit, in welchem sie das Gegentheil
von sich selber, eine bewußtlose Welt erschaffen, zu dem an=
dern, in dem sie einen Abglanz von sich selber, eine bewußte
Welt dadurch hervorgerufen, daß sie ihr ein Abbild ihres
Selbstbewußtseyns im eigenen persönlichen Selbstbewußtseyn
eingegeben; so wird jenes dreifach signirte Physische zum drei=
bezeichneten Organischen stehen. Die drei Regionen des innern
Menschen und die drei entsprechenden des äußeren, Letztere in jener
ersten gefaßt, werden also zueinander sich verhalten, wie der
Antheil, den jede der drei göttlichen Persönlichkeiten an jenem
Doppelgedanken genommen, und dadurch wird ihre gegenseitige
Stellung bestimmt, aus der sodann die übrigen untergeordneten

Beziehungen sich ableiten. Verfolgen wir diese in der Ordnung, wie sie sich in ihrer Folge auseinandergliedern.

3.
Die Verschlingung aller Grundverhältnisse im Menschen.

Der Mensch ist wie jedes Lebende in seiner Art, und unvergleichlich mehr als von irgend einem andern gesagt werden kann, aus Geistigem und Physischem zu einer Persönlichkeit verbunden. Beide Elemente dieses Daseyns gehören aber zweien bis in die Wurzel geschiednen, nur oben in Gott, der sie gegeben, unten in der Wurzel des Nichtigen, woraus sie geworden, geeinten Naturreichen an, und die ganze organische Welt, und der Mensch in ihrer Mitte, ist eben nur die äußere reale Einigung dieser Reiche auch für die Erscheinung. Der Mensch also, und um ihn her Alles, was da seines Lebens ist, muß in diesen seinen verschiedenartigen Elementen vorerst in Gott im tiefsten Grunde, dann aber auch äußerlich für die Erscheinung in einem aneignenden dritten, einem beiden Gegensätzen in Wahlverwandtschaft befreundeten Bande, geeinigt seyn; weil ohne das Unebenbürtiges sich nicht zu einer Genossenschaft gesellen kann. Deutet nun alles Geistige in der geschaffenen Welt, als Erstgegebenes, unter den Gottesmächten auf den Vater hin; alles Physische aber, als abbildliches Zweitgesetztes, auf den Logos: dann wird das Band, das beide einigt, sich wie von selber unter die Obhut des göttlichen Geistes setzen, und dieser wird nun, wie die andern beiden Persönlichkeiten ihren äußeren Ausdruck für die Erscheinung des Menschen, in Geistigkeit und Leiblichkeit gefunden; so den seinen gleichfalls in einem äußerlich zur Erscheinung kommenden Mittleren suchen, in dem seine innere Haltung austretend sich offenbart. Man wird am füglichsten das Gesuchte mit dem Namen des Seelischen, das Wort im engeren, schon gäng und gäben Sinn genommen, bezeichnen, und wir müssen in Bezug auf die äußere Genesis des in ihm Verbundenen urtheilen: Das Geisterreich in der Zeugung durch den Vater durch-

wirkend, habe die in sich einige Geistigkeit; die physische Natur durch die Mutter durchschlagend die Leiblichkeit vorzugsweise hergegeben; und wie beide im Bande der Liebe sich in
eins verbinden, sey Geistigkeit und Leiblichkeit in der beiden
verwandten Seele verknüpft, eine menschliche Creatur, hervorgegangen.

In der also gearteten Hervorbringung wird Geist das
tiefste Innen des geeinigten Wesens, Leib das am weitesten
herausgestellte Außen desselben seyn; die Seele aber in dem wel-
teneinenden Band geknüpft, wird als das mitteninneliegende, vom
Innen zum Außen herausreichende individuelle Band erscheinen,
und mithin durch die stetig zwischen beiden genetischen Punkten
hinfließende Linie des Verhältnisses ausgedrückt. Vom Innen
also, das an sich jedem ausgebreiteten Außen gänzlich sich entzieht, zu dem Außen, das eben so für sich dem in sich ver-
tieften Innen sich versagt, hinübergreifend wird dies Band für
die Vermittlung zwischen beiden unvermittelten Gegensätzen einen
neuen engeren in sich hervorrufen und in seiner Einheit wieder
aufheben müssen. Indem nämlich das Innen, in eigener Sphäre
fortdauernd in seiner beschlossenen Einfalt beharrend, in ihm
auf ein Äußeres bezogen, sich mit Äußerlichkeit tingirt, wird
ein Innenaußen die einwärts gekehrte Seite dieses Bandes
bezeichnen. Wieder da das Außen, ohne im eigenthümlichen
Gebiete seinem Wesen sich zu entfremden, in derselben Vermittlung auf das Innen bezogen, einen Anflug von Innerlichkeit erlangt, und in ihr eine Tiefe sich ihm ausgetieft, wird
ein Außeninnen die auswärts gekehrte Seite des Seelischen
geben. Wie nun dieser beschränkte Gegensatz sich zwischen den
weiteren legt, und in dem Bande, in dem er sich durch Einwirkung desselben aufgethan, auch Schluß und Einheit im Lebens-
knoten findet, erscheint der Wechselverkehr der beiden Naturen
wohlbegründet, und der Geist hat im Bezug zum Leibe die
Ausbreitung ins Irdische; der Leib im Bezogenwerden auf den
in sich abgründigen Geist, die ihm fehlende Tiefe angenommen.
Und es erscheint nun der Geist dem Leibe in der Haltung des
Bandes verbunden, zugleich auch in der Kraft desselben ihn
beherrschend; der Leib aber in derselben Weise dem Geiste ein-

gegeben, und ihm sich lassend, und seiner Wirkung mit Rück=
wirkung begegnend. Eben darum ist der Geist peripherisch den
Leib befassend, in der Tiefe aber ihm innerlich übergestellt, in
seiner ganzen Ausbreitung ihn durchwirkend und nach Außen
ihn begränzend, der Leib aber peripherisch von ihm befaßt ihm
innerlich eingegeben, central aber ihm äußerlich untergestellt.

Es ist aber dies Band nicht etwa ein todtes, stehendes
Gefaßtseyn, sondern eine lebendig wirksame Macht, und wenn
wir daher nach dem Wesen der beiden Richtungen, in denen
es sich uns in Innenaußen und Außeninnen entfaltet, fragen,
so muß uns die Antwort werden, daß sie nicht etwa blos ab=
gegränzte Gebiete, sondern in der Einheit der Mächtigkeit ver=
schieden gerichtete Mächte und Kräfte ausdrücken. In der
That, weil in dem gemeinen Wesen menschlicher Natur der
Geist von Rechtswegen das erste und herrschende, und darum
bei ihm alle Initiative ist; wird er vermöge seines Grundtriebs
in der Macht des Bandes aus seiner Beschlossenheit hervorge=
hend, sich activiren, und Anderem sich mittheilend sich ihm ein=
verleiben. Wäre aber nur diese eine, die Geistigkeit realisirende
Macht im Bande, dann würde das in ihr sich Hingebende
durch diese Hingabe ganz außer sich selbst herausgeführt auch
ganz aufgehen ins Leibliche; der Geist sich selbst entfremdet
würde durch und durch latent geworden und gebunden im Orga=
nischen, sich völlig verleiblicht finden. Es muß also ein zweiter
Trieb diesem Bande eingegeben seyn, in dem der Geist sich
wieder zurückzunehmen, sich in sich zu fassen, und in seiner
Innerlichkeit sich bewahrend, das in Hingebung Veräußerte
durch Verinnigung wieder in sich aufzunehmen im Stande ist.
Indem nun vermöge der einen Kraft in der Richtung von
Innen nach Außen der Geist dem Leibe sich unaufhörlich
mittheilt, vermöge der andern in der von Außen nach Innen
sich beschließend in sich zurückkehrt; hält sich in Mitte zwischen
völliger Hingabe und Wiedereinkehr jenes schwebende Verhält=
niß fest, in dem das Leben sich begründet. Nun aber ist das
Leibliche zwar dem Geistigen untergeordnet, und erhält von
ihm in der Beseelung erst seine Lebendigkeit; aber in dieser
einmal gegründet und befestigt, gibt er nicht wie ein todt

Stoffisches absolut leidsam jeder Einwirkung sich preis; sondern er antwortet ihr in lebendiger Zurückwirkung, die innerhalb ihres Kreises mit den Naturkräften verkettet, in ihrer Nothwendigkeit einen gewissen Grad von Selbstständigkeit behauptet, und in Wirkung und Rückwirkung wird nun erst das ganze volle Leben sich begründen. Es wird aber dem sich gebenden Trieb des Geistes, wenn er in der Macht des Bandes sich wirklich aufgethan, ein an sich nehmender in der Leiblichkeit; und so auch dem sich zurücknehmenden im höheren Gebiete ein im Geben sich lassender und entlassender im unteren Gebiet entsprechen, deren Richtungen im ersten von Innen nach Außen, im anderen von Außen nach Innen gehen. Das doppelte Innenaußen und Außeninnen, auf den einfachen Gegensatz der Momente gegründet, muß dann eben im Bande die gemeinsame Vermittlung in Einheit finden, und die einkehrende Geistigkeit wird nun in der einen Richtung, wie der Athem im Einathmen, aufgenommen, umschlossen und eingeleibt; die zurückkehrende aber wie beim Ausathmen entbunden, entlassen, in Strahlung abgelöst und entleibt, und so zwischen Heimischsiedeln und Entfremden, zwischen Einwandrung und Auswandrung kreisend erhalten, damit aber das Leben zu einem stets werdenden Entwerden, und einem immer entwerdenden Werden gemacht. Wie daher das Verhältniß von Innen zu Außen das Grundverhältniß ist, dem alle andern aufgetragen erscheinen; so ist die zur Dreiheit vermittelte Zweiheit von Oben herunter und von Unten herauf wirksamer aus- und eingehender Doppelthätigkeiten, das Mittel durch die sie alle miteinander verknüpft und verschlungen werden, und damit Bedingung aller Lebenswirkung im ganzen Bereiche der Persönlichkeit im Spiele geistiger, psychischer wie organischer Kräfte.

Diese Vermittlung wird am klarsten und lichtvollsten im Organism sich nachweisen lassen. Er wird zunächst der ihm einwohnenden Geistigkeit eine Mitte bieten, wo sie in ihn einschlägt und wie von einem innern Centrum aus die ganze organische Außerlichkeit durchherrscht. Das Gehirn ist, wie wir wissen, dieses organische Innen, und darum wie intensiv von der Geistigkeit befaßt, so extensiv wieder alles andere

Organische befassend. Aber die Leiblichkeit, indem sie also unter Einwirkung eines ihr Fremdartigen für dasselbe in eine solche Mitte sich gesammelt, hat gewissermassen ihrer selbst sich entäußert; eine Hingabe, die eine andere Mitte voraussetzt, in der sie bei sich selber ist, und in der sie den Grund ihrer relativen, wenn gleich abhängigen, doch wieder auch eigenthümlich an sich gewiesenen natürlichen Selbstständigkeit hat. Diese andere Mitte ist ihr, wie wir schon in den Signaturen gesehen, im Herzen gegeben, das zwar von der ersten und dem ihr Einwohnenden gefaßt, seine Abhängigkeit anerkennt; aber seinerseits wieder den ganzen übrigen Organism, selbst jene Mitte nicht ausgenommen, nach seiner Weise befaßt, und selbst bestimmt durch sie, die Bestimmende doch wieder bestimmt. In wiefern selbstständig sich selbst genug, bedarf es doch in wiefern abhängig einer Ergänzung durch das Höhere, und dies, um ihm die geforderte leisten zu können, eines ihm gleichartigen Momentes in sich. Die Geistigkeit muß also ein Element in sich haben, das, obgleich in ihrer Weise wirksam, doch in einer der gebundenen Wirkungsart des Herzens verwandten wirkt, und so ihre dem Leiblichen am meisten zugekehrte Seite bildet. Eine höhere Geistigkeit wird sich somit einer tieferen beigesellen, und diese Theilung wird sich organisch im Gegensatze des g r o - ß e n und des k l e i n e n Gehirnes kund geben. Damit ist jedoch nur erst die Möglichkeit der Ergänzung des Unteren durch das Höhere gegeben; soll es bei dem völligen Geschiedenseyn beider Momente zur Wirklichkeit gedeihen, dann wird, da das Untere durch sich nicht aufsteigen kann, das Obere im Cerebellum zu ihm niedersteigend sich ihm eingeben müssen, und in einem überleitenden seiner Art sich alsdann die Ergänzung erwirken. Dies Überleitende wird nun das dem Herzen beigegebene U n t e r - l e i b s g e h i r n in der Summe der cöliakischen Ganglien seyn. Das Niedersteigen jenes zweiten Momentes in die Verleiblichung wird dann durch den s y m p a t h i s c h e n Nerven in seinem ganzen Verlaufe ausgedrückt, in dem in G e b e n und N e h m e n diese untere Einleibung sich erwirkt. Durch sie wird nun auch erst im Herzen die aufsteigende Bewegung möglich gemacht, und sie erfolgt im Verlaufe der Adern, gleichfalls im Geben

und Nehmen bis zu den höchsten und tiefinnersten Gefäßgeflech=
ten des Gehirns hinauf.

Hat aber in solcher Weise die untere, tiefere, dem Leib=
lichen näher verwandte Geistigkeit ihren äußeren, plastischen
Ausdruck im Gefäßsystem gefunden, dann wird nicht minder
die höhere, die, gleichwie jene Träger und Mitte im kleinen
Gehirn gefunden, so die ihrige im Großen hat, gleichfalls der
äußerlichen Darstellung zustrebend ein äußeres Organ fordern.
Es ist aber diese höhere Seele die denkende auf dem Grunde
des Selbstbewußtseyns sich erhebend, äußerliches Denken aber
ist Wahrnehmen; das geforderte Organ nach Unten und
Außen hin, wird also ein Organ der Wahrnehmung seyn
müssen. In der Wurzel wird es also als ein Organ der
Selbstwahrnehmung in einem innerlich äußeren Sinne sich
begründen; dann aber eben so wie das Herz auch nach
Außen der umgebenden Natur sich entgegenwendend, in die
verschiedenen Sinnorgane sich ausbreiten. Diese, an jene
Wurzel und in ihr an das Selbstbewußtseyn sich knüpfend,
werden von da auch durch alle Regionen der Leiblichkeit bis
zur untersten Tiefe niedergehend, auf solche Weise jene höhere
innerlich beschlossene Geistigkeit in äußerlich gesonderten Verrich=
tungen erschließen, und in ihnen wird der Niedergang dieses
Oberen zum Unteren, und der Wiederaufgang des Unteren zum
Oberen im Geben und Nehmen in geistiger Weise eben so er=
folgen, wie in den Adern und dem sympathischen Nerven Auf=
gang und Niedergang des einen zum andern in plastischer Weise
sich begeben; weswegen denn auch die Systeme der Sinne
eben wie die des Umlaufs in einen innern nervenhaften, und
einen äußern mehr gefäßartigen Organism zerfallen.

Zwei Doppelausstrahlungen, Ausdruck beider geistigen
Momente, gehen mithin im äußeren Organism einander entge=
gen, an entgegengesetzte in sich zweigetheilte Ausgangspunkte
gewiesen. Beide müssen nun aber mit einander vermittelt wer=
den, soll es zu einem wahrhaft in sich geschlossenen organischen
Ganzen gedeihen. Diese Vermittlung kann aber nur durch das
Band geschehen, das überall als das überleitende Entgegenge=
setztes erfaßt, und es gegeneinanderlenkend in sich verknüpft.

Da aber der Gegensatz hier von einem überall begründeten zweigetheilten Höheren ausgeht, und diesem ein zweimal zweigetheiltes Tieferes sich entgegensetzt, so zwar, daß das eine Doppelglied in dem einen der beiden Höheren, das andere im zweiten seine Begründung findet; darum wird das Band, um seiner Bestimmung zu genügen, nothwendig dreitheilig seyn müssen. Einmal wird es nämlich in seiner tiefsten begründenden Wurzel jene beiden höheren Glieder in der Geistigkeit, und ihre Träger im großen Gehirn und Cerebellum, durch ein drittes im tieferen Innen einigen. Dann wird es eben so äußerlich die beiden peripherischen Systeme, die diesen Gliedern entsprechen, Wahrnehmungssystem und System des Kreislaufes, beide in ihrem doppelgegliederten Verhalten unter sich durch ein drittes in sie beide sich ausbreitendes System verknüpfen. Endlich wird es nothwendig seyn, daß die drei also unter sich verketteten äußerlichen, unteren begründeten Systeme, mit den drei oberen gleichfalls in sich verschlungenen, durch ein zwischen beiden auf- und niedersteigendes, alle Richtungen in sich befassendes drittes Mittelglied verbunden werden. Zwischen die höhere denkende Seele und die untere im gebundenen Affect bewegte tritt nun aber eine dritte in die Mitte, in der die erste die zweite bestimmend geistig bewegt und in der Rückwirkung von ihr Bewegung empfängt, und in dieser dritten finden sich sohin die beiden zu einer einigen Seele unzertrennlich verbunden. Der organische Ausdruck dieser Einigung ist durch die ·Brücke, mit Allem, was ihr angehört, gegeben, in der großes und kleines Gehirn verbunden liegen. Eben so tritt äußerlich zwischen das Gefäßsystem und das höhere Sinnensystem das System freiwilliger Bewegung in die Mitte, in ein Muskelsystem und ein Nervensystem getheilt, dem einen sich eingebend und dem andern. Indem es nun auf dem Grunde der Selbstbewegung erbaut, auch nach Außen wirksam Äußeres bewegt, erscheint in seinem Mechanismus das Intellectuelle im Sinne mit dem Plastischen im Gefäß vermittelt. Es wird dann die äußere Einigung der drei Systeme im Bande durch die Commissuren der Nervenwurzeln dargestellt, die die Ganglien der sympathischen Nerven mit den Sinnes- und Bewegungsnerven ver-

binden, während das Rückenmark von der Brücke niedersteigend, und mit dem also Geeinigten durch die vordern und hinteren Nervenwurzeln verknüpft, jene dritte Einigung ausdrückt, in der die geistige Selbstbewegung und die äußere
mechanische verbunden sind.

So hat sich uns nach den Umrissen des Sichtbaren auch
das einwohnende Unsichtbare abgegliedert, je nach drei wieder
untergegliederten Gliederstufen; in der Weise, wie es die mystischen Signaturen angedeutet. Ein dreigetheiltes Gehirnsystem,
getragen von einer dreigetheilten Geistigkeit, und sie wieder
tragend, steht einer in Sinn, Bewegung und Reproduction
getheilten äußeren und unteren Leiblichkeit entgegen, und beide
werden durch ein in gleicher Weise dreigetheiltes Band sich
verbunden finden. Dadurch wird uns der Weg für die nähere
Untersuchung dieser Verhältnisse gewiesen seyn, indem sie nur
in der Folge dieser Gliederungen ablaufen darf. Da jedoch
die Verschlingung der Gebilde bei strenger Einhaltung dieser
Folge die Darstellung theilweise erschwert, so haben wir für
besser befunden, hier nachgebend, ohnehin Verwachsenes nicht
auseinanderzureißen, und die Ausführung der Sinne mit der
Darstellung des Bandes zu vereinigen. Die Betrachtung wird
daher zuerst die gesammte Geistigkeit, wie sie dem Gehirnsysteme einwohnt, zu ihrem Gegenstande nehmen; dann zum
Herzen und dem System des Kreislaufes und den ihm einwohnenden Lebensthätigkeiten in ihrer Entfaltung durch alle
organischen Gebiete übergehen; endlich die mittlere Region auf-
fassend ihr folgen, wie sie, mit den Sinnen verkettet einerseits,
und andrerseits mit jenen Lebenskräften, allen organischen Gliederungen sich eingibt, und zuletzt in jene höhere Geistigkeit
verläuft.

II.

Der höhere Mensch und das Mittel seiner Wirksamkeit im Gehirnsysteme.

Auf die Höhe der Persönlichkeit erscheint der geistige
Mensch gestellt, umkleidet von seinem Organe, dem Gehirn,

und selber es umkleidend. Es hat aber diese hochgestellte Macht
eine Mitte in sich, die den Kern ihres Wesens, den Grund ihres
ganzen Seyns, die Wirklichkeit ihres ganzen Bestandes in sich
faßt; von der Alles, was wird in ihr, ausgeht, und durch deren
Mittheilung sich verwirklicht, was in ihrem Umkreise zur Wirk=
lichkeit gelangt. Diese Mitte muß also eine thätig wirksame
seyn, und weil schöpfend aus sich, eine durch sich selbst thätige,
darum auch eine in strengster Einheit gefaßte; weil aber Ande=
res durch sie zur Verwirklichung kommen soll, wird diese Ein=
heit eine im Ausgange quellende seyn müssen. Die höchste, cen=
trale, aus einer Mitte ausgehende, in sich einige, selbstthätige,
quellende, alles Gedachte und Erschaute sich verwirklichende
Thätigkeit, die, aufwärts von keiner andern im Umkreise des
Menschen bedingt, sein eigenstes Wesen ausmacht, ist aber
nun die denkende, die an die Intelligenz geknüpft, diese
als die höchste geistige Facultät begründet.

Die Anwesenheit eines solchen Centralen im Geiste setzt
aber auch ein Peripherisches in ihm voraus, und ein ihm ein=
wohnendes in seiner Fülle sich genügendes Seyn fordert ein
anderes, der Ergänzung durch seinen Reichthum Bedürftiges,
damit es sich an ihm auslassen könne. Ist jenes in der untheil=
baren Einheit beschlossen, dann wird dieses in die Vielheit aus=
gebreitet seyn; nimmt jenes von dem Seinen, um sich Ande=
rem mitzutheilen, dann ist dies, obgleich für sich thätig in sei=
ner Befangenheit, doch ihm gegenüber auf das Nehmen und
Empfangen gestellt; ist jenes quellend, strahlend, aus dem
Einen ins Viele gehend, dann wird dies stehend in seiner Aus=
breitung, bedingt in seiner Wirksamkeit, in jenem aus dem
Vielen ins Eine sich zusammennehmen. Ist also dort die rein=
geistige Wesenheit, als reiner Act sich offenbarend, ausgedrückt,
dann ist hier mehr die Natur im Geiste ausgesprochen; wie
jene alle geistige Wirklichkeit in sich begreift, so diese die Mög=
lichkeit alles Werdens; das geistige Vermögen der geistigen
höheren Thätigkeit gegenüber, die aus ihm erbaut, was all=
gemein intellectual zum Daseyn kömmt. Jener, der höheren
Geistigkeit mehr zugewendeten Centralintelligenz gegenüber, tritt
also in den Umkreis ein tieferes, der Äußerlichkeit mehr zuge=

kehrtes geistiges Vermögen, das gebundener Wirksamkeit, dunkel und beschattet, für sich nur im engbefangenen Kreise, wie in geistiger Wahlverwandtschaft thätig, gezweit in sich, und darum überall eines Einenden bedürftig, in all seinen Äußerungen auf dasselbe als seine Mitte deutet. Wir werden es, jener Intelligenz gegenüber, mit dem schon geläufigen Ausdruck die Sinnlichkeit des Menschen nennen können, das Wort in seiner allgemeinsten Bedeutung genommen, und es erkennt sich leicht, daß wenn jene wie Himmel im Geiste ist, diese wie Erde sich ihr entgegenstellt.

Damit aber nun das aus der Einheit hervor Thätige mit dem in der Zweiheit Vermöglichen sich zusammenthun, und ein Werdendes begründen möge, bedarf es zuerst einer Aneignung der beiden Verbindungsglieder, und dann einer Überleitung vom Einen zu dem Andern. Da das unbedingt thätige und das bedingt leidende sich keinen Angriffspunkt bieten, so muß die Dissonanz zuvor in Übergängen gemildert seyn, die durch Zwischenschieben der Glieder einer mittleren Proportion gewonnen werden. Dieser Mittelsatz wird nun durch die Aneignung construirt, wenn nämlich, was Himmel ist im Geiste, seiner Anlage nach, wieder etwas von dem, was Erde ist, in ihm an sich genommen, und dafür der Erde in ihm etwas vom Himmel sich eingewohnt; wo dann, indem zwischen die Endglieder Himmel und Erde, die Erde im Himmel und Himmel an der Erde eintreten, durch sie die gesuchte Vermittlung sich der Möglichkeit nach begründet. In die Wirklichkeit wird sie dann sofort durch das Band eingeführt. Dies Band, weil es Verschiedenes verbinden soll, muß, um dies zu können, die Art der beiden zu Verbindenden in sich tragen, indem es sie, mit ihnen verwachsen, auf sich hinüberleitet. Von der Einheit her wird es also auch die Art der Einheit haben, und in ihr selbstthätig quellenhaft seyn. Von der Vielheit herüber wird ihm das andere Element einwohnen, das in sich gezweite, in seinen Thätigkeiten gebundene, erdhafte, engbegränzte, das im Bezuge zum Höheren blos Potenziale. Also zweischlächtig in seiner innersten Anlage, und darin Entgegengesetztem sich anbequemend, wird es, in wiefern selbstständig, doch auch wieder ein ihm

eigenthümliches drittes Glied haben müssen, in dem es in sich
selber ist; das wird seine Einheit seyn, in der das Viele eins
wird im collectiv Einen, wie das absolut Eine im disjunctivvie-
len sich vervielfältigt. Das Band wird also in drei Gliedern
sich gegliedert finden: mit dem einen wird es sich den beiden
Gliedern der Intelligenz, Himmel und Erde im Himmel; im
anderen denen des Lebens, Erde und Himmel an der Erde
eingeben, und beide zur Dreizahl ergänzen; mit dem dritten
aber zwischen die also Ausgegliederten eintreten und sie unter
sich verbinden. Wir nennen aber das Band zwischen den zwei
geistigen Sphären, eben weil es dasselbe ist, was sie auch in
seiner Ausbreitung mit der Leiblichkeit einigt, das Seelische,
und setzen diese höhere Seele zwischen Intelligenz und Sinnlichkeit als drittes Glied in die Mitte.

Es ist aber nun die höhere Leiblichkeit, das Gehirnsystem, symbolische Hülle und Werkzeug der an dasselbe gewiesenen Geistigkeit; alle Verrichtungen, die in dieser sich
vollbringen, werden daher sich jenem einleiben, und in ihm sich
in die Materie übersetzen, indem sie im Organischen sich wiederholen, und im Organe ihre stoffische Unterlage erlangen.
Wie aber nun die Hülle, dem Umhüllten überall sich anschmie-
gend, in alle seine Gliederungen ihm folgt, um ihm als Werkzeug überall gerecht zu seyn; so wird auch hier das Organ
dem Einwohnenden sich angliedern, und sich außen abtheilen,
wie jenes innen sich abgetheilt. Hat sich daher eine höhere
Geistigkeit einer tieferen dort entgegengesetzt, und haben beide
in einer mittleren sich geeinigt, dann wird auch hier das Organ
in Dreiheit articulirt, im großen Gehirne sich dem ersten,
im kleinen dem andern Gliede anschließen, und beide in
einem dritten, der Brücke, ihre Vermittlung finden. Hat ferner, so die höhere wie die untere Geistigkeit, durch gegenseitige
Aneignung in Doppelglieder sich gelöst, und haben dort wie
hier beide in dem eingegebnen Bande zur Dreizahl sich ergänzt;
dann wird auch im Organe, so dem großen wie dem kleinen
Gehirn, ein solcher zur Dreiheit vermittelter Gegensatz hervortreten. Ist dann endlich innerlich diese doppelte Dreizahl wieder in seelischer Einheit verbunden; dann werden eben so die

beiden dreigetheilten Gehirnorgane, durch die Fassung ihrer Momente im Bande, in dem dritten Organe der Brücke ihre Bindung finden. Da nun, wie bekannt, alles wahrhaft Gegliederte die Art an sich hat, daß wie jedes Einzelne in ihm im Ganzen ist, so auch dies in jedem sich wiederfindet; so wird das Haupt in diesen seinen Besonderheiten wieder den ganzen Leib vorbilden, und daher sammt dem ihm Einwohnenden unter die Signatur des ersten göttlichen Grundes gesetzt, doch wieder die der anderen Gründe, und sohin das ganze Kreuz und die drei Achsen in sich tragen, und sich darnach ordnen lassen. Als nächste Aufgabe ist uns sohin gestellt, diese seine Signaturen im Einzelnen nachzuweisen.

1.

Signaturen der Intelligenz und ihres Organes im Gehirnsystem.

Die Intelligenz, die höhere geistige Facultät, soll, wie gefordert wird, als dreigegliedert sich ausweisen. Nun aber erkennt sich leicht, daß all unser obere geistige Bestand auf drei Gründen einer Wesenheit ruht: Erstens dem Grunde, von dem Alles in uns wird; zweitens dem, durch welchen Alles wird; drittens dem, in welchem Alles hervorgeht. Von dem ersten soll Alles werden in uns; er ist also zwar nicht Grund seines eigenen Wesens, weil dies durch Gott geworden, wohl aber aus diesem Wesen hervor wieder alles dessen, was seyend wird in uns; der erste und tiefste Träger unserer ganzen höheren Persönlichkeit, weil Alles, was diese sonst noch in sich beschließt, seinem Seyn nach wurzeln muß in ihm. Alles Denkens erster Ausgangspunkt, aller beweglichen Gedanken erster ruhender Quellbrunn wird in ihm gegeben seyn, und so birgt er sich in dem, was man gegenwärtig die höhere Vernunft zu nennen pflegt, dem *νϑς* der alten Lehre, in der mens, von der Menisk der Mensch selber den Namen genommen. In dieser Bedeutung wird er von den Mystikern wohl auch der Gipfel des Geistes, der leuchtende Funke in Seelenmitte, Licht-

brunn nur von Gottes Licht überschattet genannt. Die Saat
der Ideen ist diesem Grunde eingesäet; die ersten Prinzi=
pien sind ihm eingepflanzt, und indem er ihre Wahrheit un=
vermittelt im Lichte Gottes schaut, werden sie ihm, als Ariome
Unterlage jeglicher Disziplin; ruhende Haltpunkte in der Strö=
mung des fließenden, einfache Centra in Mitte des umkrei=
senden Vielen. Der andere Grund ist der, durch den oder
aus dem Alles wird in uns, nachdem er selber durch eine hö=
here Macht aus Nichts ins Seyn also eingegangen, daß er
dem Wesen des ersten Grundes aufgetragen, insofern von ihm
abhängig in ihm ruht. Wie daher dieser erste sich ihm dem
zweiten gibt, ist das sich ihm Lassen dieses Zweiten Theil, und
jener in seinem Wesen sich in ihn fortsetzend, wirkt nun durch
ihn hindurch und mit ihm, was da intellectual wird in uns.
Dieser zweite Grund birgt sich daher in dem, was die frühere
Zeit den λογος in uns genannt oder die ratio; in jenem dis=
cursiven, überlegenden geistigen Vermögen, das zwar eine
Macht an sich, doch von der höheren in Anschauung ruhen=
den bedingt erscheint. Dort also stehende, gründende, sich sel=
ber fassende, unwandelbare, überreiche Fülle, hier strömendes,
fließendes, immer wechselndes Bedürfen; dort ursprüngliche,
wurzelhafte ins Viele gehende Einheit, hier wurzelhaftes Viele
gehend in eine vom andern derivirte Einheit; dort also das
geistig Formgebende, hier der formnehmende geistige Stoff.
Aber beide Gründe werden erst in einem dritten sich zur vol=
len Persönlichkeit ergänzen, und dieser dritte wird der seyn,
in dem Alles wird in uns. Wenn nämlich von dem ersten
aus Alles durch den zweiten werden soll, dann muß eine
Überleitung aus jenem in diesen geschehen, in der der eine des
andern mächtig, mithin also eine Macht für ihn wird; da jeder
der beiden an sich nur eine Macht ist für sich wesend und
seyend. Es tritt also dieser dritte Grund als eine eigene Fa=
cultät zwischen die beiden andern ein, und in dieser wird die
durch den ersten gegebne Form dem aus dem andern auftau=
chenden Stoffe angebildet, und der Stoff ihr eingebildet. Diese
überleitende Facultät ist aber nun die des höheren Begehrens,
die in die eine wie in die andere sich einfügend, und doch auch

wieder auf eigenem Grunde ruhend, ihren Verkehr vermittelt. In wiefern sie auf eigenem Grunde aufsteht als selbstständig freie Macht, ist sie die wirkende Ursache in unserer Persönlichkeit; in wiefern sie aber von dem Endzweck sollizitirt zum Ziele geht, wirkt sie als Endursache in aller geistigen Bewegung. Wieder wie sie aber zwischen die beiden andern Gründe tretend, dem ersten sich einfügt, erhält sie von ihm Wesen, und mit ihm das ethische Prinzip des Guten ohne Mischung und ohne Färbung, — im Practischen das, was im Theoretischen das rein Wahre, — und dies wird ihr als letztes Endziel all ihrer Thätigkeit von jenem Grund gewiesen, an das sie mit gleicher Nothwendigkeit wie das Denken an seine ersten Prinzipien gebunden ist. Die ältere Schule hat dies sittliche Begehrungsvermögen, in dieser seiner obern Wurzel, die Synteresis genannt, auch wohl den von Gott in dem jungfräulichen Theile der Seele eingepflanzten Naturtrieb zum Guten; den untilgbaren Instinkt im Gipfel des Willens, immer zur Befestigung im Besseren treibend, auch wohl leitendes über alles Thun wachendes Gewissen. Wie sie aber auch eben so dem andern Grunde sich eingibt, erhält sie von ihm die andere Wurzel ihres Bestandes, und in ihr gleichsam den ethischen Stoff, die Mittel, die zum Ziele führen, und nun zwischen ihnen als Willkühr mit Rathschluß wählend, lenkt sie die gewählten dann dem Ziel entgegen; und indem sie die sich biegende Fülle im Streben zu ihm fassend eint, hat in ihr der erste Grund den zweiten bestimmt.

So werden also die drei Gründe zueinander gestellt erscheinen. Zu oberst recht im Centrum der Persönlichkeit der erste alle andern tragend, und weil nun der Vater eben so in der Gottheit steht, darum wird dieser allercentralste auch unter sein Zeichen gestellt erscheinen. Gegenüber dann das Gezweite wie im Umkreise der Persönlichkeit, das als Mehrheit Grund ist für sich, als Einheit in der Mehrheit aber Grund vom Grunde, und weil dies nun das Verhältniß des Sohnes ist, darum wird er, unter den ersten in den Umfang der Persönlichkeit gestellt, auch die Signatur des Sohnes tragen. Endlich in der Mitte zwischen beiden der dritte, wurzelnd in dem einen, sich verzweigend in den andern; beide darum unter sich verbindend, und weil dieß die Art des göttlichen Geistes ist, daher unter Sein Zeichen geordnet. Das ist also das erste und innerste Kreuz, das tiefste dreieinige Fundament unseres ganzen geistigen Daseyns; der Grundriß über dem das ganze Gebäude sich erbaut. Da wo die Arme dieses in drei Richtungen sich ausbreitenden Kreuzes sich durchkreuzen, in der Mitte zwischen Oben und Unten, Rechts und Links, und Vorn und Hinten; dort ist wie im gemeinsamen Schwerpunkte die Stätte des dritten Grundes. Da wo über die Einfügung des obern Arms hinauf der Ort des Hauptes sich findet, ist auch der des ersten gegeben; während unter der Einfügung die Intention des zweiten beginnt, und am Stamme hinunter sich entwickelt. Und wie nun also die Vermittlung recht im Durchkreuzungspunkte der andern gestellt erscheint, und zu allen Armen der Kreuzesgestalt freier Zutritt ihrer Wirksamkeit geöffnet steht; so wird die Freiheit der Wahl der in ihr dargestellten Willenskräfte, etwa zur Rechten oder zur Linken hin, eben durch die beiden Seitenarme ausgedrückt.

Zwei Intelligenzen aufs Denken gerichtet, und dazu wie zum Handeln von einer dritten durchwirkt, gehen somit in die eine und selbe in sich einfache nur dreigegliederte Intelligenz zusammen, in der die Grundveste aller Persönlichkeit ruht. Die erste dem innersten Centrum untergestellt, wird daher auch rein geistige Natur an sich tragen, und darin aufquellend in die Ideen, diese der andern einstrahlen, die insofern sie zu ihr in unmittelbare Beziehung treten, als erste standhafte Prinzipien allem discursiven Denken sich unterlegen. Die andere Intelligenz aber wird mehr von der Art jener untern, tiefer naturirten Gemüthssphäre an sich haben; dem Centrum der Geistigkeit entrückt, ist sie daher mehr in ihren Umkreis gestellt, und wird also, wie es die Natur alles peripherisch Umfassenden ist, in gezweiten Kräften wirksam, nicht strahlend und in Mittheilung gebend, sondern in Beschattung nehmend, empfangend, bindend sich verhalten. Wenn daher oben die Ideen, selbst einig, dem Einen entstrahlen, dann werden hier getheilte Kräfte in Abstraction und Reflection die getheilten Begriffe wirken, und die gewirkten dann in Bezug auf jenes höhere Centrum und die von ihm ausgehenden Ideen setzen; durch analytische Thätigkeit aus der Folge zum Grund aufsteigend, oder durch synthetische aus dem Prinzip in die Folge gehend. Unter der Haltung des dritten Grundes werden daher in solcher Weise die beiden Sphären, in theoretischen Wechselverkehr gesetzt, die gesammte intellectuale Bewegung wirken, die innerlich in aller Ideenassoziation nur das Gesetz der Einheit kennt, äußerlich in allem logischen Verstandesgebrauch je nach den drei geistigen Achsen sich entfaltet; in der Vermittlung und Ausgleichung aber des einen an dem andern, der vorbildlichen Idee am nachbildlichen Begriffe, in der Richtung von der geistigen Mitte zum geistigen Umkreise synthetisch und analytisch wirkt. Wie aber also in allem Denken die beiden ersten Gründe gegenseitig ineinanderwirken, so können sie auch in dieser Gegenseitigkeit verbunden, gemeinsam in den dritten Grund einwirken, und von ihm als dem Ursächlichen Rückwirkung erfahrend, im sittlichen Begehren Bestimmung geben und empfangen, und in dieser Wechselbestimmung wird dann eben dieser dritte in eigenthümlicher Wirksamkeit thätig gewordene Grund, auch in eigener Sphäre sich activiren, die nun als practische der theoretischen gegenüber sich geltend macht. Wenn im Denken der erste Grund aus sich herausgegangen und dem zweiten sich eingebend, um ihn in nächster Nähe zu erforschen, Allem Alles werdend in seine Vielheit sich vertheilt; dann wird in der Macht des in die Selbstthätigkeit gelegten Bandes jetzt einer des andern mächtig werden, und ihn ohne unmittelbare Gegenwart durchgreifend in die Ferne bewegen und bestimmen: eine Bestimmung, zu der alsdann alle drei Gründe zusammenwirken, und die durch die Vermittlung zweier der Richtung nach verschiedener Thätigkeiten von der Mitte ausgehender und zu ihr zurückgehender sich erwirkt.

Hält sich nun das Sichtbare an uns dem Unsichtbaren in uns überall enge angeschlossen, und wiederholt sich jede geistige Bewegung, die das eine vorbildlich in höherer Region vollbringt, abbildlich in der tieferen der andern durch eine

entsprechende Bewegung der Nervengeister, in der sich ins
Räumliche überträgt, was dort im Zeitlichen spielt; dann werden die Signaturen dieses Geistigen auch im Leiblichen sich
wiederholen müssen, und jene in der Macht des Bandes sich
also einleibenden Bewegungen werden dort die gebahnten Geleise vorfinden, in denen sie vorangehen. Betrachten wir nun
den Bau des großen Gehirnes in dieser Hinsicht näher, dann
finden wir, daß es in seinem Innersten einen Kern in sich
birgt, aus grauer, weicher, massenhaft gesammelter Substanz
zusammengesetzt, und die Gesammtheit seiner Centralgang-
linien, das Gebiet der Hirnschenkelarterien, in sich begreifend.
Ihnen gegenüber sehen wir nun den Umkreis von einer ähnlichen grauen weichen Masse eingenommen, die in ununterbro-
chenem Zusammenhange das ganze Organ umkleidet, ihm in
alle seine Randgliederungen folgt, und nirgend von ihm lassend, das tiefere Innere an ihm überall verhüllt; die Rin-
densubstanz nämlich, die wir daher füglich als ein peripherisches Ganglion jenem Centralen gegenüber bezeichnen
können. Zwischen beiden aber, von einem zum andern reichend, ist eine dritte Masse ausgebreitet; die eigentliche Mark-
masse, die in mancherlei Gestaltungen ausgewirkt, den Zwischenraum erfüllt. Es löst sich aber diese Marksubstanz bei
näherer Betrachtung überall in Markfibern auf, die in ihren Zügen nun je nach einer Ausdehnung hinziehen; nun seitlich je nach zweien in Markmembranen sich verbinden; endlich
je nach dreien in die Markmassen zusammengehen, also durch
alle dreie sich gleichmäßig durchgliedern. Bei noch schärferer
Ansicht findet sich dann bald, daß dies Gewebe aus zweierlei
Arten von Fibern besteht: harten, festen, mehr zähen
und federnden, und weicheren, loseren, wie in eine
Scheide von grauer Substanz gehüllten, die also in ganz ver-
schiedner, ja entgegengesetzter Natur erscheinen. Und es zeigt
sich weiter, daß diese weicheren Markfibern ihren Ursprung
aus ihnen gleichartigen Markmembranen nehmen, die zunächst
am Centralganglion anliegend, es nach allen Seiten umfassen
und umhüllen, und daß eben so die härteren Fibern aus einer
gleichen Membran entstehen, die diese erste an den Ganglien

nach außen hin umkleidet, und die man unter dem Namen der
inneren Kapsel kennt. Wir müssen also urtheilen, daß im
großen Gehirne in diesen Fibern Wege gebahnt sind, die vom
Ganglion in der Mitte zu dem im Umkreis gehen; daß die
harten Markfibern nach Außen hin herausführende, ge=
bende, die weichen zurückführende, nehmende sind, und
daß sich also durch ihre Vermittlung ein Verkehr der Mitte
mit der Peripherie einleitet, in dem, was von jener als einig
ausstrahlt, nachdem es außen dem Gezweiten sich eingegeben,
und dort in Geschiedenheit sich auseinandergebrochen, wieder
zurückkehrt zur Einheit, von der es ausgegangen. Somit also
sind die Signaturen dieses Gebildes ausgefunden. Die Ge=
sammtheit der Centralganglien ist Einheit, Mitte und Gipfel;
also mit dem Zeichen der höheren Intelligenz bezeichnet. Das
peripherische Ganglion ist Vielheit, Umkreis, Niederung; wird
also des Zeichens des unteren discursiven Denkvermögens seyn.
Das Fibergewebe zweigeartet in seiner Anlage, geeint in der
Mitte, gezweit aber am Umkreise, wird das Zeichen des Ban=
des tragen, und somit, so für das Denken wie das Wollen,
den Verkehr der Mitte mit dem Umkreise organisch begründen.

Durch das Bisherige ist die Gliederung nur erst in ihren
allgemeinsten Verhältnissen angegeben; aber sie verbreitet sich
noch weiter, indem sie alle hier bezeichneten Articulationen wie=
der untergliedert. Denn es ist die geistige Action nicht blos
von Innen zu Außen gerichtet, sondern insofern sie mit
dem Gezweiten sich beschäftigt, auch vom Reinen zum An=
gewandten; vom Vergangenen zum Künftigen im ver=
laufenden Nacheinander; dann im Gleichzeitigen in Haltung
und Gegenhaltung des Antagonismus der Kräfte, Gedanken
und Entschlüsse zum Gleichgewichte. Alle diese Wirkungsweisen
müssen in jenem Grundverhältnisse aus dem Geistigen ins
Räumliche organisch übertragen werden, und dies wird je
nach dreien senkrecht aufeinanderstehenden Achsen, in den
Verhältnissen von Oben zu Unten, Vorn und Hinten,
Rechts und Links geschehen. In dieser Gliederung theilt
sich daher das Ganglion in Mitte des Ganzen wieder in ein
Centraleres, die inneren Gangliensysteme in sich befassend,

und ein Peripherisches die mehr nach Außen gestellten, die
Streifenhügel. Wie nun alle diese, das Gemeinsame ausdrückend, sich an die Mittellinie drängen, so sind ihnen weiter
Außen die beiden Mitten des Hemisphärischen rechts und links
in den Linsenkernen dargestellt, die vorn mit den Kolben
der Streifenhügel verbunden, sich gegen die Vierhügel ziehen, und zur Seite die Vormauern finden. Ihnen wieder peripherisch und zwar in der Richtung nach Unten hin,
erscheinen dann die Ganglien des Unterhorns, das Hakenganglion zuvor, dann die Mandeln weiter nach Vorne
hin; beide in der Richtung von Unten zu Oben durch die
Linsenstiele mit den Linsenkernen verbunden. So ist also
eine fortlaufende Gliederung von der Mitte gegen den Umfang
hin, und eine beständige Subsumtion unterer organischer Mittelpunkte unter immer höhere und höhere in diesem Gangliensysteme unverkennbar; eine Gliederung, die sich noch tiefer
selbst in den centralsten Theil desselben fortsetzt, da auch in
den Sehhügeln wieder ein Innerstes, und zwar in ihren mittleren grauen Kernen sich erkennt, als dessen Ausbreitungen nach Außen und Vorn und Hinten schon der äußere
Kern und das hinten absteigende Polster erscheinen. Da in
solcher Weise, neben der Grundrichtung auch alle andern Bezüge,
sich schon in der tiefsten Grundfeste des Organes angedeutet
finden; so werden sie auch seiner weiteren Ausbreitung nicht
fehlen, und so sehen wir denn das peripherische Ganglion und ihm nach die ganze Gehirnmasse, in ihnen ausgegliedert, zunächst seitlich in zwei in der Mittellinie verbundene Hemisphären zerfallen, und diese dann um den Stamm- und
Centrallappen, der die Linsenkerne, das gemeinsame Centrum in sich beschließt, je nach Vorn und Hinten in einem
Vorder- und Hinterlappen, und von Oben zu Unten in
einem Ober- und Unterlappen aufgebaut. Um die Ganglien her aber, die sich in diesen Massen bergen, sind dann in
gleicher Weise die Höhlensysteme aufgewölbt; so zwar, daß
eine Centralhöhle, oben mit der Gefäßplatte erfüllt,
rechts und links in die Seitenhöhlen sich öffnet, die der
Länge nach vom Vorderhorn sich bis in die Klauen des

Hinterhornes ziehen, und von den die Gefäßplatte fortsetzenden Gefäßgeflechten durchsetzt, in die Unterhörner niedersteigen.

Sind in solcher Weise die Mitten und die Endglieder aller Grundverhältnisse ausgefunden, dann müssen auch die Verbindungslinien derselben nachgewiesen seyn, in denen sich die lebendigen Bezüge wirken, und die geistigen Verrichtungen in ihrer Ausbreitung die gebahnten Geleise finden. Beim Centralganglion der innersten Mitte aller Thätigkeit, werden auch diese Verbindungen am innerlichsten sich knüpfen, und wir sehen, während in ihm die innern und äußern Kapseln sich im Markblatt und den Hornstreifen wiederholen, die das Centralere von dem mehr Hemisphärischen der Streifenhügel trennen, beide seitlich wie die Kapseln im Balken, so durch die Commissuren, die vordere und hintere und dazu die mittlere wieder geeinigt. Eben so finden wir das Vorn und Hinten zunebst dem Oben und Unten geeinigt durch die Längenstrahlung der Zirbelstiele, die oben über die Sehhügel hingehend unten am Boden der dritten Höhle ihren Rückgang nimmt. So ist das Innerliche in der Mitte in seinen Gliedern unter sich verbunden; aber ihm ist zudem noch ein Äußerliches zugegeben, das in den Linsenkernen auf die Hemisphären, im Hakenganglion auf die Untertheilung derselben bezüglich, auch noch der Mitte angehört, und mit dem Innerlichen durch eine Verbindung geeinigt werden muß, die zwischen jener centralen und der ganz peripherischen in der Mitte liegt. Da es zwei Hemisphären sind, die in ihm an der Mittellinie gegeneinander geführt werden sollen, so muß es in die Mitte beider, also in die Linsenkerne seine Wurzeln schlagen. Da es ferner die beiden Hälften derselben, im Oben und Unten, in dieser Einigung zugleich verbinden soll, muß es neben dieser Wurzel im Oben auch eine andere im Unten, mithin im Hakenganglion haben. Weil endlich auch Vorn und Hinten im Gegensatze des Hakens und der Mandeln, darüber aber in den Linsenkernen durch ihre Längenausdehnung ausgedrückt, mit eingehen müssen in die Verbindung, werden es auch Längenfasern seyn, die sie in dieser Richtung wirken. Wir sehen daher, daß die Gestalt des

verbindenden Organs durch die Form des Höhlensystems be=
dingt, und mithin die der dasselbe durchziehenden Gefäßge=
flechte ist; was uns zu dem Gewölbe als dem Gesuchten
hinleitet. Das Gewölbe gründet nämlich mit der absteigenden
Wurzel in den Streifenhügeln und sohin in den Linsenkernen
und ihren Kapseln, mit der andern im Hakenganglion und so=
mit in den Mandeln; einigt also die einen mit den andern wie
im gemeinsamen Schwerpunkte in den Markkügelchen, und
indem es nun in den ansteigenden Schenkeln zu den einen nach
vorwärts hinaufsteigt, dann aber durch den Balken und die
Schwibbogen in den absteigenden rückwärts zu den andern nie=
dergeht, verbindet es zugleich Oben und Unten und Vorn und
Hinten in diesen Markkügelchen an der Mittellinie; von dort
aus werden sohin die sämmtlichen Gangliensysteme der He=
misphären in diesen Richtungen beherrscht.

An diese centralen und centralperipherischen Einigungen
schließen sich nun zunächst die rein peripherischen an. Sie sind
in der aus= und einstrahlenden mittleren Gehirnmasse, dem
Faserngewebe, ausgewirkt, und die Strahlungen dieser Fibern
werden so gewendet stehen, daß sie um die Achsen der verschie=
denen Richtungen im Kreise hergewunden, den Raum zwischen
den Centralganglien, deren Strahlungen die ihrigen begründen,
und dem Peripherischen, das sich ihnen nachgestaltet, erfüllen.
Es folgt, daß sie sohin in Kreiszonen sich verwebend, dem Um=
kreise sich unterlegen und die Mitte umgürten, und wie sie sich
gegen jenen ausbreiten, so gegen diese in der einen Grund=
strahlung zusammengehen. Das Grundprinzip beim Baue des
gesammten Organes wird dabei dieses seyn, daß es, ungleich
den Menschenwerken, nicht etwa blos nach dieser oder jener
Richtung organisirt und gegliedert ist; sondern gleichmäßig in
allen und aus einer hinüber in die andere, und zwar von
jedem Punkte aus, nur immer mit Übewucht des einen oder
anderen Momentes. So wird es geschehen, daß, da Alles
in ihm mit Allem sich verbunden findet, und diese Verbindun=
gen wieder zugleich in der gemeinsamen Mitte sich geeinigt
finden, der Geist in diesem nicht genug zu bewundernden Kunst=
werke ein williges und taugliches Werkzeug gewinnt, um allen

feinen sich mannigfaltig kreuzenden Verrichtungen nachzukommen.

Wie nun in jeder Kugelform drei senkrecht auf einander
gerichtete Ebenen möglich sind, so wird es auch im Gehirn
drei Strahlungen, je nach diesen Ebenen gestellt geben können.
Die erste wird in der Richtung von Rechts zu Links um die
Linsenkerne her horizontal gestellt erscheinen, und indem sich
dieser Richtung vorherrschend die von Vorn zu Hinten und als
Nebenrichtung die von Oben zu Unten beigesellt, wird sich in
ihnen die Bogenstrahlung zusammenweben. Vom Vorderlappen zum Hinterlappen die Mitte beider Hemisphären um-
gürtend, sehen wir diese Strahlung im Klappdeckel des
Oberlappens im breitesten Bette gehend, und also indem sie
nach Oben und Unten sich mit Gehaltenheit ausbreitet, aus
dieser ihrer Mitte vornehmlich in jeder ihrer Hälften nach Vorn
und Hinten, und durch beide seitlich gegeneinander streben.
Die zweite Ebene ist senkrecht auf die vorige gestellt, so
zwar, daß sich dieser Richtung von Oben zu Unten, als vorherrschende die von Rechts zu Links, als untergeordnete aber
die von Vorne zu Hinten und wieder zurück beigesellt, und
diese Richtungen werden in die Balkenstrahlung zusammengehen, die senkrecht auf jene gestellt, die Mittellinie durchschneidet und die Centralganglien umschließt. Ihre Fibern,
eben weil sie die große Commissur der beiden Hirnhälften, deren
seitlicher Gegensatz in den beiden Bogenstrahlungen sich ausdrückt, bilden, sind eben darum von einer zur andern hinüber-
laufend; dieser ihrer charakteristischen Richtung gesellt sich dann
aber auch zunächst die von Oben zu Unten bei, indem sie, nach
Hinten seitlich sich ausbreitend, als Tapete an der äußeren
Seite des Unterhorns bis zur Spitze desselben niedergeht, und
so mithin die Seitenwände des ganzen Höhlensystemes an der
Mittellinie verbindet. Untergeordnet fügt diesen Ausbreitungen
sich dann auch die von Vorne nach Hinten bei, und wie in
ihr der Balken von seinem Knie Vorne sich bis zur Wulst
hinten hinüberzieht, schlagen seine Strahlungen dort sich um
jenes, hier um diese herum, und indem sie den Boden des Vor-
der- und Hinterhornes bilden, finden auch diese wie die Seiten

an der Mitte sich verbunden. Die dritte Ebene endlich, indem sie die lothrechte Richtung von der einen, die von Vorne zu Hinten und zurück von der andern aufnimmt, erscheint senkrecht auf die beiden andern gestellt, und indem sie sich über die eine hinaus näher an den Umkreis, der andern aber zur Seite nahe an die Mittellinie ordnet, tritt sie als Zwingenstrahlung beide vermittelnd hervor. Unter der Balkenstrahlung an den Streifenhügeln anhebend, schlägt sie sich um die des Balkenknie's herum, läuft über den Balken selber hin, und vollendet, sich um die Strahlung der Wulst herbeugend, am Boden des Unterhorns die Umkreisung, indem sie durch das Hakenbündel in ihren Ursprung gehend, in ihm zugleich wie die vorige auch mit dem Gewölbe verkehrt. Die Längenrichtung ist sohin herrschend an ihr, der sich die von Oben zu Unten beigesellt, während auch die seitliche ihr nicht ganz fremd geblieben, da sie oben und unten gegen die Randwülste des Gehirns ausstrahlt. So umziehen und durchziehen also diese drei Strahlungen die beiden Hemisphären des Gehirns, schon außen durch die Arterien abgegränzt, da die Inselarterie die Bogenstrahlung, die vordere Hirnarterie aber die Balken- und Zwingenstrahlung versorgt, und so je nach Meridianen und Parallelen senkrecht aufeinander gestellt, durchweben sie das ganze Organ.

Haben nun in allen diesen Strahlungen die drei Grundbezüge ihre peripherische Vermittlung gefunden, während in den tieferen dieselben Bezüge, wie sie an den Centralganglien sich auseinandergelegt, sich zusammenthun; dann werden, wie alle Richtungen zuletzt in die Grundrichtung von Innen zu Außen aufgehen, so auch die sämmtlichen Strahlungen des Umkreises gegen die Centralganglien zurückgehen, und in ihnen sich einigen müssen. Und so sehen wir sie denn auch wirklich, nach Einwärts alle allmälig in die centrale Richtung eingelenkt, aus dem Mantel- in den Stabkranz zusammenstrahlen, der aus seiner pfauenschweifartigen Ausbreitung in den Fuß gesammelt, niedersteigend sich noch mehr ins Innere vertieft. Es treten aber für diese noch engere Centralisirung die Balkenstrahlung, die Zwingenstrahlung und der innere Theil der

Bogenstrahlung zusammen, um als innere Kapsel zwischen den Linsenkernen und Streifenhügeln durchzugehen, und zwar also, daß die Balkenstrahlung das innerste, den Streifenhügeln nächste; die Zwingenstrahlung das mittlere; der Theil der Bogenstrahlung das äußerste, den Linsenkernen anliegende Blatt dieser Kapsel bildet, und alle miteinander dann in die Hirnschenkel übergehen. Die eigentliche Bogenstrahlung nach Hinwegnahme jenes Blattes, das ihren Übergang in die beiden andern Strahlungen vermittelt, die äußere Kapsel sohin, auf dem gleichen Wege einwärts gehend, umgreift die innere Kapsel an ihren beiden Endigungen vorn und hinten, und in zwei aus dem sogenannten Olivenfernstrange und dem hintern Hülsenstrange verwebten Zügen sich vor ihm zusammenlenkend, bildet sie durch Vereinigung derselben in der Mitte das Bindesystem des Großgehirns, das hinter den Hirnschenkeln in die Haube geht, nachdem es als Gürtelschichte die Sehhügel eben so umkleidet, wie die innere Kapsel die Streifenhügel. So finden an der Mitte, wo auch die Gewölbesäulen zusammengehen, alle Strahlungen der Oberfläche sich centrirt, und mit den Umstrahlungen der Mitte selbst verbunden, und alle ihre Richtungen von der tiefsten der von Innen zu Außen beherrscht.

2.

Signaturen der sinnlichen Seele und ihres Organes im Gehirnsysteme.

Die Sinnlichkeit befaßt das Gebundene im Menschen, das Erdhafte in seiner Geistigkeit, das seiner eigensten Natur gemäß Gezweite in ihr; das inbegriffen im Höheren, als Vermögen, der Anregung von ihm aus bedarf, als rückwirkende Kraft aber, den engeren Kreis in spezifisch gesonderten, in sich gezweiten Kräften in plastischer Gediegenheit erfüllt. Da auch diese Region des geistigen Daseyns, gleich der vorigen, dreigegliedert ist, so wird sie zunächst eine einwohnende, der Natur der Sphäre anartende, mithin bedingte Einheit haben müssen. Diese Einheit wird zunächst in dem aus der Tiefe der geistigen Natur heraustönenden dunkeln, unarticulirten und darum unverständlichen Nachhall des höheren, lichten, sich selbst faßlichen Selbstbewußtseyns gegeben seyn, den wir mit dem Namen des Selbstgefühls bezeichnen, treffend genug das Überwiegen des Gegenständlichen in diesem geistigen Abgrund bis in die Einheit hinein, in dem Erfühlen ausdrückend. Und wie nun dort oben die Prinzipien, inwiefern sie ins Bewußtseyn treten, sich an die Mitte des Selbstbewußtseyns knüpfen; so hier unten die Gefühle und Instinkte an dies Centrum im Selbstgefühl. Und wie jene Prinzipien, in vollkommenem Verständnisse sich selbst bewährend, mit logischer Nothwendigkeit alles blos Abgeleitete in der Erkenntniß sich entgegenlenken, und in sich begründen; so wohnt diesen Instinkten in ihrer völligen Unverständlichkeit, Blindheit und Verhüllung eine andere Art treibender, bindender, gestaltender Nothwendigkeit ein, in der sie dem Getheilten sich unterlegend, es in sich fassen, ihrer Norm angestalten und so ihrem Vorbild nachzubilden streben. Denn wie das erste Glied in dieser Region als eine Einheit tieferer Ordnung sich bewährt, so wird dieser auch eine Vielheit als zweites Glied beigegeben seyn, die weil sie charakteristisch die ganze Region bezeichnen soll, eben darum vorwiegend seyn wird in ihr. Dies Viele, dem Einen ganz als bloße Vermögenheit sich gegenüberstellend, wird, insofern es in sich für die Rückwirkung thätig ist, in getheilten, wie tastenden, nur in der unmittelbaren Berührung wirksamen, also aufs engste umschriebenen Kräften sich äußern, die nach Art der Affinitäten sich verhaltend, der Persönlichkeit jenes besondere Gefüge geben, das man mit dem Namen des Temperaments bezeichnet. Indem aber diese von der Einheit angeregten Kräfte das Viele, um das im Instinkt gegebne Vorbildliche, wie in Klangfiguren ordnen, wird es zur Empfindung der getheilten Fülle geeinigt, und in solcher Weise wirkt sich im Zusammentritte des instinktartigen Gefühl- und Empfindungsvermögens das nächtliche, träumerische, schattenhafte Erkennen dieser unteren Gebiete, das sich dann gleich dem höheren lichten und klaren je nach den verschiedenen Richtungen im Nacheinander, Miteinander, Untereinander, so wie in der Subsumtion unter die Einheit in verschiedener Weise ausgeprägt.

Ist es aber also um die beiden Glieder beschaffen, dann wird auch hier noch ein drittes, zur Überleitung aus einem in das andere, zwischen sie eintreten müssen. Wurzelnd je nach dem höheren Einen in der Einheit des Selbstgefühles, je nach dem Vielen in der Vielheit des Empfindungsvermögens, wird es je nach der Zusammenfassung und Durcheinanderbildung des Einen und des Vielen selbstständige Wurzel in sich selber haben, und nun von den beiden ersten, von jedem nach seiner Art, als wirkende Ursächlichkeit zur Äußerung bestimmt, sie hinwiederum in der Wirkung bestimmen. Dies Überleitende wird das untere, sinnliche Begehrungsvermögen in seinem ganzen Umfang seyn; das, im Gegensatze mit dem höheren, die Fülle aller das tiefere in uns bewegenden Triebe und die Summe aller Affecte und Leidenschaften unterer Abkunft begreift. Auch diese Seelenmacht und die in ihr wirksamen Affecte werden an die Richtungen die verschiedenen Bezüge, die wie oben, so auch in dieser Region angelegt erscheinen, sich knüpfen. Zuvörderst wird es der Bezug von Oben zu Unten seyn, der sich auch in allem Begehren ausspricht. Da nämlich die ganze sinnliche Sphäre nicht gänzlich isolirt für sich besteht, sondern über sich eine höhere intellectuale hat; so wird sie auch nicht ausschließlich zu sich selber in Verhältniß gesetzt erscheinen, sondern in ihrer Ausbreitung durch das Band aus dem Einen in das Viele, bald der Sphäre jenes Höheren begegnen, und nun eine zu ihm gekehrte und eine abgekehrte Seite zeigen. Auf jene Seite werden sich dann die im Höheren gesteigerten Triebe und Affecte, die nach aufwärts gehenden Neigungen; auf die andere die mehr eigensüchtig geniederten, und darum auch niederwärts strebenden ordnen. Wenn hier der Bezug der gesammten Sphäre, zu einer höheren über und einer tieferen unter ihr, sich ausgesprochen; dann wird in drei anderen Verhältnissen der Bezug der Sphäre zu sich selber zur Offenbarung kommen. An den von Innen zu Außen, aus der Mitte in den Umkreis, sind nämlich die begierlichen Affecte angewiesen; an

den von Vorne zu Hinten die irascibeln oder zornmü=
thigen; an den von der Rechten zur Linken alle die in Be=
harrlichkeit haltenden und festenden. Durchgehen wir sie
der Reihe nach.

Was zunächst die erste Reihe, die der concupiscibeln
Affecte betrifft, so erscheint die Seele in ihr je nach Liebe
und Haß bewegt, und von Lust und Unlust affizirt; beide
Gegensätze durch das Endziel in sich, und in jedem Gliede
wieder je nach Geben und Nehmen getheilt. Was sie im
ersten dieser Affecte als wahrhaft oder scheinbar gut erkannt,
das sieht sie als ein Begehrenswerthes sich gegenüber,
und mit der Theilnahme, die es in ihr erweckt, erwacht
zugleich das eifrige Verlangen, sich ihm gebend, oder es
sich nehmend anzueignen. Getrieben von dieser Neigung
theilt sie im ersten Falle sich ausbreitend, im andern ihm sich
öffnend mit, und hat sie in solcher Weise, was sie erstrebt,
erlangt, dann ruht sie in ihm mit Genüge, und Fröhlich=
keit und Freude ist an die Befriedigung geknüpft. Sieht
sie aber umgekehrt, was sie als ungut erkennt, sich gegenüber
stehen, dann erwacht in ihr sofort der Verdruß über seine
unbequeme Nähe, dem sich mit der Abneigung bald der
Haß beigesellt, der zum Abscheu gesteigert, in ihr das Be=
streben weckt, sich seiner zu entledigen, indem sie es entwe=
der, in ihrer Elastizität zu stärkerer Spannung sich steigernd,
in directer Wirkung abstoßend von sich weist; oder sich indi=
rect mit Zurücknahme ihrer Hingabe, in Steigerung ihrer in=
neren Bindung, spröde vor ihm verschließt, und also vor ihm
zurückweicht, statt es von sich abzutreiben: in beiden Fällen
wie dort sich beruhigend, wenn sie zu ihrem Zweck gelangt;
wenn aber Mühen und Fliehen ihr unnütz sich erwiesen, gleich=
falls wie im andern Falle, in Trauer, Gram und Schmerz
sich verzehrend. In befriedigter Liebe also freies Gelaß der
gebenden und nehmenden Seelenthätigkeit; in befriedigtem Haß
die gleiche Genüge im Abtreiben und Verschließen, so daß
dem Nehmen dort hier ein Sichversagen, dem Geben ein
Sichzurücknehmen entspricht: im Falle der Nichtbefriedigung
aber eine Hemmung beider Wirkungsarten, und ein krampfar=

tiges Zurücktreten derselben in die Seele. Da aber beide in allen diesen Fällen wirkende Kräfte centrale sind, an den Mittelpunkt der unteren Seele geknüpft, und von ihr in der Richtung gegen den Umkreis und wieder in die Mitte zurück, in Thätigkeit versetzt, darum werden auch die Affecte, die aus dieser Wirksamkeit hervorgehen, in dieser Richtungslinie liegen, und in ihr ihre Wirkung äußern.

Es ist aber die untere Seele nicht blos von der Mitte gegen den Umkreis thätig, sondern, in diesem wie im Centrum gegenwärtig, treibt sie, wie hier in Centralkräften, die zu und von der Mitte gehen, so dort in peripherischen Tangentialkräften, die mit den andern eben so den Umkreis wie die Bewegung in ihm wirken. Zwei aber sind dieser Kräfte, vorstrebende und rückstrebende, die im Vorgang und im Rückgang wirksam, im Überwiegen des einen die rechtläufige, in dem des andern die rückläufige Bewegung wirken. Auch diesen Kräften tritt nun das Gute und das Übele, aber nicht mehr als Gegenstand der Lust und Unlust, sondern als das mit Mühe zu Erringende oder Abzutreibende, mithin als Object des Kampfes und Gegenkampfes entgegen, und die kämpfenden Triebe werden nun irascible. Es treten aber die Gegenstände, entweder als fördernd die Ordnung der Rechtläufigkeit, oder als sie hemmend durch Rückläufigkeit, diesen Trieben entgegen, die dann sofort in einer bestimmten Folge der Affecte in allmäligem Vorschritte ihre Thätigkeit entwickeln. Sie beginnen aber im ersten Einschlage der Wirksamkeit des bedingenden Gegenwurfs, einerseits mit dem erwachenden Streben, das nicht erlangte Gute in rechtläufiger Bewegung zu erringen, andererseits in rückläufiger das Böse zu fliehen; ein Streben, das, weil nur erst im Ausgangspunkte in der Intention zum Ziele stehend, und noch nicht in wirkliche Thätigkeit eingetreten, als Hoffnung das Gute zu erlangen und des Bösen sich zu entledigen, sich an die bejahende Seite der Reihe stellt. Diesem, mit Kühnheit vorwärtstreibenden Neigen, wird dann in der Furcht ein anderes Rückwärtsstrebendes entgegentreten, das, die Größe des Guten und die Macht des Bösen erwägend, und die Schwäche der eigenen Kraft, zagend

in sich zusammenfährt; zu dem Einen mit Verwunderung
oder Demuth aufblickend, zu dem Andern mit Grauen nie-
derschauend, und also sich auf die verneinende Seite der Reihe
ordnet. Im Spiele beider, die Thätigkeit einleitenden Affecte,
hebt diese nun an mit stets wachsender Energie so zum Guten
hin, wie vom Bösen abzustreben, und im Fortschritte wird
dann die Hoffnung sich zum Vertrauen, die Furcht aber
andererseits zum Mißtrauen steigern, und wie jenes dann
leicht zum Hochmuth, zur Anmaßung und Vermessen-
heit sich hinauftreiben kann, vermag dieses eben so leicht in
Bestürzung, Angst und Bangigkeit auszuschlagen. Es
wächst aber mit der Annäherung zum Ziele die Schnellkraft
des inneren Triebes, und erglüht zuletzt in jenem Zorneseifer, der einerseits, wie mit Blitzesschlag, dem in aller Macht
andringenden Schlechten sich entgegenwirft, andererseits dem Guten Gewalt anthuend, es mit Gewalt an sich reißt. Will es aber
diesem Eifer mit solchem Streben nicht gelingen, dann mag er
sich leicht zur Wuth und Raserei entzünden, oder er wird
wie vom Blicke der Gorgone getroffen, und vom Entsetzen
überwältigt, gebrochen und gelähmt in sich zurücksinken, und
im Anblicke der höchsten Gefahr erstarren.

Es schließt diesen dann endlich die dritte Reihe sich an,
in den Bezug von Rechts zu Links und hinwiederum gestellt.
Es sind aber zunächst Haltungen, die in dieser Linie liegen,
um die jene Affecte wie um Angelpunkte sich bewegen; Füllun-
gen, aus Gegensätzen in ihnen zusammenverbunden, die ihnen
gleichsam Masse und Körper geben, und ihren Bewegungen erst
die rechte Wucht mittheilen; Fassungen, die indem sie diese
Fülle binden und zusammenhalten, Gediegenheit und Bestand
in sie eintragen; Richtungen, die sie in ihre Bahnen eindrängen und jede Ausweichung unterfangen; Besinnungen, die wachsend mit den ausstrebenden Triebfedern sie festigen im rechten
Maaße, daß sie in wohlgeschlossener Rundung dahinschreiten
und ablaufen mögen. Und wie nun also die im Fließen beweglichen Kräfte, an diese Achse geknüpft, sie umfließen, und
dann von innen heraus die Centralthätigkeiten und ihre Re-
gungen sie in sich zusammenfassen, und sie nun gegeneinan-

der wohl gerichtet, und von der Mitte aus geordnet und
gelenkt, sich gegenseitig Maaß und Gränze geben, die Haltenden den Fließenden, daß sie sich nicht zerspreiten, diese jenen,
daß sie nicht ineinander sich verlieren, — und indem dann die
von Oben, sich in alle hineinlegend, sich ihnen beigesellen, spielen alle gegenseitig sich anregend und zügelnd, eine in die andere übergeführt, in ihren Wirksamkeiten durcheinander, und
die Sphäre des nächtlichen Lebens ist in sich abgerundet, und
was sich in ihr begibt, wird durch jene aufsteigenden Leitungen
zum Bewußtseyn der höheren Seele gebracht.

Auch diese ganze Folge von tieferen Seelenthätigkeiten
fordert ihr Organ, in dem sie sich auslassen könne, und es
hat sie im kleinen Gehirn gefunden. Ihm erscheinen sie
nämlich in ihren tiefsten und innersten Grundbezügen eingegeben, so daß von da aus die untere Seele ihre weitere Ausbreitung abwärts in dem Umlaufssysteme beherrscht und bedingt; eben wie die höhere, vom großen Gehirne aus, ihre
Ausbreitung in die Wahrnehmungssysteme lenkt und bedingt.
Das Kleingehirn ist aber nun, eben wie das große, in
zwei Hemisphären getheilt, und aus dieser Theilung in den
Vierhügeln wieder, aber nur für die Verbindung mit dem
Großgehirn, und daher an ihm, zur Einheit lose verbunden.
Wie ihm also diese Vierhügel als Centralganglion dienen, so
wird ihm die Wasserleitung unter ihnen, und ihre Fortsetzung zur Schreibfeder an der Mittellinie hin, als Centralhöhle gelten; der Wurm aber, in dem über ihr beide
Hemisphären an derselben Linie zusammengehen, wird ihm wie
Balken seyn; während jener Mittelhöhle in den Nestern
Anlagen von Seitenhöhlen sich gesellen, mit Gefäßgeflechten
erfüllt. Über ihnen finden wir nun als Mitten der Hemisphären, aus grauer Substanz mit Markkernen zu Ganglien verbunden, die Ciliarkörper liegen, die sohin den Linsenkernen
entsprechen. Diesen, wie sie die seitlichen Mitten einnehmen,
hat sich nun ein peripherisches Ganglion beigesellt, das
aus grauer oder hier vielmehr gelber Substanz gebildet, alle
Verzweigungen der Masse an ihrer Oberfläche umhüllt, und
somit um jenes Kernhafte den Umkreis bildet. Ein drittes

wird dann als Überleitung von einem zum andern dienen, jene Markfibern nämlich, die von dem Ciliarkörper, als ihrem Stamme ausgehend, und in viele Äste und Zweige sich durch die Blätter ausbreitend, den sogenannten Lebensbaum bilden. Zweiartig gleich denen des großen, weil von der Mitte und zu der Mitte leitend, sind auch sie entweder aus harten und weichen schwer unterscheidbar verbunden; oder das Spiel der Kräfte in den gleichen erscheint doch je nach jenen Richtungen, getheilt. An die Ciliarkörper als ihre Mitten gewiesen, sehen wir sie daher auch von den diese Körper umhüllenden Markschichten ihren Ausgang nehmen, und da es nun zwei dieser Schichten sind, die sich unten und oben an sie legen, wie die beiden Kapseln außen und innen an die Linsenkerne; so werden es auch zwei Grundschichtungen seyn, die die Hemisphären zusammensetzen, und die untere wird der äußeren Kapsel, die obere der inneren entsprechen, in beiden aber die Richtung von Innen zu Außen sich darstellen.

Aber auch die andern Richtungen wollen sich nicht vermissen lassen, und sie treten nacheinander hervor, durch Rechts und Links, an den Hemisphären ausgedrückt, bedingt. Der Stamm des Lebensbaumes, indem er nämlich durch diese Hemisphären zieht, theilt sie in obere dem Großgehirne zugewendete Hälften, in denen die Zweige des Baumes nach Aufwärts gehen, und andere dem tieferen Organism zugerichtete, in denen sie nach Abwärts wachsen. Derselbe Baum, indem er in der Richtung von Vorne nach Hinten zwischen beiden Hälften hinziehend, oben und unten vordere Äste nach Vorwärts, hintere nach Rückwärts, gerade auf= und absteigende aber in der Mitte entsendet, theilt auch die Hemisphären in vordere und hintere Oberlappen und gleiche Unterlappen, die durch mittlere sich vermittelt finden. Es wird sohin der vordere Unterlappen an den Nestern dem Unterlappen des Großgehirnes am Unterhorn entsprechen, und da nun die Flocken, als die vorderste Ausstrahlung des Kleingehirns, dort ihre Stelle haben, werden sie den Ammonshörnern gegenüberstehen, wie die Mandeln hier und dort sich correspondiren. Flocken, Mandeln und Ciliarkörper stehen sohin zueinander, wie

Haken, Mandeln und Linsenkerne, und wie in allen diesen das Niedersteigen der geistigen Thätigkeiten in den unteren Organism, und alles Ansteigen aus diesem zum höheren sich determinirt finden; so in jenen Absteigen und Aufsteigen der Gemüthskräfte, und wie nun dort das Gewölbe dieser Verrichtung zugetheilt sich findet, so werden es hier die Flockenstiele seyn, die unter den Ciliarkörpern hinauf zur Wasserleitung gehend, der Mittellinie entgegenstreben.

Sind so die Linien der Verhältnisse gestellt, dann sind auch die ihre Endpunkte verbindenden Strahlungen gefunden. Es finden sich aber der Strahlungen drei, die zunächst an die innere Kapsel des Kleingehirnes, jene auf den Ciliarkörpern oben aufliegende, bis zum Wipfelblatt des Lebensbaumes nach Hinten hinlaufende Schichtung, die der Hirnschenkel genannt, sich knüpfen. Es theilt sich nämlich diese Schichtung, gleich der des Großhirns, in drei Blätter, deren erstes inneres seine Bogenfaserungen von Vorne zu Hinten gegen die Mittellinie sendet, wo sie sich im Wurme zur Balkenstrahlung sammeln. Also aus Querfasern von der Seite her gewebt, denen Längenfasern von Vorne zu Hinten sich beigesellen, krümmt er, von seinem Vordertheile dem Centralläppchen bis zu seinem hintern dem Knötchen, sich also hin, daß sein Baum, mit den Bäumen der Hemisphären verwachsen, sie unter sich verbindet. Wie der Balken, vom Knie durch seine Masse hindurch sich zur Wulst hinten, hinüberzieht; so der Wurm und dieser sein Baum, von seinem höchsten Wipfelblatte aus, durch seinen obern Theil in den mittlern Berg, und durch diesen dann längs seinem hinteren Theil bis zum untersten Wipfelblatt hinunter, das, wie jener durch die Tapete mit dem Ammonshorne, so durch die Segel mit den Flocken zusammenhängt. Es ist also seine Strahlung, wie die Balkenstrahlung, am sichtlichsten in der Richtung ihrer Fibern von Rechts zu Links gestellt; während in der Krümmung dieser Fibern und ihrem Niedersteigen von Berg zu Thal nach Hinten in die Unterlappen, die von Oben zu Unten jener ersten sich beigesellt, in der Längenfaserung aber auch die von Vorne zu Hinten auftaucht. Ein zweites Blatt geht von jener Grundschichtung nach Außen, und dadurch auch

nach Oben und Unten sich umbeugend hin, und bildet eine
zweite Strahlung, die Zwingenstrahlung des Kleingehirns;
die in zwei seitlich an den äußeren Rändern verbundenen Blättern, einem oberen und einem unteren, ausgewirkt, die Grundschichtungen beider Kapseln in ihrer ganzen Ausbreitung umhüllt. In diesen Blättern ist sohin die Richtung von Vorne
zu Hinten die herrschende; aber aus Fibern gewebt, die rechts
und links von den beiden Hälften her gegen den Wurm in der
Mitte zusammengehen, hat sie auch die seitliche in sich aufgenommen; während die Ausbreitung in zwei Schichtungen, eine
obere und untere, die vorn sich einigen, auch das Eingehen
der dritten Richtung in sie bezeichnet. Indem aber jene Grundschichtung, die innere oder obere Kapsel, eine dritte Faserung,
unmittelbar an den Ciliarkörpern gelegen, nach Hinten in den
hinteren Unterlappen entsendet, und diese sich mit der äußeren
oder unteren Kapsel, der Schichtung der Bindearme einigt,
entsteht im rechten Winkel, auf die vorige gestellt, aus beiden
die Bogenstrahlung, die den äußeren Theil der hinteren
Ober- und Unterlappen umzieht, und die anderen rückwärts
her umfassend, mit dem peripherisch seitlichen Bezug, den von
Hinten zu Vorne verknüpft, ohne den seitlichen gänzlich aus-
zuschließen.

So erscheinen denn auch in diesem Gebiete, durch die drei
Strahlungen, die Endglieder aller Verhältnisse wohl verbunden.
Wie nun aber auch hier alle diese Verhältnisse zuletzt in das
Grundverhältniß von Innen zu Außen zurückgehen; so werden
auch die Strahlungen in der Grundstrahlung zurückstreben gegen
die gemeinsame Mitte, und dann an ihr vorübergehend, eben
so den niedergehenden des Großgehirns, wie diese ihnen entgegenstreben. Wie daher an diesem die vereinigte Balken- und
Zwingenstrahlung mit der in die Bogenstrahlung überleitenden,
durch die innere Kapsel in die Großgehirnschenkel niedergeht, so
auch hier die Verbindung der entsprechenden Strahlungen des Kleingehirns in seine Brückenschenkel. Wie ferner dort die hemisphärische Bogenstrahlung, in das Bindesystem des Großgehirns geeint,
sich dort einwärts an diese Kapsel und Schenkel legt; so sammelt die Bogenstrahlung des Kleingehirns sich in seine Binde-

arme, die seitlich durch die Längenfasern der Klappe verbunden sind. So findet sich also die Anlage des einen gleichmäßig geordnet, wie die des andern; die Strebungen sind
dieselben, alle sind in gleicher Weise peripherisch unter sich verbunden, in gleicher Art gegen die Mitte zurückgelenkt: nur daß
größere Zweiung im Tieferen stärkerer Einigung im Höheren
gegenübersteht, wodurch denn auch die eigenthümliche Wirkungsweise beider Organe sich bedingt.

3.
Das Band zwischen Intelligenz und Sinnlichkeit
im Begehrungsvermögen und das Organ
desselben.

Der Mensch ist nicht bloße, nach Aufwärts und Rückwärts
gewendete Geistigkeit, nicht bloße nach Abwärts und Auswärts
gekehrte Sinnlichkeit; sondern beides zugleich und miteinander,
und da er es auch in einer Persönlichkeit zugleich seyn soll,
müssen die zwei Naturen in ihm in einer dritten verbunden
seyn, und in ihr als ihrem Bande sich zu einem untheilbaren
Ganzen einigen. Diese dritte Natur wird, eben weil sie eine
dritte selbstständige ist, gründen in sich selber; sie wird aber
auch, weil ihr Zweck ist, Getrenntes zu vereinigen, gründen
müssen in dem zu Vereinigenden: Wurzeln oben und Wurzeln
unten werden also von und zu ihr gehen, die in ihrem stamm-
haften eigenen Selbst zusammenwachsen. Die erste dieser Wurzeln haben wir schon als das obere, sittliche Begehrungsvermögen
in der höheren Geistigkeit; die zweite als das untere Sinnliche
in der tieferen Gemüthssphäre gefunden, die eine wie die andere
zwischen Mitte und Umkreis zu ihrer Sphäre eintretend: ihr
Verhältniß zu einander im dritten selbsteigenen Willensgrunde
bleibt uns also noch zu erwägen übrig. Es wird aber, weil
im Menschen Alles zu oberst in Gott, und darnach in seiner höheren
eigenen Mitte gründet, auch jener erste sittliche Willensgrund
in der Geistigkeit der eigentliche primitive, höhere, wahrhaft
fundamentale, und somit auch der in erster Initiative die andern
bedingende seyn. Der zweite in der Sinnlichkeit wird diesem entgegen dann der secundäre, untere, selbst fundamentirte und

sohin bedingte seyn, der jedoch, weil selbst Eigenthümlich=
keit in sich tragend, aus ihr hervor seinerseits den dritten
mittleren selbsteigenen Willensgrund wieder theoretisch bestimmen
wird; wofür dann beide ihrerseits von diesem in der Rückwirkung
practische Bestimmung erfahren. Der Wille, insofern er als
reiner Wille eingeht in die Geistigkeit, dort zwischen das
Gleichniß Gottes und das Bild Gottes in uns, Vernunft und
Verstand gestellt, ist in all seinem Wollen und Begehren auf
das Gute, also vor Allem auf das höchste Gute, die Gottheit
hingerichtet, in die er durch reine Liebe transformirt, sich zur
Heiligung erhebt. Dann aber wird er auch auf das bedingt
Gute gerichtet stehen, um wie er dort in Gott, den er zum
Endziele sich genommen, in Liebe die Gegensätze in sich aneinander
ausgleicht, so hier, indem er in freier Selbstbestimmung sich
das Gesetz der Handlung selber gibt, und es auch, auf die
eigene Persönlichkeit als Selbstzweck in seinem Thun hingerich=
tet, übt, das Gleichniß und das Bild in sittlichem Benehmen
zur Harmonie auszugleichen, und so im Gesetze der Freiheit
und der Handhabung persönlicher Würde, sich zur Sittlichkeit
und ethischen Tugend zu erheben. Derselbe Wille, insofern er
als sinnlicher Wille in den unteren, tieferen, erdhaften
Menschen eingeht, dort zwischen den Instinkt und die dunkele
Empfindung gestellt, wird in all seinem Wollen und Begehren auf
Erhaltung und Erhöhung des sinnlichen Lebensbestandes gerichtet
stehen; in Lust der Güter dieser Sphäre begehrend, oder in Unlust
das Unlustige mit Abscheu von sich stoßend. In allen seinen
Trieben also nur auf das ihm Angenehme gehend, und die
Gegensätze in sich nur im Gleichniß und Bilde der Natur aus=
gewirkt anerkennend, sucht er diese seine Lust, indem er diese
Gegensätze entweder in ihr oder nach ihrer Art aneinander sich
ausgleichen läßt; entsagt also blos durch die Empfindung und
den Instinkt, mit Naturnothwendigkeit bestimmt, jeder höheren
freien Selbstbestimmung. Auf der einen Seite also die For=
derung des religiösen und des sittlichen Triebes; auf der andern
der Reiz des Naturtriebes und des sinnlichen Interesse: dort
freie Selbstbestimmung, hier vorwiegend passive Bestimmbarkeit;
dort also auch persönliche Freiheit, hier Hingerissen= und Gebun=

denseyn in der Unwiderstehlichkeit der materialen Impulse. Beide müssen nun im dritten selbsteigenen Willensgrunde also vermittelt seyn, daß dieser, mit der Freiheit ausgestattet, sich vom höheren Gebote oder der tieferen Anregung bestimmen zu lassen, zwischen beide in die Mitte tritt; das eine als die weisende bestimmende Form der Handlung sich überstellend, das andere als den bestimmbaren Stoff der Handlung sich unterstellend, und nun entweder in der sittlichen Nöthigung des Vernunftgebotes, oder in der höheren Gottesliebe, das Gelüsten dem Sollen unterordnend. Umgekehrt wird, im Falle sittlicher Verkehrtheit, das Höhere dem Tieferen untergeordnet seyn, und die sittliche und religiöse Freiheit muß dann einer fatalistischen oder naturalistischen Nöthigung weichen.

Ist nun also der höhere Wille im Geiste einerseits unter dem Vernunftgebote an die moralische Nothwendigkeit gebunden, andererseits an Gott gefesselt, zur höheren Freiheit in der Liebe berufen; der untere Wille aber in der Sinnlichkeit unter den Trieb gegeben, und in Bezug auf die Objecte desselben gegen die äußere Natur gerichtet, mithin an psychische und physische Nothwendigkeit gefesselt; und ist es nun der Beruf des mittleren Willens, das Freiheitsgesetz geltend zu machen gegen das Gesetz der Nothwendigkeit, und es gegen seinen Widerspruch durchzusetzen: dann wird diese Vermittlung, da sowohl der obere wie der untere Wille in vielen Richtungen in seiner Wirksamkeit getheilt erscheint, in allen diesen Richtungen geschehen müssen. Zuerst also wird sie in der Grundrichtung erfolgen müssen, die von Innen zu Außen steht. Hier wird also der höhere Wille in das Centrum aller Willensthätigkeit sich stellen, der untere in die Peripherie treten, der mittlere aber zwischen beide eingeordnet, und in zweien in ihm zur Harmonie vermittelten Thätigkeiten wirksam, deren eine von der Mitte, die andere zu der Mitte geht, wird er nun das Peripherische um seine Mitte und in seiner Mitte bewegen. Es wird sohin ein verkehrter Wille seyn, wenn der sinnliche Trieb über den sittlichen und religiösen herrscht, und das Höhere um das Untere und in ihm sich bewegen muß. Aber wenn die Richtung von Innen zu Außen als die umfassendste auch dem Handeln in seinem weitesten Umfang gilt; dann werden im speziellen

Handeln eben so auch die andern sich geltend machen. Denn so der obere wie der untere Wille ist je nach den drei Richtungen getheilt, beide im höheren Begehren wie im tieferen Affecte, das Endziel ihres Wirkens nun über sich, dann wieder es unter sich erblickend; nun es vorwärts als Gegenstand des Strebens, dann rückwärts als Gegenstand des Meidens setzend; endlich aber auch zwischen der Fassung, Haltung und Weisung zur Rechten und Linken hin ihren Weg aufsuchend. Soll nun der mittlere Grund auch ganze, volle und gründliche Vermittlung wirken, dann müssen in ihm so die geistigen wie die sinnlichen Bezüge, in diesen Richtungen ausgedrückt, ihre gegenseitige Stellung finden; also daß jedesmal der höhere als der herrschende den unteren nach sich zu richtet, und ihn in dieser Richtung befestigend, das ganze Spiel der Thätigkeiten ihm entlang dominirt. Wie also im Verhältnisse von Innen zu Außen die Durchkreuzungspunkte der oberen zu den unteren im mittleren gerichtet werden; so müssen auch die Endpunkte nicht weniger in ihm verbunden seyn, und Verbindungslinien, die von je einem zum andern in ihm gezogen sind, werden diese Vereinbarung begründen. Das Wesen des dritten Willens ist daher ein Verweben und Verstricken, aller Verhältnisse der beiden andern, um die ihm einwohnende Einheit her; so daß alles dort Gesonderte hier seine Einigung erhält, und Eines in's Andere nun mit Leichtigkeit hinüberspielt. Aber nicht blos für das Handeln sind die beiden Sphären des menschlichen Daseyns verbunden, sie müssen es auch für das Denken seyn. Denn wir denken nicht blos geistige, logische Gedanken; wir denken auch Empfindungen, Gefühle und Affecte, indem wir sie geistig anschauen, und hinwiederum wir empfinden und fühlen auch Gedanken, eben wenn sie hinabsteigen in die Sphäre der Sinnlichkeit, um dort bedingend zu wirken. Das höhere Geistige setzt sich also niedergehend mit Stetigkeit fort in's untere Sinnliche; dieses aber steigt hinwiederum hinan bis zum Geistigen, ohne daß darum beide aufhören, jedes in gesonderter Region für sich zu bestehen. Es muß daher zwischen beiden noch eine andere unmittelbare Überleitung geben, die den Gedankenverkehr bestimmt, die Knüpfung des Willensbandes voraussetzend,

ohne unmittelbar von ihm gewirkt zu seyn. Insofern ich näm=
lich will, was ich denke, und mir dessen bewußt bin, was ich
will, ist allerdings der Willensgrund mit den beiden Denk=
gründen eng verbunden, und alles Denken geschieht in der
Fassung des Wollens, wie das Wollen in der Fassung des
Denkens. Aber wenn also auch das Denken im Willen erfolgt,
so doch nicht durch den Willen als solchen; dieser vermittelt
also die Gedankenbewegung nicht, insofern er Grund aller Ur=
sächlichkeit ist im Menschen, sondern inwiefern er dem denkenden
Menschen angehörend, selbst etwas von der Art der beiden
Denkgründe hat, und in ihrem Gesetze wirksam, bei der logi=
schen Gedankenbewegung als überleitend mitwirkt. Beide Wir=
kungsweisen, obgleich bestimmt geschieden von einander, werden
sich daher organisch in demselben Organ ereignen, und wir
haben nun zunächst die innere Gliederung desselben zu betrach=
ten, die zuvörderst in einer zweifachen Articulation sich theilt:
einer, die nach Aufwärts gerichtet, die beiden Gehirnsysteme
für die höheren in ihnen beschlossen bleibenden Verrichtungen
vermittelt; der andern, die nach Abwärts gehend, dieselbe
Vermittlung für die untern in's Leibliche gehenden Functionen
vorbereitet.

Das große Gehirn als Träger der Geistigkeit soll mit dem
kleinen, als dem Träger der Sinnlichkeit, in einem dritten
verbunden werden, wie sich die einwohnende Geistigkeit und
Sinnlichkeit in einem solchen dritten einigen. Diese Verbindung
soll zuvörderst allumfassend, gründlich und durchdringend seyn:
Mitte muß daher mit Mitte, Umkreis mit Umkreis, Zwischen=
liegendes dort mit dem Zwischenliegenden hier; somit also auch
Strahlung im Einen mit der entsprechenden des Andern im
gesuchten Dritten sich geeinigt finden. Aber in dieser vollen
Verbindung muß wieder das große Gehirn wie Mitte, das
kleine wie Umkreis sich verhalten: die Einigung wird daher
auch in solcher Weise geschehen müssen, daß alle in sie ein=
gehenden Elemente des großen Gehirnes, sich in ihr als centrale,
von den entsprechenden des kleinen peripherisch umfaßt finden
und umstanden; so zwar daß diese sich ausbreitend wie in einem
Ringe sich zusammenthun, und das große Gehirn in den seinigen

nun niedersteigend, diesem sich eingibt, und dann im Begeg=
nen der Beiden die Verknüpfung innerlich im Durchgang er=
folgt. So verhält es sich aber mit der Brücke und ihrer
Fortsetzung in Haube und Hirnschenkel, wo wirklich in der ge=
forderten Weise die verschiedenartigen Momente sich beiderseits
im Dritten einigen; in ihr wird mithin das gesuchte Mittel=
organ gefunden seyn. Es steigen aber zuerst Strahlungen des
Großgehirns an der Mittellinie in dies Organ hernieder, und
ihnen entgegen gehen die gleichartigen Strahlungen des Klein=
gehirnes, um sich in ihm mit den niedergestiegenen zu einigen.
Wieder steigen auch die Seitenstrahlungen des letzten aufwärts,
um mit denen des andern die Verbindung zu erwirken. End=
lich gehen die Centralganglien beider Gebilde, mit ihren Hüllen
und Fibernsträngen und ihren peripherisch centralen Verbindun=
gen, aus der Mitte beider gleichmäßig in ihm hernieder, um
gleichfalls sich begegnend ihre Einigung zu finden. Drei Ent=
sendungen von jeder Seite werden also in drei Einigungen,
einer centralen und zwei mehr peripherischen, zusammenkommen,
und diese wieder in jener in eins verbunden, werden sich zu
der Ganzheit des Organes zusammengliedern. Betrachten wir,
von der innersten und centralsten anhebend, alle diese Verbin=
dungen.

Allen andern mehr äußerlichen Einigungen muß die der
Mitten vorangehen, damit die Wirksamkeit des neuen Gliedes
einen Ausgangspunkt findet, an den sie sich anknüpfen mag.
Das Centralganglion des Großgehirns in den Sehhügeln muß
daher mit dem des Kleingehirns in den Vierhügeln in stetige
Verbindung kommen, und diese Verbindung muß zuerst in allen
Momenten und Richtungen der beiden zu verbindenden gesche=
hen. Sie muß dann als centrale an der Mittellinie erfolgen,
und weil dem dritten der beiden andern untergestellten Glieder
bestimmt, unter ihnen sich erwirken, und so auch, inwiefern
beide hintereinandergestellt erscheinen, je nach der Längenrich=
tung. Diese Bedingungen werden durch die Markstränge, die
von den Vierhügeln unter den Sehhügeln gegen den Trichter
hinziehen, erfüllt. Unter diesen werden die runden Stränge,
die den grauen Kernstrang umfassend, von der blauen

Subſtanz der Rautengrube, die durch die Mitte der Waſſerleitung im Grunde der dritten Centralhöhle zur grauen Platte, auf= wärts zur weichen Commiſſur, abwärts in den Trichter gehen, als die centralſte Einigung der Mitten beider Ganglien erſchei= nen, und da in ihnen dieſe Mitten ſich einander gegenſeitig einbilden, gleichſam den Körper des Verhältniſſes von Innen zu Außen, in der Wechſelwirkung von Großgehirn und Klein= gehirn, ausdrücken. Dieſer Einigung, von Mitte zu Mitte ge= hend, ſchließt als nächſte ſich die durchgreifende Einigung der Hälften an, in die ſie beide ſeitlich zerfallen. Die Vierhügel ſind nämlich ſeitlich in zwei Paaren geſchieden, und durch die Schleife in der Decke der Waſſerleitung an der Mittellinie, als durch ihre Commiſſur verbunden; die Sehhügel, eben ſo ſeitlich getheilt, finden ſich hinten durch die Fortſetzung dieſer Commiſſur, vorn durch die eigene, wieder verknüpft. Dieſe ſeitliche Syntheſe, die in jedem Gliede beſteht, muß auch für ihre Wechſelwirkung, in das ſie verbindende Glied ſich fort= ſetzen, und das findet dann durch die zarten Stränge ſich erwirkt, die in der Waſſerleitung die Seitenwände bildend, und eben ſo ſeitlich am Grunde der dritten Höhle laufend, hier überall mit der Gürtelſchichte, und durch ſie mit den Commiſ= ſuren der Sehhügel, dort mit denen der Vierhügel ſich eng verbinden. Die Vierhügel ſind aber nicht blos ſeitlich doppel= paarig, ſie ſind es auch in der Richtung von Hinten zu Vorn, und ſo ſind auch die Sehhügel in dieſer Richtung vertheilt, und beide auch wieder in der von Oben zu Unten verſchiedenartig angelegt; auch die Verbindung dieſer Gegenſätze, die in je= dem der beiden Glieder beſteht, muß ſo wie dieſer Gegenſatz, auf ihre Einigung in Wechſelwirkung übertragen ſeyn. Dieſer Übertrag geſchieht nun zuvörderſt durch die Zirbelſtiele, die von der Zirbel aus die obern Sehhügel umfaſſend, zuletzt vorn an den Säulen des Gewölbes und der innern Fläche dieſer Hügel niederſteigen, bis an die Seiten des Trichters hin, und dort ein Organ des Rückgangs ſuchend, dies nur im innerſten Theile der Seitenſtränge finden mögen, die den vori= gen zur Seite liegen, und von da ihnen und der dritten Höhle entlang gegen die Waſſerleitung laufen. In ihnen verbinden sich daher auch diese Strahlungen der Centralganglien, ihre Zwingenstrahlungen, wie die vorigen, ihre Balkenstrahlungen, zum Behufe ihrer Wechselwirkung, in eine gemeinsame Strahlung; und beide, von der Mittellinie ausgegangen, treten auch wieder an die Mittellinie an. Aber nicht blos die Centralganglien, auch die peripherischen in beiden Gliedern wollen verbunden seyn, und so müssen denn zuvörderst die Linsenkerne des Großgehirns mit den Ciliarkörpern des kleinen in eine solche Verbindung eingehen. Diese wird nun durch die inneren Theile der Keilstränge vermittelt, die von den Markschichten an den Ciliarkörpern, zu den Seitentheilen des Bodens der Wasserleitung hinüberziehen; dann an der Seite der früher genannten längs der dritten Höhle gehend, während sie noch immer gegen den Trichter niedersteigen, nach Außen Fibern zu den Streifenhügeln, und somit auch zu den Linsenkernen senden; also beide Seitenganglien unter sich einigen. Wieder auch müssen daher die Ganglien der Oberseite und Unterseite von Groß- und Kleingehirn in der Brücke verbunden seyn; also die Gewölbestrahlung mit der Flocken-, Segel- und Mandelstrahlung. Darum entsenden denn diese miteinander engverketteten Gebilde des Kleingehirns die Flockenstiele, den entsprechenden des großen entgegen; die, während sie mit ihrer einen Entsendung der nach Vorwärts in die Brücke gehenden Wurzel des Gehörnerven folgen, mit der andern die Schenkel des Kleingehirns umgürten, dann am Seitenrande der Rautengrube unter den Bindearmen hingehend, sich an die runden Stränge anlegen, und mit ihnen die Wasserleitung durchsetzend, im Grunde der dritten Höhle hinlaufen, um auch ihrerseits nach Vorne die Verbindung mit den Wurzeln des Gewölbes aufzusuchen. So sind also die Ganglien aller Ordnungen untereinander geeinigt, und über dieser Einigung, ihr allein bestimmt, und sie in allen ihren Momenten beherrschend, stehen nun zwei Organe: Zirbel und Gehirnanhang. Jene zwischen die vordern Vierhügel gestellt, und durch die Commissur und ihre Stiele allen jenen Verbindungen verkettet, ist die Mitte des Überganges aus dem kleinen ins große Gehirn; während dieser, vorne zwischen den Markkügelchen und den Hirnschenkeln an

die Scheidewand geordnet, und gleichfalls mit allen Einigungen
ünmittelbar verknüpft, Mitte des Überganges aus dem Großgehirn ins kleine ist. In der Zirbel ist daher das sich Geben
des Kleingehirns ans große, und das sich Wiedernehmen; im
Anhang hinwiederum das sich Geben des großen aus kleine,
und so das Zurücknehmen ausgedrückt. Wenn sohin die
runden, mit den von ihnen umschlossenen grauen Strängen,
zwischen ihnen die Linie des Grundverhältnisses, und gleichsam den verbindenden Streifen des die beiden Glieder
einenden Bandes ausdrücken; dann werden Zirbel und Anhang
die Häupter dieses Bandes, das eine wurzelnd im großen,
das andere im kleinen Gehirn, darstellen.

Aber nicht blos die Ganglien müssen, nach Art der Mitte,
um die Mitte des neuen Gliedes verbunden werden; auch ihre
Umhüllen, die Kapseln und mit ihnen die peripherischen Strahlungen, müssen, nach Art des Umkreises, um jene Mitte mehr
gegen den Umkreis in ihm zur Einigung gelangen. Zu diesem
Zwecke haben zunächst die äußeren Kapseln beider Glieder
in die Bindesysteme sich schon gesammelt, und diese ziehen
nun von Vorn nach Hinten, und von Hinten nach Vorne der
Vereinigung entgegen. Es bilden aber drei Elemente im Großgehirn dies Bindesystem: zuerst ein mittleres gangliöses, die Fortsetzung der Linsenkerne selbst nach Abwärts in den Oliven-
kernsträngen, die, nachdem sie in der schwarzen Schichtung
die Haube durchsetzt, durch die Brücke ziehen, und unter ihr
wieder in die Oliven sich entfalten. Dann ein äußeres, die
Fortsetzung der äußeren Kapseln selbst, das im äußeren
Hülsenstrange, hinter jener schwarzen Schichte, durch die
Haube geht, und in einem vorderen, und einem hinteren
Blatt, der Schleife, die Brücke durchzieht. Endlich ein inneres, das äußerste Blatt der innern Kapseln, das als hinteres Blatt des inneren Hülsenstranges durch die Brücke
geht; sich eben so vor den Olivenkernstrang legend, wie der
äußere hinter ihm seine Stellung findet. Diesen Bindearmen
des einen Gliedes, im Olivenbkundel dargestellt, müssen nun
die des anderen begegnen, die aus entsprechenden Elementen
sich gesammelt; und so sehen wir denn auch die Bindearme

des Kleingehirns, die, aus einem mittleren Elemente, der
Fortsetzung der Ciliarkörper; aus einem unteren ihrer äußeren Kapsel, und der unten sich an sie anlegenden Schichtung;
endlich einem obern, dem untersten Blatte der inneren Kapsel,
oder der oberen Schichtung, die sie außen umkleidet, in eins
verbunden, und durch Längenfasern in den Klappen seitlich
geeinigt, zu ihnen hinaufsteigen, um die Verbindung mit ihnen
zu suchen. Nachdem sie die vierte Höhle überwölbt, gehen sie
an der Decke der Wasserleitung weiter nach Vorwärts durch
die Vierhügel hin; in ihnen zuerst den Bindearmen des Großgehirns, die als Schleife sich um sie legen, begegnend, und
mit ihnen durch graue Substanz sich einigend. Von da immer weiter vorstrebend, und dabei in den weiteren Verlauf
des Hülsenstranges eingehüllt, ziehen sie zwischen ihm und dem
Olivenkernstrang, daher die Sehhügel entlang, bis gegen die
Kolben der Streifenhügel hin; im Durchgange mit den Schichtungen des centralen Bindesystemes, Ciliarkernstrang mit Olivenkernstrang, äußerer Hülsenstrang des Großgehirns mit dem
des Kleingehirns, und so auch hinteres Blatt des Inneren im
einen Gliede, mit dem entsprechenden im anderen sich aufs
engste verbindend. Auch hier ist es graue Substanz unter den
Centralganglien, und zwischen den Schichtungen ausgebreitet,
durch welche die Verbindung, eben wie in den Vierhügeln, sich
erwirkt, und die Markkerne der Haube bezeichnen die Knotenpunkte der eingegangenen Vereinigung, die schon Bogenstrahlung mit Bogenstrahlung aufs genaueste verknüpft. Und es
legt sich diese Verbindung in der Brücke unmittelbar nach Außen
an die centralen der Ganglien an, und zwar zunächst an jene,
in der durch die innern Keilstränge die Linsenkerne mit den
Ciliarkörpern, und durch die innern Seitenstränge Gewölbestrahlung mit Gewölbestrahlung zusammengeht; der dann in
natürlicher Ordnung jene Strahlung folgt, die sich, im Rückgang gegen die Mitte hin, immer zur Seite an die Centralganglien hält, und ihnen nach Außen gestellt, sie umfaßt.

Es sind nun nur noch die Hirnschenkel zurück, befassend
jene Strahlungen, die zunächst an die Mittellinie gedrängt,
im Gegensatze des tieferen Hemisphärischen, das höhere kern-

haft Cerebrale im Großgehirne in sich befassen. Weil vorzugsweise cerebral, werden sie sich auch vorzüglich nach der cere-
bralen Seite der Brücke, also nach Vorne halten; weil an der
Mittellinie in ihrer Ausbreitung verlaufend, werden sie auch
in ihrer Sammlung zur Einigung an sie gestellt erscheinen,
und von da aus in der Richtung von Vorne zu Hinten die
anderen umfassen.

Es gehen aber zuerst die Großgehirnstrahlungen, um die
Mittellinie in den Markschenkeln gesammelt und nach Vorne zu
in drei Stränge aus ihnen sich wieder abtheilend, in die Brücke
ein, um dort jene Vereinigung zu suchen. Die innersten Blätter der innern Kapsel, die nach Aufwärts von beiden Seiten
in der Balkenstrahlung sich verbunden, treten nämlich, nachdem
sie sich in den Hirnschenkeln mehr nach Vorn und Außen gezogen, als die vordern Blätter der inneren Hülsenstränge
in die Brücke, die wie oben im Balken, so hier unten durch
die Grundfasern der Pyramidenstränge seitlich sich verbinden, welche noch tiefer in die Commissur des Rückenmarks von
beiden Seiten zusammengehen. Es steigen alsdann die mittleren Blätter der innern Kapsel, die in die Zwingen nach Oben
ausgestrahlt, durch die Mitte der Schenkel durchgehend, zu der
Brücke nieder, und indem sie von beiden Seiten in den eigentlichen Pyramidenfasern zusammenstrahlen, legen sie sich den
in einen vorn offenen Bogen verbundenen, vor ihnen herabge-
gangenen Blättern ein, und gehen, nachdem sie, von ihnen
seitlich eingehüllt, die Brücke durchsetzt, nach der Durchkreuzung unter ihr, in die Seitenstränge des Rückenmarkes über.
Ihnen folgen dann zuletzt die äußersten Blätter der innern
Kapsel, die zugleich als innere die äußere an ihrer einwärts
gekehrten Seite umkleiden, und nachdem sie in den Gehirn-
schenkeln allmälig an ihrem hinteren Theile von Außen nach
Innen sich gezogen, treten sie, von beiden Seiten in ein Blatt
gesammelt, als das hintere der inneren Hülsenstränge
in die Brücke; das hinter den vorigen sie durchziehend, unter
ihr mit dem vordern in einen Strang, den innern Hülsenstrang, zusammengeht. Das vordere Blatt mit den Grundfasern wird also in der Brücke, wie die Balkenstrahlung im

Großgehirn, seitlich an der Mittellinie verbunden, Rechts und Links vor Allem, dann auch Oben und Unten in sich verknüpfen. Die Pyramidenstrahlung, sich in sie, wie die Zwinge in den Balken, der Länge nach einlegend, wird in der Brücke vorzüglich Vorn mit Hinten und Oben mit Unten einigen; während die hinteren inneren Hülsenschichtungen, sich von der Seite aus hinter beide ziehend, den Übergang in das folgende hemisphärische System bezeichnen. So geordnet, bieten sie sich nun der Einigung mit den entsprechenden Momenten des Kleingehirnes dar, die ihnen in den Brückenarmen entgegen kommen. Nach dem Abgange der Bogenstrahlung, setzen diese nun aus den innern und äußeren Stahlungen der obern Kapsel des Kleingehirnes, also aus seiner Wurm = und Zwingenstrahlung sich zusammen, und breiten, also gefügt, sich nach Vorwärts aus, indem sie in ihren äußersten Faserungen sich in einen Ring zusammenbeugen; der als v o r d e r e B r ü c k e n = s c h i c h t die niedersteigenden des Großgehirnschenkels umfaßt, und sie in sich beschließt. Wie aber nun die einzelnen Blätter der Stränge dieser Schenkel niedergehen, fügen ihnen die entsprechenden Blätter der Brückenarme sich bei; Balken mit Balkenstrahlung, Zwingen mit Zwingenstrahlung einigend, und indem also die Längenfaserungen des einen Gliedes mit den Querfaserungen des andern, wie Aufzug und Einschlag sich verbinden, und graue Substanz überall zwischentritt, sind die beiden Brückenschenkel und ihre Strahlungen wie in gangliöser Einheit aufs engste unter sich verkettet.

So hat sich also die dreifache Einigung vollzogen, und zur Brücke sich vollendet. In innerster Mitte, und der Mittellinie entlang, hat diese Einigung angehoben, und indem Zirbel und Gehirnanhang als herrschende Gebilde in die Brennpunkte der Verbindungslinie eingetreten, haben die runden Stränge um die grauen Kernstränge her, als ihre Eccentricität sich zwischen sie gesetzt. Um diese Mitte her drücken nun drei andere Paare von Strängen, die zarten, die inneren Seitenstränge und die inneren Keilstränge, die nächstfolgenden centralen Verbindungen aus; denen dann Gewölbe und Flockenstiele, als das allen Gemeinsame, auch gemeinsam beitreten. In=

dem diese drei Paare, jenes Centralste umhüllend, hinten in
ihrem Zuge durch die vierte Höhle sichtbar werden; erscheint
dies Dreipaar an derselben hinteren Seite von einem andern
doppelten Dreipaare umstellt, — gebildet aus der Einigung, die
die drei Blätter des Bindesystems im Kleingehirn, mit denen
des Großgehirns, dem Olivenkernstrang, und dem vordern
und hinteren äußeren Hülsenstrange eingegangen, — und die sich
jenem Centralen zur Seite mehr in den Umkreis ordnen. Nicht
minder findet es auch nach der vordern Seite von einem solchen doppelten Dreipaar sich umgeben, das aus der Verbindung
der drei Schichtungen der Gehirnschenkel, — im inneren Hülsenstrange in seinen beiden Blättern, und den Pyramidenfasern,
denen sich die Grundfasern beifügen, — mit den entsprechenden
des Kleingehirns hervorgegangen. So sind also, wie im Vier-
ecke, je vier Dreipaare von Strangen, — eines vorne, ein anderes hinten, und so zur Rechten wie zur Linken, — um ein drittes
zwiefaches Doppelpaar gestellt, das selber wieder den centralsten
Kernstrang rechts und links zwischen sich befaßt. Rechnet man daher die Grundfasern als Commissur zu diesem letztern, dann werden es in Allem sieben solcher gedreiten Stränge seyn, die die
ganze Brücke zusammensetzen, die ihr Abbild wieder unten im
Arterienkranze findet. Aber so gefügt aus Vielem zu Einem,
wie sie sich uns hier gezeigt, ist sie darum doch keineswegs
blos ein aus zweien Elementen gemischtes, mithin unselbst-
ständiges Drittes; sie hat vielmehr eigenthümliche Selbstständigkeit in sich, vermöge welcher sie sich den anderen in ihrem
Bestande eingliedert. Denn mit gleichem Rechte, wie man die
Pyramidenstränge und die beiden Hülsenstränge, sammt den
grauen Strängen als Fortsetzungen des großen Gehirns nimmt,
kann man ihre aufsteigenden Faserungen auch als Fortsetzungen
der Brücke ansehen; und wenn man Keilstränge und das hintere Bindesystem und die Brückenfaserungen als Entsendungen
des kleinen Gehirnes betrachtet, kann man sie eben auch als
Strahlungen der Brücke in dies Gehirn annehmen. Sie sind
somit beides in gleichem Maaße, was daher die Annahme eines
dritten selbstständigen Momentes in ihrer Mitte gebietet, das
sich in ihnen beiden Systemen eingibt, und sie eben dadurch

aufs vollkommenste unter sich verbindet. In dieser Eigenschaft wendet sie sich aber nun zuerst nach Oben, und vermittelt nun, in der Durchstrahlung der beiden Regionen, organisch durch Haltung den Verkehr der geistigen Verrichtungen in ihnen; dann aber auch durch ihre eingreifende selbstständige Thätigkeit den der causalen im Begehrungsvermögen. Sie wendet sich aber auch zu gleicher Zeit nach Unten, dem tieferen Organism und seinen Systemen, entgegen, und ihnen in ihrer Fortsetzung dem verlängerten Marke und dem Rückenmark sich eingebend, wird sie dort eben so Wahrnehmung, Bewegung und jegliche tiefere Lebensverrichtung durch ihr Zwischentreten von Oben herab bedingen.

Es sammelt sich aber alles Gangliöse, nachdem es durch sie und das verlängerte Mark hindurch gegangen, in einem Kernstrang in der Mitte, der frühern Höhlung des Rückenmarks entlang, und zwischen zwei vordern und zwei hinteren Seitensträngen. Wenn nun in Allen das Centrale der höheren Systeme sich hier ins Untere fortgesetzt, dann wird im Kernstrang insbesondere das Centralganglion des großen Gehirnes niedersteigen; während in den vordern grauen Strängen seine hemisphärischen niedergehen, insbesondere in ihren Kolben die Linsenkerne; in den hinteren aber eben so die der Hemisphären des kleinen Gehirns, die gezähnten Körper. Während dann eben so die Balkenstrahlung durch die Grundfasern in die vordere Commissur des Rückenmarkes, und ihre Ausbreitung in die innern Hüllenstränge sich zusammengezogen; die Zwingenstrahlung aber nach der Kreuzung in die Seitenstränge zurückgegangen: hat auch die Bogenstrahlung in die Hüllenstränge sich zusammengedrängt, die sich an die vorderen grauen Stränge legen, wie die Keilstränge, nachdem sie die Zwingenstrahlung des Kleingehirns hinten an die Seitenstränge abgegeben, an die hinteren. So bleiben dann zuletzt, neben der vorderen Commissur, nur noch fünf Paare von Strängen übrig, die sich um den Umkreis des grauen Kernstrangs also legen, daß die Commissur vorn an die Mittellinie tritt, die ihr zur Seite gehenden Stränge unter sich verbindend; die dann als ein inneres, vorderes Paar sich rechts und links an diese

Linie stellen, während ein äußeres, vorderes sich sofort um die
Kolben der grauen Stränge zieht; die Seitenstränge dann zwischen sie und die hinteren sich eindrängen, welche Letztern in ein
äußeres, hinteres Paar zerfallen, das an der Rückseite derselben niedergeht, und ein inneres, das zuletzt zwischen diesem und
dem hinteren Einschnitt an der Mittellinie herabsteigt. Und es
ist nun Innen zu Außen vom Kernstrange, zu allen diesen
Strängen, und weiter hinaus gerichtet. Wie aber dann die
Zwingenstrahlung beider Systeme in den Seitensträngen sich verbindet, so sind diese wie Brücke im Rückenmarke;
und alle Bewegungen in der Richtung von Vorn zu Hinten,
und Hinten nach Vorn zurück, und von Oben zu Unten
und wieder hinauf, in und zwischen den Systemen setzen sich
durch sie nach Unten fort. Wenn aber nun das Paar vorderer
grauer Stränge wie Linsenkern ist im Rückenmark, und
wie Centralganglion dessen, was Großgehirn in seinen Hemisphären ist in ihm; dann werden auch die anliegenden Markstränge wie Kapsel dieses Linsenkernes sich verhalten. Alles
also von der Mitte in die Hemisphären des großen Gehirns
Ausgehende, und aus ihnen Zurückgehende in Haltung und Bewegung, — die seitliche Richtung sohin verbunden mit der Längenrichtung —, sind an diese Stränge geknüpft, in die sich die Bogenstrahlung fortsetzen wird. Ebenso, da das Paar hinterer
grauer Stränge wie gezähnter Körper wirkt im Rückenmark, und Centralganglion dessen, was Kleingehirn in seinen
Hemisphären ist an ihm; darum wird das anliegende Paar
äußerer hinterer Stränge, die Fortsetzung der innern und
äußeren Keilstränge, in seinen Schichtungen wie Kapsel, ab
und zuführend für das Ganglion seyn; und sohin, was im
Kleingehirn von der Mitte in die Hemisphären geht, an sie
sich gebunden finden, und auch sein Stabkranz in der Bogenstrahlung sich in sie fortsetzen. Wie dann die Balkenstrahlung
vorn in die markige Commissur des Rückenmarks zurückgegangen; nach Hinten aber die ihnen entsprechenden zarten Stränge
in die innern hinteren, während zugleich die Flockenstiele mit
den Säulen des Gewölbes verbunden!, gleichsalls in der Linie
ihrer Verbindung von Vorne zu Hinten liegend, mit ihnen sich

geeinigt finden: so ist durch sie, an der die Hemisphären von allen Seiten ineinandergehen, die innerste Mittellinie des ganzen Organes ausgedrückt, und alle geistige Verrichtungen, die ihr entlang geschehen, werden in ihnen fortgeleitet. Und so zieht sich dann das also gegliederte Organ, durch die Wirbelsäule hinunter, und indem es am Übergange der höheren und inneren Geistigkeit, und des höheren und inneren Organism in den unteren und äußeren, und die ihr einwohnende Vitalität gestellt erscheint, leitet es auch unsere Betrachtung vom einen zu dem andern hinüber. Es ist aber dieser untere Theil unseres Wesens gleich jenem höheren, auf den er deutet, und den er nur nach Außen wiederholt, aus drei Grundelementen gefügt. Erstens geht ein unteres, das System des Kreislaufs, dem kleinen Gehirn entsprechend, und von dem tieferen gebundenen Leben durchwohnt, in dasselbe ein. Diesem fügt sich dann das höhere bei, dem Haupte auf der Höhe des Menschen eingegeben, und dem großen Gehirn entsprechend. Endlich ein drittes, gleich der Brücke und dem ihr Einwohnenden, zwischen die beiden andern tretend, das System freiwilliger Bewegung in seinem ganzen Umfang. Eines um das andere fordert nähere Erwägung.

III.

Der äußerliche und untere Mensch.

1.

Signaturen der unteren Leiblichkeit und der ihr einwohnenden plastischen Seele.

Das Zeichen der zweiten Gottesmacht, gegen die Herzgrube hinfallend, hat uns diese Gegend als Mitte und Brennpunkt eines physisch-organischen Systemes bezeichnet, das dem des Hauptes wie Erde dem Himmel sich unterordnet. Ganz der Erde angehörig, und in der Erde wurzelnd, ist es auch in dieser Wurzel pflanzenhaft irdischer Natur; aber doch wieder einem Höheren angehörig, ist es auch von der haltenden abgelöst, und in dieser Lösung auf sich selbst gestellt, damit es sei-

nerseits dem höheren Menschen zum lebendigen Boden diene,
in dem er nach Unten gründet. In dieser Bedeutung ist es
dann des Menschen engste, besonderste, in sich befangenste Region; der Fuß, auf dem er ruht, und gleich den andern Thieren Heimathrecht auf Erden gewinnt, und es wird in diesem
Sinne wohl auch in der älteren Mystik das der unteren Vieh-
lichkeit genannt. Die ihm einwohnenden Lebenskräfte haben
sich und den Höheren von dort aus die Organe und Träger
zu erbauen, und sie führen den Bau aus Stoffen, die die
physische Natur ihnen bietet: aber durch eigene Macht die Eintretenden bedingend, überbildend und steigernd; aus ihnen und
den ihnen einwohnenden Naturkräften sich selbst erfrischend und
ergänzend, und mit dem Allem ein Werk wirkend, das diese
Natur nicht begreift und nur gezwungen duldet. Wird aber
also der Stoff selbst gefaßt, dann muß ein körperliches Gefäß in diesem Gebiete vorhanden seyn, das ihn befaßt. Weil
dies aber fassend ist zum Behufe der organischen Hereinbildung, zugleich aber Gefaßtes wieder entlassend für die organische Herausbildung; darum wird der zweifachen Verrichtung
auch ein zweigetheiltes Gefäßsystem dienen müssen. Wie
nun aber Einbildung wie Herausbildung nur im Gefolge lebendiger Bewegung vor sich gehen, wird auch dies also getheilte Gefäßsystem ein den aufgenommenen Stoff Bewegendes
seyn; und zwar, da keine Bewegung ohne bewegende Kraft besteht, im Triebe einer ihm einwohnenden und spezifisch eigenthümlichen Thätigkeit. Weil aber alle Hereinbildung, diese
untere wie die höhere, durch ein Ansteigen des Einzubildenden
gegen eine aneignende Mitte; alle Herausbildung aber durch
den Ausgang aus einer solchen abscheidenden Mitte gegen einen Umkreis hin bedingt erscheint: darum wird das System,
in dem die zwiefache Verrichtung sich vollführt, auch in sich
centrirt seyn müssen. Da endlich im Streben zur Mitte und im
Gegenstreben zum Umkreis sich die Kreisbewegung bildet, darum wird diese, an den in den Gefäßen beweglichen Stoff sich
knüpfend, diesen durch jene im Kreislauf herbewegen. Und
so wird dann das Herz die Mitte dieses Systemes seyn, wie
in den Haargefäßen sich sein Umkreis rundet; Arterien

und Venen werden als die Träger des Stoffes erscheinen, in denen die verschiedenen Bewegungen erfolgen; das Bewegliche selbst wird sich zu Blut gestalten: die Kräfte aber, die die Bewegung wirken, werden in der Saugkraft der Venen, und der Contractilität der Arterien gegeben seyn; beide in einem allgemeinen Lebensbande gehalten, das ihre gegenseitige Wirkung ordnet und regulirt. Diese Kräfte sind es nun, die als die dem Systeme einwohnenden plastischen Thätigkeiten, jenen ihnen aufgetragenen Bau begründen, fördern und unter Mitwirkung des Höheren zum Ende führen; und zwar, — weil sie als solche, die den äußeren Naturkräften am nächsten verwandt erscheinen, auch dem Banne äußerer Naturnothwendigkeit am meisten unterliegen, — nach Gesetzen, die von den physchen Naturgesetzen erst eben losgesprochen, auch nur auf den unteren Stufen höherer Meisterschaft sich finden.

So ist also das Herz und was sich an dasselbe knüpft, mit den ihm einwohnenden eigenthümlichen Lebenskräften, in denen seine Kunst und all sein Können beruht, auf unterster Stufe dem Organism, was das Gehirn mit den es durchwirkenden Seelenmächten auf der höchsten; mithin als organischer Contrapunkt desselben eben so Erdunten, wie das andere Gipfel seines Himmelsoben. Was daher jene obere Mitte quellenhaft und urbildlich in sich befaßt, das wird an der unteren abgeleitet und abbildlich wiederkehren; und wie nun jedes Urbild das Abbild zugleich überragt und bedingt, so wird auch hier das Untere vom Oberen zugleich getragen werden und umfangen; obgleich es wieder einen zwar gebundenen Grund der Selbstständigkeit in sich beschließt. Ist dem aber also, dann wird es mit Scheitel und Fußpunkt, beide also in ihrem Gegenscheine gefaßt, noch keineswegs gethan seyn; sondern es wird eben durch die Macht des Vermittelnden auch hier eine Vermittlung eintreten, in der, wie etwas von Unten hinansteigt zu der Höhe, so auch etwas von dieser zu der Tiefe sich niederläßt, eben zum Tragen und Zurückbestimmen des Niederen; so daß nun erst dort aus dem Unten im Unten, und dem Oben im Unten ein Ganzes sich zusammensetzt. Auch das im Kreislaufe gebundene, und in ihm sich umtreibende Leben, ist darum keineswegs, in sich abgeschloſſen, dem, was über ihm, ganz entrückt; ſondern dies, von ſeiner Höhe zu ihm herniederſteigend, verſchmäht es nicht, ſich in Freigebigkeit ihm mitzutheilen, und alſo ſich ihm gebend, empfängt es von ihm den Trieb, über ſich hinauszugehen, und dem Niederſteigenden entgegenzukommen. Dies aber, ſich ihm zuthei= lend, wird anarten müſſen der Region, zu der es ſich herab= gelaſſen, und da dieſe im Zwange irdiſcher Nothwendigkeit ge= halten ruht, wird es auch ſeinerſeits ihm ſich zu fügen ge= drungen ſeyn, um ſo mehr, je tiefer es ſich herabgeſenkt: alſo jedoch, daß es, wo am tiefſten geſunken, doch nicht ganz das Gepräge ſeiner Abkunft verloren; und wo es zumeiſt auf der Höhe ſich behauptet, jenem Zwange ſich nirgend ganz entzieht. In ſeinem ſeeliſchen Grundcharakter beharrend, wird dies Nie= dergeſtiegene mithin die dem unteren Organism ſich eingebende unfreie plaſtiſche Seele ſeyn, die Baukünſtlerin des organiſchen Gebäudes; im Gegenſatze der dem Herzen einwohnenden, von ihm erſt geweckten und angeregten vollziehenden Lebenskräfte.

Wie aber nun alles innerlich Seeliſche ſich ſeinen äußer= lichen organiſchen Ausdruck ſucht; ſo wird dem Organe der tieferen organiſchen Lebenskraft gegenüber, jener niedergegan= genen Meiſterkraft auch ein Organ bereitet ſeyn müſſen, in dem ſie wirkt, und aus welchem hervor ſie mit jenem andern ſich verbindet und verknüpft. Weil aber das hier Wirkſame Seele von Seele iſt, darum wird auch das Leitende, Durch= herrſchte, Mark vom Marke, Gehirn vom Gehirne ſeyn müſſen; gleichartig alſo dem Organe des Höheren in Subſtanz und Bau. Es ſoll aber in ihm das von den höheren Gebieten Nie= derſteigende, einem von den tieferen Aufſteigenden eingegeben ſeyn. Der tiefſte innerorganiſche Grund des Aufſteigenden iſt aber im Herzen gelegt, der eigenſten Mitte des geſammten Umlaufsſyſtemes, das ſeinen Umkreis in den Haargefäßen aus= breitet. In eigener, ſelbſtſtändiger, von Außen herein·im Blute bedingter Lebenskraft, bewegt ſich, wie bekannt, dieſer Her= zensgrund; jetzt aber ſoll er auch von einer andern von Oben niederſteigenden Macht von Innen heraus bewegt werden. Innen aber wird dort ſeyn, wo der Leiter des Höheren, der Nerve, ſich dem tieferen Gebilde eingibt, und mit ihm ver=

wächst. Es bietet aber dies Untere dem Zuleitenden sich zugleich in Mitte und Umkreis dar; dort aber in vorwiegender Eigenheit ihm einwohnender Lebenskraft, h i e r im Zurücktreten des Spezifischen. mit größerer Empfänglichkeit für das Höhere. Die Einfügung wird also in die Mitte für die M i t w i r k u n g, in den Umkreis zur Vorwirkung erfolgen, und das Niedergestiegene wird mithin, nach Art alles Höheren, zugleich dem Centrum des Niedern einwohnen, und seinen Umkreis beherrschen. Das andere, der unfreien Seele dienende System, ist also zwar scheinbar aus dem Unteren hervorgetreten, und ihm äußerlich; in Wahrheit aber ihm innerlich eingegeben, und daher mit seinem Innern sein Innerstes berührend, mit seiner Mitte sein Mittleres durchwirkend, mit seinem Äußeren sein Äußerstes umfassend. Also aber ein weit gebreitetes, von ihm verschiedenes System umfangend, kann es nicht, gleich dem oberen Gehirn, sich um eine Mitte eng zusammendrängen; die Nervenmasse muß sich vielmehr in eine Peripherie ausbreiten, um mit ihr die Tiefere des Aderngewebes zu umschließen. Dabei aber ist doch auch von Oben herab ihm, wie der darauf sich beziehenden dunkeln Seele, der Trieb eingepflanzt, sich in sich zusammenzufassen, zu einigen, und so aus einer Mitte heraus wirksam zu seyn. Zugleich also zur Ausbreitung und zur Sammlung gedrängt, wird es, beiden Ansprüchen sich anbequemend, in eine Vielheit von Brennpunkten sich zusammenziehen, die, durch eine nervöse Commissur zu einem Umkreise verbunden, damit den andern umgürten, und mit ihren Ausstrahlungen ihn belegen; so zwar, daß das Ganze dem Ganzen, jedes einzelne Centrum aber einem Gliede des Gefäßsystems entsprechend ist. Auf solchem Grunde ist das sogenannte G a n g l i e n s y s t e m jener plastischen Seele zum Träger erbaut; seine N e r v e n k n o t e n sind die getheilten Mittelpunkte, die massenhaft in sich gedrungen, und durch Nervenfäden unter sich verbunden, mit N e r v e n g e f l e c h t e n, entsprechend den membranösen Bildungen des Gehirnes, sich umhüllen, und dann Ausstrahlungen zwiefacher Art, a u s g e h e n d e und w i e d e r k e h r e n d e, in vielfachen N e r v e n f i b e r n dem großen Gefäßsysteme, vorzugsweise den Endigungen desselben in den

Haargefäßen, zusenden; während das Herz von den höchsten Regionen desselben eigene Belegung erhält. Dieß Herz also, in seiner gedrungenen Gehaltenheit auf der einen Seite; die Summe aller Ganglien in ihrer geeinten Vielheit, die aber doch in Wahrheit eine tiefere Einheit bedeutet, auf der andern; und nun von dem einen die Adern ausgehend bis in die Haargefäße hinaus, von den andern die Geflechte und Nervenfibern bis in die feinsten Verzweigungen; beide dann gruppenweise in den verschiedenen Organen und ihren membranösen Ausbreitungen durcheinander verflochten, und im Bande einander zugesellt, und in der Verbindung festgehalten: so erst wird dieß untere System in seiner Ganzheit zu erfassen seyn. Und da nun an diesem das Verhältniß des Innen zu Außen in tiefster Wurzel sich ausgefunden, werden die andern leicht sich nachweisen lassen.

Das von Oben zu Unten wird das Nächste in der Ordnung seyn, und es will sich der Betrachtung nicht verbergen, wenn wir auch nur oberflächlich den Aufriß des organischen Baues uns betrachten. Da wird uns gleich in die Augen fallen, daß, indem die plastische Seele ihrer Naturbestimmung gefolgt, die ihr geboten, sich selber und den andern ihr verwandten Lebensmächten ihr Haus zu bestellen, dieß in drei Stockwerken übereinander sich ausgewirkt. Sie selbst nämlich in ihrem eigensten Wesen hat sich dem untersten der drei eingewohnt, das sie sich angelegt gefunden, und daß sie dann ausgeführt, und fortan in seinem Bestand erhält; in dem System des unteren Kreislaufes nämlich, und was sich demselben zunächst verknüpft: Aber darüber hinaus, auf der Wärte der Persönlichkeit, ist noch die geistige Seele, und die Mitte zwischen dieser und der plastischen, hält dann noch die dritte automatische, und jeder von beiden hat sie, die cyclopische Bauchhändlerin, ihr Haus zu ordnen und einzurichten. Solches vollbringend, aber muß sie auch wieder in diesen höheren Abtheilungen ihres großen Bauwerkes zur Stelle seyn, und obgleich sie unten ihren Heerd aufgerichtet, doch auch oben ihre Bauhütte haben, von der aus sie das Werk besorgt. Sie wird nun aber, also in andere Gebiete hinübergreifend, zwar im

innersten Wesen nicht lassen von ihrer Art; aber doch oben,
berührt vom Hauche höherer Kräfte, wieder einen höheren An=
flug aufnehmen, so daß sie, obgleich im Grunde dieselbe, doch
auf jeder Stufe wieder eine andere erscheinen muß. Wesenhaft
eins, wird sie daher in drei Gebieten der Form nach eine drei=
fache wiederkehren: so zwar, daß sie in unterster Herzregion,
ganz sie selber, in rechter Gegenwart wohnt; darüber dann im
Mittelgebiete in einer zweiten Form sich abgliedert; und so in
einer dritten, im Anwehen des Geistigen so hoch sich steigert,
als sie, ohne ihre Schranke zu durchbrechen, irgend vermag.

Ist aber das Seelische unteren Gepräges also ausgeglie=
dert, dann wird es ihm das äußere Organische nachthun, und
in all seine Gliederung ihm folgen müssen. Die Organe des
tieferen Lebenshaushaltes werden sich daher auf der ersten Glie=
derstufe zusammenfinden müssen. Wie aber in diesem Haus=
halte die untersten Lebensverrichtungen sich vollbringen, so wird
die gesammte Verkettung dieser Verrichtungen der untersten
Region angehören, und die ihnen dienenden Eingeweide
werden sie erfüllen. Im Bezuge von Innen zu Außen getheilt,
werden diese Eingeweide äußerlich aus Gefäßen und Muskeln
gebildet, Abgliederungen des allgemeinen Muskel= und Ge=
fäßsystemes seyn; innerlich aber mit einem gangliösen Nerven=
system belegt, durch diese dem allgemeinen Gangliensystem ange=
hören, und eine besondere Articulation desselben bilden. Darüber
wird die zweite Stufe durch den Gesammtwirkungskreis des
sympathischen Nerven abgegränzt, der, wie er in seinen
Ganglien sich centrirt, so in seinen Nervenausstrahlungen peri=
pherisch wird, und von der mittleren Seelenmacht durchwirkt,
die Fortsetzung des unterhalb begonnenen Werkes innerhalb
seines Umkreises bedingt. Darüber wird denn im Haupte die
dritte Gliederstufe sich erheben, die Carotiden und Verte=
bralarterien werden äußerlich ihren Umkreis abgränzen;
diese aber, dann ihr sympathisches Nervensystem abstreifend,
durch das Gehirn selbst unmittelbar, wie es scheint, ihre Be=
legung finden, so daß wie im Herzen der Nerve sich in die
Muskelsubstanz des Gefäßes verliert, so hier das Gefäß in
die Marksubstanz des Gehirnes. So erwächst also der eine

aufsteigende Lebensbaum, in Wurzeln, Stamm und Ästen; durchschlungen von einem andern, der von der Höhe. niederkömmt, und im Gewächse treibt die eine unfreie dreigetheilte Seele in den gleichmäßig sich gliedernden Lebenskräften. Und ihr prägt. dann wieder dieselbe Signatur sich auf, die zuvor das Ganze gezeichnet hatte. Als Werkmeisterin des Hauptes wird sie, zusammt den aufwärtsstrebenden Systemen des Kreislaufes, unter der des Vaters stehen; in der Tiefe den Verkehr mit der unteren Natur vermittelnd, wird sie sammt ihrem Rüstzeug mit der des Sohnes bezeichnet seyn; in der Mitte endlich, wo sie. die Säule des Hauses aufgerichtet, ist sie unter jene der Kraft in der Höhe gesetzt, von der sich jede Weihe zu ihrem Geschäfte auf sie überleitet. Und wie nun die drei Signaturen des Hauptes dreifachen Himmel an ihm bezeichnen, so wird, durch die drei Signaturen dieser unteren Leiblichkeit, eine dreifache Erde in ihr ausgetheilt: Eine die auf unterster Stufe das wahrhaft Erdhafte, die Erde in der Erde darstellt; eine zweite, die zuoberst als Erde im Himmel am höchsten zum Geistigen hinangestiegen; eine dritte, die als mittlere sich zwischen beide legt. Und was nun als Himmel an der Erde sich dieser dreifachen Erde eingibt, wird im zugetheilten Nervensystem gleichfalls, je nach den drei Stufen, sich abgegliedert finden, und das beide einende Leben dann gleichfalls dieser Gliederung folgen.

Was aber nun die dreifache Erde als gemeinsame Mitte in sich vermittelt und verknüpft, ist das Herz, das eben, weil in ihm das Erdhafte im Menschen seinen rechten und vollen Ausdruck gefunden, am fernsten von dem Ausdrucke des Überirdischen in Gehirne, seine Stätte in der Tiefe der untersten Erdenstufe gefunden; zum einenden Fußpunkt ausgetieft, wie dort die Gehirnmitte zum Scheitelpunkte sich gehöht. Und wie dies Herz, Mitte des gesammten Gefäßsystemes, in der Tiefe seiner unteren Region sich verbirgt; so wird, in der Mitte des nervösen ihm zugetheilten Gangliensystems, der Heerd der diesem einwohnenden psychischen Kräfte auf die Herzgeflechte über dem halbmondförmigen Ganglion fallen, und diese Kräfte werden von dort ihre absteigende und an-

steigende Lenkung finden. Ift aber, im Bezuge dieses unteren
Gehirnes zum Herzen, durch die Herzgeflechte das Grundver=
hältniß von Innen zu Außen ausgemittelt, dann wollen auch
in beiden die andern nachgewiesen seyn, damit die Anschauung
des Ganzen sich vollende. Gehen wir dabei vom Herzen selbst
als dem unteren Brennpunkt aus, dann finden wir es in ar=
terielle und venöse Kammer getheilt, und in ihrer gegen=
seitigen Lage die Stellung der drei Achsen bestimmt angegeben.
Jene ist nämlich die obere, diese die untere; die eine die
hintere, die andere die vordere; die erste die linke, die
andere die rechte. Die Achse von Oben zu Unten geht also
von der arteriellen Kammer zur venösen, inwiefern diese jener
sich untergeben findet; die von Hinten zu Vorn hat gleichfalls
die Richtung von einer zur andern, inwiefern die linke hinter
der rechten liegt; die von der linken zur rechten zeigt nicht
minder die gleiche, inwiefern der arterielle Brennpunkt sich
links gestellt findet, der venöse aber rechts. Die arterielle Kam=
mer vereinigt daher in sich alle positiven Ausgänge der drei
Achsen, während alle negativen in die venöse Kammer fallen;
eben wie das Innen durch den höheren Bezug zum Gehirn
gleichfalls vorzugsweise in jene, das Außen aber in Beziehung
zu dem unteren Gangliensysteme vorzüglich in die andere fällt.
Darum auch wird der Herznerve ein so vielfach zusammenge=
setzter seyn, indem er eine niedersteigende Wurzel vom oberen
Gehirne, eine aufsteigende aus dem unteren, dem cerebrum
abdominale erhält; und in der Stellung der verschiedenen
Zweige, aus denen die beiden Wurzeln dieses ihm eigenen
sympathischen sich zusammensetzen, wird die Stellung jener drei
Achsen sich wiederholen müssen. Wie aber nun an dies Herz
die ganze Ausbreitung des Gefäßsystemes sich anschließt, so
wird auch dies vom leitenden Organe alle jene Bezeichnungen
auf sich übergeleitet sehen. In arterielle Gefäße und in Ve=
nen findet sich dies System getheilt, und Aorte und Hohl=
vene sind, wie Grund, so auch reiner Ausdruck dieser Thei=
lung. Jene wird von der Aortenkammer, insofern die Be=
wegung in ihr eine niedergehende ist, das Oben; diese in der
ihr eigenthümlichen aufsteigenden, von der Venenkammer

das Unten als charakteristisch zu ihrem Theile nehmen: dabei
aber auch je nach der Richtung des Triebes jener das Hinten,
dieser das Vorne; je nach der Haltung aber der einen das
Links, der anderen das Rechts zufallen. Es führen aber beide
in das System der Haargefäße, in dem Alles, was in der
Herzmitte beisammen ist, in seine Besonderheiten sich löst; so
daß, da jedes einzelne Glied dieser Capillargefäße ein kleines
Herz für sich gesondert darstellt, alle miteinander, indem sie
sich um diese ihre Mitte stellen, es wie mit einem großen pe=
ripherischen Herzen umziehen, das eben durch die größeren
Gefäße mit dem centralen zusammenhängt, wie das peripheri=
sche Ganglion im Gehirn mit dem centralen durch die Dop=
pelfibern. Dem oberen Gegensatz sich öffnend, wird es auch
in ihm getheilt erscheinen, und die Stellung seiner Achsen wird
durch die im Herzen bedingt erscheinen. Peripherisch in seiner
Natur, und in ihr, als das tiefere Unten und Außen, an das
Oben und Innen in der Herzmitte geknüpft; wird es sich je=
doch in seiner äußeren Ausbreitung wieder gliedernd, um pe=
ripherische, jenem Innersten zugewandte Mittelpunkte ordnen
und vereinigen, und so werden die verschiedenen Organe des
Gefäßsystems entstehen. Gleiches wird sich dann auch im zu=
getheilten Nervensysteme wiederholen. Vom cerebrum abdominale und seinen Ausbreitungen aus, wird es in die ver=
schiedenen Geflechte des Unterleibes sich ausbreiten; dann durch
die Eingeweidenerven in die Ganglien des sympathischen Ner=
ven übergehen, und mit ihnen, wie sie durch Commissuren un=
tereinander verbunden sind, zum Gehirne aufsteigen. Die
gangliöse Mitte erscheint also auch hier von anderen gangliö=
sen peripherischen Mittelpunkten umgeben, die organische Glie=
derungen des ganzen nervösen Systemes bilden, den entspre=
chenden im Gefäßsystem bestimmt, daß sie in seiner ganzen
peripherischen Ausbreitung mit doppelten Nervenfäden, zufüh=
renden und abführenden, belegen, die eben so um das Central=
ganglion sich in einem peripherisch ausgebreiteten Ganglion
einigen, wie Arterien und Venen in dem peripherischen Herzen
der Haargefäße.

Dies peripherische Herz aber, nach Außen ausgebreitet,

7 *

wird deswegen an die Gränze des organischen Innen und des
physischen Äußeren gestellt erscheinen; an ihm und seinen Or=
ganen muß sich daher der Verkehr des Lebens mit der Außen=
welt vermitteln. Es hat nämlich das äußere Herz eine dem
inneren centralen Herzen zugekehrte Innerseite, an der es sich
durch das Blut mit ihm verbunden findet; dann eine äußere
der Natur zugewendete; sohin auch eine dritte zwischen beiden
in der Mitte, worin es in sich selber steht und besteht, durch
die in ihm gewirkte Selbstzeugung zur Bildung und Er=
haltung der Leiblichkeit. Es wird aber nun hinter dieser gegen
sich selbst gewendeten Wirksamkeit, der Verkehr mit dem Her=
zen in der Mitte, von dem sie in ihrem tiefsten Grunde aus=
geht, vermittelt in zweiartigen Nerven und Gefäßen, durch
zwiefache Thätigkeit zuführende und abführende. Der Verkehr
an der Außenseite mit der physischen Natur wird daher gleich=
falls, in zweiartigem Apparate von Nerven und Gefäßen, durch
zwiefache Thätigkeit, einführende und ausführende, in Inge=
stion und Egestion geschehen. Ist nun, was in Mitte des
Doppelverkehrs, mit der Herzmitte und der Naturferne, sich er=
wirkt, eine Selbstzeugung; dann wird auch, in der Wir=
kung von Außen hinein, die Ingestion eine Einzeugung; in
der von Innen heraus, die Egestion eine Auszeugung seyn
müssen. Dem Apparate der Selbsterbauung im Gefäßsystem,
wird daher nach Außen hin ein anderer organischer Doppel=
apparat, für die einzeugende Assimilation und für die aus=
zeugende Geschlechtsfunktion, zugegeben seyn, und je=
ner, über beiden stehend, wird sie in seiner Einheit umfassen.
Es ist aber die Aneignung des Äußerlichen für die Einleibung
zwiefacher Art: indem einmal für die Stoffung der Leiblich=
keit Speise und Getränke ihr assimilirt wird in der Ver=
dauung; dann aber für die Belebung derselben die Feuer=
luft im Athmen zur Assimilation gelangt. Wie aber nun
jegliche Lebensverrichtung zwischen Geben und Nehmen, zwi=
schen Egestion und Ingestion, in der Mitte spielt; so wird
dies auch wieder bei beiden Functionen der Fall seyn müssen,
und die Stoffung wird zwischen dem Antritt eines Äußeren,
und dem Austritt eines Inneren, und eben so die Belebung

zwischen der Aufnahme eines von Außen Gebotenen, und der Ausscheidung eines innerlich Überflüssigen geschehen: so zwar, daß, da beide Verrichtungen gegenseitig sich ergänzen, die gestumpfte Belebung der Feuerluft hier, die abgenützte Stoffung des Flüssigfesten dort zum Auswurfe gelangt. In diesen Verhältnissen und Gliederungen wird also das **Verdauungssystem** und das **Athmungssystem** dem des **Kreislaufes** sich anfügen; beide, ihm nach Außen gestellt, untereinander wieder aber das erste dem zweiten untergeben. Es wirkt sich aber in den **Lungen** zunächst im Einathmen, und an die Verästungen der Lungenblutader geknüpft, die Aneignung der **frischen Feuerluft**; im Ausathmen aber, und an die Lungenschlagader angewiesen, die Ausstoßung der stumpfgewordenen in **Dunst** und **Kohlensäure**. In den Eingeweiden wird die Aneignung der **Speise** und des **Trankes** eben so im System der **Drüsen** und **einsaugenden Gefäße** geschehen; die Ausstoßung der abgenützten Stoffung aber in gleicher Weise in **Milz** und **Leber**, die es als **biliöse** Secretion absondern, während in den **Nieren** besonders das Erdhafte, im Wasser gelöst, seine Aussonderung findet. Es sind aber nun die **Lungen** einerseits, als Gipfel des einen Systemes in die **Haut** äußerlich sich ausbreitend, und die **Leber** und **Milz** als Gipfel des andern mit dem Darmkanal innerlich zusammenhängend, in einen bestimmten Bezug zum **Herzen** gebracht, ob sie gleich beide ihrer ganzen Natur nach ihm gegenüber periphrische Organe sind; jene jedoch, weil der höheren Verrichtung dienend, ihm näher gestellt, ja mit ihm in den Lungenadern unmittelbar verkehrend; diese aber, weil dem Tieferen bestimmt, nur mittelbar durch die **Hohlvene** und **Milchbrustgang** mit ihm verbunden. Und es bilden nun jene Verbindungen ein eigenes **Lungenherz**, in seiner Zweiheit der Zweiheit des Gesammtherzens aufgesetzt, und in dieser Zweiheit vorherrschend **arterieller** Natur; weil die Lungenschlagader, von der einen Kammer ausgehend, schon an sich, die Lungenblutader aber mit der andern verbunden, indem sie arterielles Blut zur arteriellen Vorkammer führt, in der Art der Arterie wirkt. Umgekehrt ist das **Pfortadersystem** in **Leber** und **Milz**, eben so wie das chylöfe Drüſenſyſtem, in ſeinem untern Theile nehmend, wie die Blutader, im obern gebend gleich der Schlagader; in beiden jedoch vorherrſchend venöſer Natur. Das Lungenſyſtem, weil dem Herzen, in dem das Innen des geſammten Umlaufſyſtemes ſich birgt, am nächſten, wird alſo in der Geſammtheit dieſer mit der äußeren Natur verkehrenden Organe das Innen bezeichnen; Leber und Milz aber, und dann weiter noch die anderen Eingeweide bis zum Ausgange des Darmkanales hin, mehr und mehr von jener Herzmitte ſich fernend, werden das in ihnen ſtufenweiſe ſich veräußernde Außen zuſammenſetzen. Es iſt aber die Aorte, die in ihrem Niederſteigen mit der Hohlvene die Linie dieſes Bezuges angibt, und durch ihre Theilung zugleich die andern Achſen bedingt. Zuvörderſt nun die Bauchſchlagader entſendend, theilt ſie ſich in dieſer wieder in die linke und die rechte Leberarterie, denen ihre Vene und Pfortader entſprechen. Die letzte, mehr der Egeſtion der Galle, wie die Lungenſchlagader dem Ausathmen des geſtumpften Lebensſtoffes beſtimmt, wird darum mehr nach Unten fallen; die erſte, mehr der Ingeſtion des von ihr gereinigten Blutes, wie die Lungenblutader dem Einathmen zugeordnet, hingegen nach Oben hin, und es wird ſohin die Achſe von Oben zu Unten, hier von der Linken zur Rechten, eben wie beim Herzen geſtellt erſcheinen. Wie ſich aber die rechte wieder in die eigentliche Leberarterie und die linksgewendete Milzarterie theilt, ſendet ſie nach Vorne die rechte, gleichwie die linke Leberarterie die linke Kranzarterie zum Magen, und die Cardiaca zum Magenmunde, die durch die Epiploica ſich unten mit einander verbinden. Durch alle dieſe Magenarterien iſt alſo das Vorne an den Magen geknüpft, während das Hinten gegen die Aorte fällt. Eben ſo werden weiter nach Außen die obere und untere meſenteriſche, ſo wie die hypogaſtriſche, die Mitte haltend, das Vorne in den ganzen Zug des Darmkanals verſetzen; während die beiden Nierenarterien die ſeitliche Achſe einnehmen, im Bezuge der Nebennieren zu den Nieren aber die abſteigende gegeben iſt. So iſt es um das Syſtem der Einzeugung beſchaffen; die Auszeugung iſt in ähnlicher Weiſe geordnet, je nach Stoffung und Belebung; nur daß die sich ergänzenden Unterschiede, die allein in den untersten Naturgebieten an einem Individuum sich beisammenfinden, hier unter die Geschlechter vertheilt erscheinen, und also für die äußere Reproduction in gegenseitiger Ergänzung sich einigen müssen.

Es begreift sich leicht, daß auch die in diesem Systeme wirkende plastische Thätigkeit, so wie die Nervengeister, die ihr dienen, und alle anderen organischen Kräfte, die sie beherrscht, dem gleichen Gesetze der Gliederung und Untergliederung sich fügen. In ihrem höheren Theile, dem ihr eigenen Abdominalgehirn einwohnend, und von da in den aufsteigenden Ganglien sich erhebend, erscheint sie in allmäliger Annäherung dem noch Höheren aufgethan. In ihrem unteren Theile dem Herzen eingegeben, und in den tieferen Systemen niedersteigend, erscheint sie in ihnen, dem noch tieferen, der äußeren Natur aufgeschlossen. Wie aber das Herz in den Capillargefäßen, jenem Gehirne entgegen, sich ausgebreitet; dies aber dem Herzen in den Capillarnerven, und durch dies niedersteigende und aufsteigende Mittlere, sich der äußere organische Verkehr beider vermittelt: so werden in gleicher Weise, die dem zwiefachen Organ einwohnende höhere und tiefere plastische Seele, durch die den vermittelnden Nerven und Gefäßen einwohnende mittlere, sich verbunden finden. Es ist aber dreifache Verbindung zwischen der Nervenseele und der Herzseele: einmal zum gegenseitigen Erkennen im Selbstgefühl, und dann zum gegenseitigen Bestimmen in Selbstbewegung, endlich zu gegenseitiger Befruchtung für die Selbstzeugung. Im ersten Falle ist jene die architectonisch Vorbildliche, diese die plastisch Nachbildliche, die im Mittleren sich fassend, sich aneinander ausgleichen. Dies Mittlere ist dann der bauende Instinkt, und insofern dieser vielgetheilt, je nach den Organen wechselt, wird es die dritte überleitende dunkle Seelenmacht, Inbegriff aller uns einwohnenden architectonischen Instinkte seyn. In der gegenseitigen Selbstbestimmung ist aber jene die bestimmende, diese die bestimmbare, und die Bestimmung für die wirkliche Lebensbewegung geschieht dann in der Kraft; die mittlere Seelenmacht ist

insofern Inbegriff aller uns einwohnenden organischen vorge=
henden und rückgehenden Bewegungskraft. In drittem Bezuge
wird die eine befruchtend, die andere befruchtet seyn;
die dritte als Inbegriff aller Triebe, die auf die Selbstzeu=
zung gehen, erscheinen. Und wie nun Blut und Nervengeister,
in gegenseitiger Wechselwirkung, die äußerliche Überleitung er=
wirken; so Trieb, Kräfte und Instinkte in gleicher Verbindung
die innerliche, und aus der Verknüpfung aller Gründe geht
nun das harmonisch geordnete untere Leben in gesunder Leib=
lichkeit aus jener Selbstzeugung hervor. Aus den vier physi=
schen Elementen, in bestimmter Temperatur gemischt, aber
hat dies Leibliche sich verbunden; aus vier entsprechenden Gei=
stigen hat nicht minder das einwohnende Thätige sich geeint.
Indem nun die unteren und die oberen Elemente im dritten sich
verbunden finden, geht aus der Einigung aller vier Tempe=
ramente das herrschende hervor, und das Lebensgefühl
kündet, durch Wohlbehagen oder Mißbehagen, die gelungene
oder mißlungene Temperirung an. Es ist aber diese Seele
nicht blos an sich selbst gewiesen, und zur Selbstplastik geord=
net; sie ist zugleich auch der äußeren umgebenden Welt aufge=
than, und zwischen ihr, wie sie im Selbstbezuge sich in ihrer
selbstischen Eigenheit abgegränzt, und dieser gegenüberstehenden
Welt, öffnet sich nun ein anderer Verkehr, in dem diese Selbst=
seit der Natur, wie zuvor die Nervenseele der Herzseele, ge=
genübertritt. In diesem Verkehre hat sie den verschiedenen,
ihm dienenden Organen sich eingegeben, und wie sie ihnen nun
in allen Richtungen sich eingliedert, und in diesen Richtungen
ihre verschiedenen Functionen ausführt, überall nehmend und
gebend, aneignend und ausstoßend, zeugend und tödtend, und
überall ihr Behagen suchend, Mißbehagen aber fliehend; wird
sie durch alle Regionen ihrer Wirksamkeit sich also ausbreiten,
und überall so Stoffung, wie Belebung und Begeistigung, und
somit auch die Selbstzeugung regeln. Durch alle Gebiete aber
nicht lassend von der Mitte ihrer Selbstheit, findet sie in allen
Gliedern, in die sie sich also ausgegossen, sich in ihrer gebun=
denen Selbstthätigkeit und Rührsamkeit, als die eine und
selbe, und geht also wieder, als Glied eines Höheren sich

fühlend, ins allgemeine Selbstbewußtseyn, als eines seiner
Elemente ein.

Signaturen der mittleren Leiblichkeit und der ihr einwohnenden Bewegungskraft.

Auf dem Grunde der, von der kunstreich bauenden Seele
erbauten unteren Leiblichkeit, erhebt sich nun, gleichfalls durch
sie, obgleich nicht für sie construirt, die mittlere, und in ihr
haust ein eigenthümlicher Ausfluß der mittleren Geistigkeit, be=
stimmt, den eigenen Träger und durch ihn anderes, nach Außen
zu bewegen und zu bestimmen. Geordnet, gleich jener geisti=
gen Kraft, von der sie ausgegangen, ein Höheres mit einem
Unteren zu verknüpfen, hat sie darum ihre Stelle zwischen
beiden gefunden: wie sie daher jenes, das niederer ist denn
sie, umfassend in sich beschließt, und das Umschlossene mithin
als Eingeweide sich ihr eingegeben findet; so wird sie nach
Oben vom Haupte, der Warte des ganzen Leibes, überragt,
und so entwickelt sie sich nun vom Einen hinauf zum Andern,
in ihren Gliederungen, die sich geschmeidig den verschiedenen
Verrichtungen der ihnen einwohnenden Thätigkeiten fügen.
Weil dies aber bewegende Thätigkeiten sind, die in Wucht und
Gegenwucht abgewogen, ihre Wirksamkeit äußern; darum wird
diese Äußerung nur dann möglich seyn, wenn den organischen
Trägern dieser Thätigkeiten, den Muskeln, sich starre Kno=
chen als Hebel beigesellen, an denen sich diese Wucht und
Gegenwucht vertheilt. Und weil dann wieder alle Züge will=
kührlicher Bewegungen, zu einem organischen Ganzen, sich ver=
knüpfen müssen; so werden dann auch alle die also zusammen=
gesetzten Organe um eine von Unten nach Oben gehende Achse
geordnet, und in ihr mechanisch ineinander gelenkt seyn müssen,
damit alle Bewegungen mit Freiheit durcheinanderspielen: diese
Achse aber wird die Wirbelsäule, die mechanische Mitte des
ganzen Systemes, seyn. Wie dann aber ferner die wirksame
Kraft, Ausfluß einer höheren Seelenkraft ist, die zu ihr her=
niedergestiegen, um sich in ihr zu veräußern; darum wird dies

System auch mit dem Organe jener höheren Seelenkraft in einem ununterbrochenen Verkehr seyn müssen, ohne den es nimmer zu einer Bewegung kommen mag. Es bedarf also zwischen beiden einer Vermittlung, und diese wird sich an jene mechanische Mitte knüpfen, und somit in dem Rückenmark gegeben seyn, das durch die Wirbelsäule niedergeht, und das nun die willkührlichen Bewegungsnerven in jene Muskelsysteme entsendet, die ableitend und zuleitend den Verkehr von Innen zu Außen bedingen. Die feste Knochenbildung, die reizbare Muskelfiber, und der überleitende Nerve, werden also die Elemente dieses Systemes seyn, und ihm eben so eigenthümlich erscheinen, wie dem tieferen Zellgewebe Gefäß und Ganglion und Nervengeflechte.

Sind in diesem die, dem Systeme eigenthümlichen, Gliederungen angegeben, dann gehen aus seinem Verhältnisse zu den anderen Systemen noch andere hervor. Was ihm nämlich eigen angehört, ist nur Ergänzung zweier andern Elemente, die es überkommen von den andern, zur Dreizahl; damit es ihre Verschiedenheit nicht blos in sich wiederholen, sondern wirklich ausgleichen möge. Das was unter ihm ist, das System des Umlaufs ist aber nun plastisch durch und durch; es nimmt plastische Stoffung auf, und luftige Belebung, und zeugt und gebärt daraus sich selbst und anderes, und in diesem andern ist eben auch das mittlere Bewegungssystem einbegriffen. Darum ist auch der sympathische Nerve beinahe in seinem ganzen Verlaufe diesem zugetheilt; ein Gefäßsystem, gelenkt von diesem Nerven, und über dem der Eingeweide sich erhebend, durchflicht es in allen seinen Gliederungen; und wo die Gegensätze desselben in den Haargefäßen sich begegnen, dort bilden sich eben diese Gliederungen in ihrem plastischen Grunde, der sohin auf ihnen ruht. Aber auch das, was über ihm ist, das Haupt, und das ihm eigenthümliche Leben, bricht nicht plötzlich ab an seiner Gränze, sondern es setzt sich fort in seinem Verlaufe, in ihm die Verständigung mit dem Unteren suchend. Die dem Haupte vorzüglich eigenthümliche Verrichtung ist aber nun Wahrnehmung, die als geistige Ingestion mit Egestion verbunden, den Gedankenverkehr der höheren Geistigkeit mit der umgebenden Natur vermittelt. Breitet das Haupt also, in dieser seiner vorwiegenden Thätigkeit, sich eben so niedersteigend in das Bewegungssystem aus, wie der Umlauf aufsteigend in dasselbe eingegangen; dann wird dem eigenthümlichen Kerne dieses Systemes, sich in diesem Niedergehenden, ein drittes Glied einfügen, in dem sich nach seiner Art durch Wahrnehmung der Verkehr mit dem umgebenden Außen anknüpft, größtentheils zum Behufe der Bewegungen, die zu vollziehen ihm aufgegeben sind. So wird dann das Gesammtorgan in dieser Beziehung aus drei Elementen sich zusammengliedern. Ein unteres plastisches wird als Substruction dem Ganzen sich unterlegen; selbst gebunden in seinem eigensten Wesen, wird es auch Gebundenheit in das System hinübertragen, und das Können in ihm bedingen. Ein geistiges wird sich diesem beigesellen, die Bewegungen in ihre Geleise weisend, und sie zum Ziele lenkend. Das dritte eigenste endlich wird automatisch, so in Haltung, wie in Bewegung, wirksam, durch beides die innere Energie der einwohnenden Thätigkeit bedingen.

Haben in solcher Weise die Regionen über der Mitte und unter der Mitte ihr sich eingegeben; dann wird, da das Eingeben Gegenseitigkeit hervorruft, auch die Mitte, ihrerseits beiden Regionen sich eingebend, in sie fortgesetzt, und dadurch eine neue Gliederung angelegt erscheinen. So wird sie also in einem Gliede zum Haupte hinansteigen, und in einem diesem eigenthümlichen Muskelsysteme sich ihm eingliedern, das bis zu seinen höchsten Sinnorganen hinaufsteigt, und ihre Bewegung lenkt. In gleicher Art wird das System der Mitte, in einem andern Gliede niedersteigend, sich dem des Umlaufes einfügen, und insbesondere die Eingeweide mit Muskeln belegen, die meist in den Kreis gebogen oder gestellt, in ihrer Gebundenheit das Gepräge der Region zeigen, in die sie sich herabgesenkt. Die Mitte selber dann wird sich zwar, in der ihr eigenthümlichen mittleren Region, in Abgeschlossenheit entfalten; aber diese Entfaltung wird doch wieder, eben durch diese Entsendungen, sich je nach Aufwärts, nach Abwärts, und dem, was zwischenliegt, gegliedert finden. Denn es gehen die Muskeln der Eingeweide, durch die Bauchmuskeln, in die der unteren Extremitäten über, die der fortschreitenden Bewegung dienen; eben so setzt die Muskulatur des Hauptes sich in die des Halses fort, die eben die Bewegung des Halses lenken; während die der Athmungsorgane, durch die Brustmuskeln in die der vordern Extremitäten übergeführt, an die jegliches Kunstgeschick sich knüpft, und die zwischen dem Niedergehenden und Aufgehenden sich in die Mitte stellt. Das Kreuzeszeichen, wie es dem Magneten gleich, der immer wieder in Magnete zerfällt, in eingeschriebene Kreuze sich löst, wird uns das mystische Verhältniß dieser Glieder leicht finden lassen, und zugleich mit ihren richtigen Signaturen sie bezeichnen. Die Berührung der Stirne nämlich hat, nachdem das höhere Gehirnsystem ausgeschieden, das Antlitz, und sohin auch seine Muskulatur, mit dem Zeichen des ersten Grundes bezeichnet; und wenn nun auch diese sich ablöst, wird die des Halses, dem Haupte bestimmt, und mit ihm eng verbunden, als Kopftheil des mittleren Systemes übrig bleiben, und mit ihm, unter die Signatur des ersten Prinzips gestellt erscheinen. Die Herzgrube dann, unter dem des zweiten berührt, wird, da jetzt das ganze Gefäß= und Gangliensystem, mit der dort wirkenden dunkeln Seelenkraft, ausgesondert worden, mit diesem Grunde das bezeichnen wollen, was an diesem Theil des Ganzen, obwohl bezüglich auf jene ausgeschiedene Systeme, noch übrig geblieben; also die Gesammtheit aller Muskel= und Nervensysteme, die mit den Verrichtungen jener unteren dunkelen Seele, in ihren verschiedenen Gebieten, sich verkettet finden. Sie, zusammt den ihnen eingegebenen psychischen Mächten, sind sohin als die zweiten in der Ordnung ausgewirkt, und als Fußtheil unten in der Tiefe, den ersten untergeben: scheidet man aber wieder ab, was unmittelbar in die Gebilde des unteren Systems verschlungen, als die Fortsetzung des mittleren in dasselbe erscheint; dann wird dieselbe Bezeichnung für die unteren Extremitäten übrig bleiben. Endlich wird dann die Signatur des dritten Grundes, das obere und das untere Muskelsystem, noch in der Verbindung mit dem mittleren betrachtet, diesem letzteren, dem gesammten

Torſo, angehören; in der Sonderung aber der beiden erſten, auf die Mitte dieſes Torſo, Bruſt und obere Extremitäten, fallen, die auch unmittelbar damit bezeichnet werden. Dieſe organiſche Gruppe, durchwohnt von den ihr eingegebenen Seelenkräften, und zwiſchen den beiden andern eingegliedert, wird darum die dritte in der Ordnung ſeyn, und in dieſer Folge denn auch ihre Erwägung fordern. So hat der Aufriß und Grundriß des Ganzen in dieſem Zwiſchenbaue abermal ſich wiederholt; wir legen ihn daher auch hier unſerer Betrachtung zum Grunde, anhebend von Unten, und die Muskulatur der Eingeweide mit zu ihr hinüberziehend, die des Hauptes aber zugleich mit ihm verhandelnd.

Das Muskelſyſtem, dem der Gefäße aufgeſetzt, bildet ſich aus ihm eben ſo heraus, wie das ihm angehörige Nervenſyſtem aus Gehirn und Rückenmark; beide werden daher auch allen den Gliederungen folgen, in die das ihnen ſich Unterlegende ſich abgetheilt. Es iſt aber die unterſte Gliederung des Gefäßſyſtemes den Eingeweiden zugewieſen; in dieſen wird alſo die Herausbildung der unterſten Wurzel dieſes Muskelſyſtemes geſchehen, und darum auch in ihrer äußeren Geſtaltung noch am meiſten von der Natur des Gefäßes zeigen. Daher wird dies untere Muskelſyſtem, durchgängig aus kreisförmigen Fibern und Längenfibern zuſammengewebt, zumeiſt die cylindriſche, oder eine dieſer annähernde Form zeigen, und, wie das Gefäß, eines von Außen gegebenen Inhalts zum Widerhalt und zur Spannung bedürfen. Wie aber nun das untere Gefäßſyſtem nach Außen hin in ein von Außen hereinbildendes, und ein von Innen herausbildendes; das erſte aber wieder je nach Stoffung und Belebung, das andere je nach dem Geſchlechtsunterſchied ſich theilt; alle aber in der Einheit des Herzens und des Umlaufs verbunden ſind: ſo wird auch die äußere Muskelbelegung, gleicherweiſe getheilt, einerſeits der Hereinbildung in Schlund und Luftröhre, und dem Darmkanal, andererſeits in der Muskulatur der Sexualorgane, dieſer Gliederung folgen, und das Zwergfell, wie es ſich dem Herzen und den Lungen unterbreitet, wird in jener erſten Gliederung den Gegenſatz ſcheiden und verbinden. Die Ner-

ven, die diesen Muskulaturen angehören, werden zum Unter=
haupt und den Gliederungen des Rückenmarkes, in einem ähn=
lichen Bezuge stehen. Und zwar, wie die der Serualorgane,
durch Nerven, aus der Verbindung der Unterleibsgeflechte, des
sympathischen Nerven und der Kreuzbeinnerven hervorgegan=
gen, mit der unteren Endigung des Rückenmarkes sich ver=
binden; so erscheint die der anderen Apparate, hauptsächlich
durch drei Nervenzüge, an den oberen Anfang desselben ange=
wiesen. In Mitte wird nämlich der Herznerve, aus Wur=
zeln vom Sympathischen und anderen willkührlichen, von den
Zungennerven, und den unteren Halsnerven her, verbunden,
und nächst ihm der phrenische in ganz ähnlicher Zusammen=
setzung, das Herz, mit dem Kopftheil jenes Rückenmarkes in
Bezug versetzen. Dann aber wird eine ähnliche Vermittlung,
für die Muskulaturen des Athmungs= und Verdauungssystemes,
durch den umschweifenden und den Beinerven geschehen,
denen noch der Zungenschlundkopfnerve sich beigesellt.
Jene beiden, aus der Vorder=, wie der Hinterseite des verlänger=
ten Markes ausgehend, dann zu einem gemeinsamen Stamme sich
verbindend; und wieder sich trennend, verbreiten sich, der erste,
direkt und im zurücklaufenden für Ingestion und Egestion
der Luft, mehr an die Luftröhre, der andere an den Schlund;
um zuletzt im Abdominalgehirn zu enden. Durch alle diese
Nerven wird daher jener nervöse Kreis geschlossen, vollendet
und zugerundet, der vom Abdominalgehirn beginnend, durch
die drei Eingeweidenerven in den sympathischen übergeht, mit
ihm an der Wirbelsäule aufsteigt, bis wo er in seinem Kopf=
theil endet, und dann in den drei assoziirten Nervenzügen, durch
die Lungen= und Kranzgeflechte, wieder zum Punkte zurück=
kehrt, von dem er ausgegangen. Innerhalb dem Theile dieses
Kreises, der dem Gebiete der mittleren Seele zufällt, sind die
Bezüge der Richtungen durch jene gegeben, die dem entspre=
chenden Gefäßsysteme angehören. Wie nämlich das Abdomi=
nalgehirn zu seinen Nervenausbreitungen, und das Herz zu
den Haargefäßen, dann aber wieder die Gesammtheit jenes Ner=
vensystemes, zu diesem Gefäßsystem, im Verhältniß von Innen
zu Außen steht; so werden auch jene überleitenden Nervenzüge

in einem ähnlichen Bezuge stehen, so daß der Herznerve wie=
der das Innen, die andern das Außen angeben. In allen aber
wird der obere Theil, im verlängerten Rückenmark entspringend,
das Oben, ihr Verlauf in die Geflechte des Abdominalgehirns
das Unten bilden, und in engerer Wiederholung dann auch
dem umschweifenden Nerven wieder Oben, dem Beinerven Un=
ten zukommen; während der phrenische zwischen beiden die
Mitte hält, und die verschiedenen Geflechte, die dann von ih=
nen entspringen, die andern Verhältnisse von Vorn und Hinten,
und Rechts und Links bezeichnen.

Die dieser Gliederung sich eingebende mittlere Seele, wird
nun, allen dort ausgewirkten Bezügen gemäß innerlich abge=
gliedert, indem sie in dieser ihrer Articulation zugleich auch
in der unteren, dunkelen, plastischen wurzelt, Alles was diese
erregt und treibt, der oberen geistigen zuführen, und man wird
an den Verhältnissen und der Beschaffenheit des Zugeführten,
die Bezüge, aus denen es hervorgegangen, leicht erkennen
und ordnen können. Zunächst wird, was jene untere Seele
in der Hereinbildung dunkel erregt, nach der Weise der mitt=
leren, als Wahrnehmung empfunden; was sie aber in der Her=
ausbildung bewegt, als Affect vernehmlich werden. Was zunächst
die Sinnenwahrnehmung betrifft, so wird diese sich, je nach den
Systemen und ihren Verrichtungen, abtheilen müssen. Ein
Sinn wird daher auf die Stoffung gerichtet seyn, und da diese
durch Flüssiges und Festes, unbedingt und bedingt Stoffi=
sches, in einem bestimmten Temperament gemischt, geschieht;
so wird das eingetretene Bedürfniß, nach dem einen oder an=
dern, durch Durst und Hunger sich verrathen, die dann im
Gesättigtseyn sich befriedigt finden. Dem Triebe, der im
Athmen auf die anregende, belebende Bekräftigung gestellt wor=
den, wird, da die Lungen der Lebensluft geöffnet, zugleich
als Heerd der unteren elementarischen Lebenswärme erscheinen,
der Sinn für Wärme und Kälte entsprechen; an das gute
oder üble Vonstattengehen von Ausathmen und Einathmen
geknüpft, und im Steigern dieser Verrichtungen bis zur Gluth
des Rausches hinaufgetrieben, im Sinken derselben durch Gäh=
nen, Frösteln und Schläfrigkeit sich verrathend. Wie nun dieser

Sinn, als Lungensinn, durch den umschweifenden Nerven, mit der oberen Seele in Verkehr gelangt; so wird der Hunger als Sinn des chylösen Systemes, der Durst als Lebersinn, durch den Beinerven mit ihr vermittelt. Vom Nahrungssinn zu dem Luftwärmesinn wird daher der Sinn fürs Flüssige eine Art von Übergang bilden; über beide aber wird das allgemeine Lebensgefühl, dem Kreislauf einwohnend, insofern es sich im Herzen sammelt, auch durch die Herznerven, — Gleichgewicht und Fassung der Strömungen und Haltungen für Selbstbewegung und Selbsterhaltung, — je in Behagen und Unbehagen zur Wahrnehmung bringend, sich erheben, und sich in sie äußerlich ausbreiten. Wie nun diesen, der Region eigenthümlichen Sinnen, auch specifisch ihr angehörige Affecte sich beigesellen; so werden auch die der sinnlichen Seele, die im kleinen Gehirne ihren Träger gefunden, bei der engen Verbindung desselben mit diesem Systeme, — in dem sich nun veräußert, was dort oben in sich innerlich beschlossen ruht, — sich in dasselbe übertragen, und durch bestimmte Erregung desselben zur Veräußerung gelangen. In solcher Weise werden die irascibeln Affecte, in ihrer Wurzel an die Zwingenstrahlung des Cerebellums geknüpft, sich kundgeben in dem was ihr unten im Systeme des Kreislaufes entspricht, in der Strahlung nämlich, die zwischen Lunge und dem Pfortadersystem besteht; während die Haltungen dieser Affecte, sich an die seitliche Theilung in diesen Organen knüpfen; das Oben und Unten aber, in den ansteigenden und niedersteigenden Anregungen, eben durch die überleitenden obengenannten Nervenzüge vermittelt wird.

Auf der Unterlage, die das mittlere System in der auseinandergesetzten Weise in das untere getrieben, erbaut es sich nun selber in seinen verschiedenen Gliederstufen, indem es, wie dieser sein Grund sich den Organen des Kreislaufs aufgesetzt, so wieder in ihm gründet. Der sympathische Nerve, in seinem ganzen Verlaufe, gibt ihm daher diese Substruction, wie es hinwiederum, bei der allgemeinen Gegenseitigkeit im Gebiete des Organismus, ihm die Seine bietet. Wie daher dieser Nerve in Halstheil, Brusttheil und Bauchtheil sich scheidet; so wird auch das System mit ihm in gleicher Weise,

getheilt erscheinen, und von den drei Stufen wird die unterste,
die Eingeweide umfassend, auch dem Untertheile jenes Nerven
entsprechen. Das Muskelsystem der unteren Extremitäten ist
nun aber zum Tragen und Halten des Torso bestimmt, und zugleich auch zu seiner Bewegung geordnet; zunächst im Vorschritt
und im Rückschritt; dann aber auch aufwärts und abwärts
und überdem seitlich; während im Wechsel des Aufhebens und
Niederstellens, wie in der Zwingenstrahlung, Längenrichtung
mit Höhenrichtung, und im Drehen das Seitliche mit dem
Vorschreitenden, wie in der Bogenstrahlung, verbunden ist.
Daran wird dann zunächst das Muskelsystem der oberen Extremitäten, als Mittelglied des Ganzen, sich fügen; zunächst
seitlich in seinen beiden Gliedern zur Haltung und Fassung sich
einigend; daneben aber auch jeder andern Art von Bewegung
in allen andern Richtungen sich fügend, und zugleich in der
Muskulatur der Brust den Widerstand gegen alles von Außen
Andringende begründend. Darüber wird denn endlich in den
Halswirbeln und den ihnen verbundenen Muskeln, denen
zugleich der Kehlkopf und Schlundkopf, als die Gipfelpunkte der unteren animalischen Organe in dieser Region sich
beigesellen, die dritte Gliederstufe sich entwickeln: einerseits
zur Egestion des Athems in der Rede und zur Ingestion
der Nahrung; andererseits zur Haltung und Bewegung des
Hauptes in seinen Verrichtungen bestimmt. Die Verbindung
aller dieser Glieder wird nun durch die Nervenzüge geschehen,
in denen sich das Rückenmark in allen seinen Momenten fortsetzt, und welchen die irritable Fiber, aus der die Muskeln
äußerlich zu einem zusammengesetzten Organ, um eine Gesammtmitte her, sich ausgestalten, innerlich sich aufthut. Die Nerven
aber, vom Rückenmarke ausgehend, haben seine Natur und
Zusammensetzung; und wie dieses sich aus Nervenfibern, die
vom unteren großen und kleinen Hirne kommen, um die Mitte
her, zu vordern und hintern Strängen also zusammenflicht, daß
in beiden Elemente aus dem einen und dem andern enthalten
sind; so gehen zur Bildung jener Nerven strahlende Wurzeln
aus den vordern, durch Ganglien centrirte aus den hintern
aus, und verbinden sich dann zu einem Ganzen, um wieder in die

Nervenäste auszustrahlen. Es theilen aber diese Nervenäste sich in solche, die der Ingestion der Wahrnehmung dienen, und in andere, die der Egestion in freiwilliger Bewegung dienstbar sind; jene mehr auf die Wurzeln, die von Hinten kommen, sich zurückbeziehend, diese mehr auf die, welche ihren Ursprung nach Vorne haben. Weil aber, so die hinteren wie die vorderen Stränge, aus den Elementen des großen und kleinen Hirnes, obgleich vorwiegend dort des einen hier des andern, sich zusammensetzen; so wird es auch um die Nerven dieselbe Beschaffenheit haben, und sie werden Zuleiter einer zwiefachen Ingestion seyn müssen, und Ableiter einer gleich doppelartigen Egestion: einer Wahrnehmung nämlich, die dem Objecte positiv entgegenkömmt, oder mehr negativ sich von ihm befruchten läßt, und einer Bewegung, die positiv und unbedingt von Innen mit ganzer Freiwilligkeit herausgeht, und einer andern, die, negativ und antagonistisch an die vorige geknüpft, von ihr bedingt sich findet, und daher einer unwillkührlichen näher steht. Wie aber nun in jeglichem Muskel, so in Ingestion wie Egestion, beide Arten beisammen sind, so wird jede Muskelfiber in verschiedener Art beweglich erscheinen; die Bewegung selbst aber wird die einer geschwungenen, tönenden, um Knotenpunkte her ab und zu bewegten, dadurch also sich verkürzenden, und in dieser Verkürzung festgehaltenen Saite seyn. Die Längenrichtung der schwingenden aber wird die von Rechts zu Links ausdrücken; die Ebene der Schwingung selber die von Vorne zu Hinten; der Bezug des Nerven zum Muskel im Punkte der Insertion aber die von Oben zu Unten bezeichnen. Dieselben Verhältnisse werden dann im Großen an den verschiednen Muskelsystemen wiederkehren; indem die Arme und Beine, von der Rechten zur Linken zur gemeinsamen Zusammenwirkung bestimmt; dann von Hinten zu Vorne, jene zum Abstoßen und Ansichreißen, diese zum Vorgehen und Rückgehen geordnet; beide dann von Oben zu Unten zur Thätigkeit oder zur Ruhe determinirt, alle diese Bezüge auch äußerlich an sich tragen.

In dem also geordneten Systeme übt nun die mittlere Seele die ihm eigenthümlichen Verrichtungen. Zunächst tritt sie in ihm mit der umgebenden Natur in einen Verkehr spe-

zifisch eigener Wahrnehmungsweise, durch den der Region
angehörigen Sinn vermittelt; dann aber dadurch, daß sie in
Bewegungen das Äußere bestimmt, in den andern: Wirksamkeiten, die sich beide in der gegen sich selbst gewendeten
Doppelthätigkeit begegnen. Der Sinn wird daher zumeist
gegen das gerichtet seyn, was das Bewegende ergreift und bestimmt; also gegen das Bewegliche, um seine Bestimmbarkeit
zu erforschen. Wie nun aber die Bewegung, obgleich glieder-
weise in Momente getheilt, doch bei der allgemeinen Verkettung
dieser Glieder, immer aus dem Ganzen heraus erfolgt; so wird
auch die Wahrnehmung in diesem Gebiete über das Ganze,
nicht blos das Theilweise in der Mitte, sondern eben so unten
und oben, vertheilt erscheinen, und es werden also Gemeinsinne
seyn, die in dieser Region hervortreten. Zweiartig aber, in
einem Dritten vermittelt, ist hier wie überall die sinnliche
Wahrnehmung. Das Bewegliche tritt nämlich in Bezug zur
Mitte, entweder in Masse lastend, nach Art einer Stoffung
an sie heran, und will in gehaltener Fassung getragen und ge-
wogen seyn. Dann ist es der Sinn für Schwere, der die
Seele über das Moment dieser Last verständigt, das ohne
nothwendige vorgängige Rückwirkung von ihr aufgenommen
wird. Oder geht die Wahrnehmung in einer solchen Rückwirkung aus sich heraus, dem Nahenden entgegen; dann erscheint
es ihr gegenüber in seiner Spannung und Cohäsion als das
Widerstand Leistende; und wenn sie nun, gegen diesen ankäm-
pfend, wie mit tastendem Finger seine Gestalt und Eigenschaft
erforscht, dann ist es Sinn der Betastniß, der sich in ihr
äußert. Er daher mehr an die Vorderreihe zuleitender Nerven
gewiesen, und am meisten in der Hand gesammelt, wird dem
Wärmesinn in der tieferen Region entsprechen; während der
andere vorwiegend an die hintere Reihe geknüpft, und mehr
auf die tragenden Schultern und Füße gelegt, analog dem
Sinn für Stoffung gegenübersteht. Wie nun aber über jenen
beiden unteren Sinnen, das Gefühl für die rechte Haltung und
Harmonie der tieferen, gebundenen Lebensbewegungen in der
Mitte liegt; so wird auch oben zwischen den dortigen beiden
Sinnesarten, der Sinn für das Gleichgewicht der höheren

8 *

willführlichen Bewegungen, und ihre äquilibrirte Haltung in Wucht und Last im Zustande der Ruhe, sich in der Mitte halten; bewachend die gesammte automatische Wirksamkeit, und darum, wenn auch über den ganzen Rumpf vertheilt, doch vorzüglich in der Nähe des gemeinsamen Schwerpunktes, — für die Bewegung mehr an die Linie von vor zu nach, für die Ruhe an die von Rechts zu Links gewiesen —, am regsten seyn. Parallel mit dieser Sinnengliederung gliedern sich dann auch die hervorgerufenen Bewegungen; so daß jeder direct hervorgehenden eine im Antagonism entgegengesetzte sich beigesellt, und beide, um den Hebel her sich einigend und ergänzend, in die Einheit der beabsichtigten Bewegung zusammengehen, in diesem Werke von zweiartigen Bewegungsnerven geleitet. In dieser dreifachen Wirksamkeit, hervortretend einerseits durch zweifache in einer dritten vermittelte Sinnesart; andererseits in antagonistisch zur Harmonie vermittelter Muskelbewegung, die selbst wieder mit jener dritten Sinnesart sich verbunden findet, ist nun die eigenthümliche Thätigkeit dieses mittleren Systemes abgeschlossen. Aber eben, weil es ein mittleres ist, erscheint es auch, wie dem höheren über ihm, so auch dem tieferen unten aufgethan; und so kann es sich auch dem Hinüberwirken der unteren Affecte und haltenden Triebe nicht versagen, ob es gleich, von ihnen ergriffen, die Rührung nach seiner Weise in Bewegungen und mechanischen Haltungen ausdrückt. Wie aber diese Rührungen, je nach den Bezügen von Oben zu Unten, von Vorne zu Hinten, von Rechts zu Links sich scheiden und entgegensetzen; so werden auch beim Übergang in diese Region, die Bezüge in Bewegung und Haltung sich nach ihrer Weise stellen, und die Äußerungen je an ihre Cardinalpunkte sich vertheilen. So wird also die Fassung sich seitlich in der Intensität der Bewegungen offenbaren; die Folge der begehrenden Affecte wird sich im unwillführlichen Ansichnehmen und Abstoßen; die Reihe der irascibeln aber vorzugsweise im Gegensatze der Antagonisten ausdrücken, der Zorn z. B. durch die vorherrschende Wirksamkeit der Beuger im Ballen der Faust, die Angst und das Entsetzen hingegen durch die der Strecker im Spreizen der Finger.

3.

Signaturen des Hauptes und seiner Wirksamkeiten.

Das erste in der Ordnung, das sich näherer Betrachtung bietet, ist nun das Haupt; das dem Cerebralsystem am nächsten gestellt, die Untersuchung zu dem Punkte zurückführt, von dem sie ausgegangen. Das höhere Cerebralsystem, in sich abgeschlossen, erscheint zuvörderst der einwohnenden Geistigkeit geöffnet; in der sich dann nach Einwärts der Verkehr mit der innerlich höheren Geisterwelt vermittelt. In doppelter Art findet also diese Geistigkeit sich bewegt, und bewegt ihre Leiblichkeit wieder in gleicher Weise: einmal in Selbstbewegung, und dann in Bewegung durch jene tiefere Geisterwelt; beidemal mehr nehmend im inneren Sinne, gebend in innerer Bestimmung. Die untere dunkele Seele, der jene Geistigkeit sich gegenüberstellt, in ihrer Art gleichfalls abgeschlossen, ist zunächst mit der, sie umfangenden und von ihr umfangenen Leiblichkeit, und durch diese dann mit der gesammten äußeren Naturwelt in Verkehr. In zweifacher Art findet also diese untere Leiblichkeit, und durch sie die ihr eingegebene Seele, sich angesprochen: einmal in Selbstbewegung, und dann in Bewegung durch die äußere Naturwelt; dort wie hier nehmend und gebend, bei der Bestimmung von Außen, plastisch durch das stoffende und formende Element, nehmend und in der Egestion wieder mittheilend; bei der Selbstbewegung mehr activ in der Selbstzeugung, mehr passiv im inneren Lebensgefühle; durch beides den Kreislauf bedingt. Hat nun die mittlere Seele die Bestimmung, die höhere Seele in ihrem System mit der unteren in dem ihrigen zu vermitteln; dann wird diese Vermittlung, von ihrer Mitte aus erwirkt, dadurch sich ankündigen, daß in seinem oberen Theile das System der Einen je nach Art der Geistigkeit mit der äußeren Natur; in seinem unteren aber hinwiederum die untere Seele, nach ihrer Weise, mit der innerlicheren und höheren Geistigkeit in Verkehr und Wechselwirkung kömmt. Wie daher in dem nach Abwärts dem unteren sich eingebenden Theile dieses Vermittelnden ihm, wie wir gesehen,

nach Innen zurückgehende Sinne für das Empfangen, und
Thätigkeiten für das Geben eingebildet werden; so in der nach
Aufwärts ansteigenden Gliederung dem Cerebralsystem, ein Or=
gan für die Wechselwirkung mit dem Äußeren, in Sinnen aus=
gewirkt für die Aufnahme, in mit diesen Sinnen verketteten
Bewegungsorganen aber für die freie oder auch gebundene
Lenkung derselben. Diese Sinne, als die nach Außen in ver=
schiedenen Modalitäten hervortretenden Momente des allgemei=
nen Wahrnehmungsvermögens, sind also das Eigenthümliche
des Hauptes; das, wie es die Verrichtungen desselben nach
Aufwärts mit dem zunächst Höheren verkettet, so auch absteigend=
gend den tieferen Regionen sich mittheilt. Aber eben darum
werden auch hinwiederum diese Regionen sich ihm mittheilen
müssen, und wie es daher in den animalischen Sinnen in die
Kreise des Umlaufsystemes sich versenkt; so wird dies seiner=
seits sich zu ihm erheben, und in dem System der Carotiden
und Vertebralen seine organische Unterlage bilden. Nicht minder
wird dann auch das mittlere System, wie es sich seiner Mit=
theilung nicht entzogen; so seinerseits sich ihm eingliedern, und
zwar mit allen Gliederstufen, in denen es sich selbst entwickelt:
so zwar daß, da alle unteren Sinne, nur zu höherer Geistig=
keit gesteigert, sich an ihm wiederholen müssen, es mit seinem
Kopftheile dem höchsten Gliede seiner Sinnenreihe eingibt; mit
seinem Fußtheil sich an die untern mit dem animalischen Leben
verketteten Sinnorgane legt; mit seinem mittleren endlich dem
mittleren sich beigesellt. So ist das Haupt also Wiederho=
lung des gesammten Leibes, nur mit vorherrschender, nach
Außen wirksamer Anlage, der Geistigkeit dienstbar ausgestaltet.

Das System, das den unteren Lebensverrichtungen dient,
wird im Antlitz zuerst sein eigenthümliches Sinnengebiet in An=
spruch nehmen; und dies, weil in ihm das Tiefste sich gesteigert
wiederholt, wird in der Reihe des andern sich an die unterste
Stelle ordnen. Zweigetheilt aber ist dies Sinnengebiet unten;
indem eine Richtung auf das erdhaft Flüssige und die
Stoffung geht, eine andere auf das Feuerluftige zur
Bekräftigung. Zweigetheilt wird daher auch nach Oben
hin das entsprechende Sinnengebiet erscheinen; indem der eine

der beiden Sinne eindringender, umfassender, gesteigerter als
der gegenüberstehende untere, das Object desselben, das erdhaft
Flüssige, zuvor prüfend im Geschmacksorgan erfaßt, und
seine innerlich chemisch vitalen Gegensätze und Bezüge zur
Wahrnehmung bringt; der andere aber eben so in dem des
Geruches das Feuerluftige als Aroma ergreift, und die Verhältnisse seines bekräftigenden Momentes erforscht. Beide Sinne
werden das chemische Verhalten der in den Umkreis des organischen Lebens eindringenden Naturelemente, je nach Stoff und
Thätigkeit, zu erforschen dienen. Neben ihrem Gebiete und
über ihm wird dann ein zweites sich abgränzen, in dem das,
was den mittleren Seelenverrichtungen dient, seinerseits gleichfalls dem Antlitz, in einem seiner Art angemessenen Sinne,
sich eingebildet, und dieser wird der Sinn des Gehöres seyn.
Das mittlere Seelengebiet aber ist ganz der Hervorbringung,
und der diese Herausbildung leitenden Wahrnehmung, automatisch mechanischer Bewegung zugetheilt; der Sinn, der seine
Art an sich trägt, muß daher ein Sinn für die mechanische
Bewegung seyn, und zwar, da er an die chemisch massenhaften,
ins Innere zurückgehenden Sinne des unteren Lebens gränzt,
ein Sinn für die schwingende Bewegung der Masse. Der
Ton also ist das Object dieses Sinnes, und wenn in ihm die
Umwandlung der oszillirenden Bebung in Wahrnehmung, an
den Bezug von Unten zu Oben geknüpft, zu einem höheren
Grade der Deutlichkeit, als tiefer hinab gelangt; dann wird
er eben so eindringender und analytisch erschlossener dann die
anderen, auch die spezifischen Unterschiede verschieden beschleu-
nigter Bebungen an der Tonleiter erfassen; und in der Harmonie wird diese sich an die haltende seitliche Achse knüpfen,
während die rythmisch melodische Folge an die vorschreitende gewiesen ist. Der dritte Sinn, das Gesicht, wird dann
endlich weil der Sinn der Höhe; als der dem höchsten geistigen
Seelengebiet eigenthümliche übrig bleiben. Das Object dieses
Sinnes ist das geistverwandte Licht, in dem die innerste Mitte
der physischen Dinge strahlend geworden, den Geist unter
Vermittlung des Organs berührt, und in ihm zur Wahrnehmung gelangt. Es ist darum eine Bewegung höherer Art, eine

cosmisch=centrale, die hier den Sinneseindruck erwirkt; auf das Innerste und Weiteste der äußeren Dinge gehend, führt er daher auch zum Innersten und ins Weiteste hinaus. Er ist so= hin, im Verhältniß von Unten zu Oben, auf den Gipfel gestellt; von dort als Fernesinn die weitesten Distanzen umfassend; als Formsinn in schärfster Umschreibung die Gegenstände fassend und haltend, und zugleich die äußere Raumbewegung des Ge= haltenen am bestimmtesten beurtheilend; endlich als Farbe= sinn auch in die Scheidungen und Gegensätze des Bewegten, beim Durchgang durch die Oberfläche, eindringend. Unter= scheidend das Gesehene von der wahrnehmenden Persönlichkeit, und zugleich es auf sie beziehend; herausgehend also aus sich ihm entgegen, und im Rückgang es mit sich führend, gleich den andern Sinnen, nur bestimmter und sicherer; ist es auch gleich ihnen, nur entschiedener bis in seine Nerven hinein, je nach Egestion in den Fibern und nach Ingestion in der Mark= hülle getheilt, und so doppelartig aufs Gehirn zurückbezogen. Für alle Sinne des Antlitzes insgesammt wird aber das ord= nende Zeichen leicht die gegenseitige Folge weisen; das Auge wird, mit dem ersten göttlichen Grunde gezeichnet, auch als erster Sinnengrund erscheinen, und als solcher den physischen Himmel mit dem geistigen verknüpfen. Die beiden zueinander= gehörigen unteren Sinne, unter dem des zweiten Grundes, werden sich als zweiter Sinnengrund jenem ersten unterordnen, und darum die Vermittlung des äußerlich Erdhaften mit dem psychisch Erdhaften übernehmen. Die beiden Seiten des Haup= tes, an die sich der Sinn des Gehörs vertheilt, unter dem des dritten göttlichen Grundes signirt, werden ihn als den dritten Sinnengrund bezeichnen; der, zwischen die beiden andern gestellt, sie unter sich, und eben so das psychisch mittlere mit dem physisch mittleren verknüpfet.

Wie nun aber also die Reihe dieser Sinne sich, je nach= dem sie vorherrschend der geistigen Stoffung, durch die mehr plastische Art der Wahrnehmung; oder der Belebung, durch die mehr dynamische Weise der Auffassung; oder drittens der Einzeu= gung des Wahrgenommenen in die Gedankenbewegung dienen, sich

dreifach gliedert, so wird auch jeder Sinn in sich in gleicher
Weise dreifach gegliedert seyn. Denn in jedem ist, wie zart
auch das ihn Berührende seyn mag, doch wieder eine Stoffung
unterscheidbar, die eben als Empfindung hervortritt; eben so
wird, wie plastisch immer das Erregende sich gestaltet, doch
wieder eine Begeisterung durch das höhere Moment desselben
geweckt, und als eigentliche Wahrnehmung sich kund geben;
und es wird endlich auch in jedem das Vernommene, durch ein
mittleres, in den Strom der Gedanken aufgenommen und gleichsam eingegeistet. Da nun das erste zumeist im Bezuge zum
kleinen Gehirne, dem Träger alles Plastischen, in dem sinnlichen Menschen sich erwirkt; das andere, im Bezuge zum großen
Gehirne, dem Organe alles Begeistigenden im höheren Menschen; endlich das dritte im Verhältniß zur Brücke, in der die
wirkende Ursache jeder Gedanken- und Willensbewegung gegeben
ist: so wird jeder Sinnennerve aus drei Grundwurzeln sich
zusammensetzen, durch die er in jenen drei verschiedenen Organen gründet. Und so sehen wir denn wirklich den Sehnerven mit einer vordern Wurzel eingehen in das Olivenbün-
del, mit einer hintern in die Schleife, mit einer mittleren
in die Gürtelschicht der Sehhügel, und durch diese in die
innern Keilstränge. So geht in gleicher Weise der Nerve
des Geruchs mit einer vordern Wurzel unmittelbar in die
Vorderlappen und die Siebplatte des großen Gehirnes;
in einer äußern ist er durch die Gürtelschicht mit dem
Hakenbündel in Verkehr bis zu den Vierhügeln hin; während er mit der innern, an der Binnenseite des Kolbens der
Streifenhügel, mit der Gürtelschicht und mit den mittleren
Strängen zusammenhängt. Der Geschmacksnerve, in wiefern er an das fünfte Nervenpaar geknüpft erscheint, wird sich
mit ihm in seine drei Wurzeln theilen; der Hörnerve endlich
sendet eine vordere Wurzel zum Olivenkernstrang; eine
ansteigende mittlere in den innern Keilstrang und den
innern Hülsenstrang; eine hintere endlich in den Kleingehirnschenkel und die graue Leiste der Rautengrube und
ihre Marfleisten, und durch diese in die Schleife. Alle
diese Nerven insgesammt sind also durch diese Wurzeln mit

den zurückführenden Einstrahlungen des großen und des kleinen Gehirnes, so wie mit ihren Einigungen in der Brücke verbunden, und dienen sohin die Wahrnehmungen, indem sie dieselben diesen Einstrahlungen einbilden, zum Bewußtseyn zu bringen. Also sie einführend in die große Gedankenbewegung, zieht daher jedes bei seiner Verrichtung das gesammte Gehirnsystem in die Mitwirkung; in seiner besondern Eigenthümlichkeit nur an ein besonderes Moment in der Gradation der in ihm wirksamen aufnehmenden Vermögen angewiesen: so daß also jegliche Erregung von dem Ganzen vernommen wird, nur in jedem Sinne in eigener Art.

Diesen Sinnorganen erscheinen nun ihre Bewegungsorgane angegliedert, ihnen zumeist mittelbar oder unmittelbar, daneben aber auch andern Verrichtungen des Hauptes, dienstbar. Zu oberst ist es der Apparat der Muskeln, den Bewegungen des Auges zugetheilt. Der vollständigste von allen, weil in ihm das ganze Haupt sich wiederholt, hat er, um allen Bezügen und Richtungen zu genügen, dreigliederig sich abgetheilt, gleich dem Sehnerven, dem er sich beigesellt. Ein hinteres Paar, das vierte in der Ordnung, kömmt an der unteren Seite der Vierhügel aus der Schleife hervor; während es Wurzeln aus diesen Hügeln, so wie aus der Klappe zieht. Das sechste Paar wurzelt in gleicher Weise im innern und äußern Hülfenstrange, während das dritte über ihm durch eine vordere Wurzel an den Hirnschenkel, durch eine hintere an den Boden der Wasserleitung geht. Das vierte Paar, zunächst mit dem Kleingehirn verbunden, ist also antagonistisch entgegengesetzt dem sechsten, das mit dem Großgehirn im näheren Verbande steht; wie dies daher den mehr freien Bewegungen, so wird jenes den gebundenen, pathetischen Bewegungen des Auges dienen: das dritte in der Mitte, in seinen beiden Wurzeln auf das eine und auf das andere sich zurückbeziehend, wird sohin als das eigentliche Brückenpaar beide Bewegungen vermitteln. Eben so wird, wie im Bezuge des dritten zum vierten das Vorn zu Hinten sich ausprägt; so in dem von beiden zum sechsten der von Oben zu Unten sich ausdrücken; während das Seitliche in der Gepaartheit aller zu

Tage tritt. Diesen Muskeln gegenüber ordnen sich dann unten jene, die mit dem Geschmacksorgan und den mit ihm verknüpften thierischen Verrichtungen sich verbunden zeigen: das zwölfte Paar des Zungenfleischnerven, durch seine Wurzeln aus dem innern Hülsenstrange, dem Großgehirn zunächst verbunden, und sohin der Willkühr dienend; dann das neunte Paar, der Zungenschlundkopfnerven, als ein hinteres mehr dem kleinen Gehirne zugewendet, und sohin dem Unwillkührlichen mehr dienstbar. Zwischen beide, die Augen= und die Zungennerven, zugleich in der Richtung von Oben zu Unten und von Vorne zu Hinten, in die Mitte tritt dann ein anderes Doppelpaar, nach Vorne hin das fünfte, und darum mit dem zwölften Paar verbunden; nach Hinten der Antlitznerve, deswegen mit dem neunten verknüpft. Der erste zieht von seinen drei Wurzeln die hinterste aus dem Kleingehirnschenkel, die mittlere aus dem innern Keilstrang oder Seitenstrang, die vorderste aus dem äußern Hülsen= und Seitenstrange; während der andere durch vordere in den Olivenkernstrang und innern Hülsenstrang, mit dem peripherischen des Großgehirns, durch hintere in den Kleingehirnschenkel bis zur Rautengrube hin mit dem des Cerebellums, durch mittlere in dem innern Keilstrang, mit der centralen Verbindung beider, sich verknüpft. Jener ist zugleich Sinnesnerve und Verbindungsnerve aller Sinne des Hauptes; dieser, ganz und gar in derselben Weise in seinen drei Wurzeln verlaufend, wie der Hörnerve in den seinigen, ist ihm unmittelbar zugegeben, und da dieser von den oberen Sinnen zu den unteren überleitet, gleichfalls ein Verbindungsnerve. Indem aber beide nebst dem sechsten Paare, dem sympathischen Nerven seine höchsten Wurzeln geben, erscheinen sie, und somit das ganze Muskel= und Sinnensystem des Hauptes, aufs engste mit dem Gangliensystem verbunden, und in dieser Verbindung wird das Antlitz ein Spiegel, in dem jeglicher Gemüthsaffect aufs treueste sich spiegelt; wie denn insbesondere Freude und Traurigkeit in Lachen und in Weinen an den Antlitznerven geknüpft erscheinen.

So ist es um das System der Sinne im Haupte und das mit ihnen eng verbundene Bewegungssystem beschaffen; ein drittes aber hat sich den beiden beigesellt: jene Abgliederung des allgemeinen Umlaufsystemes nämlich, die zum Haupte hinaufgestiegen, um seinen plastischen Bestand so zu begründen, wie fortdauernd zu erhalten. Die äußeren Sinneswerkzeuge, wie sie sich ihren Nerven und Muskelngebilden beigesellen, sind im Einzelnen der Ausdruck dieses dritten Momentes: so also das Auge mit seinen Häuten und Flüssigkeiten; das Ohr mit seinen membranösen und Knochengebilden und seinem schwingenden Fluidum; die Schleimhaut der Nase, die Papillen der Zunge. Das Alles, wie es von den Gefäßen ausgegangen, so hat es auch ihr Leben in sich und ihre Wirkungsweise; eben wie jedes Andere, was sonst auch in den andern Systemen des Hauptes in dieser Unterlage wurzelt, und insofern es von ihr aus seinen Bestand erhält. Aber mit ihm steigt auch in einer noch andern Form die Tiefe herauf, bis gerade an die Stelle des Überganges, wo Haupt und Bewegungssystem oben im Halse aneinander gränzen; in jenen Nervenzügen nämlich, die wir schon unter dem Namen des umschweifenden und des Beinerven kennen. Die Organe aber, an die sie sich verbreiten, sind neben dem **Schlundkopfe** vorzüglich die Sprachorgane im **Kehlkopfe** und seiner Umgebung. Das **Wort**, in das höher hinauf der **Gedanke** sich gekleidet, jetzt durch die bebende Bewegung zum **Laute** zu articuliren, und diesen nun nach Außen vernehmlich zu machen, ist daher in dieser Verbreitung ihre nächste Bestimmung. Wie nun in solcher Weise der Gedanke in diesen Organen sich im Worte auszeugt, und die Worte hinwiederum dem Geiste und seinem Gedankenreiche im Ohre sich einzeugen; erscheinen **Gehörorgan** und **Redeorgan** aufs engste miteinander verbunden, und beide sind darum eben so an das obere Ende des Lebenskreises gestellt, wie die Sexualorgane am unteren ihre Stelle gefunden.

Haben wir so die drei Systeme, jedes in seiner Besonderheit, erkannt; dann wird ein Überblick über das Ganze uns leicht über ihren inneren Zusammenhang verständigen. Die dem Haupte vornehmlich eigenthümliche Grundverrichtung ist die Wahrnehmung, und ihr sind die verschiedenen Sinne zugetheilt. Aber diese Verrichtung beschränkt sich keineswegs allein auf diese Region; sie steigt auch zu den andern nieder, um hier, wenn auch im untergeordneten Verhältnisse, dem Gebiete eingeartet, sich auszubreiten. So tritt sie also, wie wir gesehen, in der Sphäre des unteren Naturlebens in drei Sinnen, dem für Hunger und Durst, dem für Wärme und Kälte, und dem allgemeinen Lebenssinn hervor. Nicht minder wird sie im Kreise des mittleren automatischen Menschen in drei andern sich offenbaren, die eben so in ihrer Art mit der dort eigenthümlich herrschenden Bewegung, wie dort mit den plastischen Lebenstrieben, verbunden sind, und ihnen sich angeartet. Und wie nun in jeder einzelnen Sinnensphäre der obere Sinn zum unteren steht, und beide wieder zu dem in der Mitte sie verbindenden sich verhalten; so finden wir die Sinne des Hauptes insgesammt zu den Lebenssinnen, und beide wieder zu den sie verbindenden mittleren gestellt, und sie alle aus drei engeren kleineren Kreuzesgestalten zum großen Sinnenkreuz verknüpft, und in ihm erst die ganze, durch den ganzen unteren Organism sich ausbreitende höhere Region desselben ausgedrückt. Wie in solcher Weise das Haupt niedersteigend durch den ganzen Organism sich ausbreitet; so wird das Herz und das ihm einwohnende untere Leben, nicht minder ansteigend in seinen peripherischen Gebilden, durch alle Regionen bis zur höchsten sich ausgießen. Obgleich daher seine eigentliche Stätte in die des unteren Naturlebens fällt, hat es doch nicht minder die mittlere in allen ihren Gebilden mit seinen Gefäßnetzen durchwebt, und eben so die höhere bis zum Antlitz herauf, ja über dasselbe hinaus bis in den Schädel und die von ihm umschlossenen Organe: alle diese Organe sind wie schwebend zwischen den Endigungen seiner entgegengesetzten Gefäße aufgestellt. Auch hier ist in jedem Gebiete eine zur Dreiheit vermittelte Zweiheit Grundtypus, und indem die Gebiete sich eben so zueinander stellen, setzt auch hier aus den drei sich ergänzenden Grundgestalten sich erst das Bild des Ganzen zusammen. Endlich ist der mittlere in freiwilliger Bewegung wirksame Mensch zwar in der mittleren Region ganz eigentlich zu Hause; aber

wie dem Haupte gleichfalls ein ihm eigenthümliches Muskelsystem nicht fehlt, und so auch der untere Mensch das seinige
nach seiner Art besitzt; so wird in jenem der mittlere Mensch
über sich heraufgestiegen seyn, um ihm einzuwohnen, im andern
unter sich herab, um dem andern sich einzugeben, und alle drei
miteinander, wieder nach jenem Grundtypus verbunden, werden
erst den ganzen automatischen Menschen darstellen. So sind
also die drei Naturen derselben äußeren Persönlichkeit eingepflanzt, durchwachsen sich und durchwirken sich, und gliedern
sich also in den unteren Menschen zusammen.

Wie aber nun alle diese Glieder oben im Gehirnsysteme ihre höhere Einheit finden; so nicht minder unten im
Gangliensysteme eine tiefere, die von jener abhängig ist.
Dies System ist aber nun in erster Instanz dem Umlaufssystem
zugetheilt, um dort, als in seinem eigenthümlichsten Gebiete,
alle Bewegungen des Lebensflüssigen zu ordnen und zu regeln.
Aber dies System regionirt außerdem auch im Muskelsysteme,
dort eben so das plastische Moment in aller freiwilligen Bewegung, das eigentlich körperliche von Unten aufsteigende Element
in ihr, bedingend. Es gibt sich nicht minder auch dem Wahrnehmungssysteme bis zu seinen Nerven hinauf ein; auch hier,
wie z. B. in der Pupille des Auges, das Gebundene, Leib-
hafte, Instinktartige in dasselbe hineintragend, und durch die
Wurzeln desselben es sogar ins Gehirnsystem einpflanzend. Es
liegt ihm also dreifache Verrichtung ob, bezüglich auf den Umlauf und alle Willens = wie Gedankenbewegung; und so muß
es sich in dieser Beziehung, insofern es in sich selber und dann
auch in den beiden andern ist, dreifach gliedern. Wir sehen
es aber, inwiefern es in sich selber und im Umlauf ist, wieder
dreifach untergegliedert, und finden an diese Gliederung dann
jene höheren Bezüge angeknüpft. Das Vorbild aber, dem sie sich
nachgliedert, ist im Gehirnsystem gegeben, und so wird dann
das Ganze in Großgehirn, Kleingehirn und Brücke mit ihrer
Fortsetzung dem Rückenmarke zerfallen. Das Großgehirn wird
dort gesucht werden müssen, wo die Mitte des gesammten Um-
laufssystemes, das Herz sohin seine Stätte hat; das Herzgeflechte also, oft in seiner Mitte in einem Ganglion sich sam-

melnd, wird Centralganglion dieſes gangl;öſen Großgehirnes ſeyn, von dem es ſich in den obern Ganglien und Geflechten, die unmittelbar von ihm den Ausgang nehmen, umzogen findet. Das Kleingehirn wird dort zu ſuchen ſeyn, wo ſich im Syſteme des Geſammtumlaufes wieder die Mitte eines engeren, in jenem, etwa wie Mondlauf im Erdlauf, begriffenen Umlaufes zeigt; ſomit alſo im Centrum jener Circulation, die zwiſchen dem Organism und ſeiner Umgebung in den Eingeweiden beſteht. Es wird daher ſeine Mitte in den cöliakiſchen Ganglien haben, und von da aus in alle die Geflechte ſich ausbreiten, die irgend von dort ihren Ausgang nehmen. Das dritte überleitende Glied wird dann endlich da zu finden ſeyn, wo im Geſammtumlaufſyſtem gleichfalls die Überleitung vom Herzen zu den peripheriſchen Haargefäßen erfolgt, alſo die Aorte und Hohlvene entlang, in der Geſammtheit des ſympathiſchen Nerven mit allen ſeinen Ausbreitungen und Verbindungen. So iſt alſo dies Centralſyſtem des unteren Menſchen, gleich dem des obern, in Großgehirn und Kleingehirn und Brücke ſammt dem Rückenmark ausgeſtaltet, und wie es nun in ſeinem Unterleibsgehirn, als der Mitte ſeines wurzelhaft plaſtiſchen Lebensbeſtandes, am meiſten, obgleich keineswegs ausſchließlich in ſich ſelber iſt; ſo wird es in ſeinem Großgehirn in Mitte des Herzgeflechtes, als der Mitte ſeiner Einheit, in gleicher Weiſe dem Geiſtigen ſich eingegeben finden; während es in ſeinem überleitenden dritten Gliede, als dem Lenker ſeiner fortſchreitenden Lebensbewegung, am engſten mit der automatiſchen Bewegung ſich verkettet.

Heben wir nun, bei näherer Anſicht dieſer drei Gliederungen, von der erſten und höchſten an; dann wird unſer Ausgangspunkt beim Herzgeflechte und ſeiner gangliöſen Mitte ſeyn, die da das tiefſte Innen des ganzen Syſtemes in ſich befaßt. Es entſendet aber nun dieſe Mitte Nervenausſtrahlungen der Reihe nach an die unteren Halsnerven, dadurch zumeiſt dem automatiſchen Muskelſyſtem dieſer Region ſich eingebend; dann andere noch höher über ſich an die beiden gepaarten Zungennerven, die durch den Antlitz= und den dreigetheilten Nerven mit allen Sinnorganen verbunden, die

Verbindung der Herzmitte mit dem geistigen Wahrnehmungs-
vermögen vermitteln. Dieselbe Mitte aber entsendet andere
Strahlungen: zumeist nach Oben den langen Herznerven in den
obersten Halsknoten des sympathischen Nerven, dem sich andre
zu den beiden unteren beigesellen; und indem die drei Ganglien,
durch sie nun mit der Herzmitte im engsten Verkehre, rechts
und links den Kopftheil des eigentlichen Umlaufsystemes bilden,
werden vom Herzen aus, das sich in dessen Mitte birgt, die
Carotiden, die Vertebralen und die Jugularen mit ihrer Ner-
venbelegung versorgt, und die Verbindung der Mitte mit dem
überleitenden sympathischen Systeme ist durch sie begründet.
Aber es tritt eine gleiche Verbindung auch mit dem dritten
Systeme, dem der Eingeweide und der sie beherrschenden cöliakischen Ganglien ein; und diese wird durch jene dritte Strahlung erwirkt, die die Herzmitte in drei Zügen den beiden von
ihnen heraufsteigenden umschweifenden Nerven entgegensendet,
und durch die sie, unter sich selbst herabsteigend, auch mit der
dritten Gliederung des gesammten Systemes sich geeinigt findet.
So ist also das Herzgeflechte von den drei Emissionen nach
Aufwärts, nach Abwärts und in die mittlere Richtung hin
umschlossen; alle, in ihrer gegenseitigen Verkettung wieder wie
die drei Momente im engeren Kreise sich verhaltend, setzen
nun gemeinsam das Großgehirn des Systems zusammen.

Im sympathischen Systeme wird nun das Herzsystem, als
durch die vermittelnde Überleitung, zum cöliakischen fortgesetzt.
Wie aber das Herzgeflechte, dem Kopftheil des Ganzen zunächst
gestellt, oben seine Stätte gefunden, und dann die Eingeweide
mit ihren Geflechten sich vom pulmonaren bis zum hypogastrischen hinunterziehen, wird die Überleitung diese ganze Ausdehnung entlang und mit der niedersteigenden Aorte geschehen,
und so muß das überleitende System von selbst in drei Glieder
zerfallen: ein oberes, dem Herzen und dem obern Theile des
cöliakischen Systemes zunächst gerückt; ein unteres in der Tiefe
gegen den unteren Ausgang dieses Systemes hin; ein mittleres
der Mitte desselben, den cöliakischen Ganglien, sich entgegen
breitend, und so wird es sich in seinen 25—30 Ganglien von
den Halsknoten aus durch die Brust- und Lendenknoten zu den

sacralen an beiden Seiten der Wirbelsäule niederziehen, und zuletzt im coccygäischen endigen. Es dient aber auch dies System in seinem Verlaufe dreifacher Verrichtung; indem es sich einmal nach Aufwärts den Organen der Wahrnehmung, dann in die Runde umher denen der Bewegung, zuletzt nach Abwärts denen des Umlaufs eingibt. Die beiden ersten Mittheilungen werden vermittelt durch die beiden Nervenfäden, die in der Regel jedes Ganglion zu den Nerven sendet, und die sich in die Muskelsysteme der Wirbelsäule entlang ausbreiten: also zwar, daß in solcher Weise im oberen Theile des Ganzen die höheren Ganglien mit den Armgeflechten dieser Nerven; nach Unten die tieferen mit den Lenden und ischiadischen Geflechten; in der Mitte die mittleren mit den beide verbindenden Intercostalen sich verknüpfen. Was aber nun die dritte Verrichtung in Bezug auf den Umlauf betrifft, so ist das gesammte System zuvörderst an Aorte und Hohlvene als die Mitte seines Bezuges angewiesen, und wie von dieser Mitte aus der Umlauf zweien Peripherien entgegengetrieben wird, einer äußeren eigentlich vordern an der Hautoberfläche, einer innern oder vielmehr hinteren in den Eingeweiden; so wird in dieser Hinsicht das System sich dreifach gegliedert zeigen, und diese Gliederung wird jener andern von Oben zu Unten sich beifügen. Seine Ganglien werden also zu jenem Behufe Nerven entsenden, die nach Außen vorwärts gehend, oben an die Gefäße der oberen, unten an die der unteren Gliedmaßen, in der Mitte an die des äußeren Rumpfes sich verbreiten; sie werden andere entlassen, die, sich an die Mittellinie haltend, unmittelbar in die Aorte übergehen; sie werden endlich oben und unten und vorzüglich in der Mitte in solche sich ergießen, die, nach Innen vorwärts laufend, mit dem cöliakischen Systeme sich verbinden, und so ist denn auch diese Gliederung je nach Oben und Unten, und je nach Vorne und Hinten, die beide in der Mitte ineinander übergreifen, ausgetheilt.

Endlich wird denn auch das dritte Glied, als Kleingehirn den beiden andern sich beigesellend, sie zum dreigegliederten Ganzen vollends ergänzen. Seine eigenthümliche spezifische Mitte ist in die cöliakischen Ganglien gelegt, die in der Regel zwölf an der Zahl zu jeder Seite, sich zuvorderst je nach der rechten und linken Seite theilen, und diese Theilung wieder durch eine doppelte Commissur querüber in ihren Gliedern einigen. Sie gliedern sich aber nochmals gruppenweise zunächst je nach Vorne und Hinten, so zwar, daß Vorne dahin fällt, wo sie dem von Oben niedersteigenden sympathischen Nerven sich zukehren; Hinten also in entgegengesetzter Richtung gegen das Innere der Eingeweide. Nun entsenden aber vier dieser Ganglien (IV, III, II, I bei Walter) den obern kleinen Eingeweidenerven, wenn er sich vorfindet, dann den großen, den unteren kleinen und den obern hinteren Nierennerven zu den Brustganglien des sympathischen Nerven. In ihnen, die zumeist nach Hinten liegen, ist mithin das Vorne gegeben, und die von dort ausgehenden Nervenzüge, zu jenen Brustganglien hin, sind sohin die Brückenarme jenes cöliakischen Kleingehirns. Hinten wird sohin auf vier andere nach Vorne hin liegende Ganglien fallen (V, IX, X, VIII); während vier mittlere (VI, VII, XI, XII) beide unter sich verknüpfen. Die Ganglienmasse erscheint aber eben so auch im Bezug von Oben zu Unten abgegliedert. Vier nämlich (IV, VII, V, IX) entsenden ihre Nerven hauptsächlich nach Oben an das Zwergfell, und durch die umschweifenden höher an der Aorte und dem Schlund hinauf zur Lunge und zum Herzen; vier andere (I, XII, XI, VIII) vorzüglich nach Unten an der Aorte hinab. Jene werden daher dem Oben, diese dem Unten angehören; vier andere (II, III, VI, X) dann die Mitte zwischen beiden halten. Das von den cöliakischen Knoten aufsteigende Geflechte der sogenannten umschweifenden Nerven ist also das Bindesystem, das vom Kleingehirn zum großen, und dem Herzgeflechte in dessen Mitte, ansteigt; und indem dies nun hier mit dem aufsteigenden sich einigt, andererseits aber die Einigung mit dem im sympathischen niedersteigenden durch die Eingeweidenerven geschieht, verbindet Alles sich zur Brücke des Systems; die also vom Herzgeflechte bis zu den cöliakischen Ganglien, dem gezähnten Körper jenes Kleingehirnes, einwärts wie auswärts geht. Eben so werden die Geflechte, die weiter abwärts an der Aorte hinunterziehen, ausgehend von den Kleingehirn=

schenkeln, die hinteren Stränge des niedergehenden gangliösen Rückenmarkes bilden; während die mit ihnen parallel absteigenden beiden sympathischen die Vorderstränge zusammensetzen; die Verbindungen beider aber für die Seitenstränge eintreten. Wie nun aber nach Vorne hin das sympathische System, durchhin in zwei Nervenzügen, den automatischen Nerven, und dadurch dem willführlichen Bewegungssystem und dem der Wahrnehmung sich eingibt; so wird das cöliakische eben so nach Rückwärts hin, dem unwillführlichen Bewegungssysteme der Eingeweide und ihren dunkeln Wahrnehmungen sich beigesellen. Dies aber wird geschehen, indem es zunächst von seiner Mitte aus Entsendungen gegen den Magen und seine Muskelsysteme macht; andererseits dann zuerst solche nach Aufwärts richtet, die am Schlund ansteigend, zugleich auch an die Luftröhre sich verbreiten, und in den Wurzeln des umschweifenden und des Beinerven im verlängerten Marke wurzeln; dann auch andere eben so nach Abwärts treibt, die, dem Darmcanale in seinem ganzen Verlaufe folgend, zuletzt im hypogastrischen Geflechte durch die Sacralnerven gleichfalls ins Rückenmark zurückgehen. Aber es wird auch dem Umlauf in den Eingeweiden zugethan erscheinen, und ihn durch die von ihm ausgehenden Geflechte beherrschen; und zwar vom Centrum aus an der Mittellinie zuerst, durch die, an die beiden Muskelgeflechte des obern und unteren Magens sich anknüpfenden Geflechte, der oberen linken und der unteren rechten Kranzarterien. Was sich hier in der Mitte zusammendrängt, entfaltet sich seitlich in den andern Geflechten, die dem Lebersysteme angehören; so zwar, daß das Oben vorherrscht in dem Geflechte der linken Leberarterie, das Unten in dem der rechten, das sich links wieder in das Milzgeflechte, rechts in das untere Lebergeflechte, in der Mitte in das der Pancreas abgliedert. Alle Richtungen der cöliakischen Ganglien rechts und links, hinten und vorne, oben und unten, sammeln sich zuletzt in die beiden aufsteigenden umschweifenden Nerven; so zwar, daß der hintere zugleich auch der untere und rechte, der vordere zugleich auch der obere und linke ist. So ansteigend im Schlundgeflechte, breiten sie oben unter dem Herzgeflechte sich seitlich in die Lungengeflechte auseinander; wie sie ab-

9 *

steigend an der Mittellinie in die mesenterischen und hypogastrischen Geflechte sich zusammenthun; seitlich aber in die
renalen und superrenalen, die in der Mitte in den spermatischen verbunden sind, sich entfalten. So gliedert sich denn
auch das untere Gehirn, und indem es in diesen seinen Gliederungen die entsprechenden des unteren Organisms zusammenfaßt,
erscheint Alles wohl in sich verbunden, und durch das Rückenmark eben so mit dem höheren Gehirnsystem aufs beste geeinigt.

IV.
Die Strömungen im Menschen.

Alle Thätigkeit in jeglichem Wesen geht aus dem Verkehre
seiner verschiedenen Gründe hervor; dieser Verkehr aber, weil
von stetiger Wechselwirkung der Verkehrenden begründet, gibt sich
in Strömungen zu erkennen, und so gehen also Strömungen
in allen Wesen und von einem zu dem andern. Weil aber in
allen zwei erste Gründe unter Fassung des dritten in solchen
Wechselverkehr eintreten, und dieser nun, nach Art dieser Fassung und der gegenseitigen Mittheilung, entweder durch Hin-
ausgehen des einen in den andern für das Anstrahlen;
oder durch Bestimmung des einen aus dem andern in der
Vermittlung des dritten für die mechanische Bewegung;
oder endlich durch den plastischen Verkehr für ihre gegenseitige massenhaft gediegene, nach Art des Chemisms wirksame
Bedingung, — ein dreifach verschiedener seyn kann; so werden
auch drei Arten von Strömungen möglich seyn: strahlende,
mechanisch bewegende, plastisch den Wechsel des
Stoffischen bedingende. Wie dann ferner nun die drei
Gründe nicht blos schlechthin, sondern auch je nach allen in
sie gelegten Grundbezügen, in eine solche dreifach abgestufte
Beziehung zu einander sich versetzen können; werden die Strömungen, je nach diesen Bezügen Art und Weise wechselnd, auch
in diesem Wechsel betrachtet werden müssen.

Aller Strömungen erster und tiefster Grund ist aber in
Gott gegeben, und aller Fluthungen in der geschaffenen Welt
erste Anregung muß in jenen ersten göttlichen gesucht werden,
deren eine unter der Haltung des Gottesgeistes, im Lichte

göttlicher Selbsterkenntniß, vom Vater zum Sohne überstrahlend; die andere und dritte in seiner bewegenden Liebe, in gegenseitiger Selbstbestimmung und für sie wirksam, beide einmal actual im Willen, und dann auch substanziell im Seyn einigt, und dadurch Gottes Wesenheit in einer überweltlichen, ewigen Bewegung erregt und in sich bewegt. An diese knüpft sich dann eine zweite Ordnung von Strömungen, die, von der Gottheit zur geschaffenen Creatur hin und herübergehend, die ganze im ganzen, und jede besondere im besonderen Ergusse, mit jener fluthenden und leuchtenden Gotteswesenheit verknüpft. Auch diese zweite Ordnung wird eine dreifache Strömung in sich befassen. Die Creatur in die umfassende Gottheit, zwischen die erste und zweite Gottesmacht, unter Haltung der dritten gestellt, kömmt dadurch in die leuchtende Strömung, die unmittelbar von einer zur andern und wieder zurück im göttlichen Selbsterkennen geht, und berührt vom ewigen Lichte, wird sie von Gott erkannt, und hinwiederum, wenn gehellten Auges, ihn auch selbst erkennend. Unter Bestimmung derselben dritten geistigen Gottesmacht, und der Activirung durch sie in haltenden und tragenden Gotteskräften, wird sie dann ferner auch in die andere und dritte Strömung versetzt, die im Geiste durch Fließen und Rückfließen von einer in die andere sich ergießt; und von ihr ergriffen, wird sie, wenn Würdigkeit und Weihe zugegen, in Liebe zu Gott, wie er zu ihr bewegt; während sie zugleich in substanzialer Berührung sich von ihm angeregt fühlt. Alle diese Strömungen gehören dem Gebiete der Mystik an, und so dürfen wir sie hier nur als den Grund, auf dem alle andern ruhen, im Vorübergehen berühren.

Weil aber die ganze Schöpfung also in Gott gestellt, vom Geiste sich nicht blos gehalten, sondern auch zusammengehalten findet, und sich nicht allein zu ihm und er zu ihr bewegt, sondern auch in ihm, wie er in ihr; darum wird jene ursprüngliche Folge von Strömungen sich in ihr in vielen abbildlichen Strömungen wiederholen müssen. So sehen wir eine erste abbildliche der Art vom Himmel zur Erde gehen. Wie uns aber nun die Sonne zunächst einsteht für das, was des äußeren Himmels ist; finden wir diese Strömung von ihr am nächsten gegen unsere Erde hingerichtet, und diese von ihr ergriffen und gebändigt, und in bestimmter Ferne abgehalten, wird dann um die gemeinsame Mitte bewegt, und das in sie verflochtene Gesammtleben in den Wechsel der Jahrszeiten hineingezogen. Wie nun zwei selbstständige, wenn auch einander zugetheilte Glieder, eingehen in diese Strömung; so wird jedes in sich activirbar, diese seine Selbstständigkeit wieder in einer ihm eigenthümlichen besondern Strömung äußern, die, von der weiteren begriffen und bedingt, Sonne wie Erde um sich selbst umtreibt, und für diese den Wechsel zwischen Tag und Nacht dadurch begründet, daß diesen im Fließen kreisförmig bewegten Strömungen die andere strahlende, die im Lichte von der Sonne zur Erde geht, sich eingibt. Aber wie diese Flurionen an das Verhältniß von Oben zu Unten geknüpft erscheinen, so andere electrische und magnetische an die andern Achsen; und noch andere treten im Wechselverhältnisse der Elemente, vorzüglich unter Anregung des Feuers hervor, das wieder sonnengleich in dieser Sphäre wirkt. So steigt in solcher Erregung das Wasser, in den von ihm benannten Meteoren, in einer dieser Strömungen zur Höhe auf, und in der andern wieder hernieder; gleichwie die feurigen Meteore, in ähnlicher nur weiter greifender Doppelströmung sich bewegen, und jegliche Flamme, die sich an der Erde zündet, Zeugniß gibt vom Daseyn dieser elementarischen Strömungen, im Niedersteigen der Lebensluft zum Brennbaren angeregt. Wie es in solcher Weise auf der Naturseite in allen Richtungen strömt und fluthet, so nicht minder auf der rein geistigen. Auch hier strahlt alles Höhere, weil nach der Einheit geschaffen und gestaltet, geistige Erleuchtung in das beschattete Tiefere; das, weil getheilt, der Erleuchtung und somit auch der Erwärmung fähig, im Einleuchtenden zugleich sich gehellt und gereinigt findet. Wie aber also, unter der Haltung des dritten Grundes, die Bestrahlung vom ersten zum zweiten geht; so wird, wenn dieser dritte selbst in seiner einwohnenden bewegenden Thätigkeit in beide activ eingreift, in ihm einer um den andern in intellectualer Bewegung bewegt, und dadurch, wie gekräftigt, so disziplinirt, zugleich aber auch substanziell ergänzt und begeistigt.

In alle diese Strömungen findet nun, die organische Natur im Allgemeinen und der Mensch insbesondere, sich versetzt, von ihnen allen angesprochen und angeregt. So zwischen den physischen Himmel und die physische Erde, der letzteren näher, gestellt, wie zwischen die höheren und die unteren geistigen Mächte, auch hier diesen wieder näher, eingeordnet; sieht er sich in die Wirbel und die fortschreitenden Fluthungen ihrer Thätigkeiten aufgenommen, und da auch er als ein bedeutend Glied in den Verband des Ganzen eingegangen, so wird, indem die Thätigkeiten auch mit ihm sich in Verkehr versetzen, da wo die Kräfte sich begegnen, ein Einströmen und Ausströmen und ein Umströmen beginnen, durch die sich alle Wechselwirkung vermittelt findet. Was nun die Anregungen von Seite des Geisterreichs betrifft, so werden diese, weil aus dem unsichtbaren Gebiete hinübergreifend, der Mystik vorbehalten bleiben, und nur die von Seite der physischen Natur der gegenwärtigen Erörterung zufallen. Da ist es denn zuerst die von der Sonne zur Erde gehende Strömung, die, indem sie an ihn anbrandet, sich Eingang in ihn sucht, und nachdem sie sich Gleichartiges in ihm hervorgerufen, sofort wieder den Ausgang findet. Nicht minder werden auch die physischen Strömungen electrischer wie magnetischer Art sich den Zugang zu ihm öffnen, und so auch die chemischen, die von Element zu Elemente gehen. Aber auch im Naturreiche, dem er selber angehört, dem organischen, bewegen sich ähnliche Fluthungen: aus dem sogenannten Unorganischen ins Pflanzenhafte und wieder zurück; aus dem Pflanzenreich ins Thierreich und im Rückgang hinab bis zum Elementarischen; allen bietet er wieder ein Verwandtes dar, in dem sie ihn ansprechen und in ihren Umlauf einflechten, und dafür wieder in den seinigen sich aufnehmen lassen.

Aber in Mitte all dieses Wallens und Wogens, das ihn umfängt, beschließt er selber, als selbstständiges Glied des Ganzen, wieder eigenthümliche Strömungen, die, in seinem Innern von Grund zu Grunde gehend, alles selbstthätige Leben in ihm bedingen. Diese Strömungen sind daher an die verschiednen Grundverhältnisse in ihm geknüpft, und wie sie je nach den ihre Glieder verknüpfenden Verbindungslinien geschehen, werden sie auch nach ihnen betrachtet werden können. Das erste aber, das sich bietet, wird das Grundverhältniß, das von Innen zu Außen seyn, auf dem alle die andern ruhen, und das sie alle in sich begreift, daher auch billig zuerst Erwägung findet. Das Innen im Menschen aber ist sein Geistiges, das Außen seine Leiblichkeit; beide sind miteinander im Seelischen zu einer Persönlichkeit geeinigt. Das Geistige könnte aber nicht auf die Dauer dem Leiblichen verbunden seyn, ohne in ihm unterzugehen; erwachte nicht in ihm neben dem stetig wirksamen Triebe, ihm sich einzuwohnen, noch der andere, im Rückgang gegen die eigene Tiefe sich wieder in sich zu finden, um neben der Mittheilung zur Verbindung sich in seiner Gesondertheit zu behaupten. Eben so könnte das Leibliche als solches für sich, ohne im Geistigen gänzlich aufzugehen, nimmer beharren; würde nicht durch Anregung desselben neben dem Triebe, das Niederkommende aufzunehmen, auch der andere in ihm wach, das sich in der Rückkehr wieder in sich Vertiefende zu entlassen, und selber dann in seiner Besonderheit in den ihm einwohnenden Lebenskräften sich zu fassen, und also seinen Gegensatz mit jenem immer wieder herzustellen. Diese Triebe werden nun eben durch das Seelische vermittelt, und sind in diesem die also activirten beiden Gründe, der geistige und leibliche, in Haltung gefaßt; dann strahlt der erste den zweiten an, und es kömmt in diesen Anstrahlungen und Durchstrahlungen, unter der Rückwirkung des bestrahlten, zur ersten, von Innen nach Außen gerichteten Strömung, die das Selbstbewußtseyn im weitesten Umfange begründet, das die ganze Persönlichkeit, in ihren Mittelpunkten gefaßt, in sich begreift; die Körperlichkeit nicht ausgeschlossen, die in ihm gegen das Geistige sich als leidend, in sich aber wieder als thätig dabei verhält. Aber das Geistige ist auch in demselben Seelischen des Leiblichen mächtig, und bestimmt es durch den Willen, und in ihm wird nun eine andere Strömung fließend, die aus der Tiefe des Geistigen in das ansichnehmende Leibliche hinausgeht, und wieder unter dem Hingeben desselben Leiblichen, und dem sich Wiedernehmen des Geistigen, in die Tiefe, aus der sie sich ergossen, zurückkehrt. Das wird nun die große Bewegung seyn, die, schwebend zwischen Tod und Leben, im Geben und Nehmen, im Einathmen und Ausathmen, die Einigung des von Rechts wegen gebietenden Geistigen mit dem bedingungsweise gehorchenden Leiblichen erhält. In dieser Bewegung aber wird das Dienende um das Herrschende her bewegt, und in einer in sich zurückgehenden Kreisströmung umgetrieben; und indem also der Leib in geordneter Folge seinen Geist umkreist, wird das Leben von der Geburt zum Tode durch alle seine Stufenalter durchgetrieben. Was aber für den Körper in dieser Bewegung einsteht, ist seine eigentliche organische Mitte; sein tiefstes Centrum im Cerebralsystem, das Alles, was sonst noch ins Peripherische hinaus sich aus ihm entfaltet, in Selbstgegenwärtigkeit in sich beschließt; dem daher auch wie billig das Untergeordnete in alle seine Bewegungen folgt. Dies Centrale bewegt sich daher in den Lebensaltern, der Geistigkeit sich eingebend, um diese her, und die Wendepunkte und die aufsteigenden und niedersteigenden Knoten des Lebens finden dadurch ihre Bestimmung. Aber nicht blos um das unsichtbare Geistige in ihrer Mitte bewegt sich also die Leiblichkeit; sie bewegt sich auch, gefaßt von demselben, in ihm: denn sie findet in ihrer ganzen Ausdehnung von dem ihr überall Gegenwärtigen sich durchdrungen, und also auch in substanzialer Berührung mit ihm, am Übergange des Ausdehnungslosen ins Ausgedehnte, sich in ganzer Masse von ihm wie begeistigt so auch bedingt. Auch diese Bedingung wirkt sich in einer dritten Strömung aus, die vom einen zur andern geht, und eben alles besondere, spezifisch eigenthümliche Leben in ihr begründet.

Sind aber in diesen Strömungen die beiden Elemente des menschlichen Daseyns, unter Vermittlung des dritten, in lebendigen Wechselverkehr gesetzt; dann wird, — weil in dieser Wechselwirkung das Geistige eben so vom Leiblichen eine Gebundenheit an sich nimmt, wie dieses Leibliche hinwiederum vom Geistigen eine Art von Selbstständigkeit gewinnt —, aus dieser allgemeinen Lebensbewegung eine dreigetheilte, an die drei Momente geknüpfte besondere und jedem eigenthümliche, hervorgehen, deren jede sich wieder in besonderen Strömungen äußert. Der Geist in jener Gebundenheit ist aber nun der im Gehirnsystem regionirende; der Leib, der sich am Geiste zu einer Art von Selbstständigkeit erhoben, ist der im Ganglicnsystem belebte äußere, jenes Gehirnsystem umkleidende Leib. So werden die, jener großen Strömung untergeordneten Strömungen, sich also an diese vier Momente und die zwischen innenliegenden überleitenden vertheilen; und es gibt sohin Strömungen, die sich an das Geistige, im Gehirnsystem wirksam, knüpfen, und sich im Gehirn in den organischen Ausdruck übersetzen; und wieder leibliche, die in jenem äußeren Organism sich vollführen, und in seinem Nervensystem sich ins Geistige übertragen; endlich zum dritten solche, die vom einen zum andern hinübergehen. Wie daher die Magnetnadel, neben der Säcularbewegung, auch eine jährliche und tägliche hat, die durch die großen cosmischen Umläufe bedingt erscheinen; so ist es auch um die geistigen und seelischen und organischen Fluthungen im Menschen beschaffen, die ihn immerfort bewegen, da nichts an ihm ruhend steht, und keine Bewegung vereinzelt für sich verläuft, sondern alle unter sich verflochten, gegenseitig untereinander sich bedingen. In allen diesen Bewegungen, durch alle Momente hindurch, sind es aber die drei Gründe in jedem, die durch ihre Wechselwirkung die Strömung hervorrufen; die sich also je nach der verschiedenen Modalität theilt und durcheinanderwebt. Nicht aber blos untereinander kommen diese Gründe in solche Wechselwirkung; sondern auch mit den ihnen entsprechenden in der äußeren sichtbaren und der inneren geistigen Natur. So werden denn auch neben den Strömungen, die im Innern der Persönlichkeit beschlossen bleiben, andere sich bilden, die zwischen ihr und jenen beiden Kreisen hin und hinübergehen, und in denen sie, gebend und empfangend, mit ihnen sich verknüpft.

1.

Die Strömungen im innern und höheren Menschen.

Aller besonderen Strömungen erster Quellpunkt liegt in der innersten Tiefe der geistigen Natur, und wie diese nun in allen ihren Gliederungen von der leiblichen sich umkleidet findet, überträgt

sich auch, durch die Vermittlung des Seelischen, der Brunnquell geistiger Strömung in die innerste Tiefe der Leiblichkeit,
im Nerven- und Gehirnsystem, und macht die entsprechende
organische in ihm fließend. Die erste und einfachste Grundströmung wird sohin jene seyn, die innerlich geistig, äußerlich
organisch, zwischen beiden überleitend seelisch, von Innen zu
Außen geht: und darum ausstrahlend aus der Mitte, in den
Umkreis einstrahlt, und diesen, seiner Natur gemäß, seitlich
zusammenstrahlen macht. Es gibt aber eine zweifache geistige
Mitte im Menschen, eine höhere für die Ideen, eine untere
für die Gefühle, und ein zweifacher Umkreis entspricht dieser
doppelten Mitte: einer für die Begriffe, der andere für die
Empfindungen. Wie nun diese geistige Zweitheiligkeit sich
organisch in dem Doppelgehirne spiegelt; so wird ihr auch in
diesem eine zweifache Mitte in den Centralganglien, so des
großen wie des kleinen Gehirns, und ein zweifacher Umkreis
in ihren peripherischen Ganglien entsprechen. Es wird also,
geistig wie organisch, eine zweigetheilte strahlende Strömung
Mitte und Umkreis unter sich verbinden, und die eine sohin
geistig der geistigen Mitte in einem durchhin Einigen entstrah-
lend, und das formlose Mannigfaltige des Umkreises in die
Einheit der Begriffe zusammenstrahlen machend, wird sich leiblich in der Strömung ausdrücken, die im Großgehirn vom
Centralganglion durch die Markfibern zum peripherischen geht;
während eben so das Entstrahlen und Ineinanderstrahlen, im
irdisch gebundenen sinnlichen Gebiete, sich einer gleichen
Strömung des Kleingehirns einleibt. Das ist also die erste,
einfache Doppelströmung, in der die obere und die untere
Gedankenbewegung erfolgt; durch die das eine und einfältige
der Mitte sich an der Mannigfaltigkeit des Umkreises färbt;
diese aber hinwiederum an der Ungetheiltheit der Mitte sich
zusammenfindet, und in bestimmten Zügen articulirt. Die organische Bewegung, im Gefolge der sie hervorrufenden geistigen, übersetzt dabei nur das Unsichtbare in die Sichtbarkeit,
damit es, der Bestimmung des Menschen gemäß, im Physischen
offenbar werde. Es ist nun aber des Menschen geistige Natur
nur in ihrer eigensten Mitte wahrhaft eins und einig, und nur

unten in ihrem irbischen Theil am Umkreis in Mannigfaltigkeit erschlossen; die leibliche aber, äußerlich und am Umkreise und in der Niederung, durch und durch zwiespaltig und getheilt, zeigt allein gegen ihre innerste Mitte hin einen Schein von Einheit, in einer solchen, die aus dem getheilten sich geeinigt. Darum sind die Mitten beider Gliederungen des Gehirnsystemes verschieden in dieser Hinsicht angelegt: das des Großgehirns, in den Linsenkernen sich zur Seite spaltend, hebt in eigener Mitte die Theilung durch die Commissuren der Sehhügel, wie in einem Centralganglion auf; während die Seitenganglien des Kleingehirns, die gezählnten Körper, mehr nach Vorwärts gegen das große hin, durch die Vierhügel verbunden sind. Die Grundströmung im großen Gehirne theilt sich also in zwei seitlichen Strömungen in seine Hemisphären hinaus, die durch das Centralganglion in der Mitte vermittelt sind; während die beiden des kleinen ihre volle Vermittlung zugleich in der Einigung mit dem großen finden. Aber auch in eine obere und eine untere, und eben so in eine vordere und hintere Hemisphäre, erscheint das Doppelgehirn getheilt, die wieder in der Mitte vermittelt sind; die Grundströmungen werden daher sich eben so in Theilung und Vermittlung gliedern.

Es ist aber mit diesen beiden Strömungen und ihren Abgliederungen noch keineswegs gethan: denn wie im Organischen nicht das große und kleine Gehirn, jedes gesondert für sich, nebeneinanderstehen, sondern ein dritter, eigenthümlicher Gehirntheil sie in allen ihren Momenten aufs engste unter sich verkettet; so sind auch im einwohnenden obern und unteren Geistigen, nicht blos zwei Gründe in Mitte und Umkreis, nebeneinander gestellt, und durch die bloße Ausstrahlung des einen verbunden, sondern ein dritter selbstständiger Grund, beiden verwandt, tritt zwischen sie ein, und begründet, sie in einander überführend, ihren durchgreifenden Wechselverkehr. Er führt aber zuerst in den beiden Gliedern den Umkreis in die Mitte; dann auch die Mitte in den Umkreis, und zudem beide also sich eingebildeten mit einander ein in sich. So also den beiden Gliedern, innerlich der höheren und der unteren Geistigkeit, äußerlich dem großen und dem kleinen Gehirne sich eingebend, und in jedem

die beiden Gründe in sich einigend; führt er eben so auch die
beiden geistigen Regionen und somit auch nach Außen die beiden
Glieder des Gehirnsystemes in einander: so zwar, daß er
zuerst die untere Geistigkeit der höheren, sohin das Kleingehirn
dem großen einbildet; dann aber in gleicher Weise das höhere
dem unteren, somit das Großgehirn dem kleinen eingibt; endlich
zum dritten beide also in sich vermittelte Gliederungen unter
sich vermittelt. Es werden also durch dies Zwischentreten des
dritten Grundes drei Systeme sich zusammensetzen, die in lebendiger Wechselwirkung mit einander stehen. Das erste, das
der höheren Geistigkeit, im Großgehirnsysteme eingeleibt, vorwiegend ausstrahlende Einheit, weil es die höhere geistige
Mitte in sich beschließt, hat gegen sich über im Fußpunkt die
nun mit dem ihrigen verbundene untere Geistigkeit, die da die
Art des gezweiten hat; aber nur an ihren Gränzen von ihr
bestreift, behauptet sie fortwährend ihren höheren geistigen
Charakter. Das zweite aber, im Kleingehirn ausgedrückt, hat
eben so, sich gegenüber im Aufgänge, das ihm verkettete höhere
Geistige im Großgehirn stehen; aber nur von ihm berührt, erhält es sich fortdauernd sein ihm eigenthümliches unteres, ge-
zweites Gepräge. Das mittlere Glied aber, in der Brücke
dargestellt, läßt beide in allen ihren Momenten gegenseitig sich
durchdringen, und wie in ihm ihre Thätigkeiten sich vereinigen,
so erhält es auch nothwendig das Gepräge der beiden aufge-
drückt. Zu den beiden Grundströmungen ist also jetzt zuerst
eine dritte hinzugekommen, in der jene beiden, an einen neuen
Mittelpunkt gewiesen, sich durchströmen und einigen. Aber
weil in den Gliedern sich begibt, was unter ihnen sich begeben; darum wird, wie in jedem durch den dritten Grund der
zweite dem ersten, dieser jenem und dann wieder einer dem
andern sich eingebildet findet, die strahlende Strömung auch
in jedem in drei Strömungen ausgehen, die das Gebiet erfüllen. Die des ersten werden aber nun Strömungen des
obern Begehrungsvermögens, oder des freien Willens seyn; die
des zweiten solche, die des unteren Begehrungsvermögens, oder
des Affectes sind; die des dritten endlich werden das mittlere
Begehrungsvermögen, das äußerlich sich ausbreitende, bewe-

gen. Eines nach, dem andern macht Anspruch auf nähere Erwägung.

Im Willen, dem höheren Begehrungsvermögen, begibt sich zuerst eine solche Einigung, und in ihr wird dem Umkreise, der zuvor der Mitte gegenüber, und von ihr blos angestrahlt, für sich bestand, jetzt eine ihm eigenthümliche eingebildet; in die Mitte aber, die zuvor eben so dem Umkreise entgegen in sich abgeschlossen, strahlend aus sich herausgehen mußte, um mit ihm zu verkehren, wird jetzt dieser Umkreis so eingetragen, daß er ihr gleich eigenthümlich einwohnt, wie sie hinwiederum ihm, in den sie jetzt eingekehrt. Beide also, Punkt und Peripherie, wie sie zuvor gewesen, ergänzen sich jetzt gegenseitig zu gediegenem, gleichsam massenhaften Bestande, in zwei Sphären von Ursachlichkeiten, die, in der rechten eigenthümlichen Thätigkeit des dritten Grundes wieder unter sich verbunden, die Gesammtsphäre in dieser ihrer durchgreifenden Gediegenheit zusammensetzen. Es ist aber in dieser Einigung, die zuvor blos ausstrahlende Mitte, zum wirkend Ursachlichen geworden; der blos ineinanderstrahlende Umkreis aber, zum Endursachlichen, das zum Ziele geht. Indem nun beide Ursachlichkeiten im dritten Grunde wieder sich geeinigt finden, werden die unteren Ordnungen wirkender Ursachlichkeiten, als peripherische an die erste als ihre Mitte geknüpft, von ihr aus gegen die Mittel zum Ziele im Ausgange gerichtet; diese Mittel aber hinwiederum, durch die Endursachlichkeiten in ihren Ordnungen, zum letzten Endziel im Eingange ordinirt. Indem aber beide Strebungen im dritten Grunde gehalten sind, wird um diese Haltung die erste Doppelströmung in der Willenssphäre, von der Mitte und zu der Mitte, spielen, und äußerlich im Großgehirn durch eine entsprechende Doppelströmung vom Centralganglion ins peripherische, und wieder zurück durch die Markfibern sich ausdrücken. Es wird aber in einer solchen durchgreifenden Einigung, nicht blos die Mitte als solche mit dem Umkreis als solchem, verbunden; sondern die Verbindung geschieht auch in allen Elementen, den Grundrichtungen, die der Umkreis in sich beschließt: so daß, während Alles wie im Athemzuge von der Mitte und zu der Mitte geht, zugleich auch die Grundstrebun=

gen, weil im dritten geeinigt, auch unter sich paarweise ineinandergehen, und vom Umkreise aus in Wellenzügen sich verbinden, die nun peripherisch die Mitte umströmen. Es werden aber drei solcher Strömungen als Gliederungen der Grundströmungen entstehen, in denen sich die verschiedenen Willensrichtungen bekräftigen. Zuerst wird, da der ganze äußere Mensch bis zu seinem tiefsten Grunde zweigetheilt erscheint, auch der Wille, insofern er mit ihm zusammenhängt, an dieser Zwiespaltigkeit Theil nehmen; und so hat er, während ihm dadurch innere Fülle wird, als Willkühr die Wahl, sich zur Rechten oder Linken zu bestimmen. Wie die daher Willenssphäre sohin in zwei seitliche Hemisphären sich theilt, so wird das Wollen auch in dieser Hinsicht über zwei seitliche Strömungen gebieten müssen, die es nach seiner Intention bewegt, und die eben den Gegensatz jener Hemisphären darstellen. Äußerlich sind diese Strömungen der Bogenstrahlung einverleibt, und indem diese Rechts und Links mit Vorn und Hinten verknüpft, wird die in ihr hingehende Bogenströmung, das Großgehirn horizontal umfließend, Ausdruck jenes hemisphärischen Gegensatzes seyn, und wesentlich dem Umkreise angehörend, wird sie doch schon im Centrum in der Zwiespaltigkeit des Centralganglions und seiner Markblätter sich begründet finden. Aber, wie durch alle Gebiete, muß auch hier die getrennte Zweiheit wieder zur relativen Einheit verbunden werden, an der sich der Antagonismus ausschwingt, und dadurch wird zwischen den Gliedern des Gegensatzes die Mittellinie sich begründen, in der die Verbindung geschieht; der scheidenden seitlichen Strömung wird sohin eine einigende entsprechen, die die Hemisphäre in der Mitte zusammenhält. Äußerlich ist diese Strömung durch die Balkenströmung ausgedrückt, die, in die Balkenstrahlung gehend, von Oben bis Unten beide Hemisphären unter sich verknüpft; wie im Centralganglion die drei Commissuren, — die vordere, die hintere, und die mittlere massenhafte — beide Seitenhälften desselben verbinden. Der Wille aber nun, in der also gegebenen Mittellinie hingehend, findet noch eine dritte Richtung in ihr vor, nach der er sich zu bestimmen vermag. Er kann nämlich entweder, das Ziel wollend, nach Vorwärts ihm entgegenstreben, oder, es nichtwollend, rückwärts von ihm abstreben; auch hier wird er also über entgegengesetzte Strömungen in dieser Doppelrichtung verfügen müssen, und sie so oder so ins Spiel versetzen. Diese Strömungen veräußern sich nun in jenen organischen, die, durch die Zwingen hingehend, von Oben zu Unten, die vordere Hemisphäre des Großgehirns mit der hinteren, verknüpfen, eben wie am Centrum die Zirbelstiele eine ähnliche Verbindung wirken. Endlich muß auch Oben wie Unten, von diesen Hemisphären her, wie von den seitlichen, in einer Strömung verbunden werden, und das wird die Gewölbeströmung seyn, die, von den Markkügelchen als der gemeinsamen Mitte ausgehend, zwischen den Linsenkernen und den Ganglien des Unterhornes hin und hinüberspielt, und aufsteigend und absteigend, den Übergang des Wollens ins Thun, und die Rückwirkung der That auf den Willen bedingt. So erscheint also das ganze System, außen und innen, von jenen sich kreuzenden Strömungen umflossen und umwebt, und alle, indem sie in jener doppelten Grundströmung von der Mitte und zu der Mitte ihre Haltung finden, durchwirken sich gegenseitig, und bahnen sohin den Äußerungen der Willensthätigkeit nach allen Seiten hin die Wege. Von ihr aus überträgt die Vermittlung sich dann auch in die intellectuale Sphäre, und wie alle Gedankenbewegung im zeitlichen Fortschritt und Rückschritt sich an die Zwingen gewiesen findet; so alle reflectirende entgegensetzende Thätigkeit, im Spiele der Gegensätze, an die Bogenstrahlung; während alles abstrahirende Ausgleichen äußerlich in der Balkenstrahlung geht; die niedersteigende Bewegung aber, die den Gedanken ins Wort, dieses in den Laut einkleidet, wie die ansteigende, die den Laut in Gedanken umsetzt, mit der Gewölbestrahlung sich umkleidet.

Auch im zweiten Gliede der geistigen Natur, dem tieferen irdisch Sinnlichen und seinem Organe, dem Kleingehirn, bilden in ähnlicher Weise die Verhältnisse sich aus. Indem nämlich auch hier, in der Macht des dritten Grundes, der Ausstrahl des ersten in der Mitte mit den Reihungen des zweiten im **Umkreise** sich durchdringt, kömmt es im Durchwachsen der Momente zum mechanisch durchgreifenden Affecte. Wie aber diesem Gebiete überhaupt die rechte ursprüngliche Einheit fehlt, die es erst im höheren findet, und statt ihrer eine, obwohl intensive höhere Zweiheit mit einem Scheine der Einheit einstehen muß; so wird auch hier die Einigung der Momente minder vollständig erscheinen, und selbst in der Mitte wird ein Zwiespalt und ein Wogen und Strömen zurückbleiben, die ihre Beruhigungen nur im höheren Gliede finden. Indem — aber diese, wenn schon unvollkommene Mitte, dem Umkreis und dieser hinwiederum ihr sich eingibt, entsteht auch hier im Ein und Aus die erste Doppelströmung der begierlichen Affecte, die, im eigenthümlichen Moment des dritten Grundes zusammengefaßt, von dem Innen des Gemüthes zum Außen und wieder zum Innen geht; organisch aber von den Vierhügeln aus, in jener gepaarten Strömung zwischen den gezähnten Körpern und dem peripherischen Ganglion des Kleingehirns, durch seine Markfibern sich veräußert. Durch diese centrale Einigung finden aber auch hier die Richtungslinien aller andern Bezüge, je zwei und zwei, sich im Kreis verbunden; und so werden, im unteren Gebiete, wie im oberen, drei Kreisströmungen diese einquellende und ausquellende umströmen; denen sich dann noch eine vierte, dem Gewölbe entsprechende, beifügt. Es ist nämlich jeder Affect, der, von einem wirkenden Trieb ergriffen, in einem Endbestreben dem Ziele zueilt, um in ihm zu ruhen, eben weil bewegt, nicht in der Einheit noch auch selber Einheit; sondern vielmehr durch und durch gezweit, und in seinen Gliedern in Consonanz oder Dissonanz gestimmt, wodurch er eben Begierde oder Abscheu nach seinem Gegenstand im unteren Begehrungsvermögen weckt. Wie nun in dieser Entzweiung, senkrecht auf dies Streben zur Mitte hingerichtet, jeglicher in seitlicher Schiedniß getheilt erscheint; so ordnen sich die Grundtriebe der verschiedenen Affecte, je nach den Temperamentsanlagen, nach den entsprechenden Richtungen, auf die eine und die andere Seite zueinander; und indem das Gemüth also in ihrem Gegensatze zur rechten und linken sich formirt, entsteht die erste peripherische Strömung, in der diese Gegensätze sich auseinanderlegen, und die dann

organisch in der Gegenstrahlung des kleinen Gehirnes sich aus=
drückt. Indem dann weiter auch hier die Entzweiung, obgleich
seitlich festgehalten, doch an der Mittellinie sich im Gemein=
samen wieder ausgleicht und zusammenfügt; drückt sich dieses
Zusammenwirken des antagonistisch sich Widersprechenden durch
die zweite peripherische Strömung aus, die äußerlich als
die Balkenströmung des Kleingehirns seine beiden Hemisphären
lose zusammenhält. Wie aber nun die Richtungslinie der er=
sten Strömung sich als die der ruhenden Haltung, die der
anderen aber als Angriffslinie für die Bewegung bietet; erfolgt
diese in ihr in vorschreitender Richtung durch die positiven,
in rückschreitender durch die negativen zornmüthigen
Affecte, und dieser Vorgang und Rückgang erscheint in der
Zwingenströmung des Kleingehirns eingeleibt. Wie endlich alle
diese Affecte sich entweder mehr nach Aufwärts halten, oder
mehr nach Abwärts den unteren Gebieten entgegenstreben; so
wird auch diese Doppelrichtung, von der Mittellinie her gelenkt,
sich an eine Strömung hingewiesen finden, und das wird die
Gewölbeströmung des Kleingehirns in den Flockenstielen
seyn.

So sind die grundverschiedenen Strömungen in den beiden
ersten Gliedern, innerlich wie äußerlich, nachgewiesen und aus=
gelegt; aber zwischen ihnen bestehen, unter der Vermittlung
eines dritten, gleichfalls Strömungen, und auch diese wollen
erwogen seyn. Es ist aber eigenthümlicher Charakter dieses
dritten, daß es, selbstständig in seinem Grunde, daneben noch
ein aus sich begegnendem Verschiedenen sich kreuzendes Gefüge
hat. Diese Fügung aber wirkt sich also, daß, indem das
zweite Glied dem ersten, wie zuvor Umkreis der Mitte, gegen=
übersteht, das erste in dieser seiner centralen Eigenschaft dem
zweiten, und dieses wieder jenem sich einträgt, und beide also
in sich geeinigten sich wieder untereinander einigen; so daß
daraus ein aus zweien im dritten zur Dreiheit verbundenes
Ganze entsteht. Damit aber nun vorerst die Mitten sich ver=
binden, hat das Kleingehirn an der seinigen dem großen die
Zirbel; das Großgehirn aber den Trichter mit dem
Anhang dem kleinen entgegengetrieben: indem nun beide

durch) die runden sammt den grauen Kernsträngen sich verknü=
pfen, werden beide zu Ausgangspunkten zusammengesetzter Strö=
mungen, als deren Träger diese Stränge sich erweisen, und
in dieser Eigenschaft, als drittes Moment, zwischen die beiden
andern eintreten. Es pulsirt aber nun diese Strömung, die
als Grundströmung sich allen andern unterlegt, zwischen beiden
Mitten; und weil jede derselben in sich selbstständig, sich im
Ein und Aus bewegt, wird die Strömung eine aus vier
Elementen zusammengesetzte seyn, die, in jenen Trägern zusam=
mengehalten und harmonisch unter sich verbunden, die tiefin=
nerste Fluthung der Nervengeister bilden, die sich an das
Selbstbewußtseyn und die Selbstbestimmung knüpft. Eine zweite
Strömung findet durch die zarten Stränge sich vermittelt, die,
mit Schleife und Gürtelschicht verbunden, die seitliche Verbin=
dung der Mitten wirken; so daß die Seitentheilung an der
des Kleingehirns sich im Großgehirn, und die an diesem im
Kleingehirn durch die Fortleitung dieser Stränge aufgehoben
findet. Eine dritte Strömung, nicht minder wie die beiden
vorigen von jenen beiden Mitten aus regulirt, wird, durch die
inneren Keilsträuge hervorgerufen, von den Ciliarkörpern in
die Linsenferne, und wieder zurück aus diesen in jene gehen;
die, durch die vorige auch in Seitenverband gebracht, wie im
Gevierte die mittlere Grundströmung umstehen. Wieder wird
eine vierte Strömung, die, von der Zirbel ihren Ausgang
nehmend, in ihren Stielen an den Sehhügeln zum Trichter
niedergeht, und dann wieder durch den inneren Seitenstrang
zur Wasserleitung, und somit zur Zirbel ihren Rückfluß nimmt,
auch in der Längenrichtung die Mittellinie umfließen, und so=
mit auch die an diese Richtung geknüpften Bezüge verlebendigen.
Endlich wird, da auch im Hemisphärischen die obere Mitte
mit der unteren Mitte, gegen die Zwischenlinie hin, ihre le=
bendige Einigung finden muß, eine fünfte Strömung eintreten,
um diese zu erwirken; und diese wird im Bette der vereinigten
Gewölbestrahlung und Flockenstiele gehen. Alle diese Strö=
mungen sind, wie die Grundströmung an der Mitte, aus zwei=
gedoppelten, in einem dritten zusammengehaltenen, Elementen
gefügt; und indem sie in allen Richtungen die Mittelfluthung

umspielen, finden alle Mitten in ihnen sich in lebendigen Verkehr gesetzt.

Sind in solcher Weise, die centralen Strömungen beider Glieder, in diesen Zwischenströmungen verbunden; dann werden auch jene, die von den gereinigten Mitten in den Umkreis der Systeme gehen, gleichfalls durch solche überleitende Zwischenströmungen untereinander verbunden werden müssen. So wird denn eine solche zuerst die Bogenstrahlung des Großgehirns mit der des Kleingehirns verknüpfen, und sie wird ihre Geleise in den Bindesystemen beider Organe angebahnt finden. Von der Bogenstrahlung der rechten Hemisphäre des kleinen Gehirnes geht nämlich der rechte Bindearm durch die Wasserleitung, und indem er dann mit dem rechten des Großgehirnes sich einigt, verknüpft die Strömung, durch die verbundenen hindurch, die rechte Bogenströmung beider Systeme; und eben so die durch die verbundenen linken Arme hindurchgehende die linken Strömungen, in solchen, die zugleich beiden angehören. Indem dann weiter die Wurmstrahlung, durch die Brückenarme sich fortsetzend, in der Brücke mit der Balkenstrahlung, die in die Grundfasern der Pyramidenstränge zurückgegangen, zusammengeht; wird ihre Verbindung die Bahn einer zweiten überleitenden Strömung, in der die beiden Balkenströmungen sich einigen, und diese Strömung erscheint ins Kreuz mit der vorigen gestellt, und sohin die Vierzahl ihrer Ausgangspunkte ins Gevierte unter sich, wie dort an der Mitte verbunden. Indem endlich auch die Zwingenstrahlung des Kleingehirns, durch dieselben Brückenarme fortgehend, mit den Zwingen des Großgehirns in den Pyramidenfasern niedersteigend, in der Brücke sich geeinigt findet; wird diese Einigung das Bette einer dritten überleitenden Strömung, in der die beiden Zwingenströmungen zusammenfließen, und so vom Kleingehirn zum Großgehirn in einem ununterbrochenen Verbande stehen. Diese dritte Einigung, senkrecht auf die beiden vorigen gestellt, wird also die cubisch massenhafte Durchdringung der drei Strömungen vollenden, und das Organ, nun von ihnen in allen Richtungen durchfluthet, ist in jeder der einwohnenden Thätigkeit zugänglich und aufgeschlossen. Es ist aber insbesondere das

mittlere Begehrungsvermögen, das in jenen zusammengesetzten
Fluthungen in der Brücke sich wirksam zeigt, und es wird in
diesen Wirksamkeiten die Bewegung des Affectes der Gedankenbewegung, und diese hinwiederum jener eingebildet; wie das
Großgehirn in ihnen dem Kleingehirn, und dieses wieder jenem
sich aufgeschlossen: so daß, indem beide gegenseitig sich durchwirken, jenes mittlere sich zwischen zwei verschiedenen Ansprüchen
bewegt, und in dieser seiner Stellung sich nach Willkühr, gegen
das eine oder das andere hin, bestimmen mag.

2.

Strömungen im unteren Menschen durch alle seine Gliederungen.

Die Mitte des untersten Menschen ist im Herzen gegeben,
ihr steht als Umkreis die Gesammtheit des Systems der Haargefäße gegenüber; in den radius vector, der von der einen
zum andern überführt, ist die Aorte und die Hohlvene gestellt.
Das wird also die tiefste aller organischen Strömungen seyn,
die das Blut vom Herzen zu den Haargefäßen, und von diesen
zurück zum Herzen führt, es in einem ununterbrochenen Aus
und Ein bewegend. Diese Bewegung wird durch alle Glieder
hindurch im Schließen und Öffnen in zwei Momenten
erwirkt: wie aber alles Schließen eines befassenden zu einem
Ausgeben des in ihm befaßten Inhalts führt, alles Öffnen
aber zu einem Zurücknehmen desselben; so sind also zwei
Thätigkeiten, eine entäußernde und eine verinnernde,
in dieser Strömung wirksam, die, wie sie sich, je mit Vorschlagen der einen oder der andern, an die beiden Herzkam-
mern, so wie an Arterie und Vene, und abführende und zuführende Haargefäße vertheilen; so eine dritte an ein höheres
Organ geknüpfte vermittelnde und zusammenhaltende Thätigkeit
fordern. Es ist aber das Blut, mit dem ihm einwohnenden
Leben, das in dieser Strömung von Unten herauf bewegende
und selbst bewegte; das Gefäß aber, von ihm angeregt, in der
Rückwirkung das bewegt bewegende. Auch dieser Gegensatz
fordert ein drittes, das da von ihnen nach ihrer Art unbewegt,

sie aber selbst bewegend, in Harmonie und gleicher Abwiegung sie zusammenhält, und dies dritte ist im Nerven gegeben, der beiden gegenübersteht, in eine höhere Region entrückt, und nur die Bedingung nimmt, die er ihnen selbst gegeben. Es ist also auch eine dreifache Strömung in dieser Umlaufsbewegung. Erstens die des von Unten herauf bewegend bewegten Blutes, das in sie durch die Rückwirkung des Gefäßes hineinversetzt, in ganzer Masse seine Stätte ändernd, sich bewegt findet; diese Strömung wird sohin eine massenhaft plastische seyn. Die zweite wird die des bewegt bewegenden Gefäßes seyn, das nur dadurch seinen Inhalt, von der Mitte zum Umfang und hin-wiederum, zu bewegen im Stande ist, daß es selber von einer, von Glied zu Glied sich mittheilenden Bewegung, in diesen Richtungen sich durchströmt findet: eine Strömung, die, an den Ringmuskel gewiesen, eine mechanisch an der Fläche hinstrei-fende seyn wird. Beide Strömungen werden sich dann umfaßt und gehalten finden, von jener dritten, die im Nervensystem über ihnen und an ihnen verläuft, und die in Ausstrahlung, die Mitte des Systemes in die Gegenwärtigkeit mit seinem Umkreis bringend, und diesen zurück mit jener, gleichfalls sich, aber in einem höheren Aus und Ein, bewegt. Und es gehen diese drei Strömungen, die des Blutes, der Gefäß-Muskel-kräfte und der Nervengeister von der dreifachen Mitte, dem hohlen bluterfüllten Herzen, von seinen Wandungen und seinem Nervengeflechte, in den ganzen Organism und alle seine Regio-nen aus, ihn überall durchschlagend und durchwirkend und le-bendig machend. Denn alles Blut, wie alle Gefäße und alle Nerven, bilden, jedes in sich und alle miteinander, ein stetig fortlaufendes, den Anfang mit dem Ende vermittelndes Ganze, und wenn dies Ganze auch, so im Blute wie in den Gefäßen, durch Theilung und Vereinigung, und so auch in den Nerven durch Ganglien sich gliedert; dann werden dadurch nur unter-geordnete Strömungen in die umfassende Grundströmung einge-tragen, die daher auch diese als ihre integrirenden Glieder durchherrscht.

Diese Gliederung der Strömungen, die, gleich der ihrer Träger, vom Umkreise ausgeht und von da aus gegen

die Mitte sich hinzieht, erfolgt nun so im Ganzen, wie wieder
in allen Theilganzen in den Grundbezügen, in denen auch jene
Träger sich ausgegliedert. So wie daher der ganze Organism,
durch und durch gezweit in allen seinen Gebieten, in die Zwei=
heit einer rechten und linken zwischen inne vermittelten Hälfte
sich theilt; so wird auch jene große, ihn von Innen zu Außen
alldurchdringende Strömung, im Ganzen und in allen ihren Un=
terströmungen in zwei Seitenströmungen, eine rechte und eine
linke, getheilt erscheinen, die an der Mittellinie miteinander
verbunden sind. Das Gangliensystem in allen seinen Gebieten,
so dem centralen, wie dem sympathischen und dem cöliakischen,
erscheint in dieser Richtung seitlich zweigetheilt, und in der Mitte
wieder verknüpft; das Gleiche wird also der in ihm hingehenden
Strömung widerfahren. Eben so zeigt sich das Gefäßsystem
und die in ihm befaßte Blutsäule rechts und links symmetrisch an=
gelegt, und in der Mittellinie in Aorte und Hohlvene wieder
zusammenverbunden; auch die mechanischen und plastischen
Strömungen, die hier ihr Bette gefunden, werden sich eben
so in Zweiheit geeinigt finden. In sie hat sich sohin zunächst,
mit der seitlichen Stabkranz= und Bogenstrahlung, auch die ihr
einwohnende Stabkranzbogenströmung nach Abwärts ausge=
breitet, und mit der beide oben verbindenden Balkenstrahlung,
auch die einigende Balkenströmung, die von der Mittellinie in
die Seiten und wieder zurück sich bewegt. Eben so, gleichwie
der gesammte untere Organism, im Bezuge von Oben zu Unten
und wieder zurück, in einen obern, vom gangliösen Großgehirn
an der Herzmitte beherrschten, und einen unteren, von dem
cöliakischen Kleingehirn gelenkten getheilt erscheint, die beide
in einem mittleren, von der sympathischen nervösen Brücke
durchwirkt, verbunden sind; so wird auch, entsprechend dieser
Gliederung, die große Grundströmung des Kreislaufes von
Innen zu Außen, in zwei großen Strömungen, einer unteren
und oberen, und einer vermittelnden dritten abgeglie=
dert seyn. Wie daher hier die Strömungen des Gehirnsystems,
zwischen seinen drei großen Gliederungen, sich in die dieser un=
teren Systeme fortgesetzt; so werden auch in ihren Unterglie=
derungen, nach dem gleichen Prinzipe, die Strömungen in diesen

höheren Gehirngliedern, insofern sie in dieser Richtung liegen, fortgesetzt erscheinen. Da sich eben so der ganze untere Organism in eine vorwärts strebende Hälfte, und eine rückwärts strebende theilt, die in der Mitte im Gleichgewichte sich schwebend erhalten finden, — eine Theilung, die, vorzüglich von dem mittleren Bewegungssysteme ausgehend, sich im Gebiete des sympathischen Nerven zeigt, und dies um eine Mitte in ein äußeres nach Vorwärts gerichtetes, und ein inneres nach Rückwärts gewendetes theilend, sich von da aus über alle anderen verbreitet; — so wird auch von dieser Seite die Grundströmung in entgegengesetzte, sich um eine Mitte äquilibrirende Strömungen, gegliedert erscheinen, und es wird in dieser Richtung neben den andern vorzugsweise die Zwingenstrahlung oben, nun auch unten sich geltend machen.

Indem wir, bei der näheren Betrachtung dieser Gliederstufen, in den Strömungen die Richtung von Oben zu Unten, als die der von Innen zu Außen am nächsten sich anschließende, verfolgen, bietet sich uns zunächst das Kopftheil des unteren Organisms dar, und dort wird unsere Aufmerksamkeit zuerst auf jenen Arterienkranz unter der Brücke hingelenkt. Seitliches, wie Vor = und Rückstrebendes, findet sich in ihm, wie schon der Augenschein ergibt, verbunden; aber auch Aufsteigendes gelangt nicht minder in ihm zu seiner Einigung, die in den Anastomosen der von ihm ausgehenden Arterien sich vollendet. Auch Absteigendes in jenem Gebiete wird gleichfalls durch ihn bedingt; denn, die Einigung der Arterien in einen solchen Kranz, setzt die Einigung der bedingenden Nerven in einen gleichen voraus. In ihm finden also die Halsganglien, die die Entsendungen gemacht, in der Höhe sich verbunden, und diese Verbindung muß auf die ganze Strömung in den Carotiden und Vertebralen zurückwirken. Wie das Herz Gesammtmitte; so ist also dieser Adernkranz mit seinem Geflechte spezielle Mitte des gesammten Kopfgebietes, und die Strömungen im Gehirne sind direct, im Antlitze aber indirect, daran gewiesen. Nun aber gehen diese Strömungen mit den verschiedenen Arterienzweigen aus; mit den venösen aber zurück; und wie diese nun unmittelbar an die verschiedenen Strahlungen des Gehirnes sich verbreiten, werden die Strömungen in diesen nothwendig mit den entsprechenden obersten Gliedern des großen Kreislaufes verbunden seyn, und in ihnen auf unterer Stufe sich wiederholen. So wird also die Inselarterie, und ihre Belegung von jener Mitte aus, Bette und Ufer der Stabkranzbogenströmung seyn; und wie nun beide seitliche hemisphärische Strömungen, an der Mittellinie durch Anastomose, in die Balkenströmung sich einigen, werden vordere und hintere Gehirnarterien, eben so sich einigend, der Zwingenströmung ihre Bahn bezeichnen, und so ist die Grundströmung des Kopftheils in ihren Gliederstufen nach allen Richtungen ausgetheilt.

Wie nun oben diese abgeschlossene Strömung des Blutes und der Nervengeister in ihren Trägern, der großen Strömung der Umlaufsbewegung, sich eingeschrieben findet; so ist in sie unten ein anderer gesonderter Kreislauf eingetragen, in jenen Organen, die das cöliakische Gehirn beherrscht. Die eine Hälfte dieses Kreislaufes, vorwiegend arterieller Natur, erscheint oben nahe ans Herz gerückt und an die Lungen geknüpft. Seitlich je nach den Flügeln getheilt; von Aufwärts zu Abwärts je nach Schlagadern, die die Strömung von der rechten Kammer auf die Höhe treiben, und Blutadern, die sie wieder niederwärts zur linken umlenken; vorstrebend und rückstrebend im Gegensatze der Lungen und Thymus, erscheint die Grundströmung in ihr, von Innen zu Außen, wieder in allen den Strahlungen und Strömungen gegliedert, die wir zuvor genannt. Gleiches wird sich von der andern Hälfte des kleinern Kreislaufes im Lebersysteme sagen lassen. Vorwiegend venöser Natur, ist dies System einer umgekehrten Lunge zu vergleichen, der arteriellen eigentlichen so aufgesetzt, daß ihren Schlagadern an dieser Blutadern entsprechen, die das dort ausströmende rückwärts einströmend machen; während die Venen der Einen Schlagadern der Anderen gegenüberstehen, die das einströmende ausströmend machen, und es jenen Venen bieten. So ist daher die Pfortader einem venösen untergeordneten Herzen der Eingeweide zu vergleichen, das, was es unten aufgenommen, in zwei Strömungen der Milz und Leber bietet; deren erste, wie die Lungenblutader in das arterielle Herz,

so in das venöse System zurückgehend, in dasselbe ihre Secretion macht; während die andere in der Leber, wie die Lungenschlagader Gashaftes ausathmet, so nach Auswärts die Galle
außer den Kreislauf setzt. Die Leber athmet daher Galle aus,
während die Milz das von ihr befreite Pfortaderblut einathmet;
die arterielle Lunge oben steht also mit der venenhaften Milz,
die arterienhafte Leber mit der venösen einathmenden Lunge in
Consonanz. Während nun die entsprechende Aorten- und Hohl-
venenströmung beide unter sich verbindet, rundet sich der kleine
Kreislauf der Eingeweide; indem die belebte Welle, die die
linke Herzkammer eingeathmet, nachdem sie die untere Bahn-
hälfte durchlaufen, im Ansteigen die Galle auswirft, um dann
durch die Milz durchgehend, aus der rechten Herzkammer in
die Lungen sich auszuathmen. Und der plastischen Strömung
des Blutes und der mechanischen der Gefäße, wird dann eine
bedingende, ordnende Nervenströmung entsprechen müssen. Es
wird aber diese partielle Strömung, von den cöliakischen Ganglien gelenkt, zwischen den Lungengeflechten einerseits und denen
der unteren Eingeweide andererseits erfolgen, und die Verbindung beider wird durch die umschweifenden Nerven sich vermittelt finden. Lassen wir sie daher in den Geflechten der Lun-
genblutadern beginnen, dann wird sie durch den vordern der
beiden Nerven zu den Ganglien und weiter abwärts in die
tieferen Eingeweide niedergehen; dann im Ansteigen durch die
Geflechte der Leber sich in die der Milz ergießen, und von
diesen dann aufsteigend durch den hinteren umschweifenden
Nerven, in die Geflechte der Lungenschlagadern übergehen, um
dort nochmal den Umlauf zu beginnen.

Aber nicht blos auf sich beschränkt erscheint dieser engere
Kreislauf; das Einathmen und Ausathmen, zwischen welchen
er sich bewegt, zeigt, daß an ihn auch Eingang und Ausgang
dessen, was noch nicht des Organisms ist, geknüpft erscheint; und
da auch dies in einer Strömung geschehen muß, daß also eine
zweite untergeordnete, in der Richtung von Innen nach Außen
und von Außen nach Innen, mit jener sich verbindet, und sie
mit den großen Naturströmungen in Gemeinschaft versetzt, aus
ihnen schöpfend zugleich und in sie ausgießend. Sie schöpft

aber aus ihr das Elementarische: im Athmen die Feuerluft, die sie umweht; unten die Feuchte mit dem Nahrhaften, das sie ihr quellend und sprossend zum Trank und zur Speise bietet; — und das Gebotene nun in ihrer Bewegung umtreibend, Zusagendes aufnehmend, Widersprechendes ausstoßend, — wirkt sie, indem sie das eine in ihren Haushalt verwendet, das andere aber der Natur für den ihrigen hingibt, jenen unteren Grund, auf dem das gesammte Leben ruht. Auch diese Strömung wird sich gleich der andern untergegliedert zeigen. So, in Bezug auf die Gefäße und ihre Geflechte, wird sie sich seitlich in die der Nieren und über ihnen der Nebennieren theilen; während sie in der Mitte in der oberen und unteren mesenterischen gesammelt, die Aneignung der Nahrung im Drüsensysteme wirkt; in der spermatischen aber der nach Außen wirksamen Production dienstbar ist. Aber auch, indem sie sich der Muskelbewegung und der dunkeln Wahrnehmung dieser unteren Region zuwendet, erscheint sie nicht minder in solcher Gliederung getheilt. Die Luftröhre und der Schlund nach Oben, der Darmcanal nach Unten, das Zwergfell in der Mitte bilden eine solche Gliederung, in der die Strömung sich zwischen Aus und Ein bewegt. Und wie alle diese Bewegungen, von dem Unterleibsgehirn gelenkt, durch die umschweifenden Nerven in ihren Anfängen und Endigungen, zwischen Willkührlichkeit und Unwillkührlichkeit schwebend, vermittelt und verbunden werden; so finden sich auch die unteren Sinnenströmungen, durch die gleiche Vermittlung, in eine Gesammtströmung verbunden, und an jene Mitte angewiesen. Während also der Lungensinn seine Strömungen ins Atmosphärische und in die Gebiete unwägbarer Elemente hinübertreibt; der Magensinn aber die seinigen den tieferen Elementen entgegensendet; wird der allgemeine Lebenssinn gleichfalls herausgewendet, als allgemeiner Natursinn von Mitte zu Mitte gerichtet, die elementarischen Fluthungen in ihrem Ausgangspunkt ergreifen, und sie dem eigenen Centrum entgegenrichten, in das sie nun als ihr gemeinsames Endziel einströmen: ein Einströmen, das bei den Hellsehenden zum klaren Bewußtseyn kömmt.

Es folgt nun endlich die dritte überleitende Strömung, in dem Gebiete des sympathischen Nerven beschlossen und ihren Ablauf haltend. Wie dieser, in zwei Strängen verlaufend, nach der rechten und der linken Seite hin seine Nervenstrahlungen, so in Sinn und Bewegung wie in den Umlauf macht, an der Mittellinie aber in seiner seitlichen Gliederung durch viele quere Commissuren sich verbindet; so erscheint auch die Strömung seitlich in die beiden Bogenströmungen getheilt, und beide in der Mitte durch die Balkenströmung wieder in eins verbunden. Eben so, wie beide Stränge im Absteigen von Oben zu Unten sich je nach ihren Ganglien gliedern, und indem jedes dieser Ganglien seine Strahlungen in die ihm zugetheilten Organe macht, das ganze System sich in dieser Richtung gruppenweise abtheilt, gleich dem mittleren Muskelsystem, mit dem es zumeist verbunden ist, aus dieser Theilung aber durch die Längencommissuren, die die Ganglien unter sich verbinden, sich wieder einigt; so ist es auch um die Strömungen beschaffen, die es, im Niedersteigen und im Wiederaufsteigen, wie eine schwingende Saite in die Schwingungsknoten, so in gegliederte Absätze theilen, deren jeder seine eigenen Willenskreise um sich her verbreitet; während das Ganze, in jene Richtung gestellt, mit dem seinigen sie alle umschließt. Wie dann endlich aus jedem Ganglion für sich, und somit auch aus allen verbundenen insgemein, in eine vordere und hintere Seite, um eine Mitte in dieser Richtung liegend, getheilt, Entsendungen dort nach Außen, hier nach Innen gegen die Eingeweide, um andere mittlere her gegen den niedergehenden Stamm des Umlaufs geschehen; so werden auch die Strömungen, als die Zwingenströmungen jenes Gebietes, indem die vorige Richtung mit dieser sich verbindet, nach Vorne zu mit der vorgehenden niedersteigend, nach Hinten mit der rückgehenden wieder anzusteigen suchen. So ist also das gesammte System in allen diesen Momenten zugleich gegliedert und verbunden, und in seinen Sinnen wie in seinen Bewegungen und in seinem Umlauf wohl verkettet. Aber indem es also als gesondertes Glied für sich besteht, in seiner Selbstständigkeit abgeschlossen; ist es doch auch als Überleitung zwischen die beiden andern gestellt, und muß gebend

und empfangend ihren Wechselverkehr vermitteln, und sie zu
einem Ganzen integrirend, erst sich zur organischen Gesammtheit runden. Darum erscheint es nach Oben durch die Halsganglien, in den zum Herzgeflechte absteigenden Wurzeln, mit
der Herzmitte; durch die aufsteigenden mit dem Abernkranz
verbunden; andererseits durch die Eingeweidenerven mit der
Mitte, durch die anderen tieferen Entsendungen mit dem Umkreise des cöliakischen Systems, so zum Geben wie zum Nehmen,
geeint; während eben so das obere Herzgeflechte durch den umschweifenden Nerven mit demselben unmittelbar sich verbunden
findet. Dadurch ist also nun die Gesammtverbindung der drei
Systeme, unbeschadet der Eigenthümlichkeit eines jeden, hergestellt; und die besonderen Strömungen, die in jedem gehen,
einigen sich eben so in eine Gesammtströmung, die, von der
centralen ihren Ausgang nehmend, durch die mittlere in die
untere sich ergießt, und dann durch die Vermittlung des umschweifenden wieder zur Quelle zurückkehrt, von der sie ausgegangen. Und die untere architectonische Seele überschwebt
alle diese Strömungen, von ihnen bedingt, und sie hinwiederum
bedingend; und indem sie ihnen allen gegenwärtig ist, wie sie
ihr gegenwärtig sind, ergießt sie sich auch ihrerseits, um ihrem
Berufe zu genügen, aus ihrer Mitte gegen ihren Umkreis in
entsprechenden Strömungen, die, nach ihrer Art geeigenschaftet, in
den organischen, so Werkzeug wie äußerlichen Ausdruck, finden.
Also aber innerhalb der Gränzen des Organismus waltend und
schaltend, hat sie an diesen Gränzen selbst einen Wechselverkehr
mit der äußeren Natur eingeleitet, der, gleichfalls an Strömungen geknüpft, im Ausgang und im Eingang abläuft, und
auf höchster Stufe alle in eine bindet, die an der Herzgrube
sich allstets im Aus und Ein fluthend bewegt.

3.

Strömungen im mittleren Menschen und seinen Gliederungen.

Zwischen dem oberen und inneren Menschen, und dem unteren und äußerlichen, muß der mittlere sich erbauen, und damit

nun durch diesen überleitenden die beiden andern zu lebendigem
Verkehr gelangen, müssen durch ihn hindurch Zwischenströ=
mungen gehen, die das Strömen in den höheren Regionen
einführen in das Fluthen der unteren, und hinwiederum
dieses mit jenem zusammenknüpfen. Es hat sich aber dieser
mittlere Mensch um die Wirbelsäule und das in ihr befaßte
Rückenmark erbaut: dies also, einerseits in seinen höheren
Wurzeln mit dem absteigenden Cerebralsystem verbunden; an=
dererseits in denen, die es aus dem sympathischen Nerven und
den andern Lebensnerven an sich zieht, im unteren Ganglion
und Umlaufssystem gegründet, ist das überleitende Organ, und
in ihm müssen sich sohin jene Zwischenströmungen bewegen,
damit in ihnen der Austansch der verschiedenen Strebungen
sich vollbringe. Zu diesem Zwecke aber muß zuerst Mitte mit
Mitte verbunden seyn, damit centrale Strömungen zwischen
ihnen centrale Verbindung wirken. Dazu sind nun die fortge=
setzten grauen Kernstränge, umfaßt von den runden Strängen,
bestimmt, die durch die Mitte des ganzen Rückenmarkes sich
hinunterziehen. Das gesammte Centralgangliensystem beider
Gehirne, — Sehhügel also und Vierhügel im allgemeinen, Ge=
hirnanhang und Zirbel im engeren Kreise, — haben in jenen
grauen Kernstrang sich zusammengezogen; wie ihre Kapseln
in Schleife und Gürtelschicht in die runden Stränge; indem
beide nun durch die Mitte ausgehender Nerven sich fortsetzen
bis in die Mitte der Ganglien, wird von Oben zu Unten durch
sie der Wechselverkehr der obern mit der unteren Mitte erhal=
ten. Aber diese Stränge, wie sie von allen anderen Strängen
dieses Organs umgeben, ihnen nach Innen gestellt erscheinen,
drücken auch seine Innerlichkeit im Gegensatze mit der Außer=
lichkeit der anderen aus; insofern ist also das herrschende
Innen an sie, wie das bedingte Außen an die anderen geknüpft.
Wenn diese daher in ihrem Niedergange, wie stets sich ver=
längernde Radien, immer mehr in den organischen Umkreis
gehen; dann halten jene sich immer dem Centrum nahe, in ihm
die auseinanderweichenden immer wieder zusammengreifend.
Die Strömung also, die in diesen Kernsträngen geht, ist eine
solche, die, indem sie von Innen zu Außen fließt, zugleich

auch von Oben zu Unten niedersteigt, und hinwiederum; so
daß also in jeder Region, und auf jeder Höhe des Organs,
die innerste Mitte der in ihr wirksamen Thätigkeit in die ent=
sprechende Zone jener centralen Stränge fällt, und von da'
aus sich in die anderen am Umkreise umbreitet.

Es ist aber um diese Mitte her das Peripherische in der
Vierzahl ausgebreitet, so zwar, daß eine vierfache Mitte zwei=
ter Ordnung, mit einem vierfachen Umkreis der gleichen Ord=
nung, sich umgibt, und beide dann vereinigt jene Mitte ins
Gevierte umstellend, dem Zuge des Grundverhältnisses in die
Tiefe folgen. Diese Constellation der Organe, je nach dem
Geviertscheine, ist nun nach der centralen Seite hin durch die
vier grauen Stränge ausgedrückt, die vorn und hinten, zur
Rechten und zur Linken jenen grauen Kernstrang umstehen, und
nach Vorne hin die beiden Linsenkerne, nach Hinten die beiden
Ciliarkörper fortsetzend, sie der Tiefe einbilden. Wie aber nun
der graue Kernstrang in der Umhülle der runden Stränge
niedergeht; so haben jene vier peripherischen grauen Stränge
gleichfalls vier solche Stränge in ihrem Geleite, die, ihnen an=
liegend und sie umhüllend, mit ihnen niedergehen: die beiden
vorne nämlich, die äußeren vorderen, Fortsetzungen der
äußeren Hülsenstränge, die beiden hinten aber, die äußeren
hinteren, Fortsetzung der äußeren Keilstränge. Diese vier
Paare von Strängen bilden also das hemisphärische des Rücken=
markes, die vorderen mehr vom Großgehirne abgeleitet, die
hinteren vom Kleingehirne; und in ihnen werden vier Strö=
mungen, aus dem höheren Organism in den unteren, nieder=
gehen und wieder zurückkehren, die sich an der Centralströmung
vorn und hinten zur Seite ordnen. Alles Gegensätzliche, An=
tithetische, durch die Differenz Getheilte, aber im Zugleichseyn
miteinander Bestehende in der Gedankenbewegung, wird durch
die beiden vorderen niedersteigen; alles in gleicher Weise, in
der Region des Gemüthes und der Bewegung des Affectes,
zur Seite sich Theilende, in innerer Unterschiedenheit aus=
einander, und im Antagonism gegeneinander Gehende, ist an die
hinteren gewiesen, und so fließen denn die vier Ströme, in vier
Häuptern aus einem Brunnquell oben in der Mitte ihren Aus=

gang nehmend, in vier Richtungen gegen den organischen Umkreis hin, überall hin Leben und Bewegung tragend.

Es sind aber diese vier vermittelnden Seitenströmungen zuerst, im seitlichen Gegensatz von Rechts und Links, vertheilt, und müssen nun, damit Alles zu einem Ganzen ineinander wachse, aus dieser seitlichen Theilung an der Mittellinie, durch andere Seitenströmungen, wieder zur Einheit verbunden werden. Diese Verbindung wird aber im organischen Baue nur durch Commissuren möglich gemacht, die von einem jener Seitenzüge zum anderen hinübergehen, und durch die sich die in diesen Zügen gehenden Strömungen ineinander öffnen. Eine vordere Commissur, in die sich der Balken fortsetzt, wird daher die vorderen seitlich verknüpfen je nach der Art der Balkenstrahlung; eine hintere Fortsetzung des Wurmes unvollkommener nach Art des Wurmes. Wie aber im Rückenmarke nun Alles den Zug von Oben zu Unten hat; so wird auch diesen beiden Commissuren, wie sie in ihren Gliedern sich am Rückenmark hinunterziehen, vorn und hinten eine niedergehende Fibernstrahlung entsprechen müssen, die sie alle zu einem Ganzen reiht. Diese Reihung wird nun vorn durch die inneren vorderen Stränge geschehen, die rechts und links an der Seite des vorderen Einschnitts in der Mittellinie hinunterlaufen, und mit denen die Querfibern der vordern Commissur verwachsen; hinten aber werden es die inneren hinteren Stränge seyn, die, als Fortsetzung der zarten, am hintern Einschnitt hinuntergehen. Die beiden Paare von Strängen, an die Mittellinie gestellt, drücken daher das aus der seitlichen Zweiung an ihr wieder zur Einheit verbundene aus, und indem in den vorderen also verbundenen Seitenströmungen alles, in der Gedanken = und höheren Willensbewegung aus der Schiedniß Wiederverknüpfte, geht; in den hinteren aber die gleichen Functionen der Gemüthssphäre ihre Bahnen finden, erscheint der ganze Mensch aus seiner Zweispaltigkeit, ohne diese aufzuheben, doch zur Einigkeit gesammelt, und zu gesammter Wirksamkeit tauglich und vorbereitet.

Es sind aber die vier Strömungen, um die Mittelströmung her, nicht blos seitlich paarweise getheilt im Gegensatze

der Hemisphären; sie sind es auch von Vorn nach Hinten im
Gegensatze der beiden Gehirnsysteme, die in die Brücke einge=
gangen: sie müssen also auch wieder aus dieser Theilung ge=
einigt werden durch eine dritte Art von Strömungen, die, vor=
wärts und rückwärts gerichtet, die niedergehenden Paare in
dieser Richtung verbinden, von ihnen selbst in ihrer absteigen=
den Gliederung unter sich verknüpft. Dazu ist nun die Zwin=
genstrahlung des Großgehirns, durch die Brücke und die Py=
ramiden gehend, und nach der Durchkreuzung vorn rechts und
links sich zur Seite schlagend, hinter die Paare an der Vor=
derseite eingetreten. Eben so hat die Zwingenstrahlung des
Kleingehirns, durch seinen Schenkel niedersteigend, nach Hinten
sich vor die Paare an der Hinterseite gesetzt, und indem nun
noch die Fortsetzung des innern Seitenstranges niederwärts sich
in die Mitte zwischen beide geordnet, hat Alles miteinander
zu den beiden Seitensträngen sich verbunden; die zwischen
die beiden Reihen der Nervenwurzeln gestellt, und sohin zwi=
schen die vorderen und hinteren Bündel grauer Stränge, den
Übergang von einem zu dem andern durch die in ihnen vor=
gehenden und rückgehenden Strömungen bewirken. Indem nun
aber diese Strömungen, mit den vorigen ins Kreuz gestellt,
eine zweite Vierzahl bilden, begründen sie auch hier ein mas=
senhaftes Hinüberfluthen aus einer Sphäre in die andere: hin=
unter und wieder hinauf, von der Rechten zur Linken und
wieder zurück, von Vorne nach Hinten und wieder nach Vor=
wärts; und alle diese Strebungen, von der Seele mit gleicher
Leichtigkeit bemeistert, werden von der Grundstrebung, die von
ihrem Innen ins organische Innen und von da ins Außen geht,
umschlossen und gefaßt und an der Mitte fest gehalten.

So ist es der unsichtbaren Thätigkeit im Menschen gege=
ben, das Höhere überall überzuführen ins Untere; zugleich alles
Gezweite in diesem verknüpfend in der Einheit des an=
dern, und so beide zu einer ganzen und vollen Persönlichkeit
zu binden und abzugränzen. Aber ihr liegt auch in diesem
Gebiete noch eine andere Verrichtung ob, die nämlich, den
Verkehr der umgebenden Natur mit dieser Persönlichkeit einzu=
leiten, und ihn in fortdauernder Strebsamkeit stetig zu erhalten

und fortzuſetzen. Dreifacher Art aber iſt dieſer Verkehr: ein=
mal nämlich ſoll ſie, in die Mitte der andringenden Mannig=
faltigkeit geſtellt, in intellectualer Wirkſamkeit Wahres aus ihr
nehmend, wahrnehmen, und den Geiſt ſättigen mit dém
Genommenen. Zweitens ſoll ſie innen Gewolltes hinaustragen
in der Bewegung, und ſo hinwiederum in Beſtimmbarkeit äuſ=
ſerer Rückwirkung ſich öffnen. Endlich ſoll ſie drittens, ſelbſt
ins Maſſenhafte gehend, auch der Aneignung der äußeren Maſſe
an das Leben vorſtehen, und Zufluß und Abfluß der Naturpoten=
zen regeln. Das Alles nun, an Bewegungen geknüpft, muß in
Strömungen geſchehen; und ſo werden noch dreierlei Ordnungen
dieſer Strömungen ſich an jene überleitende Vermittlung knüpfen.

Die erſte dieſer Ordnungen iſt jene, die durch die Sinn=
organe geht, und weil die höchſte unter den dreien, darum in
ihrer Mitte unmittelbar an die Brücke ſich organiſch knüpft,
und von da aus in ihrer weiteren Ausbreitung am Rücken=
marke niedergeht. Alle Strömungen, wie ſie ſich durch dieſes
Organ hindurchbewegen, wiederholen ſich daher im Sinnen=
gebiete alſo, daß ſie, der Natur deſſelben angeeignet, Strah=
lungen bilden und Schwingungen und Schwebungen, in denen
die geiſtige Aneignung ſich vollbringt. Als alle umfaſſende
Grundſtrahlung wird dabei jene erſcheinen, in der, je nach
der Richtung von Außen zu Innen, das Bild ſich in den Gedan=
ken umſetzt, und in umgekehrter Ordnung der Gedanke zum Bilde
wird. Dieſer Grundſtrömung geben ſich dann, wie wir früher
geſehen, die andern ein, in die jene ſich nur ausgebreitet: die
ſeitlich beigeordnete zuerſt, in der ſich die Fülle der coordinir=
ten Gegenſätze und Prädicate des Wahrgenommenen aufthut;
die ſucceſſiv hintereinander ablaufende, in der ſich der Gegen=
ſatz der Aufnahmsweiſe als Wahrnehmung oder Empfin=
dung offenbart; dann die ſeitlich verknüpfende, die jenen erſten
Gegenſatz in einem Geſammtbegriffe bindet, und die andere
vorwärts und rückwärts ſtrebende, die, wie ſie in der Wahr=
nehmung und Empfindung, den Gegenſatz zwiſchen Objectivem
und Subjectivem, durch Beziehung und Unterſcheidung von Bild
und Gegenſtand ausgleicht, ſo auch den beider gegeneinander
regelt; endlich jene, die den Bezug zum geiſtigen Oben und

zum tieferen Unten ordnet. Wie also in jeglichem Sinne die besondern Strebungen zur Gesammtwirkung sich vereinigen; so sind wieder die drei Sinne des Antlitzes: der Lichtsinn oben, der Doppelsinn unten, und der Tonsinn in der Mitte in ein gleiches Verhältniß zueinander gestellt; und ihre Strömungen einigen dann gleichfalls aus ihren spezifischen Unterscheidungen sich zu einer Gemeinwirkung, die sie alle, ohne sie zu vermischen, in sich befaßt. Dasselbe wird von der Dreiheit der Sinne des mittleren Menschen, und so auch von der des unteren gelten; und indem die drei Ternare nach demselben Gesetze sich wieder zueinander halten, gehen ihre Strömungen zuletzt in die Grundströmung des Gesammtsinnes zusammen, der, wie die einzelnen auf die besonderen Naturrichtungen gehen, so auf die Gesammtheit gerichtet ist.

Die zweite der drei Ordnungen ist sofort jene, die die bewegenden Muskelsysteme durchströmt, und darum, vorzugsweise der mittleren Region angehörend, von da aus über sich in die erste übergreift, nach Abwärts aber gegen die tiefere niedersteigt, oben an die Sinnorgane sich knüpfend, wie unten an die Organe des tieferen Lebens. Durch die Nerven eines jeglichen Muskels und des antagonistisch mit ihm verbundenen, geht nun eine ihm eigenthümliche Strömung, die, mit sensibler Schwingung anhebend, im Niedergange in die irritable sich tiefer verleiblicht, und, im Rückgange dann ansteigend, in die sensible sich wieder umsetzt. Diese Grundströmung, die aus der Tiefe in die Weite gerichtet steht, befaßt dann aber wieder alle die andern Strömungen, in denen die Gründe alles Strömens ihre Wirksamkeit nur in ihren verschiedenen Momenten erschließen; und so wird es um alle Bewegung, wie um alle sinnliche Wahrnehmung beschaffen seyn: beide werden nach Wohlgefallen der Seele, auf gewiesenem Wege, in allen Richtungen sich frei entwickeln. Was daher an den verschiedenen Muskeln des Auges in Sonderung auseinandertritt, das wird bei jedem einzelnen Muskelapparate ineinander verwachsen wiederkehren; so daß in jedem alle Grundbezüge sich fortsetzen, und sich kund geben, wenn er zur thätigen Wirksamkeit gelangt. Wie dann aber die Sinne des obern Menschen nicht

etwa blos zufällig hingestreut erscheinen, sondern nach dem
gleichen Grundgesetze ausgetheilt, und es um die Sinne der
mittleren Region und der unteren eben so beschaffen ist, so
daß zuletzt die drei Gruppen in dem gleichen Prinzipe sich ver=
bunden finden; so ist es auch um die Bewegungsorgane in ihrem
gegenseitigen Verhältnisse zu einander bestellt. Alle Strömungen
im gesammten Systeme gliedern sich also massenweise zueinan=
der, wie sie sich innerlich auseinandergliedern; und indem diese
Gliederungen sich selber wieder nach derselben Regel zusam=
menhalten, ist es eine Grundströmung, die in alle die Strö=
mungen ausgegangen, und sie in sich beschließt; wie in einem
wohlgesetzten Tonwerke die melodische Fortschreitung alle asso=
nirenden Tonfolgen in Harmonie mit sich verknüpft.

Endlich befaßt die dritte Ordnung alle jene Strömungen,
die aufs Stoffische, Plastische gerichtet, sich an das untere
Leben und den Kreislauf knüpfen. Das überleitende Organ
bietet, diesem Kreise des organischen Daseins, die am meisten
nach Abwärts gewendete Seite entgegen; und indem der sym=
pathische Nerve, in seinem ganzen Verlaufe, in der gebotenen
wurzelt, wird dadurch der Verkehr zwischen den oberen nach
Abwärts gerichteten und den unteren, nach Auswärts und wieder
zurück nach Einwärts gerichteten Strömungen vermittelt. Es
wirkt sich aber auch hier nicht das Aus und Ein, ohne daß
ein Vor und Nach mit einem Ansteigen oder Niedersteigen sich
verbindet, und bei der allgemeinen Dychothomie alles Organi=
schen jede dieser Theilungen sich wieder in eine Doppelströmung
untertheilt. Auch hier also, in diesem Gebiete, wie im ganzen
übrigen Organismus, ist es ein Strömen und Rinnen und
Fluthen in allen Richtungen; ein stetes Durcheinanderschwingen
der bewegten Lebensgeister in allen Lebensgründen, durch das
meisternde Gesetz in Reinheit ausgestimmt; so daß die Träger,
ergriffen von der inneren Bewegung, und sie nach Außen hin
ausschwingend, gleich gestrichenen Metallstäben, um und um
wie mit Klangfiguren, sich umschreiben, deren Wellenschlag
sich zugleich bis in ihr Innerstes fortsetzt, und so in ganzer
Masse ergriffen, auch in Masse strömend werden.

Zweites Buch.

Der religiöse und kirchliche Grund der Mystik.

1.
Erste Wurzeln aller Mystik in den Evangelien.

Der untere Grund, auf dem alle Mystik ruht, ist nun aus= gemittelt, und in seinen Beschaffenheiten ausgelegt. Es ist aber eben ihr eigenstes Wesen, daß sie, weil der Erde einge= säet, zwar mit ihrer irdischen Seite in ihr gründet; zugleich aber mit ihrer überirdischen, alle Natur überragend, in einem höheren Gebiete sich bewurzelt findet, aus dem sie ihr höheres Recht und ihre höhere Wahrheit ableitet. Dies Gebiet ist aber nun das religiöse: es würde daher um ihre Befestigung sehr unsicher stehen, wenn sie nicht recht in Mitte desselben auf dem innersten Fundamente aller Religion aufstände; und ihr würde auch kein wirkliches, wahres und rechtes Leben ge= geben seyn, wurzelte sie nicht im Herzen des Christenthums, ja wäre sie nicht selbst Christenthum. Kein tieferes Mysterium aber hat die christliche Lehre als das von der Trinität; bis zu ihm also wird der Vorgang geschehen müssen, um jene Be= gründung zu ermitteln und nachzuweisen. Die Trinität aber in ihrer erhabenen Beschlossenheit ist, seit dem Falle der Crea= tur, in unerreichbarer Ferne entrückt; und da sie also ihr aus eigener Macht völlig unzugänglich worden, wird auch die Be= gründung der Mystik auf dies Mitteninnerste unmöglich seyn, wenn nicht ein zweites Mysterium zwischen sie und die Ohn= macht des Creatürlichen vermittelnd zwischentritt, und einstehend für die Folge der Verschuldung, Göttliches mit Menschlichem aufs Neue einigend, die mystische Bewurzlung des einen in dem andern wieder möglich macht. Dies zweite, sühnend vermittelnde Mysterium, ist das der Erlösung durch Incarnation, die, indem sie den von Oben heilbringenden Gott an den unten heilgewinnenden Menschen geknüpft, dem Geschlechte wirklich das Heil erworben, und dem zum Zeichen die Mystik wieder unter ihm angepflanzt, den Fluch der Verwerfung tilgend. Es ist aber dies Mysterium in drei Momenten abgelaufen, die, wie sie Vorbild aller Mystik gewesen; so auch in den Momenten derselben, wie im Reflere, sich spiegeln müssen. Im ersten hat sich die Niederkunft des ungeschaffenen Elementes, und die Einigung desselben mit dem geschaffenen, in der Verbindung der beiden Naturen zur Incarnation ausgeführt. Ihm gegenüber hat dann ein zweites aus andere Ende sich gestellt,· in dem die Rückkehr des niedergegangenen zur Höhe des Aufgangs, in Auferstehung und Himmelfahrt, sich ausgesprochen. Zwischen beide in die Mitte fallend, dann ein drittes, das die beharrliche Verweilung des incarnirten in der Umschreibung menschlicher Verhältnisse, seinen Wandel hienieden in Lehre und Thun in sich befaßt. Das erste dieser drei Momente wird als Bedingung, Grund und Gewähr aller creatürlichen Mystik sich unterlegen; das andere hat sich ihr zum Endziel hinausgestellt; das mittlere wird sich ihr zum Vorbild und Muster bieten, und indem sie Grund faßt in dem einen, und, dem dritten sich nachhaltend, ihrem Ziele entgegenstrebt, wird sie sich wohl gegrundvestet und gerichtet finden. Die Ordnung gebietet, eines dieser Momente nach dem andern näherer Erwägung zu unterstellen.

Die Incarnation soll zunächst den ersten mystischen, ja übermystischen Act begründen; damit auf den Grund der urbildlichen, substanzialen Einigung der Gottheit mit der Creatur, für diese die Möglichkeit wiederhergestellt sey, auf die Dauer eine nachbildliche, formale Einigung mit Gott einzugehen. Der eine Grundact wird also wieder in zwei Momenten sich vollführen, deren einer nach Oben hin in die Trinität, der andere nach Abwärts gegen die Menschheit fällt;

so zwar, daß im ersten, im Schooße der Gottheit ablaufend, die Gottesmächte sich urgründlich zum Mysterium einigen, dies aber dann im andern zur Offenbarung gelangt. Damit es aber zu einer solchen Offenbarung komme, mußte sich noch ein neues Element hinzufinden, in dem die gesammte erlösungs= fähige und bedürftige Creatur, deren Wiederverbindung mit Gott hier gewirkt werden sollte, sich personifizirt: die jung= fräuliche Mutter nämlich, die das Niedergestiegene aus Licht und in die Geschichte einzugebären die Bestimmung hatte. Als diese nun in die Dunkel des Geheimnisses eingetreten, und der Geist sie überschattet; da hatte sich der große Act der Ein= geburt der Gottheit in ihr vollbracht, und es war ein mystischer Act, der diese Eingeburt gewirkt. Denn ihr war nur in an= derer Weise geschehen, was der Seele begegnet, wenn auf Flügeln des Sturmes der Geist sie anweht, um dem Herrn Wohnung in ihr zu bereiten. Wie diese dann beim ersten An= spruche verwirrt wird und sich fürchtet vor dem Gruße, der ihr die Gnade verkündet, die sie gefunden; dann aber, vom höheren Lichte übergossen, in der Erkenntniß der Wahrheit, sich mit Vertrauen beruhigt; sofort im Spruche: ich bin eine Magd des Herrn, mir geschehe nach deinem Worte! ihre Hingebung ausdrückt, und dann im freudigen Genusse aller guten Gaben jubelnd, in den Sang aufjauchzt: meine Seele erhebet den Herrn, und mein Geist freuet sich Gottes, meines Heilandes, denn er hat die Niedrigkeit seiner Magd angesehen: so hatte auch sie gethan, als jener Bote von Oben seine Botschaft an sie geworben. In der Ecstase hatte diese Botschaft sie daher gefunden; im ecstatischen Zustande hatte das Wunder sich an ihr vollbracht: denn Gott, als der neue Stammvater von ihr sich lösen sollte, hatte über sie einen mystischen Schlaf gesen= det, wie er damals den ersten Adam mit einem solchen be= schattet, als er die erste Stammesmutter von ihm zu lösen sich vorgesetzt. Damit war aber der neue Grundstein gelegt, und darüber hat die ganze Mystik sich erbaut, und darin hat sie ihre Bekräftigung, daß sie in allen ihren Ausbreitungen auf ihm ruht.

Was aber in diesem Grundact in die Menschheit einge=
treten, ist der Höhe entstammt, und lichtgeboren wandelt es:
Weg, Wahrheit, Leben auf Erden um. Schon im Beginn der
Zeiten hat es darum die Verheißung zum Voraus angekündigt,
und als der Verheißene noch über dem Strome dieser Zeiten
schwebend ging, und sich noch nicht zu ihnen herabgelassen,
hatten Gesichte alter Seher ihn zuvor verkündet. Als aber
diese ihre Weissagung sich zu erfüllen begonnen, da hatten die
Mächte in der Höhe mit dem Friedensgruß den Kommenden
empfangen; die Einfalt hatte zuerst geglaubt, und die Weisen
waren herangezogen, anzubeten. Und er hielt sich nun wie
einer, der erschienen, den Pfad zu bahnen durch die Wildniß,
und die Wege zu weisen den Irrenden; und so geht er, wie
seine Geburt der mystischen Wiedergeburt als Grund sich un=
terlegt, auch mit seinem Leben als Vorbild und Muster allem
mystischen Leben voran. Von Gott gekommen, ist all sein
Schauen mit dem oberen Theile auch in Gott; und so sieht
er die Dinge in ihrem innersten Grunde, alle Folgen in ihrem
Prinzip, alle Wirkungen in ihren Ursachen, alle Zeit in steter
Gegenwart, wie alle Räumlichkeit in ihrem Centrum: denn
seine Erkenntniß ist, so er will, eine Erkenntniß in der Vision.
Die ganze Geschichte nach Ursprung, Gang und Ablauf liegt
daher vor ihm ausgebreitet, und kein Moment in ihr mag
seinem schauenden Auge sich verbergen. Auch die räumliche
Ausbreitung kann dieser Sehkraft keine Schranken setzen; den
Nathanael hat er unter dem Feigenbaum gesehen, wie er Alle
kennt, die der Vater ihm gegeben; auch solche, die nicht der
kleinen Heerde angehören, die ihn zunächst umdrängt. Darum,
während die Widersacher den durch sie Hinschreitenden gebun=
denen Auges nicht erkennen; mag die leibliche Hülle, die die
Geister der Sterblichen umfängt, seiner Augen Lichte nichts ver=
hüllen: er durchschaut leicht das Geheimniß der Menschen=
brust; sieht ohne Fehl, was sie Gutes und Böses in sich be=
schließt, und darf aussprechen, was er gesehen. Und wie er
sieht in der Erkenntniß des Gottes, der in ihm Mensch ge=
worden; so handelt er in der Kraft und der Macht des Herrn
der gesammten Naturwelt, eine Kraft, die jene vor ihm nie=

derwirft, die ihn zu fangen ausgezogen. Darum sehen wir
ihn auf den Wellen wandeln, und Andern zu Gleichem die
Kraft mittheilen; seinem Worte gehorchen die Stürme in ihrem
eiligen Lauf, er stillt das Meer, und der Wellenschlag muß
sich auf sein Geheiß beruhigen. Seine Rede ist Segen, und
dieser mehrt die Brode und die Fische; mischt und entmischt
und wandelt die Elemente nach Wohlgefallen um, im Geheimnisse einer Metamorphose, in das sonst nur die Natur eingeweiht erscheint. Und wo er, der Lebengeber, im Reiche des
Todes wandelt, müssen die Todesmächte unwillig vor ihm neigen; er heilt alle Krankheiten und Schwachheiten unter
dem Volke, und sie bringen ihm deswegen Alle, die sich übel
befinden, damit er ihnen wieder Wohlbefinden schenke. Denn
die Lebenskräfte, die von ihm gehen, ersetzen den Ausfall, an
dem das fremde Leben erkrankt; daher bedarf es nur eines
Gedankens, eines Wortes, oder, so er will, einer Berührung,
oder irgend einer andern äußeren Handlung; und die Übel,
die nicht scheu vor seinem dräuenden Blick entflohen, müssen
unter seiner segnenden Hand entweichen; gern läßt er dabei seine Wundermacht durch den Glauben des zu Heilenden
verstärken. Wie daher vor seinem Fluche der unfruchtbare Feigenbaum erdorrt, so facht sein Athem den verglimmenden Funken des Lebens wieder an; ja wo er auch ganz erloschen, weiß
er ihn wieder anzuzünden, daß er aufs Neue mit Kraft ent-
brennt. Solcher Gaben Fülle aber hat er nicht herabgebracht,
um nach gemachtem Gebrauche sie wieder mit dahin zu nehmen;
er hat sie vielmehr einem Leben, in der Nachahmung des seinigen gelebt, zum Preise gesetzt, und in der Armuth des eigenen und seiner liebevollen Thätigkeit, in der Enthaltsamkeit,
die er überall, und besonders dort in der Wüste geübt; in der
siegreichen Abweisung des Versuchers, bei steter Einigung mit
Gott; in der Frömmigkeit des Wandels und in heiterer Duld-
samkeit von Schmerz und Leiden; in opfernder Hingebung bis
zum Tode, ist er dem Geschlechte auch ein Musterbild aller, in
Reinigung vorbereitenden mystischen Diszüplin gewesen, damit
es darin sich den Preis gewinne. Und wie nun der Triumph
am Ende des wohlgeführten Kampfes nicht fehlen darf; so hat

sich auch in ihm der Streit mit Sieg gekrönt und Verherrli=
chung vor den Seinen, als er sie dort abseits auf den hohen
Berg geführt, und nun vor ihnen, von der Lichtwolke über=
schattet, in der Verklärung aufgeleuchtet: die Gewande, das
Angesicht glänzend wie die Sonne, weiß wie Schnee, begrüßt
von der Stimme aus der Höhe. In Vorbereitung, Führung
zum Fortschritt und zur Verherrlichung hat also hier die ganze
mystische Weihe, bis zum Beginne der Einigung, an ihm und
durch ihn, den ersten großen einweihenden Mysten, sich voll=
bracht, und an seinem Lichte haben alle folgenden christlichen
Mystagogen ihre Fackel angezündet.

Aber auch die mystische Einigung selber hat er, nachdem
er die Pforten des Todes mit Sieg durchschritten, vorgebildet
und vorbegründet; und so, nachdem die Auferstehung voran=
gegangen, in der Himmelfahrt alle Mystik auf den Weg zum
Endziel hingewiesen. Dieser Weg aber führt durch die un=
sichtbare Welt in die Verborgenheit der Gottestiefe hinein, und
diese Unsichtbarkeit erscheint in drei Regionen getheilt. Das
Zwischenreich zuerst, befassend jene Geister der Abgeschiede=
nen, die nahe und ferne der Verheißung geharrt, und zu denen
er hinabgefahren, als die Todesschauer ihn umfangen, den
Grund legend zur unsichtbaren Kirche in der Gemeinschaft der
Heiligen. Unter diesem Gebiete vertieft sich ein zweites, in
dem, mit Ketten der Finsterniß gebunden, jene Geister hausen,
die in der Wahrheit nicht bestanden, und darum zu Kindern
der Lüge herabgesunken. Die Verneinung ist das Wesen dieser
Geister; die Macht zu schaden ist ihnen gelassen worden, da=
mit sie wider Willen Gutes fördern: so mögen sie, unter
ihrem Haupte geschaart, Zeichen thun, Wunderbarliches ver=
richten, und wohl auch in täuschendes Licht sich lügenhaft ver=
hüllen. Ihr Führer ist dem Siegreichen schon dort in der
dreifachen Versuchung der Wüste begegnet, und hat dreifache
Niederlage erfahren; da aber dem Meister solches geworden,
mochten die Gesellen nicht besser bestehen, und wo sie in den
Besessenen ihm nahten, und sie schäumend zu den Füßen ihres
Bezwingers rissen, mußten sie seinem Machtgebot gehorchen,
ja wider Willen ihm Zeugniß geben, wenn er sie nicht schweigen

heißt. Vor den Pforten der Hölle erscheint aber jetzt der Hel=
denkämpfer, und sie muß in ihrem tiefsten Grund erbeben;
denn ihre Macht ist nun gebrochen, und ihre Kräfte sind ge=
bunden. Durch die dritte Region geht darauf zur Höhe die Sie=
gesfahrt. Von geistigen Intelligenzen sind diese Regionen
bewohnt; Engel, Boten des Herrn, werden sie genannt; ihre
Gestalt ist wie der Blitz, und ihre Gewande sind wie Licht
des Himmels; groß ist ihre Zahl, aber nicht in bestimmter
Ziffer abgeschlossen. Nicht verworren und ordnungslos sind
sie über die Himmel ausgestreut, sondern, in Chöre geschaart,
umstehen sie, Seraphe und Cherube, Mächte, Kräfte und Heer=
schaaren, den Thron der Gottheit, gelüstend, ihre Geheimnisse
zu schauen; Wächter und Schutzgeister der Creaturen, gießen
sie ihre Gebete vor den Stufen des Thrones aus, und werden
bald als Träger des Segens, bald als Boten des Zornes
unter sie entsendet. Sie sind es daher gewesen, die die nahe
Herabkunft des Heilbringers der Mutter angekündet; sie haben
die Hirten um den Neugebornen versammelt, und die Weisen
ihm zugeführt. So lange er in Knechtgestalt gewandelt, haben
sie ihn stets begleitet, seinem Winke gehorchend; als er den Bö=
sen zu Schanden gemacht, kommen sie, um ihm zu dienen; wie
sie dort am Ölberg den Kelch ihm reichen, und als er voll=
bracht, den Stein abwälzen und in der Grabeshöhle weilen.
Jetzt, da er im Triumphe durch ihre heimathlichen Gebiete
auffährt zur Höhe, geleiten sie ihn zu den Tiefen der Gottheit
zurück, denen er sich zuvor entwunden; und wie er dort nun
in ewig beharrlicher, göttlicher Ruhe weilt, hat er Allen die
Ruhe im Endziel, und das Heil begründet, die ihm folgen
wollen auf den Wegen, die er gewiesen, und durch die leuch=
tende Spur, die er zurückgelassen, bezeichnet hat.

Aller Mystik Anfang, Mitte und Ende geht also ins in=
nerste Geheimniß des Christenthums zurück; die mithin, welche
das Christenthum gelten lassen, aber die Mystik läugnen, mö=
gen zusehen, wie sie diesen Widerspruch mit sich selbst aus=
gleichen und beseitigen.

Uebertrag der Gabe durch den göttlichen Geist.

War der substanziale Grund der Mystik von Gott gelegt; dann mußte ein feierlicher Übertrag der gewonnenen Heiligung an die Creatur geschehen, damit diese, die sich überall an die Form gewiesen findet, darüber das Werk der formal einigenden Mystik erbaue. Der so den Stein gesetzt, muß den, der selbst Gabe, aller guten Gaben Ausspender ist, und durch dessen Vermittlung er selbst empfangen, was der Vater ihm mitgetheilt, senden, daß er diesen Übertrag vollbringe, und von seinem Geiste lege auf das Haupt derjenigen, die er sich zum Werke ausersehen. Das aber hat sich ausgeführt, als er denen, die er früher als seine Sendboten ausgeschickt, um in seiner Macht die Dämonen zu bestreiten; nun auch den Paraclet herabgesendet, und dieser dann in Windeswehen und in Feuerzungen die Gabe, auf die in ihrem Meister Versammelten, herabgeregnet, daß sie im Lichtwein trunken, in andern Zungen zu weissagen angefangen. Die Kraft der Gottheit, die zuvor über die Jungfrau gekommen, und sich mit dem, was von ihr ausgehen sollte, wesenhaft verbunden, hatte nun auch die Jünger überschattet; und jener urbildlich wesenhafte Act hatte in einem abbildlich formalen Acte, dem ersten in der Reihe aller folgenden, sich abgespiegelt. Indem die Form des neuen Stammvaters, ihr menschlich Wesen umkleidend, zum wiederhergestellten Gottesbilde sich ihnen eingezeugt; waren sie zu Erstgebornen seines neugepflanzten Geschlechtes ausgezeugt, und seine Erbe war im Rechte der Kindschaft auf sie übertragen, und es wurde ein Heiliges aus ihnen geboren. Mit dem Übertrage war ihnen auch seine Macht anvertraut, und das Maaß derselben, innerhalb des Umfangs menschlicher Vermögenheit, an ihre Würdigkeit geknüpft. Wie er daher die Herrschaft über die äußere Natur geübt, so war sie auch ihnen neuerdings zugetheilt; die Elemente mußten ihnen gehorchen; die Nacht, die alles Materielle verhüllt, mußte sich dem Lichte ihres geistigen Auges öffnen; der Segen in Fülle war in

ihre Hand gelegt; die drei unſichtbaren Reiche waren ihnen
aufgethan, und die Leiter, mit dem Fuße an die Erde geſtellt,
oben in den Tiefen des Himmels an das hohe Endziel ange=
lehnt, war aufgerichtet, und die Engel ſtiegen wieder an ihr
zur geſühnten und entſühnten Erde nieder. Die Myſtik, deren
überhiſtoriſcher Urſprung in die Incarnation gefallen, hatte
jetzt, in die Zeitlichkeit eingetreten, ihre rechte hiſtoriſche Be=
wurzelung erlangt, und konnte, fortan ausgehend von denen,
die die Gabe zuerſt empfangen, als Fidecommiß von Geſchlecht
zu Geſchlecht ſich hinüberleiten. Jeder, der, Kindespflicht
übend, damit ſich Kindesrecht gewann, konnte ſie ſich aneig=
nen; wie Jedem der Äther angehört, den er athmend in ſich
aufgenommen; und was er ſich, ſo lange das Himmelreich
Gewalt gelitten, genommen hatte, bildete ſeinen Beſitz und
ſein Kindstheil. Aber kein Thabor ohne Kreuzesweg; keine
Verklärung ohne Leiden; keine Gabe ohne Leiſtung; keine
Machtvollkommenheit ohne vollkommenen Gehorſam; keine Er=
höhung ohne Verdemüthigung: das iſt unwandelbares Grund=
geſetz in den myſtiſchen Reichen; weil der, ſo da herrſcht in
ihnen, es alſo geordnet, und die Ordnung durch ſein Beiſpiel
geſeſtet hat.

Es hat aber der Apoſtel namentlich die Gaben bezeichnet,
die, nachdem ſie in jenem Acte im Übertrage an das Geſchlecht
gelangt, von Hand zu Hand weiter überliefert werden. *) Nach=
dem er nämlich angehoben: Von den geiſtlichen Gaben will
ich euch, liebe Brüder, nicht verhalten; fährt er fort: Es ſind
mancherlei Gaben, aber es iſt ein Geiſt; es ſind mancherlei
Ämter, aber es iſt ein Herr; und es ſind mancherlei Kräfte,
aber es iſt ein Gott, der da wirket Alles in Allem. Darauf
ſagt er weiter, den Gaben die Ämter parallel gegenüberſtellend,
und dabei mit den beiden erſten beginnend: Einem wird gege=
ben, durch den Geiſt zu reden von der Weisheit; dem An=
dern wird gegeben, zu reden von der Erkenntniß, nach dem=
ſelbigen Geiſt: beide läßt er auf den Apoſteln und den
Propheten ruhen, die er im Leibe der großen chriſtlichen

---

*) I an die Corinther 12, 1—12, v. 27—31.

Gemeine ihnen parallel gegenübergestellt. Auf den Geist sind
beide Gaben gelegt, denn sie sind beide geistiger Art: die eine,
die der Weisheit, hat ihr Wissen unmittelbar von dem Munde
der ewigen Wahrheit empfangen, und so wird sie durch den
Mund der Apostel fortgepflanzt; die andere hat das ihrige in
großen Gesichten erlangt, weil sie es mit dem inneren gei=
stigen Auge geschaut, und so sind es Propheten, in denen sie
sich offenbart. Zum dritten folgt dann der Glaube in dem=
selbigen Geist, jener eingegossene höhere Glaube, der nicht
schaut, und doch in gesicherter Überzeugung vertraut, und da=
rum zur Mittheilung gegen die Gemeine hingewendet, den
Lehrer bildet. Ihm folgen dann die Gabe, gesund zu
machen in demselben Geiste, und die andere, Wunder zu
thun; den Heilenden in der Gemeine anvertraut und ihren
Wunderthätern. Auf die vorige, die Glaubensgabe, grün=
den sich diese, die in der Ordnung unmittelbar sich ihr an=
schließen; vor jener und ihrer Kraft muß, so leibliche, wie
moralische Seuche entweichen; mit ihr also findet der leibliche
wie der Seelenarzt sich ausgerüstet, während dem Wunder=
thäter in der Macht, die ihm gegeben worden, die Elemente
gehorchen: und das Gesetz seines von Oben gekräftigten Wil=
lens dem Naturgesetz gebietet. Darauf folgt ihm die Gabe
der Weissagung, die er anderwärts *) der Gabe der
Zungen, entgegensetzt, unter dieser, — in Anspielung auf
jene Feuerzungen — die innerlich verborgene Erhebung zu
Gott im Gebete und jedem anderen vertraulichen Verkehre ver=
stehend; unter der andern die äußerliche Mittheilung des auf
diese Weise gewonnenen Segens, dessen Spendung er daher
den Helfern in der Gemeine zuerkennt. Eben so erscheint
ihm die Gabe, die Geister zu unterscheiden, und das
dreifache Erz, das die Brust umhüllt, zu durchdringen, eine
nothwendige Gabe derjenigen, die das Regiment in der Ge=
sammtheit zu führen haben; und so hat er sie den Regierern
zugetheilt. Weil aber jede höhere Einsicht eines äußeren Zei=
chens bedarf, an das sie sich knüpft, und in dem sie sich aus=

*) Ebend. 14, 1 — 20.

spricht, so wird auch die auf dem Wege jenes höheren Über=
trags gewonnene, eine mystische Sprache haben, in der sie
sich offenbart. Und wie nun jede höhere Einsicht, weil prin=
zipienhaft, einigend ist für jede niedere, und ihre getheilte
Vielheit immer in wurzelhafter Einheit faßt; darum wird
auch die mystische Sprache einigend wirken gegen alle irdische.
Die Vielheit der Sprachen, in die die Grundsprache beim
Thurmbau sich getheilt, hat sich darum dort am Pfingstfest in
der Einheit des geistigen Idiomes wieder aufgehoben; und von
ihm aus werden dem, der in seinem Besitze ist, alle diese
Sprachen verständlich, und er kann sie aus dieser seiner Mut=
tersprache heraus zugleich auch alle reden. Darum schließt der
Apostel die Reihenfolge mit den Gaben der mancherlei
Sprachen, und die Sprache auszulegen, und endet so=
fort mit den Worten: Dies aber Alles wirket derselbige einige
Geist, und theilet einem Jeglichen Seines zu, nachdem er will.
Das Ganze ist aber nur die nähere Ausführung dessen, was
der Herr vor der Auffahrt denen zugesagt als Zeichen, die da
glauben: sie würden in seinem Namen Teufel austreiben, mit
neuen Zungen reden, Schlangen vertreiben, Tödtliches werde
sie nicht versehren, und so sie den Kranken die Hände auflег=
ten, werde es besser mit ihnen werden.

Alle diese Gaben, wie sie hier der Reihe nach aufgezählt
erscheinen, sämmtlich der Mittheilung und dem äußeren Ver=
kehr bestimmt, bilden eben deswegen auch den Grund der
äußerlichen oder eroterischen Mystik, in denen die andere,
die innerlich esoterische Mystik mit ihren Gaben anderer
Art, den heiligenden nämlich, zum Wohle der ganzen Kirchen=
gemeinschaft zur Offenbarung kömmt. Diese esoterische Mystik
hat in dem Acte der Ausgießung des göttlichen Geistes, über
die im Worte des Heilands Erstversammelten, sich begründet;
in der mystischen Ehe, die damals zwischen diesem Geiste
und den Patriarchen des neuen Geschlechtes sich abgeschlossen,
und in deren Vollführung, wie in der vorbildlichen das Haupt,
so der große Organism der Kirche historisch sich ausgeboren,
und in seinen Gliederungen, geistlich wie leiblich, sich gefügt.
Und zur Aussteuer dieser Ehe hat der Geist diese Gaben seiner

Braut verliehen, damit sie die Erbe bilden, in die Generation nach Generation bei ihm zu Lehne geht; so lange
jenes dort geknüpfte Band besteht, und jene im Himmel geschlossene Ehe dauernd bleibt, wird auch dieses Lehn nicht
gekündet und die verliehene Gabe nicht zurückgenommen. Und
so hat die Weissagung des Joel: Eure Söhne und eure Töch-
ter werden prophezeien; eure Jünglinge werden Gesichte sehen,
und eure Greise werden Träume träumen! aufs vollkommenste
sich erfüllt. Denn es sind in Folge jener Verleihung die Reiche
der Unsichtbarkeit näher an die Sichtbarkeit getreten, weil das
scharf durchdringende Licht von Oben ihre Heimlichkeiten aufgeschlossen. Die aber von den Gaben den ersten Gebrauch
gemacht, sind die gewesen, auf deren Häupter sie der Geist
zuerst gelegt. Wie sie trunken in diesem Geiste geweissagt in
allen Zungen; so haben sie auch in ihm die Natur und die
Reiche nach Aufwärts und nach Niederwärts durchschaut, und
in seiner Kraft, jeder an seinem Theil, in Wundern beherrscht,
wie die Apostelgeschichte es aufgeschrieben. Die Gesichte, die
Petrus gesehen, sind dort erzählt; die des Johannes sind in
seiner Apocalypse aufbehalten; Paulus wird niedergeworfen
und entwaffnet von einem solchen, und zum Apostel geweiht;
Gesichte leiten ihn auf seinen Wanderschaften, warnen ihn vor
der Gefahr, oder sagen ihm Befreiung zu; nun versucht, wird
er dann wieder bis zum dritten Himmel erhoben, und er weiß
nicht, ob er dabei im Leibe oder außerhalb desselben gewesen.
Aber mit ihren ersten Nutznießern sind die Gaben keineswegs
ausgegangen. Irenäus im zweiten Buche c. 57 bezeugt, wie
die Kirche zu seiner Zeit Solche in ihrer Gemeinschaft beschlossen, die, in die Zukunft vorgeschaut, Gesichte gesehen und
prophetische Worte geredet. Justinus in seiner Apologie rühmt
gegen die Heiden die Prophetengabe, die in der christlichen
Kirche jetzt erfunden werde; so daß auf diese übergegangen,
was sie ehemals der Art (in den Sibyllen und Orakeln) besessen. Origenes im ersten Buche gegen den Celsus bezeugt,
wie viele Heiden, durch Gesichte unterrichtet, zum Christenthume übergetreten; indem der Geist plötzlich ihre Sinnesweise
geändert, daß sie keinen Anstand genommen, nach diesen Er-

scheinungen, die ihnen wachend oder im Traum geworden, den Tod zu dulden für das Wort, das ihnen bis dahin verhaßt gewesen. Viele Fälle der Art, setzt er hinzu, habe er selbst gesehen, und ruft dabei Gott zum Zeugen an, daß er nicht Falsches und Selbsterfonnenes rede. Das Gleiche erzählt ja auch Justinus in der Unterredung mit Tryphon von sich selber; Gregorius aus Nyssa aber von Gregorius dem Thaumaturgen.

Wenn auf diese Weise der Geist von Oben eine solche Fülle des Lichtes und der Wärme über die jugendliche Kirche ergoß; dann kann es uns nicht in Verwunderung setzen, wenn wir sehen, daß auch der Naturgeist in Mitte jenes höheren Frühlings aus seinem dumpfen Schlaf erwachte, und die Naturmystik sich von allen Seiten regte, die dann vorzüglich bei den Gnostikern und den andern Irrlehrern der Zeit ihre Pflege gefunden. Da wir, sagt Tertullian, im Namen der Montanisten redend, die geistlichen Gaben anerkennen; so sind wir selbst auch gewürdigt worden, sogar nach der Zeit des Johannes, der Gabe der Propheten theilhaftig zu werden. Wirklich befindet sich eben eine Schwester bei uns, die die Gabe der Offenbarungen besitzt. Gemeiniglich fällt sie jedesmal während unseres sonntäglichen Gottesdienstes in eine Ecstase. Alsdann hat sie mit Engeln und Geistern Umgang, ja zuweilen mit dem Herrn selbst. Sie erforscht alsdann Einiger Herzen. Sie heilt Andere, die der Arznei bedürfen. Das Lesen der heiligen Schrift, die Absingung der Hymnen, die Lehrvorträge und Ermahnungen, die Fürbitten für hilfsbedürftige Mitchristen geben ihr Stoff zu Gesichten. Man redete in der Versammlung einmal, ich erinnere mich nicht mehr genau was? von der Seele, als unsere Schwester eben im Geiste war. Nach geendigtem Gottesdienste ließ sie erst das übrige Volk fortgehen, denn das thut sie jedesmal, wenn sie uns das mittheilt, was sie in der Ecstase gesehen hat, da man dann Alles einer genauen Untersuchung unterwirft, und es sorgfältig prüft. Alsdann berichtete sie uns, sie habe eine Seele in leiblicher Gestalt gesehen, die geschienen habe ein Geist zu seyn; aber doch nicht formlos und wesenlos; sondern die Gestalt schien so beschaffen, als ob sie gefaßt oder betastet werden könne. Sie war zart, hellleuchtend, von einer luftartigen Farbe, sonst in Allem einer menschlichen Gestalt zu vergleichen. Bei dem Ernste der überstrengen Secte mochte die Gefahr verhältnißmäßig geringer seyn; wenn wir aber wahrnehmen, daß nach dem Beispiele Simons des Magiers, der sich dazu der Helena gebraucht, so viele andere Sectenführer sich dergleichen Frauen beigelegt, — wie Marcion eine solche vor sich her nach Rom gesendet, um sich die Gemüther zu gewinnen, und Apelles die hellsehende Philomena in seinem Gefolge hatte, — dann dürfen wir keinen Zweifel haben, daß alle Zwischenstufen von unwillkührlicher Täuschung und theilweiser Wahrheit, bis zum frevelhaften Betruge schon so frühe durchlaufen worden. Manche der Apocryphen, die in jener Periode in so auffallender Anzahl hervortreten: die Apocalypse des Cerinthus, und jene, die den Namen des Apostel Petrus sich beigelegt, die dritte, die den von Paulus trug, und die vierte unter dem des h. Thomas, die Offenbarungen des h. Stephanus und andere ähnliche, die der Papst Gelasius in seiner Verdammungsbulle aufgezählt, haben wahrscheinlich aus dieser Quelle ihren Ursprung genommen.

Der Irrthum, der in diesen Hervorbringungen die Wahrheit mit seinen Wahngebilden umwuchert, muß ihr doch auch seinerseits wider Willen Zeugniß geben; da er, wie alle Verneinung, die Bejahung voraussetzt, und ohne sie nimmer bestehen würde. Die wahre Mystik findet sich also schon in so früher Zeit, wie durch sich selbst, so durch die falsche bekräftigt; und so ist in dieser ihrer Wahrheit der alte Paradiesesgarten dort am Quellbrunn oben auf der Höhe, der seine Wasser in alle Welt entsendet, wieder angepflanzt worden, jener Wildniß zum Gegensatze, die der Fluch hervorgerufen. Nicht Cyclopenmauern umhegen diesen Garten, nur von seidenem Faden ist er umzogen; nicht ein schwüler Sumpf breitet er sich seuchehauchend um jenen Giftbaum aus, wie Smaragd ist seine Grüne um den Baum des Lebens in seiner Mitte ausgegossen, und Glanz ruht auf ihm, wie auf jenem die tödtende Mofette. Blumen und Büsche und Blüthenbäume aller Art drängen sich in diesem Garten; die einen in Demuth

an der Erde rankend, die anderen reiches Gezweige um sich
breitend, noch andere hoch in die Lüfte ragend. Und wie jedes
Gewächs in ihm unter der Obhut eines Himmelssternes steht,
so duftet jedes in eigenem Ruche; jedes glänzt in seiner son=
deren Farbe; jedes entwickelt sich im eingeborenen Gesetze in
eigenthümlicher Gestalt: so daß jedes eine Welt für sich, doch
wieder mit den andern zu einem höheren Ganzen sich zusam=
menfügt. Denn alle sind, in wie reicher Mannigfaltigkeit sie
sich immerhin entwickeln mögen, Sprossen des einen Baumes,
der in Mitte des Gartens grünt; und die Nachtigall, die in
seinem Gezweige unablässig bis zum Tode das Lied der höhe=
ren Liebe wiederholt, bewegt sie alle in Sangeswellen, daß
in jeder das eigene Leben in eigener Weise schwingend sich
entfaltet, und Gestalt gewinnt. Alle aber haben sie die Blu=
menaugen auf die eine und dieselbe Sonne hingerichtet, und
wie sie sich in ihren Strahlen sonnen; so erglühen sie auch ihr
in reicher Farbe, füllen ihr die Kelche mit ihren Düften, kei=
men und wachsen und wachen und schlafen nur ihr allein,
und in Winters Mitte ist, wie durch Zauber, in ihnen ein
geistiger Frühling erblüht, der keinem Wechsel und Wandel un=
terliegt, weil jene ewige Sonne weder auf= noch untergeht.

3.
Fortbildung des Christenthums im alten Kloster- und Einsiedlerwesen.

Alle Mystik, besonders aber jene esoterische, bedarf zu
ihrer Ausbildung und Entwicklung großer Zurückgezogenheit
und Stille, damit die Kräfte und Thätigkeiten nicht ins Viele
sich zerstreuen; sondern gesammelt in sich die leise Ansprache
des Höheren vernehmen, und dort im tiefsten Geheimnisse die
Mysterien eines gesteigerten Daseyns feiern. Solche Ruhe
aber hat der, vom Getümmel der alten Welt und ihrem Natur=
leben ermüdete Geist, in den Einöden des Orients gefunden,
und er hat nicht gesäumt, in sie einzuwandern. Da er die
neue Erwerbung in die Einsamkeit mit hinübergenommen, und sie
dort angepflanzt, hat sie in dem günstigen Boden bald Wurzel ge=

faßt, und sich nach Landesart entwickelt. Neben Palästina, Syrien, Mesopotamien und den Euphratländern, hat die Wüste, des Nilthales ihr besonders zugesagt. In jenes Thal waren vor uralten Zeiten die Misraim eingezogen, in Temperament und Leidenschaft Feuerentstammte; dem Gemüthe nach Kinder der Nacht, und auch im Geiste den tiefsinnigen, geheimniß= vollen Räthseln der Naturtiefe zugewendet. Ihr Landesstrom, der verhüllten Hauptes ihre Heimath tränkte und ernährte, und dem die Etesien wieder durch die Höhe zubrachten, was er unten in der Tiefe ins Meer entsendet hatte, mußte diesem in sich gekehrten Geiste als Sinnbild des großen Naturlebens, das auch in stetem Wechsel von Ausgang aus dem Centrum und Rückgang in dasselbe sich bewegt, erscheinen; alle Geschichte aber nur als Fortsetzung jener Seelenwanderung in der Natur. In diesem Sinne hatten sie Land und Haus und Leben, Staat und Verfassung wie den Götterdienst, zu einem Bilde des Weltalls sich umgeschaffen, und am Zeitenstrome, gleichsam als Marksäulen frühester Jahrhunderte, die Pyramiden erbaut; die daher um ihren Ursprung befragt, keine Antwort zu geben wissen. So waren ihre Götter Weltmächte; ihre Dynastien und der Wechsel derselben Ablauf großer Perioden in ' der Götterwanderung; ihre Tempel aber Nachbilder der Sternen= häuser, die sie bewohnen, und in der Brust der Sphinre rund umher bargen sich alle die Räthsel des Daseyns, die die alte Nacht dem Tage aufzurathen hingegeben. Wie aber die Licht= seite ihres Landes, an der Oberfläche, ihnen zu einem Bilde des Himmels sich ausgestaltet; so die Nachtseite desselben, unten in der Tiefe, zu einem Gleichnisse des Abgrundes und seiner Ge= walt, und es war nur die andere Hälfte des großen Kreises der Seelenwanderung durch den Amenthes gelegt, dessen erste durch die Gebiete des Lebens vom aufsteigenden zum nieder= steigenden Knoten ging. Sie aber wollten auch hier im Feier= zuge nicht fehlen, und hatten darum dem Tode für ihre Leichen einen Schein des Lebens abgewonnen, indem sie die Hülle des Geistes, in den Farbenglanz des Daseyns gekleidet, sich als Mumie aufbewahrt: und so waren diese träumenden Nacht= wandler der Geschichte in ihrem Weltalter umgegangen, und hatten, wenn drei Jahrtausende sich erfüllt, der Vollendung geharrt.

Die Zahl der Jahrhunderte war aber noch nicht voll geworden, da hatte schon jene Weltanschauung ihre Zeit durchdauert, und das Christenthum hatte eine andere geboten, die der sinnende Ernst des Volkes sich bald in seiner Weise angeeignet. Statt der alten Naturmitte wurde jetzt ein höherer geistiger Mittelpunkt gewiesen; vor dem neuen Lichte, das ihm entquoll, wurde das alte Naturlicht beschattet, daß es ihm gegenüber wie Nacht erschien, und das irdische Leben, im Gegensatze des erkannten höheren, als eine andere Art des Todes. Damit mußte denn die ganze Ansicht der Dinge sich umkehren. Wenn Altägypten in seinen Todtenkammern um seine Mumien, — seiner Ansicht eingesponnene, verpuppte Seelen, — den ganzen Schein des Lebens her versammelt, um den Tod dadurch gleichsam zu verlebendigen; dann hat das Christenthum in Neuägypten, in der Weltverachtung, die dort als seine hervorstechende Seite aufgefaßt wurde, das irdische Leben getödtet, damit in der wandelnden Mumie, die noch allein zurückgeblieben, die gefesselte Beseelung sich also löse, daß sie fortan nicht eine fressende Flamme am Körper zehre, sondern, ein mildes Leuchten, es umspiele. Wie die Rose, der Eiche aufgepropft, sich im Safte der Lohe des Baumes schwärzt; so hat das Christenthum, dem altägyptischen Wesen aufgesetzt, die im tief dunkeln Purpur erglühende Rose des Einsiedlerlebens hervorgetrieben, und diese Rose wucherte in den Trümmern der alten Herrlichkeit, nachdem diese in die Tiefe herabgesunken. Alttestamentalisch knüpfte sich dies neue Wesen zunächst an den Propheten Elias, der, um den Verfolgungen der Jezabel zu entgehen, mit seinen Jüngern in der Wüste und am Gestade des Jordans bei Jericho unter Gezelten gewohnt. Evangelisch aber leitete es sich von Johannes dem Täufer ab, der den Zeitgenossen selber zum Theil als der wiedererstandene Elias gegolten, und als Herold des Christenthums die Wege ihm bereitend, mit seinen Jüngern in der gleichen Gegend, am Eingange ins gelobte Land, geweilt, und im härenen Gewande, von Heuschrecken lebend, strenge Buß-

übungen gewirkt. So war er und seine Weise durch die Lehre
selbst gewährt und anerkannt; in ihm war der Übergang in
das Reich der Buße dargestellt, das dem Reiche Gottes und
seiner Niederkunft vorangehen sollte; und in dieser nämlichen
Bedeutung trat hernach fortdauernd das Einsiedlerwesen, mitten
im Heidenthume, im Geleite des sich allmälig verbreitenden
Christenthums, ihm voran, der Lehre den Weg bereitend, und
die Pfade ebnend in den Gemüthern, und die Seelen ihm zuführend, und in diesem Sinne hat es seine welthistorische Geltung. Wohl seyen es tapfere, ruhmbekränzte Streiter, heißt
es nach seinem Prinzipe, die in der Welt sich üben; muthig,
fromm und enthaltsam möchten sie unschwer das Höchste erringen: aber doch sey ihnen zugetheilt, mit weltlichen Dingen
sich vielfach zu schleppen und hart zu bekümmern; und so in
Anspruch genommen und geplagt, möchten sie nur schwer beharrlich dem Höheren sich zuwenden. Dagegen biete die Einöde sich dar, um in ihr ungetheilt und ungestört dem beschaulichen Leben sich ganz hinzugeben; und wer diesen Theil erwählt, der wandele mit Gott, erhebe sich zu ihm, und preiße
ihn durch all sein Trachten und sein Thun. In diesem Sinne
waren die Einsiedler keineswegs die Ritter und Schirmvögte
der neuen Lehre; sie hatten jeder epischen Wirksamkeit, jeder
unmittelbaren Einmischung in die Angelegenheiten der äußeren
Welt entsagt: nur soviel von dieser unabtrennbar jeder Persönlichkeit anhängt, folgte ihnen in die Einsamkeit, und es
mußte dort der Zucht der strengen Regel sich willig fügen.
Und indem sie unter dieser Disziplin, des nationell wilden, un-
bändigen Naturelles, Meister wurden, standen sie da als Muster dessen, was die Begeisterung der neuen Lehre Wundersames vermöge: den Heiden ein Gegenstand der Achtung und
des Erstaunens; den Christen der Verehrung und Nacheife-
rung; der Welt ein Vorbild im Kleinen dessen, was ihr im
Großen, innerhalb der Bedingungen ihres Daseyns, durch Selbstbeherrschung erreichbar sey. Als Religiosen und Lehrer aber
haben sie gleichsam den alten Psalter unter christlichen Verhältnissen fortgesetzt; es ist die Lyra heiliger Dichtung, dem
epischen Tumulte der Geschichte gegenüber, die, auf Bergeshöhe

entrückt, den Rhythmus ihres Lebens und Handelns regelt; lyrisch haben sie das Christenthum erfaßt und ausgesprochen, und wo der durchgehende Ernst, der nur in der Ausartung finster wird und menschenfeindlich, es irgend gestattet, nimmt ihr ganzes Wesen durchgängig religiös idyllischen Charakter an.

Eine solche Idylle ist gleich im Beginne das Leben des h. Paulus gewesen, den die Einsiedler als den ersten ihrer wiederangepflanzten Genossenschaft verehren. Als im Jahre 253 die große Christenverfolgung des Decius auch in der Thebais hart wüthete, erzählt uns der h. Hieronymus, entwich Paulus, damals etwa 23 Jahre alt, aus der unteren Thebais in die Wüste, und allmälig mehr und mehr sich in ihr vertiefend, gelangte er endlich zu einem bedeutenden Berge, und fand an dessen Fuße eine ziemlich geräumige Höhle, in ihrem tiefen Grunde mit einem Stein beschlossen. Er wurde dieses Steines, neugierig, was er verberge, endlich Meister, und, als er ihn hinweggewälzt, fand er inwendig einen ziemlich geräumigen Platz, oben gegen den Himmel offen, und nur von dem weit ausgebreiteten Blätterschirme eines alten Palmbaums überschattet, an dessen Fuße ein crystallheller Brunnen aufquoll, dessen Wasser aber gleich daneben durch eine kleine Öffnung wieder in der Erde versiegte. An den Wänden umher aber fanden sich verschiedene im Steine ausgehöhlte Wohnungen, und darin waren noch Grabstichel, Ambos, Hammer und anderes Geräthe aufbewahrt, das zum Geldmünzen gedient; denn dort hatten, wie in ägyptischen Schriften sich aufgezeichnet gefunden, falsche Münzer ihre Werkstätte aufgeschlagen, zu der Zeit, als Antonius bei der Cleopatra verweilte. An dieser Stätte nun verbrachte Paulus seine ganze übrige Lebenszeit im Gebete und unter frommen Betrachtungen; Trank gab ihm die Quelle, Nahrung und Kleidung aber der Palmbaum; und so lebte er neunzig Jahre in dieser Einsamkeit, ohne eines Menschen ansichtig zu werden. Als er aber das 113te Jahr erreicht, da wurde dem heiligen Antonius, der auch schon 90 Jahre in einer andern Wildniß gewohnt, in einer Nacht offenbart, wie in der innersten Wüste noch ein anderer Mann lebe, vollkommener denn er, und ihm wurde

geboten, diesen aufzusuchen. Mit Anbruch des Tages gibt
sich der Heilige auf die Reise, ohne zu wissen, in welcher
Richtung er ziehen müsse; aber nach einer halben Tagfahrt, in
großer Sonnenhitze, begegnet er einem Wunderthier, halb
Mensch, halb Pferd, das, um den Weg zur Wohnung des
Gottesmannes befragt, mit der rechten Hand nach der Gegend
deutet, und dann die Flucht ergreift. Antonius setzt nun in dieser
Richtung die Reise fort; bald sieht er eine durstige Wölfin daher kommen, und vor ihm in eine Höhle schlüpfen. Er
wartet, bis sie wieder von dannen gegangen; betritt dann die
Höhle, und schleicht in ihr furchtsam fort, bis er ein fernes
Licht bemerkt, und als er schnell darauf losgegangen, an einen
Stein anstößt. Als Paulus das Geräusch vernommen, schließt
er die Thüre, und Antonius betet so lange vor ihr, bis der
Alte sie öffnet. Sie umarmen sich nun, nennen sich freudig
bei Namen, obgleich sie sich nie gesehen, und preißen Gott,
der sie also zusammengeführt. Paulus befragt den Gast um
der Welt Händel: ob man in alten Städten noch neue Häuser
baue; wer die Welt regiere, und ob die Götter noch Verehrer
hätten. Ein Rabe bringt ihnen Brod zur Nahrung, sie essen
und trinken, und nachdem sie die ganze Nacht gebetet, eröffnet
Paulus dem Mitgesellen, wie seine Todesstunde nahe; und
wie bitterlich dieser auch weint, läßt er sich nicht abhalten,
alle Anstalten zu seinem Hinscheiden zu treffen. Er stirbt dann
wirklich; Antonius begräbt ihn, mit Hilfe zweier Löwen, und
nimmt seinen Rock, aus Palmblättern geflochten, als die einzige Erbschaft zu sich: als er aber in seine Zelle zurückgekehrt,
erzählt er seinen Jüngern den ganzen Verlauf der Sache.

Man erkennt in diesem Berichte, den Hieronymus, selbst
Einsiedler, wie es aus den Umständen sich zu ergeben scheint,
aus den mündlichen Erzählungen des Amathas und Macarius,
der Jünger des heiligen Antonius, genommen, das frühe Eindringen des Legendenartigen ins Geschichtliche, schon bei den
ersten Anfängen des Einsiedlerlebens. Als die Einwanderung
in die Einsamkeit geschehen, wollte die Einbildungskraft und
der poetische Bildungstrieb, durch den Ernst des neuen Lebens
sich nicht abschrecken lassen, und hatte sich in der niedern Zelle

mit den andern Anlagen eingewohnt. Dort von der Welt und allen gesellschaftlichen Verhältnissen beinahe gänzlich abge= wendet und ausgeschlossen, mußten die Einwandernden nun, — wie Pflanzen, die in engen Scherben stehen, genöthigt sind, alle Kraft nach Oben gegen die Blüthe hinzuwenden, — auch über sich wachsend, oben in der Höhe den Spielraum für ihre Thätigkeit sich suchen, und, die Bewölkung des gewöhnlichen Lebens durchbrechend, ihre Gebilde dem höheren Äther einwir= ken. Einst hatte Bruder Heinrich, erzählt Cantipratanus,*) das Kloster seines Ordens zu Accon in Palästina als Provinzial heimgesucht, und nach dem Essen, seiner Gewohnheit gemäß, den ganzen Convent zur Erholung aus dem Kloster heraus= geführt. Sie hatten westlich der Stadt am Meeresufer sich an bequemem Orte niedergesetzt, und sahen bald vom Meere einen Nebel aufsteigen, und als dieser sich etwas zerstreut, er= hob sich vor ihnen in dem Gewässer ein hoher, weit hin gedehnter Berg, und auf seinem Gipfel ein Schloß mit Mauern, Thür= men und schönen Palästen aufs wunderbarste ausgerüstet; vom Schlosse zum Ufer aber wölbte sich eine weit gespannte Brücke, über die Reiter und Fußvolk, vielfach verschiedenen Ansehens, und mancherlei Gestalt, ab= und zuzugehen schienen. Die Er= scheinung stand bis gegen Sonnenuntergang, wo dann aufs neue ein Nebel aus dem Meere aufstieg, und als er nach ei= niger Zeit sich wieder verzogen, keine Spur des Bildes über= blieb. Das war eine Fata Morgagna, die die Brüder dort ge= schaut, und eine solche ist auch die Legende; eine Luftspiegelung, die von Zeit und Örtlichkeit, wo sie sich gebildet, Form, Farbe und Ge= stalt erhält, und sich nun, nachdem sie die schwere, widerspenstige, irdische Masse abgestreift, oben in die Höhe malt. Die Örtlichkeit aber, um die Zelle des Einsiedlers her, ist die Wüste in ihrer nackten Öde, mit ihren Schrecken und Wundern; allnächtlich durchtönt vom Geheule ihrer wilden Bewohner; durchweht vom feuerrothen Gluthwind, und nun wie Meeresfluth von ihm in Wellen aufgeregt, dann von Sandsäulen durchwandert, die der Sturm aufgewirbelt; nur sparsam von palmenbegrünten, was=

---

*) Lib. Apum L. II, C. 57, p. 560.

sergetränkten Oasen durchzogen, und dort, an den Rändern
des alten Culturlandes, noch mit den wundersamen Trümmern,
die abgeschiedene Jahrhunderte zurückgelassen, bedeckt. Das
Alles wird sich nun in den Erzeugnissen jener frei bildenden
Kraft, in religiöser Weise gefaßt, vielfältig spiegeln, und so
das Echo in jenen Tempeltrümmern, das die betenden Brüder
stört, ihnen gern als die Stimme neckender, irrender Dämonen
erscheinen; die Luftspieglung in der Wüste aber, die auch häu=
fig genug noch zu dieser Stunde Reisende, wenn sie vor Durst
verschmachten wollen, durch den Anblick eines großen See's
äfft, wird auch hier, wenn sie dem heiligen Pachomius, als er
zum Gebete niederkniet, ein großes Meer vor Augen bringt,
dem störenden Zauber des bösen Feindes zugeschrieben. Solche
und ähnliche Bilder, aus einzelnen Erfahrungen in der Ein=
samkeit der Zelle zuerst erwachsen, und allmälig immer weiter
ausgemalt, haben endlich, nachdem sie lange in mündlicher
Mittheilung zur Erbauung der geistlichen Genossenschaft ge=
dient, zuletzt Solche gefunden, die sie niedergeschrieben, und
zu einem Gemeingute gemacht, und die Kirche hat sie zu aller
Zeit beurtheilt, wie jeder Verständige; sie beruhen lassend auf
ihrem Werthe, und den innern Kern der Wahrheit immer
aufs schärfste von dieser subjectiven Umbildung derselben ge=
schieden haltend.

Der Schauplatz, auf dem diese eigenthümliche Form des
Christenthums gesiedelt, war bekanntlich jenes ins anliegende
höhere Land eingeschnittene Flußthal, das, nachdem es zwischen
seinen zwei Bergketten in nicht großer Breite hingestrichen,
über Memphis sich weit zu öffnen beginnt: dadurch daß der
eine dieser Bergeszüge nordwestlich, in einem nach Nordosten
hohlen flachen Bogen, gegen den Mareotissee; der andere aber
rechts von Heliopolis, den alten Canal entlang, gegen die
Landenge von Suez hinstreicht, im ganzen Laufe östlich und
westlich von großen Wüsten begränzt. In dieser Wüste hatten
lange vereinzelte Anachoreten sich angesiedelt, wie im alten
Germanien einzelne Wehren auf zerstreuten Gehöften sich nie=
dergelassen. Derselbe Trieb, der diese bestimmt, in Dörfer
sich zusammenzuthun, hatte auch dort wirksam die Einigung

Vieler, die im gemeinschaftlichen Leben sich durchüben wollten, in Klöster hervorgerufen, die am Rande des fruchtbaren Marsch=thales angelegt, ihre Subsistenz gesichert fanden, und bald durch andere Einsiedler, die sie um sich her ausgesendet, die unwirthbare Wüste wieder tiefer zugänglich machten. So be=völkerte diese sich bald zu beiden Seiten des Stromes bis weit ins Innere hinein; östlich durch Porphyritis bis zum rothen Meere und zum Sinai, westlich gegen die Oasen hin. Jene war es eben, die die Felsenhöhle des h. Paulus beschloß, wie dort auch das Doppelkloster des h. Antonius sich befand, das Sulpitius noch von seinen Jüngern bewohnt gefunden; die andere hat Rufinus durchwandert, und denkwürdige Nach=richten über sie zurückgelassen. In Tabenna hatte er den h. Ammon gefunden, der ein Vater und Vorsteher war von drei=tausend Mönchen, die ein sehr strenges Leben führten. Höher hinauf am Nil hatte er die Stadt Oxyrynchus besucht, wo, nach der Aussage des Bischofs, wenn in die Zahlen kein Irr=thum eingeschlichen, 2000 Klosterfrauen und 10000 Mönche wohnten. Beinahe alle Häuser, alle alten Götzentempel waren Mönchswohnungen, und ohne diese Klöster, die alle ihre Bet=häuser hatten, waren in der zahlreich bevölkerten Stadt zwölf Pfarrkirchen für den Gottesdienst des Volkes. Alle Ecken und Winkel, sogar die Thürme und Thore der Stadt waren voller Mönche, und der Psalmen wurden so viele gesungen, daß der ganze Ort einer Kirche gleich sah, und dem Bischof wenig da=ran gelegen war, ob er sein Gebet auf der Gasse oder in ei=nem Gotteshause verrichtete. Bürger und Beamte ließen unter den Stadtthoren wachen, ob etwa ein Armer, ein Pilgrim oder sonst ein Fremdling daher komme. Solche wollte dann jeder in sein Haus aufnehmen, und ihnen alle Gastfreund=schaft und Liebe erzeigen; dem Rufinus und seinen Reisege=fährten zerrissen sie aus lauterer, guter Meinung beinahe ihre Mäntel. Noch höher hinauf bei Hermopolis traf er den Apol=lonius, Vorsteher von fünfhundert Mönchen; tiefer abwärts aber in der arsinoitischen Landschaft am alten Möris den Se=rapion, Vorsteher vieler Klöster, die bei zehntausend Mönche faßten. Das berühmteste Kloster in Ägypten aber war das

bei Nitria an den bekannten Natronseen, vierzig Meilen von
Alexandria. Dort auf dem Berge wohnten fünftausend Mönche
und · Einsiedler zu zweien, dreien nach Belieben; sechshundert
aber ganz einsam. Eine einzige sehr große Kirche, von acht
Priestern besorgt, wovon aber nur der älteste in Thätigkeit,
stand in der Mitte; wurde aber nur Samstags und Sonntags
von den Einsiedlern besucht. Bei der Kirche grünten drei
Palmbäume; an jedem hing eine eigene Geisel: die erste für
strafbare Mönche, die andere für ertappte Straßenräuber, die
dritte für Fremde, die sich verfehlten. Sieben Backöfen sorg=
ten für den Unterhalt der Angehörigen; ein Gasthaus aber
nahm die Fremden auf, und verpflegte sie zwei, drei Jahre,
so lange es ihnen beliebte: aber nur die erste Woche durften
sie müßig bleiben; hernach mußten sie im Garten arbeiten, in
der Bäckerei oder der Kirche. Gelehrte erhielten Bücher zum
Lesen, durften aber bis zur Sextzeit mit niemand reden; um
die None begann dann überall ein Beten und Singen, wie im
Paradiese. Zehn Meilen von da, in der innern Wüste, lag
der Ort Cellia, von den vielen Cellen, die dort standen, und
etwa 2000 Mönche bargen, also genannt. Um eine Tagnacht=
reise aber von Nitria entfernt, gegen Memphis hin, dehnte
sich in eine sehr große, furchtbare Wildniß, Scythi oder
Scethe, die scythiaca regio des Ptolemäus: kein Weg, ja
kein Zeichen eines Weges wurde sichtbar auf der ganzen Tag=
fahrt, die sich nur nach den Gestirnen richtete; so daß, wer
nur ein wenig abwegs sich verirrte, in große Gefahr gerieth.
Selten oder niemals wurde Wasser in dieser Wildniß gefun=
den, und wenn ja welches irgendwo sich zeigte, so hatte es
einen scharfen und übeln Geruch, und schmeckte wie Pech; war
jedoch nicht schädlich. Dort wohnte Macarius, als aller Klö=
ster in Nitria erster Gründer wurde aber Ammon betrachtet.
Beim Climar in Scete, wo auf achtzehn Meilen Weges keine
Wasserquelle sich zeigte, hatte doch der Einsiedler Ptolemäus
sich 15 Jahre lang zu fristen gewußt; dadurch, daß er den
in den Monaten December und Jänner häufig fallenden Thau
in irdenen Gefäßen auffaßte, und überdem mit Schwämmen
die Feuchtigkeit von den Felsen sammelte. Übrigens war solche

Lebensweise keineswegs ausschließlich auf das Nilthal beschränkt. In der Lybischen Cyrene wohnten nach Sulpitius viele Einsiedler zerstreut. In Palästina hatten sie zahlreich am Ölberge ihre Zellen sich erbaut; andere zu Bethlehem, in den Amorrhäischen Höhlen, zu Jericho, am Jordan, beim Dorfe Thecue, und in der Gegend des todten Meeres. Eben so nach Theodoretus in der Wildniß bei Cyrrhus zwei Tagreisen von Antiochia; dann gegen Berrhäa, auf dem Berge bei Teleda, an der Cilizischen Gränze; wieder bei Nisibis, an der zwischen dem römischen und persischen Reiche; endlich in Ancyra, wo nach den Lausiac. c. 135 unter zehntausend Jungfrauen zweitausend sich im geistlichen Leben übten, so andere anderwärts an vielen Orten.

Wollen wir das Gesetz erforschen, unter dem diese Verbindungen sich zusammengethan, so dürfen wir nur das Leben des h. Pachomius, der unter Constantinus geboren, ein Schüler des Einsiedlers Palämon gewesen, befragen, das Dionysius der Kleine um 540 aus dem Griechischen übersetzt, und dessen ägyptisch geschriebene Regel Hieronymus um 404 ins Lateinische übertragen. Er hatte diese Regel zuerst in Tabenna, wo er, einer Stimme von Oben folgend, sich angesiedelt, und ein Kloster erbaut, eingeführt. Wer dort aufgenommen zu werden wünschte, mußte zehn oder mehr Tage vor den Pforten stehen, und jede Schmach von den vorübergehenden Brüdern erdulden, und wurde erst, wenn er ausharrend Bestand gezeigt, eingelassen. Dann wurden seine Kleider ihm ausgezogen, und in der Versammlung der Brüder wurde das Ordenskleid ihm angelegt; die abgelegten Gewande aber bewahrte man so lange, bis man nach dreijähriger Prüfung seiner Beharrlichkeit ganz sicher geworden; dann erst wurden sie den Armen geschenkt. Hatte er aber bis dahin auch nur mit einem Worte sich vergangen, oder auch nur einmal Ungehorsam gezeigt; dann wurden sie ihm wieder angezogen, und er mußte das Kloster verlassen. Wenn auch angenommen, wurde er auf ein Jahr einem Altvater übergeben, der ohnweit der Klosterpforte wohnte, und dort, die Gäste zu bedienen, bestellt war; erst, wenn er auch da sich wohl gehalten, wurde er in die Versammlung der Mönche förmlich aufgenommen. Diese waren in vier und zwanzig Schaaren, jede unter einem eigenen Aufseher, getheilt, und jede mit einem Buchstaben des Alphabetes also bezeichnet, daß die Natur des Buchstabens die Art und Sitten jedes Haufens andeutete: eine Einrichtung, in der noch ein Rest altägyptischer Hieroglyphik durchleuchtet. Bei sparsamer Nahrung sollte angestrengte Arbeit, wechselnd mit Gebet und beschaulicher Betrachtung, ihr ganzes Leben erfüllen; Schlaf war nur so viel gestattet, als die Nothdurft des Lebens erforderte; ihm sich hingebend, sollten sie aber nicht sich niederlegen, sondern ihnen selbst solche Sitze machen, die hinten etwas zurückgelegt waren; dahinein legten sie ihre Decken, und schliefen sitzend, gegürtet in ihren Röcken. Brod, Kohl, Käse, Oliven waren ihre Nahrung; sie versammelten sich schweigend, die Kappen über das Gesicht gezogen, daß keiner sehen könnte, wie es der Nachbar hielt; einige berührten dann blos die Speise, andere brachten sie scheinbar zum Munde; manche aßen nach ihrem Bedürfniß, während wieder andere wohl bis zum fünften Tage sich enthielten. Während der Mahlzeit wurden Psalmen gesungen, und Stellen aus der heiligen Schrift vorgelesen. Sie ließen keine Zeit müßig ohne Handarbeiten vorübergehen; ja sie sannen auf solche, die sich im Finstern abthun ließen. Morgens frühe standen sie auf, und jeder ging an seine Verrichtung: etliche in die Küche; andere auf den Acker, um ihn zu bauen; andere in die Gärten, um sie zu bepflanzen; noch andere in die Bäckerei. Jene wurden bei den Bauwerken, diese beim Weben des Tuches, oder zur Gerberei verwendet; einige machten Schuhe, andere deckten die Tische, wieder andere flochten Körbe und Matten. Manche schrieben; die Bibel aber wußten alle miteinander auswendig; keinem war erlaubt, auch nur einen Korb eigen zu haben. Am meisten wurden sie darin geübt, den Eigenwillen zu brechen, und der Gehorsam wurde so strenge gehalten, daß keiner sich unterstehen durfte, ohne Wissen des Vorstehers, der leiblichen Nothdurft wahrzunehmen; alle seine Befehle wurden so emsig erfüllt, als ob sie vom Himmel kämen; selbst unmögliche Dinge suchten sie zu vollbringen. Das Stillschweigen hielten sie also, als sey

jeder ganz allein mitten in der Wildniß. Ihre Gebete waren
kurz, aber öfter wiederkehrend; über Tage sollte zwölfmal,
Abends zwölfmal, und eben so oft über Nacht gebetet werden.
Pachomius gestattete nicht, daß einer der Seinigen zum Priester geweiht werde, der eiteln Ehre wegen; an Festtagen feier-
ten daher die Priester aus den nächsten Dörfern die Geheimnisse vor ihnen. Kein Husten, Gähnen oder Ausspeien war
während des Gottesdienstes gestattet; jeder kniete nieder, und
erhob sich mit dem Priester, und man vernahm keinen Laut,
als die Worte des Betenden.

So waren diese geistlichen Bienenstöcke, — am Saume
des Marschlandes in der Gheest, oder auch tiefer in der
Wüste aufgestellt, wo keine andere Art von Bevölkerung sich
behaupten konnte, — dem Lande in keiner Weise zur Last,
sondern vielmehr zum Segen; indem sie durch ihren Fleiß nicht
blos sich selbst erhielten, sondern auch die ankommenden Brüder und die Gäste bewirtheten, und überdem viele Lebensmittel
in die Gegend von Libya, wo allzeit große Theuerung herrschte,
und in die Städte hin und wieder den armen Gefangenen zur
Unterstützung aussendeten. Die geordnete, ruhige und dabei
arbeitsame Lebensweise belohnte sich an ihnen dadurch, daß
kaum je einer erkrankte; sie wußten durchgängig ihren Tod
voraus, beriefen die Brüder, um Abschied von ihnen zu
nehmen, und entschliefen dann in Fröhlichkeit. Außer ihnen
gab es jedoch nun auch eine andere Ordnung, die, wegen der
größeren Strenge ihres Lebens, durchgängig für höher und
heiliger gehalten wurde; obgleich doch wieder manche das Klosterleben, des vollkommenen Gehorsams wegen, höher stellten,
und dies waren die eigentlichen Einsiedler. Wenn unter den
Insassen der Klöster einen oder den andern die Lust anwandelte,
um mit noch größerem Eifer nach noch höhern Tugenden zu
streben, in die Einsamkeit der Wüste sich zu beschließen; dann
durfte er dies Vorhaben doch eher nicht in Erfüllung setzen,
bis ihm der Abbt die Erlaubniß dazu gewährt, und er wurde
alsdann vom Kloster aus mit Brod und andern Nothwendig-
keiten versehen. Man sah in diesem Falle das Kloster als die
Vorschule jenes Eremitenlebens an, und nur denen, die in

dieser Schule sich wohl unterrichtet, und in allem Abbruch und
der unbedingtesten Entsagung des Eigenwillens sich durchgeübt,
wurde gestattet, in der allerinnersten und geheimsten Wildniß
den Streit mit der Sünde und den bösen Geistern vollends
ritterlich durchzukämpfen. An dergleichen Einsiedlern war be=
sonders die Wüste zwischen dem Nil und dem rothen Meere
reich, wo der Boden, nur Sand, mit Salz gemischt, zum
Feldbau ganz untauglich war, und das Wasser, auf viele Weg=
meilen über zwischenliegende Sandberge vom Nil herbeigeschleppt,
den Werth des köstlichsten Weines hatte; aber auch jenes Cellia
galt als ein Hauptpunkt ihrer Ansiedelung. Im tiefsten Schwei=
gen bewohnten sie dort enge Hütten, oft kaum hoch genug, um
darin aufrecht zu stehen, oder hinlänglich geräumig, um ausge=
streckt zu liegen; die Thüren bisweilen vermauert, oder wenn
auch offen, doch oft Jahre hindurch nicht überschritten. Keiner
überlief den Andern in seiner Abgeschiedenheit; nur am Sam=
stage oder Sonntage kamen sie in der gemeinschaftlichen Kirche
zum Gottesdienst zusammen, und sahen sich dann einander.
Blieb Einer aus, so wußten die Andern schon, daß der Fehlende
krank seyn müsse; sie besuchten ihn dann Einer um den Andern,
und jeder brachte ihm etwas mit, das ihm etwa angenehm seyn
mochte. Sonst störten sie sich nicht leicht untereinander; es sey denn,
daß etwa einer der Genossen den Andern als seinen Mitkämpfer
im geistlichen Kampfe unterrichten und anfrischen wollte. Zu
diesem Zwecke waren auch jedem alten, versuchten Einsiedler
einer oder mehre Brüder zugegeben, damit er sie durch sein
Beispiel, seinen Rath, seine Lehre und Zucht anführe, einübe,
und sich selbst zur Nachfolge erziehe. Diese nun beteten, faste=
ten, psallirten, kämpften mit ihm seine Kämpfe, und sprangen
ihm in aller seiner Leibesnothdurft bei; er war ihnen hinwiede=
rum mit väterlicher Liebe zugethan, und trennte sich nicht leicht
wieder von ihnen. Kam irgend ein besonderer Gewissensfall
vor, wandelte Einen eine ungewöhnliche Versuchung an, wel=
cher er nicht Meister zu werden vermochte; oder stieg ein schwer
zu beseitigender Zweifel auf: dann wurde zu irgend einem äl=
teren, geprüfteren Einsiedler gewandert, der im Rufe vorzüg=
licher Frömmigkeit stand, und bei ihm wurde sich Raths erholt;

und solche Räthe wurden dann wohl aufgezeichnet, und bildeten eine Art von Coder für das gesammte Einsiedlerleben. Machte einer sich eines groben Vergehens schuldig, dann versammelten alle benachbarten Väter sich über ihn, wie es scheint, unter dem Vorsitz des Priesters ihrer Kirche; verurtheilten nach Befund ihn zu einer Buße, oder schloßen ihn wohl auch gänzlich von der Genossenschaft aus. Zwieback, in kleine, zweilöthige Bröd= chen geformt, und in Wasser aufgeweicht, mit etwas Salz, sel= ten mit Öl versetzt, war die gewöhnliche Nahrung; Viele aber pflegten weder Brod noch Früchte zu sich zu nehmen, sondern nährten sich allein mit wildem Lattich, oder Endivien; Manche schliefen die ganze Nacht nicht, sondern stehend oder sitzend pflegten sie bis zum Morgen im Gebete zu verharren.

Der Zweck dieses einsamen Lebens im Kloster wie in der Zelle war nun stete Tugendübung in jeder Art und Form. Ar= muth wurde dabei für die erste Vorbereitung auf diesem Wege, und für das erste und unentbehrlichste Erforderniß zum Einsied= ler anerkannt. Ein Bruder hatte nichts als eine Bibel, er ver= kaufte sie und gab das Geld den Armen, sich rühmend, er habe das Wort verkauft, das da sagt: verkaufe Alles, was du hast, und gib's den Armen! Die Ehre bei den Leuten suchen, und mit Ruhmredigkeit seiner Thaten sich zu überheben, war ihnen ein Greuel; die Unbill scheuen, schien ihnen eine Schwäche; ein instinktartiger Abscheu vor der Ehre der Welt bedünkte sie das allererste Erforderniß zum Mönche. Darum setzten sie ihr Fasten und die Strenge ihres Lebens sogleich aus, wenn fremde Brüder sie besuchten, um sich vor ihnen ihres Wandels nicht zu berühmen. Andere zu urtheilen, dünkte ihnen missethan, und sie pflegten zu sagen: bist du rein, so wolle den Unreinen nicht verurtheilen, sonst werdet ihr Beide ein Gebot Gottes übertre= ten. Wie aber das Urtheil über Andere mild, so sollte das über sich selbst streng und bescheiden seyn. Gastfreiheit und Barmherzigkeit üben, war durch alle Einöden eine heilige Pflicht; kamen ihnen Gäste, dann setzten sie sogleich ihr Fasten aus, ja aßen sogar auch wohl mehrmal in einem Tage: denn sie ur= theilten, das Fasten habe zwar seine Belohnung zu gewarten; aber derjenige, der dem Nächsten zu Liebe esse, erfülle zwei Ge=

bote; er verläugne seinen Eigenwillen, und beweise seinem Näch=
sten die brüderliche Liebe. Sogar einem Manichäer Priester
öffnete aus diesem Grunde ein Altvater einst die Thüre, als er
des Nachts anklopfte, ob er ihn gleich gar wohl kannte, ließ
ihn den Segen über sich sprechen, gab ihm zu essen und einen
Ort der Ruhe; was diesen also rührte, daß er katholisch wurde.
In der Enthaltsamkeit übten sie sich unabläßig, und was der
Abbt Daniel darüber gesagt, war gemeine Meinung unter ihnen:
je mehr der Leib grünt und blüht, um so mehr muß die Seele
verdorren; je mehr hingegen der Leib erdorrt, um so stärker
wird die Seele grünen und zunehmen. Sie hatten es darin bis
zum Unglaublichen gebracht. Der Abbt Elpidius pflegte 25 Jahre
lang nur am Samstag und Sonntag zu essen, und kam in der
Ausmerglung so weit, daß man ihm ohne Mühe alle Gebeine
durch die Haut zählen konnte. Der heil. Johannes, ein neun=
zigjähriger Mann, als ihn Palladius sah, war so abgetödtet,
daß ihm sogar der Bart nicht wachsen wollte; auch im höchsten
Alter pflegte er nichts zu essen als Baumfrüchte; Brod und
Gekochtes kostete er nie, auch war er in vierzig Jahren nie aus
seiner Zelle hervorgekommen. Der heilige Macarius brockte nur
Brod in ein Gefäß mit engem Halse, und aß jedesmal so
viel, als er mit einem Griffe daraus hervorziehen konnte; daß
ich aber gar nichts sollte essen, sagte er, dazu konnte ich mei=
nen Leib, den bösen Zöllner, nicht gewöhnen. So vorbereitet
konnte er, einst unbekannt vom heil. Pachomius nur mit Mühe
in sein Kloster von Tabenna aufgenommen, die ganze vierzig=
tägige Fasten hindurch, in einem Winkel, schweigend und Palm=
blätter flechtend stehen, nur Sonntags einige rohe Kohlblätter
essend, und den Ort nur zur äußersten Nothdurft verlassend,
so daß die andern Mönche zuletzt sich gegen ihren Vorsteher
erhoben, sagend: Woher hast du diesen Mann, der zu unserer
Verdammniß gleichsam nichts Menschliches an sich hat; schaffe
ihn balder als bald wieder fort, oder wir Alle gehen miteinan=
der davon! Neben der Enthaltsamkeit war ihnen Zügelung der
Leidenschaften die große Kunst; dafür erhielten sie sich in steter,
aufmerksamer Selbstbeobachtung, die sie durch die fortdauernde
Übung eines beinahe ununterbrochenen Stillschweigens möglich

machten, und die sie sich durch beinahe unabläſſiges Gebet zu erſtreiten ſuchten. Darum legten ſie auch auf fortgeſetzte Übung des Gehorſams ſo großen Werth, daß Pambo von Vieren, deren Einer viel gefaſtet, der Andere in großer Armuth ſich gehalten, der Dritte große Liebe geübt, der Vierte aber 22 Jahre unter dem Gehorſam eines Altvaters gelebt, den Letzten für den Vollkommenſten erklärte; weil die Andern ihre Tugenden aus eigenem Willen erlangt, dieſer aber dabei den ſeinigen verläugnet hatte. Alle Tugenden aber galten ihnen nichts, war nicht die Demuth ihnen beigeſellt; ſie hielten alle Mühe und Arbeit verloren, wenn ſie fehlte: denn ſie ſahen in ihr den Baum des Lebens, der, ſich unter der Erde vertiefend, hoch über ſich wächst. Ihr fügte dann die Geduld, und dieſer ſofort in naher Verwandtſchaft die Liebe ſich bei, die zu Gott nämlich, und in dieſer die zum Nächſten. Als aller Tugenden Krone aber erklärte der heil. Antonius mit Recht die Beſcheidenheit, das iſt das Maaß in allen Dingen, das Gute keineswegs ausgenommen; weil ohne daſſelbe keine Tugend vollkommen werden und beſtehen mag.

4.

Die Myſtik in der Einöde.

Ein Leben, in ſolcher Geſinnung und dabei unter Übung der ſtrengſten Ascese hingebracht, iſt an ſich ſchon ein myſtiſches, und da ihm die heiligenden Gaben des Geiſtes von Oben, die wichtigern vor den anderen, gegeben ſind, werden ihm die minderen, umſonſt ertheilten, nicht fehlen; und ſo müſſen alle, die in jenem Übertrage an die früheren Jünger gekommen, auch an dieſen ſpäteren ſich der Reihe nach kund geben. Die Gabe des Glaubens wird auch bei ihnen der Grund ſeyn, auf dem die andern ruhen, und ihm wird dann die Gabe der Weisheit ſich aufſetzen. In dieſer Gabe hatte der heil. Antonius jene wunderſame Herrſchaft über die Geiſter gewonnen, daß er unzählige Heiden zum Chriſtenthume brachte, und Tauſende von Solchen, die ſchon Chriſten waren, vermochte, daß ſie, alles Irdiſche verachtend, die Wildniß um ihn her bevölkerten, die er dann Alle, Alte wie Junge, mit väterlicher Liebe zu lenken wie zu regieren wußte; in den vielen Klöstern, die er gebaut, Rath und Unterricht spendend nach allen Seiten. Und als man ihn gefragt, wie er Solches vermöge, da er nicht einmal lesen könne, hatte er erwiedert: Mein Buch ist die Natur der erschaffenen Dinge, die mir vor Augen schwebt, so oft mich verlangt, Gottes Wort zu lesen. So wohl hatte er dies Buch gelesen, daß, als zum öftern Platoniker von Alexandria und anderwärts her in seine Einöde gekommen, um ihn zu versuchen, und ihn in die Netze ihrer Dialectik zu verstricken; er sie in geistreicher Einfalt bald verstummen gemacht, worüber sein Lebensbeschreiber Athanasius urkundlichen Bericht aufbewahrt [1]). Neben diesen Gaben ist es zunächst die der Wunder, welche auf diesen Männern der Wüste in reichem Maaße geruht. Es ist die Herrschaft über die Natur an diese Gaben geknüpft; eine Herrschaft, die ohne Zweifel dem zukömmt, der sie gegründet, und die er von sich nach Wohlgefallen übertragen mag auf Jeden, den er dazu ausersehen. Eben weil nicht in eigener Macht, sondern in der des Übertragenden geübt, ist darum das Wunder keineswegs ein Eingriff in die Gesetze dieser Natur. Denn weil er, der die Gesetze gegeben, sie auch nach seinem Wohlgefallen ändern mag; und wenn er sie geändert, das, was alsdann erfolgt, da es das Weiseste und Beste, die Naturordnung ist, diese Ordnung aber selber schon ein Wunder dem sie Schauenden erscheint: darum wird, was außer ihr geschieht, nicht mehr wunderbar als sie; da das Ungemeine eben so ohne alle Anstrengung erfolgt, wie das Gewöhnlichste. Das Wunder, seinem Ursprunge nach in Gott heimisch, kömmt daher in den Wunderthätern nur zum Durchbruch. Um sie her ist, mitten im Reiche der Welt, ein kleines Gebiet ausgeschieden, worin Gottes Reich unmittelbar geworden, und der Welt zukommen; und die Welt begreift es nicht, weil es nicht aus ihr gekommen, und nennt es darum wunderbar. Ein Überhimmlisches hat blitzschnell vorübergehend unter dem Himmel aufgeblickt; die innere Begeistigung, die in Welt und Geschichte ruht, hat sich durch

---

[1]) Vita s. Antonii magni. A. S. XVII. Jan. p. 135.

die Umhüllung Bahn gemacht, in der sie zuvor in Verborgenheit gebunden gelegen, und bricht nun, frei und strahlend geworden, hervor. Inzwischen ist nicht zu läugnen, daß mancherlei Arten von Täuschungen bei der Äußerung des Wundervermögens nahe liegen. Bei der Vielheit dieser Wunder, die in den Geschichts= büchern jener Zeit beschrieben sind, mag es gar manchmal ge= schehen seyn, daß man eine Beherrschung der Phänomene durch physische und moralische Gesetze mit einer Beherrschung der Gesetze selbst verwechselt hat: was in aller Aufrichtigkeit leicht in Zeiten sich begeben konnte, wo die wissenschaftliche Naturkunde noch in ihren ersten Anfängen gewesen; dagegen aber aus frühe= rer Einsicht mancherlei practische Verfahrungsweisen sich fortge= pflanzt hatten, von denen der Verstand sich keine Rechenschaft zu geben wußte, die also von selbst im Gebiete der Wunder sich ansiedelten. Mehr als dies hat wohl jene legendenartige Auffassung der Ereignisse, bei der, wie in alter naiver Natur= anschauung Mythe und Geschichte; so Wahrheit und ihre Er= gänzung durch die Einbildungskraft, in einer schwer zu scheiden= den Weise durcheinander wachsen, zu dieser Wundervermehrung beigetragen. Eine solche Ausschmückung einer Naturerscheinung, die wohl auf einer ungewöhnlichen Strahlenbrechung ruht, mag bei der Erzählung obgewaltet haben, die vom Einsiedler Mutius, und wiederholt von Besarion berichtet: er sey einst ausgegangen, seine Mönche zu besuchen, und da ihm offenbart worden, ein Bruder, zu dem er noch ziemlich weit hin hatte, werde bald sterben, habe er die eben im Untergehen begriffene Sonne angehalten, bis er im Dorfe angelangt, zur Verwunde= rung der Einwohner, die gestanden und das Gestirn angegafft, und nicht begreifen können, was es am Niedergehen verhindere. Sonst zeigt sich die Macht über die Elemente in zu vielen Bei= spielen, als daß alle auf solche Weise beseitigt werden könnten. Brunnen werden häufig in der Wüste hervorgelockt, etwa um einen verschmachtenden Bruder zu laben; Felsen, die über Ein= siedelungen herabstürzen wollen, werden aufgehalten; brennen= des Feuer wird von Heiligen in den Gewändern zugetragen, ohne sie zu versehren; und der heil. Antonius wird vom Geiste über den Lycus, einen tiefen Kanal des Niles, geführt, ohne einen Fuß zu benetzen, und sein Reisegenosse Theodorus ist dessen ein Zeuge [1]).

Eine besondere Äußerung dieser Wundergabe wird sich in der wiederhergestellten Herrschaft des Menschen über das Thierreich offenbaren; und auch davon kommen zahlreiche, der Örtlichkeit entsprechende, Angaben in den Geschichten jener Zeiten vor, in denen die den Thieren eingeborne Scheu vor der Herrschergewalt des Menschen, und die Macht einer reinen Seele über die reißende Natur in einer auffallenden Weise sich offenbaren. Pachomius war, wie er selbst dem Palladius [2]) erzählte, um Versuchungen zu entgehen, nackt in eine Höhle hineingekrochen, wo, wie er wußte, ein Paar Hyänen ihr Lager hatten. Als die Thiere am Abend zum Raub ausgingen, da berochen und beleckten sie ihn vom Haupte zu den Füßen; er erwartete jeden Augenblick, daß sie ihn zerreißen würden: aber sie gingen, ohne ihn versehrt zu haben, davon, und er wurde die ganze Nacht nicht weiter beunruhigt. Von dem Altvater Theon ging die Rede, wenn er nächtlicher Weile in der Wüste gehe, sey er von vielen wilden Thieren begleitet; um ihnen das Geleite zu vergelten, pflege er dann wieder die Durstenden aus seinem Brunnen zu tränken. Dessen zum Zeugniß hat man jederzeit viele Fußtritte der Büffel, Gazellen und Waldesel um seine Zelle her gefunden [3]). Sulpitius und Cassianus hatten zwölf Meilen vom Nile in tiefster Wildniß an einem Berge einen Einsiedler besucht, dem ein Ochs mit einem Zugwerke aus einem ungemein tiefen Brunnen das Wasser zur Wässerung seines Gartens schöpfte, der Beide ernährte. Der Altvater führte am Morgen seine Gäste zu einigen entfernten Palmbäumen, und da sie darunter einen Löwen fanden, und deswegen erschracken; pflückte der Einsiedler eine Hand voll Früchte vom Baum, und das Thier kam, sie aus seiner Hand zu fressen, und ging dann ruhig seiner Wege [4]). Dieselben fanden einen Andern, den eine Wölfin jedesmal zur Essenszeit besuchte, um die übrigen Brosamen seines Mahles zu erhalten; wofür sie ihm dann die Hand

---

[1]) Vita s. Ant. magn. c. XIV. p. 155. [2]) Lausiaca c. 29. [3]) Rufinus c. VI. [4]) Lib. ser. V. c. 6.

geleckt. Als aber einst die Wölfin den abwesenden Bruder um
die gewöhnliche Zeit nicht gefunden, stahl sie in der Zelle von
fünf Broden Eines, und ließ sich nun erst wieder am siebenten
Tage sehen, sichtlich ihres Schelmstückes bewußt, und darum
sich ferne haltend; bis der Einsiedler ihr rief, sie mit den Hän=
den streichelte, und ihr doppelte Razion gewährte, wo sie dann
ihre Besuche wieder fortsetzte. Der Abbt Paulus Helladius gibt
einem Löwen sieben Monate lang täglich zweimal Brod und
Erbsen zu essen, auf die Bedingung, daß er keinen Raub übe;
da er aber einmal mit blutigem Maule kömmt, jagt er ihn mit
einem Stricke fort, damit der Fleischfresser nicht auch noch das
Brod der Väter verzehre. Der Abbt Pardus, von Gewissens=
bissen geängstigt, legt sich einem Löwen in den Weg, auf dem
er zur Tränke ging; aber das Thier springt über ihn hin, ohne
ihm Leids zu thun; gleichwie ein anderer dem Abbt Joannes im
engen Wege ausgewichen, und ein Dritter bei Tapsa wohnend
die Thiere in seiner Höhle bei sich hat, und diese das Fressen
aus seinem Schooße nehmen. Vom Vater Helenius aber wird
erzählt [1]), wie er einst ausgegangen, die Brüder in der Wild=
niß zu besuchen, und einige Lebensmittel mit auf den Weg ge=
nommen. Da ihm aber unterwegs die Last zu schwer werden
wollte, und er von ferne einige Waldesel sah, rief er einen her=
bei, belud ihn mit seiner Last, setzte sich selbst oben auf, und
ritt also zu den Zellen, die er heimsuchte. Bisweilen bedienen
sich die Einsiedler der Instinkte ihrer wilden Nachbarn, um sich
selbst vor Schaden zu bewahren: so Jener, der bei Syene ge=
sessen, und nun in Kräutern und Wurzeln, die dort im Sande
süß und wohlschmeckend gedeihen, sich mehr als einmal beinahe
vergiftete; bis er zuletzt auf einen Steinbock (eine Gazelle)
merkte, dem er ein Bündel derselben hingeworfen, und der nun
die heilsamen leicht herauszufinden wußte. Die wildesten Aus=
brüche thierischer Wuth können dabei auch wieder den Män=
nern der Wüste kein Erschrecken abgewinnen. So führen drei=
ßig aus dem Volke ein wüthend gewordenes bactrisches Cameel,
das schon Viele zertreten, an Stricken mit großem Geschrei vor

---

[1]) Ruffinus c. 11.

den heil. Hilarion. Die Augen des Thieres sind blutroth, sein
Maul schäumt ohne Unterlaß, die Zunge ist ihm aufgeschwol=
len, und schrecklich ist sein Brüllen und Schreien anzuhören.
Der heil. Mann befiehlt, das Thier loszulassen, worauf die, so
es gebracht, mit allen Anwesenden davon laufen; Hilarion aber
geht ihm allein entgegen, und steht mit ausgestreckter Hand un=
erschrocken vor ihm da. Das Thier nun läuft auf ihn los, als
ob es ihn verschlingen wolle; fällt aber gähling nieder und läßt
den Kopf hangen, zum Erstaunen Aller, die von ferne zusahen.
Der heil. Didymus tritt seinerseits auf Schlangen und Nattern,
die der Hitze des Landes wegen überaus giftig sind, ohne Scha=
den; Pachomius sogar hält eine der giftigsten an sich, ohne daß
sie ihn gebissen hätte: Erzählungen, die an jene Psylli erinnern,
denen, wie ehmals so auch jetzt, eine geheimnißvolle Herrschaft
über jene Thiere einwohnt. Von Drachen ist gleichfalls in jenen
Berichten vielfältig die Rede. Als der Priester Ruffinus auf
seiner ägyptischen Reise den heil. Apollonius bei Hermopolis
verlassen, sahen sie in der Wüste die Fußstapfen eines großen
Drachen, — eine Schlange, wahrscheinlich von der Art, wie das
römische Heer des Regulus in der afrikanischen Wüste gefun=
den, — die Spur als ob man einen mächtigen Balken durch
den Sand geschleift. Die Brüder, die ihnen Apollonius mitge=
geben, ermunterten, getrost auf ihr fortzugehen; da diese aber
schlechte Lust bewiesen, ging der keckste allein bis zu seinem La=
ger vor, und rief die, so zurückgeblieben, neuerdings herzu.

Auch die Gabe der Propheten ist in der Einöde heimisch
gewesen. Der heil. Antonius wurde häufig von Leuten besucht,
die theils die Verehrung, theils irgend ein geistiges oder leib=
liches Übel zu ihm führte; und da geschah es oft, daß er Tage,
ja Monate zuvor die Zeit ihrer Ankunft und die Ursachen, die
den Kommenden zur Reise bestimmten, genau bezeichnete. So
brachten sie ihm ein Mädchen von Busiris in dem tripolitani=
schen Gebiete, das paralytisch und die Augen verdreht, über=
dem an dem Übel litt, daß alle Secretionen, — die Thränen aus
den Augen, der Ausfluß aus Nase und Ohren, — so wie er auf
die Erde fiel, in Würmer sich verwandelten. Als die Mönche
die Angekommene vor der Thüre zurückgelassen, und nun zu

ihm eingehend, den Fall erzählen wollten; wußte er schon Alles mit allen Umständen der Reise, und heilte die Kranke, ohne sie auch nur gesehen zu haben. Als er einst lehrend unter den Brüdern saß, heftete er mit einemmale die Augen an den Himmel; fing an zu seufzen; wurde dann, wie vom tiefsten Schmerz ergriffen, am ganzen Leibe zitternd, und warf sich an die Erde, unter vielen Thränen, flehend zu Gott, als wenn er ein großes Übel abzuwenden sich bemühe. Als die Brüder in ihn drangen, ihnen zu entdecken, was ihn also geängstiget, konnte er kaum zum Sprechen kommen, und sagte endlich schluchzend: Großer, seit Jahrhunderten unerhörter Greuel droht dem Glauben; denn ich sah den Altar des Herrn, umgeben von einer Schaar von Maulthieren, die durch wiederholten Hufschlag Alles auseinander warfen, und es ging eine Stimme vom Herrn aus, rufend: Mein Altar wird geschändet werden! Zwei Jahre darauf begann die Arianische Irrlehre [1]. Auch der ägyptische Macarius hatte diese Gabe, und sagte dem Priester Johannes, der ihm im Presbyteriat gefolgt, sein Verderben zwanzig Jahre voraus [2]. Mit ihr, die da in die Ferne der Zeiten vorschaut, ist jene andere zunächst verwandt, die in gleicher Weise die Ferne des Raumes beherrscht. Als einst zweien Brüdern, die den heil. Antonius zu besuchen sich aufgemacht, in der Wüste das Wasser ausgegangen, und der eine schon verschmachtet da lag, der andere aber den Tod erwartete; rief der Heilige schnell zwei Mönche herzu, hieß sie einen Schlauch mit Wasser füllen, und damit auf die Straße von Ägypten eilen, um den Sterbenden zu retten. Sie thaten, wie ihnen geheißen worden, und fanden die Beiden eine Tagreise von dem Berge, von welchem sie ausgegangen. Als Ammon in Nitria, dreizehn Tagreisen von seinem Aufenthalt entfernt, gestorben, sah er seine Seele zum Himmel fahren; die Brüder merkten sich Tag und Stunde, und erfuhren dreißig Tage später durch Andere, die vom Nitria gekommen, daß der Abbt wirklich zu dieser Zeit hingegangen. Zusammenhängend ist dann auch wieder mit beiden Gaben die der Unter-

---

[1] Vita s. Anton. magn. c. XIV. u. XVIII. p. 153 u. 137. [2] Vita s. Macarii aegyptii XV. Januar. u. Palladii hist. Lausiaca c. XIX.

scheidung der Geister. Als der heil. Antonius einst mit den Brüdern sich eingeschifft, spürte er allein in der Nase einen abscheulichen Gestank. Die Brüder meinten, es möge von gesalzenen Fischen kommen, die im Schiffe seyen; er aber sagte: der Geruch sey ganz anderer Art. Als er noch redete, sprang plötzlich ein besessener Jüngling, der sich unten im Schiffsraume verborgen, hervor; und als ihn Antonius sofort geheilt, verstanden Alle, woher der Gestank gekommen [1]). So durchschaute auch der heil. Macarius von Alexandria das Innere eines Priesters, der vom Krebs zerfressen, um Heilung zu ihm gekommen, und erkannte genau seinen Seelenzustand und sein Laster [2]).

Wird aber die Gabe der Geisterunterscheidung bei geschärfter Sehkraft noch gesteigert; dann dringt sie über das Irdische vor in die Gebiete des höheren Lichtes und der tiefer umnachteten Finsterniß, und himmlische und dämonische Mächte werden dann die Gegenstände, an denen sie sich bewährt. Auch hier erscheint der heil. Antonius vor Vielen ausgezeichnet; so zwar, daß er aus seinen Erfahrungen in diesen Gebieten, — bewährt für uns durch die ganz authentischen Berichte, die der Bischof Athanasius theils aus seinem Munde, theils aus dem seiner Jünger, die immer um ihn gewesen, aufgefaßt, und in seinem Leben niedergelegt, — eine vollkommen durchgebildete Dämonenlehre sich abzuziehen vermocht. Der Heilige ist, wie man weiß, gleichsam sprüchwörtlich geworden durch die vielfältigen Versuchungen und Mißhandlungen, die er erfahren: alle diese, die sein Leben umständlich erzählt, waren auch zur Kenntniß der Brüder gekommen, die sich an ihn angeschlossen; und mußten das Verlangen in ihnen wecken, ihn darüber sich aussprechen zu hören. Er aber, gern eingehend in ihren Wunsch, verbreitet sich nun in ausführlicher Rede über diesen Gegenstand; alle wesentlichen Punkte in einer Weise feststellend, daß die, so nach ihm gekommen, nicht umhin gekonnt, sie durch ihr Zeugniß zu bestättigen. Umständlich läßt er unter andern gegen sie über die Unterscheidung der guten und bösen Geister sich ver-

---

[1]) Vit. s. Ant. c. XV. [2]) Vit s. Macarii Alexandrin. XI. Januar. c. VI. p. 87.

nehmen. Der heiligen Engel Anblick, lehrt er, ist lieblich und ruhig, denn sie zanken nicht und schreien nicht, ja sie lassen ihre Stimmen fast nicht hören; sondern ganz still und sanft kommen sie daher, und wissen dem Herzen eine Freude, ein Frohlocken, und eine Vertraulichkeit einzuflößen; denn bei ihnen ist der Herr, der Ursprung und Brunnquell aller Fröhlichkeit. Das Gemüth wird daher nicht durch sie verwirrt, sondern gesänftigt und lind von ihrem Licht durchleuchtet; die Seele aber, in Begierde zu den höheren Gütern ganz entzündet, möchte, den Leib durchbrechend, nach Ablegung der Bürde sterblicher Glieder dahin eilen, wohin sie die Schwindenden vorangehen sieht. So groß ist ihre Milde, daß, wo ja menschliche Gebrechlichkeit vor ihrem wunderbaren Glanze sich entsetzt, sie alsbald alle Furcht aus dem zagenden Herzen wegzunehmen wissen. Der bösen Geister Angesicht hingegen ist grausam; ihre Stimmen sind erschrecklich, die Gedanken in ihrer Nähe schändlich; ihre Frohlockungen und Bewegungen gleichen denen von schlechten Menschen und Verbrechern, und damit wird der Seele eine Furcht, den Sinnen aber Verdruß und Trägheit eingejagt. Es entsteht darauf sofort ein Haß des Christenthums, Traurigkeit und Verdruß in den Einsamen, Furcht des Todes, Erinnerung an die Welt, bösartige Begierde, Erschlaffung in aller Tugend und Stumpfheit des Herzens. Wenn daher dem Schrecken Freude folgt und ein Vertrauen auf Gott und eine unaussprechliche Liebe, ist dies ein Zeichen, daß Hilfe von Oben gekommen; denn die Sicherheit der Seele ist eine Anzeige der gegenwärtigen Majestät Gottes. Behauptet sich aber die Furcht unwandelbar, dann ist der Feind zur Stelle, der nicht aufzurichten und zu beruhigen versteht, vielmehr die Schrecken noch mehrt und nicht abläßt, den Menschen in den Untergang zu treiben. Er läßt sich dann weiter aus über das Wesen und die Art der bösen Geister; wie sie, in ihrer Bosheit vielfältig abgestuft, allen Christen, besonders aber den Mönchen gehässig, ihnen alle Fallstricke legten; nach jeder Niederlage immer grimmiger wiederkehrten; bald drohend, bald verheißend, bisweilen in Engel des Lichts verkleidet, mit lieblichem Gesange nahend; nun auffordernd zu verstärkten, ja übertriebenen Tugendübungen; dann wieder störend durch mancherlei Treiben; bisweilen Zukünftiges weissagend, um sich Zugang zu verschaffen, immer aber betrügend, und nie die Wahrheit redend. Zuletzt erzählt er den Horchenden, in wie vielen Formen und Gestalten sie ihn selbst zu berücken gesucht; nun ihn über die Maaßen lobend, dann drohend, ihn mit Geschwadern Bewaffneter, oder mit Scorpionen, Drachen oder andern Ungeheuern umgebend; dann wieder ihn im Glanze anleuchtend; nach Monaten etwa vor ihm psallirend und über die heilige Schrift mancherlei Reden führend; dann dem Hungernden Brod anbietend, oder edle Metalle ihm in den Weg legend; nun ihn schlagend und mißhandelnd, dann aber wieder in Riesengestalt auf ihn angehend: immer aber durch des Herrn Macht abgetrieben [1]).

An diese Gabe schließt sich zunächst die Gabe der Heilungen, insoferne sie, an sich gegen jede Art von Krankheitsübeln gerichtet, insbesondere an den Besessenen ihre Wirksamkeit erweist. Auch hier liegt die Wurzel der ganzen Erscheinung in den Evangelien, und die Zeugnisse darüber sind so gehäuft und positiv, daß Täuschung weder zulässig, oder auch nur denkbar ist. Der heil. Pithyrion in der Thebaïs lehrte darüber: gewisse Teufel seyen mit gewissen Lastern vorzugsweise enge verbunden; und wenn sie nun sähen, daß des Menschen Anmuthungen und Begierden vorzugsweise diesem oder jenem zuneigten, schärften sie diese immer mehr, um ihn gänzlich zu verderben. Habe aber ein Mensch ein Laster völlig abgelegt, dann könne er auch den Teufel, der mit ihm im nächsten Rapporte steht, aus den Besessenen vertreiben. Es werden aber nach Lausiac. XXVIII. die bösen Geister niederer Ordnung von denen ausgetrieben, die stark im Glauben sind; die Obersten und Vornehmsten aber allein von den Demüthigen: weswegen auch der h. Paulus einen solchen ausgetrieben, der selbst dem h. Antonius widerstanden. Der Besessene war ein Jüngling, und der ihm einwohnende Geist von der wildesten Art, so daß er selbst den Himmel mit Verwünschungen und Blasphemien lästerte. Als ihn Antonius angesehen, sagte er zu denen, die den Kranken führten: Dies ist

---

[1]) Vita s. Ant. m. c. VI—XI.

nicht meine Sache, denn gegen diese Ordnung von Dämonen ist mir keine Gewalt gegeben; das ist die Gnade Pauls des Einfältigen. Er führte also die Leute zu diesem hin; Paulus verrichtete ein wirksames Gebet, und befahl im Namen des h. Antonius dem unreinen Geiste auszufahren. Dieser aber rief: Mit nichten, Trunkenbold, Lügner, Wackelkopf, werd ich ausfah= ren! Zum Zweitenmale wiederholte Paulus die Aufforderung; neue Schimpfworte gegen ihn und Antonius waren die Antwort. Da sagte zum Drittenmale der Alte: Entweder du gehst, oder ich sage es Christo, und der wird machen, daß dir weh ge= schieht. Da der Dämon hartnäckig blieb, ging Paulus aus sei= ner Zelle in die brennende Mittagshitze des ägyptischen Him= mels, und stehend wie eine Säule, betete er zum Herrn, ihm betheuernd: Wahrlich! ich werde nicht von der Stelle gehen, noch auch Speise nehmen, oder Trank, und sollte ich darüber des Todes werden, bis du den bösen Geist ausgeworfen! Er hatte noch nicht vollendet, als der Dämon rief: Ich gehe, ich gehe, ich leide Gewalt, ich eile und werde nimmer wiederkehren [1]). Zum heil. Macarius, dem Ägytier, wurde einst ein Jüngling gebunden gebracht, im Geleite seiner Mutter; dessen Besessenheit der Art war, daß, wenn er drei Modien Brod gegessen, und eine cilicische Amphora Wasser dazu getrunken, er Alles wieder auswarf, in Dampf gelöst: denn eine solche Gluth brannte in ihm, weil sein Dämon ein Feuergeist war, daß alles Genommene wie in den Flammen sich auflöste. Der Heilige betete über ihn; der Geist beruhigte sich, und nun fragte Macarius die Mutter, wie viel sie wolle, daß er künftig esse. Die Mutter erwiederte in der Verwirrung: zehn Pfund Brod. Macarius schalt sie deswegen, bestimmte das Maaß zu drei Pfunden, betete bis zum siebenten Tage, und der Kranke war befreit [2]). Zum andern Macarius, dem von Alexandria, aber wurde in Gegenwart des Palladius ein in anderer Weise besessener Knabe gebracht. Der Heilige legt ihm die eine Hand auf's Haupt, die andere auf das Herz, und betete so lange, bis er ihn in der Luft schwebend

---

[1]) Vit. scti. Pauli simplicis VII. Mart. c. II. 11. 12. [2]) Vita s. Macarii aegyptii Abbat. XV. Januar. 1. 9.

gemacht. Der Knabe schwoll auf wie ein Schlauch, so daß er großen Umfangs wurde, und plötzlich mit einem Schrei aus allen Öffnungen des Körpers Wasser von sich gab; worauf er dann zusammenfiel, und seinen alten Umfang wieder gewann. Der Heilige salbte ihn mit geweihtem Öle, und gab ihn seinem Vater geheilt zurück; mit der Vorschrift, daß er binnen vierzig Tagen weder Fleisch noch Wein genieße ¹). Die heil. Paula, wie Hieronymus in ihrem Leben berichtet, als sie in Palästina alle heiligen Orte des Landes besucht, kam auch zur Stadt Sebaste, das ist Samaria, wo die Gräber der Propheten Elisäus, Abdias und Johannes des Täufers sich befanden. Dort bei diesen sah sie Wunder über Wunder, wie die unreinen Geister in den Besessenen über die Maaßen gepeinigt wurden. Sie hörte einige heulen, wie die Wölfe, bellen gleich den Hunden, brüllen wie die Löwen, pfeifen wie die Schlangen, und schreien nach Art der Ochsen. Etliche kehrten den Kopf rings herum, andere krümmten ihn hinter sich bis auf den Boden; viele streckten die Füße über sich, daß ihnen die Kleider über das Angesicht hingen. Derselbe Kirchenvater erzählt im Leben des heil. Hilarion, wie ein reicher Mann aus Haela, am röthen Meere, von einer Legion Teufel besessen worden; die sich dadurch verrathen, daß man aus seinem Munde gar unterschiedliche Stimmen und ein verwirrtes Geschrei wie eines großen Volkes vernommen. Ihm half der Heilige. Die Einsiedler selber waren übrigens keineswegs ganz gegen das Übel gesichert. In ' den Abbt Moyses ist, nach der Geschichte, eines einzigen ungebührlichen Wortes wegen, der Geist eingefahren, also, daß er seinen eigenen Unrath gefressen; als aber Abbt Serapion von einer Sünde sich befreit, die er früher gehegt, fuhr ihr Teufel in Gestalt einer Feuerflamme aus seinem Busen, die die ganze Wohnung mit Schwefelgestank erfüllte.

Unter solchen Umständen dürfen wir uns nicht wundern, wenn wir alle die wundersamen Erscheinungen, die in späterer Pflege der Mystik in solcher Fülle hervorgetreten, schon in der Einöde angedeutet und theilweise ausgebildet finden. So die

---

¹) Vit. s. Macarii Alexandr. abb. XI. Jan. c. VII. 27.

Verzückung, über deren häufiges Vorkommen in der Wüste zahl=
reiche Beispiele im Leben der Altväter aufgezeichnet sind. Vom
Abbte Sisois erzählt man, daß er sogleich verzückt worden sey,
so wie er im Gebete seine Hände über sich gehoben; deßwegen
ließ er die Hände gleich wieder sinken, wenn er mit einem Bru=
der zu beten angefangen, um durch die Verzückung nicht im
Werke gestört zu werden. Vom heil. Macarius, dem Ägyptier,
ging die Rede, er sey beinahe fortdauernd in Ecstase, und er
weile längere Zeit mit Gott, als er sich mit weltlichen Dingen
beschäftige. Zum Einsiedler Sylvanus kam einst sein Jünger,
und fand ihn in Verzückung; er war noch in demselben Zustande,
als er zur sechsten, neunten und zehnten Stunde wiederkehrte;
zu sich gekommen, sagte er hernach, er habe Gottes Herrlichkeit
gesehen. Vom heil. Arsenius wird berichtet, daß ihn die am
Samstag untergehende Sonne im Gebet verlassen, und daß er
dann fortbetend seine Hände so lange gegen Himmel gehoben,
bis ihm Sonntags Morgens die aufgehende Sonne ins Ange=
sicht geschienen: dann erst pflegte er, um ein wenig auszuruhen,
sich niederzusetzen. Sein Gebet war aber auch so wirksam, daß ihn,
darin begriffen, einst ein Bruder durch das Fenster seiner Zelle
ganz in Feuer stehen sah. Als der Abbt Lot den Abbt Joseph
um die Art befragte, wie er sein Leben einzurichten habe; da
stand dieser auf, streckte seine Hände gegen Himmel, und als=
bald wurden seine Finger ganz feurig wie zehn brennende Lam=
pen; hernach sprach er zu Lot: So du nur willst, kannst du
durchs Gebet ganz feurig und entzündet werden. Darum kommt
öfter vor, daß Feuerflammen vom Munde der Betenden ausge=
gangen, und gegen Himmel gefahren. Wo aber die Ectase ist,
kann auch die Vision nicht fehlen; daher hat denn auch sie nicht
selten im Leben der Altväter sich eingestellt. So hatte der heil.
Antonius die Gabe, daß, wenn er irgend etwas nicht wußte,
und darnach in sich forschte, er nur zum Herrn betete, worauf
es ihm dann offenbart wurde. Als darum einst die Brüder bei
ihm, um den Zustand der Seele nach dem Tode, Nachfrage
hielten, rief in nächster Nacht eine Stimme: Antoni, steh auf,
gehe heraus und sieh! Und wie er nun ausgehend zum Him=
mel aufblickte, sah er eine riesenhafte Gestalt bis zu den Wolken

ragend; geflügelte Seelen wollten um sie her zum Himmel sich er=
heben; die Gestalt aber mit ausgestrecktem Arm suchte sie daran
zu verhindern; einige ergriff der Riese, und warf sie gegen die
Erde zurück; andere entrannen ihm zu seinem Verdrusse, und
flogen zum Himmel, und es war bei Besiegten und Siegern
Schmerz mit Freude gemischt. Er verstand, es sey der Seelen
Aufgang und Niedergang.

5.
Die Mystik des Märtyrerthums.

Während die in der Einöde, umgeben von allen Schrecken
der Natur, die sie in sich und um sich fanden, mit den verwil=
derten Kräften derselben, im Sinne des Christenthums, den har=
ten Kampf ausstritten; hatten die Bekenner der neuen Lehre, die
innerhalb des damaligen gesellschaftlichen Verbandes zurückge=
blieben, nicht minder harten Streit zu kämpfen, mit allen den
reißenden Trieben, die aus ihm hervor gegen das neue Prinzip
wütheten: denn die Kirche, in Armuth, Verfolgung, Kampf und
Noth und Tod gegründet, sollte überall auf die gleiche Weise, wie sie
den Ursprung genommen, auch verbreitet und befestigt werden.
Es hatte aber das Heidenthum, — einerseits durch den herr=
schenden Epicuraism in eine faule Jauche aufgelöst; andererseits
durch den Stoizism im Hochmuth kalter Verzweiflung aufge=
bläht, — zu ihrer Bestreitung Bündniß mit der Politik der rö=
mischen Weltherren abgeschlossen. Diese, nachdem sie das Blut
aller Völker getrunken, dann in den Bürgerkriegen im eigenen
sich zur Wuth berauscht, und in den Thier= und Gladiatorkäm=
pfen alle Naturreiche lechzend nach ihm durchwürgt; hatte, im=
mer noch nicht gesättigt, nun auch die Christen zur Beute sich
erlesen. Der Bund der Beiden drückte sich in der Forderung
aus, die ihnen gemacht wurde, den Göttern zu opfern und beim
Genius oder dem Glück des Kaisers zu schwören: weigerten sie
sich nun dessen, wie sie mußten; dann that der Tieger seinen
Sprung auf sein Opfer hin, und die Unglücklichen fanden sich
Allem preis gegeben, was die Wuth und Raserei eines fanatisir=
ten, durch das Vorgeben thyestеischer Mahlzeiten und ödipischer

Blutſchande noch mehr ſich ereifernden Volkes auszuführen, und
der kalte Grimm wilder Schergen der Gewalt nur erſinnen
mochte. Nicht Ruf, Anſehen, Alter, noch auch Geſchlecht mag
einigen Unterſchied in der Behandlung erwirken; Beſchimpfun=
gen, Wunden, Beraubung, Steinwürfe leiten das Trauerſpiel
ein, das dann in die Folterkammern übergeht. Dort werden
die Schlachtopfer auf den Folterſtock gelegt, auf Räder geſpannt,
und durch die Schraube ihnen alle Gelenke aus ihren Fügungen
gerenkt; während unterdeſſen die Lictoren ihnen die Seiten mit
brennenden Fackeln verſengen, oder ſie mit eingedrückten eiſernen
Krallen durchfurchen. Mit Ketten wird ihnen wohl auch der
Leib umſchnürt, daß alle Gebeine brechen; mit ſpitzigen Rohr=
ſtäben werden Geſicht und Augen durchſtochen; der Mund wird
mit Fauſtſchlägen zerſchmettert, während Nägel den kaum mehr
Athmenden die Füße durchbohren, und glühende Erzſtangen, in
die Weichen gelegt, ſich tief einbrennen: ſo daß, nachdem, wie
es wohl geſchehen, die Marter von Morgen bis zum Abend ge=
dauert, der Leib ganz mit Wunden und Schwielen bedeckt, ſo
verdreht und verrenkt erſcheint, daß man die Menſchengeſtalt
nicht mehr an ihm erkennt, und es den Schergen ſelbſt ein
Wunder iſt, daß noch Leben in ſolchem zerfleiſchten Körper zu=
rückgeblieben. Nun erſt, nachdem ſie durch dieſe Vorſchule un=
erſchüttert hindurch gegangen, werden ſie auf die Richtplätze ge=
führt; und dort entweder den wilden Thieren vorgeworfen, oder
abwechſelnd von Marterknechten zu todt geſchlagen, daß ſich das
Fleiſch von den Rippen löst, auch wohl auf glühenden eiſernen
Stühlen oder Röſten langſam gebraten; mit ölgetränkter Lein=
wand umwunden ins Feuer geſtellt, daß alle Feuchte des Kör=
pers, wie Wachs geſchmolzen, herabträufelt; in glühende Kalk=
öfen hineingeworfen, oder auch paarweiſe, je nach den Geſchlech=
tern zuſammengekoppelt, und wie bei den Nojaden, die in unſeren
Tagen ein ähnlicher Bund des Fanatismus mit der Politik wie=
der hervorgerufen, im Waſſer erſäuft: glücklich, wem milderes
Urtheil nur das Schwerdt zuerkennt. Neun ſolche Stürme grim=
migſter Verfolgung hatten nacheinander gegen die junge Kirche
ſich erhoben; von einem zum andern ſchien die Wuth der Hölle
ſich immer nur zu mehren: zuletzt am Übergange vom dritten

zum vierten Jahrhundert hatte sie zum zehnten und letzten alle
ihre Kraft gesammelt; zehnjähriges Schlachten wüthete nun
durch die ganze römische Welt beinahe ohne Unterlaß; eine
ganze Christenstadt in Phrygien war mit allen ihren Einwohnern
darüber in Feuer aufgegangen: endlich mußte die Grimm-
entbrannte sich vom Starkmuthe der Christen besiegt erkennen.
Der Terrorism hatte zuletzt selbst das heidnische Volk mit Abscheu erfüllt, und als nun einst nach entsetzlichem Gemetzel in
Cäsaräa, bei heiterem Himmel und reiner klarer Luft, die Säulen am Porticus der Stadt zu tropfen begannen, und obgleich
weder Thau noch Regen gefallen, die Plätze und die Straßen
des Ortes wie mit Wasser sich übergossen zeigten; da ging die
Rede unter ihm; die Erde habe in unerklärlicher Weise Thränen vergossen, weil sie den verübten Frevel nicht länger ertragen könne, und damit sie dadurch den harten wilden Sinn der
Menschen bezähme. Das bezeichnete den Wendepunkt in der
Gesinnung der Zeit; die Umkehr trat ein, als in jener Welt-
schlacht das Christenthum gesiegt, und ein christlicher Imperator
den Thron besaß: die Schreckenszeit war abgelaufen, und die
entfesselten Scheusale, die die menschliche Natur in ihren Tiefen
beschließt, mußten sich wieder in den Abgrund stürzen.

Es konnte nicht fehlen, denen, die solche Kämpfe festen Muthes und unerschütterten Vertrauens kämpften, mußten auch
große Gnaden zu Theil werden: denn der, dessen Sache
sie zu der ihrigen gemacht, mußte auch die ihre zur seinigen
machen, und ihnen mit seiner Hilfe nahe seyn. Wenn die,
welche in der Einsamkeit sich eingeschlossen, langsam und Schritt
vor Schritt den Kampf mit dem Heidenthume des Fleisches und seinem verkehrten Willen kämpften, und nur im Verhältniß, wie sie in
dieser chronisch vorschreitenden Ascese weiter kamen, ihre Gaben
zugetheilt erhielten; dann mußten diese unter Martern und Foltern schneller und ruckweise der Vollkommenheit entgegenreifen. In
Schmerzen und Blutvergießen wurde bei ihnen rasch die Macht
des Blutes gebrochen, die Psyche entfesselt und gelöst, und in
einer schnell vorschreitenden Ascese so Leib wie Seele bereitet,
und jener höhern Gaben empfänglich gemacht. Nur in seinen
ersten Anfängen konnte daher dem Schmerze Gewalt über sie

gestattet seyn; waren diese erst einmal überstanden, dann traten schnell ecstatische Zustände ein, in denen der Stachel der Pein abgestumpft war, und höhere Tröstungen die Leidenden erquickten. Daher das den Heiden unbegreifliche Wunder, daß unter all ihren Martern die Gepeinigten oft keinen Laut von sich gegeben; ja nach Stunden von göttlichen Dingen zu reden angefangen. Bedeutend ist dafür das Wort, das die h. Felicitas gesprochen. Als sie im Kerker, eines Kindes genesend, über die Geburtswehen aufgeschrien, und der Kerkermeister ihr darüber gesagt: Wie willst du doch die größere Pein ertragen, wenn die geringere dir so nahe geht? hatte sie erwiedert: Dieser Schmerz ist mein Schmerz, der andere aber der des Herrn, und der wird mir ihn tragen helfen. Und ihr wie der Andern Vertrauen wurde nicht zu Schanden. Als sie den Märtyrer Sanctius, den die erste Folter ganz verzogen, nach wenig Tagen zum zweitenmale auf die Folterbank brachten, in Hoffnung, er werde es nimmer auszudauern vermögen; wurde er in dieser zweiten Marter plötzlich erhoben und aufgerichtet, und hatte seine vorige Gestalt und den Gebrauch seiner Glieder wieder zurückerhalten: gerade als ob diese zweite Peinigung, sagen seine Acten, durch ein Wunder der göttlichen Gnade ihm vielmehr Heilung als Versehrung gewesen. „Darum, berichtet der Brief der Kirche von Smyrna über den Martertod des h. Polycarpus, schien so Vielen Geißelschlag, Flamme und Folter angenehm und lieblich; und man hörte keinen Seufzer, wenn aus beiden Seiten das Blut herausfloß, die Eingeweide im geöffneten Leibe zu sehen waren, und selbst das Volk beim Anblick solcher Grausamkeit weinte. Denn der Herr, der Wächter und Hüter der Seelen, redete mit ihnen, linderte die gegenwärtigen Übel, und versprach ihnen, wenn sie aushielten, das Reich der himmlischen Krone.“ Darum tröstet der Märtyrer Victor nach den Acten seine Mitstreiter mit dem, was er selbst darüber erfahren. „Als ich, sagt er ihnen, auf dem Holze aufgehenkt, von unerträglichen Ängsten gepeinigt war, rief ich den barmherzigen Herrn mit Bitten und Thränen an, und siehe! plötzlich erblickte ich ihn, das himmlische Zeichen unserer Erlösung in der Hand tragend, und er sagte mir: Friede sey dir Victor, fürchte dich nicht, denn ich bin Jesus, der ich selbst die Schmach und Martern in meinen Heiligen leide! Auf diese Stimme war mir sogleich eine solche Kraft eingegossen, daß ich alle Martern für gar nichts achtete." Darum wird dem Märtyrer Flavianus, als er sich bei Cyprianus befragt, ob der Todesstreich schmerze, erwiedert: Dieser Leib empfindet gar nichts, wenn das Gemüth sich Gott ganz hingegeben hat. Darum dürfen wir uns nicht wundern: wenn die Acten der diocletianischen Verfolgung [1]) versichern, es seyen in ihr Weiber und Männer, von einer gewissen, göttlichen Freudigkeit ergriffen, die sich gar nicht ausdrücken lasse, selbst in den brennenden Scheiterhaufen hineingesprungen.

Es geschah aber wohl auch öfter, daß bei solcher Gelegenheit die Elemente und die wilden Naturen ihren wieder gekrönten Herrscher erkannten, und ihn lange nicht zu verletzen wagten. Von dem h. Polycarpus, einem der frühern Märtyrer, erzählt der Sendbrief seiner Kirche: als das Feuer des Scheiterhaufens unter ihm angezündet worden, hätten die Flammen einen krummen Bogen gebildet, dessen Spitzen an den Enden in ziemlicher Weite gleich dem Segel eines Schiffes ausgespannt, den Leib des Märtyrers sanft umschlossen; so daß das Element keines der Glieder verletzt. Der Leib selber erschien Allen in herrlicher Farbenpracht, wie gebackenes Brod, oder wie Gold und Silber, und ein Weihrauch- und Myrrhen- oder anderer köstlicher Salbengeruch verscheuchte den übeln Rauchdampf des Feuers. Er muß zuletzt mit der Lanze getödtet werden, und das Feuer wird dann sogleich durch das fließende Blut gedämpft. Der Märtyrer Pionius erscheint nach dem Tode, als ob er ganz neue Glieder bekommen hätte; er hatte schönere Haare, einen blühenden Bart; alle Glieder waren so wohlgestaltet, daß man ihn für einen Jüngling hielt. Denn das Feuer hatte seinen Leib verjüngt, aus seinem Angesichte leuchtete eine wunderbare Anmuth, und viele andere Zeichen englischer Wohlgestalt glänzten an ihm; so daß es den Christen Vertrauen, den Heiden aber Schrecken verursachte. Wie das Feuer, so versagt sich wohl auch das Wasser dem Grimm der Heiden, und das

---

[1]) Eusebius hist. eccles. VIII. B. c. 2.

Meer wirft unter heftiger Bewegung bei Cäsaräa die Leiche des
h. Apphianes wieder aus. Auch die allerblutdürstigsten Bestien
trauen sich, wie die Acten der diocletianischen Verfolgung berichten, eine Zeitlang nicht, die Leiber der Heiligen zu berühren,
und wenden sich wohl eher gegen ihre Aufreizer zurück. Bisweilen schossen sie wohl auf die ihrer Harrenden los; aber
gleichsam wie durch eine göttliche Kraft zurückgetrieben, ließen
sie wieder ab: so daß eine zweite und dritte auf sie losgelassen,
und mit Feuer und Eisen angestachelt werden mußten, bis sie
endlich anbissen; ob es gleich bisweilen auch so nicht gelungen,
und das Schwert alsdann enden mußte. Das Gleiche wiederholt sich nach dem Sendbrief der Kirche von Vienne, auch bei
den Märtyrern von Lyon; Blandina bleibt den ganzen Tag am
Pfahl gefesselt in Mitte der Thiere, keines wagt ihren Leib zu
berühren. Von den glühenden Stühlen, auf denen die Märtyrer langsam braten, geht den Heiden ein Übelgeruch, den Christen aber ein lieblicher Wohlgeruch aus. Auch die Prophetengabe besucht bisweilen die Leidenden. So liegt der h. Laurentius in Feuersgluthen auf dem Roste; sein Antlitz ist den Brüdern von Licht umstrahlt, und er weissagt nun vom Christenthum in Rom, und von der Zukunft eines christlichen Kaisers,
der die Elfenbeinthore der Göttertempel schließen werde.

Nicht minder ist den Bekennern auch die Gabe der Vision
verliehen. Nach dem Leben des h. Cyprianus, das Pontius
sein Diacon geschrieben, hatte der Bischof ein Jahr vor seinem
Tode ein Gesicht, in dem ihm sein Marterthum und die wesentlich dabei eintretenden Umstände seiner Verurtheilung offenbart
wurden. Auch Pionius sah im Gebete, er werde mit den Seinigen am folgenden Tage ergriffen werden, und umwindet daher, als die Zeit gekommen, sich und seinen Gefährten den Hals
mit einem Stricke, damit die Kommenden ihn schon gebunden
finden. In der Leidensgeschichte des h. Jacobus und Marianus, die um die Hälfte des dritten Jahrhunderts in Numidien
gelitten, sieht der zweite einen glänzend weißen Thron, auf dem
Einer wie ein Richter sitzt; gegenüber eine Bühne für die Bekenner, über die gerichtet wurde. Eine laute und ungemein
starke Stimme ruft: Bringe den Marianus herzu. Er besteigt

die Bühne; Cyprianus, zur Rechten des Richters sitzend, sagt
lächelnd zu ihm: Komm und setze dich zu mir. Er sitzt nieder;
die andern Schaaren werden verhört, und der Richter steht
dann auf, und sie führen ihn zu seinem Gerichtshof. Der Weg
aber geht durch anmuthige Wiesen, von freundlich grünen Auen
umkränzt; schlank zur Höhe aufsteigende Cypressen und himmelan-
strebende Pinien umgeben den Ort mit munterer Grüne, wie
mit einer Krone; in Mitte des Raumes aber gießt eine leuchtende Quelle ihr Wasser in vielen Strömen aus. Cyprianus
ergreift die Schaale, die am Rande des Brunnens liegt; füllt
sie in seinem Wasser, trinkt dann, und nachdem er sie nochmal
gefüllt, reicht er sie dem Gefährten; und dieser trinkt mit Lust,
dankt Gott und erwacht von seiner Stimme geweckt. Jacobus
hat an gleichem Tage ein ähnliches Gesicht. Er sieht einen
Jüngling von unsäglicher Größe und Stärke, dessen offenes
Kleid in so weißem Lichte glänzt, daß die Augen es nicht auszuhalten vermögen, dessen Gesicht dabei über den Wolken steht,
während die Füße die Erde nicht berühren. Er wirft zwei pur-
purne Gürtel, den einen ihm, den andern dem Gefährten in
den Schooß, und sagt: Folget mir geschwinde! Andere Gesichte
sehen die schon Verherrlichten jenseits freudenvoll das Liebes-
mahl halten; ein Knabe aber, mit dem Palmenzweig in der Hand
und der Rosenkrone auf dem Haupte, bewillkommt die Schauenden und kündet ihnen an: Morgen werdet ihr mit uns das
Abendmahl halten! Zu den Hungernden im Gefängniß kommt
ein Jüngling von wunderbarer Größe, eine Schaale in jeder
Hand, mit Milch gefüllt, und tränkt und speist die Verschmachtenden; die Schaalen aber nehmen nicht ab. Als Montanus
im Kerker mit dem Julianus einen Wortwechsel hat, wird ihm
in derselben Nacht eine Offenbarung. Er kommt mit den Gefährten an einen hellen Ort; ihre Kleider werden weiß; ihr
Fleisch wird ganz verändert, noch weißer als das Gewand; und
dabei so durchsichtig, daß man das Innerste des Herzens sehen
kann. Er blickt nun auch in seine Brust, bemerkt dort einige
Schmutzflecken, und versteht, daß sie davon gekommen, weil er
mit Julianus nicht friedlich gewesen.

Vor vielen andern merkwürdig sind die Gesichte der heil.

Perpetua, weil die Heldenjungfrau sie selbst umständlich im Ker= ker aufgeschrieben, und weil ihr authentischer Bericht, bekräf= tigt durch das Zeugniß der Mitlebenden, überdem auch Be= glaubigung gefunden durch das Zeugniß der Kirche, die ihn in den Versammlungen der Gläubigen vorzulesen verordnete; wo= bei er dann für uns in seinen Hauptmomenten wieder durch die Reden, die Augustinus bei dieser Gelegenheit abgehalten, noch weitere Bestättigung erlangt. Geboren gegen das Ende des zweiten Jahrhunderts, in einer der Vorstädte Carthago's, von edlem Geschlechte, war sie im J. 202, etwa 22 Jahre alt, verheirathet, und hatte, als unter Geta die Verfolgung ausbrach, ein säugendes Kind. Die Ältern und ein Bruder lebten noch, ein anderer war gestorben; der Vater hat Alles aufgeboten, um sie von der Taufe abzuhalten: sie aber läßt sich nicht abwendig machen; wird in die Christengemeine auf= genommen, und sofort ergriffen und mit einigen Andern in den Kerker geworfen. Hier steht sie furchtbare Hitze aus, das Kind verschmachtet beinahe an ihrer Brust, bis endlich der Bruder ihr größere Freiheit erkauft. Darauf sagt der Bruder zu ihr: Du bist schon in großer Gnade, und so, daß du eine Offenbarung erbitten kannst, und dir gezeigt werde, ob wir zum Leiden kommen, oder frei werden. Sie verspricht es ihm treulich, begibt sich ins Gebet und sieht nun eine goldene Leiter von wunderbarer Höhe, bis zum Himmel reichend; aber so schmal, daß nur immer Einer allein hinaufsteigen konnte: an ihrer Seite aber sind Schwerdter, Lanzen, Angeln, Haken befestigt; so daß wenn Einer saumselig im Steigen nicht immer zur Höhe blickte, er davon zerrissen und verwundet wurde. Unter der Leiter aber liegt ein ungeheurer Drache, der den Aufsteigenden Fallstricke legt, und sie von ihr wegzuschrecken sucht. Es stieg aber Saturus zuerst herauf, der damal noch nicht gefangen lag, aber dieses Vorzugs genoß, weil er später sich freiwillig überlieferte; er kam bis zur Höhe, gewendet gegen die Schauenden spricht er sofort: Perpetua, ich warte deiner, aber sieh zu, daß der Drache dich nicht versehre! Er wird nicht schaden im Namen des Herrn, erwiedert sie; das Unthier aber, als ob es die Heranschreitende fürchte, hob sich langsam;

sie aber, die erste Stufe der Leiter betretend, trat ihm auf das
Haupt, und stieg nun muthig weiter. Oben thut sich der Stau-
nenden die unermeßliche Weite eines Gartens auf, und in Mitte
desselben sieht sie einen eisgrauen Mann sitzen, im Gewande
eines Hirten; der war groß und melkte die Schaafe, und um
ihn her standen viele Tausende Weißgekleideter. Er erhebt das
Haupt, und sie ansehend, sagt er: Bis willkommen, Tochter!
ruft sie dann zu sich, und gibt ihr von dem Käse, den er
gemolken, ein kleines Stück; sie nimmt es mit zusammenge-
fügten Händen, und ißt; und Alle, die herumstanden, sprechen
Amen! Auf den Laut dieser Stimmen erwacht sie sofort noch
essend an dieser, sie weiß nicht welcher Art von Süßigkeit; und
wie sie dem Bruder erzählt, was sie gesehen, erkennen Beide,
daß ihnen Leiden bevorstehe.

Sie haben in dieser Auslegung nicht geirrt; denn sie werden nach wenig Tagen verhört, und verurtheilt, den wilden
Thieren vorgeworfen zu werden. In dem Kerker hat sie darauf nach wenig Tagen das zweite Gesicht. Im Gebete kommt
ihr plötzlich das Andenken ihres verstorbenen Bruders Dinocrates in den Sinn, und sie senfzt um ihn zu dem Herrn. In
der Nacht sieht sie darauf diesen Bruder aus einem finstern
Ort, wo Viele beisammen waren, herausgehen; ganz erhitzt
und lechzend vor Durst, mit schmutzigem Angesicht und bleich,
mit der Wunde, die er hatte, als er sieben Jahre alt am
Gesichtkrebse elend gestorben, allen Menschen ein Entsetzen.
Zwischen ihr und ihm fand sich ein großer Zwischenraum, so
daß die Geschwister nicht zu einander konnten; an dem Orte
aber, wo Dinocrates weilte, stand ein Teich voll Wasser, der
aber einen höheren Rand hatte, als der Knabe groß war.
Dieser streckt sich aus, als ob er trinken wolle; sie aber erwacht, und erkennt nun, daß ihr Bruder leide, vertraut aber
auch, daß ihr Gebet seinen Leiden abhelfen werde, und sie
betet nun Tag und Nacht für ihn mit Seufzern und Thränen.
Nun wird sie wieder hellsehend, und der Ort, den sie zuvor
finster gesehen, ist ihr jetzt erleuchtet, der Bruder aber mit rei-
nem Leibe, gut gekleidet und behaglich; wo die Wunde gewesen, ist nur noch eine Narbe zurück; der Teich hat jetzt einen

niederern Rand, daß er nur bis zur Mitte des Knaben reicht; es stand auf ihm eine Schaale mit Wasser gefüllt, und der Knabe fing an zu trinken, und die Schaale nahm nicht ab. Er ging dann gesättigt vom Wasser weg, um nach Art der Kinder fröhlich zu spielen; und da sie erwacht, erkennt sie, daß er aus der Strafe entlassen war.

Am Tage vor dem Kampfe wird ihr nun das dritte Gesicht. Sie sieht den Diacon Pomponius, im weißen Kleide mit Glöckchen behangen, der heftig an die Kerkerthüre klopft, und als sie herausgeht, zu ihr sagt: Komm, wir erwarten dich! An seiner Hand geht sie durch rauhe, unebne Wege; beim Amphitheater angekommen, führt er die Athemlose mitten auf den Kampfplatz, und sagt: Fürchte dich nicht, ich bin bei dir, und helfe dir streiten, worauf er von dannen geht. Sie aber, aufsehend, gewahrt eine ungeheuere versammelte Volksmenge, und wundert sich, daß immer noch kein Thier auf sie losgelassen wird. Da geht aber ein Ägyptier von wilder Gestalt gegen sie heraus, um mit seinen Helfern gegen sie zu kämpfen; sie ihrerseits hat auch Hilfe, zwei Jünglinge kommen ihr beizustehen. Sie nun, zum Kampfe entkleidet, und mit Öl gesalbt, wird wie ein Mann; während der Ägyptier seinerseits sich im Sande wälzt. Bald findet sich eine Gestalt hinzu solcher Größe, daß sie über die Höhe des Amphitheaters hinausreicht; ihr Kleid ist schön, unter der Brust der Purpur zwischen zwei Gürteln, mit Glöckchen von Gold und Silber besetzt. Der Kommende trägt einen Stab, wie ein Kampfherold, und einen Zweig mit goldenen Äpfeln besetzt, und nachdem er Stille geboten, sagt er: Dieser Ägyptier, wenn er diese überwindet, wird sie mit dem Schwerdte tödten; wenn sie aber ihn besiegt, wird sie diesen Zweig erhalten. Er tritt darauf ab, und der Faustkampf beginnt. Der Gegner sucht ihr die Füße zu fassen, sie aber schlägt ihm mit den Fersen das Angesicht, wird in die Luft gehoben, und schlägt ihn immer so, als ob sie die Erde stampfte. Sie ersieht darauf ihre Gelegenheit; schlingt, Finger in Finger fügend, die Hände zusammen, und faßt sein Haupt, daß er auf sein Angesicht fällt, worauf sie ihm den Kopf zertritt. Das Volk beginnt zu rufen, und ihre Beschützer zu preißen; sie aber geht zum Kampfherold und empfängt den Zweig, und er küßt sie und sagt: Tochter, der Friede sey mit dir! Sie geht nun im Triumphe zu dem sanavirarischen Thore, erwacht und erkennt bald, daß sie nicht gegen Thiere, sondern gegen den Teufel streiten, der Sieg aber ihr zu Theil werden würde.

Das sind die Gesichte, in einfach edler, antiker Haltung aufgefaßt, die die Jungfrau vor ihrem Hingange gesehen. Im ersten besteigt sie die Jacobsleiter des neuen Bundes, die von dem Drachen in der Tiefe bis hinauf zum Alten der Tage im Himmelsgarten reicht; und erhält von ihm, nachdem sie durch die Marterwerkzeuge hinschreitend die Reinigung erlangt, in der Eucharistie die mystische Weihe. Die Kraft dieser Weihe bewährt sich dann im zweiten Gesichte, wo sie durch ihr Gebet den Bruder im Reinigungsorte selber wieder reint und befreit. Im dritten wird ihr dann Kampf und Sieg vorgebildet; der Drache will ihr in die Ferse stechen, sie aber zertritt sein Haupt. Der Preis des Sieges und der Glorie, an den errungenen Zweig vom Baume des Lebens geknüpft, ist dann in einem vierten Gesichte ausgelegt, das dem unterdessen gleichfalls verhafteten Saturus zu Theil geworden. Sie hatten, so schien es ihm, Alle ausgelitten; gingen nun aus dem Fleisch heraus, und wurden von vier Engeln, nicht liegend, sondern aufgerichtet, als ob sie einen sanften Hügel hinanstiegen, in den Orient getragen. Sie sahen nun schon das erste unermeßliche Licht, und Saturus sagt zur Perpetua an seiner Seite: Das ist, was uns der Herr verheißen; wir haben die Verheißung empfangen. Bald öffnet sich ihnen ein weiter Raum, gleich einem Lustgarten voll Rosenbäumen und allen Arten von Blumen; die Bäume sind hoch wie Cypressen, ihre Blätter aber rieseln unaufhörlich zur Erde nieder. Dort empfangen vier Engel, herrlicher denn die andern, die Kommenden mit den Worten: Sieh, sie sinds! und erweisen ihnen alle Ehre. Abgesetzt von denen, die sie getragen, durchschreiten sie nun den Raum auf breitem Wege; finden dort die Vorangegangenen, und werden von den Engeln zum Herrn hineingeführt, in einem Orte, dessen Wände sind, als ob sie von Licht erbaut

wären, und an deſſen Eingang vier andere Engel in weißen
Stolen ſtehen. Auch ſie gehen bekleidet hinein; ſehen ein un-
ermeßlich Licht, und hören eine vereinte Stimme, die unaufhörlich heilig! heilig! heilig! rief. In Mitte des Ortes aber
ſitzt ein alter Mann, jugendlichen Angeſichtes, und mit ſchnee-
weißem Haare; ſeine Füße ſind bedeckt; vier und zwanzig
Älteſte ſtehen zu ſeiner Rechten und Linken, und hinter ihm
noch viele andere. Sie harren nun in Verwunderung vor dem
Throne; die vier Engel heben ſie auf, ſie küſſen ihn, und er
wirft es ihnen von ſeiner Hand zurück. Die übrigen Älteſten
aber ſagten: Wartet! und ſie geben ihnen den Friedenskuß
und ſagten dann: Gehet nun und ſpielet! Saturus ſagt darauf zur Perpetua: Du haſt nun, was du verlangſt; ſie aber
erwiedert: Gott ſey Dank! wie ich auch im Fleiſche fröhlich
war, ſo bin ich hier noch fröhlicher.

Das ſind die vorzüglicheren Erſcheinungen dieſer Märtyrer
Saturus und Perpetua, wie ſie dieſelben ſelbſt beſchrieben haben. Und es erging, wie ſie geſehen hatten. Saturus wird
von einem einzigen Biſſe eines Leoparden niedergeworfen. Perpetua von einer wüthenden Kuh auf die Hörner gefaßt, flicht
ſchon gepackt die Haare in einen Bund zuſammen, weil es
nicht ziemte, daß ein Märtyrer mit fliegendem Haare litte,
damit es nicht ſcheine, als ob er in ſeiner Ehre trauere; alle
werden dann in das ſanavirariſche Thor zurückgeführt, und
dort von den jungen Gladiatoren vollends mit dem Schwerdte
hingerichtet.

6.

Die ſpeculative Myſtik des früheren Chriſtenthums.

Während die neue Lehre, in ihren Märtyrern ſiegreich,
jenen harten Streit mit der gegen ſie gewaffneten Brutalität
geſtritten; hatten die einſichtigeren Freunde der alten Ordnung,
die dieſe Gewaltthätigkeit mißbilligten, dem Chriſtenthum vom
Beginne des dritten Jahrhunderts an einen anderen geiſtigen
Kampf bereitet, den es gleichzeitig mit den Verfolgungen, und
noch Jahrhunderte hernach, als ſie längſt geendet, durchzu-

kämpfen sich gedrungen fand, die neuplatonische Lehre
nämlich. Von Ammon Sacas, der, früher dem Christenthume
angehörend, später von ihm abgefallen, in Alexandria gegründet, und durch Plotinus, Porphyrius, Jamblichus fortgebildet;
dann auf Julians Veranlassung durch Chrysanthius und Plu-
tarchus nach Athen hinüber verpflanzt, und an dieser Stätte
durch Syrianus und Proclus weiter geführt; hatte sie dort
wie hier in allen diesen Geistern, die Restauration des Heidenthums und die Bestreitung der christlichen Neuerungen, sich zum
Ziel gesetzt. Die alte Überlieferung, wie sie durch Tempel,
Staat, Schule, Leben, in viele Zungen gespalten, durchgegangen, sollte in ihrer Einheit ergriffen, in ihrer Reinheit wiederhergestellt, und in ihrer allbefassenden Universalität nachgewiesen, die beschränkte Dürftigkeit jüdisch christlicher Lehre weit
überbieten, und ihre schlichte Einfältigkeit unter ihrer Pracht
und Fülle erdrücken. Es mußte vor Allem dem Werke ein
ächt antiker Grund gesucht werden, über dem man mit Sicherheit den tragenden Pfeiler, die Säule des ganzen Hauses,
errichten konnte, und da es nun durchgängig Griechen waren,
die, im Gefolge alter Weltherrschaft, das Werk förderten; so
mußte sich ihnen von selber die alt orphisch-pythagoräisch-
platonische Lehre zu diesem Zwecke bieten. Sie hatte in ihren
Ursprüngen im Orient gewurzelt, und gestattete also leicht wieder eine Zurückbildung in diese ihre Ursprünge; und so mußten Zoroaster, die Vedalehre, der Chaldäer alte Orakel, die
Weisheit der Syrier, Hermes der Dreimalgroße und der andern, sonst verachteten Barbaren, Priesterlehren, eingehen in den
dogmatischen Syncretism, der sich um jene Mitte zusammenfügte. Pantheistisch religiösen Grundanschauungen gesellten nun
von selber auch pansophische sich bei; aller getheilten Schulen
Lehren mußten eben so um die Grundlehre sich zusammenschließen: um so mehr, da in der peripatetischen schon die meisten
gleichartigen früheren geeinigt lagen. Der Staat konnte aus
dem gleichen Grunde, derselben Einigung und Reinigung zur
Wiedergeburt, sich nicht entziehen. Auch hier bot der platonische Idealstaat das Musterbild, an das sich die andern Poli-
täen fügen mochten; und so wollte Plotinus, bekanntlich in

diesem Versuche vom Kaiser Galienus gefördert und begün=
stigt, schon auf römischer Erde den Musterstaat anlegen, wie
später die von Athen flüchtenden Platoniker ihn bei Chosroes,
im alten wiederhergestellten Lichtland Iran, zu finden glaubten.
Dieser Staat sollte dem Weltstaate sich einfügen, wie dieser
dem Gottesstaate; weil, wie Alles von dem einen und selben
Urwesen ausgeflossen, es auch nothwendig sich in ihm unter
dem gleichen ethischen Gesetze, zusammenfügte. Vorschule für
das höhere aber sollte das, in diesem Gesetze in solcher Ord=
nung, erleuchtete Leben für die Seele seyn. Denn diese, aus
einem besseren Zustand in den Körper des Leibes hinabgewor=
fen, weil sie durch eigene Fehle vom Seyenden zum Nicht=
seyenden sich abgewendet, mag nur durch Wiederabsehen von
dem, was ihr die Fessel bereitet, die Freiheit wieder sich er=
werben. So muß sie also durch fortdauernde Reinigung eines
besseren Zustandes sich würdig machen, wo sie dann, in acht
Graden aufsteigend, durch die theurgische Einigung zur göttli=
chen gelangt. Man sieht, es ist der gleiche Geist, der jetzt
nach anderthalb Jahrtausenden aufs Neue aufgetaucht, und
zur Bestreitung der Lehre noch einmal dieselben Mittel, nur in
erweitertem Maaßstab, aufgeboten. Derselbe pantheistische Alka=
hest soll Gott und die Welt, Himmel und Erde, alle Substan=
zen und Formen in eine durchsichtige Gallerte auflösen, in die
die Mythen und Religionen aller Zeiten und aller Völker zer=
gangen, die Philosopheme aller Schulen und Secten zerflossen,
und die die politischen Formen aller Culturstufen in sich aufge=
nommen. Darüber will der Menschengeist dann brütend schwe=
ben, wie früher der Geist von Oben das alte Chaos bebrütet,
und es soll dann unter ihm sich zusammenthun und zusammen=
fügen, wie wenn Metallbäume in den chemischen Auflösungen
erwachsen; damit aus allen Religionen eine alle umfassende
Vernunftreligion sich erhebe, getragen von dem Idealstaate
einerseits, und andererseits auf das Wissen alles Wissens, den
ersten philosophischen Grundsatz, und zum dritten auf den
selbstgegebenen und selbstgenommenen kategorischen Imperativ
gegründet. Ist dann erst die verhaßte Lehre, die in den ersten
Anfängen der alten Ordnung schon getrieben, und mit allen ihren

Formen sich unaustilgbar verschlungen und verwachsen findet,
unter ihren Trümmern erst begraben; dann sollen die Wissenschaf=
ten, besonders die physischen, den Ausbau der neuen vollenden;
die Künste sollen sie mit ihren Hervorbringungen ausschmücken,
und die Industrie soll für Wohlleben und Bequemlichkeit Sorge
tragen.

Wenn damals, wie jetzt, die Masse der verneinenden Gei=
ster ethisch sich in Epicuräer, die die Emanzipation des Fleisches
verlangten; und in Stoiker theilten, die die Emanzipation des
Geistes vorzogen: dann nahmen die Gründer der neuen syn=
cretischen Lehre allerdings die Sache tiefer; sie wollten nicht
hinter den damaligen Christen und dem Ernste ihres Lebens
zurückbleiben, und so finden wir aufgezeichnet, wie die Häup=
ter jener Schule einer Art von philosophischer Ascese sich hin=
gegeben, und in Ehelosigkeit, Fasten, Gebet und andern Übun=
gen ein streng enthaltsames Leben geführt. Dies ernstlich und
gründlich getrieben, mußte sie bald durch die Naturmystik in
die mystischen Gebiete einführen, und in Naturen, die dessen
empfänglich waren, ein mehr oder weniger gesteigertes Hell=
sehen mit allen daran sich knüpfenden Erscheinungen entwi=
ckeln. Diese Erscheinungen waren, wie man weiß, dem gan=
zen Alterthum gar wohl bekannt. Ammianus Marcellinus,
K. G. L. XXI. I., hat die Meinung seiner Zeit über diese räth=
selhaften Phänomene in wenig Worten ausgesprochen, wenn er
unter andern sagt: „Auch der Menschen Herzen, wenn sie er=
glühen, thun Zukünftiges kund, und reden Göttliches. Denn
die Sonne, die Intelligenz der Welt, wie die Physiker sagen,
die die besonderen Intelligenzen wie Funken aus ihrem Wesen
ausgestrahlt; wenn sie dieselben heftiger entzündet, weckt in
ihnen dies Schauen des Künftigen. Darum bezeugen die
Sibyllen von sich, wie sie, von der Gewalt der Flammen er=
griffen, gar oft entbrannten. Auch der Geist der Elemente,
aller unverwüstlichen Körper Bewegungen zum voraus fühlend,
und die substanzialen Gewalten, wenn durch die Disziplin der
Gebräuche gewonnen, strömen wie aus unversiegbaren Quell=
adern dem Menschengeiste prophetische Worte zu, denen die
Themis vorsteht, der die alten Theologen daher einen Sitz

auf dem Throne des Zeus angewiesen." Das ganze Orakelwesen der heidnischen Zeit war auf diese Beziehungen, die der
scharfe Natursinn desselben ausgefunden, gegründet; und man
darf nur jenen Bericht des Römers, der die delphische Prie-
sterin, einer der Letzten besucht, über ihr Verhalten auf dem
Dreifuße, lesen, um die tiefe Einwirkung jener Naturmächte
auf ihren Organism leicht zu erkennen. So wird es uns denn
nicht Wunder nehmen, wenn im Leben jener Platoniker mancherlei mystische Anklänge uns vernehmlich werden. Von dieser Art ist, was von Plotinus berichtet wird: Olympius von
Alexandria, aus Neid gegen ihn, habe durch magische Künste
seinen Verstand zu binden und zu verwirren gesucht; aber von
seiner übermachtvollen Seele seyen alle gegen sie gerichteten
Kräfte abgeprallt, und gegen den Angreifenden zurückgeschnellt;
so daß nur sein Leib durch Beklemmungen die Wirkung davon
verspürt. Von einem ägyptischen Priester ging die Rede, er
habe im Tempel der Isis zu Rom seinen Genius beschworen;
und sey erstaunt, als an der Stelle eines Geistes der niedern
Ordnung, wie er erwartet, ein Gott erschienen. Immer in
realer Gemeinschaft mit der Geisterwelt, hatte er unmittelbare
Vereinigung mit dem höchsten Wesen zum Ziele seines Lebens
sich gesetzt, und viermal wurde ihm diese, nach der Außsage
des Porphyrus in der Biographie, die er von ihm geschrieben,
während der Zeit, als er mit ihm lebte, und zwar in unaussprechlicher Weise zu Theil; was ihm, dem Lebensbeschreiber,
nur einmal in seinem 68ten Jahre kurz vor seinem Tode gegönnt war. Sterbend sagte Plotinus: Ich suche so eben den
Gott in mir zu der im Universum befindlichen Gottheit zurückzuführen; und als in diesem Augenblicke eine Schlange unter
dem Bette hervor geisterartig, durch eine in der Wand befind-
liche Öffnung, entschlüpfte, glaubte man in ihr die sichtbare
Hülle des göttlichen Wesens zu erblicken, das sich dem Sterbenden entwand. Vom Jamblichus, von den Zeitgenossen der
Wunderreiche genannt, erzählte man, er werde beim Gebete
immer zehn Fuß über die Erde gehoben, und die Haut wie
das Gewand des Betenden nehme dann eine Goldfarbe an; während man zugleich viel Redens von der Strahlenkrone machte, die

das Haupt des Proclus umkreise, und von den Heilungen, die
er erwirkt. In allen diesen Sagen mochte irgend ein Grund des
Wahren seyn, an das man denn anknüpfte, was man aus dem
Christenthume herübergenommen; um dies mit seinen eigenen
Waffen auf eigenem Grunde zu bekämpfen, und über der Kirche
ein sie überragendes Werk zu erbauen.

Die Vertheidiger der angegriffenen Lehre suchten in zweifacher Weise dem Angriffe zu begegnen. Die einen verfuhren
polemisch gegen die neue Doctrin: bald die Unstatthaftigkeit
mancher Voraussetzungen, dann wieder die Willkürlichkeit ihrer
Deutung alter Mythen und Philosopheme; nun die Gewaltthätigkeit bei Einigung entgegengesetzter Prinzipien nachweisend;
oder auch in noch tieferem Eindringen die pantheistischen Grund-
irrthümer und die verderblichen Consequenzen derselben auf-
deckend. Die andern aber, an dem Irrthümlichen, Gekünstelten,
und Sophistischen vorübergehend, und sich nur an das in ihr
unläugbar enthaltene Wahre haltend, setzten auseinander: wie
das Christenthum in seiner Einfalt das Alles gründlicher, klarer
und reiner in sich befasse; wie es den unendlichen Reihen gegenüber, mit denen die Wissenschaft, nach der Beschränktheit des
Geistes, annähernd allmälig die Wahrheit zu gewinnen sich
mühe, überall den runden, rationalen Ausdruck selbst besitze,
gleichsam die Quadraturen aller ihrer Curven. Sie urtheilten
dem gemäß, daß allein ihm, und nicht irgend einem Gebilde
menschlicher Weisheit die Stelle in der Mitte gebühre; und daß
nur dann der gesuchte Syncretism gelingen könne, wenn es
diese ihm zukommende Stellung erst eingenommen. Clemens
von Alexandria, Origenes, Synesius und Andere hatten, zum
Theil nicht ohne Gefahr für den noch nicht scharf umgränzten
Lehrbegriff, Versuche dieser letztern Art gemacht; während die
Polemischen in der ihrigen sich gleichfalls mit Glück versucht.
Aber es fehlte noch an einem Geiste, der, die Sache bei der
Mitte fassend, und sie bis zum Umkreis hin beherrschend, auf
christlichem Grunde ein Werk erbaute, das jenes Pantheon der
Schule, ohne aus der christlichen Einfalt herauszugehen, an
Höhe und Tiefe überbietend, und von der Lehre mit Ausschluß
ihrer Irrthümer nur die Wahrheit in sich aufnehmend, und sie

zugleich nachweisend und begründend, ihr alle ihre Gefährlich=
keit benahm. Ein solcher Geist wurde dem angefochtenen Chri=
stenthum im Beginne des Vten Jahrhunderts geweckt. Sein
Werk mußte mystischer Art seyn; weil es die innersten Mysterien
christlicher Lehre in sich beschließen sollte. Der Grund war ihm
gegeben, und in die Schriften alten und neuen Bundes gelegt;
der Weg der Deutung wurde dann durch die kirchliche Überlie=
ferung gewiesen. Wie aber nun die heidnische Doctrin sich an
Plato, als den genügendsten Ausdruck ihrer Weisheit geknüpft;
so mußte die christliche gleichfalls einen solchen Ausdruck ihres
zunächst mystischen Inhaltes suchen. Sie grundvestete wohl zu
allerletzt im Logos: weil dieser aber die Vielseitigkeit seiner
Lehre durch vielfache Organe der Apostel ausgegossen; so mußte
aus der Mitte derselben, da es vorzüglich um speculative My=
stik sich handelte, keiner als passender zu diesem Zweck erschei=
nen, als der Apostel Paulus, der zuerst die speculative Tiefe
der Lehre aufgedeckt, und dabei in seiner Wahl und Führung
selbst gar viele mystische Bezüge entwickelt hatte. So wurde denn
er als der erste Mittheiler der Erleuchtungen begrüßt; als der
andere aber, in dem sie Wort und bleibende Gestalt gewonnen,
Dionysius der Areopagite, den der Heidenapostel bekehrt,
und dann zum ersten Bischof von Athen geweiht; eben desselben
Ortes, wo jene attische Weisheit in alter Zeit ihre Pflege er=
langt, und wo in Proclus noch jetzt jener feindliche Syncre=
tism blühte. Die Sprache hatte schon in der Schule sich fest=
gestellt, und durfte nur durch einige, das Überschwengliche aus=
drückende Wortverbindungen, erweitert werden. So war Äuf=
serlichkeit und Form gegeben, und nun konnten die Bücher ent=
stehen, die unter dem Namen des Areopagiten auf uns gekommen.

In Bezug auf den Inhalt mußten diese Bücher ihren Aus=
gang nehmen von der Macht, die, in ihrer Sprache alles Seyns,
und Wohlseyns Ursache, eben darum die vollkommene Vorsehung
ist; und die auf Alles sich erstreckend, in Allen ist, Alles umfaßt,
und wiederum nichts in nichts, an keinem Theil nimmt; sondern
über Allem erhaben, sie selbst in sich selbst auf gleiche Weise
ewig seyend, bestehend, immer sich gleich verhaltend, nie aus
sich herausgehend, noch auch ihre Stellung, ihr unbewegtes Be=

harren aufgebend; ewig stehend und bewegt, und weder stehend noch bewegt; Vorsorge im Beharren, Beharren in Vorsorge natürlich und übernatürlich zeigt: die Gottheit nämlich. Wie nun die Schule die alten Mysterien, insbesondere die des Dionysos, der ihr auch ein leidender und zur Unterwelt hinabgestiegener Heiland gewesen, und im Mischbecher das Heil gemischt, in den Umkreis ihres Syncretismus hineingezogen; so knüpfen auch die Bücher des Areopagiten ihre Anschauungen von jener Gottheit, an den Kelch des Welterlösers, der den Mittelpunkt aller christlichen Mysterien bildet. Er selbst, nun rund und unbedeckt, ist ihnen Symbol der durch Alles dringenden anfangs= und endlosen Vorsehung, und wie diese obgleich auf Alles sich erstreckend, doch in sich selbst in unbeweglicher Einerleiheit verharrt, und besteht; so auch steht ihnen dieser Becher fest und dauernd[1]). Also in seiner Rundung gefestet, befaßt er aber zweifache Speise: eine dauernde und feste, und eine flüssige und ausgegossene; jene ein Zeichen geistiger Vollkommenheit und Einerleiheit, feststehender, ungetheilter Weisheit in Gott wie von Gott; diese aber, die sich aus ihm ergießende Strömung, die Alles zu durchdringen ausgegangen, um durch Mannigfaltiges und Getheiltes das Eine auszudrücken. Wie aber nun Gott in seiner Unbeweglichkeit zugleich Ausgang ist und Ziel dieses Ergusses; so werden in ihm zwei Strömungen sich finden: eine, die, vom Stehenden ausgehend, in das Mannigfaltige sich öffnet; die andere, die von diesem zu jenem zurückführt, und aus dem Getheilten die einfache Gotteserkenntniß wiederherstellt. Die Schriften also, die von dieser Erkenntniß handeln, werden in drei Abtheilungen zerfallen: deren erste vom Unbeweglichen redet, es fassend in seinem Bestande und wie es sich zum Ausgang rüstet; die zweite wird dann diesem Ausgang selbst bis zur äußersten Entfaltung folgen; während die dritte die Rückkehr betrachtet und bis zur Wiederaufnahme in das stehende Eine sie begleitet.

Der ersten Abtheilung gehörten vor Allem die verloren gegangenen theologischen Unterrichtungen an, die recht

---

[1]) Neunter Brief an den Hierarchen Titus §. 3.

von der Mitte ausgehend, über die göttliche Wesenheit, ihre
Einheit und Dreiheit in Vaterschaft, Sohnschaft und Geistigkeit,
und ihre Dreieinigkeit sich ausbreiteten, und nachwiesen: wie
aus dem unkörperlichen und theillosen Guten die drei Lichter
der Güte aufgestrahlt, und in ihm und in sich selbst gegenseitig
seyend, in dem Auffeimen des mitewigen Beharrens, ohne aus
sich herauszugehen, bleiben; zugleich aber in einem der Ihrigen
in die menschliche Natur eingegangen. Göttliche Hymnen,
wahrscheinlich in der Art derer, wie sie Synesius gesungen, und
hier, wie es scheint, dem Hierotheus, — dem Mittelgliede zwischen
dem Apostel und dem Areopagiten — beigelegt, sangen dann den
Preiß des gefundenen neidlosen Guten [1]. Ist aber der in seiner Beharrlichkeit ruhende Urgrund festgestellt; dann kann die
Betrachtung weiter schreitend ihn erfassen, wie er sich zum Ausgang rüstend, und noch an der Gränze des Insichseyns und
des Außersichseyns stehend, einen vergleichenden Blick auf die
Natur beider Zustände gestattet. Dies ist im Buche von den
Namen Gottes geschehen. Namenlos in jener Insichselbst-
beschlossenheit, steht er jetzt im Begriffe allnamig zu werden; und
erwägend nun, wie alle Namen, im Einzelnen verfolgt, in dem
wurzeln, was über allen Namen steht, gleichwie die Radien im
raumlosen Mittelpunkte, kann die Anschauung sich selbst den Übergang aus dem ruhenden Einen in das strömende Viele vorbereiten. Wesentlich sich mittheilende Güte, ist daher der Urgrund;
der Vorseyende, alles Seyenden Anfang und Ende, jenes
als Ursächer, dieses aber als Gränze: somit also wie anfangs-
los, mittellos und endlos; so selbst in sich weder in einem der
Seyenden, noch selbst ein Seyendes. Obgleich als Leben Allem Leben gebend, ist er selbst doch als Lebenswesenheit über-
lebendig, und urlebendig. Als Weisheit ist er aller Weisheit
Spender; die einfache wesentliche Wahrheit, in allem Wissen

---

[1] Der Commentar des Pachymeres in der verdienstlichen Ausgabe der
Schriften des Areopagiten, die Corderius gemacht, Vol. I. p.
XLIII. zählt diese und die andern verlornen Schriften auf, und
versichert nach dem Vorgange des Maximus, daß sie sich alle in
der römischen Bibliothek befunden.

gewußt, und doch nicht zu wissen noch auch zu erkennen. Als Kraft ist er Ursacher der Kraft; in seiner Macht über der Ur= kraft stehend, und in dieser seiner Kraftfülle wieder unausiprech= lich und undenkbar. Eines ist er, weil er Alles einig ist nach der überschwenglichkeit der Einheit, und darum aller Vielheit und Einheit vorgeht; und so nun mag er mit allen andern ihm ziemlichen Namen genannt werden: aber nur auf die Bedingung hin, daß man ihn in Mitte der Vielnamigkeit als den Namen= losen erkennt. Alle diese, auf die heiligen Bücher gegründeten Ausführungen, sind der Lehre der Schule, von der Gotteswesen= heit und der Spaltung derselben in drei göttlichen Emanatio= nen, entgegengesetzt.

Es beschäftigt sich nun die zweite Folge dieser Bücher mit dem Ausgehenden; in seinen verschiedenen Gliederungen, nach ihrer allmäligen Stufenfolge es betrachtend. Den allge= meinen Umriß dieser Gliederung hat wahrscheinlich das Buch von den geistigen und sinnlichen Dingen gezeichnet. Denn das höhere Göttliche hat sich in äußerer Darstellung zwei= fach symbolisch verhüllt; einmal in der unsichtbaren, und zum andern in der sichtbaren Welt. Der ersten hat denn die Betrachtung auch zuerst im Buche von der himmlischen Hierarchie sich zugewendet. Hier werden diese Hierarchien aufgeführt, nach ihrer eigenen Offenbarung in den heiligen Schriften, und dann die Bilder ausgelegt, in denen diese Schrif= ten die himmlischen Ordnungen darstellen. Wie nun Hierarchien heilige Ordnungen sind, und dem Gottgestaltigen so viel mög= lich angeähnlichte Wirksamkeiten, und ihr Ziel möglichste Einigung mit Gott; so zerfallen sie, je nach ihrer Annäherung zu diesem Ziele, in viele Stufenordnungen, die die heiligen Schriften mit neun erklärenden Namen benannt, welche das Buch in drei an= steigende Schaaren zusammenfaßt. Wärmende Seraphim, gottschauende Cherubim, gotttragende Throne sollen die erste Schaar zusammensetzen; die ungezwungenen, an der herr= schenden Gottgestalt theilnehmenden Herrschaften, die männ= lichen unerschütterten Mächte, die unbewältigten Gewalten, sollen in die zweite, mittlere geeinigt werden; die regierenden Fürstenthümer, die Erzengel und Engel endlich die dritte und unterste zusammensetzen. Alle Ordnungen aber, wie sie sich in dieser Gliederung folgen, sind Offenbarer derer, die vor ihnen sind: die ersten und höchsten des bewegenden Gottes, die übrigen derer, die von Gott bewegt sind; jede folgende nimmt Erleuchtung und Wohlordnung von der über ihr stehenden, und so verbreitet sich die Gotteswirksamkeit vom Höchsten zum Niedrigststehenden jedem angemessen aus. Ein Buch von den Eigenschaften der Engel, das verloren gegangen, hat, wie es scheint, auf demselben Grunde heiliger Schriften über die Natur dieser Wesenheiten sich ausgebreitet; beide Werke aber sollten der Götter= Dämonen= und Heroenlehre der Schule entgegentreten. Eine dritte, gleichfalls verloren gegangene Schrift von der Seele führte dann die begonnene Gliederung weiter bis zum Menschen hinunter, dabei ohne Zweifel den in der ersten [1]) aufgestellten Grundsatz: Jeder menschliche Geist habe in sich eigene erste, mittlere und letzte Ordnungen, zur Aufnahme entsprechender, hierarchischer Erleuchtungen, als leitende Norm der fortgeführten Eintheilung unterlegend.

Mit dem Menschen heimisch geworden auf der Erde, hat die von Gott ausgehende Strömung ihr Äußerstes und somit ihren Wendepunkt erreicht; und mit der Umlenkung der von ihm aus rechtläufigen in die in ihn rückläufige Bewegung, tritt alsdann die dritte Folge areopagitischer Schriften hervor. Den Übergang hat wahrscheinlich die nicht mehr vorhandene, von dem gerechten und göttlichen Urtheil, gemacht; dadurch, daß sie auf Gott als Richter am Endziel ethisch hingedeutet, und die christliche Moral an dieses Endziel knüpfend, die umgebildete den ethischen Bestrebungen der Schule entgegensetzte. Zunächst schließt dann, in die rückgängige Strömung selbst einführend, die Schrift von der kirchlichen Hierarchie sich an. Diese Hierarchie, in Allem der himmlischen nachgebildet, schreitet aber, wie der Vorschritt in den Mysterien der Heiden, in drei verschiedenen Stufen: der Reinigung, der Erleuchtung und der Vollendung vor; und so gliedert sich denn auch sie in ihren Geheimnissen und in den Pflegern derselben in drei

---

[1]) Von der himmlischen Hierarchie X. 3.

Grundordnungen. Wie daher das Sacrament der Taufe, mit ihrer Vorbereitung in Absagung des Bösen und Besserung durch Lehre und Beispiel, der ersten Stufe, der Reinigung, entspricht; so sind ihr auch, als Träger dieser einweihenden Reinigungen für die Gottgeburt, die Liturgen in ihren verschiedenen Ordnungen angeknüpft. Auf zweiter Stufe folgt dann die Weihe der Weihen, die Eucharistie, die, aller göttlichen Lichtführungen Prinzip, vom göttlichen Lichte mittheilt, und darum der Erleuchtung entspricht; inwiefern sie aber das getheilte Leben zu einem göttlichen sammelt, Gemeinschaft oder Communion genannt wird, und darum der zweiten hierarchischen Ordnung, den Priestern entspricht, die da als mittlere, das, was die erste gereinigt, nun erleuchtend einführt. Diesem Sacramente schließt sich dann auf dritter Stufe das der Weihe des Salböls an, die, zur vollendenden Ordnung und Kraft heiliger Dinge gehörend, die Weihe der Priester und Altäre und die Mittheilung des heiligen Geistes bedingt, und daher der höchsten Ordnung, der der Hierarchen angehört, die als letzte die beiden ersten zusammenfaßt, zur Vollendung der Gerechten in der Wissenschaft der ihnen eigenen Weihen. So hat Gott diese gesetzliche Hierarchie, als Bild der überweltlichen, den Menschen gegönnt; und was denen, die dieser angehören, in reingeistiger Weise mitgetheilt wird, das ist den Andern durch die von Gott eingegebenen Schriften in symbolischer Verhüllung zugekommen. Diese Symbole zu deuten, von der Umhüllung sinnlicher Bilder das rein Göttliche wieder auszuscheiden, in Mitte der sinnbildlichen Gottgestalt überall das Wesenhafte aufzusuchen, war die Aufgabe der symbolischen Theologie: eines Buches, das gleichfalls nicht mehr vorhanden ist; aber eben so der Symbolik der Platoniker entgegentrat, wie das Buch von der kirchlichen Hierarchie ihrer Theurgie. Endlich beschloß dann, Alles zum überunerkannten, überglänzenden Gipfel zurückführend, das Buch von der mystischen Theologie die Folge dieser Schriften. Alle die hinzugetretenen Hindernisse, die dem reinen Anschauen der verborgenen Form entgegenstehen, sollen hier hinweggenommen werden, damit die verhüllte Schönheit sich in ihrer Reinheit offenbare. Hat sich im Niedersteigen die Gottheit in Bejahungen verhüllt; dann soll die zu Gott ansteigende Schauung durch Verneinung dieser Umhüllungen sie wieder enthüllen: damit sie jene Unkenntniß erkenne, die von Allem, was erkannt werden kann, in allem Seyenden umhüllt wird. Also, vom Niedersten zum Höchsten aufsteigend, und im Ansteigen sich immer mehr zusammendrängend; wie sie im Absteigen sich mehr und mehr ausgebreitet, wird sie endlich selbst lautlos, dem Unaussprech= lichen sich geeinigt finden, und über alles Licht hinaus in die geheimnißvolle Nacht der Gottheit treten; die weder Seyendes ist noch Nichtseyendes, nicht Finsterniß noch Licht, weder Be= jahung noch Verneinung; weil über alle Bejahung hinaus die vollkommen einige Ursache von Allem liegt, und weil über jeder Verneinung die Überschwenglichkeit des von Allem Abgelösten sich erhebt, der über Allem steht.

Somit war nachgewiesen: daß Alles, was die Schule mit großem Aufwande von Scharfsinn, Fleiß und Sorge aus allen Theilen der Welt und allen Zeiten der Geschichte zusammenge= trieben, und mühsam zu einem Ganzen verbunden, reiner, tiefer begründet in seinen Prinzipien, umfassender in seiner Ausbrei= tung schon im Christenthum enthalten war; und sich aus den in den heiligen Büchern niedergelegten, und in schlichtester Ein= falt sich aussprechenden Grundsätzen seiner Lehre leicht entwickeln lasse. Damit war aber zugleich auch aller speculativen Mystik ein fester Grund untergelegt, auf dem die folgenden Zeiten dann, das Werk weiter fortzuführen, die Bestimmung hatten.

7.
Die Reinigung der Zeiten zur Wiedergeburt im Umsturze der alten Welt.

Erste Stufe.

Statt der alten Naturmysterien, wie sie das Heidenthum gekannt, waren durch das Christenthum neue geistige einge= pflanzt, und die Völker mußten ihnen erzogen werden. Die Völker aber durchschreiten in den Weltaltern denselben Stufen= gang, wie die Individuen in den Geschlechterfolgen; und die Vorsehung führt jene durch dieselben Momente allmäliger Ent=

wicklung hindurch), in denen die Einzelnen in jenen Mysterien zur höchsten Weihe geleitet wurden: nur daß sie, was hier nach Jahren, Wochen, Tagen sich mißt, dort in Jahrhunderten nur langsam vollbringt. Wie daher dort καϑαρσις Reinigung, φωτισμός Erleuchtung und τελείωσις Vollendung die Stufen gewesen, die zur ϑέωσις geführt; so wird jetzt auch die Weltgeschichte in dieser großen Säcularbewegung, in jenen drei Momenten, ihrem Ziele entgegenschreiten, und der Vorgang sohin mit dem ersten, der Reinigung, beginnen. Das alte Prinzip hatte zu seiner Zeit geblüht, aber in der Forterbung der Schuld schnell zur äußersten Entartung geführt: sollte das neue lebendig werden; dann mußte eine große Sühne, eine Blut- und Feuertaufe in Unheil und Trübsal über die Entarteten ergehen, die zu dem gesunkenen sich bekannt; damit diese in sich schlagend, dem alten Tod erstorben, ins neue Leben geboren werden konnten. Eine solche vorbereitende Reinigung ist in der Völkerwanderung über die alte Zeit ergangen, und durch sie erst konnte die neue möglich werden. Die Macht, die die Menschen führt auf allen ihren Wegen, hatte lange das sie umdrohende Verderben gezügelt; endlich, da sie ihm nicht länger wehrte, ergoß sich unendliches Weh über die in der Zeit lebenden Geschlechter: aber es trug süßen Kern in bitterer Frucht; denn in ihm ernente sich mit dem Blute auch alles Leben, das im Blute wohnt, und mit dem Leben die Gesinnung. Im Alten hatte das Alte seinen Leib sich zugestaltet; nun das Bildende im Leichnam sich ausgebrannt, mußte das Neue aus frischem eine neue Hülle sich angestalten; und dazu hatte die lenkende Macht in den Wäldern des europäischen Nordens, und daneben in den Steppen des asiatischen, so wie in den Wüsten der arabischen Halbinsel, reichlichen Bildungsstoff unverkümmert sich aufbewahrt. Wie nun die Zeit gekommen, und sie den ersten zuerst, und dann auch den andern in Bewegung setzte; da schien es zum andernmale, als hätten die Fenster des Himmels sich geöffnet, und die Brunnen der Tiefe seyen aufgegangen. Lange hatten die Fluthen der germanischen Wanderung, vor den Dämmen des Ostreichs und Westreichs, immer höher ansteigend gestanden; als nun vollends in den Hunnen eine asiatische sich

auf sie gesetzt, da war kein Halten möglich geblieben: das West=
reich wurde überfluthet; das Ostreich aber, mit Mühe gefristet,
stand, als nun auch die südlichen Überströmungen begonnen,
und bald bis an die Mauern seiner Hauptstadt hingedrungen,
nur noch eine abgerissene Insel alter Formation, in Mitte der
neuen, die sich gebildet, um durch sein Siechthum Zeugniß zu
geben für die Nothwendigkeit der Umgestaltung, die allumher
jetzt eingetreten. Ein Kämpfen und Ringen geistiger Weltkräfte
hatte die Umgestaltung begleitet, wie es in frühester Naturzeit
zwischen den physischen Kräften, bei jeder Rückkehr der Fluthen
der Urgewässer, eingetreten. Altes von Neuem umfaßt, hatte
sich da, wo es noch Lebenskraft in sich besessen, durch dasselbe
wohl wieder hinaufgerungen, und das Besiegte unter sich ge=
bracht; dann war abermal eine neue Bedeckung eingetreten, und
da und dort auch wieder ein neuer Durchbruch des Bedeckten:
zuletzt war das Geschlecht der neuaufgebotenen Gewalten in
ihren Gebilden das herrschende geblieben; aber nur auf die
Bedingung hin, daß es selber, dem alten Titanenstamme ange=
hörend, zuvor im Christenthume sich erneut und verjüngt. Das
Christenthum, in der Überfluthung mit verschüttet und bedeckt,
hatte, in seiner frischen Triebkraft unverwüstlich, eben jenes wie=
der zur Höhe und zum Lichte strebende Ringen und Kämpfen
herbeigeführt; und die übergestürzten Trümmer schnell und im=
mer aufs neue durchwachsend, hatte es sie bald mit frischer
Grüne umkleidet, und ihre nackte Starrheit wieder sproßend ge=
macht. Die Eroberer erobernd hatte es in zwei Bekenntnissen
sich ihre wilde Kraft gewonnen; die der Ostgermanen durch das
Ostreich dem Arianism, die der Westgermanen dem Katho=
lizism verbindend; und dann war, nach langem Kampfe beider
Confessionen, die Weltherrschaft im Niedergang, der letzteren
in den Franken zugewendet worden. Aber, wie in alter Zeit
Alle zwar berufen, aber nur ein Volk erwählt gewesen; so war
auch jetzt von den drei Stämmen, die das Menschengeschlecht
zusammensetzen, bleibend nur Einer, und dieser nicht in seiner
ganzen Ausbreitung, dem Christenthum gegeben, damit er in
ihm Erstgeburtsrecht für das höhere Reich gewinne. Der eine
der beiden andern hatte in der Dienstbarkeit ungeschlachter Lei=

denschaft noch immer nicht den **alten** Fluch verwunden; der zweite aber durch vielfältige Entartung den **neuen**, von dem getroffen, dort an der Schädelstätte sein Gipfel erdorrt, auf alle seine Verzweigungen herabgezogen; und es sollte überdem der neuen Lehre auf lange hin der Gegensatz, und somit ein Stachel des Antriebs nicht fehlen. So wurde Ismael und sein Volk, deren Hand von Anbeginn wider Alle, wie Alle wider sie gewesen, mächtig; und der **Islam** breitete sich über alle Reiche des Südens und des Aufgangs aus: ja selbst die iberische Provinz im Niedergang, und zuletzt auch das byzantinische Ostreich, fielen ihm zur Beute.

In dem Kämpfen und Streben, das die Jahrhunderte des Umsturzes der alten Ordnung bis zur Begründung der neuen erfüllte, hatte fortdauernd jene Mystik, die aus Märtyrthum sich knüpfte, reichliche Gelegenheit sich fortzubilden. Das Christenthum hatte alle nöthige Zeit gehabt, durch den ganzen Umfang des römischen Reiches fest und tief zu bewurzeln; jetzt, als die Überfluthungen von Norden herniedergingen, hatte es zu streiten mit einer andern Art des Heidenthums; und dann, als sie stürmend vom Süden heraufgedrungen, mit einer andern Art des Judenthumes, wie es in den Söhnen der Wüste sich ausgebildet. Nicht minder harter Kampf hatte zwischendurch unter seinen Confessionen sich erhoben, als der Arianism mit der altkatholischen Lehre zusammentraf; besonders da, als Sectengeist mit Politik verbunden, die Vandalenkönige in Afrika zur wildesten, fanatischen Wuth getrieben. In allen diesen Kämpfen bluteten wieder tausende von Schlachtopfern; aber ihr Glaube ging tröstend ihnen zur Seite, und dieselbe mystische Begeisterung, die ihre Vorgänger auf demselben Blutwege über sich selbst erhoben, versagte auch ihnen nicht ihren Beistand. Alles, was nicht kämpfte, flüchtete, bei stets steigenden Wassern, in die Arche der Kirche, die, schwebend dort und hier, die in ihr verborgenen Güter schützte; und indem sie mitten im Getümmel der beschaulichen Betrachtung eine ruhige Stätte gewährte, fortdauernd neben jener heroischen, auch die contemplative Mystik förderte. Eine solche Freistätte war seit der Hälfte des fünften Jahrhunderts die grüne Smaragdinsel, die alte Erin;

durch ihre seitliche Lage und ihre oceanische Umhegung, die sie
schon vor dem römischen Unwesen geschützt, auch diesmal den
Stürmen der Völkerwanderung entrückt [1]). Dort war, Schutz
suchend mit Patricius, die Kirche wie zum Überwintern eingewandert, und hatte allen ihren Segen dem Volke zugewendet,
das sie mit Gastlichkeit aufgenommen. Die Sitten hatten sich
unter ihrer Pflege schnell entwildert; Klöster und Schulen waren aufgeblüht, und wie in jenen unter strenger Zucht geordneter
Ascese die Frömmigkeit, so erhielten hier die Wissenschaften ihre
Pflege; überall umlodert von den Flammen des Krieges grünte
und gedieh das Eiland in friedlicher Ruhe. Als hätten mächtige Geister die Zellen des Nillandes mit ihren Einsiedlern, die
Klöster mit ihren Bewohnern, über See hinübergetragen und
dort niedergelassen, so will es scheinen, wenn man in das kirchliche Leben dieses Volkes blickt; das im Verlaufe von drei Jahrhunderten der Kirche achthalbhundert Heilige gegeben, und den
Norden der brittischen Insel, bald auch einen großen Theil des
noch heidnischen Teutschlands dem Christenthum gewonnen; und
in Mitte sorgsamer Pflege, die es den Wissenschaften zugewendet, auch die Mystik vorzüglich in ihren geistlichen Genossenschaften und den Heiligen, die aus ihnen hervorgegangen, fortgebildet. Unterdessen hatte auch Benedict von Montecassino,
selbst ein mystischer, wunderkräftiger Heiliger, in den Einöden
bei Sublacum aufgenährt, den nach ihm genannten Orden gegründet, und selbst noch bei seinem Leben in zwölf Klöstern
ausgebreitet. Vom Süden ausgehend und immer weiter vordringend, colonisirte dieser sich bald bis in den tiefen Norden
hinauf in der westlichen Christenheit; und wie sehr er in den
Verwirrungen der Zeit theilweise verwilderte und entartete:
immer bot er, wenigstens in einzelnen gesund gebliebenen Gliedern, dem religiösen Leben eine Freistätte und der Lehre einen
Lichtheerd. Dasselbe war im Ostreiche mit den von Alters her
noch fortlebenden klösterlichen Genossenschaften, bis nach Asien
und Afrika hinüber, der Fall; und wie sehr auch hier bei der
Abnahme des ersten Eifers die Entartung um sich gefressen,

---

[1]) Geschichte der christlichen Kirche von Döllinger I. B. II. Abth. p. 174.

erhielt sich doch, bis nahe an die Sarazenenherrschaft, theil=
weise der alte Ernst, die Strenge der Ascese, und somit auch
die Blüthe der Mystik[1]); und wanderte dann, als die Kata=
strophe wirklich eingetreten, aus der zerstörten afrikanischen
Kirche nach Spanien hinüber.

Als endlich die Wasser abgelaufen, und die Taube mit
dem Friedenszweig erschienen, da war die Welt eine andere
geworden: anderer Glaube, andere Sitte, andere Weltanschau=
ung allgemein; andere Staatsformen, andere Bewohner, in
neuen Zungen redend; andere Gebietseintheilungen waren an
die Stelle der alten getreten, und keimten in der neuen Erde.
Die großen Weltreiche, wie sie früher in der Folge der Welt=
alter nacheinander vorübergegangen, sind jetzt in der neuen
Ordnung umgebildet, gleichzeitig nebeneinander gestellt: das
assyrischmedische im Caliphat von Bagdad, das grie=
chische im Ostreich, das römische im Westreich, und
es steht das erste fortdauernd gegen die beiden andern unter
Waffen. Und wie die Zeit der Zerstörung nun abgelaufen,
gingen die Übriggebliebenen mit Eifer, jeder in seiner Weise,
innerhalb der drei Reiche, an ein neues Erbauen und Einrich=
ten in Mitte der Trümmer und Verwüstung. Da wurde denn
auch in der Christenheit vor Allem der Altar in neuer Herr=
lichkeit erbaut, und was sich an ihn knüpfet, auf's beste wie=
der hergestellt. Wie die Kirche durch das Pontificat im
Ganzen und im Großen ihre Einrichtung gewann, während
der Staat in's Kaiserthum sich entwickelte; so wendete auch
der Eifer ihren einzelnen Gliederungen sich entgegen, und wäh=
rend Benedict von Anian die Benedictiner in Wiedergeburt er=

---

[1]) Man sieht das recht in den Schriften des Abbtes Johannes Clima=
cus, der, 525 geboren, nachdem er durch 60 Jahre die Einöde be=
wohnt, zum Abbte des Klosters auf dem Sinai erwählt, dort um
605 gestorben. Um sich zu überzeugen, wie damals noch die Zucht
in den Klöstern dieser Gegend und um Alexandria geblüht, und
wie zur Zeit die Äbbte auf Lenkung der Gemüther sich verstanden,
darf man nur lesen, was die Leiter zum Paradiese p. 62, 103 und
an andern Orten der Übersetzung von Handwercher, Landshut,
Manz, 1834, darüber aufbehalten.

neute, und Schaaren seiner neu Disziplinirten in alle ihre
Klöster einwanderten; so reformirte Chrodegang die Stifter
um die Bischöfe her, sie nach seiner Regel in regulirte Chor-
herrn umwandelnd. Missionen werden nun allumher entsendet,
und durch sie der Norden vollends dem Christenthum gewonnen;
und wie nach wieder hergestellter Zucht die Kirche im neuen
Blute sich verjüngt, und, wieder fruchtbar geworden, dem
Himmel zahlreiche Heilige gebärt, blüht in ihnen auch die
Mystik in neuer Blüthe auf. Dem zum Zeugniß mag im Westreich der h. Ansgar einstehen, der Apostel des germanischen
Nordens, der, 802 geboren, schon tief in's folgende Zeitalter
hinein blüht. Schon in früher Jugend wird er durch das Gesicht, wo er selbst im Sumpfe wadend auf blumigen Pfaden
eine Schaar Jungfrauen, geführt von der Himmelskönigin,
wandeln sieht; und wie er zu ihnen will, diese ihm ein frommes Leben zur Bedingung seiner Aufnahme setzt, in das Apo-
stelamt eingeweiht. Die Visionen kehren bald öfter wieder,
nachdem er durch strenge Ascese durchgegangen; und sie haben,
wie die Kunstwerke jener Zeit, noch ganz den einfachen Charakter und die antike Type, gleich jenen der früheren Jahrhunderte, die so eben an uns vorübergegangen. In einer derselben
an's Ziel seines Lebens geführt, hat er nur noch eben Zeit, die
beiden Apostelfürsten zum Beistand anzurufen; da fühlt seine
Seele schon nach Ablegung der irdischen Hülle mit einem äthe-
rischen Körper sich bekleidet. Vor ihm stehen zwei Männer,
der ältere, mit ehrwürdigem grauen Haupte, im purpurver-
brämten Kleide, mit feurigem, aber durch Trauer gemilder-
ten Ausdruck; der jüngere im weiten wallenden Seidengewande,
hoch und schlank, mit braunem Kraushaar und sanftem Auge;
es sind die zwei, die er im Scheiden angerufen. Durch unbeschreibliche Klarheit wird er von ihnen zum Orte der Reinigung geführt, und dort drei Tage hindurch von furchtbarer
Angst und tiefem Seelenleiden gedrückt; endlich kehren die
Führer, heiterer denn zuvor, zurück, und erheben sich mit ihm,
ohne leibliche Bewegung, in immer höhere Lichtregionen. Durch
Schaaren von Heiligen, alle mit dem Angesichte nach dem Aufgang aus der Höhe hingerichtet, führt ihr Weg zu den vier

und zwanzig Stühlen der altergrauen Greise; in dem Liede, das aus ihrem Munde ertönt, will sein ganzes Wesen sich auflösen. Im Aufgange selber aber sieht er den thronen, der da ist, war und seyn wird, von dem auf alle die Schaaren umher Seligkeit strömt und Leben; er in Allen und sie in ihm. In Anbetung versunken, steht er einige Augenblicke vor dem Throne des Allerhöchsten, den ein blendender Glanz verhüllt; da erschallt aus dem Innern des Heiligthums, eine Stimme, gleich den Tönen vieler Harfen, die zu ihm sagte: Gehe jetzt wieder auf die Erde, und komme dann einst, mit der Krone der Märtyrer geschmückt, wieder zu mir zurück. Den freudig Trauernden führen dann die Begleiter, schweigend, aber immerfort mit Liebe und Theilnahme ihn anblickend, auf dem Wege, den er mit ihnen gekommen, zurück. So alle andern Visionen, die ihm geworden; die Gabe der Heilungen und der Prophetie, die er zugetheilt erhalten, bewährten, daß sie nicht aus Täuschungen hervorgegangen [1]).

Im Oftreiche soll hier gleichfalls vor Vielen, die in die Nähe dieser Zeiten fallen, nur Einer erwähnt werden; der h. Andreas von Sali, der, wahrscheinlich um 880 geboren, bis gegen 940 gelebt hat. In der Lebensbeschreibung, die Nicephorus von ihm hinterlassen, wird er als ein Scythe bezeichnet; das heißt, als ein Angehöriger jener nordischen Völker, die über dem byzantinischen Gebiete in Europa oder Asien wohnten. Er diente als Sklave, und weil er in diesem Stande unmöglich dem Triebe nach einem ruhig abgeschlossenen, contemplativen Leben, der sich seiner bemeistert hatte, nachhängen konnte, hatte Nicephorus ihm gerathen, sich thöricht zu stellen, ob er etwa auf diese Weise die Freiheit gewinnen möge. Es gelang; sein Herr hatte ihn ein Vierteljahr lang in einer Kirche an die Kette legen lassen, und ihn alsdann freigegeben. Nun zu seinem Ziele gekommen, beharrte er auf dem Wege, den er

---

[1]) Sein Leben nach seinem Zögling und Vertrauten Rembert aus den Quellen in Mabillons Menologium des Benedictinerordens Th. II. p. 75 — 115 ausführlich dargestellt in der Geschichte der Religion J. Chr. von Kerz XXVI. p. 385.

eingeschlagen, und ging fortdauernd als ein Thor in den Straßen von Byzanz um. Mißhandelt, gehöhnt, geschlagen, zertreten, im Kothe geschleift, ließ er sich nicht abwendig machen; Alles in Geduld, und ohne ein Wort zu reden, hinnehmend. Dadurch, und durch die andern Übungen, die er im Stillen sich aufgelegt, fand er sich bald in seinem innern Leben gefördert, und trat in den ecstatischen Zustand ein. Nicephorus erzählt, wie er ihn einst betend gefunden, hoch über der Erde schwebend, und berichtet viele der Gesichte, die ihm in solchen Zuständen geworden. Manche derselben erinnern ebenfalls wieder an jene der h. Perpetua, die sich in ihnen nur fortgesetzt zu haben scheinen. Wie sie, empfängt auch er die Weihe zu seinem Kampfe, als er im Amphitheater zwei Reihen von Männern schaut: die einen schwarz, die andern weiß gekleidet. Ein riesenhafter Schwarzer fordert die Weißen zum Streite, und ein Engel erscheint sofort, drei Kronen tragend. Andreas wünscht sich eine solche, und fragt, um welchen Preiß sie feil sey: nicht um alle Schätze der Erde magst du auch nur Eine erlangen, ist die Erwiederung, sie sind der Preiß des Sieges. Er tritt nun heraus, und fordert den Kämpfer vor; sie fassen sich, der Schwarze wirft ihn im Wirbel herum: schon zagen Alle, da erinnert er sich dessen, was der Kronentragende ihm gesagt, macht das Kreuzeszeichen und überwindet. Wie die Heiligen von Carthago vor dem Streite mit himmlischer Speise gekräftigt worden; so wird ihm, bittere wie süße Speise, zuerst geboten, und den Unschlüssigen bestimmt denn eine dritte noch süßere, beide, bitter und süß, hinzunehmen. Nicephorus erzählt weiter: es sey eines Tages ein fürchterliches Unwetter, mit entsetzlicher Kälte und verwüstendem Hagelschlage, über Byzanz ausgebrochen; also, daß die Dächer unter der Last erdrückt worden. Wie er nun, als der Sturm vorüber, mit Theilnahme bei sich überlegt, welches Schicksal den Andreas möge betroffen haben; sey dieser Morgens ganz fröhlich zu ihm gekommen, und da er ihn befragt, wo er die lange furchtbare Zeit zugebracht, habe er ihm erzählt: wie er ohne Obdach, Kleidung und Nahrung sich des Todes für gewiß gehalten. Zuerst habe er in die Zufluchtsstätte der armen Leute sich geflüchtet, die ihn aber, wie einen Hund, fortgejagt. Dann sey er unter den Porticus gegangen, zur Lagerstätte eines Hundes, ob er etwa dort einigen Schutz gegen den Frost finden möge. Der Hund habe ihn scharf eine Zeit lang angeschaut, und dann von seinem Lager sich erhoben, und sey fortgegangen; als wolle auch er ihn seiner Gesellschaft nicht würdig finden. Da habe er in Verzweiflung betend sich niedergeworfen, und sofort sey ein Engel im Lichtglanze ihm erschienen, der mit einem Lilienstengel ihn berührt, mit den Worten: Weil du nicht von Gott gelassen, will auch er von dir nicht lassen; diese Berührung soll dir das Leben wieder gewinnen. Er habe sich darauf in einen schönen Garten versetzt gesehen, mit Bäumen und Blumen ohne Zahl, unaussprechlich schöner, als Alles, was die Erde besitze; Vögel, in allen Farben, hätten darauf gesessen, mit vielen Gesängen sein Ohr ergötzend; und er sey nicht satt geworden, einen nach dem andern zu betrachten. Durch die Mitte des Gartens sey ein Strom geflossen, an den Ufern aber habe ein Weinstock sich so reich ausgebreitet, daß er alle Bäume, wie mit einem Kranz, umschlungen. Da habe nun, wie er ihn angeschaut, ein Windeswehen sich erhoben, und die Bäume erschüttert, daß die Vögel hellauf zu singen angefangen; andere Winde, vom Niedergange und von Mitternacht und Mittag, hätten dann diesem, vom Aufgange, sich beigesellt. Ihm aber sey die Lust gekommen, auch die Gegend jenseits des Wassers zu beschen, und dort habe nun eine große Ebene ihn aufgenommen. Auf ihr hinwandelnd, sey eine überirdische Gestalt zu ihm getreten, die ihn auf die Höhe des ersten Himmels geführt; auf der er ein großes Kreuz, von betenden Engeln umgeben, gesehen. Als er nun tief unter sich das Meer erblickt, da habe ein Zagen ihn ergriffen; der Engel aber habe ihn zum zweiten Himmel hingeführt, und sey dort, anbetend, zu einem zweiten Kreuz getreten. So geht der Zug vom Feuerhimmel zum Lichthimmel weiter, wie in der comoedia divina; bis die Wandernden endlich den höchsten, mit einem Schleier umhüllt, erreicht. Die Hülle habe sich aufgethan, und er habe, im unaussprechlichen Glanze, den Herrn gesehen: aber nur einen Augenblick, so lange er sein Licht an sich gehalten; drei Worte aber habe er in dem Augenblicke zu ihm geredet. Da er darauf zurückgeführt worden, habe er, zu sich gekommen, in demselben Winkel des Porticus sich wieder gefunden; das Unwetter aber sey unterdessen vorübergegangen, und heiterer Sonnenschein habe ihn begrüßt. Man sieht, die Örtlichkeit macht so wenig Unterschied, wie die Zeit; sey es nordische Erde, oder byzantinischer Himmel, die Form beharrt unwandelbar dieselbe, wie sie schon bei Daniel in Susa gewesen.

Neben der practischen Mystik gewann aber nun auch die speculative wieder neuerdings ihre Pfleger; und es war eben der Areopagite, der die Aufmerksamkeit auf diese Seite hingelenkt. Der Papst Paulus hatte diese Schriften schon 757 dem Pipin gesendet; dann wieder der griechische Kaiser Michael Ludwig dem Frommen: aber erst Karl der Kahle hatte Verlangen getragen, ihren Inhalt zu erfahren, und dem Scotus Erigena, der, eben aus jener alten Erin stammend, und in ihren noch blühenden Klosterschulen unterrichtet, an seinem Hofe lebte, ihre Übersetzung ins Lateinische aufgetragen. Die nähere Bekanntschaft mit diesen Büchern, die eine natürliche Folge der übernommenen Arbeit gewesen, hat seinen kühnen, tiefsinnigen Geist angetrieben, weiter vorzudringen auf dem Wege, der sich hier vor ihm öffnete; und indem er die platonische Dialektik und die Logik des Aristoteles damit verband, gingen die fünf Bücher **über die Eintheilung der Natur** in ihm hervor. Mit der Fortentwicklung der Ideen des Areopagiten, mußte unvermeidlich die alte Klippe wieder zu Tage treten; die bei diesem, durch die Allgemeinheit, in der er seine Ideen gehalten, verborgen geblieben: die pantheistische Verwirrung des Creatürlichen mit dem Göttlichen nämlich; an der nach seinem Vorgang auch die spätere Mystik vielfältig zu scheitern die Bestimmung hatte. Solche Verwirrung blickt schon in dem Grundsatz hervor, mit dem Scotus sein anderes Werk über die Eucharistie beginnt, die rechte Religion sey **identisch** mit der rechten Philosophie; bestimmter noch im größern Buche in dem andern Satze: Gott sey Alles, und Alles sey Gott, und Jegliches, was von ihm ausgegangen, werde denn auch einst, vergöttlicht, wieder mit ihm vereinigt werden. Diese Grundverwirrung mußte nothwendig auf seine Eintheilung des Alles, auch diese verwirrend, sich ausbreiten; und indem er dies in eine vierfache Wesenheit getheilt erkennt: solche, die schafft und nicht geschaffen wird, — Gott als Vater und erste Ursache —; die geschaffen selber schafft, — als Mitte in dem Logos —; die geschaffen nicht zu schaffen vermag, — die Creatur —; endlich, die nicht geschaffen auch nicht schafft, — wieder Gott als Endziel, in das die Dinge einst zurückkehren, also, obgleich er es nicht erkannt und ausgesprochen, der göttliche Geist, — hat sich ihm auch hier Gott in seiner dreifachen Persönlichkeit mit der Creatur verworren; und weil er dadurch den Sohn zum Geschöpfe des Vaters zu machen sich gedrungen gesehen, mußte er sich in dem entschiedensten Widerspruch mit der kirchlichen Lehre finden. Solcher Irrthum hat sich denn auch dadurch an ihm gerächt, daß er ihm nicht gestattet, bedeutend über den Stand des Areopagiten vorzubringen. Statt nämlich, was dieser versäumt, nach der Gottheit in ihrer einigen Wesenheit, nun auch die Trinität in die speculative Mystik einzuführen; senkt er ganz in die Bahn der Schrift, von den göttlichen Namen, ein: indem er ihren Gegenstand aus demselben Gesichtspunkte, nur schulgerechter, denn sie, betrachtet. Die göttliche Wesenheit nämlich, an die zehn Prädicamente des Aristoteles haltend, erkennt er, daß sie keinem derselben unterliegt; ob sie gleich, wie überwesentlich und überqualitativ sie sich also bewährt, doch in Allen ist: Er muß daher zuletzt auch auf den Ausspruch kommen, daß sie in ihrer Überschwenglichkeit zugleich mit Allem und mit Nichts ausgesprochen werden könne. Indem sie ihm aber aus ihrer einsamen Namenlosigkeit durch Theophanie in die Allnamigkeit übergeht, und er dann hinzusetzt: man könne diesen ihren Act ein Sichselbstschaffen nennen; entdeckt sich, wie er dazu gekommen, den Logos als den Geschaffen-Wiederschaffenden zu erklären. Da er aber nun diesen Ausgang im dritten Buche weiter verfolgt, und dabei die Genesis als Leitfaden seiner Untersuchung zu Grunde legt; ist er der Erste gewesen, der eine wissenschaftliche

Deutung dieser wichtigen Urkunde alter Offenbarung unternommen, und mit großem Scharfsinne, in ihren einzelnen Momenten, sie durchgeführt. Auch die Weise, wie er dann die Rückkehr der Creatur zu Gott auslegt: ansteigend allmälig in sieben Stufen, durch Übergang des Leiblichen ins Leben, des Lebens in das Gefühl, des Gefühls in den Verstand, des Verstandes in den Geist, dann des Geistes ins Wissen, des Wissens in die Sapienz, endlich die Versenkung aller Geister in Gott, der zuletzt nur allein übrig bleibt; muß gleichfalls als geistreich und scharfsinnig, gerühmt werden, und ist abermal ein erster Versuch, die Stufen mystischer Erhebung wissenschaftlich festzustellen. Aber auch sie ist der pantheistischen Irrung nicht entgangen, die das Ganze verwirrt; die aber, schwer vermeidlich in dieser Zeit, in einer Art von unbefangener Unschuld bei ihm hervortritt; und ihn daher auch bei seinen Zeitgenossen, die der Sache mißtrauten, ohne sie sich recht klar machen zu können, zugleich zu einem Gegenstande der Bewunderung und des Verdachtes gemacht.

8.

Fortschritt der Zeiten in Bildung und Erleuchtung.

Zweite Stufe.

Als die Zeiten reinigender Disziplin für die Völker vorübergegangen, hat der Eintritt in ein anderes Stufenalter, durch das Auftauchen einer neuen Welt, sich angekündigt. Die Christenheit hatte politisch in zwei Gipfeln, dem westlichen und dem östlichen Kaiserthume, sich erhoben, die beide im Pontificate geistig, wenn auch nur lose, sich geeinigt fanden; während im Osten das Caliphat Kaiserthum und oberstes Priesterthum in strengster Geschlossenheit in sich vereinigte. Wie aber nun das Gesetz eines steten Wechsels, von Ebbe und Fluth, nicht blos durch die physische Natur und all ihre historische Entwicklung, sondern auch durch alle geistige und ihre Geschichte geht; so mußte es denn auch an diesen Bildungen sich bewähren, und sie in seine Schwingungen hinüberziehen. Es war das Vorherrschen des Prinzips der Einheit, das im An-

lauf aller Waſſer, jene Reiche der Welt und in der Welt, be=
gründet; und es war Fluth in der Geſchichte, als ſie ſich ge=
ſtaltet. Dem Anwachſe mußte dann ein Nachlaß folgen, und
in ihm das Prinzip der Vielheit und des Peripheriſchen ſich
geltend machen; worauf denn Ebbe wurde, und Auflöſung je=
ner großen hiſtoriſchen Formen eingetreten. Wie aber die erſte
Sammlung, nur auf die Bedingung einer frühern Zerſtreuung,
möglich geworden; ſo wird ihrerſeits die jetzt hervortretende
Zerſtreuung eine neue Sammlung bedingen, und von der erſten
bis zur zweiten wird ſich ein ganzer Wellenſchlag, — vom Gipfel
des erſten Wellenberges hinab ins Wellenthal und wieder hin=
auf zur Höhe des Wellenberges, ziehen. Eine gemeſſene An=
zahl ſolcher Wellenſchläge aber wird dem Stufenalter zugetheilt
ſeyn, das jetzt, nach beſtandener Reinigung, in zunehmender
Erleuchtung, ſeinem Ziele entgegengeht. So darf es uns dann
nicht befremden, wenn im erſten Wechſel dieſes Stufenalters
die Einheit, die in der Bindung ſich gebildet, in der Löſung
wieder zergeht, und die Reiche zertrümmern. Das iſt dem
carolingiſchen zuerſt geſchehen, das bald in neuen Theilungen
und Losreißungen wieder in die Elemente ſich zerſetzt, aus de=
nen es entſtanden: das **rein germaniſche** im Mutter=
lande, das **fränkiſch galliſche** und **burgundiſch
galliſche**, das **longobardiſch italiſche**, und das
iberiſche. Im Oſtreiche, wo die ſiechende Lebenskraft nur
ſchwache Rückwirkung gegen althergebrachten Dispace;potism äußert,
kann die Löſung auch nur in fortdauernder Abgliederung ihm
angehöriger Provinzen, in fortgeſetzter Völkerwanderung ſich
offenbaren. Um ſo entſchiedener tritt ſie dafür im Caliphat
hervor. Der Islam, innerlich nach **Sunniten** und **Schii=
ten** getheilt; wird bald auch nach den herrſchenden Geſchlech=
tern von Ommaijaden anders, als von Abbaſſiden, vertreten;
und durch Edriſiden und Aglabiten werden, in Verbindung mit
jenen Ommaijaden in Spanien, die Anfänge der Theilung des
Caliphats in ein **Oſtreich** und ein **Weſtreich** begründet.
Bald brechen nun auch die Germanen des aſiatiſchen Nordens,
die turaniſchen Türken vor; und wie durch ſie neue Theilun=
gen in unabhängigen Provinzen ihre Begründung finden, ſo

fängt sich unter ihren Häuptern, als Emir al Omrahs, das Kaiserthum vom Priesterthum in demselben Caliphate an loszuwinden.

Hatten die Theilungen in der Christenheit ihre Widerstandskraft gegen den Islam geschwächt; dann war dafür auch, durch die Trennungen in diesem, die Energie des Angriffs um ein Großes gemindert; und indem sich dadurch eine Art von Gleichgewicht für Beide begründet, zeigte es sich bald, daß sie in ihrem gegenseitigen Verhältniß zueinander stationär geworden, und sich keinen bedeutenden Abbruch zu thun vermochten. Beide waren daher zu ihrer Erweiterung auf die Reste des Heidenthumes angewiesen; und während der Islam in Afrika, Indien und im Norden Asiens sich ausbreitete; gewann das byzantinische Ostreich Bulgaren und Slaven nach harten Kämpfen dem Christenthume. Das Westreich, eine Zeit lang vom scandinavischen Heidenthume hart bedrängt, wurde doch zuletzt siegreich über Odin; die längst geweissagte Götterdämmerung kam nun auch bald für den äußersten Norden heran; und die alten Asen mußten der Macht der neuen Lehre huldigen. Aber die in ihrem Fatalism lähmende, wie in ihrer sinnlichen Feuerkraft schnell erschöpfende Lehre des Islam, war jetzt nicht blos in ihrem äußeren Vorschritt gehemmt; sie war auch innerlich stehend geworden: während das, mit dem germanischen Prinzip jetzt aufs engste verbundene Christenthum, stets zum Vorgang und zur Erweiterung trieb. Darum mußte es, nachdem die sinkende Bewegung schnell zu ihrem Ziel in der Zeitenebene gelangt, auch wieder rasch zu einem Steigen in Einigung sich anlassen; und unter der sächsischen Dynastie hatte sich das Kaiserthum, wenn auch im engeren Umkreis, und durch dies auch das gleichfalls zerfallene Pontificat wieder hergestellt; und der religiöse Geist, somit auch die Mystik, hatte dadurch neuen Aufschwung erlangt. Über den großartigen Bestrebungen war das, längst mit Bangen erwartete Ende des ersten christlichen Jahrtausends, herbeigekommen; und als nun Winter und Frühling und Sommer und Herbst, wie von Anbeginn auf Erden zu wechseln fortfuhren: da hatte neue Zuversicht die Gemüther erfüllt, und wie die verfallenen Kirchen für das neue Weltalter sich erneut; so wurden auch Kirche wie Staat in allen ihren Gliedern verjüngt. Sie hatten den Gottesfrieden untereinander ausgeläutet; und indem sie dadurch sich und dem höheren Frieden, in Mitte der kriegerisch angeregten Gesellschaft, eine Freistätte bereitet, mußte der neu geweckte Geist immer schwunghafter sich entfalten. Es konnte nicht fehlen, Kirche und Kaiserthum, in dieser raschen Entwicklung begriffen, mußten in ihr bald aufeinandertreffen; da ihre Gränzen noch nicht sich abgemarkt, mußten Gränzstreitigkeiten zwischen ihnen entstehen; und ein Bestreben, besonders von Seite der irdisch begründeten Gewalt, die überirdisch Begründete zu unterjochen und zu umstricken. Heinrich der vierte und Gregor der siebente waren die Vorstreiter, als der Kampf auf die höchste Spitze sich getrieben gefunden. Das Ende des Investiturstreites war die Emanzipation der Kirchengewalt von der politischen; ihre festere und tiefere Begründung durch die Wiederherstellung der Ehelosigkeit ihrer Priester und allgemeine Reform ihrer Orden und Körperschaften: so daß sie nun, wohl geordnet und in sich abgeschlossen, die längst vorbereitete, aber nun erst ausgesprochene Trennung der Kirche des Ostreiches vom Mutterstamme kaum empfand. Ähnliches hatte gleichzeitig auch im Caliphate sich zugetragen; aber bei der Verschiedenheit der Vorbedingungen zu ganz anderem Ausgange geführt. Nachdem die Türken in den Bujiden die Würde des Emirs der Emire, an der Seite des Caliphen, in ihrem Hause erblich gemacht; gewinnen die Seldschucken, andere Turanier, Persien und den Osten; und nachdem sie unter Togrul auch Bagdad genommen, und das Emirat bleibend an sich gezogen, hat in ihnen im Caliphat der Kaiser den Priester nun ganz und gar unterjocht, und ein türkisches Kaiserthum ist in dem dreigetheilten Asien begründet, während das gleichfalls dreigetheilte Afrika Fatimiten gehorcht.

Recht als der eigenste Ausdruck dieser also sich gestaltenden Zeit und dessen, was sie erstrebt, und gegen ihren Schluß hin, in den christlichen Gebieten, die uns hier beschäftigen, erreicht, mag zunächst der h. Bernhard von Clairveaur uns gelten: der, wie er durch eigenes Bemühen weiter fortgebildet, was er von früher her vorgefunden; so auch selbst den Grund weiterer Entwicklung gelegt. Als die Mutter Aleth diesen großen Heiligen des Burgunderlandes dem Vater Thesselin 1091 geboren; da hatte es ihr zuvor im Traume gedäucht, sie trage einen jungen, bellenden Welphen, weiß von Farbe, braun über den Rücken. Als nun ein frommer Mann ihr dies Gesicht gedeutet: Der Kirche werde ein Wächter und Hüter, dazu ein beredter Verkündiger des Wortes geboren werden, hatte sie den Knaben ihr sofort geweiht. Ein Gesicht, das er in jungen Jahren in der Christmette gesehen, hatte ihn selbst früher in diese Bahn hineingewiesen; und an dem gutgearteten, blonden, zartgebauten Jüngling bewährte sich bald, daß die Deutung wahr gewesen. Die erstaunungswürdige Macht, die ihm über seine Zeit gegeben worden, that sich zum erstenmale kund, als er zum Eintritt in einen Orden den Entschluß gefaßt, und die Seinigen darum getrauert; er aber erst den Onkel, dann nacheinander die Brüder, die Schwester, zuletzt selbst den Vater demselben Entschluß gewonnen; bald auch Andere und Andere, so daß zuletzt die Mütter ihre Kinder vor seinem beredten Mund verbargen, die Frauen ihre Männer von ihm abhielten, und Freunde die Freunde, damit er sie ihnen nicht abwendig mache. Mit mehr als dreißig, die er also um sich versammelt, war er darauf 1113 in den strengen Orden der Cisterzienserreformation, unter dem Gehorsam des Abbts Stephan eingetreten; und die Eingetretenen insgesammt, er aber Allen voran, hatten mit Muth den großen Kampf begonnen. Schnell war in dem jungen Manne der Geist stark geworden, was aber sonst zu herrschen pflegt, in die Dienstbarkeit hineingezwungen. Die Sinne fanden sich so gebunden, daß er sehend nicht sah, hörend nicht hörte, noch auch schmeckend einigen Geschmack empfand; was er von Nahrung zu sich nahm, was er sich von Ruhe im Schlaf gestattete, schien weniger genommen, um das Leben zu erhalten, als zugelassen, um den Tod abzuhalten. Unter Wachen und Fasten, Kälte und Arbeit war die Macht des Leibes bald gebrochen, ja wie er später wohl bisweilen beklagte, in allzu großem Eifer zerrüttet; aber der Geist war um so lichter in ihm aufgeflammt: so daß er, indem er vom Höheren nehmend ersetzte, was das Untere versagte, selbst keiner leiblichen Anstrengung neben den

andern sich versagen durfte; obgleich es die Brüder um ihn
dann bedünkte, als wolle ein Lamm im Pfluge gehen. So früh-
reif war dieser Geist, daß Stephan, schon in dem auf seinen
Eintritt folgenden Jahre, den Vierundzwanzigjährigen selbst als
Abbt einer neuen Colonie in das Wermuththal hinüber senden
konnte; das er bald in jenes weltberühmte Lichtthal umgewandelt. Dort mit den Brüdern in größter Armuth lebend, so daß
sie oft mit Suppe aus Buchenblättern sich begnügten, setzte er
in sich und ihnen das Werk fort, das er in Cisterz angefangen; immer abgezogener, einfältiger, ruhiger, milder gegen Andere, im Verhältniß, wie die Strenge gegen sich zugenommen,
wurde der Geist in ihm mächtiger; Worte der Weisheit wurden
in seinen Mund gelegt; die Wundergabe, die der Heilungen
und der Weissagungen wurde ihm zugetheilt. Die Lieblichkeit
in all seinem Thun und Reden war wie ein Zauber, der seine
ganze Person umgab, dem niemand zu widerstehen vermochte:
so daß man Kinder auf dem Arm der Mütter nach seinen
Händen reichen und sie zum Munde führen sah; und junges,
wildes Kriegsvolk, das zum Turniere eilend, bei ihm eingekehrt,
und sich nicht rathen lassen wollte, auch nur den Rest der Faste
vom Waffenspiele abzulassen; als es vom Bier getrunken, das
er gesegnet, allesammt wieder zu ihm umkehrend, sich in seine
Genossenschaft aufnehmen lassen. Und er wucherte für diese
mit seiner Gabe also, daß, nachdem Hütte an Hütte im einsamen Thale sich erbaut, es bald siebenhundert der Genossen in
sich faßte; darunter Heinrich, der Bruder Ludwigs von Frankreich, der aus bloßer Neugierde hingekommen, und sich nicht
wieder loszureißen vermochte; mit ihm ein anderes Königskind
aus Sardinien; viele Fürstensöhne aus Teutschland, Ritter und
Zahllose aus allen Ständen. Von da schwärmten nun bald junge
Schwärme aus in alle Welt: so daß unter seiner unmittelbaren
Leitung sich acht und sechzig, unter der seiner Schüler mittelbar
zwei und neunzig andere gründeten; und also fruchtbar war die
Rebe, die er in die Erde eingesenkt, daß sie bis zur Reforma-
tion achthundert Ableger getrieben. Er selbst blieb mit allen
Brüdern, die er ausgesendet, in einem fortdauernden, geistigen
Verkehr; und schien um Alles, was sich mit ihnen begab, ihre

Bedürfnisse, ihre Anliegen, ihre Versuchungen und Beschwerden, so wie um ihr Leben und Sterben zu wissen.

Seine Führungen hatten ihn aber keineswegs aufs beschauliche Leben beschränkt; er war auch mehr denn einer seiner Zeitgenossen aufs thätige angewiesen. In dies wurde er zuerst, bei Gelegenheit der streitigen Papstwahl zwischen Innozenz II. und Peter Leonis, eingedrängt. Es war nicht schwer, bei diesem Schisma auszufinden, auf welcher Seite das Recht stehe; Bernhard hatte ohne Bedenken sich für Innozenz entschieden; die Synode von Estampes war ihm beigetreten; Ludwig, König von Frankreich, hatte seinen Bischöfen sich angeschlossen, und Bernhard ihm bald auch Heinrich von England gewonnen. Ihn nun auf das Concilium von Rheims begleitend, und nach Lüttich, war er es auch, der dem Kaiser Lothar mit Muth entgegentrat, als er, die Umstände benutzend, den Investiturstreit erneuern wollte. Auf das Concilium in Pisa berufen, wurde er dann von dort, auf den Wunsch der Mailänder, in diese ihre Stadt gesendet, um sie vom Schisma zu reinigen und zur Kirchengemeinschaft zurückzuführen. Auf sieben Meilen war alles Volk dem Kommenden entgegengezogen, und es begann nun eine Reihe von Wunderwirkungen; die ihn durch diese Stadt über Pavia, Cremona auf allen seinen Wegen begleiteten: Kranken aller Art Gesundheit, Blinden ihr Gesicht, Lahmen den Gebrauch ihrer Glieder, Besessenen die Freiheit gebend. Als er heimkehrend die Alpen überstieg, kamen die Hirten von ihren Sennhütten, von fern und nahe, in Haufen zu seiner Straße hinabgestiegen; sich erfreuend, daß sie den heiligen Mann gesehen, und seinen Segen erlangt. Gleiches geschah, als er nach Aquitanien wandernd, dem dortigen Grafen, um ihn vom Schisma abzuziehen, in feierlicher Beschwörung den Leib des Herrn entgegengetragen; und als er in anderer Farth aus gleichem Grunde zu Roger, König von Sizilien, gezogen, und zwar diesen nicht, weil er im Streite seinen Vortheil wußte; wohl aber den Peter von Pisa, den er als Redner ihm entgegengestellt, gewonnen. Nochmals wiederholte sich das Gedränge von Wunderzeichen um ihn her, als er nach Teutschland gegangen, um dort auf Befehl des Papstes das Kreuz zu predigen. Von

der Diöcese von Constanz an, die sein Fuß zuerst betreten; von
Schaffhausen bis gegen Basel, Straßburg und den Rhein hinunter auf den Reichstag in Worms, nach Speier; dann über Op-
penheim hinüber nach Kreuznach, über den Hundsrücken gegen
Coblenz, über Bonn nach Cöln; von da nach Jülich, Aachen,
Mastricht; weiter durch Belgien, Hennegau gegen Cambray,
Rheims, durch die ganze Champagne bis in sein Kloster zurück, war es eine aneinanderhängende Kette von Wunderzeichen. Überall umdrängte ihn das Volk in ungeheuern Massen;
in der Kirche, auf den Straßen, im Hause fand er sich von
ihm umlagert; von fern her wurden alle Kranke ihm zugeführt,
daß er sie berühre, das Kreuzeszeichen über sie mache, und den
Segen über sie spreche. Oft war das Gedränge so groß, daß
man ihm an ein Fenster hinauf die Kranken hob, die dann bisweilen, wenn sie nur den Saum seines Gewandes berührt, ge-
nasen; oft in solcher Menge, daß seine Reisegefährten, die ein
Tagebuch darüber führten, mit der Feder der Wirkung des Segens nicht nachzukommen vermochten. Bei jeder Heilung sang
dann jedesmal das Volk jauchzend auf: Christ uns genade, Kyrie
eleison, die Heiligen alle helfen uns! Wurden ihm Lahme,
Verwachsene und Gekrümmte gebracht, und er richtete sie auf:
dann war es, als ob er weichen Thon in jede beliebige Form
dehne; alles Gebundene löste sich wie von seinem Hauch ge-
schmolzen; bisweilen ging ein kalter Schweiß der Heilung voraus, doch war es nicht immer nothwendig, daß er zugegen sey,
um sie zu erwirken. Er selber schien jedesmal zu wissen, wenn
sie geschehen, und die Kraft von dem Worte oder der Bezeichnung ausgegangen. Keiner war mehr, denn er, verwundert
über diese Ereignisse; und er erwog bei sich in seinem Gedanken,
was doch alle diese Wunder bedeuten wollten, und warum Gott
Solches durch Solchen wirke. Alles, was er zuletzt ergründen
konnte, war: sie seyen nicht zur Heiligung des Einen, sondern
zum Heile der Vielen gewährt; und nicht für die, welche sie
wirkten, sondern für die, welche sie sähen und wüßten. So
war die ausnehmende Versuchung, ohne ihn zu berühren, an
ihm vorübergegangen; und so vermochte denn auch anderes
sonst Gefahr Drohendes ihm nichts anzuhaben: nicht, daß man

vielfältig zu kirchlichen Ehren ihn berufen wollte; nicht, daß
auf den Synoden die geistreichsten Männer der Zeit, wie Peter
Abaëlard, Gilbert Porretanus, Peter von Pisa vor der Einfalt
seines Worts erlagen; nicht, daß die wüthendsten Leidenschaften
sich unter seinem Zuspruch zähmten, als er noch einmal von
seinem Sterbebette sich erhoben, um die tödliche Fehde zwischen
der Stadt Metz und dem benachbarten Adel auszutragen: er
blieb demüthig, geduldig, liebreich bis zum Tode, und Liebe,
Demuth, Geduld war, was er in seinem letzten Willen seinen
Klosterbrüdern als ihr Erbe zurückgelassen.

Bei einer so durchgängigen Wahrhaftigkeit des ganzen
Menschen konnte es nicht fehlen, auch seine Schriften mußten
ein Spiegel seines ganzen Wesens seyn, und ihn, wie er leibte
und lebte, wiedergeben. Dasselbe gehaltene Feuer, das seinem
großen Auge entstrahlte; dieselbe Anmuth und Lieblichkeit, die
seinen Mund umspielte, bezeichnet sie durchhin. Dem Inhalt
nach aber erscheinen sie, wie sein Leben, ganz und gar auf dem
Grunde der heiligen Schriften erbaut; die er mit einem gleich=
sam lichtstrahlenden Blick durchforschte, und denen er leicht ih=
ren geheimsten und zartesten Geist abgewann. Wie sein ganzes
Leben zwischen beschaulicher Zurückgezogenheit und in die Welt
vortretender Thätigkeit getheilt gewesen; so sind auch diese seine
Schriften hauptsächlich damit beschäftigt, beide Arten von
Thätigkeiten gegeneinander auszugleichen; während sie die dort
wie hier sich bietenden Probleme zu lösen sich bemühen. Wie
er damit begonnen, den Leib in die Dienstbarkeit des Geistes
zu bezwingen; so beginnen auch sie überall mit dem Gegensatze
des himmlischen und des irdischen, des inneren und äußeren
Menschen; und lehren, wie der eine durch den andern zu un=
terjochen, und wie durch Abtödtung und Enthaltsamkeit dem
höheren sich der Weg bereite. Der Eifer, mit dem er für An=
dere und gegen sich selbst geeifert, drückt in der Schrift sich
aus, die er Apologeticum genannt; wie er aber sich selbst ge=
prüft, und Herz und Nieren durchschauend, die Demuth für das
Beste befunden, hat sich in dem Buche de gradibus humi-
litatis abgespiegelt; wie er den Eifer dann aber wieder durch
Bescheidenheit zu mäßigen gewußt, davon gibt die Schrift de

praecepto et dispensatione Zeugniß. Sein Buch über die
Betrachtung, das er dem Papst Engenius zugeschrieben, zeugt
von der Klarheit seines Blickes in philosophischen Untersuchungen, wenn er sich auf sie einlassen wollte; so wie seine Predigten und Homilien die Penetranz desselben, den Mysterien der
heiligen Schriften gegenüber, bewähren; während in der Er-
klärung des Hohen Liedes, das eine mit dem andern und zugleich
mit dem ethischen, vielfach sich durchdringt. Überall ist seine
Lehre auf gleichmäßiges und gleichzeitiges Zusammenwirken der
Gnade mit der Freiheit; der Contemplation mit der Thätigkeit;
des Glaubens mit den Werken; der Erkenntniß und der Liebe
hingerichtet. Als fernes Ziel alles Bestrebens aber ist in ihr
das, was auch Endziel aller Bestrebungen seines ganzen Lebens
gewesen: die Einigung mit Gott im Schauen des Geistes, und
das Einigseyn mit ihm in der Liebe, aufgestellt. In der Schrift
über die Liebe Gottes hat er die zu dieser Einigung hinanfüh-
renden Stufen bezeichnet. Auf erster wird dem, der sich auf diese
Wege begibt, die fleischliche Liebe zuerst in gesellige umgewandelt, wenn sie zum Wohl des Allgemeinen mitwirkt; dann sofort durch Noth und Trübsal zu Gott dem Helfer, sich selbst
zum eigenen Frommen, in knechtischer Furcht und im Gefühle
der eigenen Hilflosigkeit, auf zweiter hingeleitet. Durch öftere
Wiederholung solcher Gnade erweicht, und nun schmeckend die
Milde und Lieblichkeit Gottes, erwiedert er dann Liebe mit Liebe;
und liebt auf dritter Stufe den Herrn, nicht weil er ihm, sondern
weil er in sich selbst gut ist, wahrhaft und ohne Eigennutz; und
das ist Liebe, nicht des Knechtes, noch des Miethlings, sondern
des Kindes. Auf vierter endlich liebt er sich selbst allein ob
Gott dem Herrn; und dann wird er, das Gemüth ganz in ihn
verzückt, und seiner selbst vergessend, mit ihm zu einem Geist
vereint, und von sich selbst entleert, ihn wirklich lieben aus ganzem Herzen, aus ganzer Seele und aus allen Kräften: ein Zustand, der bleibend nur den Seligen gewährt ist, und wenn ja
im sterblichen Leibe vorkommend, schnell wie ein Blitz vorüber-
zuckt. Schauen Gottes und Seyn in Gott sind dann in seiner
ewigen und unmittelbaren Gegenwart vereinigt; und indem er
geschaut wird, wie er ist, hält er auch den vergöttlichten Wil-

len mit dem seinen eng verbunden, und wirkt in ihm göttliche Werke. Ist ihm aber diese Einigung auch eine übernatürliche, die Gränzen der menschlichen Natur überschreitende; dann hält er sie doch wieder von aller pantheistischen Identification in scharfer Sonderung ab: denn es tritt ihm in keine Weise substanziale Einigung der Wesenheiten ein. Nur der Vater und Sohn sind eins in der göttlichen Ewigkeit; der Mensch mit Gott aber ist nur einig in der creatürlichen Zeit, nach der Übereinstimmung des Willens und der Neigungen: eine scharfe Unterscheidung, die die Klippe glücklich vermeidet, an der Scotus Erigena gescheitert. So war in ihm der Lehrer ganz und gar übereinstimmend mit dem Religiosen, und dieser wieder mit dem Menschen; und die Süße und Lieblichkeit, die er am Herrn rühmt, und die im Innersten dieses seines Menschen aufgequollen, hatte von da aus so den Priester wie das Wort, das aus seinem Munde ging, durchdrungen; und wenn er dies, wie er bisweilen zu thun pflegte, mit dem Griffel in Wachstafeln eingeschrieben, dann wollte es seine Zeitgenossen bedünken, er habe wieder den Honig aufs neue in die Wabbe eingetragen [1]).

9.

Die Vollendung auf der Höhe.

Dritte Stufe.

Der h. Bernhard, an den Übergang der Zeiten gestellt, hat die frühere abschließend, die neubeginnende eingeführt; und diese, die dritte in der Ordnung nach der natürlichen Folge der Entwicklung, wird die der Vollendung seyn, wo der Vorschritt auf der Bahn, nachdem er zum höchsten Punkt gelangt, eine Zeit

---

[1]) Wie er hier geschildert worden, so hat er sich übereinstimmend im Zeugnisse seiner Mitlebenden und in seinen Büchern, ja auch in den Zügen seines ernsten, denkenden, fromm und mild aufblickenden Angesichtes abgespiegelt; und nun sehe man das freche, frevelhafte Urtheil, das Schiller in seinem Briefwechsel mit Göthe über ihn gefällt, und verwundere sich über die Menschen dieser Zeit, auch selbst die besseren.

lang stille zu stehen scheint; und dann über ihn hinaus, nach dem Gesetze des Wechsels aller irdischen Dinge, wieder rückläufig wird, um zum andern Äußersten gelangt, einen neuen Vorgang wieder anzuheben. Es sind die Zeiten der Hohenstaufen, die Sommersmitte und ihre Wende in sich beschließen; worauf die Bewegung, nachdem sie von ihr absteigend gleichen Raum, wie im Aufsteigen, durchschritten, der herbstlichen Zeitebne naht; um die, wie an der andern steigende Erleuchtung, so zunehmende Verfinsterung liegt; bis ohnfern von unsern Tagen sich der untere Wendepunkt erreicht, und nun neue Rechtläufigkeit wieder beginnt. Es sind aber die Zeiten der Vollendung hauptsächlich dadurch bezeichnet, daß das mystische Element, während es esoterisch bis zu seiner innersten Tiefe in höchster Steigerung sich ausgetieft, zugleich auch eroterisch die größte Ausbreitung gewonnen, und der ganzen Periode seinen Charakter aufgeprägt. In der That läßt sich bei einiger Aufmerksamkeit nicht verkennen, daß der ganze Trieb, alle Neigungen und Richtungen, alles höhere Sinnen und Trachten in dieser Zeit in die mystischen Bahnen eingelenkt; daß das Höchste sich in ihr von der Mystik durchdrungen findet, und das tiefste, wie sehr es seiner Natur nach ihr entgegenstrebt, sich ihr nicht zu entziehen vermocht; und darum das ganze Leben durchhin von ihr erfüllt, in ihrem Safte grünt, und in ihrer Färbung sich entfaltet. Gleich die beiden in seinem tiefsten Grunde treibenden Ideen, Papstthum und Kaiserthum, sind in sich und in ihrem gegenseitigen Verhältnisse durchaus mystischer Natur. Das Papstthum, an der Spitze der streitenden Kirche, zusammengesetzt aus Allen, die hienieden den Kampf mit dem Bösen noch auszustreiten haben; was ist es anders, als die mystische Centralidee, regelnd das äußerliche Leben dieser Kirche; wie die triumphirende oben in der Höhe, gefügt aus allen Heiligen, die ausgestritten, ihre Regel von einem andern Centrum erhält, das ihr Herr und ihr Haupt selber ist. Und es steht nun oben in dieser Höhe, so in der Mitte, wie in der ganzen Ausbreitung, das Urbild; unten in der Tiefe das Abbild: beide aber werden in stetem Verkehre verbunden und verknüpft durch den h. Geist, der gesendet von dem, der die Mitte der triumphirenden

Kirche hält, niederkommt auf die streitende, und von dem der
ihr Centrum ist, in alle Glieder sich verbreitet, und von diesen
wieder auch zu ihm sich sammelt. Dieser Idee hat dann die
andere des Kaiserthums sich angeknüpft. Wurzelnd in der irdischen Kraft, dem Muthe, dem starken und energischen Wollen
von Seite der Herrschenden, und ihrer aller Herrscher in der
Mitte, wie in der Treue und dem freien Gehorsam von Seite
der Untergebenen; versammelt es, gehalten von allen kriegerischen
Tugenden, die bürgerliche Gesellschaft, den streitenden Staat,
eben um ein politisches Centrum, wie die Kirche sie um
ein hierarchisches gesammelt hält; und führt sich historisch rückwärts durch Römer, Griechen und weiter hin bis zur Quelle,
aus der alle die in ihm wirksamen Tugenden geflossen, und
durch die ganze Geschichte sich thätig geäußert haben. Aber es
muß die Weihe dieses irdischen Elementes bei der Kirche suchen,
und dabei muß sein Verhältniß zu ihr sich ordnen und feststel-
len. Alle Kämpfe nun, die das Kaiserthum mit dem Papstthum gestritten, haben nur diese Feststellung gesucht, und auch
in diesem Suchen und Kämpfen hat sich eine durchaus mystische
Idee offenbart. Ist es nicht dasselbe, was auch den Mystiker
practisch wie theoretisch immerfort beschäftigen muß: das Verhältniß des Fleisches zu dem Geiste, des irdischen im äußerlichen Menschen, zum himmlischen im innerlichen auszumitteln
und festzuhalten. Die gleiche Aufgabe hat sich nun auch ins
Große hin der doppeltcentrirten, christlichen Gesellschaft gestellt;
wie der Geist zum Fleische, das Innen in ihr zum Außen stehe,
soll gefunden werden, und, wenn gefunden, festgestellt. Beide
sollen nicht in gänzlicher Zerfallenheit auseinanderliegen; etwa,
daß nach manichäischer Ansicht die eine Gesellschaft alles Gute,
die andere alles Böse in sich beschließe. Beide dürfen eben so
wenig pantheistisch sich identifiziren, sey es, daß der Priester den
Herrscher oder dieser jenen amortisire: auch hier gilt daher,
was Bernhard für die Einigung mit Gott festgestellt, sie dürfen,
wie nicht in Zweiheit zerrissen, so nicht e i n s, sie müssen
aber e i n i g seyn. Wie alles Streben eines ganzen mystischen
Lebens auf diese persönlich harmonische Einigung gerichtet ist;
so aller Kampf des Mittelalters auf diese höhere gesellschaft-

liche; und sie hätte sich vielleicht gefunden, wenn die Vorsehung gewollt, daß Friedrich der Erste und Innocenz der Dritte, jeder in seinem Gebiete gleicher Größe, wie sie nacheinander gelebt, so als Zeitgenossen sich begegnet.

Wie so die Gipfelpunkte der Gesellschaft in dem mystischen Lichte aufgeleuchtet, in gleicher Weise war dasselbe Element auch dem Umkreis keineswegs fremd geblieben. Das Christenthum, indem es den ganzen Haushalt durchdrungen, hatte, die alte Sclaverei bekämpfend, die Frau emanzipirend und die väterliche Gewalt mildernd, bald das ganze Familienverhältniß dadurch umgebildet, daß es überall die mystische Charitas in den rohen materiellen Trieb, so in die Herrschaft wie in die Unterwerfung eingetragen. Und wie nun in jenem scharf bindenden und lösenden Geiste, der das ganze Bildungswerk überschwebte, ein ungemein reger, plastischer Corporationstrieb unter seiner Einwirkung erwacht; hatte sich in diesem die zwiefache Gesellschaft auch aufs reichste ausgegliedert. Wie in solcher Gliederung die Bauerschaft sich zusammengethan; so in Mitte des Verkehrs die Zünfte und Gilden; die dann wieder Alle insgesammt in der Umhegung der Mauer zur städtischen Bürgerschaft sich geeinigt, in der bald ein kühnes, feckes Selbstvertrauen erwachte. Aus gleichem Triebe hatte sich um die Kaiser und Könige her, mit ihnen seine Wurzel bis in die ältesten, mythischen Zeiten zurückführend, die Körperschaft des Adels articulirt; und auch sie, von jenem höheren Lichte beschienen, hatte jetzt die Blüthe des Ritterthums getrieben. Zur Abwehr jeglicher Unbild, jedem Schwachen und Hilflosen zu Schutz und Schirm, den Frauen zu Dienste sollte die Genossenschaft sich stets gerüstet halten: dazu hatte sie sich verbunden, in diese Laufbahn hatte die Waffenweihe sie eingeführt; und diese Mystiker der Ehre und der Frauenminne, hatten dazu ihren Orden wieder in denselben Stufen, wie die Mysterien abgestuft. Daß es in der Kirche nicht anders gewesen, und daß auch sie ihre ganze Ausgliederung in demselben Prinzipe erlangt, bedarf keiner weiteren Ausführung: von den freien Gemeinden in den Ordensklöstern durch die ganze Hierarchie ihrer Gewalten bis zu den Cardinälen hinauf, ist es derselbe Geist, der dort gebunden, und auch hier waltend in Verbindungen zusammenknüpft, und, die Verbundenen auseinander haltend, in ansteigender Folge articulirt; und Alles zuletzt einführt, in den Mittelpunkt, dem es angehört. Und indem die beiden Mittelpunkte und die Organismen um sie her, sich gegenseitig einander eingegeben, bewegt sich zwischen ihnen und dem Umkreis das gesellschaftliche Leben in jenem großen Kreislauf, dessen Abbild sich in dem äußeren Naturkreis spiegelt. Wie nämlich alle Wässer von der Bergeshöhe niederfließend dem Meer zueilen, und dann zu Wolken erhoben, und von der Luftströmung ergriffen, im umgekehrten Laufe wieder zur Lufthöhe über der Bergeshöhe kehren, um dort wieder in flüssiger Form die Bergesgipfel zu bethauen: so auch in diesem Kreislauf der gesellschaftlichen Bewegung. Vom Throne weltlicher Macht sollte sie ihren Ausgang nehmen, und alle Gliederungen dieser Macht durchströmend, bis in den äußersten Umkreis sich vertheilen; dort war es dann an der Kirche, das Getheilte zu erfassen, und es steigernd und einbildend einem höheren Prinzip, alsdann in ihren Strömungen der eigenen Mitte entgegenzuführen: damit es dort gesammelt, und sofort im umgekehrten Prozesse von ihr in die andere niedergehend, wieder zum Ursprung kehre, von dem es seinen Ausgang genommen.

Zwischen dieser organisch gegliederten, in ihren Gegensätzen im lebendig wirksamen Geiste verbundenen Christenheit, und dem fatalistisch conglomerirten Reich des Islams, mußte es in demselben mystischen Instinkt, der jenen Organism hervorgerufen, bald zu einem heftigen Kampfe kommen. Das Ismaelsreich, am Brunnen der Wüste, vom natürlichen Sohne des gemeinsamen, alten Stammvaters mit der Sclavin gegründet, und darum auch der Zubildung des Heidenthums innerhalb seines Naturkreises bestimmt, hatte sich auch in die Christenheit gewaltsam eingedrängt; und war nun in seiner Weise, in allem den Gegensatz mit ihr bildend, aufgeblüht. Von religiöser, bürgerlicher und häuslicher Freiheit konnte in diesem Reiche blinder Gewalten nimmer die Rede seyn; war ja der Diener Allahs sein Sclave, den er, in den Banden des Verhängnisses, ohne Hoffnung je zur Freilassung zu gelangen, beschlossen hält: wie sollte er, der wieder abwärts sich in die Banden der Lust geschlagen findet, der Geisel des Stellvertreters dieses Schicksalgottes sich entziehen! Ethisch pantheistisch bis zur tiefsten Wurzel, konnte also diese Lehre nur zu einer durchaus pantheistischen Mystik führen, wozu es denn ja auch im Szufism [1]) gekommen. In den gesellschaftlichen Verhältnissen mochte eben so wenig von einer freien Unterordnung getheilter Gewalten; es konnte nur von einer knechtischen Unterwürfigkeit die Rede seyn: so daß, nachdem zuerst der Oberpriester den Kaiser und jetzt der Kaiser den Priester verschlungen; im öffentlichen Leben nichts als das Heer, im häuslichen aber das Harem übrig geblieben. Der Kirche konnte dies also geordnete Reich nichts anders, denn ein Greuel des Abgrundes, als das der alten Naturnacht wieder entstiegene Gespenst alten Irrthums, und als das trügende Gebilde dämonischer Mächte erscheinen; und indem sie sich rüstete, mit Macht seinen weiteren Einbruch in ihr Lichtreich abzuwehren, mußte die erste Aufforderung dazu an ihren Vogt und Schirmherrn, den Kaiser, und dann an alle weltliche Gewalt ergehen. Auch diese Gewalt hatte alle Ursache, dieser Aufforderung Folge zu leisten: denn nun das Caliphat, den Nachkommon der alten Turanshelden, einem asiatischen Reckengeschlecht, zur Beute geworden, und das Schwerdt der Türken alle seine getheilte Macht in ein östliches Kaiserthum geeint, fand sich das gesammte europäische Gemeinwesen aufs ernstlichste bedroht; und es konnte nur durch einen allgemeinen Aufstand, unter dem Banner einer großen, alle Gemüther beherrschenden Idee, von gänzlicher Unterjochung gerettet werden. Diese Idee war Rettung der Stätte, wo der Erstling der Auferstehung der folgenden Zeit das Pfand der Unsterblichkeit zurückgelassen; damit sie in den Händen der Unglaubigen nicht fernere Entweihung erfahren dürfe. Der Dämon mit seinen Mächten hatte dieser Stätte sich bemächtigt; wo der Himmel offen gestanden, gähnte

---

[1]) Man darf nur Tholuks Buch von dieser Seite betrachten, um darüber seine Überzeugung festzustellen; läuft ja bisweilen ein Schein anderer freierer Ansicht darüber hin, dann ist er wohl eher Reflex vom Christenthum, und wird bald wieder von der Nacht umher verschlungen.

jetzt der Schlund der Hölle: solche Abomination durfte nicht geduldet werden, und so bewaffnete diese durchaus mystische Idee zu den Kreuzzügen den ganzen Occident gegen den Orient, Papst und Kaiser an der Spitze.

Die Rückwirkung dieser mächtigen universalhistorischen Bewegung auf den Geist, der sie hervorgerufen, konnte nicht ausbleiben; sie mußte sich zunächst in Kunst und Wissenschaft offenbaren. Alle Künste, mit dem Kreuz bezeichnet, waren in die fernen Lande des Orientes mit auf die Heerfahrt gezogen; und wärmer, reicher, weltkundiger, denn sie gegangen, wieder zurückgekehrt, wollten sie nun, ihr Bestes thuend, am Würdigsten sich versuchen. So rüstete sich die Baukunst in der Heimath überall, wie der König des Alterthums an jener Stätte gethan, dem Herrn ein seiner würdig Haus zu erbauen; und nach dem Vorbilde der alten Tempelhütte wurden nun die Hütten aufgerichtet, und die wohlgegliederte Gewerkschaft sinnvoller Meister kehrte in sie ein. Und sie nahmen die einfachen Grundformen antiker Baukunst, den gleichseitigen und den ablangen Würfel, und den Kreis in einfacher Säule ausgezogen, in die Rotunde sich erhebend, oder in die Kuppel aufgewölbt; und wie sie ihren Spruch darüber ausgesprochen, war der neue anstrebende Geist in sie eingekehrt, und sie waren in einem neuen Leben sprossend worden. Gleichseitiger und ablanger Würfel setzten sofort sich in die Kreuzesform zusammen, damit das Ganze im Fundamentalzeichen aller Mystik Grund gewinne. Die Säule mit ihres Gleichen, nach demselben Trieb, der das Gewerk, das sie gebildet, in sich zusammenhielt, sich zum Säulenbündel verknüpfend, und gemeinschaftlich mit den verbundenen nun dem Lichte entgegenwachsend, wird schlanker ausgezogen; und wie sie im Fortschritte im vegetativen Gesetze des Kettenbruchs sich theilt, gewinnt sie statt der physischen die organische Proportion. Indem sie aber ansteigend in jenem Gesetze in ihre Verzweigungen sich gliedert, gewinnen diese, im Kampfe zwischen der horizontal vorschreitenden und der zur Höhe fortdauernd anstrebenden Richtung, die Bogenform; und indem diese Gurtbogen querüber von entgegengesetzten Seiten sich begegnen, ist der Spitzbogen gefunden, auf dem dann das Spitzgewölbe ruht, in das die alte Kuppel

jetzt aufgegangen. Die Öffnungen fügen sich dem gleichen Ge=
setze; seitlich durch Pfeiler begränzt, und durch andere getheilt,
von Spitzbogen überbaut und mit andern erfüllt, durchbrechen
sie überall, auch da, wo sie, wie in der Rose, sich in der Kreis=
form um eine Mitte zusammenschließen, die nächtlich finstere
Masse; und indem Licht und Luft freien Zugang gewinnen, er=
scheint das Werk, in seiner Leichtigkeit, wie von der Schwere
alles Irdischen entbunden. Und es kommen nun Plastik und
Malerei herzu, um innerlich wie äußerlich den Bau zu schmü=
cken. Auch diese Künste haben mystische Art in jener Zeit ge=
wonnen, die schöne Leiblichkeit der nackten Antike ist ausge=
schlossen; denn diese Art der Schönheit mag mit der Ascese
nicht bestehn. Die Gewänder, den ganzen unteren Menschen
verhüllend, müssen daher für ihn eintreten, wie sie an den schweben=
den Engelgestalten die fehlende Leiblichkeit ersetzen. Dafür ist aber
die Seele und das Seelischschöne jetzt herrschend hervorgetreten;
jeder Liebreiz vielfach abgestufter Tugenden, der Zauber der Ein=
falt, jegliche Schöne höherer geistiger Verklärung hat, wie ehemals
die scharf ausgeprägte Leidenschaft, jetzt den rechten Ausdruck
gefunden; und, wie Lichtwasser, ist milde Lieblichkeit über die
Gebilde dieser Kunststufe, in diesem ihrem eigenthümlichen Ge=
biete, ausgegossen. Vorzüglich in der Glasmalerei gibt sich
diese Kunstmystik zu erkennen: sie, in der das unmittelbar auf=
fallende Licht in allem Glanz der Farben sich zur reichen Vision
gestaltet; während in gewöhnlicher Malerei dasselbe Licht, wie
der Strahl der Gottheit an der äußeren Sinnenwelt, catoptrisch
am irdischen Pigmente im Rückprall sich erst gestaltet. Und es
füllen sich nun bald die inneren Räume dieser Gotteshäuser mit
Choralgesang und Orgelklang; denn auch die Musik ist den
andern Künsten in ihrer Steigerung gefolgt, seit mit der Erfin=
dung des Contrapunktes auch das Gesetz reicherer Harmonie
in sie eingetreten: ein Gesetz, in dem sich fortan in großer har=
monischer Analytik die Tonwerke erbauen; wie im Gesetze des
entsprechenden geometrischen Contrapunktes jene Bauwerke ent=
standen.

Alles aber, was in dieser Weise jene Zeit gewollt und er=
strebt und theilweise ausgeführt, hat sich in der Dichtung des

Titurel sinnbildlich ausgedrückt; und der Gralstempel, wie er sich in ihm erbaut, und mit allem Reichthum der Kunst des Weltalters sich ausgeziert, ist zugleich Symbol der Kirche und der Gesellschaft, wie sie in ihm sich ausgestaltet. Auf dem Onyx, als ihrem Felsengrund, erhebt sich diese Kirche in dem Plane, den höhere Hand darauf verzeichnet, nach Zahl, Maaß und Gewicht angegeben, also: daß die Einheit und die Zweiheit und die Dreiheit überall die Wurzeln sind, aus denen ihre Zahlen und Formen sich zusammensetzen. Rund ist das Werk, gleich dem Erdenrund, über dem es sich erbaut; unter sich hat es in jenem Felsen die Veste der Erde; zu Bildern von Fischen und Meerwundern ergraben und erhauen, und mit durchleuchtendem Krystalle überfangen, bildet der Estrich des beweglichen Weltmeers weite Ausbreitung. Oben aber ist das Gewässer mit der Bläue des Himmels überwölbt, wo unter den Sternen Sonne und Mond in ihren Bahnen durch ihre Zirkelzeichen gehen; bezeichnet in ihren Knoten und Wendepunkten durch die Symbole der vier Evangelisten; und in den sieben Tageszeiten durch goldener Zimbeln Klang verkündet. Von der Erdentiefe zu des Himmels Höhe dehnt sich dann der Äther, reichlich vom Tageslicht durchgossen, das in den Fenstern, durch Edelsteine aller Farben zu reichen Bildern, nach dem Entwurf der Meister, ausgesetzt, den Glanz in Farben stillend, sich mild gebrochen; während allumher an den Wänden der Chöre reiche Gewinde goldner Reben mit Blumen untermischt hinaufranken. Wie nun aber die Zahl der Zungen und der Völkerstämme alter Urzeit, nach Verschiedenheit der Deutung der orientalischen und occidentalischen Kirchenväter, zwischen 70 und 72 schwankt; so auch die Anzahl der Chöre dieser Kirche, die das ganze Geschlecht umfassen soll, zwischen den gleichen Zahlen, je nach Sonderung oder Hinzufügung des Doppelchors, dem h. Geist, dem großen Tröster und Schirmherrn der Kirche, geweiht. In den Aufgang ist dieser Doppelchor gestellt: denn wie der Anfang der Dinge gegen diese Weltgegend fällt; so auch der Beginn der Kirche, als in der Überschattung des göttlichen Geistes der Aufgang aus der Höhe zuerst in der Finsterniß aufgeleuchtet, wie das erste Licht unter seinem Brüten aufgeglänzt. Im Niedergange,

wo der Tag der Nacht entgegenneigt; wo eine der Pforten des
Eingangs, entsprechend ihrem Sonnenzeichen, sich öffnet, ist daher bei den posaunenden Engeln des Orgelwerks das Bild des
jüngsten Gerichtes aufgestellt: so daß in diesem längeren Durchmesser Anfang und Ende der Dinge liegt; wie im andern von
Mitternacht zu Mittag, mit den beiden Pforten, die Festigung
der fließenden Zeiten ihren Ausdruck findet, und somit das dem
Kreise eingeschriebene Kreuz zur Grundform des ganzen Baues
wird. Und es ist zunächst die triumphirende Kirche, die im
Innern über diesem Grunde sich ausgegliedert, und in den 72
Chören mit ihren Altären sich in die Runde ordnet: so daß dem
Paraclet zunächst die jungfräuliche Magd, und dann ihr göttlicher Sohn ihre Stelle finden; weiterhin die Zwölfboten je in
ihrer Ordnung; dann Bekenner, Jungfrauen, Patriarchen, Märtyrer, Propheten; also daß im Kreis umher sich das ganze Kir-
chenjahr zusammenschließt. Es ist aber dem Werke die Bestimmung geworden, die streitende Kirche in sich aufzunehmen, die
innen in ihrem Opferamte durch die Altäre, in ihrem
Lehramt durch den Lettner bezeichnet wird; in ihrer regierenden priesterlichen Gewalt und Hierarchie aber wie
innerlich durch die Gliederung des Werkes, so nach Außen
durch die Thürme. Sechsunddreißig solcher Thürme, je zu
dreimal drei im Kranze nach den vier Weltgegenden vertheilt,
bilden diese äußere Hierarchie. In sechs Stockwerken sind die
hochanstrebenden dann wieder abgetheilt; je nach der Folge kirchlicher Gewalten, die vom Archiepiscopat zum Episcopat, sofort
zum Chorepiscopat und dann vom Presbyterium durch das Dia-
conat zum Subdiaconat übergehen. Die Giebelwerke, die über
den drei Thoren sich erheben, werden dann Ausdruck des dreifachen Patriarchates, entsprechend den drei Welttheilen, seyn;
der Thurm aber, der in Mitte von diesen allen steht, und
zweier andern Weite, Höhe und Zierde in sich befaßt: er bedeutet den Primat, der, oben vom leuchtenden Steine über-
glänzt, die bei nächtlichem Dunkel Irregehenden zum sicheren
Pfade zurückleitet, und von zwei Kalkofan-Glocken durchtönt,
durch die eine zum heiligen Streite, durch die andere zum Gebete ruft. Unter ihm, recht in Mitte des ganzen Baues, wie-

derholt er sich noch einmal in einem noch kunstreicheren und
enger umgränzten Werke; und hier wird auf dem Altare Fron=
leichnam, sein eigentliches Mysterium, aufbewahrt: der Becher,
der das Blut des Erlösers aufgefangen, den Joseph von Ari=
mathia nach dem Westen hinübergetragen; auf den jeden Char=
freitag die Taube die Hostie niederbringt, in der sich jedesmal
wieder die Kraft verjüngt, daß niemand, der ihn sieht, des To=
des stirbt, und daß er Speise gibt und Trank, die hinüber ins
ewige Leben führen. Dazu hat er die Tempeleisen um sich her
gesammelt, und sich die Kirche, ihnen aber im Süden derselben
Pallast, Kreuzgang und Dormiterium erbaut: damit sie seine
Schirmherren seyen auf Erden, und das Werk vor jeder, vom
Norden, dem Sitz des Bösen her drohenden Ungebühr bewah=
ren; weswegen die Thaten, die sie in diesem Berufe gewirkt,
an den äußern Wänden sie ergraben und erhauen zeigen. Zu=
nächst die geistlichen Ritterorden bezeichnend, leiten sie doch zu=
gleich über in das weltliche Regiment; das also vom Kaiser und
den Königen, durch die verschiedenen Heerschilde hinunter, in
jenem Pallaste seine Symbolik finden würde, hätte die Dichtung
sich näher darüber ausgelassen [1]).

Auf den Wegen, die die Kunst gegangen, war ihr bald
auch die Wissenschaft gefolgt; und der vielgewanderten hatte
im weitesten Umkreise die Welt sich aufgethan. Was der alten
griechischen begegnet, als in den Alexanderszügen bisher bedeckte
Welttheile sich ihr aufgeschlossen, und Aristoteles nun über die
reichste Fülle von Thatsachen gebieten mochte; das wiederholte
sich auch jetzt, als der bisher verengte Gesichtskreis wieder über
alle jene Gebiete ins Unabsehliche sich erweiterte. Als nun
auch erst die Schriften eben jenes Aristoteles in zwiefacher
Übersetzung zugängig geworden; da hatte zu der räumlichen
Ausbreitung sich auch eine zeitliche gesellt, und die Ergebnisse

---

[1]) Die Darstellung hier nach der Schrift von S. Boisserée: über die
  Beschreibung des Tempels des heiligen Grales in dem Heldenge=
  dicht Titurel; wo der ganze Bau, nachdem er in rechter Deutung
  mit Kunstverstand und Scharfsinn aus dem Gedicht ermittelt wor=
  den, in Grund und Aufriß wohl aufgeführt erscheint.

einer längst abgeschlossenen früheren Weltzeit bereicherten und ergänzten, was die laufenden geboten. Der in den Gebieten der Sichtbarkeit wie der Unsichtbarkeit mit gleicher Schärfe fassende, sondernde Natursinn des Griechen, und sein wohlordnender Geist mußte den zu gleicher Aufmerksamkeit angeregten wissenschaftlichen Geist der neuen Zeit wohlthätig ansprechen; und seine Methode ihm um so willkommner seyn, da sie dem dringenden Bedürfniß, der Überfülle des zudrängenden Materials sich zu bemeistern, in förderlicher Weise genügte, und schon das Netzwerk bot, in das man den neuen Besitz nur einordnen durfte. So begreift sich leicht, wie diese Wissenschaft von ihm die Form genommen; und wie Männer gleich Albertus Magnus, auf allen seinen Wegen gehend, es ihm in der Naturgeschichte der Materie wie des Geistes sich nachzuthun bemüht. Wenn aber die wissenschaftliche Anschauung in diesen Naturstudien eine weitere Unterlage erlangt; so war sie keineswegs gesonnen, in der vorherrschenden Weise unserer Zeit, in ihr als ihrem Endziele zu ruhen: sie konnte nur das Mittel darin erblicken, um mit weiter ausholendem Flügelschlag zu höherem sich zu erschwingen. Vor wie nach blieb ihr daher das göttliche, der Menschensprache incarnirte Wort, das höchste; und indem sie sich ihm willig unterordnend, es zum Gegenwurfe all ihres Strebens machte, war alle geistige Bewegung der Zeit darauf gestellt, den Verkehr des durch Offenbarung gegebnen, mit dem durch die äußere Anschauung erfaßten, in zwiefacher Richtung zu vermitteln: in synthetisch absteigender durch Einbildung des höheren in das tiefere; oder durch analytisch Steigernde in der Erhebung von diesem zu jenem. Beides sind aber mystische Bestrebungen, zusammenfallend mit denen, die in jener altchristlichen Schule geherrscht, welche einen ähnlichen Syncretism im Auge hatte; und so mußte denn diese Mystik als ein wesentliches Element in alle Scholastik eingehen. Diese konnte daher nur als die Fortsetzung jener Schule erscheinen, die die alten Kirchenväter begründet, und die, wie sie in ihren unbehutsamen Ausweichungen durch Scotus Erigena sich fortgebildet; so in ihrer besonneneren Haltung durch den scharfsinnigen Anselm von Canterbury ihre Fortbildung erlangt. Was der

Titurel der poetischen Anschauung jenes Zeitalters gewesen, das waren daher die bewunderungswürdigen Werke des h. Thomas von Aquin der wissenschaftlichen; die alle insgesammt im streng logisch gegliederten Leibe eine mystisch gehöhte Seele hegen, und daher als der ganze und volle Ausdruck des Gesammtwissens, für jenes Stufenalter, das sie hervorgerufen, einstehen können [1]).

Wie aber dieser auf wissenschaftlichem Wege die Einigung des irdischen Elementes mit dem überirdischen gesucht; so Dante, wieder Symbol einer späteren Zeit, auf dem poetischen. Diese seine Zeit, bereits über den Wendepunkt der ansteigenden Bewegung hinausgegangen, ist nun in nachlassender Spannung schon erkaltende, und im Rückgange der bildenden Kräfte sich auflösende. Das Kaiserthum ist längst zerrüttet; er selber, als Gibelline ihm zugethan, hat in den Partheikämpfen der Vaterstadt seine Anhänglichkeit mit der Austreibung gebüßt; und die Schrift, die er über den Gegenstand seiner Zuneigung geschrieben, bemüht sich fruchtlos, die gesunkene Herrlichkeit wieder heraufzubeschwören. Das Pontificat ist gleichfalls vom Wurm durchnagt, und die Zeiten tiefer Demüthigung und langer Gefangenschaft im fremden Lande nahen. Dante selber ist durch frühe Jugendliebe in die Gebiete der Minnepoesie der Zeit gelockt; aber der Tod, der ihm Beatrice, den Gegenstand seiner Liebe, entrückt, hat ihn daraus gedrängt, und sein Gemüth, auch von der zerfallenden Außenwelt abgewiesen, sieht sich nun in die unsichtbaren Regionen hinübergeleitet. Da er zuerst der Wissenschaft sich zugewendet, ist ihm eben jene, die früher das dem seinigen vorangehende Zeitalter geboren, in Gestalt einer schönen Frau entgegengetreten: aber der vertrauliche Verkehr, in den er mit ihr sich eingelassen, will ihm bald als eine falsche Liebe erscheinen, die ihn der wahren ungetreu zu machen versucht. Von ihr ablassend blickt er daher über sich, und gewahrt bald eine höhere Weisheit, die rechte göttliche Sapienz über

---

[1]) So sehr sind diese Schriften vom mystischen Elemente durchdrungen, daß Corderius in seiner Einleitung zu dem Areopagiten vier Folioseiten mit den darin vorkommenden Citationen desselben anfüllen konnte.

alle Menschenweisheit hinaus; und wie er dieser näher und näher tritt, und sich mehr und mehr in sie vertieft, gewinnt sie ihm immer sprechender die Züge der ersten Geliebten; und er versteht, es sey nur die zur höheren Charitas verklärte Minne, die, da Anfang und Ende sich überall berühren, hier als Führerin ihm nahe. Sie hat ihn aber, wie alle mystische Liebe, in die Vision eingeführt, und in ihr hat sich der Entwurf der Divina comoedia, — der Sage nach in der Spur der Gesichte des Mönches Alberich gehend, — ausgestaltet, und über diesen hat sich dann bald jenes dreigetheilte tiefsinnige Werk erbaut. Durch und durch mystischer Natur zeigt es darum ganz und gar das Wesen und die Art eines Gesichtes. Wie in den Visionen die Sehenden häufig die drei Regionen der Unsichtbarkeit durchwandern; so auch die Dichtung: in neun immer sich verengenden Kreisen tieft sich ihr das Reich der Nacht und der Hölle aus; in Mitte des Kegels ist die Stätte des Satans, während ein oberster und weitester Kreis die Zehnzahl ergänzt. Je enger die Kreise sich zusammenziehen, um so mehr schärft sich mit der Größe des Verbrechens auch die Pein, und beide stehen in einem mystisch allegorischen Bezuge zueinander. Auf der abgekehrten Seite der Erde, jener, die die Antipoden bewohnen, erhebt sich, der Hölle gegenüber, dann das Reich der Dämmerung, das Fegfeuer: so daß, wie jene in den zehn sich engenden Kreisen sich immer tiefer niedersenkt, dies in eben so vielen sich immer erweiternden ansteigt; und so, die drei Vorhügel mit eingerechnet, wieder zehn Reinigungsorte bietet, durch die immer zunehmende Läuterung sich bereitet. Endlich erhebt sich dann von da das Paradies, zur Himmelshöhe durch die verschiedenen Planetenkörper nach ptolomäischer Weltordnung ansteigend, mit immer zunehmender Seligkeit in den Himmel des Thierkreises, und dann zum Empyreum wieder in der gleichen Stufenfolge hinaufstrebend; bis das ganze Gebäude endlich in der mystischen Rose und der Trinität seinen Schluß gefunden. Wie der Titurel, — die Niederkunft des Heiligen und sein Einleuchten in die irdische Nacht feiernd, — den aufsteigenden Zeichen dieses Zeitalters angehört; so die göttliche Comödie, seiner Auffahrt und der mystischen

Seelenwanderung in seinem Gefolge entsprechend, den Nieder=
steigenden.

10.

Die Orden der neueren Zeit.

Als der christliche Geist bei den Völkern des Abendlandes
seinen Einzug gehalten, da waren die Orden an der Spitze des
Zugs gegangen; sie hatten mit ihm in den neuen Gebieten sich
angesiedelt, wurzelten mit ihm und grünten und blühten, durch
die drei Stufenalter hindurch, in denen er sich entfaltete. In
Mitte des ersten, als das Meer der Völker, vom darüber wehen=
den Geist erregt, hoch und hohl gehend in immer neuen Aus=
brüchen über die Landveste sich ergoß; hatten der h. Benedict
und seine Schwester Scholastica die Saat ihres Doppelordens
ausgesäet, und der Sturm der Zeiten hatte den geflügelten Sa=
men schnell über ganz Europa ausgebreitet. In die Wälder
der verwilderten Länder eingewandert, hatten die Ordensleute
muthig den Kampf, zugleich mit den wild entfesselten Elementen
der physischen wie der geistigen Natur, begonnen, und ihre Un=
verdrossenheit war zuletzt, — jedoch nicht ohne vielfältigen Wech=
sel rückkehrender und wieder gebändigter, und nochmals einbre=
chender und abermals abgewehrter Zerstörung, die ihre Saaten
nur immer aufs neue bedeckte, um sich bald wieder von ihnen
übergrünt zu sehen, — Meister geworden über den wilden Braus;
und so durften denn auch sie, der Ruhe und des Frühlings der
carolingischen Herrschaft, sich erfreuen. Aber wie durchgängig
Noth und Drang und Kampf der menschlichen Natur heilsamer
sich erweist, als Stillleben und Ruhe und Genüge und Über=
fluß; so mußte es auch an ihnen sich bewähren: Sonnenschein
und das mildere Wehen hatten sie weich und weichlich gemacht.
Als daher unter den späteren Carolingern, im Beginne des
zehnten Jahrhunderts, die Windsbraut aufs neue entfesselt
wurde; als die Lombarden in Italien, die Sarazenen in Spa=
nien, die Normannen im Nordwesten und Norden, Slaven im
Nordosten wütheten, die hunnischen Schrecken im Osten sich er=
neuten, und überall Zerrüttung, Bürgerkrieg, Gewaltthätigkeit

tecker Raubsucht sich kund gaben: da hatten sie nicht mehr Kraft und Ernst genug zurückbehalten, den erneuten Kampf mit Muth zu bestehen; Regel und Zucht wurden nicht ferner mehr geübt, und schaarenweise kehrten die Bewohner der Klöster in die Welt zurück, um dort nach ihrer Art das Leben sich zu fristen. Es mußten daher neuerdings begeisterte Männer in ihre Mitte gesendet werden, um den unter der Asche erlöschenden Funken wieder anzublasen; Bernon, gestorben 927, Odon 942, Ademar 994, Odilon 1048, erhielten nacheinander diese Sendung; Clugny in Burgund war die Stätte ihrer Thätigkeit, und durch ihre vereinigte nachhaltige Wirksamkeit blühte der Orden, in der von jenem Orte genannten Reformation, wieder aufs neue, in vielen von dort ausgegangenen Verzweigungen, auf; seine Verjüngung über Kloster Hirschau auch in den teutschen Norden übertragend. Auf Veranlassung des Cardinals Peter Damian hatten dann die Päpste, auf zwei Concilien, auch die Reformation der regulirten Chorherren erwirkt, und sie an die Regel des h. Augustin gewiesen. Damit trat die Kirche in das zweite Stufenjahr allgemeiner christlicher Entwicklung ein. Die Fluthungen der Völker waren beruhigt; aber die der Ideen hatten dafür begonnen, und erfüllten den größten Theil dieses Weltalters. Der Kampf der geistlichen und weltlichen Macht im Investiturstreite, hatte die Kirche wie den Staat bis zum tiefsten Grunde erschüttert und zerrüttet; das Schlechte in der menschlichen Natur, in friedlicher Zeit nur mühsam gebunden gehalten, hatte jetzt in den Tagen allgemeiner Auflösung seinen Vortheil ersehen; und nachdem die Dämme leicht vor dem ansteigenden gewichen, und lüderliche Pfaffen und gewaltthätige Kriegsleute sich zusammenthaten, fand sich die Gesellschaft bald bis in ihre innersten und tiefsten Elemente aufgelöst. Das mußte, von Seite der Kirche, alle ernste, kräftige und religiöse Geister antreiben, auf Abhilfe und Rettung zu sinnen, und die Verbindung gesammter Kräfte in neuen, in der Grüne der Jugend und im ersten Eifer wirksamen Orden dem Verderben entgegenzusetzen; und so mußte dann das Entstehen vieler solcher Genossenschaften die Folge dieser Rückwirkung des heilenden Geistes in der Kirche seyn. So groß war aber noch die Verehrung des h. Benedict in jener Zeit, daß alle Gründer dieser neuen Verbindungen sie auf seine Regel gründeten; nur darin sich theilend, daß von den zwei Gattungen von Mönchen, die er zulässig gefunden, Anachoreten und Cönobiten, einige sich für jene, andere für diese entschieden; während noch andere beide miteinander zu verbinden sich bemühten. So hatte Ludolf aus Umbrien lange im Apennin das strenge Leben eines Einsiedlers geführt; Gleichgesinnte hatten sich bald um ihn gesammelt; in Mitte ihrer Einsiedeleien hatte er ihnen um das Jahr 1001 in monte Avellana die Kirche zum h. Kreuz gebaut, und der mit ihr gleichnamige Orden hatte sich dort begründet, den später Peter Damian, der tapfere Mitkämpfer Gregors VII., reformirt. Wenige Jahre darauf hatte der h. Romuald seine Lehrjahre beim Einsiedler Marin beendet; die Würde des Abbtes in Clesse, die er dann übernommen, niedergelegt; und nun in die Einsamkeit des Gebirges sich vertieft, gefolgt von Jüngern, die sein bußfertig Leben nachzuleben versuchten. Dort auf Campo Maldoli oder Camaldoli, — auf der kleinen Ebene von sieben Quellen bewässert, aqua bella genannt, mit Tannen bewachsen, aber ihrer hohen Lage wegen zwei Drittheile des Jahres mit Schnee bedeckt, — hatten sie zuerst fünf abgesonderte Zellen sich erbaut; und als ihrer mehr geworden, hatte im Jahr 1009 der Heilige jene berühmte Kirche ihnen zu gründen angefangen. Aus diesen unscheinbaren Camaldulen ist der strenge Orden der Camaldulenser ausgegangen; und als sein Gründer, 18 Jahre später, 1027, 120 Jahre alt, von denen er 100 in der Einsamkeit zugebracht, gestorben, sah er ihn blühend, und im Beginne, sich weit über die Christenheit auszubreiten. Ihm war bald der h. Alfer gefolgt, der, um 993 in Süditalien geboren, im Beginne von zwölf Schülern sich umgeben gesehen; und als er ihnen die Congregation von Cave errichtet, sie bei seinem Tode, im J. 1050, auf 3000 angewachsen erblickte, die bald in 120 Klöstern sich vertheilt. Der h. Wualbert, über dem Versuche zur Rache an einem Feinde bekehrt; nachdem er, als die Brüder aus Furcht vor dem Vater die Aufnahme ihm verweigert, sich selber eingekleidet, hatte nach dem Muster von Camaldoli, wo er eine Zeit lang gewohnt, um 1038 unter

Tannen in Valombrosa, zehn Meilen von Florenz, ein Kloster
erbaut, das die Regel des h. Benedict in aller Strenge
und nach dem Buchstaben zu halten sich verpflichtet, und in
diesem Bestreben bald viele ähnliche Institute entsendete; denen
um 1270 auch die h. Humilitas solche beifügte, die Clausnerin-
nen sich öffneten. Die Congregation von Monte sasso, um 1060
von Mainrad gegründet, den Schulen und der Krankenpflege,
zugleich aber auch der Betrachtung in einsiedlerischer Abgeschlossenheit geweiht, hatte sich allen diesen frühern Orden angeschlossen, und auch diese Klosterbrüder hatten bald fruchtbar in 140
Klöstern sich gemehrt.

Frankreich schloß sich mit Eifer dieser rückwirkenden Bewegung an, und bald ging ein dreigetheilter Strom aus, von
diesem Lande, in alle Gebiete der Christenheit sich ergießend.
Im Walde Müret, im Limousin, war der eine dieser Ströme
aufgequollen, als 1076 der h. Stephan aus der Auvergne dort
eingewandert; und nachdem er sich Gott mit dem letzten Ringe
verlobt, den er allein aus reicher Erbe zurückbehalten, ein so
hartes Leben, in einer Hütte von Gezweig gebaut, zu führen
angefangen, daß er ein ganzes Jahr einsam blieb, weil niemand
den Versuch wagte, es ihm nachzuthun, und deswegen sich unter
seine Zucht zu geben. Seine Milde und Freundlichkeit lockte
indessen erst einige, dann immer mehre an sich, die er dann
nicht als Abbt, sondern als Corrector lenkte. Fünfzig Jahre
lebte er unter ihnen, von denen, wie er auf seinem Sterbebette
zu den Brüdern sagte, die einen in großem Mangel, die andern
im Überflusse hingingen; aber in seinem Mangel fehlte ihm nie
das Geringste, in der Fülle hatte er nie etwas überflüssig: so,
daß Gott gleich sehr Hand hielt über ihn, im einen wie im andern Zustand. Als der Orden 1130 nach Grandmont überge-
wandert, nahm er von seiner dortigen Hauptkirche den Namen
an, und zählte im Verlaufe von weniger als einem Menschenalter sechzig Häuser. Etwas später um 1086 war der h. Bruno,
von Cöln, ergriffen vom Zustande der Diöcese Rheims, die ihr
Erzbischof Manassez verwüstete; erschüttert durch die Worte des
wieder zum Leben erwachten Freundes; entflammt durch das
Feuer, das in seiner Brust gezündet, und das er im Umgang

mit Gleichgesinnten nährte, im Gefolge von sieben derselben, in
die Wüste la Chartreuse bei Grenoble eingewandert, und sie
hatten dort auf der Berghöhe die Kirche Sancta Maria de Ca-
salibus, und um sie her ihre Zellen erbaut. In tiefster Wald-
einsamkeit, über dem wilden Berggewässer, das sie durchrauscht,
war nun der zweite Brunnen in der Wüste der Zeit aufgequollen; und nachdem der Stab des Heiligen fernab bei Della Torre
in Calabrien einen andern aus den Felsen herausgeschlagen, und
beide ineinandergeflossen, hatte der Orden der Karthäuser
in ihnen seinen Ursprung gefunden. So streng abgeschlossen
war dieser Orden in seinem Schweigen und seiner Einsamkeit;
so groß war der Gehorsam und die Ehrfurcht vor seinen Obern
allen Gemüthern in ihm eingeprägt; so wach war zu aller Zeit
die Aufmerksamkeit dieser Vorgesetzten: daß gegen ihn allein die
Welt nichts vermochte, und er, der einzige, bis in die letzten
Zeiten keiner Reformation bedurfte, dadurch seinen Wahlspruch:
stat crux, dum volvitur orbis, wahrmachend. Zum dritten
waren es jene Cisterzienser, von denen wir schon geredet, die
um die gleiche Zeit von Burgundien ihren Ausgang nahmen.
In den Klostermauern von Molesmes war dieser dritte Brunnen zum ersten aufgegangen, als der h. Robert eine Colonie
von 21 Mönchen, in das neugebaute Citeaux, zur strengeren
Observanz der Regel des h. Benedict, eingeführt. Unter dem
Abbte Stephan hatte ihm der h. Bernard seine dreißig Gefährten zugebracht; und nun wurde, nachdem auch Clairvaux von
ihm ausgegangen, bald der Orden mächtig über alle christlichen
Lande: so, daß er 57 Jahre nach seiner Stiftung schon 500
Häuser zählte, hundert Jahre später über 1800, fünf Ritterorden in Spanien und Portugal von ihm abhingen, und zuletzt
noch die Fulianten von ihm ausgegangen.

Es waren die Orden von Calatrava in Castilien, von Alcantara im Königreich Leon, von Monteze in Arragonien, von
Ayes und Christus in Portugal, die also mit den Cisterziensern
in Verbindung standen. Der Kampf mit den Mauren hatte sie
in diesen Ländern hervorgerufen; dem bewaffneten Fanatism,
der aus der afrikanischen Wüste herübergekommen, um das Christenthum in seinen Erbländern anzugreifen, mußte ein gleich

wehrhafter chriſtlicher Eifer entgegentreten; indem alſo der
Prieſter und der Ritter zuſammenwuchſen, waren jene Inſtitu=
tionen im Verlaufe des zwölften Jahrhunderts hervorgegangen;
die jedoch, wie es ſcheint, minder der Vertheidigungskrieg im
Weſten, als der Angriffskrieg im Oſten urſprünglich hervorge=
rufen. Als dort, ſchon vor der Eroberung, das Zuſtrömen der
Pilgrime zu den heiligen Orten, im Verlaufe des eilften Jahr=
hunderts, immer ſtärker geworden; hatten im Kloſter, das Kauf=
leute von Amalphi gebaut, Hospitaliter des h. Lazarus, unter
einem Spitalmeiſter ſtehend, der Krankenpflege ſich angenom=
men. Nun, da Jeruſalem von den Kreuzfahrern genommen
worden, hatte auch dieſe Anſtalt, mitten in Feindesland, in eine
bewehrte Burg ſich umgewandelt; den dienenden Brüdern
für Kranke und Pilgrime, und den Geiſtlichen und Caplänen
für die Spende der Sacramente, hatte eine dritte Ordnung
wehrhafter Ritter ſich beigefügt, die das Kreuz zum Schwerdte
und wieder das Schwerdt zum Kreuze machten; und die dem
nun dreigetheilten Orden Angehörigen nach der Johanneskirche,
unter Gerhard aus der Provence und Raymund von Puy, den
Namen der Johanniter angenommen. Die kriegeriſchen Tem=
pelherren hatten, von Hugo von Payens 1118 geſtiftet, ihnen
ſich beigeſellt; während die Ritter des Ordens der h. Catharina
vom Berge Sinai, zur Sicherheit der Pilger, die das Grab
der Heiligen beſuchten, gegründet wurden; die von Monzoge
aber die Punkte hüteten, von wo man Jeruſalem zuerſt er=
blickte. Die Hohenſtaufen hatten ſpät vor Ptolemais dieſen den
Orden der Marianer oder teutſchen Ritter beigefügt, die noch ſpä=
ter, nachdem ſie mit den Schwerdtrittern ſich verbunden, ſich
gegen den Norden wendend, in 53jährigem Kriege, Preußen
bezwungen. Während Religion und Glaube der tiefſte Grund
geweſen, über dem alle dieſe Orden ſich erbaut, war in den
einen doch der Ritter, in den andern der Prieſter vorſchlagend
geweſen, wie die Johanniter als Hospitaliter chriſtliche
Milde und Barmherzigkeit, — die ſo weit ging, daß ſie
Ausſätzigen die Aufnahme unter ſich geſtatteten, ja durch ihre
Regel ſich verbunden fanden, einen derſelben jedesmal zum
Großmeiſter zu wählen, — vorherrſchend pflegten, als ſpätere

Rhodier und Malteser aber des Schwerdtes mit Vorliebe sich
gebrauchten. Aber wie der geistliche Waffenmuth nicht blos
auf den Osten sich beschränkt, sondern auch im Abendlande gute
Stätte gefunden; so auch jene Milde. Von ihr getrieben,
hatten, als das heilige Feuer, auf die Menschen fallend, unter
herben Schmerzen ihr Fleisch bis zu den Gebeinen dörrte, und
die getroffenen allumher, bei den Reliquien des h. Antonius in
der Dauphiné, Hilfe suchten, die dortigen Edelleute ihnen ein
Krankenhaus gegründet, und unter Gaston sich selber ihrer Pflege
angenommen; und davon war denn der Orden des h. Antonius
ausgegangen, der, weitum, in Frankreich, Spanien, Teutschland
und in andern Ländern sich ausgebreitet.

Alle diese Stiftungen, keimend im zweiten Stufenalter, sind
erst im dritten zu ihrer vollen Entwicklung gekommen, und bil=
den also den Übergang von einer Periode zu der andern. Jetzt,
da die dritte nun wirklich heraufgezogen, drängen sich erst in
rechter Fülle die Gestaltungen dieser Art; und es ist, als ob
derselbe Geist, der damal brütend über dem Urmeer die phy=
sischen Elemente überschwebt, und die reiche Mannigfaltigkeit
körperlicher Formen aus ihrem plastischen Stoffe hervorgerufen,
jetzt mit gleicher Thätigkeit den geistigen Elementen geistige
Form eingebildet. So hatte Robert D'arbrissel aus der Bre=
tagne das zwölfte Jahrhundert mit der Gründung des Ordens
von Fontevrault eröffnet. Weil der sterbende Heiland am
Kreuze der h. Jungfrau den Jünger Johannes zum Sohne ge=
geben, ihm aber die Trauernde zur Mutter, damit er ihr ge=
horche, hatte er geurtheilt: es könne wohl auch ein Orden im
Christenthume bestehen, aus Brüdern und Schwestern zusam=
mengesetzt, die in einem ähnlichen Verhältniß sich zueinander
gestellt befänden. Darauf hatte er nun den seinen eingerichtet,
indem er alle ihm angehörigen männlichen und weiblichen Klö=
ster, zwanzig an der Zahl, unter die Obedienz der Äbtissin des
Hauptklosters, das er in ihrer Mitte, ohnfern Saumur erbaut,
und mit 300 Nonnen besetzt, gegeben; eine Einrichtung, die
später die nordische Brigitte, selbst heilig und Mutter einer Hei=
ligen, in ihrem Orden nachgeahmt. Jener Wilhelm, Graf von
Poitou und Herzog von Guyenne, der trotzige Widersacher der

18 *

Kirche, den der h. Bernhard mit dem Sacrament gebändigt, war darauf nach Jerusalem gegangen, um die Lossprechung vom Banne zu erlangen. Dort zum Heiligen erwachsen, hatte er den verfallenen Orden der Eremiten wiederhergestellt, der unter dem Namen der Wilhelmiten schnell über Frankreich, Nord= teutschland und Böhmen ausgegangen; während ein anderer Wilhelm in Süditalien auf dem Berge, den der Sage nach der Dichter Virgilius bewohnt, einen ähnlichen begründete. Unter= dessen war der h. Norbert, geboren um 1080 in Xanten bei Cleve, in die Wüste Concy in der Diöcese Leon eingewandert, und hatte an der Stätte, wo er im Gebiete einen Zug Weiß= gekleideter mit Kreuzen und Lichtern gesehen, 1119 eine Kirche gebaut, die er Premontré nannte, weil sie ihm Gott gezeigt. So arm war der Orden dieser Prämonstratenser, den er dort aufgerichtet, daß die Brüder im Beginne gar nichts Eigenes hat= ten, einen einzigen Esel ausgenommen, der ihnen aus dem Walde das Holz zutrug, das sie dann auf den Markt nach Laon zum Verkaufe sendeten, um sich Brod dagegen einzutau= schen; und so groß war die Strenge zur Zeit des ersten Eifers 120 Jahre hindurch, daß Eier, Käse oder Milchspeisen zu essen, für ein Verbrechen gegolten. Seine Klöster hatte der Gründer, in der Mitte durch eine Mauer zweigetheilt, beiden Geschlech= tern aufgethan; was sein Nachfolger jedoch schon wieder abge= ändert. So rasch war die Verbreitung auch dieser neuen Körperschaft, daß, wie sie bei Lebzeiten des Heiligen schon 10000 Klosterfrauen zählte; so 30 Jahre nach der Stiftung im Generalcapitel schon hundert Äbbte aus Frankreich und Teutschland zusammenkamen; und der Orden bald bis nach Sy= rien und Palästina hin Colonien entsendend, in 30 Provinzen tausend männliche, fünfhundert weibliche Abbteien und dreihun= dert Propsteien aufgerichtet. Gleichzeitig war auch in den re= gulirten Chorherren neuer Eifer erwacht, und während vier eif= rige Priester von Avignon Saint Rus unter der Regel des h. Augustin gründeten; und Gilbert von Semprigham, Bischof von Lincoln, um 1148 die Gilbertiner in England an dieselbe Re= gel angewiesen; anderwärts wieder andere und andere Sprossen sich entwickelten: hatte Ludwig der Dicke 1113 einer noch andern

Corporation dieser regulirten Chorherren die Abtei von St. Victor bei Paris gebaut. Wie Wilhelm von Champeaux gethan, der dort in die Einsamkeit sich zurückgezogen, und doch fortfuhr, öffentliche Vorlesungen an der gelehrten Schule abzuhalten; so folgten ihm darin die andern, und die Anstalt wurde nun zugleich ein Heerd von Frömmigkeit und Gottesfurcht, und ein Brennpunkt großer Wissenschaft und tiefer Gelehrsamkeit; und diese letztere, statt der Strenge der ersteren Eintrag zu thun, förderte sie vielmehr: so, daß die Abtei zu wiederholtenmalen, während alle ihre Sprößlinge der laxen Observanz sich hingegeben, allein fest und ernst bei der stricten beharrte.

Nun waren die Zeiten der Wirksamkeit zweier andern großen Ordensstifter, des h. Dominicus und des h Franz von Assisi herangekommen. Jener, geboren in Calahorra 1170, zur Zeit Barbarossas, mit drei und zwanzig Jahren Augustiner, trug solche barmherzige Milde in seinem Herzen, daß er nicht blos seine Bücher verkaufte, um den Armen zu helfen; sondern sich selbst zum Verkaufe ausbot, um einer verlassenen Wittwe den Sohn aus der Gefangenschaft der Mauren zu lösen. Mit dem Erzbischof von Osma Languedoc durchreisend, lernte er zuerst das Übel der manichäischen Albigenser kennen, und durchschaute leicht die große Gefahr, die von dort aus der Kirche drohe. Des armen, verführten Volkes sich erbarmend, schnell bereit Hilfe zu bringen, und von Innocenz III dafür auf die Mission gesendet, erkannte er bald, daß die Strenge, womit die sogenannten Vollkommenen der Secte die Menge verführten, nur durch die evangelische Strenge der Bekehrer bemeistert werden könne; und so hatte er die Mission ganz nach Art der Apostel barfuß ohne Geld, mit gänzlicher Hingebung an die Vorsehung angetreten, und mehr als hunderttausend Bekehrte hatten seine Anstrengung gelohnt. Als man dann, gegen die wachsende Macht der Häupter, den Kreuzzug unter dem Grafen von Montfort aufgeboten; da war er, das Crucifix in der Hand, an der Spitze des Heeres gezogen, und gern verdankte der Führer seinem Gebete den glänzenden Sieg, den er mit hunderten über tausende erfochten. Dem Heiligen war unterdessen klar geworden, daß im Kampfe mit Vielen der größte Eifer des Einzelnen

verhältnißmäßig nur wenig erwirke, und daß nur die gesammte
Kraft Solcher, die zu gleichem Werke sich verbunden, auf die
Dauer dem Übel zu begegnen vermöge. So war die Idee
eines Ordens in ihm aufgestiegen, dessen Glieder, Allem entsa=
gend, vorzugsweise diesem Zwecke sich widmen sollten; Innocens
III war darauf eingegangen, und so wurde in Toulouse 1216
der erste Grundstein zum Orden der Prediger gelegt. Ausge=
sendet in alle Welt, um die Irrlehre zu bekämpfen, gedieh die
Corporation, weil sie einem dringenden Bedürfnisse der Zeit
entsprechend war: so, daß sie beim zweiten Generalcapitel, fünf
Jahre nach dem Anfange, in acht Provinzen schon sechsund=
fünfzig Klöster zählte; und dann schnell zu einer der blühend=
sten der ganzen Christenheit erwuchs.

Neben ihm war der h. Franz von Assisi auf anderm Wege
zu gleichem Ziele gegangen. Die Stimme, die zu ihm gespro=
chen: Gehe hin Franziske und erbaue mein Haus, das den Ein=
sturz droht! hatte ihn auf diesen Weg gewiesen; und die Größe
der Gefahr zu einer Zeit, wo Saladin Jerusalem genommen;
des hohenstaufischen zweiten Friedrichs Unheil drohend Gestirn
im Aufgange stand; Waldenser, Catharer und Patariner Ita=
lien und Ost=Frankreich, Albigenser das westliche und Spa=
nien, die Anabaptisten Teutschland verheerten; und in Kirche
und Staat dieselbe Auflösung, wie sie zur Zeit des vierten sali=
schen Heinrichs bestanden, zurückgekehrt, hatte bald zwölf Gleich=
gesinnte um den Willigen gesammelt. Mit ihnen hatte er den
Grund zum Orden der Minoriten gelegt, denen die h. Clara
unter seiner Leitung drei neue Regeln der Clarissinnen beigefügt;
die alle miteinander das arme Leben des Herrn zum Vorbilde
sich genommen, wie sie auch an seinem Tische, an dem die Vö=
gel des Himmels zu Gaste gehen, ihren Unterhalt gefunden.
Es mußte mit dieser Anstalt der Herznerve der Zeit getroffen
seyn; denn allgemein und rasch war die freudige Bewegung,
die ihr zahllose Theilnehmer zugeführt. Nicht im Schatten der
Macht, nicht unter der Begünstigung der Klugheit dieser Welt,
nicht im Zuflusse von Geld und Gut; sondern in der willigen
Verachtung aller dieser Herrlichkeiten, in Hunger und Durst und
Kälte und Blöße und jeglicher anderen Entbehrung war der

neue Orden so schnell herangewachsen, daß 1219 zum ersten
Capitel in Assisi, das der Staaren von der Menge der Zuströ=
menden genannt, schon 5000 Brüder sich versammelten; wobei
der Zuspruch des Heiligen an den andern Anwesenden so wirk=
sam sich erwies, daß er 500 aus ihnen zu Novizen aufnehmen
konnte. Bald mochte der eine Welttheil ihn nicht länger hegen,
und ehe dann 1262 Ägidius, der letzte der zwölf, gestorben,
konnte Alexander IV seine Bulle an die geliebten Söhne, die
Brüder vom Orden der Minoriten im Lande der Sarazenen,
Griechen, Bulgaren, Cumanen, Äthiopen, Syrer, Iberier, Ala=
nen, Chasaren, Gothen, Zechen, Ruthener, Jacobiten, Nubier,
Georgier, Armenier, Indier, Mascher, Tataren, Ungarn und
bei andern Völkern des Orients richten. Und fortdauernd
wuchs der gepflanzte Baum in so gesegneter Fruchtbarkeit, daß
er, nach dem Zeugnisse des Ludwig von Granada, allen andern
Orden zusammengenommen an Zahl der Provinzen, Klöster und
Professen gleichkam, ja sie übertraf. Solcher übermäßige Zu=
drang, der dem Verbande nothwendig so Manche ohne innern
Beruf zuführte; der beständige enge Verkehr mit der Welt; die
Grübeleien der Schule, denen viele aus seiner Mitte sich allzu
unbedingt hingegeben, das Alles mußte bald zerrüttend und verwir=
rend auf ihn zurückwirken; was dann die fortdauernd Eifrigen auf
wiederholte Reformationen leitete, um ihn auf seinen Ursprung
wieder zurückzuführen. Der h. Bernardin von Siena, wegen
seiner Beredsamkeit die Posaune des Himmels und Quell des
lebendigen Wassers genannt, hatte, alle Dispensen der Päpste
verwerfend, die erste unternommen; und von da an unterschied
sich der Orden in Observantiner, die ihm folgten, und Conven=
tualen, die bei ihrer Weise blieben; von denen jedoch vereinzelte
wieder Reformen annahmen, und dann vom Papst Leo X. un=
ter dem Namen der Reformirten vereinigt wurden. In Spa=
nien hatte unterdessen, nach Anleitung des Juan de la Puebla,
noch strengeres Leben angefangen; und die, welche sich zu dieser
Observanz bekannten, hatten sich Recogidos oder Recollecten
genannt. Zugleich mit ihnen waren unter Molina die Capuzi=
ner aufgekommen. Alle diese Umbildungen dienten nur, den
Orden vielfacheren Bedürfnissen gerecht zu machen, und ihn

daburch) weiter auszubreiten. Die Obfervantiner hatten die
Gewohnheit, alle fechs Jahre ein Capitel abzuhalten, und die
unterbeffen verftorbenen Brüder aufzuzeichnen, und es fand fich,
daß die Zahl derfelben gewöhnlich auf 7—8000 angeftiegen.
Und noch im fiebenzehnten Jahrhundert zählten die Conventua=
len in 31 Provinzen 1520 Klöfter mit 30000 Brübern; ihre
Reformirten aber 50 Klöfter; die Obfervanten mit Recollecten
und Unbefchuhten in 95 Provinzen 2300 Klöfter; die Capuziner
in 42 Provinzen 1240 Klöfter mit 17265 Brübern; die Ter=
tiarier unter Gelübden in 17 Provinzen mit 327 Klöftern 3990
Profeffen. Clariffinnen, Capuzineffen und Anuntiaten befchlo=
ßen in 3850 Klöfter 73900 Schweftern; während man die Zahl
der Genoffen der reformirten Orden auf 120000 fchäzte;
im gefammten Orden aber in 181 Provinzen 9336 Klöfter
zählte [1].

Es könnte fcheinen, als ob in diefer Überfülle das Maaß
deffen, was die Welt, wie fie nun einmal ift, zu leiften ver=
mag, weit überfchritten werden; aber der fortbauernde Eifer,
immer neue Orden zu gründen, und das Gedeihen mit dem die
gegründeten fich vermehrten, will uns eines andern belehren.
So hatten fieben Kaufleute von Florenz, 1232, unter Leitung
des h. Philipp Beinze, den Orden der Serviten im Dienfte der
h. Jungfrau angefangen; und der Gründer hatte die Saat, die
er dort in Toscana gewonnen, bald in feinen Predigten über ganz
Frankreich, die Niederlande und Teutfchland wieder ausgefäet;
und darauf hatte ein zweiter und dritter Orden weiblicher Anun=
tiaten, beftimmt, Frauen aufzunehmen, die verlangen, nie ge=
fehen zu werden, und nie die Welt zu fehen, und doch außer
ihr ein gefelliges Leben zu führen, fich ihnen angefchloffen.
Edelleute von Mailand, die 1196 harter Gefangenfchaft ent=
kommen, hatten bald darauf jenen Orden der Humilier gegrün=
det; der, im Beginne löblich, bald fchmählich ausgeartet, und zur
Zeit des h. Carl Borromäus, der ihn zu reformiren fich be=
mühte, mit noch größerer Schmach geendet. Peter von Mür=

---

[1] Menologium magnum author. Stroebero. Monach. 1698. Histo-
rica proloquia p. 120—22.

rhon von Isernia in den Abbruzzen, nachmaliger Papst Cölestin V,
war 1244 auf Mont Megalla in die Einsamkeit gegangen;
hatte aber dort so strenges Leben angefangen, daß die letzten
zwei Gefährten, die ihm bis dahin gefolgt, von ihm gewichen;
bald aber wiederkehrend noch andere um ihn versammelten, in
denen er unter der Benedictiner=Regel den Orden der Cölesti=
ner gründete; der sich, trotz seiner Strenge, bald in 13 Provin=
zen und 120 Klöstern, über Italien, Teutschland, die Niederlande
und Frankreich verbreitete. Beinahe gleichzeitig hatte St. Syl=
vester aus Osimo bei Loretto, gleichfalls in der Einöde von
Monte Fano im Appennin, einen andern beschaulichen Orden,
den der Sylvestriner begründet; dem dann im folgenden Jahr=
hundert der Orden vom Ölberge, gegründet 1319 von Tolomei
aus Siena; dann der vom h. Sacramente; weiterhin der der
Jesuaten, gegründet 1350 von Johann Colombin, nebst den
Celliten und Hieronymiten, sich angeschlossen. Da die Brüder
vom Orden der Minoriten, wie sie der h. Franz genannt, da=
mit sie allen andern untergeordnet sich erkennen sollten, noch
eine unterste Stufe für die allerkleinsten unbesetzt zu lassen ge=
schienen; so hatte der h. Franz von Paula zuletzt um 1452 auch
in diese Stätte seine Minimen eingewiesen. Indem diesen dann
noch die Magdelonetten für jene Frauen, die, frühere Vergehen
zu büßen, sich von der Welt zurückziehen wollten, durch Tisse=
ran gegründet, sich beigesellten; war der tiefste Grundton, selbst
übernommener Erniedrigung einerseits und verschuldeter ande=
rerseits, angegeben, und die ganze Tonleiter in allen ihren Ton=
arten schien nun besetzt.

Inzwischen brachte die üble Wendung, die die Angelegen=
heiten im Orient genommen, in zwiefacher Weise neue Gestal=
tungen in die Abendländer. Einmal nämlich durch den Rück=
fluß der Orden, die man in den orientalischen Provinzen auf=
gerichtet, und die nun Sicherheit im Westen zu suchen sich ge=
nöthigt fanden. So war der nachtheilige Frieden, den Kaiser
Friedrich II 1229 mit den Sarazenen abgeschlossen, die Veran=
lassung, daß die Carmeliten den Entschluß gefaßt, Syrien zu verlas=
sen, und in Europa Klöster zu stiften; nachdem ein Gesicht ihres
Generals Alanus alle Zweifel darüber entschieden. Auf der

Insel Cypern hatte diese Überpflanzung begonnen, und war dann auf dem Pfade der Kreuzfahrer nach Sizilien übergegangen. Die Wandernden hatten dann je nach Nationen sich vertheilt, und indem die Engländer aus ihrer Mitte 1240 in England sich angesiedelt; hatten die aus der Provence zuerst in Marseille festen Fuß gefaßt, und nun von da aus weiter über Aquitanien nach Spanien und über Nord=Frankreich nach Teutschland sich ausgebreitet; während die aus Sizilien zuerst nach Apulien und von da ins übrige Italien ausgegangen; die englischen Stiftungen aber von Aylesford aus ganz England, Schottland und Irland erfüllten. So geschah es, daß bald neben der Congregation von Mantua mit 45 Klöstern, achtunddreißig Provinzen reichlich mit den Stiftungen des Ordens sich besetzten; der, über beide Geschlechter sich verbreitend und durch manche Reformationen durchgehend, immer das von seinem Ursprung aus der Einöde übrig behielt, daß in jeder dieser Provinzen wenigstens bei einem Kloster im Walde Einsiedeleien aufgerichtet wurden, in die die Brüder in den heiligen Zeiten sich zurückziehen konnten, um in der tiefsten Einsamkeit strenger Enthaltung zu leben. Der Orden hatte um 1180 dort am Carmel seinen Ursprung genommen, und seine erste Regel nach 1204 vom Patriarchen Albrecht erlangt; wenn sie gleich in jenem orientalisch mythischen Geiste ihren Stammbaum vom Propheten Elias abgeleitet, und ihn durch Elisäus, der seinen zwiefachen Geist geerbt, durch Obadia, die Essäer, Enoch von Amathia, Schüler des Evangelisten Marcus, bis in die Zeiten des Christenthums und des Patriarchen Johann II von Jerusalem überzuleiten versuchten: eine Ableitung, in der es ihnen später die Freimaurer zuvorgethan, indem sie ihren Ursprung in der Hütte beim Tempelbau gesucht [1]). Die Ritterorden, durch das Schwerdt des Feindes abgedrängt, waren ihnen bald auf den Wegen gefolgt, durch die sie vorausgegangen, und hatten in Europa, als ihrer zweiten Heimath, sich angesiedelt.

Aber noch in anderer Weise äußerte der Zustand jenes Lan=

---

[1]) **Speculum Carmelitanum seu historia Eliani ordinis. Antv.** 1680. 4.

des seine Rückwirkung auf Europa. Je größer die Bedrängniß der in jener Gegend Verkehrenden wurde, je näher das Schwerdt der Feinde wieder dem Welttheil kam; um so mehr erwachte der Trieb, den Bedrängten beizuspringen, und ihnen Trost und Hilfe zu gewähren; und auch dafür wußte das Christenthum Rath, und hat in Zeiten die nöthigen Kräfte aufgeboten, die nun der neuen Noth hilfreich zu begegnen wußten. Johann de Matha, 1160 in der Provence geboren, war Priester geworden; als der Bischof ihm die Hände auflegend die Worte gesendet: „Nehmet hin den heiligen Geist," war eine Feuersäule über seinem Haupt aufgeleuchtet, und als er darauf seine erste Messe in der Capelle des Bischofs von Paris gelesen, war bei Aufhebung der Hostie vor allen Anwesenden auf dem Altar ein Engel erschienen. In ein weißes Gewand, mit einem rothen und blauen Kreuze auf der Brust, gekleidet, hielt er die Hände, kreuzweise übereinander, auf die Häupter zweier Gestalten in Ketten, deren eine ein Christ, die andere ein Maure schien, gelegt; als habe er andeuten wollen, beide gegen einander auszutauschen. Die Anwesenden, erstaunt, riethen dem jungen Priester, nach Rom zu gehen, und dem Papste das Gesicht mitzutheilen; er aber scheu, zieht sich in die Einsamkeit, im Lande Valois, zum Eremiten Felix zurück, und sie fasten und beten miteinander. Da begab es sich, daß, als sie einst an einer Quelle, wo sie das Wasser zu ihrem Gebrauche schöpften, sich unterredeten, ein Hirsch sich sehen ließ, weiß von Farbe, und dasselbe Kreuz zwischen seinen Geweihen tragend. Da noch andere Gesichte sie nach Rom hinwiesen, hatten sie sich endlich auf die Reise gegeben, und ihre Botschaft bei Innocenz III ausgerichtet. Der Papst ordnete Gebete deswegen an, und als er selbst, in Begleitung der Clerisei, die Messe las, und die Hostie aufhob, erschien die Gestalt wieder in derselben Stellung, wie dort zu Paris. Den Fremdlingen wurde nun die Stiftung eines neuen Ordens erlaubt; das Kleid sollte das der Erscheinung seyn, und weil die drei Farben auf die Trinität deuteten, so sollte er der der Trinitarier heißen; als Zweck aber war die Auslösung der Gefangenen ihm geordnet. Hic est ordo approbatus, non a sanctis fabricatus, sed a solo summo Deo,

hatte der große Kirchenfürst gesagt; die angesehensten Männer
der Zeit waren hinzugetreten, sichtbar schien Gott das Mühen
der Stifter zu segnen; und so mußte die wohlthätige Stiftung
bald zu einem weit verbreiteten Orden erwachsen. So lange die
Kreuzzüge dauerten, fanden die Brüder sich im Gefolge der
Fürsten; überall antreibend, ermuthigend, tröstend, die Kranken besorgend, die Gefangenen befreiend. Als die Sache zum
übeln Ausschlage gekommen, sah man sie überall in den Raub-
staaten, in Marocco, in Ägypten; nichts mochte ihren Eifer
hemmen, nicht die Gefahren des Meeres, nicht die Mißhandlungen der Ungläubigen; überall erschienen sie als tröstende
Engel, und Tausende verdankten ihnen Leben und Freiheit. Wie
sie, thaten auch die von Notre Dame de la Mercy, die Peter
Nolasquez in Languedoc verpflichtet, nicht blos all ihr Gut,
sondern selbst ihre Person hinzugeben für die Befreiung der
Gefangenen; während die Spitalherren vom heiligen Geist, in
Nachahmung jener orientalischen, mit allen ihren zahlreichen
Nebenverzweigungen, beide Geschlechter umfassend, in der
Pflege der Pilgrime und Bedürftigen mit ihnen im edelsten
Eifer wetteiferten.

So hatten Martha und so auch Maria ihren Theil, beide
ein voll und gerüttelt Maaß, gefunden, und reichlich war der
Weinberg mit Frucht tragenden Reben angepflanzt, die alle
aus dem Doppelkeim erwachsen, den der h. Augustin und Benedict in die Kirche eingelegt. Aber, indem die Geistlichen also,
zur Mehrung ihrer Kräfte, zu Haufen sich gesammelt, hatten
auch die Weltlichen nicht zurückbleiben wollen, und ihrem Triebe
zur Anschließung war zuerst der h. Franz von Assisi hilfreich
entgegengekommen. 1221 hatte er, umdrängt von solchen, die
auf irgend eine Weise mit seinen beiden Orden verbunden zu
seyn wünschten, für sie eine dritte Congregation, die der sogenannten Terziarier, angeordnet; zusammengesetzt aus solchen,
die, in der Welt lebend, keine Gelübde übernahmen, aber einer
Regel, gefügt aus evangelischen Räthen, sich unterwar-
fen, um unter ihr ein vollkommeneres Leben, als ihre Mitchristen, zu führen. Dominicaner, Carmeliten, Prämonstratenser hatten diese Anstalt in ihren Orden aufgenommen; und bald

sah man Menschen beiderlei Geschlechtes und aller Stände,
vom höchsten bis zum niedrigsten, herzueilen, und sich zu Tausenden unter diese Pönitenziarier einschreiben. Früher schon,
um 1170, hatten in den Niederlanden, unter Lambert Begha,
Frauen in ähnlichem Triebe sich zusammengethan, um gemeinschaftlich Gottes Wort zu betrachten und sein Lob zu singen;
eine Art von grauem Habite, mit dem weißen Schleier, tragend. Unter dem Namen der Beguinen hatten sie sich bald in
allen Richtungen vom Lande ihrer Entstehung ausgebreitet; und
so viel waren ihrer geworden, daß bei der Aufhebung des In-
stituts, durch Johann XXII, wegen der Mißbräuche, die die
Begharden hervorgerufen, allein in Teutschland sich deren
300000 vorfanden. [1])

11.

Entwicklung der spätern Myſtik in der Einſamkeit der Zelle.

Da in Mitte des Getümmels der Zeiten dem stillen, ernsten, in sich gekehrten Sinne derjenigen, die an ihm keinen Gefallen fanden, so zahlreiche Zufluchtsstätten geöffnet waren;
mußte wohl die Mystik in ihnen gedeihlichen Fortgang nehmen,
und zu ihrer höchsten Entwicklung gelangen. Als Ausdruck des
neuen Aufschwunges, den sie im Verlaufe dieses Zeitalters genommen, mag uns recht im Eingange desselben die h. Hildegardis gelten. Sie, 1098 geboren, war mit acht Jahren im
Kloster des Dyſſibodusberges beschlossen worden, wo sie unter
der Zucht der frommen Jutta erwuchs. Schon in ihrer frühesten Jugend war der Durchbruch geschehen; als sie kaum drei
Jahre alt gewesen, hatte, wie sie später dem Priester Vibert
selbst erzählt, eine solche Fülle des innern Lichtes sie durchgossen, daß sie, bei seinem Anblicke, in ihrem Herzen erzitterte;
sie hatte damals aber keine Worte gefunden, um, was ihr be-

---

[1]) Nach einer handschriftlichen Chronik in Pollingen bei Amort de
Revelationibus, Visionibus et Apparit. privatis. Aug. Vind.
1744. P. II. p. 8.

gegnet, auszusprechen. Vom achten Jahre bis zum fünfzehnten mehrten sich die Gesichte, und sie sprach sich darüber in ihrer Einfalt aus: so, daß die, welche sie reden hörten, sich wunderten, woher ihr das gekommen; und wer es ihr in den Mund gelegt. Sie wurde nun ihrerseits gleichfalls aufmerksam, und wunderte sich, daß, während sie innen in der Seele schaue, doch auch das Äußerliche ihr sichtbar bleibe, und daß nichts Ähnliches von Andern ihr zu Ohren komme; weswegen sie denn ihre Gesichte vor den Menschen sorgfältig zu verbergen anfing. Viel Äußeres blieb ihr dabei unbekannt, der häufigen Krankheiten wegen, denen sie von der Mutterbrust her unterworfen gewesen, und die sie zerrütteten und entkräfteten. Von ihren Zweifeln beunruhigt, hatte sie sich einst an ihre Pflegerin mit der Frage gewendet, ob auch sie neben den äußerlichen Dingen sonst noch etwas erblicke; die aber wußte nichts zu sagen, weil sie nicht sehend war. Darüber wurde Hildegard von Furcht befallen, und wagte nicht, ihren innern Zustand kund zu geben; doch fuhr sie fort, von Zukünftigem Manches mitzutheilen, wenn die Gesichte in Fülle über sie gekommen: ließen sie aber wieder in etwas nach, dann kam ihr Scham an, weil sie sich wie ein Kind gehalten; sie brach auch wohl in Thränen aus, und hätte lieber ganz geschwiegen; aber Jutta hatte Manches aufgeschrieben, und es einer andern Schwester mitgetheilt. Im Buche Scivias setzt sie diesen Aufschlüssen hinzu: als sie zweiundvierzig Jahre sieben Monate alt gewesen, habe vom offnen Himmel ein feuriges Licht ihr Gehirn, Brust und Herz durchfahren; einer Flamme gleich, nicht brennend, sondern erwärmend, wie die Sonne zu thun pflegt, wenn sie einen Gegenstand erleuchtet. Von dem Augenblicke an habe sie das Verständniß und die Auslegung der Bücher, nämlich des Psalters, der Evangelien und anderer Abtheilungen der heiligen Schriften alten und neuen Testaments erlangt; ohne jedoch darum die Bedeutung der einzelnen Worte darin, die Theilung der Sylben, oder die Kenntniß der Beugfälle oder die sonstigen Regeln der Grammatik zu besitzen. Auch der Gesang und die Melodie zum Lobe Gottes und der Heiligen war ihr nun, ohne eines Menschen Unterricht, gegeben: denn Jutta

hatte sie nur nothdürftig die Psalmen singen gelehrt, und sie
kannte kaum die Buchstaben.

Man sieht deutlich aus diesen ihren Mittheilungen, wie
die Erzählende, von frühester Jugend an, im Reiche der Natur
hellsehend, im allmäligen Vorschritte klösterlicher Ascese, ins
Reich der Gnade übergegangen; und wie die letzte Catastrophe
den Moment völliger Aufnahme in diese höhere Ordnung der
Dinge für sie bezeichnet. Nun nimmt aber auch ihre Lebens=
führung einen ernsteren Charakter an. Die Gesichte dauern
fort; ihre Seele, von Gott getragen, wie eine leichte Feder
von der Luft, wird nach seinem Willen zur Höhe des Firma=
mentes erhoben; steigt in verschiedene Regionen der Atmosphäre
auf, und breitet sich auch im Raume über ihr, in wie immer
so ferne Gegenden und Völker, aus; und sie sieht das Alles
nun, je nach seinen Unterschieden, nicht mit äußern Augen, und
hört es nicht mit ihrem äußern Ohre, sondern tief in der Seele
zu jeder Tagszeit wie in der Nacht; bei vollkommen wachen
Sinnen, ohne alle Verzückung, bei ganzem Bewußtseyn. [1]
Nun aber wird auch eine Stimme in ihr laut, die ihr gebietet,
was sie sehe und höre, niederzuschreiben. Sie, aus weiblicher
Geschämigkeit und Furcht vor dem Urtheile der Menschen,
zögert; und wird dann von einer heftigen Krankheit niederge=
worfen, so lange, bis sie ihrem Beichtvater sich entdeckt; wo
dann, als dieser ihr Gehorsam räth, und sie zu schreiben an=
gefangen, Kräfte und Gesundheit wiederkehren. Eben so
wird ihr im Gesichte der Rupertsberg bei Bingen gezeigt, und
es ergeht ein Gebot an sie, mit den Schwestern, die das Klo=
ster auf dem Dyssbodsberge nicht länger fassen will, dahin
auszuwandern; wie sie aber auch hier vor den Schwierigkeiten
und dem Widerspruche der Menschen erschrickt, wird die Geißel
der Krankheit abermal über sie geschwungen. Der Augen Licht

[1] Alles das nach ihren eigenen Worten, die sie, mehr als 70 Jahre
alt, dem Mönche Vibert von Gemblach geschrieben, der sich des=
wegen bei ihr erkundigt hatte. Vita S. Hildegardis abbatissae in
Monte S. Roberti prope Bingam tribus libris comprehensa.
Colon. 1576. Lib. I. p. 284.

schwand ihr dahin, und solche Schwere überfiel ihre Glieder, daß sie sich nicht aufrecht zu erhalten vermochte, und in großen Schmerzen niederlag; so lange, bis sie den bisher verschwiegenen Namen des neuen Aufenthalts genannt; worauf sie ihr Gesicht, aber keineswegs die volle Gesundheit, wieder erhielt. Als nun Abbt und Convent und alles Volk der Ausführung heftig widersprachen, und sie für eine Thörin hielten; kehrten ihre Widerwärtigkeiten wieder, und der Starrkrampf hielt sie eng gebunden. Dreißig Tage lag sie einst anhaltend darnieder; in der Gluth erdorrte ihr das Blut in den Adern, und das Mark in den Gebeinen; und wie sie auf einem Cilizium also an der Erde sich wand, harrten die Schwestern umher ihres Todes. Sie aber sah im Gesichte eine Schaar Engel, von denen, die mit dem Drachen gestritten; einer aus diesen redete zu ihr: Eia Adelar! warum schläfst du in der Weisheit? Entringe dich dem Zweifel, und du wirst schauen! O Gestirn, scheinend im Glanze, alle Adler werden dich sehen; die Welt wird trauern, die Ewigkeit aber jubeln. Darum, Morgenröthe, erhebe dich zur Sonne! Die Schaar fiel bald mit lieblicher Stimme ein: Botschaft der Freude! die Boten haben geschwiegen; noch ist die Zeit des Hingangs nicht gekommen, darum, Jungfrau, stehe auf! Sogleich kam sie zu Sinnen; ihre Kräfte kehrten wieder, und sie gewann wieder leidliche Gesundheit. Es fügte sich nun Alles mit der Einwanderung; sie schrieb ihre Gesichte auf, wie sie dieselben gesehen, und in den Worten, die sie gehört; ein Vertrauter ordnete diese Worte nach den Regeln der Grammatik, ohne etwas hinzuzuthun oder hinwegzunehmen; und das Geschriebene wurde erst dem Erzbischofe von Mainz, dann in Trier dem Papst Eugen III vorgelegt. Der h. Bernhard hatte zuvor ihren Geist und Wandel aufs genaueste geprüft, und die Schriften wurden nun, nach geschehener Untersuchung, gutgeheißen. Ermuthigt durch solchen Beifall, schrieb sie nun das Buch Scivias, enthaltend ihre Gesichte; dann eine Auslegung der Evangelien; andere typische Deutungen der heiligen Schriften, dazu noch mancherlei über die Natur der Elemente, des Menschen und der verschiedenen Creaturen, und worin sie dem Menschen nützlich seyen. Was sich mit ihr begeben, hatte durch

den Ruf sich schnell ausgebreitet; von allen Seiten sah sie sich
bald von Solchen angegangen, die kamen, um Trost, Rath, Un=
terricht und Hilfe bei ihr zu suchen: sie aber las leicht in der
Seele der Kommenden, und wurde ihren Zeitgenossen bald im
Reiche der Gnade, was die Alrunen des Heidenthums den
ihren im Reiche der Natur gewesen. Vielfach wurde sie in
Briefen angegangen, deren noch 138 vorhanden sind; Päpste,
Eugen, Anastasius, Hadrianus und Alexander; Erzbischöfe, Bi=
schöfe, Äbte finden sich unter der Zahl deren, die Briefe ge=
schrieben, und an die Antworten gerichtet sind. Eben so Kaiser
und weltliche Fürsten jeden Ranges; unter den Ersten Kaiser
Konrad und Barbarossa, der sich erinnert, daß er sie im Kai=
serpallast in Ingelheim gesehen, so wie dessen, was sie ihm
vorausgesagt. Sie aber erwiedert, wie sie ihn im Gesichte in
mancherlei Irrungen wahrgenommen, und fordert ihn zur Sorg=
falt und Vorsicht auf, damit er den Herrscherstab führe nach
Gebühr; und wie diesem, so weiß sie jedem andern ein war=
nendes, erhebendes, begeisterndes Wort zu sagen. Ihre Ge=
sichte erscheinen durchaus in dem höheren prophetischen Style
des alten Testaments und der Apocalypse, in großen, symboli=
schen Bildern und starken Contrasten ausgeführt. Bald sind es
die sieben Todsünden, die in Gestalt von eben so vielen Bestien
sich erheben: dort als Pfau, der bald zur Erde niederschaut, bald
Gott lästert; nun als Schlange, die, Gift brütend, sich in ihren
Ringen windet; nun als Schwein, das, im Schlamme sich wäl=
zend, Gott angrinzt; während der Geiz als Cameel die Schätze
der Kirche davon trägt; die Gewaltthätigkeit aber in Form
eines Ebers daher wüthet. Dann schaut sie wieder über der Fin=
sterniß, die die Thiere in sich beschließt, den Himmel; den
Thron des Alten der Tage in Mitte von Licht umglänzt, von
einem Regenbogen umgürtet; zur rechten des Vaters einen Mann
im Glanze der Jugend, darüber schwebend die Taube, und wie
die beiden Gestalten abwechselnd umeinander aufleuchten, ertö=
nen die Himmel von dem Gesange, und die vier prophetischen
Thiere bewegen sich um den Thron. Da aber regt sichs und
bewegts sich in der Finsterniß; die Nacht qualmt auf zur Him=
melshöhe und die Bestien erheben sich zum Sturme; die Po=

saune ertönt, und die Heere rüsten sich zum letzten Streite.
Aber das Lamm kommt Erbarmen flehend zu dem Throne; das
gezückte Schwerdt wird wieder in die Scheide zurückgetrieben,
und der Erde eine neue Frist gegeben; deren Nacht das Auge
der Seherin dann durchbringt, und die in ihr verborgenen
Schicksale bis in die fernsten Zeiten hinaus erkennt. So ist sie
die Biene Debora des Mittelalters, sitzend zwischen Bethel, dem
Hause des Herrn, und Rama, der Höhe, und den Honig der
Weissagung sammelnd und ihn eintragend in den Bau.

Gleich dieser mußten nun bei der großen Fruchtbarkeit, mit
der die geistlichen Orden in jener Zeit um sich gewuchert, noch
viele Andere in diesen Anstalten zur Entwicklung gelangen.
Überall in der Natur werden die Keime reichlich in Menge
ausgesäet, damit verhältnißmäßig wenige fruchttragend werden
mögen; und viele Wechselfälle müssen sich zusammenfinden, damit in einigen das Rechte getroffen werde. Unter den vielen
Tausenden, die in diese Freistätten eingekehrt, und deren bei weitem überwiegende Mehrzahl schon ein innerer Trieb dahin geführt, mußten nothwendig auch gar Manche sich befinden, in
denen dieser Trieb, aller Kräfte sich bemeisternd, mit aller Gewalt eines genialen, göttlichen Instinktes wirkte. Einmal eingetreten, fanden diese nun Alles vor, was diese Anlage in ihnen
entwickeln und ausbilden konnte: ein abgeschlossenes, alle Zerstreuung abwehrendes Leben, das alle Kräfte zur steten Einkehr
in sich selber zurücklenkend, sie in großer Energie gesammelt
hielt; eine Disziplin, die als Resultat vieljähriger Erfahrung
sich gebildet, und die nun, indem sie das übertretende Leben
mit einer Art von äußerer Nothwendigkeit umhegte, ihnen viele
unnütze Kämpfe ersparte; eine fortgesetzte Folge von Übungen,
die, mit Eifer und Geist getrieben, die gebundenen Schwingen
der Seele in ihnen mehr und mehr lösen und befreien mußten.
So bald wärmer und wärmer erglühend, mußte Feuer an Feuer,
wie in ihnen, so um sie her sich zünden; und selbst die Gleich-
gültigen mochten sich nicht ganz der ansteckenden Einwirkung
entziehen. Sie selber aber hatten dann wieder, getragen, wie
sie von dem zunehmenden Eifer umher sich fühlten, an ihm einen Anhaltspunkt gefunden, sich noch höher zu erschwingen.

Waren sie nun auf diesem Wege in die mystischen Gebiete ein=
getreten, dann war von dem geheimen Schöpfungswerke, das
nun begonnen, jede äußere Störung möglichst abgehalten; hinter
den Klostermauern war der Zudrang der Welt, wenigstens durch
die früheren und gefährlicheren Stadien von ihnen abgewehrt,
und auch später noch wenigstens gebrochen; jener Neugierde,
die in solchen Fällen mit der größten Zudringlichkeit sich dahin=
zustürzen pflegt, wo sie Unerhörtes und noch nie Gesehenes zu
erblicken glaubt, ist der Zutritt, wo nicht ganz versagt, doch we=
nigstens erschwert; und so sind sie allen den Versuchungen, de=
nen die Somnambülen in der Welt gewöhnlich zu erliegen pfle=
gen, größtentheils entrückt. Nicht gleich diesen in eine unbe=
kannte Region hinausgestoßen, in der sie keine gebahnten Pfade
vor sich sehen, wo keine leitende Regel ihr Schritte lenkt, kein
Führer sich ihrer mit Hut erbarmt, finden sie vielmehr auf ge=
triebenen Weg sich hingewiesen; stets durch den Gehorsam mit
ihren Oberen verbunden, können sie sich bei allen ihren Aus=
flügen ihr kirchliches Heimathsrecht hienieden bewahren; und
unter der Lenkung ihrer Beichtväter kömmt alle früher in die=
sen Gebieten gemachte Erfahrung immer der später kommenden
zu Gute. Unter dem Auge dieser Wächter, denen sie stets ihr
Innerstes aufzuschließen sich verbunden finden, entwickeln sich
nun ihre Zustände, deren Folge und Modalitäten sohin auf die
gründlichste Weise erforscht und erkannt werden mögen; und
was diese ja allenfalls übersehen, das ersetzt die allzeit rege,
Herz und Nieren durchforschende Aufmerksamkeit der andern
Klostergenossen, der auf die Länge kaum irgend eine Täuschung
sich entzieht: so, daß also, wenn über diese tief verborgenen,
siebenfach verschleierten Vorgänge und Erscheinungen irgend ein
Aufschluß zu erwarten ist, er allein von dort kommen kann.

Unter diesen Umständen darf es uns nicht Wunder nehmen,
einmal, daß die mystischen Zustände in den Klöstern so häufig
werden; und daß die authentischen Berichte über ihre Begrün=
dung und ihren Verlauf sich mit der Anzahl der Fälle mehren.
Zahlreiche Monographien einzelner Klöster haben sich aufbehal=
ten, die uns über das Erste Zeugniß geben; unter dem Vielen,
was sich der Art uns bietet, wollen wir nur einiges zunächst=

19 *

liegende berühren. Das Nonnenkloster Unterlinden in Colmar ist im dreizehnten und vierzehnten Jahrhundert eine rechte Schule practischer Mystik gewesen. Einige fromme Wittwen hatten die Congregation 1232 in der Vorstadt gegründet; acht Schwestern waren im ersten Anfang hervorgetreten, denen bald noch andere sich angeschlossen, die die Regel des h. Dominicus angenommen; und die Anstalt gedieh bald unter der strengen Zucht, die in ihr herrschend geworden. Sie bekam frühe in der Priorin Catharina von Gebsweiler eine Vorgesetzte, die, selbst fromm und wahrhaft, Zeugniß geben konnte Allem, was sich dort um sie zugetragen; deren Bericht, mit dem Griffel in wächsernen Tafeln aufgeschrieben, daher allen Glauben verdient [1]). Als zehnjähriges Kind war sie 1260 ins Kloster eingetreten, hatte ihre Erziehung dort erlangt, und war 1330 etwa achtzig Jahre alt in ihm gestorben. Da sie ihre Schrift im hohen Alter geschrieben, so war sie durch nahe siebenzig Jahre Zeuge dessen, was sich um sie her begeben; über das aber, was während den dreißig früheren sich zugetragen, konnten in ihrer Jugend noch lebende Augenzeugen sie unterrichten; und sie betheuert, daß Alles, was sie aufgeschrieben, ihr aus dieser zwiefachen Quelle zugeflossen. Ihr Bericht mithin, etwa hundert Jahre umfassend, und später noch theilweise von anderer Hand fortgesetzt, muß als ein authentisches Zeugniß über die dortigen Vorgänge angenommen werden; um so mehr, da sie selbst unter den Augen des ganzen Klosters geschrieben: die aber, deren Leben sie aufgezeichnet, unter gleich aufmerksamer Beobachtung gelebt und gehandelt hatten. Die Anfänge der Gemeine waren in die wilde kaiserlose Zeit nach dem Erlöschen der Hohenstaufen gefallen; die aber in ihr verbunden waren, hatten sie in Mitte des Aufruhrs zu einer Wohnstätte des Friedens zu machen gewußt. Eine unter ihnen, Hedwig von Gundelsheim, hatte jene gewaltthätige Wildheit der Zeiten an sich selbst erfahren, da ihre Verwandten einen Bräutigam

---

[1]) Der Carthäuser Tanner in Freiburg hat ihr Buch zuerst aus dem Manuscripte bekannt gemacht, und Pez hat es dann in den achten Band seiner Bibliotheca Ascetica p. 1—399 aufgenommen.

für sie ausgesucht. Sie sollte nun nach Landessitte, zum Zeichen
der Verlobung, zugleich mit ihm den Daumen auf ein nacktes
Schwerdt legen, weigerte sich aber dessen mit Beharrlichkeit; so
daß, als man sie mit Gewalt zwingen wollte, man ihren Arm
nicht zu bewegen vermochte. Man hatte sie nun für behert
gehalten; sie mit Schlägen mißhandelt, in Dornen geworfen
und bei den Haaren sie geschleift. Zuletzt hatte ihr Onkel es
über sich genommen, ihren Eigensinn zu bändigen; quer über
sein Roß gebunden, mußte sie ihm in die Heimath folgen, ob
ihr gleich das Blut aus Mund und Nase stürzte; zu Hause
angekommen, hatte er sie erst an beiden Daumen aufgehangen,
und sie dann in den Schweinstall gestoßen. Da sie aber dort
erkrankte, war Angst über ihren Peiniger gekommen; die Geistlichen hatten sich der Sache angenommen, und den Ausspruch
gethan, wenn ihr Gott das Leben erhalte, müsse ihr gestattet
werden, ins Kloster zu gehen; und so war sie nach Unterlinden
gelangt. Begreiflich, daß so entschlossene und vielfach geprüfte Naturen dort die strengste Zucht handhabten. Schuldlos
hatten schon die meisten in früher Jugend das Klosterleben begonnen. Von einer wird erzählt, wie ihre größte Versündigung
gewesen, daß ihr einst in früher Jugend verlangt, auch einmal
wie eine Braut mit Gold sich aufgeputzt zu sehen, und Herrin
genannt zu hören; von einer andern, daß sie einst eine Schwester in der Dämmerung zur Unzeit mit den Worten angeredet:
Siehe, es tagt! eine dritte weiß sich nichts anders vorzuwerfen,
als einen mißgünstigen Gedanken, weil sie die andere immer
früher im Chore findet. Arbeiten, Gebete und Betrachtungen
erfüllen alle ihre Zeit; Fische und Eier erscheinen nur selten
auf ihrem Tische, und wenn ja, will es die Enthaltsamen ein
Überfluß bedünken, und sie suchen sich durch einen andern Abbruch dafür zu kasteien: zu dem Allem aber finden sie sich durch
nichts getrieben, als den innern Beruf und den Eifer der Ascese.

So mußte nothwendig in dieser Genossenschaft jenes innere
und höhere Leben in einem bedeutenden Grade der Vollkommenheit sich entwickeln; und wir finden in der That unter den neun
und vierzig Schwestern, deren Bild Catharina entwirft, die
vorzüglichsten mystischen Erscheinungen eintreten. Häufig kömmt

die Ecstase vor. So sieht, in einer solchen, Schwester Adel=
heid von Rheinfelden sich durch ein Feuer von Oben ge=
reint von aller Fehle; und vom höheren Lichte erleuchtet, schaut
sie sich nun selbst, mehrmal formlos in ihrem reinen Seyn über
den Körper erhoben, in unaussprechlicher Klarheit leuchtend. Das=
selbe begegnet der Herburg von Herkenheim, als sie zur
Mettenzeit sich in den Garten zu inbrünstigem Gebet begeben.
Eine überirdische Süße, wie ein lebendiger Quell in ihr auf=
quellend, durchdringt ihr Leib und Seele; und sie sieht diese nun
in ihrem Jubel wie einen Adler wiederholt und kräftig die Flü=
gel schlagend. Margaretha von Breisach, vorzüglich durch
die Strenge ihres Lebens ausgezeichnet, lebt in beständiger Ei=
nigung mit Gott, und gelangt häufig zur Anschauung der Tri=
nität, und zur Gottförmigkeit; das Gleiche geschieht der Be=
nedicta von Bogensheim; die Schwester Mechtild von
Winzenheim aber wird bei solcher Gelegenheit eine Elle hoch
über der Erde schwebend gesehen. Häufig treten Visionen, so
in diesem Zustand wie außerhalb desselben, ein. So sieht am
Pfingstfeste, während die Gemeine das Veni creator spiritus
intonirt, Gertrud von Colmar mit hörbarem Geräusch Feuer
vom Himmel niederfallen, den ganzen Chor erfüllen, und, so
lange der Sang dauert, die Schwestern in überirdischem Licht
erleuchten, daß sie ihr alle wie feurig erscheinen. Adelheid
von Rheinfelden erblickt einst, als sie durchs Kloster geht,
den Himmel offen, und in ihm so viele Klarheit, Licht und
Glorie, daß es ihr in jeder Zunge unaussprechlich scheint; ein
andermal aber ist ihr der Ort der Reinigung aufgethan, voll
Grauens und von einem Gedränge Unzähliger jeden Standes
und Geschlechts erfüllt. Auch der Herr erscheint ihr einmal an
die Säule gebunden, mit Blut überronnen, und die Wundmale
an Händen und Füßen tragend. Schwester Agnes von Blo=
zenheim sieht das ganze Leiden des Herrn vom Augenblicke,
wo sie ihn ergreifen, binden, mißhandeln, vor die Priester schlep=
pen, geißeln, krönen, bis zur Kreuzigung; sie hört dabei, wie
bei ähnlicher Gelegenheit Gertrud von Bruck, mit leiblichen
Ohren die Hammerschläge, mit denen sie ihn ans Kreuz heften;
verliert vor Schmerz darüber die Besinnung, und erkrankt von

da an in heftigem Fieber, an dem sie bald hernach stirbt. Zur
Gertrud von Herkenheim kömmt er in Gestalt eines Aus-
sätzigen, und sie tränkt ihn mit Liebe; Hedwig von Laufen-
burg aber sieht ihn Messe lesen, und den Schwestern die Communion reichen. Am häufigsten ist es die Knabengestalt, die er
angenommen: so erblickt ihn etwa achtjährig die Schwester
Adelheid von Torolzheim im Ciborium; als Knabe begegnet er an der Pforte der Adelheid von Rheinfelden;
von der Mutter gehalten erscheint er Andern auf dem Altare
mit ihnen spielend und scherzend; die kranke Elisabeth von
Ruffach besucht er gleichfalls in Knabengestalt, spielt mit ihr,
liebkost und tröstet sie, und nimmt allen Schmerz und Durst
des Fiebers von ihr weg; sie aber kennt ihn nicht, und fragt
verwundert das Kind, wie es doch ins Kloster gekommen. Es
erwiedert: Da ich groß war und erhaben, bin ich deinetwegen
klein geworden, und verschwindet nun, wie die Schwestern aus
der Mette kommen. Schwester Agnes wird dem Herrn förmlich verlobt. Bertha von Ruffach hört alltäglich während
des Meßopfers eine überaus liebliche Harmonie himmlischer
Geister in ihrem Ohr ertönen, die mit dem Ende des Gottesdienstes verstummt. Derselben Elisabeth von Ruffach wird
in ihrer letzten Krankheit plötzlich ein neuer Sang, von Gott
und dem himmlischen Vaterland, in den Mund gelegt, den sie
zuvor nie gehört, nun aber in ihrem Gedächtnisse wohl bewahrt.
Auch der Gertrud aus Sachsen, die der Geist von weit-
her in dies Kloster geführt, wurden solche Gesänge über Trinität, Menschwerdung und Seligkeit in den Mund gegeben,
die hernach durch ihr Feuer und ihre Gluth alle Hörer tief bewegten. Der Elisabeth von Senheim, die gleichfalls im
Gebet himmlische Harmonien zu hören pflegte, wird zugleich die
Gabe des Verständnisses der Bibel, die sie zuvor nicht gehabt,
zugetheilt; das Gleiche geschieht der Agnes von Ochsen-
stein, so daß sie fortan alle Schriften der Propheten im höheren Lichte vollkommen durchschaute. Tuda von Colmar aber,
die die gleiche Gabe erlangt, verscherzt sie nach zwei Jahren
durch ein anmassend Wort. Die alle Erhebungen begleitende
Süße wird oft dauernd; so überfluthet sie die Schwester Anna

von Wineck drei Jahre lang, und sie verliert die Gabe nur, als sie etwas süßen Most von der Kelter her gekostet. Auch Adelheid von Sigolzheim wird oft im Gebete so mit Süße übergossen, daß es ihr vorkömmt, alle ihre Glieder seyen von Gott erfüllt; und nicht selten ist solche Gluth in ihrem Herzen, daß sie äußerlich durch vermehrte Transpiration sichtbar wird. Sie stellt sich bisweilen in den eisbedeckten Strom, bis ihr Leib erstarrt; und steht dann mit nackten Füßen, nur mit einem Kleid bekleidet, in der Thüre des Chors in tiefster Betrachtung bis zur Morgenröthe; und ihr Körper ist unterdessen von der innern Gluth mit Schweißtropfen all überronnen. Lichterscheinungen sind gleichfalls häufig. Während Schwester Agnes in der Messe die Eucharistie von Licht umströmt erblickt; sieht Hedwig von Logelnheim, als sie schmerzlich ihre Noth beweint, ihre Zelle mit Glanz erfüllt, und fühlt ihr Inneres von ihm mit Freude durchstrahlt. Agnes von Blozenheim schaut im Gebete, mit ihren leiblichen Augen, einen überaus glänzenden Lichtstrahl vom Himmel unmittelbar zu ihrer Brust niedergehen, und fühlt, wie er das Innerste ihres Herzens in wundersamer Inbrunst entzündet. Adelheid von Rheinfelden wird, von einer ihrer Mitschwestern, innerlich und äußerlich durchleuchtet, und ihr Herz klar wie Crystall gesehen. Als Elisabeth Kemplin einst im Gebete vor dem Altare gelegen, hatte eine Schwester über ihrem Haupte einen überaus schönen Stern erblickt; und da sie der Sache nachforschend herzugetreten, und jene sich erhoben, sah sie ihr Angesicht glänzen, wie das eines Engels. Auch Herburg von Herkenheim war in ihren Entzückungen innen und außen leuchtend. Unter solchen Erscheinungen fließt das Leben dieser Klosterschwestern einfach und schuldlos hin; naht es sich zuletzt dem Ziele, dann werden sie häufig im eigenen oder fremden Gesichte unterrichtet, daß sie nicht ferne mehr dem Schlusse ihrer Laufbahn stehen. Bisweilen wird wohl noch einmal weitere Frist ertheilt, wie es der Schwester Stephana von Pfirrt geschehen, die von einem heftigen Fieber durch einen wohlriechenden Schweiß Genesung erlangt. Will es aber wirklich zum Ende gehen, dann versammelt sich die ganze Genossen-

schaft am Sterbebette; noch einmal und zum letztenmale, wie
wenn sich die Alpengipfel in der untergehenden Sonne einmal
und abermal röthen, ruht der Strahl eines höheren Lichtes auf
ihrem Antlitz, und tröstliche Gesichte begleiten sie bis zum Mo=
ment des Todes. So quillt im Munde der Gertrud von
Hattstadt noch einmal jener Quell der Süße auf; und da sie
bei größerer Nähe des Todes in ihren Schmerzen zum Herrn
ruft, fühlt sie plötzlich von dichten Finsternissen sich umhüllt;
und wie sie nun erschrickt, beginnt ihr mit einemmale ein hell
glänzender Stern aufzuleuchten, der, die Finsternisse zerstreuend,
ihr Gemach mit seinem Strahle erfüllt. Bei dem Sterne aber
sieht die Freudige die Lichtgestalt eines Engels, der ihr in süßer
Melodie tröstende Worte zusingt. Zwölfmal aber wiederholt
sich ihr, bis zum Augenblick des Todes, der Wechsel zwischen
Finsterniß und Sternenschein und Engelsang. Schwester So=
phie von Rheinfelden aber, wie sie im Sterben liegt, und
die Schwestern schon die Litanei angestimmt, fühlt sich mit einem=
male wie vom höheren Moste berauscht; und in Seelenjubel
ausbrechend, singt sie mit leuchtendem Angesichte ohne Unterlaß
Hymnen und anmuthige Lieder zum Lobe Gottes und der Jung=
frau; zuletzt das Wort Amen fort und immer wieder aufs neue
modulirend, stirbt sie im Jubel hin. Nach dem Tode erscheinen
dann wohl jene, die in die Freude eingegangen, einer oder der
andern der Schwestern mit Glanz umgeben; die aber noch zu
büßen haben, bitten um die Hilfe der Genossenschaft, die gern
und willig die Bitte gewährt.

Das Kloster Unterlinden ist aber keineswegs das ein=
zige, das in solcher Weise in jener Zeit eine Pflanzschule des
mystischen Lebens gewesen, und das die Resultate desselben der
Zukunft aufbewahrt. Im Kloster Thöß im schweizerischen
Thurgau lebte Elisabeth Steiglin, die geistliche Tochter
Suso's, mit dem sie Sendschreiben wechselte, und der sie un=
terwies, wie sie sich halten, und immer in Tugenden zunehmen
solle. Ihr verdanken wir bekanntlich das Leben ihres Lehrers,
das sie ihm bei seinen Besuchen nach und nach abgefragt und
dann heimlich niedergeschrieben; sie hat auch, obwohl bei kran=
kem Leibe, ein schönes Buch von vielen gottseligen Schwestern

geschrieben, so vor und mit ihr daselbst gelebt, und das im
Gotteshaus Dissenhofen und im St. Catharinenkloster
zu Hohenwyll im Thurgau aufbehalten wurde. Steill hat
aus diesem Manuscripte das Leben von etwa zehn dieser Schwestern aufgenommen, meist alle ecstatisch oder dem Zustande der
Ecstase nahe. Das Kloster Schönensteinbach im Elsaß
war gleichfalls von dieser Seite ausgezeichnet, und auch in diesem war ein Manuscript vorhanden, dessen derselbe zu gleichem
Zwecke sich bedient. Fruchtbarer noch scheint das Kloster Abel-
hausen bei Freiburg im Breisgau gewesen zu seyn. Aus
dem Manuscripte, das ganz in der Weise dessen von Unterlinden das Leben der ausgezeichneteren Schwestern beschrieben,
hat Steill mehr als zwölfe aufgenommen, die ebenfalls, in
ihrer Art so merkwürdig wie die Elsasserinnen, mehr oder minder tief in mystische Zustände eingetreten. Aus dem, was in
solcher Weise der Zufall aus so engem Umkreise am Oberrhein
im allemannischen Schwaben, uns aufbehalten, läßt sich leicht
ein Schluß auf den Reichthum machen, den das Klosterwesen
in seiner weiten Verbreitung in jener Zeit hervorgerufen, und
der, zum größeren Theile durch die Reformation zerstört, und
durch spätere Versäumniß verloren gegangen, theilweise noch in
den Bibliotheken im Staube modert. Die Frauenklöster haben
dabei keineswegs ausschließend sich der Pflege des innern Lebens angenommen; was, wenn es sich nicht von selbst verstünde,
schon die Schrift des Johannes von Ellenbogen beweisen würde, der 1313 Abbt im Cisterzienserkloster Waldsassen
in der Diöcese Regensburg gewesen, und aus dem Leben der
Brüder dieses seines Klosters mancherlei Merkwürdiges aufbehalten [1]). Auch das Beguinenwesen war eine fruchtbare
Pflanzschule für die Mystik. Als Bischof Fulco von Toulouse,
den die Albigenser aus seinem Bisthum vertrieben, im Jahre
1212 in Belgien und im Bisthum Lüttich war, erzählt Meister
Jacobus von Vitriaco im Eingang zum Leben der Maria
von Digny, war er verwundert über die Menge heiliger

---

[1]) Auch dies hat Pez in demselben achten Bande seiner Bibliotheca
ascetica p. 467 u. f. aufgenommen.

Frauen, die damals in Löwen und der Umgegend lebten. Er sah sie so sehr berauscht im Geiste, daß sie den ganzen Tag schweigend ruhten, ohne Sinn für irgend etwas Äußeres. Der Friede Gottes begrub nämlich ihre Sinne also, daß sie durch keinen Zuruf geweckt werden konnten; und daß sie keine körperliche Verletzung, auch wenn sie heftig gestochen wurden, fühlten. Eine mochte, wie man oft versucht, während drei Jahren, wenn auch Viele an ihr zogen, nicht aus ihrer Clausur herausgebracht werden; einige hatten die Gabe der Thränen in hohem Grade, so daß die Spuren ihres Rinnsals auf den Wangen sichtbar waren; andere durchschauten die Menschen, und erkannten die Sünden, die sie in der Beichte verschwiegen. Unter den vielen Ecstatischen sah Jakob mit ihm eine, die des Tages wohl dreißigmal verzückt wurde; einst in seiner Gegenwart siebenmal, und dabei in der Stellung blieb, in der der Zustand sie überraschte, bis sie wieder zu sich kam: so daß sie, in welche Lage man sie immer bringen mochte, nicht fiel, weil der Geist sie hielt. Ihre Arme blieben bisweilen eben so in der Luft unbeweglich, wie sie zuerst gestanden; und wenn sie dann wieder zu sich kam, war sie mit solcher Freude erfüllt, daß sie den übrigen Tag ihren Jubel körperlich auslassen mußte. Eine, wenn sie zur Eucharistie ging, spürte einen Geschmack süßer als Honig, der von der Gegend des Herzens sich bis zum Munde ausbreitete. Einige waren von solchem Verlangen zum Sacramente gedrängt, daß sie in keiner Weise seiner lange entbehren konnten; nirgend Trost und Ruhe findend, sondern verschmachtend, wenn die Süße der Speise ihre Seelen nicht erfrischte; mancher bot sich dann der Herr selbst, daß sie gekräftigt wieder genas. Selbst auf die Laien, die in der Welt zurückgeblieben, hatte der gleiche Eifer sich ausgebreitet. So lebten nach den Notizen, die der Carthäuser Tanner zum Manuscripte von Unterlinden mitgetheilt, im Verlaufe des vierzehnten Jahrhunderts die sogenannten fünf Heiligen in den Vogesen. Zu ihnen gehörte, wie es scheint, Ruolmann Meerschwin; vorzüglich aber jener Laie, der Thaulern zuerst bekehrt, und ihm das geistliche Alphabeth mitgetheilt, wie in der durch Einfalt, Tiefe und Ernst bewundernswürdigen Er-

zählung des Vorgangs, die er geschrieben, und die abgekürzt
als Einleitung zu seinen Predigten sich findet, ausgelegt ist.
Im Kloster Grünenwerth in Strasburg wurde ein Ma=
nuscript aufbewahrt, worin viel wundersames und übernatür=
liches aufgeschrieben war, das der Herr im Verlaufe der hun=
dert Jahre, die er gelebt, durch ihn gewirkt [1]).

Bei solcher Pflege, die die practische Mystik in jener
Zeit gefunden, konnte die speculative nicht zurückbleiben, und
wir finden denn auch sie in den Klöstern aufs beste bearbeitet
und weiter fortgeführt. Hugo von St. Victor um 1097
in Teutschland geboren; seit 1115 in die Abtei von St. Vic=
tor in Paris aufgenommen, und dort durch 25 Jahre bis zu
seinem Tode 1141 lehrend, schließt sich von dieser Seite un=
mittelbar dem h. Bernhard an, mit dem er auch in vielfälti=
gem Verkehr gestanden; so wie er andererseits in seiner ency=
clopädischen Richtung als Vorläufer des Albertus magnus
gelten kann. Durch die bestimmte Unterscheidung der drei Zu=
stände des Menschen, den der Institution, in welchem er
aus der Hand seines Schöpfers hervorgegangen; den der De=
stitution, in den er durch eigene Schuld gerathen; und den
der Restitution, in welchen er in Folge der Erlösung sich gesetzt
gefunden, hat er seinem weiteren Ideengange Fassung, Haltung
und Unterlage zu geben gewußt. Innerhalb dieser Umfassung
gliedert sich ihm nun alles menschliche Treiben und Trachten
zwiefach: einmal in der speculativen und dann in der ethi=
schen Richtung, und jede dieser Richtungen articulirt sich ihm
dann wieder dreifach; indem er der speculativen geistigen Be=
wegung ein dreifaches Auge als fassendes Organ zutheilt;
allem ethischen Streben aber ein dreifaches Gut als Endziel
setzt. Das erste der drei Augen ist ihm das des Fleisches,
das, an den äußeren Dingen sich bewegend, ihre Formen auf=
fassend, und sie im Gedächtniß niederlegend, den Gedanken be=
gründet. Als das zweite gilt ihm das der Vernunft, im Un=
sichtbaren wirksam; das, jenes Material ergreifend und bear=
beitend, es in der Meditation dem Ziele entgegenführt. End=

---

[1]) Vita Margar. de Rentringen. Pez. VIII. p. 406.

lich) das dritte, das, geheftet auf das Göttliche und das, was über dem Geiste, es in freier Bewegung erfaßt, und in der Erfassung es durchdringend so zur Anschauung bringt. Von den drei Gütern aber sind ihm die ersten jene, die nur in Bezug auf etwas anderes gut sind, die sinnlichen; die zweiten die, welche in Bezug auf sich und etwas anderes dies Gutseyn haben, die unsichtbaren geistigen; endlich die dritten, die nur in Bezug auf sich und in sich gut sind, die göttlichen Güter, und Gott selbst als letztes Ziel alles Strebens. Diese Gliederung nun auf jene drei Zustände beziehend, stellt er fest: daß im ersten das schauende und durchschauende Auge in seiner ungetrübten Klarheit das rein Wahre erschaut; der Wille aber, nur gegen die Güter der höchsten Art gerichtet, in seinem Streben alle andern diesen untergeordnet gehalten. Weil aber der Mensch, mit der Gottähnlichkeit sich nicht begnügend, in den zweiten Stand der Destitution übergegangen, hat sich ihm dies höhere Auge ganz geblendet; das der Vernunft verfinstert, und nur das des Fleisches ist geöffnet geblieben: im Ethischen aber wird mit Hintansetzung des Strebens nach den höheren Gütern, das nach den sinnlichen überwiegend. Seit aber nun die Gnade zwischengetreten, ist die Restitution möglich geworden; sie kann aber nur durch die Sacramente, den Glauben und gute Werke sich verwirklichen, im Zusammenfalle zwei verschiedener Elemente: eines von Oben, das da heiligt und klarifizirt; und eines von Unten, das durch Einstimmung und Mitwirkung das andere sich aneignet. Die Liebe aber, der Einigung mit Gott zustrebend, verbindet auch die beiden Elemente miteinander, und in ihr vollendet sich die Wiederherstellung des Menschen. Dadurch war die Ascese begründet, und die Mystik über ihr eigen Thun verständigt; und es konnte nun der Nachfolger von Hugo im Lehramte, Richard von St. Victor, ein noch schärfer fassender, tiefer eindringender Geist auf diesem Grunde das Werk weiter führen: der Mensch ist ihm zur Vernunft und Wahrheit, aber auch zur Liebe und zum Guten angelegt. Zweck des einen Triebes ist die Weisheit; Ziel des andern die Tugend: beide sind also miteinander gegeben, und, abhängig wie sie voneinander sind, bedingen sie sich gegenseitig;

so daß Weisheit zur Tugend, Tugend zur Weisheit führt. So das eine wie das andere Endziel liegt aber nicht in der menschlichen Natur beschlossen; beide gehen, weil übernatürlich, über sie hinaus, und sind ruhend in Gott gefaßt: in zwiefachem mystischen Streben muß also die menschliche Natur aus sich herausgehen, um sie zu erlangen. Sie kann das aber nicht aus eigener Macht; eine höhere muß ihr von Oben entgegenkommen, und somit erwirkt sich der Ausgang so speculativ wie ethisch in zwei Momenten: einem höheren der Gnade, und einem unteren der Beiwirkung, in der jene erst zum Durchbruch kömmt. Im speculativen legt er den dreigliedrigen Fortschritt Hugos in Denken, Meditiren und Anschauen zum Grunde; weil ihm aber jede untere in der höheren mitbegriffen erscheint, und daher jede in sich oder auch in der andern betrachtet werden kann; darum zerfällt ihm in dieser doppelten Betrachtungsweise jede wieder in zwei andere; so also, daß der ganze speculative Fortschritt sich ihm in der Sechszahl ausgliedern muß. Fassen des Sichtbaren in sich wie in der Naturbeschreibung, und Fassen desselben in seinen unsichtbaren Gründen; dann Fassen des Unsichtbaren in sich, und Fassen desselben in seinem Grunde in uns, bilden die vier unteren Stufen dieser sechsgliederigen Eintheilung. Darüber liegen dann noch zwei andere: die Region des Schauens solcher Gegenstände, die nach der Vernunft sind, so die Gottheit in ihrer Einheit; und anderer, die über sie hinaus liegen, ja die ihr gewissermassen entgegen sind, so der Trinität, Menschwerdung und Transsubstantiation. Zu dieser Höhe kann aber nicht auf natürlichem Wege gestiegen, der Mensch muß zu ihr entrückt werden; im fünften Grade wohl noch unter eigener Mitwirkung in geistiger Erhebung; im sechsten aber unter alleiniger Thätigkeit der Gottheit, in dem Zustand der Seele, den man deswegen den der Selbstentfremdung oder Ecstase nennt. Durch Hingabe auf dem Wege der Sehnsucht und des Verlangens, auf dem der Bewunderung, oder dem des Entzückens, wo die Seele, sich selbst entrückt, über sich steigt, wird dieser Zustand der Ecstase erreicht; worin die höchste Weisheit mit der höchsten Reinheit in die höchste Liebe aufgeht. Wir sehen hier die Gliederungen schon reicher und tiefer eingeschnitten; die Begränzungen bestimmter, und die Ecstase vollkommen wohl begriffen; so wie denn auch das Buch von der Trinität mit großem Scharfsinn dies ihr höchstes Object behandelt und erfaßt. Alle, die nach ihm gekommen, Bonaventura, Meister Ekkhard, Dionysius der Carthäuser, Rußbroch, Thauler und andere sind auf dem einmal getretenen Pfade fortgegangen; also nach und nach den ganzen Umkreis des Gegenstandes durchwandelnd.

Indem nun in solcher Weise durch die große Zahl derjenigen, die practisch in diese höheren Gebiete eingetreten, die sonst sparsam hervortretende Masse mystischer Erscheinungen, sich ins Unglaubliche gemehrt, und diese andererseits durch die Bemühungen der Speculativen verständlicher geworden; mußte andererseits auch das Geschick, das gleichfalls früher selten gewesen, solche Zustände in rechter Führung zu behandeln, zunehmen; dadurch aber in der Rückwirkung wieder mit reicherer und tieferer Erfahrung, auch die Einsicht sich mehren. Indem die Beichtväter mit Sorgfalt die gemachten Erfahrungen in den Lebensbeschreibungen derjenigen, die sie geführt, niedergelegt; sammelte sich allmälig ein reicher Schatz guter und verläßiger Erfahrung, die sich jeder tiefer eindringenden Betrachtung zum authentischen Materiale bietet. Wie man mit der Erscheinung selbst vertrauter wurde, traten wohl auch oft die klösterlichen Obrigkeiten selbst ins Mittel; gaben den Ecstatischen Glieder der Gemeine zu steter Gesellschaft und fortdauernder Beobachtung bei, und nöthigten sie unter dem Gehorsam, diesen Alles, was in ihnen aufgegangen und mit ihnen sich zugetragen, zu entdecken; und so mußte, was den Beichtvätern entgangen, oder bei diesen wieder unter dem Siegel der Verschwiegenheit beschlossen lag, auf diesem Wege an den Tag kommen. Dasselbe Gebot zwang wohl auch öfters Solche, denen Vorzügliches zu Theil geworden zu seyn schien, es aufzuschreiben; ähnliche Gebote von Oben in den Gesichten forderten zu Gleichem auf; und so entstanden die Selbstbiographien, wie die der Ebnerin, der h. Theresia, Maria von Agreda und mancher andern. Außer den bedeutenderen Fällen, wo irgend ein in diesem Gebiete Erfahrner die Sache für wichtig genug hielt, der Führung

eines Individuums das ganze Leben, oder wenigstens einen
Theil desselben zu widmen; mußte der Beichtstuhl noch Erfahrungen mancherlei Art darbieten, die, was ihnen, weil im einzelnen Falle von minder Geförderten abgezogen, an Tiefe fehlen mochte, durch eine weitere Ausbreitung ersetzten; und da,
bei dem vielfältigen Verkehre der Cleriker untereinander, Mittheilung des Erfahrenen leicht war, gingen Sammler hervor,
die, was sie auf diesem Wege gewonnen, in eigenen Schriften
niederlegten. So entstanden am Anfange des dreizehnten Jahrhunderts am Unterrhein die zwölf Bücher denkwürdiger Geschichten des Cäsarius von Heisterbach; eine Schrift voll
merkwürdiger Thatsachen aus jenem Kreis. So schrieb aus
noch reicherer Erfahrung ein Menschenalter später Thomas
Cantipratanus, zugleich mit Thomas von Aquin ein
Schüler des Albertus magnus, sein Liber Apum; Niber
aber, in der ersten Hälfte des fünfzehnten, am Oberrhein sein
in schon erkälteter Zeit immer noch merkwürdiges Formica-
rium. Bald wurde der von allen Seiten immer mehr sich an-
häufende Stoff je nach Ländern, oder auch nach Orden — Benedictiner, Augustiner, Carmeliten, Franciscaner, Dominicaner,
Cisterzienser, Cölestiner u. a. m. — in Menologien gesammelt,
und dadurch zugänglicher gemacht, und für die allgemeine Über-
sicht vorbereitet. Es fehlte nur Eines noch, das auch die we-
sentlichsten Thatsachen durch eine scharfe, in aller Form,
nach allen Regeln einer verständigen Kritik durchgeführte Untersuchung, zu ihrer innern sich selbst rechtfertigenden Authenti-
zität auch die äußere formale erhielten, damit die Erörterung
derselben eine sichere Unterlage gewinne. Dies geschah nun
besonders seit den Zeiten Urban VIII durch die Kirche; indem
sie die Prozesse der Canonisation an die Congregation der Kirchengebräuche wies; und diese nun, ihnen die gewissenhafteste
Sorgfalt zuwendend, auf ihre Instruction, Untersuchung, Zeu-
genverhöre, Discussion der Thatsachen die strengsten Formen
juristischer Procedur anwendete, und in ihrem ganzen Verfahren Alles aufbot, was Menschenkräfte irgend vermögen, um die
Wahrheit zu erforschen, und was die Überzeugung zu ihrer
Rechtfertigung irgend in Anspruch nehmen kann. Seither war

die Legende von der historischen Thatsache bestimmt geschieden, und jede in ihr eigenes Gebiet eingewiesen [1]).

12.

Uebergänge.

Will man irgend einen Gegenstand geistiger Anschauung in seinen Tiefen erforschen, dann gibt es zwei Wege, um zu diesem Ziele zu gelangen. Auf dem einen schreitet die historische Betrachtung vor, die ihren Gegenwurf in seinem ersten Keime ergreift, und ihm durch seine ganze Entfaltung bis hinauf zu jenem Wendepunkte folgt; wo, nachdem der ganze in ihm verborgene Reichthum der Kräfte sich aufgeschlossen, und alle in ihm ruhenden Gegensätze sich auseinandergelegt, sofort nach dem Schicksal alles Irdischen, der Rückgang beginnt, und der Enthüllung eine Verhüllung sich anschließt. Es ist aber im Gange dieser natürlichen Entwicklung, dadurch, daß eine Mitte des Lebens, die da gebend ist, einem Peripherischen, dem sie sich mittheilt, entgegengetreten, ein wahrhaft Organisches hervorgegangen, und da dies in jenem Wendepunkte seine ganze und volle Entwicklung erlangt; so wird eben in ihm auch die andere Anschauungsweise aufgehen, die das Leben in dieser seiner nun auseinandergelegten Gliederung ergreift, und von seiner Mitte aus aller in ihr begriffenen Momente desselben mächtig zu werden sich bestrebt. Wird die Forschung nun folgerecht auf beiden Wegen zum Ziele hingeführt, dann entdeckt sich bald, daß beide Weisen, indem sie von einem und demselben Punkt ausgehen, und dort dem Werdenden in seiner Entfaltung folgen, hier das Gewordene in seiner Gliederung betrachten, auch am Ziele zusammenfallen; und somit, indem die eine in ihrer Ergebniß der andern sich einbildet, die volle Durchschauung des Objects zu Stande kömmt. Die Mystik wird sich von diesem allgemeinen Gesetze aller Untersuchung nicht lossagen wollen, und so haben wir denn auch in ihr die Forschung zuerst in den

---

[1]) Die Schriften Benedict XIV. geben darüber die befriedigendste Auskunft.

historischen Weg eingelenkt. An den Gründer der Lehre, der
sie zugleich auch gethan, und dann am ersten Pfingstfeste durch
den Paraclet sie auf die erste Kirche übertragen, hat diese
Forschung, als an den ersten Keim, sich angeknüpft; und ihre
Wege gehen dann weiter an dem Strom hinab, der aus dieser
Quelle seinen Ursprung genommen. Denn wie alle Mysterien
des Christenthums, durch Lehre und durch Übung von Geschlecht
zu Geschlecht übertragen, eine zusammenhängende Strömung
bilden; wie die Kirche selber im Priesterthum also durch die
Zeiten geht; in ihr aber alles sacramentalische, das Abendmahl,
das Leiden selber, in zeitlichen Fluß versetzt, wie in einem fließenden Bilde wiederkehrt; so ist uns auch die Mystik in einem
durch die Zeiten rinnenden Strom erschienen. Von Oben herunter ist im Beginne das Feuer auf die Häupter herabgefallen,
und einmal gezündet, will es unter der Hut höherer Mächte
nicht wieder erlöschen; da und wieder dort, zu dieser Zeit und
zu einer andern, glänzt, mitten im Dunkel, über einem Haupte
die Feuerzunge; eine leuchtet in die andere, und wie die
Sterne am Himmel in den Schimmer der Milchstraße zusammenfließen, so diese Lichtzungen in die leuchtende Bahn, die
durch die Zeiten geht, und durch die Prophetenschule, zusammengesetzt aus Solchen, die sich der Geist gewählt und geweiht.
Nun wir bei dem Punkte angelangt, wo der Strom seine größte
Ausbreitung erlangt, und das in ihm beschlossene Geheimniß
der höheren Welt, dem prüfenden Blicke am weitesten sich aufgethan; will es füglich und ziemlich seyn, zur andern Betrachtungsweise überzugehen, und das, was die Zeiten, die früher
gewesen, allmälig hervorgerufen, nun in seinem ganzen Reichthum zu überschauen, und es uns in ein organisches Bild zu-
sammenzusetzen. Es bedarf solchen Reichthums zu solchem
Bilde, das selbst im bestbegabtesten Einzelnen sich in seiner ganzen Fülle nicht auszuprägen vermag; wohl aber aus Vielen,
deren Jeder, in besonderer Richtung begnadigt, auch eine besondere Seite des Daseyns in ihr verklärt findet, in gegenseitiger
Ergänzung organisch sich zusammenfügt.

Wir sahen aber, indem wir historisch der Mystik in ihrer
Entwicklung durch die Zeiten folgten, daß sie dabei in bestimm-

ten, keineswegs zufälligen Momenten abgelaufen. Ihr erster
Keim war aus überirdischen Regionen in die irdischen verpflanzt
worden, und hatte Wurzel geschlagen unter Verhältnissen, wie
sie sich eben vorgefunden. Diese Verhältnisse aber waren die
Ergebnisse eines vorausgegangenen früheren Weltalters gewesen,
das, an den Anfang der Dinge sich knüpfend, von einer großen
Catastrophe, die Urbeginns schon erfolgt, Richtung und Bestimmung erlangt. Diese Catastrophe war durch den Sündenfall
herbeigeführt, in dem sich so viele ursprünglich in das Geschlecht
gelegten Beziehungen umgekehrt. An die Gottheit gewiesen,
und berufen, in ihr, wie Ursprung, so auch Leben und Haltung
zu finden; hatte dies Geschlecht dafür zur Creatur gehalten,
und war nun auch zur Strafe an die Creatur überwiesen; und
somit seiner Würde in Gott entsetzt, auf den Kampf mit der
widerspenstigen Natur gesetzt. Bestimmt, selbstleuchtend zu seyn,
war es nun der äußeren Erleuchtung bedürftig worden; geordnet, um in sich selber das Leben zu haben, war es nach frem-
dem Leben zur eigenen Fristung hungernd geworden; berufen,
Alles in der gottkräftigen Macht des eigenen Willens zu bewegen, war es jetzt selbst beweglich an einen andern Mittelpunkt
gebunden, und so psychisch wie physisch an eine schwer lastende
Nothwendigkeit gefesselt. So war denn auf den Frieden mit
Gott ein mühsamer Kampf mit der Welt erfolgt; die streitenden
Kräfte hatten sich aneinander abgerungen, und zuletzt hatte sich
Alles zu einem leidlichen, aber leicht störbaren Zustande, ausge-
glichen, den man gewöhnlich den natürlichen zu nennen pflegt.
In ihm war nun jene höhere Saat hineingelegt, die da ausgeworfen worden, um das Gesunkene wiederherzustellen, und das
ursprüngliche Verhältniß zu Gott durch die Abkehr von der
Welt zurückzuführen. Der vorgefundene Zustand war daher Ausgangspunkt und irdische Bedingung alles historischen
Fortganges auf der höheren Bahn, und somit auch aller Betrachtung in dieser Richtung; eben darum mußte er auch erstes
Moment aller organischen Anschauung seyn, und diese hatte ihn
als thatsächliche Grundlage allen weiteren Forschungen zu unterlegen. Indem aber das neu eingetretene Element sich mit
dem Vorgefundenen in einen Kampf versetzte, der in entgegen-

gesetzter Richtung mit dem, aus welchem es hervorgegangen, sich entwickelte; war das Geschlecht in die Bluttaufe der reinigenden Periode eingetreten, in der die Strebungen, die sich von ihrem natürlichen Zielpunkte abgekehrt, und nun in ihrer Unnatur verstrickt, in ihr eine falsche Natürlichkeit gewonnen, allmälig von diesen ihren Umstrickungen gelöst, wieder der rechten Richtung zugekehrt zu werden begannen. Wie diese Reinigung daher das andere historische Moment gewesen; so wird die reinigende Mystik, in organischer Betrachtung, gleichfalls das erste ergänzende Glied des ganzen mystischen Organisms seyn, und in dieser Folge also zunächst sich unserer Behandlung bieten. Jene Bluttaufe der Völker war aber nur eine Zeit des Überganges zu weiterer und höherer Entwicklung auf den eingeschlagenen Wegen; und so wird also auch die Betrachtung der reinigenden Mystik uns den Übergang in die Erkenntniß der höheren Mystik bereiten; und also sie auf unserem Wege findend, werden wir sie vor Allem verhandeln müssen.

Drittes Buch.

Die reinigende Mystik.

I.

Eintritt in die mystischen Wege.

Wahl, Weihe und erste Führung.

Alle Mystik hat das zum Endziele sich genommen, die Seele, die, durch das Böse aus ihrem Ursprunge herausgetreten, in weite Gottesferne sich verirrt, in engster Gottesnähe wieder zu einigen mit diesem ihrem Ursprung. Ihr Anfang wird also dort gesucht werden müssen, wo die ausgehende Bewegung, rückläufig geworden, in die eingehende sich umwandelt, und damit die Rückkehr beginnt. Aller Ausgang aus Gott, der in der Höhe wohnend gedacht wird, ist aber nun ein Fallen in die Tiefe; die Rückkehr zu ihm wird daher ein Steigen seyn, zu dem Gott selber den Pfad bereiten, und die Mittel und die Kraft gewähren muß. Der Ausgang nämlich ist von der Creatur gewirkt; denn sie ist es gewesen, die die Sünde zwischen ihren Gott und sich gesetzt, und dadurch einen Widerspruch hervorgerufen, der von der einen Seite nur zugelassen, von der andern selbstthätig sich herausgeworfen. Weil aber die Rückkehr nur unter der Bedingung der Aufhebung dieses Widerspruchs geschehen mag; der Widerspruch aber seiner Natur nach sich nicht selber aufheben mag: darum muß, um sie einzuleiten, die Initiative von Gott ausgehen; und indem das Verhältniß sich umkehrt, und die Selbstthätigkeit auf seiner Seite, nur die Zu-

laſſung auf der andern vorausſeßt, wird bei ihm aller erſte An=
faug ſeyn, wie alles Ziel und Ende in ihm.

Es ſeßt aber nun alle Scheidung eine ſcheidende Kraft
voraus, die, weil ſie früher Geeintes auseinanderbringt, es im
Widerſpruche innerer Antipathie feindlich ſich entgegenſeßt; und
dieſe Antipathie, als Haß hervortretend in der Zwietracht, wird
dann gegenſeitig ſeyn: einer Eris in der Creatur wird in Gott,
der das Böſe ausſpeit, eine Anteris entſprechen müſſen. Alle
Einung wird im Gegentheile nur durch eine einigende Kraft
erwirkt, die, durch innere Sympathie vermittelt, ſich kund gibt
in einem gegenſeitigen Zueinanderneigen der Gezogenen. Ein
ſolches Gravitiren im geiſtigen Gebiete iſt aber nun Liebe, und
da dieſe eine wechſelſeitige ſeyn muß, wird ſie ſich, Eros und
Anteros, unter Gott und die Creatur ſo vertheilen; daß die
erſte die Initiative in der Gottheit, die andere das erſte
Laſſen in der Seele ausdrückt. Wie aber alles engere Ver=
binden in einigender Anziehung nun, in der äußeren Natur, mit
phyſiſcher Wärmeentwicklung verbunden iſt; ſo wird auch jenes
Zuſammenſchließen in Liebe eine geiſtige milde Lebenswärme ent=
binden: und da dieſe, bis zur höchſten Energie geſteigert, ſich
in Licht klarifizirt; ſo wird auch hier jeder Unificationsact von
einer entſprechenden Lichtentwicklung, und zwar eines höheren,
geiſtigen und übergeiſtigen Lichtes, für die Viſion begleitet ſeyn.
Das Gegentheil von dieſem hat im vorangegangenen Schei=
dungsacte ſich zugetragen; die Kälte des Todes iſt eingetreten,
als früher in geiſtiger Wärme Verbundenes ſich getrennt, und
im Gefolge dieſes Froſtes iſt in Lichtverſchluckung eine entſpre=
chende Verfinſterung eingetreten, deren Maaß durch die Weite
der Gottesferne gegeben iſt.

Hat das myſtiſche Leben nun in den Heiligen die Aufgabe
ſich geſeßt, aus dem licht= und wärmeloſen Zuſtand, in dem es
ſich gefunden, zu jener in Licht und Wärme reichen Wiederver=
einigung als leßtem Endziele hinzuführen; dann wird der An=
fang an den erſten Übergängen aus dem einen Zuſtande in den
andern liegen: da, wo am Wendepunkt Bejahung zu werden
beginnt, was zuvor Verneinung geweſen. Dieſe Umkehr wird
dadurch erwirkt, daß die in Liebe einende Gotteskraft einſteht,

an die Stelle der in Haß scheidenden Menschenkraft; und ihr
Eintritt verkündet sich dann sofort durch die Entbindung der
sie begleitenden Liebeswärme, und den Aufgang jenes in der
gewöhnlichen Ordnung der Dinge verhüllten Lichtes. Es kann
aber die Umwandlung des Widersatzes in die Vereinigung nur
stufenweise in allmäligem Fortschritte; oder sie kann plötzlich
und mit einem Schlage geschehen. Es kann ein Locken und ein
langsames Umbeugen, wie in einer Curve, den Übergang vermitteln, oder mit einemmale, wie durch Blitzeseinschlag, die
Richtung in ihr Gegentheil umschlagen: das wird abhängen
von dem, der den ersten Anstoß gegeben, von der Art seiner
Wirkung und seinem Wohlgefallen. Weil aber diesem Anstoße
eine Rückwirkung zur Aneignung entsprechen muß; darum wird
diese Umwandlung — obgleich Allen, Jedem in seiner Weise, zu-
gedacht — doch nicht an Allen sich vollführen. Denn wenn
auch Gott Alle liebend zieht, und gleich der Sonne über Alle
sein Licht scheinen läßt, und nicht etwa dem Einen verschlossen,
dem Andern sich aufthut; dagegen aber nicht Alle ihm erwiedern, wie er es ihnen zuvorgethan: darum wendet er, der in
seiner Allwissenheit weiß, an wem seine Einwirkung fruchtlos
vorübergeht, und wer sie ergreift, auch diesen vorzugsweise sich
entgegen. Das ist, was man als Wahl bezeichnet, in der, wie
mit erster Empfängniß die Geburt, so die Wiedergeburt beginnt,
und das wiedergeborne Leben zugleich die erste Weihe erlangt;
um dann unter fortgesetzter Führung zum höheren zu gelangen.
Sie wird daher das erste seyn, dem wir unsre Aufmerksamkeit
entgegenzuwenden haben.

Ein Zug nach Oben, der die Wende bewirkt; und ein war-
mer Anhauch, der sie begleitet; und ein Lichtblick, der, von ihm
ausgehend, die gewendete Seele begrüßt, verkündet, daß die
Wahl geschehen, und der Gewählte in die Kreise des höheren
Lebens eingetreten. Inwiefern von der einen Seite keine Ver-
pflichtung zu der Gabe statt gefunden, ist sie als ein freies
Geschenk der Gnade geboten worden; inwiefern aber dies Bieten nur auf die Gewißheit der Aneignung hin geschehen, diese
aber als von der Eigenthümlichkeit des Annehmenden abhängig,
an seine Anlage geknüpft erscheint; zeigt sich die Mitwirkung

einer Art von Talent, eines Genius der Heiligkeit dabei im
Spiele. Überall nämlich, wo etwas, in welchem Gebiete es
sey, ohne unser direkt wirkendes Thun, nur mit unserem Zu=
thun in uns gewirkt wird, setzen wir einen Genius voraus,
der uns gedrängt, es in uns hervorgerufen. So sendet in
philosophischen Dingen die Wahrheit ihren Strahl zu uns her=
nieder; wir lassen uns ihr, und werden von ihr entzündet und
befruchtet, und wir nennen das vom Genius begeistert. So ist
es in anderer Weise das Schöne, das uns in seinen Harmonien
berührt; wir geben uns hin, und wenn unser Inneres nun
nachklingend, in denselben Harmonien, zum Selbsttönen sich be=
wegt; dann sagen wir, es habe uns der Genius der Kunst
ergriffen. Es ist in beiden Fällen etwas in uns gekommen,
das wir nicht in freiem Bewußtseyn hervorgerufen; und doch
haben wir nicht müßig uns dabei verhalten: denn es ist doch
unser Werk, wir haben es gefaßt, und nachdem wir ihm irdi=
schen Leib gegeben, es an den Tag erboren; nur das ihm ein=
wohnende Lebenslicht ist ihm, wie durch blitzartige höhere Be=
fruchtung, von anderswoher gekommen. Viel aber sind der
Lichter in der äußeren Natur: jeglicher Firstern leuchtet, wie
die Versuche mit dem Prisma ausgewiesen, im spezifisch eige=
nen; jeder brennende Körper, der Licht in sich entbindet, ergießt
sich in einem andern; wieder ein anderes entwickelt sich im
Pflanzenreiche, und ein noch anderes im thierischen Leben. Nicht
minder verschieden werden auch die geistigen Lichter seyn, die
da die unsichtbare Welt durchstrahlen: ein anderes, das der
selbstleuchtenden Himmelsgeister; wieder ein verschiedenes, das
der Beschatteten in der Tiefe; noch anderes, das in den Thie=
ren leuchtet. Eben so vielfach spezifisch verschieden wird die
Gravitation der Geister in Liebe, wie der Körper in Anziehung
sich bewähren; je nach dem Maaße, das jeder faßt. Wie
aber nun Licht und Zug im Geiste höherer Art sind, denn
Gleichnamiges in der Materie; so ist wieder über beide und
in beiden Licht und Liebe, wie sie von Gottes überhohem Wesen
ihren Ausgang nehmen; auch hier wechselnd vielfältig nach dem
Maaße, das jedem gegeben worden, aber eins und einig im
tiefsten göttlichen Grunde. Es wird daher alle Begeisterung,

welcher Art sie auch immer seyn möge, hat jede gleich einen selbst eigenen Grund in sich; doch zuletzt zurückgehen auf jenen ersten Grund, der in jeglicher, nur oben unmittelbar, unten mittelbar, sich wirksam zeigt: denn alle gute Gabe kömmt von Oben, und alle guten Geister sind von jenem einen göttlichen Geiste, der sie alle ausgestrahlt.

Es ist aber, wie sich leicht begreift, die Wirkung dieser, in Allgegenwärtigkeit zur Erwählung und Führung wirksamen Gotteskraft, an kein irdisch beschränktes Verhältniß gebunden; nicht an Ort und Zeit oder Gelegenheit; sie schlägt durch den Übermuth des frischen und gesunden Lebens durch, wie sie durch die Erschöpfung und Müde des Kranken sich nicht hemmen läßt; sie geht an der geistigen Einfalt nicht etwa verächtlich vorüber, noch auch läßt sie sich von der höchsten Geisteskraft Gewalt anthun. Selbst die Gesinnung entscheidet nicht unbedingt; da die gute, sich willig öffnend, wie die leitenden Körper dem Blitze geöffnet sind, von selbst sich zum Ziele richtet; die verkehrte aber wohl bisweilen Gewalt erfährt, und durchbrochen von ihrer Macht, sich in sich selbst zur Willigkeit umgewendet und also befreit findet. Wie hier überall die innerliche Handlung dieselbe ist, und nur die Form ihres Hervortritts sich wandelt; so wird auch das Verhältniß der Geschlechter nur einen solchen formalen Einfluß üben. Eben weil in jenem Verkehre mit Gott sein höherer, nur in Achtung fremder Freiheit sich selbst mäßigender Wille, der Stärkere ist; wird das Thun des mitwirkenden Schwächeren bei beiden verhältnißmäßig als ein Leiden und Lassen erscheinen: und, wie Gott überhaupt in keine nothwendige Relation zur Creatur eintritt, obgleich sie zu ihm; so wird auch um so mehr die des Geschlechtes vor ihm verschwinden. In Rücksicht auf den aufwärtsgehenden Bezug der Seele zur Gottheit, wird aber allerdings das gegenseitige Geschlechtsverhältniß von Bedeutung seyn; und das weibliche als das vorzugsweise empfangende, wird sich daher auch besonders für die leichtere Aufnahme höherer Einwirkung eigenen; während im männlichen der Geschlechtscharakter in der stärkeren Gegenwirkung sich kund gibt. Die Gesammtwirkung wird daher im ersten Falle mehr durch, in beweglicher Fülle, harmonisch geordnete Gestalt; im andern mehr durch in Kraft und Leben mitwirksame Thätigkeit bezeichnet seyn. Dieser Gegensatz, durch das ganze Daseyn der vom höheren Strahl Berührten durchgehend, wird nicht minder auch schon im Beginne, in der Form der Weihe, hervortreten; und wir werden die reiche Mannigfaltigkeit, in der sich je nach der Verschiedenheit der Individualitäten diese Berührung äußert, wenigstens zur Rechten und zur Linken hin austheilen, wenn wir sie nach den Geschlechtern zusammenstellen.

1.

Beruf der Männer.

Wir nennen unter den Männern den h. Joseph von Copertino zuerst, weil bei ihm in frühester Jugend schon sich die Wahl entschieden. Geboren in dem Orte des Königreichs Neapel, von dem er den Namen angenommen, 1603 in einem Stalle, verfließt ihm seine erste Kindheit unter der strengen Zucht der ernsten Mutter; die seines heftigen, zornigen Naturells Meister zu werden sich bemüht. Kaum hat er das achte Jahr erreicht, da geschieht es; daß, als der Knabe einst in der Schule den Ton einer fernen Orgel vernimmt, er außer sich kömmt, und Gesichte sieht; was fortan öfter wiederkehrt, und ihm, weil er dann mit halbgeöffneten Lippen, im Schauen vertieft, unter seinen Mitschülern sitzt, von Seite derselben den Beinamen Bocca aperta erwirbt. Er wurde bald mit einer Geschwulst am Knie, die in Entzündung und Fäulniß überging, und von Würmern wimmelte; bald auch mit einem Kopfausschlag heimgesucht: so daß des unerträglichen Gestankes wegen, ihn Alle fliehen, und findet unter seinen Schmerzen und in seiner Verlassenheit nur Trost in den Gesichten, die nun öfter wiederkehrten. Nachdem die Noth sechs Jahre gedauert, wurde er von einem Eremiten geheilt, und er fand sich nun befestigt in der innerlichen Richtung, die er genommen; und sein Sinn richtete sich darauf, in einen Orden zu gehen. Unter den Conventualen möchte er sich am liebsten aufnehmen lassen; aber sein Oheim, selbst Franciscaner, will nicht einwilligen, weil ihm die

nöthigen Kenntniſſe fehlen; ſo geht er denn als Laienbruder zu
den Capuzinern. Da hindern ihn aber ſeine Geſichte und Betrachtungen, wenn er ſich äußeren Verrichtungen hingeben will;
bald weiß er das weiße Brod nicht vom ſchwarzen zu unter-
ſcheiden; bald läßt er Geſchirre aus den Händen fallen; bald
kehrt er die Töpfe um, die er zum Feuer zu ſetzen geheißen
wird. Anfangs belegt man ihn mit Pönitenzen; befindet aber
zuletzt, nach achtmonatlicher Prüfung, ihn als gänzlich untauglich. Der Habit wird ihm daher genommen, unter einer Empfindung, wie er ſpäter erzählt, als zöge man ihm Haut und
Fleiſch von den Gebeinen; ſeine alten Kleider werden ihm zurückgegeben, mit Ausnahme von Hut, Strümpfen und Schuhen,
die ſich nicht wieder finden wollen; und ſo zieht er nun, aus
dem Kloſter vertrieben, troſtlos ſeines Weges dahin. Am
Abend hielt er bei der Hütte einiger Hirten, um Gotteswillen,
um Aufnahme an; die aber nehmen ihn für einen Spionen oder
Strauchmörder, und laſſen ihre drei Hunde auf ihn los; er
entgeht dem Tode nur dadurch, daß zuletzt einer der Anweſen-
den ihn erkennt. Mit etwas Brod gelabt, ſetzt er nun am andern Tage die Reiſe weiter fort; ein Reiter, mit einem
Schwerdte bewaffnet, ſprengt auf ihn heran; er ſoll wieder ein
Verräther ſeyn, und darum des Todes ſterben. Zitternd erwiedert er: er ſey kein Verräther, ſondern wolle nur zu ſeinem
Onkel gehen, der in Veterana predige. Der Reiter droht immer
mit wüthender Gebärde; bis auf einmal, als er um ſich ſieht,
auf der ganzen weiten Ebene kein Reiter mehr zu ſehen iſt,
weswegen er zu ſich ſelber ſagt: Dieſer iſt Malatasca, der böſe
Feind geweſen, der mich in Furcht und Verzweiflung bringen
wollte. Auf den Knien liegend vor ſeinem Oheim, läßt er nun
deſſen Schelten, über den ungeſchickten Landſtreicher, über
ſich ergehen; und auf ſeine Frage, was der neue Aufzug denn
wieder zu bedeuten habe, erwiedert er demüthig: Die Capuziner
haben mir ihren Habit ausgezogen, weil ich zu nichts tauge.
Der Oheim erbarmt ſich nun ſeiner, hält ihn eine Zeitlang bei
ſich, und führt ihn heimlich nach Copertino zurück; wo er die
Vorwürfe der ſtrengen, rauhen Mutter auch noch hinnehmen
muß, die ihn zuletzt doch durch Flehen und Bitten ins Fran-

ciscanerkloster in Grotella bringt. Dort geht er nun in Ruhe die Wege, die ihm gewiesen sind, und erwächst bald zu solcher Höhe innerlichen Lebens, daß er noch öfter unsere Aufmerksamkeit in Anspruch nehmen wird [1]).

Ofter ist ein großer Theil der Lebenszeit schon vorübergegangen, und nun erst tritt eine bedeutsame Catastrophe ein, die dann für die Bestimmung der ganzen Zukunft entscheidend wirkt. Johannes von Erfurt, im Beginne des fünfzehnten Jahrhunderts, dort in Thüringen, aus einem edeln Geschlechte geboren, verliebte sich in ein Mädchen, ihm gleich an Geburt, fand aber in dieser Leidenschaft einen Nebenbuhler an einem andern Ritter. Es hub sich zwischen beiden sofort Eifersucht und Streit; so daß sie zuletzt eins wurden, die Sache mit den Waffen auszufechten. Der Tag dazu wurde anberaumt, und als die Zeit herangekommen, legte Johannes seinen kostbaren, mit Gold und Perlen gestickten Wappenrock an; zierte in gleicher Weise auch sein Roß aufs allerbeste; desgleichen that auch sein Gegner, und so erschienen beide auf dem Kampfplatze, wo nebst der Geliebten eine unzählige Menge Volkes versammelt war. Nachdem sie das Feld einigemal umritten, rannten sie zum ersten aufeinander los; und es gelang Johannes, den Gegner durch den Stoß seiner Lanze aus dem Sattel zu heben. Der Gestürzte wurde von den Seinen wieder aufs Pferd gehoben; sie ritten dann zum zweitenmale aufeinander, es kam zu harten Stößen; beide aber hielten sich in ihren Sitzen. Nun aber ritten sie zum dritten- und letztenmale gegeneinander, und dieser Widerstoß fiel so unglücklich für den Widersacher des Johannes aus; daß er, über sein Pferd herunterstürzend, den Hals brach. Ein allgemeiner Jubelruf begrüßte den Sieger; in diesem aber hatte der plötzliche Tod des Gegners ganz andere Gedanken hervorgerufen; sein Herz war plötzlich umgekehrt, und statt sich gegen seine Geliebte zu wenden, gab er dem Pferde die Sporen, und ritt unmittelbar vor die Pforte des dortigen Prediger-

---

[1]) Vita del servo di Dio P. s. Giuseppe Da Copertino. Composta dal S. M. Roberto Nuti. S. Vienna apresso S. P. Viviani, Stampatore academico l'anno 1682. p. 1—12.

klosters, den Pförtner anrufend, daß er schnell die Thore öffne,
er wolle ein Dominicaner werden. Gemach! gemach! sprach
der Pförtner, indem er ihm das Thor aufthut, Ihr werdet
nicht also mit Sattel und Roß und Stiefel und Sporn in den
Habit fahren! Johannes ritt ein, und tummelte sein Roß eine
Zeit lang im Klosterhofe herum; als aber der Prior zu ihm
herniedergekommen, stieg er ab, warf sich ihm zu Füßen, und
begehrte das Ordenskleid. Der Prior, verwundert, berief die
Ordensbrüder zur Versammlung, und da Johannes nicht ab-
ließ, um Aufnahme anzuhalten, wurden sie einig, ihn dessen zu
gewähren; und er legte am folgenden Tage seine kostbaren
Kleider ab, und wurde in die des Ordens eingekleidet. Bald
kam nun dem Vater des Aufgenommenen und seinen Verwandten zu Ohren, was geschehen; und jener lief sogleich zum Kloster und forderte mit großem Geschrei seinen einzigen Erben,
seinen, wie er sagte, wahnwitzig gewordenen Sohn; und als
man ihm diesen im Ordenshabite vorführte, fehlte wenig, daß
er ihn in seinem gähen Zorne nicht ermordete; die Brüder
mußten ihn seinen Händen entreißen. Der Sohn suchte ihn
nun damit zu begütigen, daß er ihn tröstete: er sey nicht dahin
gegangen, um immer dort zu bleiben; sondern nur auf so lange,
bis der Tumult und die Aufregung der Verwandten des Ent-
leibten sich einigermaßen gestillt; und in ihm selbst der Eindruck,
den der Zweikampf in ihm hervorgebracht, vergangen. Der
Vater begab sich nun beruhigt nach Hause; der Aufgenommene
aber wurde mit einem Auftrag nach Italien entsendet; und erwuchs bald zu einem heiligen Manne, dem Apostel einiger ruf-
sischen Völker, und starb im Jahre 1464 [1]).

Bisweilen ist die Straße, die nach Abwärts führt, schon
eine geraume Zeit der Lebensweg gewesen; da fällt endlich eine
höhere Gewalt in die Zügel, und lenkt die Fahrt zu einem anderen Ziele um. Egidio, Sohn des Bailladaros, Comman-
danten in Coimbra, wurde in früher Jugend schon zu einem
Canonicat und Priorat befördert; lebte aber, obgleich geistlich,

---

[1]) Ephemerides Dominicano-Sacrae von Fr. Steill. Cöln 1717.
Th. I. p. 581.

scheulos nach allem Muthwillen in Sünden und in Lastern. Bald kam ihn die Lust an, die Arzneikunde zu treiben, und er wurde von ihr auf die Magie übergeleitet; verläugnete den Glauben, und ließ sich sieben Jahre lang bei Toledo in einer Höhle· in den verborgenen Wissenschaften unterrichten. Dann ging er nach Paris, übte seine Kunst, erwarb sich damit einen großen Namen, und lebte dabei nach Lust und Gefallen in Unzucht und Gottlosigkeit. Es geschah aber, als er einst in seinem Saale auf und niederging, und· seinen Sachen tief nachsann; da erschien ihm ein Reiter mit einer Lanze in der Hand, trotzigen Gesichtes, und auf ihn zusprengend, als wolle er ihn niederreiten, rief er mit furchtbarer Stimme: Bessere dein Leben, du Gottloser, bessere dein Leben! Egidio wurde durch dies Gesicht zwar in großen Schrecken gesetzt, schlug es aber in den Wind, und wurde um nichts gebessert. Nach einigen Tagen erschien aber derselbe Reiter nochmal, und zwar um vieles furchtbarer und erschrecklicher, und sein Ruf lautete diesmal: Stehe ab von deinem gottlosen Leben, stehe ab, oder du mußt sterben! Egidio stürzte zu Boden, und sprach mit bebender Stimme: Ja, ja Herr! ich will mich bessern, ich will mich bessern. Der Reiter stieß nun mit der Lanze gegen sein Herz und verschwand. Egidio, wähnend, er habe eine tödtliche Wunde erhalten, rief nun überlaut nach seinen Dienern; bei der Untersuchung fand sich an seinem Leibe keine Verletzung; aber sein Herz in der Brust war umgekehrt, und ein anderes geworden. Er zündete sogleich in seinem Saale ein großes Feuer, warf alle seine Zauberbücher hinein, und zog nun zurück in sein Vaterland. Durch ein Quartanfieber, das ihn unterwegs überfiel, ließ er sich nicht abhalten; und als er, in Valencia angekommen, die Prediger emsig mit dem Baue eines neuen Klosters beschäftigt fand, ließ er sich unter sie aufnehmen. Dort nun hub sich in ihm ein harter und schwerer Streit, seines besseren Wesens mit dem, was ihm durch böse Gewohnheit zur andern Natur geworden, und seiner Büßungen gegen das frühere und wohllüstige Leben. Als er, der zuvor munter und gesprächig gewesen, anfing, die Zunge zum Schweigen zu binden; entbrannte seine kräftige Natur in einem entsetzlichen Aufruhr, und es war, wie eine Flamme in seiner Brust, die ihn zu verzehren drohte, wenn er länger das Schweigen halte; er aber bestand auf seinem Vorsatz, und solle er auch ganz in Feuer aufgehen. Sieben Jahre lang ängsteten ihn die furchtbarsten Erscheinungen böser Geister, die ihn in Verzweiflung zu stürzen suchten; so daß er später oft erklärte, er wolle sich tausendmal lieber das Haupt abschlagen lassen, als noch einmal Solches bestehen. Endlich nach harten Mühen war er Sieger im Streite, und er wurde nun ein heiligmäßiger Mann, 1233 Provincial seines Ordens, und vor und nach seinem Tode, der 1257 erfolgte, ein Wunderthäter [1]).

Ähnliche Wege wurde Francus, geboren 1211 in Grotti bei Siena, geführt, und diese Führung schon vor seiner Geburt der Mutter angekündigt; indem es ihr vorkam, sie trage ein furchtbares Ungethüm, das nur langsam und allmälig Menschengestalt gewinne. Einigermaßen herangewachsen, hatten ihn die Ältern zum Studieren nach Siena gesendet; weil er aber gänzlich untüchtig dazu sich erwieß, aber sonst überaus stark und kräftig von Leibesgliedern war; hatte er sich zum Gerberhandwerk bestimmt, und trieb dies, so lange der Vater lebte, ordentlich und fleißig. Als dieser aber gestorben, brach das böse Naturell in aller seiner Gewalt hervor; er gesellte sich zu Müssiggängern, Spielern, Dieben; saß Tag und Nacht bei Würfeln, Wein und Mädchen; oder streifte mit ihnen durch die Straßen der Stadt, jede erdenkliche Art von Unfug übend. Jahre lang besuchte er keine Kirche, sein Mund floß über in unflätigen Reden und Gotteslästerungen; nur Verwünschungen und Fluchen über Alles, was heilig war, waren der stete Gegenstand seiner Gespräche; nichts zu scheuen, niemand zu ehren, Jedem alles ersinnliche Böse anzuthun, schien die Regel seines Lebens; und nur die Gestalt noch unterschied ihn von einem reißenden Thiere. Als sich seine Mutter deswegen zu Tode gegrämt, war vollends der letzte schwache Damm gebrochen; er freute sich laut darüber, daß er der Alten jetzt entledigt sey, und verschwendete nun das Vermögen, das er erlangt, auf seinen Wegen

---

[1]) Steill I. p. 165.

in kürzester Frist. Im Kriege, den die Sienenser mit denen von Orvieto 1229 führten, hatten jene diesen das Schloß Santeano weggenommen; und da sie das genommene mit einer starken Besatzung belegten, wurde Franco, weil ehelos, hingesendet. Jetzt war vollends weder Maaß noch Ziel seinem wüsten Thun geblieben; Hurerei, Ehebruch, Nothzucht, Incest theilten sich in ihn; er wurde Straßenräuber und Wegelagerer, und zeigte sich ausgelernt in allen Künsten, die ihm hilfreich seyn konnten bei der Ausübung dieser Unthaten. Nun sah man ihn als Mönch oder Einsiedler daherwandeln; dann erschien er blind am einen oder am andern Auge; Bärte sproßten und wurden abgelegt; Haar und Haut hatten nun diese, dann wieder andere Farbe; er erschien bald lahm, bald hinkend, nun taub, dann noch stumm dazu; ein andermal thöricht, krank, sterbend, ja selbst todt: alle Formen wußte er anzunehmen, und schien jedesmal eine andere Art der Bosheit mit ihnen aufgenommen zu haben. Über diesem Treiben war ihm endlich seine Zeit gekommen. Eines Nachts hatte er im Spiele nicht blos all sein Geld, sondern selbst die Kleider auf dem Leibe verspielt; da ihm nun nichts mehr übrig war, griff er wüthend nach seinen Augen und rief: Diese meine Augen, die mir Gott gegeben, setze ich ihm zum Trotz und Hohne ein! Kaum hatte er die Worte ausgeredet, da brannte es ihn wie Feuer in den Augäpfeln; die heftigsten Schmerzen überfielen ihn, und das Gesicht erdunkelte also, daß er weder sah, wo er war, noch die Anwesenden erkannte. Er wurde nun aus dem Dienst entlassen, und da er nicht mehr arbeiten konnte, nicht betteln mochte, und aus Schaam mit den Menschen nicht mehr zu verkehren wußte, schlug er in sich, und die blinden Augen gingen ihm über seinen Zustand auf. Nun begann er bittere Thränen zu vergießen, schlug sich an die Brust, raufte die Haare aus, und flehte zu Gott um Erbarmen. Er verlobte sich nach St. Jacob in Compostell, und hatte sich einen Reisegefährten an einem andern seiner Mitgesellen, der gleichfalls reuig geworden, gewonnen; aber der Vater desselben war von Siena gekommen, und hatte unter vielem Schelten gegen Franco ihn mit sich hingenommen. Dieser aber ließ sich dadurch nicht bestimmen, seinen Vorsatz

aufzugeben; er, der Blinde hatte den Muth, mit den letzten
Trümmern seines verschwendeten Vermögens ausgerüstet, allein
die weite Reise anzutreten. Unter vielen Gefahren und Verirrungen kam er endlich zum gewünschten Ziele! Dort angelangt, und im inbrünstigsten Gebete vor dem Altare niedergeworfen; fiel es ihm plötzlich wie Schuppen von den Augen;
Schmerz und Brand in ihnen ließen nach, und er wurde wieder
sehend. Er ging nun nach Rom, besuchte alle Andachtsorte in
ganz Italien; lebte dann viele Jahre in der Wildniß in einer
Hütte, die er sich selbst aus Steinen zusammengelegt, in vielen
Versuchungen und Gesichten und in Büßungen, die eben so
über das Maaß alles Gewöhnlichen hinausgingen, wie zuvor
seine Ausschweifungen; wurde später dann in den Carmeliten-
orden aufgenommen, lebte dort in steter Übung aller Tugenden,
und doch in Strenge gegen sich immer zunehmend; und starb
endlich, eine der Zierden des Ordens, nachdem er dem Himmel
mehr Seelen gewonnen, als er früher verdorben hatte [1]).

Oft ist es die leiblich krankhafte Anlage, die unmittelbar
in die Bahnen des höheren Lebens einführt. So kam Ambrosius Sansedonio, der Zeitgenosse des vorigen, nach harter Geburt, ganz krumm und gelähmt an Händen und Füßen und am
ganzen übrigen Leibe, dabei auch einer schwarzen, abscheulichen
Gestalt zur Welt; so daß die Mutter ihn nicht selbst säugen
mochte, sondern ihn einer Säugamme zum Aufziehen übergab.
Als diese einst die Mißgeburt auf die Straße trug, begegnete
ihr ein alter Pilger; betrachtete das Kind lange aufmerksam,
und sagte dann: Verdeckt nicht das Angesicht des Kleinen, denn
er wird einst dieser Stadt ein Licht und eine Zierde werden.
Öfter brachte die Amme das Kind in die Dominicanerkirche
von Siena, und pflegte dann ihr Gebet vor einem Reliquien-
kasten zu verrichten; und man bemerkte, daß der Kleine in der
Nähe des Heiligthumes sich immer ruhig und heiter zeigte;
wenn aber abwärts getragen, sogleich bitterlich zu weinen anfing. Das brachte darauf, das Kind, als es einst seinen Arm

---

[1]) Speculum Carmelitan. p. Danielem a virgine Maria. Antver-
piae 1680. T. II. P. II. p. 798—832.

nach den Reliquien ausgestreckt, mit ihnen am ganzen Leibe zu
bestreichen; sogleich rief es dreimal: Jesus! streckte die zuvor
gelähmten Glieder mit Freiheit aus, und sein früher ungestaltes
Angesicht erfuhr eine plötzliche Umwandlung, und wurde lieblich
und holdselig. Alles lief von nahe und ferne zu, um das Wunder zu beschauen. Das Kind zeigte, von dem an, eine große
Freude bei Anschauung heiliger Bilder; so daß, wenn man ihm
zur Probe allerlei Vorstellungen von Vögeln, Thieren, Menschen, Landschaften, historischen Compositionen, und dazwischen
einige Heiligenbilder vorlegte; es jedesmal, wie von einem innern Instinkt getrieben, die letzten aussuchte und küßte; die andern aber wegwarf, auch wohl bespie und mit Füßen trat.
Der Vater ließ ihm einst drei Bücher verfertigen: das eine mit
Bildern von Reitern und Soldaten; das andere mit solchen
von gelehrten und berühmten Männern; das dritte mit Vorstellungen von Ordensleuten und Religiosen. Der Knabe, zur
Verwunderung Aller, warf die beiden ersten auf den Boden,
wählte das dritte; und konnte fortan nicht besser gestillt werden, als wenn man ihn in diesem Buche blättern ließ. Sie-
benjährig konnte er schon die Tagzeiten auswendig; nichts war
vor ihm sicher in Kisten und Kasten, das er nicht den Armen
zugewendet hätte; mit Bewilligung der Ältern nahm er deren
alle Samstage fünfe zur Herberg auf, wusch ihnen die Füße,
setzte sie zu Tische, trug ihnen die Speisen zu, bereitete ihre
Betten und gab ihnen noch Morgens Geld auf den Weg. Im
17ten Jahre trat er in den Predigerorden, wurde von den
Vorgesetzten auf die hohe Schule nach Paris gesendet; und
dort, Thomas von Aquin zugesellt, erwuchs er bald unter Anleitung des Albertus magnus zu einem Wunder der Einsicht
und Wissenschaft, und zu einem der ersten Prediger seiner Zeit.
Als solcher zog er durch das von der Partheiwuth der Guel-
fen und Gibellinen zerrissene Italien von Stadt zu Stadt, die
Gemüther sänftigend und versöhnend; oft sah man sein Haupt
bei diesen Predigten mit leuchtenden Strahlen umgeben, oder
ihn mit aufgehobenen Händen schwebend in der Luft. Während
er die Messe las, war seine Casel wie mit leuchtenden Sternen
besäumt, die von oben auf ihn hernieder zu kommen schienen;

er that viele Wunder, und starb zuletzt 1286 in dem Berufe, in dem er gelebt, als ihm beim Predigen im Eifer eine Ader geborsten; und Viele sahen im Augenblicke seines Todes in leuchtender Wolke einen hell aufglänzenden Stern über ihm zum Himmel fahren [1]).

Der selige Hermann Joseph, der im Beginne des dreizehnten Jahrhunderts in der Prämonstratenser Abtei Steinfeld in der Eyfel lebte, war gegen das Ende des zwölften in Cöln, von früher wohlhabenden, dann aber verarmten Ältern geboren. Es ging ihm daher in der Zeit der Kindheit enge und gedränge, und so gewöhnte sich der Knabe in der Kirche, vor einem Bilde der Jungfrau mit dem Kinde, Trost zu suchen; er redete mit ihr in seiner Einfalt, klagte ihr sein Leid, wenn ihn ein solches drückte; und hatte er etwa Früchte oder ein Stück Brod, dann reichte er es ihnen gutherzig hin. In diesem Verkehre wurde er bald hellsehend, und als er einst wieder, statt mit den andern Kindern zu spielen, in die Kirche ging; da sah er über dem Lettner in der Mitte der Kirche am Eingange des Chors hoch oben die Jungfrau; bei ihr aber den h. Johannes, mit dem das göttliche Kind spielend sich ergötzte. Als der Knabe nun verwundert stand, und die Augen mit Freude auf die Erscheinung heftete; da gewahrte er, wie die Jungfrau ihm mit der Hand winkte, und er hörte, wie sie sagte: Herrmann, komm herauf zu uns. Der Knabe erwiederte: Wie kann ich zu dir kommen, der Chor ist ja geschlossen, und ich habe keine Leiter, an der ich hinaufsteigen könnte. Darauf sagte die Mutter: Versuche es immerhin, ob es dir gelingt; ich will dir die Hand reichen und dir heraufhelfen. Der Knabe war sogleich bereit, und kam bald zur Höhe. Er pflegte später den Vertrauteren zu erzählen: er habe, indem er hinaufzusteigen sich bemüht, an einem eisernen Haken, der zum Schutze des Chores angebracht war, nahe beim Herzen einen zwar nicht äußerlich sichtbaren, aber innerlich fühlbaren Druck erhalten, den er noch lange hernach schmerzlich empfunden, als Vorbedeutung vieler Schmerzen und Leiden, die Seiner gewartet. Als er sich oben befand, er-

munterte ihn die Mutter, mit dem Kinde zu spielen, und sie
saß nun, und sah mit Freude den Spielen der Kinder zu. Und
wie in solcher Lust ein Theil des Tages vorübergegangen, und
die Zeit des Abenddienstes nahte, steigt der Knabe mit Hilfe
derjenigen, die ihm hinaufgeholfen, wieder herab; und hernach
wiederholte sich das Gleiche öfters an demselben Orte. Als er
eines Tages einmal wieder nach seiner Gewohnheit in die
Kirche ging, und in harter Kälte mit bloßen Füßen betend
stand, da hörte er wieder, von der, die Mutterstelle an ihm
vertrat, sich rufen, und als er vor ihr stand, fragte sie ihn:
Warum gehst du bei so harter Kälte barfuß? Der Knabe antwortete: Ich habe keine Schuhe. Da wurde ihm die Antwort:
Gehe zu jenem Steine, darunter wirst du vier Pfennige finden,
dafür lasse dir Schuhe machen. Freudig lief er hin, wie ihm
gesagt war, und fand künftig immer an derselben Stelle, was
das dringendste Bedürfniß verlangte. Wer könnte das glauben
oder auch nur erzählen, sagt bei dieser Gelegenheit sein Lebensbeschreiber, — der, sein Zeitgenosse, mit ihm in Steinfeld, wie
einige Spuren andeuten, als der Abbt des Klosters, lebte, und
dessen Erzählung in ihrer Einfalt alle Zeichen großer Wahrhaftigkeit an sich trägt, — hätte er nicht selbst wenige Tage vor
seinem Tode, von uns seinen Klostergenossen mit behender List
dazu veranlaßt, den Hergang den Forschenden erzählt. Die
Sache mit den Pfennigen kam bald unter den andern Knaben
aus, sie liefen ebenfalls zum Steine, fanden aber niemal
etwas [1]).

2.

Beruf der Frauen.

Nach den Männern folgen die Frauen, bei denen, was
innerlich dasselbe, doch äußerlich wieder verschieden sich gestaltet. Schon vermöge ihrer Bestimmung, dem andern Geschlechte
gegenüber, zu einem in größerer Abgeschlossenheit, minder sich

---

[1]) Sein Leben herausgegeben von Chr. Van der Sterre 1627. Acta
Sanct. 7. April. p. 690.

ausbreitenden Leben getrieben; darum durchhin, wenn sie nicht
eine Leidenschaft bewegt, mehr in sich gesammelt; bei minderer
Selbstthätigkeit dabei innerlich berührsamer und erregbarer für
äußeren Antrieb: müssen sie für Eindrücke schon beweglich seyn,
die unvernommen an einem mehr aufs Thätige gerichteten Le=
ben vorübergehen. Diese Anlage zur Beweglichkeit und zum
Vorwiegen des nächtlich Beschlossenen und Unverständlichen in
ihnen; wenn sie, wie sich leicht erkennt, solche Naturen, in denen
sie sich findet, vor den Andern vielfältigen Selbsttäuschungen
und Verirrungen aussetzt; dabei der Nachhaltigkeit der Rück=
wirkung, insofern sie von der Individualität ausgeht, bei ihnen
Eintrag thut: dann wird sie doch auch wieder einerseits, bei
der durch sie möglichgemachten früheren Reise im Physischen,
die Möglichkeit jenes im Ganzen früheren Eintrittes in diese
höheren Gebiete begründen; andererseits, weil in mehr ruhig
dahinfließender Lebensströmung größere Sanftheit, und weiche=
ren und runderen Wellenschlag bewahrend, Erscheinungen her=
vorrufen, die durchgehends, vorzüglich aber hier bei den ersten
und jugendlichsten Anfängen, durch Anmuth und Lieblichkeit
ausgezeichnet erscheinen. Besonders aber wird das Geschlecht
auch in der Symbolik jener Zustände hervortreten; so zwar,
daß, wie sie in ihrem Verlaufe zu einer mystischen Ehe zu
führen die Bestimmung hat, ihr Eintritt beinahe immer durch
eine mystische Verlobung, wozu es bei den Männern erst
einer Vermittlung bedarf, bezeichnet wird. Um dies allgemeine
Urtheil durch Belege aus der Erfahrung zu erhärten, wählen
wir aus vielem Merkwürdigen, was uns als das Merkwür=
digste erschienen.

Vor manchen Andern ungewöhnlich früh hat an der heili=
gen Catharina von Siena der Beruf ihres Lebens sich kund
gegeben. Im Jahre 1337, als Zwillingskind, geboren, war sie
in zarter Jugend durch Thun und Reden allen Leuten so lieb
und angenehm, daß die Mutter sie kaum zu Hause zu halten
vermochte, weil Alle sie gern um sich sahen. Als sie im fünften
Jahre den englischen Gruß gelernt, konnte sie nicht satt wer=
den, ihn auszusprechen; und machte sich die Gewohnheit, ihn
beim Auf= und Niedersteigen der Treppe auf jeder Stufe zu

wiederholen. Als sie nicht weit vom sechsten Jahre ihres Al=
ters war, ging sie einst mit ihrem älteren Bruder aus, um
der verheiratheten Schwester eine Botschaft auszurichten; und
wie sie wieder heimgekehrt, sah sie aufwärts blickend, über der
Dominicanerkirche in der Luft, einen Thron mit königlicher Zierde
ausgeziert, und auf ihm den Herrn in der Kleidung des Ober=
priesters, um ihn drei der Jünger. Wie sie zu dem freundlich
sie Anschauenden aufblickte, sah sie, wie er ihr den Segen gab,
und wurde zur Stunde so entzückt im Geiste, daß sie ihrer selbst
und des Weges vergaß; bis der Bruder, der unterdessen ein
gutes Stück vorangegangen, rückkehrend zwei= oder dreimal sie
beim Namen rief, und durch Schütteln sie wieder zu sich brachte.
Der Strahl hatte sie getroffen, und ihr Herz begann nun zu
entbrennen; sie suchte verborgene Örter, betete viel, redete we=
nig gegen der Kinder Art; that sich Abbruch, wo sie konnte,
und fing an, andere Kinder um sich zu versammeln, um sie
zu gleichem Leben anzuleiten. Jetzt begannen sich auch schon
die ersten Symptome höherer Zustände zu äußern; wenn sie die
Treppen in ihres Vaters Hause auf und niederging, schien es,
als werde sie durch die Luft getragen, so daß sie die Stufen
nicht berührte; was besonders dann geschah, wenn sie sich aus
der Gesellschaft der Menschen flüchtete. Da sie in das Leben
der Altväter sich vertiefte, stieg in ihr die Begierde auf, zu thun
wie sie; aber sie wußte nur kein Mittel zu ersinnen, um in die
Einöde zu gelangen. Eines Morgens jedoch, als sie die Be=
gierde nicht länger bewältigen mochte, nahm sie ein Brod, und
ging damit aus der Stadt. Wie sie so eine Weile fortgegan=
gen, und keine Häuser weiter neben sich erblickte, glaubte sie
sich nun der lange gesuchten Wüste nahe; und als sie weiter
forteilend eine Höhle fand, war sie entzückt, daß sie nun in der
Einöde glücklich angelangt. Zur Stunde hub sie an, gar eifrig
zu beten, und wurde nun allgemach von der Erde aufgehoben,
und bis an die Decke der Höhle geführt. Sie blieb eine Weile
in diesem Zustande, wurde dann wieder allmälig auf die Erde
zurückgesetzt; und hatte nun das Verständniß erlangt, daß es
Gottes Wille nicht sey, daß sie in dem gefaßten Vorsatze be=
harre. Sie fand sich nun schnell in die Pforten der Stadt

zurückgetragen, kehrte nach Hause zurück, und verschwieg lange, was ihr begegnet. Sie hatte unterdessen ihr siebentes Jahr erreicht, und nun that sie förmlich, am einsamen Orte, dem Herrn ihre Reinigkeit aufopfernd, das Gelübde der Treue, und wuchs fortan täglich an Heiligkeit. Sie hielt, was sie gelobt; und da später, als sie zu ihren Jahren gekommen, die Ältern in sie drangen, sich äußerlich zu zieren, damit sie sich verheiraten möge; gab sie zwar anfänglich auf das Zureden ihrer ältern Schwester, zu ihrem späteren großen Leide, eine Zeit lang nach; dann aber schor sie, um jedes weitere Zudringen mit einemmale abzuhalten, ihr Haar, und wie sehr die Ältern und die Brüder durch Worte und Werke sie ängstigten, sie blieb beharrlich; bezwang durch Demuth allen Widerspruch, und trat dann in den Orden des heiligen Dominicus [1]).

Dritthalb Jahrhunderte später wurde ihr jenseits des Meeres im andern Welttheil eine Nacheiferin erweckt. Diese wurde 1586 zu Lima in Peru geboren, und zuerst Isabella; dann aber, als die Mutter über der Schlafenden in der Wiege eine Rose gesehen, Rosa, später mit dem Zunamen a S. Maria genannt. Sie zeigte sich ganz wie die Heilige von Siena geartet; in ihrer Gemüthsart ruhig, lieblich, anmuthig; nie erfüllte ihr Geschrei das Haus; nur einmal weinte sie bitter, als man sie in eine fremde Wohnung getragen. Schon im dritten Jahre bewies sie die Leidensstärke, die sie in ihrem ganzen Leben ausgezeichnet; als ihr rechter Daum zwischen den Deckel einer geschlossenen Kiste geklemmt wurde, und sie nun den Schmerz mit einem Muthe weit über ihr Alter hinaus verbiß, und die Hand vor der herzueilenden Mutter verbarg. Sie zuckte nicht, als in der Folge der Nagel des Fingers abschwärte, und der Wundarzt ihn mit einer Zange wegriß. Als sie vier Jahre alt war, hatte die Mutter mit schädlichen Mitteln einen Schaden an ihrem Ohre heilen wollen; darüber hatten eiternde Fisteln sich gebildet; sie blieb 42 Tage unter der Hand des Wundarztes, und obgleich die heftigsten Schmerzen ihren Körper Tag und Nacht erschütterten, kam keine Klage aus ihrem Munde.

---

[1]) Leben der h. Catharina von Senis. Cöln 1652 p. 1—32.

Ihr Bruder hatte einst im Spiele ihr Haar mit Koth be=
schmutzt, und da dieser Schmutz dem Kinde nahe gegangen,
hatte der Knabe altklug ihr in einer Predigt ausgelegt: die
Zöpfe der Mädchen seyen Stricke der Hölle, in denen unbehut=
same Seelen zu ihrem Verderben sich verfingen. Diese Worte
waren tief in sie hineingeschlagen, und sie nun, zu einem unab=
lässigen Gebet entzündet, hatte, in den Fußstapfen ihres Vorbildes
gehend, noch früh reifer denn sie im südlichern Lande, dem
Herrn sich verlebt, und dessen zum Zeugniß ihr Haar sich ab=
geschoren. Fortan wurde sie nun nur noch aufmerksamer auf
sich, und wich, wie alle ihre Beichtväter bezeugten, nie mehr
irgend bedeutend vom rechten Wege ab. Sie wußte nun ihren
Ältern sich folgsam zu beweisen, selbst da, wo diese sie in ihren
Wegen irrten, ohne sich dadurch von ihnen abbringen zu lassen;
und ob sie gleich täglich zwölf Stunden dem Gebete widmete,
brachte sie, zur Unterstützung derselben, doch durch unermüdete
Anstrengung in einem Tage mehr Arbeit zu Stande, als eine
andere wohl in vieren. Die Schönheit ihrer Gestalt machte
die mannbar gewordene bald zum Gegenstand vieler Bewerbun=
gen, was ihre Ältern gern sahen; da sie sich aber beharrlich
weigerte, setzten ihr die Brüder mit Scheltworten, Ohrfeigen
und Fußtritten zu, wie es Papa, die Mutter, mit Catharina auch
gehalten; als sie aber nichts über ihren Entschluß vermochten,
gaben sie endlich ihren Willen dazu, daß sie ins Kloster ging.
Sie hatte sich früher vorgesetzt, in denselben Orden sich zu be=
geben, dem Catharina angehört; da inzwischen viele andere sie
zur Genossin wünschten, versuchte sie es, damit es nicht scheine,
als ob sie ihrem Sinne allzusehr folge, sich in ein anderes Klo=
ster zu begeben. Als sie aber sich dazu aufmachen wollte, fand
sie sich wie ein Fels dem Boden angewachsen; sie suchte sich
loszumachen, und rief ihren Bruder zu Hilfe: beide strengten
aber umsonst sich an; sie wurde nicht eher gelöst, bis sie die
Heimkehr freudig in sich beschlossen. Ein anderes Zeichen be=
stärkte sie in diesem Entschlusse. Aus dem Haufen der Schmet=
terlinge, die in wunderbarer Farbenpracht die Fluren von Lima
durchschwärmen, kam einer, bles schwarz und weiß aufs
schönste gestreift, auf sie zu, und umflog sie im Kreise; und sie

nahm das für einen Wink von Oben, daß der schwarz und
weiße Habit des Dominicanerordens ihr bestimmt sey. In ihn
gekleidet wurde sie bald ein Wunder der Frömmigkeit, und nahm
alle Tugenden ihres Vorbildes an; ja ihr Beichtvater sah einst
staunend, wie sie in Gestalt, Umriß, Ausdruck gänzlich in das
Bild transformirt schien. Sie wurde nun auch bald ecstatisch,
und ihre Zustände huben dann damit an, daß sie weiß wurde
wie Schnee; sofort im Andrange der Lebensgeister errö=
thete; zuletzt im ganzen Antlitz leuchtete, und Funken sprühend
strahlte [1]).

Dieselbe Führung hat wieder zu anderer Zeit und am an=
dern Orte eine andere Jungfrau auf denselben Weg geleitet.
Das war Osanna Andreasi, im Jahre 1449 in Mantua gebo=
ren. Als diese, zwischen dem fünften und dem sechsten Jahre ihres
Alters, einst an den Ufern des Po gewandelt, war sie verzückt
worden; und es hatte ihr geschienen, ein Engel habe sie bei der
Hand gefaßt, und sie durch alle Himmel hindurch geleitend, ihr
gezeigt, wie alle Chöre seiner Geister, und alle Elemente und
der ganze Weltbau der Creatur nur zurufe: Liebet Gott, ihr
Alle, die ihr wohnt auf Erden! Das hatte sie tief in ihrem
jungen Herzen bewahrt, und sie hatte sich mit Thränen flehend
zu Gott gewendet, daß er ihr den Weg zu dieser vollkommenen
Liebe weise. Und wie ich lange in diesem Flehen beharrt, er=
zählt sie selber, erschien mir der Herr, der einzig wahre Tröster,
in Gestalt eines Knaben; leuchtender denn die Sonne, voll
guten Ruches, liebenswürdig, gnadenvoll, mehr als der Schnee
glänzend. Seine Augen waren ganz lieblich; er hatte sie mit
würdig liebevollem Ausdruck auf mich gerichtet, und er zog
meine Seele, die ihn in einer unaussprechlichen Anschauung
erblickte, an sich. Er schien aber gar ansehnlich; ein etwas
gefärbtes, wie Gold glänzendes, Haar umleuchtete sein Haupt,
und auf dasselbe war eine sehr stechende Dornenkrone gedrückt;
auf der Schulter aber lag ihm ein Kreuz, viel größer, denn
er selber. Wie ich ihn so gethan anschaute, wendete er, mich

[1]) Vit. s. Rosae Virginis Auct. Leon. Hansen. Act. Sanct.
26. Aug. p. 902. u. f.

lieblich lockend, fein Antlitz gegen mich und fprach: Tochter und
geliebte Seele! ich bin der Sohn der Jungfrau Maria, und
dein Schöpfer; immer habe ich die Kleinen geliebt, und fie
gerne um mich gehabt, weil in ihnen kein Makel ift, noch auch
der Übelgeruch des Fleifches. Reine Jungfräulein nehme ich
mir daher auch gern zu Bräuten, und bewahre fie in ihrer
Reinigkeit, und wenn fie rufen: O guter Jefu! antworte ich
fogleich, und bin bei ihnen zugegen; und hat Eine Furcht, dann
fpreche ich ihr zu: Was willft du, geliebte Seele! weißt du
nicht, daß ich der allmächtige Gott bin, und bei dir bleibe,
jedes Übel von dir abwendend? Das Jungfräulein aber, das
ihn alfo liebreich fprechen hörte, betrachtete feine Worte in
feinem Herzen, und erwiederte: Du kömmft zur rechten Stunde,
geliebter Jefu! fchon wollte die böfe Schlange mich bereden,
von deiner heiligen Liebe abzulaffen; da fchrie ich auf zu dir,
und du bift fogleich zu mir gekommen, und die Schlange, wie
fie dich wahrgenommen, ift davon gegangen, und ich habe mich
bei dir gefunden. Darum bitte ich dich, mein füßer Herr, du
wolleft bei mir bleiben, denn ich bin ganz traurig und betrübt.
Da erwiederte der Herr: Zweifle nicht, du follft in dem, was
du verlangft, getröftet werden; darum habe ich früher meinen
Engel dir gefendet. Nun aber fiehe! wie ich, aus Liebe zu dir,
großes Leiden und Ungemach ertragen; fo wirft auch du,
aus Liebe zu mir, durch viel Leiden und Ungemach gehen müf-
fen. Aber fürchte dich darum nicht, bleibft du in meiner Liebe,
werde ich auch immer bei dir bleiben; und wenn du auch bisweilen dich allein findeft, wird doch meine Gnade nicht von dir
weichen. Sie nun erwiedert: Ich will dich aus ganzem Herzen lieben, aber ich kann den Weg zu dir nicht finden; darum
lehre du mich, wie ich es anzufangen habe, daß ich dir gefalle.
Darauf antwortet der Knabe: Ich will zu dir kommen, und dir
Alles zu fchmecken geben; bereite nur dein Herz, meine Lehre
aufzunehmen, indem du es vor aller Sünde rein machft; dann
zweifle nicht, meine geliebte Tochter! ich will dich unterrichten
im heiligen Leben, und fetze darum all dein Vertrauen in mich.
Von da an geht nun all ihr Sinnen und ihr Trachten, dem
Verfchwundenen zu dienen, in der Weife, die er ihr auslegte;

ihr Herz zerfloß, wenn sie seiner gedachte, und sie erstarkte mehr und mehr im unausgesetzten Verkehre mit dem Geliebten, der tägliche Gespräche in der Weise des eben Gehörten mit ihr hält. Seine Erscheinungen wechselten indessen von Zeit zu Zeit in ihrer Art; bisweilen erschien der Knabe mit Blut überronnen ans Kreuz geheftet, so daß, wie es in der heiligen Schrift heißt, nicht Gestalt noch Schöne an ihm war; sie dann, mit ihm leidend, wurde elend wie er, und ihr Herz in der Brust wurde vom Schmerz zerrissen; aber dann auch immer nur um so eifriger, seinen fortgesetzten Lehren durch ihren Wandel Folge zu leisten. Sie wurde nun bald ecstatisch; ihre Ältern fanden sie oft in abgesonderten Winkeln des Hauses, von sich gekommen, so daß sie ihren Fragen nicht zu antworten vermochte; und geriethen, da sie sich nicht darin zu finden wußten, in Sorge ihrer Gesundheit wegen. Die Ecstasen kamen bald häufiger, nicht an Zeit noch Ort gebunden: ob sie im Gebete oder außer demselben sich befunden; ob sie einsam bei sich allein oder in Mitte der Gesellschaft verweilte, machte keinen Unterschied; Alles zu ihrer großen Marter, des Aufsehens wegen, das dadurch gemacht wurde. Die Ältern wurden immer ängstlicher, weil sie es für die fallende Krankheit, und ihrem Hause schimpflich hielten; sie mußte ärztliche Hilfe suchen, und hatte auch davon viel zu leiden. [1]

Wieder in anderer Weise gibt sich an der Johanna Rodriguez dieselbe Wahl und Führung kund. Sie war 1564 zu Burgos in Altcastilien, von selbst sehr frommen Ältern geboren; ein ernstes, aber dabei liebliches Kind, mit blauen Augen; in dessen Zukunft, als es zwei Jahre alt geworden, die heilige Theresia gelesen, da sie, unter viel Liebkosungen es auf die Arme nehmend, zu den erfreuten Ältern gesagt: Habt Acht auf diese Kleine, ich sage euch, daß ihr selig zu schätzen seyd, daß euch Gott mit einer solchen Tochter begnadet, durch welche er viele Wunderthaten erzeigen wird. Als das Kind vier Jahre

---

[1] Hieron. Montolivetani Vita B. Osannae aus dem näheren Umgange mit ihr, und nach dem, was sie selbst über ihr Leben niedergeschrieben. Tract. I. c. 1—47.

alt geworden, begann die Richtung seines Triebes sich darin
schon zu zeigen; daß es, den Spielen seines Alters sich entzie=
hend, die Einsamkeit suchte. Die Ältern hatten eine nach dem
Geschmacke der Zeit ausgezierte Hauscapelle, wo auf einem
Throne ein überaus schönes Jesukind saß; dies hatte ihr Herz
gewonnen; zu ihm sprach das Mädchen kniend in Einfalt und
Vertraulichkeit, und vernahm nun Antworten, in Liebe und
Freundlichkeit gesprochen. Sie wurden bald vertraut zusam=
men, und redeten so freundlich miteinander, wie zwei, die
einander herzlich lieben; so daß Johanna bald, fern von dem
Gespielen, sich nicht zu lassen wußte. Da sie einst zu befreun=
deten Nonnen bei den Clarissen geführt worden, hatte das
Klosterleben ihre ganze Aufmerksamkeit auf sich gezogen, und
heimgekehrt, fing sie an, es in ihrer Capelle zu versuchen. Sie
kehrte eine große Bank zu unterst zu oberst, nachdem sie die=
selbe vor das Kind gestellt; setzte sich dann hinein, und
sagte: Das ist mein Kloster, darin muß ich verbleiben, denn
die Klosterfrauen gehen nicht aus. Dann nahm sie Kissen,
Stühle und Leuchter, stellte sie umher, nannte das eine Abbtis=
sin, die andern Schwestern; und handelte mit solcher Liebe
und Ehrerbietung, als wären wahrhaftig die Abbtissin mit ihren
Klosterfrauen gegenwärtig. Bald begannen nun die Erschei=
nungen. Der heilige Franciscus fand zuerst sich ein; als sie
einst in ihrer Bank saß, stand neben ihr ein Franciscaner
mittlerer Größe, mit fröhlichen Augen in lieblichem Angesicht.
Sie sprach zu ihm: Pater, wer hat euch hier herauf in dies
Zimmer hinein gewiesen, hats euch vielleicht mein Vater ge=
sagt, daß ich hier sey? Ja, meine Tochter, ist die Erwiede=
rung, dein himmlischer Vater hat mir gesagt, daß ich dich be=
suchen soll; sage mir, was machst du? Ich bin, antwortete
das Kind, in diesem Kloster, und will die Vesper beten, wie
die Nonnen thun, kann aber nicht lesen. Da erbietet sich der
Heilige, ihr Meister zu seyn; sie fragt ihn um seinen Namen,
und er kömmt nun alle Tage zur selben Stunde zu ihr lange
Zeit; und sie betet mit so großer Andacht, daß sie die Geze=
ten bald von ihm erlernt. Sofort finden auch andere Heilige
sich hinzu; bald auch die Jungfrau, zuletzt der Herr. Toch=

ter, redet er sie an, was machst du hier? Ich bete mit dem
heiligen Dominicus, ist die Erwiederung. Das ist gut, spricht
der Herr, aber sage mir, hast du mich lieb? Herr, ich weiß
nit was die Lieb, oder was Lieben sey, entgegnet das Mägdlein; sollte ich aber etwas lieb haben, so wärs Jesus Christus,
nämlich das kleine Kindlein, so mein Vater in seiner Capelle
hat. Dieser bin ich, spricht der Herr; ich bins, den das Bild
vorstellt, und du sollst es allein lieben, weil es mich bedeutet.
Er gibt ihr dann seine Mutter zur Mutter und Hüterin, und
befiehlt ihr, dieser in Allem zu gehorchen. Sie thut, wie ihr
geboten worden, und nun folgt bald die Verlobung. Da sie
einst in ihrer Capelle eifrig betet, erscheint ihr die Jungfrau
mit ihrem Kinde, umgeben von vielen Heiligen, daß das enge
Oratorium vor Glanz und Glorie zum Himmel wird; und
wie sie entzückt erscheint, ob der Schöne, die sie wahrnimmt,
wird sie gefragt, ob sie verspreche, des Sohnes Braut zu werden. Sie erwiedert mädchenhaft: Er ist gar lieblich und
schön und voller Majestät; ich aber habe nichts und bin nichts
werth, dies schöne Kindlein will mich nit lieben. Ja er will,
wird ihr entgegnet, wofern du willst; und sie: Nun wohl,
wenn dem so ist, so sage ich, Mutter, daß, wofern er mich
lieben will, so will ich ihn auch haben; und nun streckt das
Kind die Arme aus, und gibt ihr die Hand zum Zeichen der
Verlobung, und die Mutter steckt ihr an den Herzfinger einen
köstlichen Ring; sie erhält den Segen und die Handlung ist
vollbracht. Sie lebt nun in steter Gegenwart ihres Geliebten,
und nimmt schnell zu in Tugenden und Gnaden. Als einst
ihre Ältern mit ihr in den Garten des Arztes Antonio de
Aguilar gingen, und sie in den Beeten Blumen sammelte, sah
sie plötzlich neben sich ein schönes Knäblein, das sprach: Kleine,
gib mir etwas von den Blumen. Sie erwiedert: Was für
welche willst du haben; warum pflückst du sie dir nicht lieber
selbst? Das Kind sah sie lächelnd an, und forderte immer
wieder Blumen. Sie wußte nicht, mit wem sie redete, wie die
Jünger, die nach Emaus gingen, und sagte: Schönes Kindlein, was hast du Blumen nöthig, mich dünkt, du seyst selber
wie eine schöne Blume auf dem Felde. Doch wenn du denn

von meinen Blumen haben willst, so nimm diese wenigen, die
ich habe, und lasse dich ein wenig gedulden; ich will hingehen,
dir noch mehr zu sammeln. Da nun der Kleine mit Freuden
ihrer wartete, ging sie hin, noch mehr zu holen; kam mit dem
Gesammelten bald zurück, legte Alles in seinen Schooß, und
bedeckte es mit dem Saume seines Röckleins, sagend: Geh, jetzt
wird niemand sehen, daß du Blumen trägst, und so wird dich
auch niemand aufhalten; sollte aber jemand die Blumen mer-
ken, so sage: ich habe sie dir gegeben, dann werden sie eher
mich als dich schmälen. Das Kind verschwand nun, erschien
ihr aber wieder zur Winterszeit, dieselben Blumen in der
Hand; und sie erkannte ihn nun und dankte ihm für seine
Lieblichkeit. Aber nicht immer so blumig waren die Erscheinungen; er erschien auch ihr gar oft, ein schweres Kreuz mit
Mühe tragend, und fragte sie, ob sie ihm helfen wolle, es zu
schleppen. Da sie sich zum öftern willig zeigte, legte er ihr es
endlich auf, und sie ward nun voller Schmerzen und Weh;
und fühlte, daß sie sich unter ihm nicht zu bewegen vermöge,
wird aber bedeutet, daß sie fallend und wieder aufstehend dem
Herrn folgen müsse. Das Alles hatte sich zugetragen, als sie
sechs Jahre alt gewesen.

Die selige Oringa, geboren 1240 nahe bei Florenz, deren
Leben der Camaldulenser Nazei, und der Augustiner Curtius
geschrieben, war in ihrer Kindheit solcher Anlage; daß, wenn
sie irgend ein unzartes auch nur müßiges Wort vernahm, ihr
ganzes Antlitz sich verwandelte. Wenn aber gar irgend eine
unsittliche Rede ihr Ohr berührte, kehrte sich ihr Magen um;
so daß, weil dergleichen sich im Laufe der Dinge gar oft begab, ihre Gesundheit unter dem beständigen Erbrechen litt.
Als sie einst dieses fortdauernden Eckelreizes wegen als Kind
im Fieber lag, und ein Priester zu ihr gerufen wurde, um sie
kleiner Vergehen wegen, die sie verschuldet haben mochte, zu
absolviren, hätte er sie beinahe vom Leben absolvirt .Es traf
sich nämlich, daß er selber nicht rein war, und die Stimmung
irgend einer bedeutenden Verschuldung in ihm war: denn das
Kind, als er ihm nahte, erstarrte; seine Eingeweide schienen
in ihrem tiefsten Grunde sich umzuwenden, so daß es beinahe

die Seele von sich gegeben hätte. Zuletzt wurde ihr eingegeben, als Hilfe gegen den fortwährenden Eckel, die Ohren zu verstopfen; sie that also, zog sich wie eine Schnecke in ihr Haus zurück, und die feinen Fühlfäden ihres Wesens wurden nun minder oft verletzt. Der Vater gab ihr oft den Stab in die Hand, und sandte sie hinaus, das Vieh zu weiden; sie that, wie ihr geheißen worden, und führte das Vieh hinaus an eine Stelle, wo es gute Weide fand; verbot ihm mit kindlichem Vertrauen, sich davon zu entfernen und in die nahen Saaten zu gehen, und kniete dann etwa nieder in einem hohlen Baume; die Heerde that nach ihrem Gebote, und weidete da, wohin sie gewiesen war. Als sie einigermaßen erwachsen, wollten die Ältern und die Brüder sie verheirathen; aber beim ersten Worte davon, kehrte ihr alter Zustand zurück; die Brüder schalten sie eine Närrin, und griffen zu Mißhandlungen, als die Worte nicht fruchteten. Die Schläge wurden bald zur täglichen Gewohnheit; die Bedrängniß der Jungfrau wurde groß und immer größer; sie beschloß zuletzt, um sich der steten Mißhandlung zu entziehen, das väterliche Haus zu verlassen. Der Wandernden legte auf dem Wege nach Lucca ein Wasser sich in den Weg; sie kniete nieder zum Gebete, an seinem Ufer; ging nun unerschrocken in die Fluthen, und kam ohne sich zu nässen hindurch. Sie ging fort, und fand sich, als der Abend dunkelte, in Waldesmitte. Aber ein Licht ging im Geleite der Betenden; sie gelangte zu einer überaus lieblichen Wiese mit schönen wohlriechenden Blumen besetzt, mit hochragenden Bäumen umhegt; einem Paradiesesgarten gleich gethan. Als sie dort zur Ruhe sich niedergelassen, kam ein Haase ohne Furcht zu ihr, schmeichelte ihr, leckte ihre Hände, legte seinen Kopf in ihren Schooß, und spielte mit ihr, als wäre er seit lange mit ihr vertraut. Sie war verwundert über die Zutraulichkeit des Thieres, und sagte zu ihm: Armes Häschen, warum machst du dich nicht schnell auf die Beine? wie wenn ich dich finge; ich kann's ja, wenn ich wollte. Glaubst du dich sicher in meinem Schooße, ich bin ja selber in Furcht und Angst flüchtig. Wie sie so miteinander spielten, überfiel sie der Schlaf, bis die Morgenröthe sie weckte. Sie begab sich nun auf die Reise, wußte aber nicht, welchen Weg einschlagen, und nach welcher Seite gehen. Da nahm aber der Haase die Stelle des Führers; er sprang her vor ihr, und sie kam, ihm folgend, auf die Landstraße, die sie nach Lucca führte; wo sie sich in die Dienste eines Bürgers gab, und dann, in die einer Matrone übertrat. Sie setzt dort ihre frühere Lebensweise fort, erwächst in ihr zu einer Heiligen, wird Vorsteherin eines Klosters, das ihr Geburtsort ihr erbaut, und stirbt in ihm 1310 in ihrem siebenzigsten Jahre. (Act. Sanct. X. Jan. p. 650.)

Lieblich vor vielen Andern ist besonders die Kindheit der Dominica vom Paradiese, geboren im Jahre 1473 in einem kleinen Orte, Paradies genannt, nahe bei Florenz. Ihre Ältern waren arme Landleute, die einen kleinen Fleck Erde bebauten, und was ihnen dort erwuchs, oder sie sonst erhandelt hatten, zu Markte trugen. Die Mutter säugte das Kind, weil sie aber dem Manne in der Arbeit helfen mußte, gab sie ihm nur einmal im Tage zur Morgenszeit die Brust; aber die Kleine gedieh bei dieser sparsamen Nahrung, wurde stark und wohl beleibt, und war fröhlich und munter, wenn die Mutter am Abend heimkehrte. Sie erwuchs und wurde schön von Ansehen; ihr Haar war gelockt und goldfarb, das Auge fröhlich, die Wange weiß mit Röthe gemischt, der Ausdruck des Gesichtes offen, und ihr ganzes Aussehen gesund, frisch, fröhlich und so zierlich; daß man sie nimmer für das Kind eines Landmanns hätte halten sollen. Diese Schönheit ihrer Gestalt erhielt sich bei ihr trotz der Lebensart, der sie sich unterzogen, bis zum 23ten Jahre, wo die vielen Krankheiten, die sie sich erbeten, sie zerstörten; so jedoch, daß auf ihrem blassen, magern Gesichte immer eine unbeschreibliche Grazie und anständige Fröhlichkeit zurückblieb, mit Würde und Schöne verbunden, die sie den Bessern liebenswürdig, den Schlechten zu einem Gegenstande der Scheu machten. Sie erwuchs im Vaterhause, nahm sich rüstig der häuslichen Geschäfte an; so daß sie, als der Vater starb, da sie erst das sechste Jahr erreicht, den Haushalt zu führen wußte, als sey sie bei vollkommener Reife. Die Ältern, unwissend selbst, waren unfähig, ihr auch nur in den ersten Gründen des christlichen Lebens

Unterricht zu geben. Sie hörte sich das Vaterunser und Credo vom Priester in der Messe ab; das Ave Maria theils vom Vater, theils von einem andern Kinde in der Nachbarschaft; und da sie das Gelernte nun immer im Munde führte, wurde sie bald so innerlich, daß die Gesichte und die Ansprachen sich zeigten, und den äußerlich fehlenden Unterricht durch den innern ersetzten. Schon in ihrem vierten Jahre, als sie an ihrem armen Bettchen stand, betend und in sich versunken, erschien ihr, umklungen von süßen Tönen, und umdrängt von Engeln, in großem Lichtglanz die Jungfrau mit dem Kinde. Sie hörte und sah hin, und konnte sich nicht ersättigen an dem Anblick; und wie die Erscheinung vorüber war, überlegte sie in ihrer Einfalt, wie sie es anfangen müsse, so schöne Sachen wieder zu sehen. Da sie nun weinend Gott zum öftern bat, er möge ihr den Ort zeigen, wo die guten Dinge all seyen; wurde ihr gesagt: nicht auf Erden, sondern im Paradiese; und wie sie erwiederte: So ziehe mich ins Paradies; erhielt sie die Antwort: Es sey noch nicht Zeit, und wurde darauf unterrichtet, wie sie es anzufangen, um dahin zu gelangen. Die Gesichte kehrten zum öftern wieder, und sie nahm zu mehr und mehr an Einsicht in ihrer Schule; weil sie sich wundersam zur Niedrigkeit und Einfalt der Kinder bequemten. Während ihre ältere Schwester sie wusch und kleidete, wurde ihr ins Herz gegeben, ihre Seele habe auch wohl nöthig gleich einem kleinen Kinde gewaschen zu werden, sey es auch mit ihren Thränen. Als daher ihre Schwester mit ihr geendigt hatte, zog sie sich in ihr Kämmerlein zurück; warf sich vor einem Bilde Jesu und seiner Mutter auf die Knie, und bat Gott, ihr ihre Seele zu zeigen, um sie mit ihren Thränen waschen zu können. Die Güte des Herrn entsprach ihrem Glauben, und formirte in ihrem Herzen eine Bewegung, worin ihr ihre Seele erschien unter dem Bilde eines kleinen Kindes, das sie anlachte, und sich in seiner Seele erfreute; so daß ihr vor Vergnügen, als sie es erblickte, viele Thränen aus den Augen drangen. Sie sammelte die fließenden in einem Tuche, und als es ganz naß und in ihren Thränen gebadet war, wusch sie sich ihr Herz damit; in ihrer kindlichen Einfalt glaubend, so ihre Seele zu

waschen und zu reinigen. Und siehe! während ihre Thränen
fließen, und während sie ihr Herz also rein wäscht, zeigt ihr
Gott, in der Luft schwebend vor ihren Augen, ihre Seele in der
Gestalt eines schönen, anmuthigen und lachenden Mägdleins,
mit welchem Dominica also sprach: Meine Seele! fliehe aus
dieser Welt, und kehre zu deinem Schöpfer zurück, und ich
will dir folgen. Ich kann nicht fort, antwortete die Seele
dann; obwohl du mich fern in der Luft siehst, wohne ich doch
belebend in deinem Körper; ich bin eins mit dem göttlichen
Willen, und jetzt gebührt es sich, daß ich bei dir bleibe, und
die vorgeschriebene Zeit meines Scheidens erwarte. Sobald
mein Schöpfer es fordert, verlasse ich dich, um in Gott zu
ruhen, und am Ende der Welt wird dein Leib mit mir kommen, um im glücklichen Paradiese zu leben. Damit verschwand
das sichtbare Bild, und das Mädchen dachte, daß ihre Seele
in ihr Herz zurückgekehrt sey. In dieser einfältigen Weise,
sich mit ihren Thränen zu waschen, um ihre Seele zu reinigen, beharrte Dominica viele Jahre; und während sie mit
ihrem Bruder den Salat aus dem Brunnen begoß, oder die
Leinwand am Flusse wusch, fing sie diese Übung allzeit mit
Weinen an; wobei sie dann immer über viele göttliche Geheimnisse belehrt wurde, und viele Gnade in wunderbaren Erscheinungen erhielt.

Einst stand sie bei ihrer älteren Schwester am Herde, als
diese Mohn mit Brode kochte, um ihr mit der Suppe einen sanften Schlaf zu bereiten; und bedachte sogleich bei sich, wie sie
es anzufangen, um auch ihrer Seele eine Speise zuzurichten,
die ihr recht nahrhaft sey, und ihr zugleich einen süßen Schlaf
verschaffe. Da sie oft angewiesen worden, in Allem, was sie
zu thun willens sey, sich an Gott zu wenden; begab sie sich
ins Gebet, und in ihm hörte sie sofort ihre Seele also zu sich
reden: Suche für mich die Speise göttlicher Liebe auf; in ihren
Flammen schwebe ich vergnügt, und schlafe ruhig. Das Kind,
sich von Oben entzündet fühlend, sagte: Und warum, meine
Seele, schreist du denn nicht zum Himmel auf, daß mir das
Herz bricht, und so die göttliche Liebe sich gezwungen sieht,
zu kommen, um es wieder ganz zu machen? Die Seele dar-

auf: Ich bin in dir, um dich zu beleben; an dir ist es, zu schreien, daß dir das Herz zerspringt. Das Kind: Gott liebt die Seele, und um sie loszukaufen, ist er gekommen, um zu sterben; darum fühlst du mehr als ich, und wirst die göttliche Liebe dich trösten sehen. Die Seele dem entgegen: Es ist wahr, daß mich Gott am Kreuze erlöst hat; aber er hat auch deinen Leib. erlöst; darum wer sündigt, verdirbt die Seele und den Leib; wer aber heilig lebt, rettet sie beide. Darum ist es nicht meine Sache allein, zum Himmel zu rufen, sondern es geht uns beide an; laß uns daher zusammenrufen, und Gott wird uns barmherzig antworten, und vom Himmel süße Speise senden. Unter dieser Rede hörte das Mädchen den Herrn zu sich sprechen: Meine Tochter! die Speise der Seele ist meine Liebe, da sie die Welt vergessen, und sie allem Irdischen schlafen, meinem Herzen aber wachen macht. Und dies Wachen aller Gedanken, alle auf mich gewendet, ist der wahre Schlaf und die rechte Ruhe. O, sagte das Kind: Hätte ich die Gnade, immer dir zu schlafen! Ich bin zufrieden, war die Erwiederung, daß du von mir diese Gnade hast, und daß du aller empfindbaren Dinge dich zu gebrauchen weißt, um immer an mich zu denken; und du kannst mit Hilfe meiner Gnade, die dir werden wird, noch weitere Verdienste und Tröstungen sammeln. Das Kind, das unterdessen der Speise, die die Schwester bereitete, gedachte, und des Schlafes in der Wiege, fragte ganz einfältig: Lieber Herr! die Seele, die mit dir im Himmel wohnt, schläft die in der Wiege, oder im Bette, oder in deinem Schooße? und bringst du sie mit Liebkosungen zum Schlafe, wie man bei uns mit den kleinen Kindern zu thun pflegt? In meinem Schooße, erwiederte der Herr, ruht sie immerdar; denn dort oben ist kein Todesschlaf, sondern des Lebens. Denn ich, der ich mich der Seele ohne Hülle zeige, in der Freude und aller Süße meiner Gottheit, vertreibe von ihr alle Schläfrigkeit; so daß sie nicht schlafen, oder auch nur einen Augenblick sich von mir entfernen kann. Der Schlaf ist nur ein Gebrechen eurer Sterblichkeit, von dem die seliggewordene Seele befreit ist; und der Körper wird davon befreit seyn, wenn er seiner Hülle des Todes entledigt unsterblich wird im Himmel.

Damit endete das Gespräch. Sie war dem Herrn sehr dank=
bar für diesen Unterricht, und sagte: O wie viel besser ist diese
Milch, als die andere, die mir die Mutter gegeben; der Vater
hat mich erzeugt und ernährt, aber mich nicht solche Dinge
gelehrt. Sie machte übrigens Alles, was sie sah, zum Mittel
und Werkzeug, sich selbst weiter zu helfen. Flog ein Vogel
aus ihrem Garten gegen Himmel; dann gedachte sie, wie sie
gleichfalls sich in ihn erheben müsse. Rüstete die Mutter Wolle
zum Weben; dann that sie das gleiche in ihrem Herzen, um
ihrer Seele eine geistige Webe zu bereiten. Die Bäume mit
ihren Früchten, der Himmel mit seinen Sternen, weidende
Lämmer: Alles faßte sie, es auf ihr Inneres beziehend, geistig,
und suchte ihre Seele an ihm zu reinigen; und nachdem sie
zehn Jahre also gearbeitet, wurde diese Seele endlich ihren
Augen gezeigt, ganz gereint, schön und schneeweiß. Sie blieb
dabei immer kindlich und einfältig; alle Sonntag zierte sie die
Bilder, die sie in ihrer Stube hatte, mit neuen Blumen; und
glaubte sicherlich im Volksglauben der Zeit, die Blumen wür=
den da alle aufbewahrt, um ihr nach ihrem Tode ins Grab zu
folgen. Vor diesen Bildern legte sie auch in ihrer Einfalt ihre
erste Beichte ab, weil sie Frauen in der Kirche vor solchen
kniend beten gesehen, und nun geglaubt, sie beichteten ihnen.
Sie war nicht zehn Jahre alt, als schon in der Weise,
wie bei den Andern, die Verlobung, später die Vermählung
eingetreten. [1]

Wenn alle diese Jungfrauen, obgleich im Verlaufe ihres
Lebens vielfach von · den Mächten der Finsterniß angefochten,
doch keineswegs ausschließlich für die ganze Dauer desselben
auf den Kampf mit den finstern Gewalten sich angewiesen fan=
den; dann muß, wenn es solche gibt, denen diese Bestimmung

---

[1] Vita, e Costumi et intelligenze spirituali, della gran Serua di
Dio et veneranda madre Suor Domenica dal Paradiso fonda-
trice del monasterio della Croce di Firenze; dell' ordine di
San Domenico. Composta dal Padre Frat Ignazio del Nente,
del medesimo ordine, nel conciento di San Marco di Firenze.
L'anno d. n. S. 1625. In Venetia. Milveo 1664. 4. p. 1—22.

geworden, diese auch bei ihnen schon in frühester Jugend sich
ankündigen, und die Schatten jener nachtbedeckten Region,
werden dann schon, Grauen erregend, in den sonst heiteren Him=
mel dieses Alters hinüberfallen: andeutend zum voraus künf=
tige noch tiefere Umnachtung, und den bevorstehenden Streit
mit den Nachtgespenstern. Solcher Art war jene Christina von
Stumbelen, einem wohlhabenden Landwirthe Peter Brúron
zwischen Cöln und Reuß 1233 geboren, und 1312 gestorben,
über deren Leben Peter von Dänemark, ihr Freund und Ver=
trauter, merkwürdige Berichte hinterlassen, die sie selbst durch
Briefe und Erzählungen ergänzt. Über die Geschichte ihrer
Jugend insbesondere hat der Pfarrer ihres Orts folgende That=
sachen aus ihrem Munde aufgeschrieben. Als sie eilf Jahre
alt war, sah sie in einer Nacht einen Mann in solchem Glanze
und solcher Glorie, daß ihre Sinne sie verließen, und sie außer
sich gekommen; der sprach zu ihr: Liebste Tochter, siehe ich bin
Jesus Christus; gib mir deine Treue, daß du mir immerdar
dienen willst, und will dann ein Anderer die Treue von dir
verlangen, dann sage ihm, daß du sie mir in meine Hände
zugesagt. Als sie eingewilligt; da war ihr den ganzen Tag,
als sey die Hand ihr eingedrückt, und ihr Gemüth hatte von
da an keine Ruhe, und sie ängstigte sich über die Maßen, wie
sie es anzufangen, um zu den Beguinen zu kommen. Als sie
eilf Jahre alt war, schien es ihr, so oft sie ihren Psalter
betete, als rede der zu ihr, dem sie die Treue versprochen;
und sie weinte dann vor übergroßer Süße, obgleich sie vom
Himmelreiche und allem andern wenig wußte. Als sie dreizehn
Jahre alt war, ging sie, wie sehr die Mutter weinte, nach
Cöln, nachdem sie ein Tuch nach der dortigen Frauensitte über
ihren Kopf geworfen, im Geleite einer Frau; aber immer
ängstlich, diese möge sie an einen schlechten Ort hinführen.
Dort angekommen, hatte sie kein Brod, und litt mehrere Tage
starken Hunger; die Beguinen suchten sie zur Wiederheimkehr zu
bereden, sie aber wollte lieber mit Gott in Armuth, als zu
Hause im Überflusse leben. Unter den Beguinen saß sie nun
immer einsam, betete für sich allein; entschlug sich jedes
Trostes, den ihr der Umgang mit Andern geben konnte; fastete

jede Woche einmal, und an allen Vortagen der Heiligen in
Brod und Wasser; schlief auf Holz und Steinen, und übte
sonst noch die strengste Ascese. Sie war immerfort in Betrach=
tungen des Leidens vertieft, und kam dabei häufig von sich, oft
bisweilen drei Tage in solchem Zustande beharrend. Die an=
dern Beguinen konnten sich in dergleichen nicht finden; meinten
bald, sie sey verrückt; bald, sie habe die fallende Sucht, und
hielten und behandelten sie als eine Thörin. So lebte sie zwei
Jahre, dann fingen die finstern Gesichte an. Eines Nachts,
als sie im Gebete lag, erschien ihr Einer in Gestalt des Apo=
stels Bartholomäus, und vor ihr stehend, sagte er: Tochter,
du betest viel, und möchtest gern in den Himmel; wisse, dazu
wirst du sicher gelangen, so du dich umbringst, was ganz leicht
vorübergeht. Von da an wich die Versuchung ein halbes Jahr
lang nicht aus ihrem Herzen; so oft sie allein war, gedachte
sie an nichts lieber, als wie sie sich umbringen möge; und es
schien ihr, als ob ihr Herz nicht länger ausdauern könne, so
sie es nicht thue. War sie an einem Brunnen, wollte sie sich
in denselben stürzen; als sie einst zur Ader gelassen, öffnete
sie die Binde; da aber ihr Arm schwarz wurde, graute ihr,
und ihr däuchte, sie habe übel gethan. Oft in der Nacht hörte
sie eine Stimme, die sprach: Stehe geschwinde auf, Gottes
Wille ist, daß du dich umbringest; thust du es nicht, dann
wirst du erwürgt, und verdammt. Sie strebte in allerlei Weise
gegen die Versuchung an; meinte aber immer, sie sey von Gott.
Als diese vorüber, kam eine andere, von wegen des Körpers
des Herrn; sie meinte, das sey Gott unmöglich; auch konnte
sie nicht glauben, daß Gott irgend jemand geschaffen, oder
daß er oder die Heiligen etwas von ihr wüßten. Darum
konnte sie nichts Gutes vornehmen, weder beten, noch zur
Kirche gehen; achtzehn Wochen lang hatte sie nicht gebeichtet.
Dann bat sie wieder Gott in der Messe, daß, wenn es wirk=
lich sein Leib am Altare sey, er sie ein Zeichen dessen
sehen lasse; und sie sah nun bei der Aufhebung ein Kind in
der Hand des Priesters, und war wieder getröstet; und als
sie am folgenden Tage zur Communion ging, schwand die
Anfechtung, als ob sie dieselbe nie gehabt. Sofort aber folgte

eine andere: wenn sie essen wollte, schien es ihr, als ob eine Kröte, eine Schlange oder eine Spinne darauf sitze; sie warf es dann sogleich weg, und konnte nicht essen, und litt großen Hunger. Da sie nun deswegen fürchten mußte, zu Grunde zu gehen, zwang sie sich auf den Rath des Priesters, die Speise in den Mund zu nehmen; wenn sie dann aber die Kälte dieser Thiere im Munde fühlte, eckelte und graußte ihr unbeschreiblich, und sie brach wieder aus, was sie genommen hatte. Wollte sie trinken, dann war das Getränke voll von Würmern, und es sprach nun aus dem Becher herauf zu ihr: Trinkst du mich, dann trinkst du den Teufel; sah sie dann hinein, dann sahen die Bestien zu ihr auf. Wenn die Hostie aufgehoben wurde, schien es ihr desgleichen; und wenn sie zur Communion gehen sollte, hatte sie zuvor einen großen Kampf in ihrem Herzen zu bestehen, weil sie fürchtete, eine Kröte zu nehmen, und selbst im Hinzutreten fürchtete sie noch. Vielartig waren die Formen dieser nächtlichen Gesichte, so daß sie es nicht Alles erzählen konnte. Das waren ihre drei härtesten Versuchungen jener Zeit, und jede dauerte ein halbes Jahr. Dazu verlachten sie noch die Beguinen wegen Allem, was sie that; sie mochte beten, knien oder vornehmen, was sie wollte, sie wurde gehöhnt; ihre Ältern waren ihr abhold, weil sie ohne ihren Willen sich entfernt, und so hatte sie keinen Trost innen noch außen. Alle spotteten ihrer, als wolle sie sich zur Heiligen aufwerfen, und sie wurde zuletzt genöthigt, zu ihren Ältern zurückzukehren. Dort dauerten die Plagen ununterbrochen fort; bald war es ihr, als stehe, wenn sie betete, ein Hahn bei ihr, mit den Flügeln schlagend, und krähend, und ihre Füße bis aufs Blut zerkratzend; da sie diesen vertrieben, kam ein Hund bellend und heulend, und sie verletzend; bald wurde ihr im Bette der Pfülben unter dem Kopfe weggezogen, daß sie nicht schlafen konnte; bald wurde sie mit einer Ruthe wie von unsichtbarer Hand geschlagen. Vier Wochen lang wurde sie durch das unabläßige Brüllen eines Stieres, das sie überall verfolgte, gestört; dann aber wieder durch eine lieblich Gottes Lob singende Stimme getröstet. Bisweilen, wenn sie beten sollte, verstummte sie plötzlich, oder der Kopf schmerzte sie

heftig; und wieder wurden ihr alle Sünden und Greuel der
Welt ohne Unterlaß in die Ohren geraunt: Der hat gestohlen,
jener hat Solches gethan; sie selbst wurde bedroht, mit einer
Anklage in offner Kirche. Das dauerte drei Wochen lang ohne
Unterlaß fort, so daß kein Schlaf in ihre Augen kam. Ein
andermal, wenn sie betete, schien ihr Gebetbuch zu brennen;
wenn sie zur Communion ging, erschien ihr der Priester in
Flammen, und vor ihr wars wie ein glühender Ofen, den sie
durchschreiten müsse.

3.

Verhältnisse des Gewählten zu Gott, zur Welt und zu sich selber.

Die Weihe des Mysten ist vorüber; halb gehend und steigend in eigener Willensmacht, halb getragen von höherer, muß
er jetzt dem Endziel sich entgegen bewegen. Dies Endziel ist,
wie oft gesagt, nach vollendeter Transformation in Gott, Unification mit Gott. Nun aber möchte die erste flüchtige Erwägung sich bereden, es bedürfe keiner weiteren Transformirung
der menschlichen Natur; denn uns ist gesagt, sie sey nach dem
Bilde Gottes ausgeschaffen. Wieder will es den Anschein haben, Einigung mit Gott könne nicht als ferner Zielpunkt am
Ende eines mühvollen und angestrengten Lebens stehen; sie
müsse sich wie von selber machen: da alle Creatur, wie von
Gott ausgegangen und in ihm behalten, und zu ihm hingerichtet, unfähig, der Übermacht des von ihm ausgehenden Zuges
zu widerstehen, mit derselben Nothwendigkeit wie der schwere
Körper im Schwerpunkt in ihm beharrt. Leicht aber entdeckt
sich bei näherem Zusehen, daß dem ganz anders sey. So wenig im sturmbewegten Meer sich ein reines und klares Bild
des Sternenhimmels spiegelt; so wenig mag in der jetzigen
menschlichen Natur die Gottheit wiederscheinen; verschoben und
verzogen und ins Äffische verzerrt von jeder Leidenschaft, scheint
das Conterfei spottend das Urbild zu parodiren. Überall eher
als im Schwerpunkte der Geister weiß sich darum auch die
menschliche Creatur: denn jegliches Herz ist dort, wohin seine
Liebe sich neigt; ihre Liebe aber geht vor Allem zu sich, dar-

nach zu der Welt; und so ist sie dann auch zuerst in sich, und dann in der Welt; und weil nun sie selber, und mit dieser ihrer Selbstigkeit die Welt, sich zwischen sie und Gott gestellt; darum ist dieser aus engster Nähe um eine ganze Weltferne ihr entrückt, und sein Bild dämmert nun wie ein fernes Nebelgestirn zu ihr hernieder; und sein Zug wird vor dem näheren creatürlichen nur schwach vernommen und gefühlt. Sichtbares wie Unsichtbares hält innen und außen sie in Lust und Eigensucht befangen; und so bewegt sie sich wohl eher von dem Ziele weg, dem sie sich entgegenbewegen sollte. Ist es aber also, dann ist statt der rechten ansteigenden Unification eine falsche eingetreten, und in die reine und harmonisch ausgeschaffene Form hat eine verzerrende Deformation eingegriffen. Nun aber kann Gott nimmer ein verzerrtes Bild seines Wesens mit Wohlgefallen betrachten, und nach Einigung mit ihm verlangen; und dies hinwiederum, das anderwärts schon Einigung gefunden, kann zu dem ihm entfremdeten auch kein Herz gewinnen. Soll es daher zu einer Einigung in rechter Ehe kommen, dann muß die falsche erst geschieden seyn; und die Deformation muß in einer Reformation ihre Heilung gefunden haben, ehe es zu einer Transformation gedeihen kann. Solche Scheidung des Übelverbundenen, damit die gute Einigung ihre Stätte finde; und solche Umgestaltung des Mißgestalteten, damit die Übergestaltung möglich werde, wird nun aber theils durch die Führung von Oben, theils durch die in ihr hervorgerufene Bereitung im eigenen Entschlusse bewirkt; und das Verhältniß beider wesentlich wirksamen Elemente bestimmt die Gestalt und das Gesetz der in der Wahl geöffneten Lebensbahn.

Ist es aber also gethan, und muß der Gang zum Ziele mit einer doppelten Restauration anheben: einer des Willens, in dem alle Einigung in Liebe ist, und einer des Geistes, in dem das Bild erkannt wird, woran denn noch eine dritte leibliche sich schließt: dann werden wir diese in Führung thätige reinigende Disziplin nur dann begreifen, wenn wir klar erkennen, in welchem Zustande sich das zu Reinigende befindet; und dieser Zustand wird uns wieder nur dann verständlich seyn, wenn das der Restauration Bedürftige in seinen früheren

Zuständen vor dem Eintritte dieses Bedürfnisses uns zuvor klar geworden. Ist beides uns gelungen, dann werden wir, weil der Weg, durch die reinigende Mystik zur in Erleuchtung fortschreitenden, und von da zur einigenden hinüberführt, in dieser aber jenes ursprüngliche Verhältniß sich wieder herstellt, zugleich den Gang und das Wesen der einen und die Erscheinungen der andern unserem Verständniß näher bringen; weil da das Fallen und Steigen und Ruhen in der Einheit, vor dem Ausgange und am Ende nach der Wiederkehr, gegenseitig sich entsprechen, auch die diesen Zuständen entsprechende Einsicht gegenseitig sich bedingt. Versuchen wir diese Verhältnisse vorläufig in ihren allgemeinsten Beziehungen uns klar zu machen; denn in ihnen liegt die ganze Mystik, und diese bleibt verschlossen, so lange über sie Unklarheit besteht; ihr Verständniß aber wird durch das Maaß der Einsicht in sie bedingt.

Gott hat im Weltall drei Naturen ins Daseyn hervorgerufen, damit er sich ihres Segens freue: eine **physische** hat er sich und den andern zum **Besitzthum** und zum **Reiche** ausgewählt; eine **geistige** dann, als die Gemeinschaft der von ihm mit Ruhm gekrönten und durch ihr Verhalten bewährten Mächte, zum **Volk** der **Höhe** und zu Genossen seiner Herrlichkeit erhoben; endlich eine dritte zwischen beide hineingestellt, daß sie Theil nehme an den Gaben, womit er die beiden andern gesegnet, und die hat er sich zum **Hause** und zur **Adoptivfamilie** auserlesen. Denn es ist gesagt im Geschlechtsregister des zweiten Adam, der erste sey ein Sohn Gottes gewesen, sein Geschlecht ist somit ins Verhältniß der Kindschaft zu seinem Hervorbringer gestellt; und dieser hat gegen dasselbe die Rechte der Paternität sich vorbehalten. In Macht verhüllte Liebe und in Liebe aufgehende Macht, drückt also das Verhältniß der Gottheit zu den drei Reichen aus; und wie in diesem Verhältnisse ein ewiges unerschaffenes Wesen mit einem zeitlichen, von ihm erschaffen, sich zu einigen, Raths geworden; so hat er dieser Einigung zum Zeichen die Einigung dieser Naturen in der dritten gesetzt: damit sie verständen, daß, wie sie unter sich in diesem Bande geeinigt seyen, sie auch mit ihm sich zu einigen die Bestimmung hätten.

Des Menschen Wille aber, weil frei gelassen, sollte sein Himmel seyn; darum wurde keine Kette von Oben herabgelassen,
an der er gefesselt würde. Vielmehr war an sein Verhalten
die Adoption geknüpft, auf daß, wenn er bestehe in der Wahrheit und Gerechtigkeit, er Besitz nehme von der Stätte, die ihm
oben bereitet war; und wie er die Harmonie durch alle Regionen
seines Daseyns sich befestigt und gesichert hatte, so sein Wesen
mit Gott zusammenklinge. Wenn er aber zum schlimmeren
Theile greife, dann war ihm geordnet, daß auch dann geschehe, wie er gewollt, und ihm gebettet werde, wie und wo
er es sich bereitet. Die Probe am Scheidewege ist vor sich
gegangen; der Geprüfte hat auf die verkehrte Seite sich geneigt; die Folgen sind uns wohl bekannt: was geschehen,
hätte er die rechten Pfade eingeschlagen, darüber will eben die
Mystik uns belehren; wir können es zum voraus hier nur in
wenigen allgemeinen Zügen flüchtig andeuten.

Zuerst wäre der Bezug zu Gott der engste und vertrau-
lichste geworden; jene von ihm niedergehenden Strömungen
hätten sich über den Menschen ausgegossen, und an sein Innerstes anschlagend, in ihm jenen Springquell geweckt, der in
senkrecht ansteigendem Strahle jener Gabe von Oben sich ent-
gegendrängt; und nachdem er von ihr reichlich befruchtet worden, wäre er wieder zurückgefallen in die Tiefe der Persönlichkeit,
der er sich entwunden. Und wie die Strömungen, die göttliche
und die menschliche, also einander begegnet, und diese an jener,
die sie hervorgerufen, im Streben und Gegenstreben sich ge-
gekräftigt; hätte, in Systole und Diastole, in Öffnung und
Schluß bewegt, der Menschengeist im Gotteslichte sich gesonnt,
und den Gottesgeist geathmet; und wäre, im Lebensbaum von
höherer Frucht genährt, durch den Sohn mit dem Vater zur
Unification gelangt; und ihn, wie er also in die Gottheit sich
gestellt gefunden, hätten alle ihre Mächte getragen und überformt. Im Bezug auf die Welt im Allgemeinen sah er sich
dann gleichfalls in demselben Maaße über sie erhoben, und
von ihrer Macht und Gewalt befreit; in dem er näher an Gott
gedrungen, oder vielmehr je näher er ihn an sich gelassen.
Im Verhältnisse zu den verschiedenen Gebieten dieses Weltalls,

gestellt zwischen das geistige und das körperliche, — deren eines mehr innerlich, daher zwischen ihn und die noch innerlichere Gottheit in die Mitte trat; während das andere mehr äußerlich ihn umfaßte, ihm sein in den Raum hinausgeworfenes Gleichniß entgegenhaltend, — mußte er mehr nach Innen gegen Gott gezogen, auch dadurch in dies erste sich mehr verinnerlichen und vertiefen; des zweiten Äußeren aber, weiter in dasselbe hinausreichend, mehr Meister werden. Auftauchend aus dem Physischen, ragte daher sein Haupt um so höher im Geistigen; und wie er die Geisterwelt in ihrem eigenthümlichen Lichte eben so schaute, wie die gegenüberstehende in dem ihrigen; herrschte er in der Kraft der einen über die andere. Gleiches mußte dann auch im Bezuge zu sich selber sich kund geben. Einmal war nämlich die von Innen nach Außen gehende Strömung, in der das Seelische dem Leiblichen sich gibt, in jener Gotteskräftigung die weit vorherrschende; im Bande des Geistes von Oben festgehalten, weckte sie in der Leiblichkeit die Gegenströmung; und ununterbrochen rauschten beide ineinander: weil das Unsterbliche, als Selbstquell des Sterblichen nicht bedürftig, dies immer aufs neue aus dem Brunnen ewiger Jugend erfrischte; so daß das Leben nicht zwischen Geburt und Tod sich mühselig in der Schwebe halten durfte, sondern nur in steter, ruhiger Sichgewärtigkeit sich fassen mochte. Und wie nun auch alle die anderen Strömungen, die von Oben zu Unten durch den Menschen ziehen, in gleicher Macht und beweglichen Flüssigkeit auf- und niedergingen; und die andern seitlichen in frischer lebendiger Unversehrtheit in sie hinüberspielten: wurde der Mensch, auch in sich dem Umkreise mehr entnommen, in dem Maaße mehr verinnerlicht; wie er seines Physischen sich mehr bemächtigte, und es in die Kreise des Seelischen tiefer hineinzog. Wirkend nun in solcher gotterleuchteten Freiheit hätte er sich jetzt vorbereitet gefunden, eine wirkliche Delegation der Herrschaft von Seite der Gottheit aufzunehmen. Es hat nämlich die Geisterwelt an sich kein Recht auf die natürliche; und so auch das Geistige im Menschen kein solches in sich über jenes Physische, das es an sich und um sich findet: denn beide sind miteinander durch dieselbe schaffende Gottesmacht hervorgegangen; beide müssen daher gleichmäßig ihm dienen, ohne daß einer über den andern eine Herrschaft sich herausnehmen dürfte. Soll also eine solche Herrschaft bestehen, dann muß sie vom Inhaber aller Gewalt übertragen werden, nachdem die vorläufige Gewähr gegen den Mißbrauch zuvor geleistet worden. Die der Unification vorausgehende freie Unterwerfung hätte diese Gewähr gegeben, und in der Einigung würde mit der Theilnahme an Gottes Macht, sich auch dieser Übertrag vollzogen haben. Vermöge desselben hätte der Mensch dann in Gott über jenen Theil der physischen Natur, die sich in seine Sphäre eingewiesen fand, die Krone der Herrschaft erlangt; und wie er, als Lehnsträger der Gottheit, die Mittelgewalt zwischen der geistigen und physischen Erdmacht gebildet, wäre vollkommene Harmonie zwischen beiden Mächten eingetreten, und der irdische Haushalt hätte, ein treues Abbild von Gottes Haushalt, sich gestaltet. Dieser harmonischen Stimmung, wie sie zwischen ihm und seiner Umgebung eingetreten, wäre dann die gleiche in ihm vorangegangen. Denn in demselben Mandate, das ihm die höhere Gewalt über die unteren Natursphären aufgetragen, hätte der innere geistige Mensch auch die volle Gewalt über den äußeren leiblichen erlangt; dieser seelisch geworden, in dem Maaße, wie der andere die höhere Transformation erfahren, hätte willig dem höheren Gebote Folge geleistet; das Gesetz in den Gliedern hätte dem Gesetze im Geiste nimmer widersprochen, weil beide im Höheren in Gott aufgegangen; und die Einigung beider Gesetze im Bande der Liebe, wäre ein vollkommenes Conterfei jener höheren Einigung Gottes mit der gesammten Creatur gewesen, von der sie eben auch ihren Ausgang genommen.

Aus dem Normalzustande des bewährten Menschen, stellt sich nun leicht im Gegensatze der verwüstete des Gefallenen dar. Was hinzugetreten, ist das Böse, das er, wie ein ethisches Krankheitsgift, nicht zwar ausschließlich in eigener verkehrter Selbstthätigkeit, in sich hervorgerufen; von dem er eben so wenig ohne eigene Mitwirkung von außen herein bewältigt worden; sondern das er, dem Tode zuwendend, was dem

Leben angehört, mit Einstimmung aufgenommen, indem er sich
von ihm in freier Einwilligung befruchten lassen; und deſſen
Frucht er dann getragen und zu seiner Zeit ans Licht erboren.
Dies Böse hat sich nun zwischen ihn und Gott gesetzt, und da
es in Gott keine Stätte funden, weil sein reines Weſen mit seiner Unreine sich nicht vertragen will; hat es, und somit auch
die von ihm angeſteckte Natur, weichen müſſen in die Ferne,
und sich verbergen vor seinem Zorn. Also geschieden von dem
ihr ungleich Gewordenen, iſt die Flüchtende dem, in welchen sie
sich in demselben Grade überformt, in dem sie von ihrer Schöne
herabgeſtiegen, genaht; und seiner Mittheilung zugänglicher
geworden, mit ihm in Verbindung eingetreten. Wie aber die
Scheidung im Ganzen zwischen Gott und der Seele geschehen,
und der Leib dann in die Verderbniß gefolgt; so iſt sie auch
zwischen den Gottesmächten und den Seelenmächten eingetreten;
und das Böse, sich eindrängend zwischen sie, hat umeinander
das dreifaltig Seeliſche abgelöst von dem dreifaltig Göttlichen,
zu dem es gerichtet steht; und hat nach Maaßgabe, wie die
Trennung ihm gelungen, das Gelöste für sich in Anspruch genommen. So hat es sich also zwischen das, was in der Seele
Himmel iſt, und das väterliche Prinzip in Gott gesetzt; und
nun, wohl von Gott durchschaut, selbst aber für sein Licht erblindet, und daher das Aufschauende blendend und verfinſternd,
hat es durch sein Zutreten den psychischen Himmel umnachtet;
und dieser Theil der Seele, leuchtend zuvor, hat sich in Dunkelheit beschloſſen. Eintretend zwischen das, was himmliſche
Erde iſt im Geiſtigen, und das andere Prinzip in Gott; hat
es, dem Worte wohl durchdringlich, obgleich unvermögend, es
selber zu durchdringen, den Einhall dieses Wortes gestört, gedämpft und die vernehmende Seele gelähmt und taub gemacht
gegen seinen Einspruch. Aber auch vor jener bewegenden
Strömung, die, vom göttlichen Geiſte geregt, aus den Tiefen
der Gottheit zu der Creatur niedergeht, iſt es eingedrungen,
eben wo sie ihren Eingang nehmen will in die, in den Wil-
lenskräften geweckte nach Aufwärts gerichtete persönliche Strömung; also daß es, der beklommenen Seele den Athem verse-
tzend, sie in mangelnder Lebensluft beengt und nur kurz und

schwer aufathmen macht. Ermattet im stockenden Zufluß jener höheren; nur schwach von dort angeregt, und in ihrer Lebensfrische verletzt, mag die Gesunkene fortan nur matten Strom zur Höhe treiben; und kalt und lieblos bleibt sie dem von dort Niederkommenden verschlossen. Losgerissen also in allen ihren Grundrichtungen von den formirenden Gottesmächten, hat sie genau so viel, als sie von den Bildenden sich gesernt, auch von dem ihr aufgeprägten Bild verloren; dafür aber, weil sie mit Gott sich veruneinigend, mit dem Bösen in Einigung eingetreten, hat sie von dessen Bilde aufgenommen, was sie von dem andern eingebüßt, und verkehrt nun näher mit dem, dessen Abschattung sie in sich trägt.

Das ist das erste, was durch die Sünde sich verändert, indem das Verhältniß zu Gott ein anderes geworden; eine zweite Veränderung hat sich ergeben, indem der Bezug des Menschen zur Mitcreatur einen Wechsel erfahren, und diesem Wechsel des äußeren Bezuges entsprechend, sofort auch ein innerer zwischen den verschiedenen Elementen seines Daseyns eingetreten. In die Mitte zwischen das Geisterreich und das Naturreich als ihr einendes Band gestellt, sollte er, so schauend wie seyend und so auch wirkend, in beiden, vorzugsweise aber im ersten, heimisch seyn. Die Unification war bestimmt, in diesem geistigen Centrum ihn zu befestigen, und der Übertrag der Herrschaft war als Bedingung an diese Festigung geknüpft. Da aber nun statt der Einigung eine Scheidung eingetreten, mußte auch in Bezug auf diese seine Stellung das Gegentheil sich einfinden; statt in der Mitte sich zu halten, mußte er aus ihr geworfen, eccentrisch werden. Wie er daher, durch Einigung über die Natur erhoben, ohne von ihr sich loszureißen, sich vergeistigt hätte; so mußte er umgekehrt durch Scheidung sich vernaturen, vergröbern und materialisiren. Im ersten Falle war er tief innerlich hinein in die reine Geisterwelt versenkt, und seine Strömung kreiste in ihrer Strömung; jetzt, wo die Sünde zwischen ihn und Gott getreten, hat sie sich eben so auch zwischen sein Seyn und Schauen und Wirken, und das der geistigen Welt gedrängt; diese hat sich ihm daher verschlossen, und ist ihm eine unsichtbare geworden; er ist nicht

mehr heimisch in ihr geblieben, und verkehrt nicht mehr unmit=
telbar mit ihren Mächten; denn ein dichter Erdennebel hält
ihn umzogen. Darum ist er auch nicht ferner mehr ein ihren
Wirkungen durchwirkbarer Leiter, sondern entzieht sich ihnen,
in sich erkaltet und erstarrt; während er dagegen, dem Reiche
des Bösen und der Nacht um so näher befreundet, ihre Ein=
flüsse in die Natur hinüberleiten hilft. Wie er aber, der geisti=
gen Mitte entstürzt, nicht ferner mehr in ihrer und der höhe=
ren Gottheit Kraft und Macht die äußere Natur umfaßt und
beherrscht, fühlt er sich zu ihr herabgesunken, von ihr umgrif=
fen und umschlossen und bemeistert. Da er ihr und sie ihm
oberflächlicher geworden, ist sie ihn umbauend näher auf ihn
eingedrungen; und im Verhältniß, wie er aufgehört, sie zu
besitzen, fühlt er sich von ihr besessen; und ihre Strömung be=
herrscht seine Strömung in demselben Maaße, wie er aus der
Gottesströmung austretend, auch aus der geistigen sich heraus=
geworfen gefunden.

Mit der Veränderung seiner Verhältnisse zu den Welt=
sphären, die der Mensch erfahren, hat sich denn auch in ihm
eine entsprechende zwischen den verschiednen ihnen entsprechen=
den Momenten seines Daseyns zugetragen. Wie er selbst, als
das Band zweier verschiedenen Naturen, in sich zweinaturig ist,
und auch das Band in ihm, das diese beiden Hemisphären
seines Bestandes vereint, von beiden etwas in sich hat; so
wird, da das, was von der höheren in ihn eingegangen,
nicht zur vollen Herrschaft gelangt, dagegen jetzt das, was
von der unteren in sein Gefüge eingetreten, vorwiegend wer=
den; und dadurch wird eben auch eine Überwucht des Leibli=
chen begründet seyn. Wie er daher, von Gott abweichend,
äußerlich sich mehr entgeistet, und dafür verhältnißmäßig mehr
naturirt hat, so daß er, den geistigen Strömungen entsunken,
um so tiefer in den natürlichen untertaucht; so wird er in sei=
nem Innern gleichfalls mehr der eigenen Geistigkeit verkommen,
und am Leiblichen in stärferer Latenz gebunden, gleichsam enger
eingeleibt erscheinen. Darum ist die Strömung, in der das
Seelische diesem Leiblichen sich mittheilt, schwächer geworden
in ihrem freien Theil, und dafür stärfer die Rückwirkung des

unteren. Was daher selbst fassen sollte und begreifen, wird vielmehr begriffen und befaßt; das Band sohin, das im höheren göttlichen Gesetz unlösbar geknüpft seyn müßte, ist jetzt, mehr im Naturgesetz gebunden, an die Wandelbarkeit dieses Reichs gewiesen, und mithin leicht lösbar und' vergänglich. Wieder erscheint das Seelische und überhaupt das Höhere, das in diesem Bande festen sollte, jetzt in ihm vielmehr selbst gefestet; es vermag daher auch minder, als es sollte, das Untere in sich und um sich zu bewegen; vielmehr will es oft den Anschein gewinnen, als finde es sich vielmehr gedrungen, sich in diesem Unteren und um dasselbe zu bewegen. Mit der Umkehr jenes tiefsten Grundverhältnisses vom Innen zum Außen, scheinen auch alle anderen Verhältnisse umgekehrt; so daß es sich anläßt, als wollten durch alle Gebiete die niedergehenden Strömungen überwiegen, und als habe das Unten überall Neigung, sich zum Oben aufzuwerfen. Wie aber diese Bewegungszüge sich verwirren, wollen auch die seitlichen Züge nicht in ihrer Natur beharren; die stellenden, beruhigenden Wirksamkeiten werden zu starrenden, und statt der natürlichen Geschmeidigkeit tritt durch alle Regionen jene spröde Härte hervor, die sich in Trotz aufwirft, wie Wasser, das zu Eis gestanden, die innere Beweglichkeit verloren. Dagegen müssen denn nun ihrerseits die fließenden auf Erweiterung gehenden Thätigkeiten, von dieser Seite ihrer Wirksamkeit weggedrängt, nach der andern aus ihren Ufern treten; und von einem wilden wuchernden Bildungstrieb ergriffen, brennende Gluth in Mitte der Eiskälte entzünden. So ist das ganze Leben, zerrissen und zerrüttet und in seiner Ordnung gestört, zu jeder Ausschweifung aus seinen Geleisen vorbereitet, und aller Verwirrung Grund wird darin zu finden seyn: daß, da zuvor das Dienende im Herrschenden gehalten worden, dieses von jenem jetzt sich gehalten sieht. Denn dieselbe Sünde, die sich scheidend zwischen den Menschen und Gott gesetzt, und auch eben so zwischen ihn und die Welt sich eingedrängt, dieselbe hat sich auch trennend wie Schwerdtesecke, zwischen das ihm einwohnende Geistige und das umwohnende Leibliche eingeschoben. Der Verleiblichung des Geistigen, die unausbleiblich daraus hervorgegangen, hat

sich sofort eine Naturirung des Leiblichen beigefügt; mehr ver=
äußerlicht hat es auch mehr die Art des Äußerlichen angenom=
men; herabgestiegen aus der Region, wo es mehr begreifend
gestanden, in eine solche, in der es begriffen wird, hat es
nicht des Begreifenden sich erwehren mögen, und dieses hat
es sich verähnlicht; und von körperhafteren Stoffen durchdrun=
gen, von einem materiellen Feuer durchwärmt, ist es mit grö=
berem Korne schwerfälligerer Mischung und geringerer Wäh=
rung aus diesem Aneignungsprocesse hervorgegangen. So ist
auch von dieser Seite Bild und Gleichniß gestört; indem das
Bild sich verbildet, das Gleichniß sich verungleicht, hat das
erste mehr die Art des zweiten, das aber die des ihm Unglei=
chen angenommen; und so ist der Mensch geistig zumeist, und
dann auch leiblich der Tiefe entrückt, oberflächlicher geworden
und eccentrischer, und hat um Herrschaft Dienstbarkeit einge=
tauscht. Denn die frühere Delegation der Macht über sich und
die Umgebung ist zurückgenommen worden in demselben Maaße,
wie er ihrer unwürdig sich gemacht; und Tod und sein Bild,
der jetzige Schlaf, sind die Zeichen dieser neuen Art von
Knechtschaft.

II.

Erhöhung und Reinigung des unteren Lebens durch die Ascese.

Findet die Wahl den Gewählten nun in solchem Zustand,
dann muß, soll sie nicht fruchtlos getroffen seyn, was durch
sie zum Ziele geordnet worden, auch nach ihr zum Ziele be=
reitet werden. Ganz außen in der Gottesferne, gleichsam am
Rande des Daseyns, hat die lenkende Obmacht den Begün=
stigten sich erlesen, und will ihn nun zur Einigung in die Got=
tesnähe führen. Sie muß ihn also umwenden, und ihn Wege
führen, die völlig entgegengesetzt sind denen, die er zuvor ge=
gangen; so daß er dem den Rücken zukehrt, was zuvor als
Ziel seines Strebens ihm vorgestanden, und dafür sich dem
zuwendet, von dem er sich abgekehrt. Die Bande, die er ge=

knüpft, sie müssen wieder zerrissen werden, damit die andern,
die er gelöst, sich wieder anknüpfen mögen. Mit dem Bösen
aber hat er angebunden; das Böse ist es auch gewesen, das
die Bande zerschnitten, die mit dem Guten ihn verbunden:
denn als ein präzipitirendes Mittel hat es, sich zwischen ihn
und Gott setzend, den Ausgeschiedenen als ein caput mortuum
niedergeschlagen, und am Grunde ihn coagulirt. Und wie nun
alles Streben der Mystik dahin gewiesen ist, dies feindselige
Scheidungsmittel selber auszuscheiden, damit die Wiedervereinigung geschehe; so erscheint dies ihr Streben je nach seiner Möglichkeit durch das Erlösungswerk bedingt, das den
bittern, immerfort aus der Vergangenheit in die Menschheit
hineinquellenden Giftbrunnen, zuerst gedämmt und abgeleitet,
und seine Ader unterbunden. Von seiner gemeinsamen Wurzel
abgeschnitten, ist dadurch der Todesbaum in jedem Menschen
auf seine eigene Vegetationskraft beschränkt; und so mag das
Leben, ohne in allzu ungleichen Kampf einzugehen, mit ihm
sich Streites unterfangen; und dem Kernstamme kann es gelingen, die Schmarozerpflanze zu ertödten, die sich um· ihn hergewunden. Der Streit wird daher damit anheben, daß jener
absteigenden Bewegung, die ihn in die Niederung hinunterge-
führt und dort gefesselt hat, eine andere ansteigende entgegentritt, die ihn entfesselnd von den Banden, die ihn unten gefangen halten, in die Freiheit der Liebe wiederherstellt. Alle
Verhältnisse werden in dieser Umkehr ihre Wende finden, und
so wird der ganze Mensch, in allmäliger Umbeugung, in all seinem Wesen in eine im tiefsten Grunde geänderte Beziehung zu
Gott, zur Welt und zu sich selber kommen. Anders gestellt,
anders gerichtet, anders orientirt und äquilibrirt, muß er absehen von dem, wo er zuvor hingesehen, und sein Antlitz wenden gegen das, von dem er zuvor abgesehen; damit ihm tief
innerlich werde, was ihm zuvor äußerlich gewesen, und indem
sich fernt, was in allzuvertranliche Nähe sich an ihn herange-
drängt, das ihm Entfremdete wieder an die alte befreundete
Nähe trete. Damit er also einem neuen Daseyn erboren werde,
muß wie in einem mystischen Sterben der Schwerpunkt seines
Lebens sich verrücken; seine Liebe, die er auf die unrechte Seite

hingelegt, muß sich zurücknehmen, und wieder an die rechte Stätte geben, und so wird der wandernde Schwerpunkt an seinem Orte sich befestigen; und indem er nun allem andern Ordnung und Folge gibt, wird das umgewandelte Daseyn sich zurechtfinden und einrichten in der neuen Heimath, in die es eingewandert. Diese Wendung des ganzen Menschen in sich selber für eine neue Geburt, — sie das gemeinsame Werk des eigenen beharrlichen Willensentschlusses und der höheren führenden Gottesmacht, — ist nun Zweck und Gegenstand seiner Bereitung durch die reinigende Mystik. Und wie alle Dinge auf Erden, obgleich in ihrer tiefsten Wurzel urplötzlich, wie in Blitzes Schlag, hervorgehend, doch in ihrer Ausbreitung und Entwicklung an die stetig verlaufende Zeit gebunden erscheinen; so wird auch diese reinigende Mystik, eben weil sie vom untersten ausgehend und vom greiflichsten, nach und nach die verschiednen Verhältnisse durchwirkend, in allmäligem Fortschritte, dort lösend hier bindend, entladend und beladend, erhebend und niederdrückend, verfährt, je nach den Regionen des Lebens verschiedene Stufen der Entwicklung durchlaufen, bedingt durch jene beiden in ihr zusammenwirkenden Willensmächte; und nach ihnen werden wir sie daher auch am füglichsten betrachten mögen.

1.

Mystische Disziplin der Lebensnahrung.

Der Fall des Menschen ist aus dem Geisterreiche ins Naturreich, und darum innerhalb seiner Persönlichkeit, aus dem Geistigen ins Leibliche; zugleich aber auch in beiden Sphären aus einem höher gestellten Umfassenden in ein tiefer gestelltes Umfaßtes geschehen. Er findet darum das, was in ihm Kraft und Macht und Seele ist, innerlich wie äußerlich von einer befangenden, bindenden Naturmasse überladen; diese Masse ist zugleich auch qualitativ spezifisch gröber, massiver, träger, lastender und schwerfälliger geworden, und dies drückende Verhältniß findet bleibend sich dadurch befestigt, daß es durch den Assimilationsproceß des Lebens, in stets neuem Zufluß aus der umgebenden Natur, sich unaufhörlich wiederherstellt und erneut. Die Mystik, die da befreien und wiederherstellen will, muß also diesen Verkehr der Leiblichkeit mit der äußeren Natur zunächst ins Auge fassen, und ihn durch ihre Disziplin zu regeln unternehmen. Es ist aber dieser Verkehr in einem doppelten Processe, dem der Ernährung und des Athmens, vermittelt; und die Elemente, die das Leben umfluthen, gehen in ihnen — Erde und Wasser durch den ersten, Feuer und Luft durch den andern, — aus und ein im Lebenshause; und nähren, zurückbehalten und wieder ausgesendet, die Harmonie, die zwischen dem, was innen ist und außen, besteht. Und wie nun die unteren Elemente, zumeist in der Form von Speise und von Trank, einquellen in den organischen Haushalt; wird die Aufmerksamkeit der Disziplin zunächst auf diese, und wieder an ihnen vor Allem auf das Eigenschaftliche, Stufenhafte, entsprechend der Lebensstufe, auf der das gefallene Leibliche festgehalten worden, gerichtet seyn. Nun aber ist diese Stufe nicht so tief gestellt, daß der Gefallene, dem Staube gleichartig, von dem er genommen ist, auch Staub zu essen verurtheilt wäre; ihm ist vielmehr das zur Nahrung angewiesen, was selber zuvor durch ein steigerndes, den rohen Naturstoff höher stellendes Leben durchgegangen. Wohl geht das richtungslose Wasser in seiner Naturunmittelbarkeit ohne weiteres in den Kreis des organischen Lebens ein: aber eben nur als unterster Grund und Träger des Lebensprocesses; als Auflösungsmittel, in dem die andern Elemente einander begegnend, sich zusammenthun; somit also als die tiefste Naturunterlage der Leiblichkeit, die Alles, was tiefer liegt, und unvermittelt in sie einzugehen versucht, von sich ausschließt und abhält. Was darüber stehend die organischen Reiche in sich befassen, das ist Alles dem Menschen zur Nahrung gestattet; aber der höher Strebende erlaubt sich darum nicht, von dieser Gestattung in ihrem ganzen Umfange Gebrauch zu machen. Das Thierische vorerst, obgleich für sich auf eine höhere Stufe gestellt, widerstrebt doch im tiefsten Grunde der Ascese; und Alles, was bis zu den äußersten Grenzen hin, diesem Naturreiche angehört, ist von dem Gebiete der Mystik im Allgemeinen ausgewiesen. Zunächst ist nämlich aller thierische Stoff schon durch einen eigenthümlichen Lebensproceß hindurchgegangen, und indem das in diesem wirksame Leben sich ihn angeeignet, sein Eigenthum geworden; das ihm ohne Zerstörung desselben durch Todtschlag nicht wieder entzogen werden kann. Das Gewissen der alten Völker hat das Unrecht, das in einem solchen Raubmord liegt, gar wohl gefühlt, und daher sich zur eigenen Beschwichtigung von der höheren Göttergewalt dazu. ermächtigen lassen. Der Stier hat dort in Athen die Opferbrode auf dem Altar des Zeus Polios gefressen, darum wird er vom Taulon erschlagen; der Stierschläger flüchtet, aber der Fresser hat das Leben verwirkt, und muß nun selber Speise werden; die That des Schlägers aber, alljährlich durch Richterspruch vor dem Prytanäum gesühnt, wird auf das Werkzeug gelegt, das sie vollbracht, und die Art ins Meer versenkt. Aber nur aufs gewöhnliche Leben ist diese Erlaubniß ausgestellt, und es will sich geziemen, daß, wer über dasselbe hinaus will, Blut scheue, und den Tod nicht zu seinem Speisemeister wähle. Aber andererseits will ihm auch Fleischesnahrung im Allgemeinen nicht gedeihen: denn diese ist im Leben, das ihr früher eingewohnt, in die eigene Richtung übergebildet; und diese Richtung ist eben äußerer Naturausdruck des innen verborgenen Inhaltes thierischer Triebe, Kräfte, Leidenschaften und Instinkte, die alle in ihm Fleisch geworden; und die in ein anderes höherstrebendes Leben aufgenommen; in diesem ihrem Träger wieder eine Überleitung finden, um sich ihm einzuleiben. Auch dies Streben wird dem gewöhnlichen, im Irdischen wohl begründeten und tief bewurzelten Lebensprocesse, keineswegs nachtheilig sich erweisen; denn in diesen ist eine überwältigende, Alles durchwirkende und umwandelnde Gewalt gelegt, vor der diese feinere Natursymbolik nicht besteht. Wohl aber wird sein Einfluß vor der gesteigerten, höher gestellten Lebensthätigkeit sich geltend machen, und die in größerer Zartheit beweglichere und rührsamere stören, verwirren und verletzen, und zugleich durch zugeführte Überfülle des Stoffes sie belästigen.

So sind also nur die mittleren Gebiete der weitgebreite=
ten Naturreiche, weil mystische Speise bietend, der mystischen
Diätetik zugänglich; im Pflanzenreiche erwächst ihr vorzugsweise
die gestattete Nahrung, da zu dem, was tiefer liegt, die Na=
tur, zu dem höheren aber die Disziplin dem Leben den Zugang
wehrt. Nur an einem Punkte hat, vorzüglich die Ascese des
Alterthums, einen Übergriff in die Thierwelt gestattet, indem
sie Milch und Honig zur reinen mystischen Speise erklärt.
Es ist aber die Milch zu dieser Würde gelangt, einmal, weil
sie eine freie Gabe des thierischen Lebens ist, und ihm ohne
Zerstörung desselben leicht sich abgewinnen läßt; dann weil in
ihr als dem thierischen Lebenswasser die bestimmte Richtung,
in der alles sonst Thierische herausgetreten, in Richtungslosig=
keit sich aufgehoben, und die also temperirte nun in ihrer Milde
einfach nährt, ohne zu überfüllen, und sich bestimmen läßt, ohne
zu bestimmen. Der Honig aber, die liebliche Süße im Blü=
thenkelch gemischt, entquellend der Blumenlippe, wenn sie die
Sonne küßt; die schuldlose Frühlingslust der Blüthenwelt wie
in einen Tropfen zusammengeronnen; von einem gleich schuld=
losen emsigen thierischen Leben nur berührt, ohne irgend von
ihm befleckt zu werden, hat neben der Milch und noch über
ihr dem Alterthume als die unschuldige, reine Speise gegolten.
Darum tröpfelt dieser Honig als die Nahrung der ersten Ge=
schlechter von der Esche Igdrasil; darum sind es die Melissen,
die als Schaffnerinnen diese Speise umtragen; es sind Bienen=
väter, die sie spenden, und wie das Land der Verheißung als
ein solches von diesen Vätern bezeichnet ist, in dem Milch und
Honig fließt; so ist alles idyllische Unschuldsleben in der Über=
lieferung der Völker an diese Speise geknüpft. Darum ist es
auch nicht blos die physische Nahrung, die sich in Milch und
Honig bereitet; es ist zugleich auch eine andere höhere,
geistige, die in ihnen bedeutet wird, und so ist's, — weil
der Mensch nicht allein vom Brode lebt, das zum Munde ein=
geht, sondern auch vom Worte, — die reine unverfälschte
Lehre, die in ihrer Unschuld und Einfalt von den in Einfalt
zur Milde und zur Süße gemischten Naturstoffen bezeichnet
wird. So sind es auch in christlicher Legende, jene alten

Melissen, die als christliche Immen, in den Mund des in der Kindheit schlafenden Ambrosius den Honig des Worts eingetragen; jenes Wortes, das sein beredter Mund, als er zu seinen Jahren gekommen, verkündet hat.

Beiden mystischen Speisen, von den äußersten Gränzen des Thierreichs hergenommen, fügen sich im Weizen und im Weine zwei andere bei, die recht der Mitte des Pflanzenreiches angehören, und daher vorzugsweise den höheren Lebensformen sich zur Nahrung bieten. Wie an den Gräsern überhaupt, das Angewiesenseyn des eigenen Lebens an ein anderes Höheres, am sichtbarsten hervortritt, — weil in ihnen Sprossen und Grünen und Blühen, an andern mehr für sich bestehend und auf die eigene Reproduction gestellt, ganz auf die Hervorbringung eines Nahrungsstoffes für Andere gerichtet scheinen, — so läßt sich dies besonders an den Getreidefrüchten auffallend und klar erkennen. Wenn daher der Ertrag aller anderen Gewächse, mehr oder weniger in einer gesonderten Richtung herausgetrieben, auch mehr oder minder einer gesonderten thierisch organischen entspricht, und diese schmeichelnd anregt; dann erscheint der Weizen, in seiner allgemeinen Unbestimmtheit, mehr dem gesammten Leben zugethan; und das ist es denn eben, was ihn zur Nahrung desselben vorzugsweise bestimmt, und ihn eben dadurch auch zur reinen mystischen Speise erhebt. Das Mark der Erde ist in ihm am unmittelbarsten aufgesproßt; und so erscheint er vor Allem geeignet, Mark des Lebens zu werden, und gesundes Fleisch im Organism. Neben ihm aber hat die nahrungsprossende Erde noch ein anderes Gewächs hervorgetrieben, die Rebe nämlich, in der das milde Pflanzenblut sich zur Süße läutert; die dann durch einen andern mystischen Naturproceß sich zur höchsten Begeistigung im Weine klarifizirt. Blut und Nervengeist der Erde, ist daher der Wein dem organischen Blute und Nervengeiste am meisten congenial; und zu ihnen in den nächsten Rapport gesetzt. Und wie nun Sonnenlicht und Erdenfeuchte zusammenwirkend, in der Doppelfrucht, dem Weine und dem Brode, sich wiedergeboren; so werden beide, ins leibliche Leben aufgenommen, die Stelle ihres zeugenden Vaters vertreten, und der Mutter, die sie geboren. Das untere

Leben wird wie im Mischbecher den Weizen fassen; und indem
nun das höhere, vom Weine angeregt, im Blut und Nervengeiste den gefaßten befruchtet, vollbringt sich der innere Selbst-
zeugungsproceß in der Durchdringung der Lebenskräfte, und
dessen zum Zeichen durchdringen sich Brod und Wein; und aus
ihrer Durchdringung wird ein Abbild der zeugenden Kräfte in
Blut und Fleisch, dem lebendigen Wein und Brod, dem Organism eingeleibt. So sind also Brod und Wein, wie sie die
Unification des Lebens in der Leiblichkeit mit der äußern Natur
vermitteln, zugleich auch für sich selbst und in ihrer Verleiblichung Symbole jener höheren Einigung mit Gott; und daher
auch am meisten geeignet, diese Einigung zugleich zu bedeuten,
und organisch auf unterster Stufe zu begründen. Neben ihnen
werden aber dann auch die andern Früchte und Kräuter der
Erde zulässig seyn, und wir finden sie Alle mehr oder weniger
in die mystische Diätetik aufgenommen. Indem aber das Christenthum vorzugsweise Brod und Wein für die Mysterien geweiht, hat es vorzugsweise auch sie zur mystischen Speise erklärt; die ältere, Milch zumeist und dann der Honig, treten
daher hinter sie zurück. Wie aber nun jede mystische Stufe
eine entsprechende Naturstufe sich gegenüber hat; so werden
die Zurückgedrängten auch den unteren Gebieten der anfangen-
den Ascese entsprechen müssen, und in ihnen die harmonische
Lebensstimmung finden, der sie zur Nahrung dienen mögen;
während die höhere auf die eigentlich geweihte Speise angewiesen erscheint.

Wie aber nun die Erde nicht unmittelbar eingeht als
Speise in das Leben, sondern nur gesteigert und im Wasser
temperirt durch Vermittlung der Vegetation; so das Feuer
gleichfalls nicht in seiner ätzenden Schärfe, sondern herabgezogen und gemildert in der Luft im Athemzuge. Und wenn nun
außen im Kampfe der Feuerluft gegen das Erdwasser Alles,
was geworden und noch wird, äußerlich hervorgegangen; und
alles Naturleben, suchend im Kampf die Sühne, und in die
Sühne den Kampf wieder hineinlegend, an diesen Elementen
sich abspielt: dann wird es eben so um des Leibes Leben beschaffen seyn; das, wie es seinen Theil ihrer Substanz sich her-

ausgeschöpft, und zu sich hinaufgehoben, an ihnen nun seinen höheren schon vom Geistigen berührten und tingirten Streit ausstreitet. Wie daher der Athmungs- und der Ernährungs- proceß Grundacte des Lebens sind, das in ihnen sich stets reintegrirt; so werden sie auch beide mit gleichem Rechte Ge- genstand mystischer Diätetik seyn. Nun aber ist Athmen wie Verbrennen ein Act, der mehr von der Natur des Centralen und seiner gehaltenen Einfalt und Ununterscheidbarkeit hat; der eben daher auch so der Beobachtung wie der Einwirkung des Willens sich mehr entzieht. Aber darum glaube man nicht, daß er absolut identisch, überall und immer derselbe bleibe; jeglichen andern Körpers aufgehende Flamme ist eine andere, anders in Licht, Farbe, Diffraction, Wärmespannung und Strahlung und allen physischen Verhältnissen; so daß man ur- theilen muß, jeder trete auf seiner Stufe zu einer entsprechen- den Stufe der Feuerluft, höher hinauf oder tiefer hinab, in Wechselwirkung, und aus dieser gehe dann ein an jedem an- deres Feuerleben hervor. So wird es denn auch in des Lei- bes Leben ergehen; anderer Nahrung wird anderer Athem ent- sprechen: der reineren auch der feinere, mildere, geistig mehr geläuterte, und die darin sich zündende Lebensflamme wird daher auch zärter oder gröber, eine immer andere seyn. Wie aber nun überhaupt die heitere Durchsichtigkeit der Atmo- sphäre, ungleich der vielgestaltigen Erde, der Anschauung kei- nen Anhaltspunkt bietet; so erscheint auch das aus ihr ins Le- ben hineinragende Moment, ungleich dem, was ihm diese bietet, an keine Auswahl geknüpft, und wird dafür in einem Natur- verbande durch die gewählte Speise bedingt. Die Ascese hat also hier nichts festgestellt, nur ein dahin Deutendes tritt in der Neigung der contemplativen Orden und der Einsiedler her- vor, sich auf mittelhohen Bergen anzusiedeln. Wenn die Luft der Tiefe in zu üppig irdischer Fülle das abgezogene Leben allzu weich berührt, während die der höheren Gebirge überreizende, durch- glühende Schärfe ihm entgegenwendet, die auf den höchsten dann, in allzu großer Armuth, wieder verglimmt; dann scheint die mitt- lere Region in ihrer Mäßigung, dem das Feuerathems bedürf- tigen Leben, die reichste Auswahl zu bieten, und dies also in

seinen höheren Verrichtungen am besten in ihr zu gedeihen, ohne
daß es darum ausschließlich an sie gebunden wäre.

Nicht blos die Eigenschaft des Erregungsmittels, auch
das Maaß, in dem es sich dem Leben bietet, wird aber in
den Bereich der Ascese fallen. Durch den Fall ist nämlich des
Menschen Leib nicht blos eccentrisch, und dadurch stoffisch gröber,
dynamisch gebundener geworden; er hat sich auch in Geistigkeit
durch Schwächung gemindert; in Körperlichkeit aber mehr naturirt, und mit größerer Masse des Stoffes überladen. Denn das
Geistige erscheint dem Leiblichen, wie das unsichtbare imponde-
rable Treibende und Spannende dem sichtbaren und wägbaren
Basischen, verbunden; das von dem Niedern umfaßte Höhere wird
von dem umfassenden Tieferen in Sättigung gebunden; wie
jenes, wieder dieses umgreifend, es in Neutralisation beschließt,
und der Grad dieser Sättigung wird durch das einigende Dritte
bedingt. Es ist aber dieser Grad, in den gewöhnlichen Lebens-
zuständen, durch innere Ausgleichung geregelt worden, nach
Maaßgabe irdischer Zweckmäßigkeit, in der ein bestimmtes Verhältniß sich gefunden, das alle Tüchtigkeit für die Lebenszwecke
begründet. Wie nun die beiden zueinandergehörigen Hyperbeln
mit ihren Scheitelpunkten von einander abgewendet, in entgegengesetzte Regionen sich öffnen; so ist es in diesem Verhältnisse
um das Geistige und Leibliche bestellt. Beide, weil verschiedenen
Regionen angehörig, streben an sich in Abkehr auseinander, und
werden nur durch das Band gehalten und in der eigenthümlich
dritten Region gefestet, und wie nun beide in innerem gemeinsamen Naturtriebe diesem Bande sich lassen; so strebt jeder in seinem besondern ihm entgegen; das Geistige über sich hinaus ansteigend, das Leibliche sich unter sich in die Natur vertiefend;
und in diesem Doppelstreben gegeneinander und auseinander
verläuft der gesammte Proceß des Lebens. Es wird daher sich
als allgemeines Naturgesetz bewähren müssen, daß.im Verhältnisse, wie das sich auf sich selbst besinnende und selbstthätig
wirksame Geistige zurücktritt, das unversonnene Massenhafte das
Übergewicht erlangt, weil es mehr naturirt, auch reichlicher sich
vom naturalischen genährt findet; hinwiederum aber wird, unter
sonst gleichen Umständen, und unter Mitwirkung einer positiv

steigernden Lebensdiszplin, mit dem Einschwinden der Masse das Geistige mehr entbunden werden; und nun innerlicher geworden, und tiefer in die geistigen Regionen eingedrungen, von dort aus in zunehmender Anregung und Spannung immer mehr gesteigerte und schnellkräftigere Energie gewinnen. Der Mensch daher entsinkend einer centralern und höheren Region, und in einer äußerlich peripherischen tiefer gestellten sich wiederfindend, hat im Beginne noch Fremdling, in seinem mit herabgebrachten Zustande mit ihrem Zustande sich in Widerspruch gefunden; und dieser hat einen Kampf hervorgerufen, der entweder in völlige Überwindung des einen durch den andern, oder in eine Ausgleichung beider enden konnte. Die letztere hat statt gefunden, und der Mensch hat gebend und empfangend der neuen Region und ihrer Natur sich angeähnlicht; indem er der Eigenschaft nach in gröberem Stoff die gesunkene Kraft stärker gebunden, andererseits dem Maaße nach stärkere Masse dieses Stoffes sich eingeleibt: also daß, wie das Schiff mit dem dichteren Mittel nur durch Mehrung des Ballastes zum Gleichgewichte kömmt, so auch er im gewichtigern stärker sich gestauet. Soll es nun zu einer Disziplin gedeihen, die restaurirend eingreifen will ins Leben, dann muß sie die umgekehrten Wege gehen, und um in die höhere Region zurückzuführen, den Anfang mit dem Auswerfen dieses Ballastes machen; damit das innere Leben also entladen, von der Tragkraft der umgebenden Welt, gleich der steigenden Aerostate, wieder gegen jenes höhere getrieben werde. Das wird aber geschehen, wenn dem Einströmen und Einfluthen der äußeren Elemente eine enge und immer engere Gränze gesetzt, und insbesondere der Zufluß der Nahrung auf ein Kleines, ja ein Kleinstes zurückgebracht wird. Die Folge einer solchen Abstinenz, der dann im Naturverbande sich zugleich auch eine entsprechende Veränderung im Athmungsprocesse beigesellt, wird eine der Entstoffung des Leibes entsprechende Entbindung des einwohnenden Geistigen seyn. Alle Verrichtungen des untern Lebens, jetzt nur selten durch äußere Erregung angefacht, und durch den sättigenden Zufluß äußerer Nahrung nicht ferner mehr nach der Gebühr unterstützt, werden mehr und mehr ins Stocken gerathen, und dem Versiegen nahe

kommen, und alle Organe blos pflanzenhafter und thierischer
Verrichtungen, aus Mangel des anzueignenden Stoffes, einschwinden. In demselben Verhältniß aber, wie die gröbere
Hülle der eingefleischten Kraft sich löst, und feiner webt, wird
diese sich mehr entkörpern, und über ihr Organ hinaustretend,
der unteren Seele sich eingeben, und sich zu ihrer Verfügung
stellen. In dem Maaße nun, wie diese Lösung voranschreitet,
wird an dem, was von der Lebenskraft noch gebunden bleibt,
einerseits der Trieb nach Sättigung durch Speise mehr und
mehr erlöschen; andererseits im Organe die Capacität für die
Aufnahme, und die gegen das Aufgenommene gewendete aneignende Thätigkeit, mehr und mehr sich mindern; so daß also die
Ernährung in einer im Fortschritte gleichmäßig retardirten Bewegung sich mindert, und zuletzt, während das Leben noch fort-
besteht, in Bezug auf äußern Zufluß auf eine mehr oder weniger lange Zeit wohl ganz aufhört.

Solche Enthaltsamkeit, wie sie uns in älterer Zeit in der
Wüste und überall, wo Personen in mystische Zustände eingetreten, begegnet, finden wir auch allerwärts in neueren Zeiten unter gleichen Umständen wieder. Rosa von Lima hatte
schon als Kind den Genuß aller der Früchte, die in so großem
Wohlgeschmack in Peru wachsen, sich untersagt; sechsjährig
pflegte sie dreimal in der Woche nichts als Brod und Wasser
zu kosten; seit ihrem fünfzehnten Jahre aber hatte sie den Genuß des Fleisches völlig aufgegeben. Sie kam bald dahin, daß
wenn man in Krankheiten sie mit irgend einer ausgesuchten
Speise erquicken wollte, man sie sogleich in Lebensgefahr
brachte; während ein Bissen Brodes, in Wasser getaucht, sie
bisweilen plötzlich wiederherstellte. Sie hatte, besonders in ihrer
späteren Lebenszeit, das Jahr also sich eingetheilt, daß sie von
Kreuzerhöhung bis zur Auferstehung sieben Monate hindurch
nur einmal des Tages Brod und Wasser zu sich nahm; vom
Beginne der Fasten an aber auch sich das Brod entzog, und
nur von Pomeranzenkernen, jeden Freitag sogar nur fünfen an
der Zahl, spärlich lebte; die übrige Zeit aber so wenig auf-
brachte, daß, was sie in acht Tagen verzehrte, kaum für Einen
zureichend schien. Einst hatte sie mit einem, und zwar ziemlich

kleinen Brode, und einer Flasche Wasser sich fünfzig Tage lang begnügt; ein andermal diesen Zeitraum ohne einen Tropfen Wasser zugebracht. In ihrer letzten Lebenszeit pflegte sie Donnerstags in ihrem Betzimmer sich einzuschließen, und verweilte in ihm drei Tage lang bis zum Sonntage, ohne zu essen, zu trinken oder zu schlafen, in einem Winkel sich im Gebete haltend; unvermögend sich zu rühren, oder einen Augenblick aufzustehen. Nicht zufrieden also aufs Einfachste und Spärlichste sich gesetzt zu haben, war ihr auch noch die Lust im Genusse dessen, was sie sich gegönnt, ein Anstoß; und sie gebrauchte daher bittere Kräuter aller Art, besonders die Blätter der Passionsblume, um der Speise diesen Reiz zu nehmen; während sie nicht kühles, sondern meist heißes Wasser trank. Und es war ein Wunder, daß sie von dem Fasten mehr Kräfte zu erhalten schien, als von der nahrhaftesten Speise [1]).

Eben so war es um Lidwina von Schiedam bestellt. Sie erkrankte 1395 zuerst an dem Übel, das sie 33 Jahre all die übrige Zeit ihres Lebens getragen, und in den ersten neunzehn Jahren dieser Krankheit war all ihre Nahrung etwa ein Apfelschnitz, von der Dicke einer Hostie, wie man damal sie zu backen pflegte, oder etwas weniges Brod mit einem Schlucke Bier; bisweilen etwas weniges süßer Milch. Als sie bei zunehmender Schwäche dergleichen nicht mehr genießen konnte, gebrauchte sie sich während einiger Jahre des Weines, bis zum vierten Theile einer holländischen Quarte; anfangs ohne Beimischung, später mit Zusatz von Wasser. Bisweilen nahm sie etwas Zucker, Zimmet, Datteln oder Muscaten. Als ihr später auch das versagt war, nahm sie statt Speise und Trank, bloßes Wasser; den vierten Theil einer Maaß die Woche über, und zwar aus der vorüberfließenden Maaß; und so fein und rege war ihr Geschmack, daß sie unterschied, ob der Strom im Vorgang, oder der Fluth wegen im Rückfluß sey; dieser sein Geschmack aber schien ihr den des besten Weines zu übertreffen. Vom neunzehnten Jahre ihrer Krankheit an, nahm sie keinerlei Art von Speise mehr zu sich; sie selbst hatte im Jahre

---

[1]) Rosa de S. Maria Virgo Limensis Augustae V. 1668, p. 46.

1422 gegen einige sie besuchende Brüder geäußert, wie sie nun seit acht Jahren aller Nahrung sich enthalten, und seit zwanzig weder Sonne noch Mond, ihrer Krankheit wegen gesehen, oder die Erde mit einem Fuße berührt [1]).

Joseph Copertino hatte als Priester fünf Jahre lang kein Brod gegessen, und zehn Jahre hindurch keinen Wein getrunken; sondern sich mit Kräutern, gedörrten Früchten oder Bohnen begnügt, die er zuvor mit dem bittersten Pulver bestreut. Das Kraut, das an den Freitagen ihm zur Speise diente, war so übelschmeckend und eckelhaft, daß einem seiner Mitbrüder, der es nur mit dem äußersten der Zunge berührt, sogleich der Magen sich umkehrte; so daß er mehrere Tage lang ohne Grausen nichts zu sich nehmen konnte. Seine Fasten waren beinahe immerwährend, weil er zur Nachfolge seines Ordensstifters, des h. Franciscus, sieben verschiedene vierzigtägige Fasten hielt; mit solcher Strenge, daß er, die Sonntage und Donnerstage ausgenommen, selbe oft ohne die geringste Erquickung vorübergehen ließ. Daher konnte sein geschwächter Magen die Fleischspeisen, von denen er einmal aus Gehorsam genossen, nicht bei sich behalten; ja sein Schlund zog sich bisweilen so enge zusammen, daß er schwerlich was immer für eine Speise zu sich zu nehmen vermochte [2]). So bei vielen Andern, also daß die Möglichkeit vieljähriger Enthaltung nicht bezweifelt werden mag; obgleich andererseits die Leichtigkeit dergleichen eine Zeit lang vorzugeben, und dadurch sich den Ruf der Heiligkeit zu erwerben, zu mancherlei Betrug Veranlassung geworden.

Es ist aber nun um die Lebensbewegung beschaffen, umgekehrt wie um die mechanische: gleichwie diese nämlich, einmal angeregt, immer fort bestünde, wenn nicht Reibung und Widerstand des Mittels jedesmal einen Theil von ihr verzehrte; so würde umgekehrt das Organ der Lebensbewegung, einmal gege-

---

[1]) Ihr Leben von Gerlach und Brugmann A. S. Apr. II. p. 274 und 314, oder der Auszug von Thomas von Kempis. Augsb. 1624 p. 11.

[2]) Vita del servo di Dio P. b. Giuseppe da Copertino compost. d. l. Roberto Nuti. Vienna 1682 p. 87.

24

ben, in aller Thätigkeit in seinem Bestande bleiben, fände es
sich nicht in der Verrichtung selber von dem bewegenden Leben
aufgerieben; so daß wie dort die Kraft bei bleibendem Stoffe,
so hier der Stoff bei bleibender Kraft immer aufs neue ergänzt
werden muß. Ist nun der Zutritt diesem Stoffe in der Rich=
tung von Außen herein oder von Unten herauf gewehrt; dann
muß dem Organe zur Erfrischung eine neue Speise bereitet
werden; die, einer höheren Region angehörend, die Wege und
die Zugänge geöffnet findet, die dem gröbern tiefergestellten
Nahrungsstoffe sich verschlossen. In der Form von Wein und
Waizen wird diese neue Speise in die Erscheinung treten; aber
dies Erscheinende wird nur der sinnliche Träger eines einwoh=
nenden übersinnlichen seyn müssen, in das jene äußerlichen
Stoffe innerlich sich transsubstanziirt; um jetzt das der höheren
Lebensstufe entsprechende stoffische und überstoffische Nahrungs=
mittel zu bilden. Ein solches aber bietet nun in der Eucharistie
sich dar, die in der Wandlung eine solche Veränderung erfah=
ren, und daher eintreten mag mit größerer Macht und Wirk=
samkeit für den Mangel der irdischen Speise. Wie nun die
gewöhnliche Nahrung die Einigung der unteren und äußeren
Natur, der sie angehört, mit dem Leibe erwirkt, und das Leben
in ihr auf die Bedingung seiner Gesetze begründet; so wirkt
diese andere Kost, indem sie in die höhere Region einführt, in
der sie gewachsen, das Essende mit dem einigen, was sie her=
vorgetrieben, und das Leben in ihm auf sein Gesetz hin festi=
gen. Denn wenn im Essen gemeiner Speise das Essende stär=
ker ist, denn das Gegessene, und dies daher sich aneignet; so
ist hier die Speise stärker, denn der Esser: dieser wird daher
vielmehr selber Speise; und indem diese eingeht in einen höhe=
ren Aneignungsproceß, wird das Angeeignete dem physischen
Weltorganism enthoben, und in den kirchlichen des Erlösers
eingeführt und in ihm eingeleibt. Es wird mithin eine gänz=
liche Umkehr des Lebens eintreten bei solcher Lebensweise; die
Wurzeln, die früher in die Erde sich hinabgesenkt, sind in der
Strenge der Ascese nach und nach abgestorben; dafür hat nach
Aufwärts hin jener andere übernatürliche Organism andere aus
sich hervorgetrieben, die, bald zu ihm sich niedersenkend, in ihm

wurzeln, und den bisherigen irdischen Bestand in einen überir=
dischen hinüberbilden. Eingegangen in ein höheres Gebilde als
ergänzender Theil, wird aber das Aufgenommene, wie es fort=
dauernd in seiner Besonderheit beharrlich besteht, auch von ihm
aus höherem Lebensbrunnen getränkt und dadurch gefestet und
gestärkt; und wenn es sich auch ferne hält von den Kreisen
der unteren Nahrung bietenden Weltregion, bleibt es darum
nicht ungesättigt und bedürftig. Wohl ist von diesem tieferen
Nährenden noch ein schwindendes Element zurückgeblieben, aber
wie bei allen Sacramentalien nur als Träger des Höheren;
einzig zur Vermittlung zwischen diesem und der gleichfalls auf
einem leiblichen Träger ruhenden Geistigkeit bestimmt. Deswe=
gen tritt bei dieser Speise das physisch Stoffische ganz und gar
zurück; während, wie bei aller geistigen Speisung, das innerlich
Unsichtbare als das eigentlich Sättigende erscheint: denn es
schöpft seine Kraft aus dem großen, allgemeinen Lebensstrom,
der innen verborgen, alles Irdische durchrauscht, und von dem
es all seine Stärke nimmt. Das erschöpfte Leben, das aus
diesem Strome trinkt, findet sich daher erfrischt, und in seinem
Bestande gesichert und wohl begründet; selbst wenn es des Zu=
flusses irdischen Stoffs entbehrt. Es begreift sich aber leicht,
daß bei dieser völligen Umkehr des ganzen Lebens, das sich ab=
kehrend von den Gebieten, denen es bisher zugekehrt gestanden,
sich hinwendet zu der Seite, von der es sich früher abgekehrt,
auch alle einzelnen Verrichtungen desselben einen gleichen Um=
schlag erfahren. Da jeder Befruchtung ein Empfangen im Be=
fruchteten, und somit ein Aufschließen desselben entspricht; so
wird auch die durch die gewöhnliche Speise zu befruchtende
Leiblichkeit, in der gemeinen Ordnung des Lebens, der eintre=
tenden in Genüge sich erschließen, und der Wohlgeschmack wird
dann das Eintreten begleiten. Jetzt aber, in der andern Ord=
nung, wird das von diesen Kreisen sich Abwendende hartnäckig
dem von ihnen aus Antretenden sich verschließen; und der in=
nere Widerstand wird durch eine Bewegung entgegengesetzter
Art wie jene, die zuvor das Verlangen kund gegeben, sich offen=
baren. Was ja, durch die Übermacht des Willens gefördert,
ins Innere durchgedrungen, wird daher unter schmerzlich con=

24 *

vulsiven Bewegungen vom Magen wieder ausgeworfen, und
die Empörung und der Abscheu der Natur drückt sich durch
einen Eckel, schon vor dem bloßen Geruche jener Speise, aus.
Dagegen wendet sich die ganze Neigung der andern höheren
entgegen mit Wohlgefallen; und es findet sich in ihrem Genusse
Alles das zusammengedrängt, was im gewöhnlichen Leben in
viele Genüsse sich zerstreut.

Auch dazu sind die Belege häufig im Leben der Heiligen.
So hat Nicolaus von der Flue, seit er seine Hütte in der Einsamkeit bewohnt, keine andere Nahrung zu sich genommen. Der
Ruf dieser seiner Lebensweise war an die von Unterwalden
gekommen, und sie hatten der Erzählung davon keinen Glauben
beigemessen. Man darf überhaupt nicht glauben, wie der Dünkel der gegenwärtigen Zeit sich eingebildet, der Zweifel an
solche Erscheinungen sey, bei der übergroßen Leichtgläubigkeit
früherer Geschlechter, einem kommenden in Aufklärung überklugen aufbehalten geblieben. Zu aller Zeit hat der Verstand
gefühlt, daß durch dergleichen der sichere Boden, den er vorher
unter sich gewußt, wankend geworden; und hat daher, der andringenden Unverständlichkeit so lange als möglich sich erwehrend,
alle Mittel, die ihm Gott gegeben, aufgeboten um möglicher Täuschung auf den Grund zu sehen, und nur der Evidenz, und selbst
dieser oft unwillig, hat er sich zuletzt gefügt. So hatte der
Bischof Hugo von Lincoln im Jahre 1225, als die Nachricht
an ihn gekommen: in Leicester lebe eine Nonne, die seit sieben
Jahren keine Speise zu sich genommen, und nur durch jene
höhere Speisung, die sie alle Sonntage genossen, das Leben
sich gefristet; der Erzählung keinen Glauben beigemessen, und
ihr fünfzehn Cleriker gesendet, die fünfzehn Tage lang unablässig sie im Auge hielten; und wie sie in all dieser Zeit ohne
irgend einige andere Nahrung zu genießen, doch immer bei
Kräften sich erhalten, und ihr Antlitz lilienweiß mit Rosenröthe
überflossen geblieben, da hatte er erst sich -überzeugt erklärt,
beides wie es einem verständigen Mann geziemt [1]). Eben so
hatten die Unterwaldener mit ihrem Einsiedler es gehalten; sie

---

[1]) Odoricus Raynaldus in Annal. eccles. Ann. 1225.

besetzten alle Zugänge zu der Hütte einen Monat lang, und überzeugten sich endlich, daß nicht blos in dieser Frist keine Nahrung ihm zugetragen worden, sondern auch keines Menschen Fuß seine Einsamkeit betreten. Da das indessen dem Bischof von Constanz noch nicht Genüge geleistet, hatte er seinen Weih= bischof zum Bruder hingesendet; und da der Kommende, ver= wundert, ihn nach so langer Enthaltung so frisch und lebendig zu finden, nach der Frage: welche Tugend er für die höchste erachte? die Antwort erhielt: den Gehorsam, hatte er sofort ein Brod ihm dargereicht, mit dem Befehle, zu thun nach der Rede, die er gesagt. Der Clausner hatte Folge geleistet; aber gleich der erste Bissen, den er verschluckt, hatte das heftigste Erbrechen erregt, und die physische Unmöglichkeit war bald der weiteren Vollführung des Gebotes in den Weg getreten. Der Bischof aber hatte auch dem Boten nicht geglaubt, und erst, als er sich zum Einsiedler begeben, durch den Augenschein sich überzeugen lassen. Der Bruder aber, als man ihn befragt, wo= von er denn das Leben sich erhalte, hatte erwiedert: wenn er bei der Messe zugegen sey, oder selbst die Eucharistie zu sich nehme, fühle er eine Kraft und Lebensfülle und Süßigkeit, daß ihm davon im Überfluß Sättigung werde. Gegen die Vertrauteren hatte er oft geäußert, daß auch schon die bloße Betrachtung diesen Einfluß übe; so daß, wenn er das Leiden des Erlösers anschaue, und den Athem des Sterbenden in der Brust auffasse, dieser ihn dann im Innersten durchdringe, und auf lange hin stärke [1]).

Ganz in gleicher Weise hat ähnliche Lebensweise bei der h. Catharina von Siena zu gleichem Ziel geführt. In früher Jugend beginnend, hatte sie bis zu ihrem fünfzehnten Jahre nur rothen Wein mit Wasser so verdünnt, daß ihm allein die Farbe geblieben, getrunken, und sparsame Speise dazu genossen. Über diese Zeit hinaus hatte sie dann mit bloßem Wasser und Brod und Kräutern sich begnügt; um das zwanzigste Jahr sich auch des Brods enthalten, und dann, ohne daß die Kraft ihres Leibes versiegt und gebrochen worden, alle äußre Nahrung

---

[1]) Vita 1. Nic. de Rupe A. S. Mart. T. III. p. 440.

fich verfagt. Sie wurde dagegen erweckt, das Sacrament oft
zu empfangen; das aber, wie es ihr ein Zunder immer größe=
rer Liebe wurde, so auch diese in ihr bei erhöhter Empfindlich=
keit immer schmerzlicher machte; so daß sie jedesmal beim Em=
pfange große Pein litt. Aber zugleich durchströmte ein höherer
Trost damit ihre Leiblichkeit, also daß ihr Körper nicht allein
keiner Speise begehrte, sondern auch schlechterdings keine ver=
tragen konnte; und wenn sie ja über Vermögen etwas zu sich
nahm, empfand sie große Schmerzen, und konnte nichts bei sich
behalten. Wie gewöhnlich in solchen Fällen war, ob dieser
Gabe, viel Gerede unter die Leute und ihre Verwandte gekom=
men; diese gingen dann deswegen vielfältig ihre Beichtväter
an, und die, selber zweifelnd, geboten ihr nun wiederholt, zu thun
wie andere Leute thun, und Speise zu sich zu nehmen; sie kam
aber jedesmal beinahe in Todesgefahr. Sie versuchte bisweilen
sich mit den Andern zu Tische zu setzen, und quälte sich ab,
Einiges hinunterzubringen; aber wenn sie es auch nur kaute,
und den Saft allein verschluckte, wurde Alles unter unsäglicher
Pein, daß es den Gegenwärtigen ein Erbarmen war, wieder
ausgewürgt. Nach vielfach versuchten und wieder versuchten
Proben ließ man sie endlich gewähren; sie nahm nun nichts
als bloßes Wasser zu sich; legte aber vor den Leuten es sich
zu einer Strafe ihrer Sünden aus. Dagegen gewann auch sie
jedesmal durch den Genuß des Sacramentes unglaubliche Kraft
und Stärke; das bloße Anschauen desselben, ja auch nur der
Priester, die es denselben Tag gehandhabt, und Messe gelesen
hatten, that oft dieselbe Wirkung; und mehr als einmal, wenn
sie todtschwach gewesen, sah man plötzlich sie dadurch wieder
zu Kräften kommen, aufstehen, gehen und ohne Beschwerde
irgend ein anstrengendes Liebeswerk verrichten [1]).

Nicht anders wie um das Vorbild, war es auch um das
Abbild Rosa von Peru bestellt. Ging diese nach der ernstlich=
sten Vorbereitung zum Tische des Herrn; dann nahm sie eines
Engels Gestalt an, so daß sie den Priestern ein Grauen erregte.
Fragten diese sie dann, welche Wirkung das Sacrament in ihr

---

[1]) Ihr Leben c. 7 und 15.

hervorbringe, dann stockte sie bei jedem Worte; klagte über die
Unzulänglichkeit der Sprache: ihrer Rede kurzer Inhalt war
jedoch, sie sey in ihren Gott gewandert, und durch einen solchen
Freudenjubel ergötzt worden, daß nichts im sterblichen Leben sich
ihm vergleichen lasse. Dazu kam denn eine solche Kraft und
wunderbare Sättigung; daß sie, wenn ihr oft beim Betreten der
Kirche in der Nachwirkung der Fasten, Nachtwachen und Bü=
ßungen, der Athem ausgehen wollte, und sie zu wiederholtenmalen,
in den Vorplätzen anzuhalten und Kräfte zu sammeln sich genö=
thigt fand; wenn erfrischt durch jene Speise, festen Schrittes,
und der Mutter voraneilend wieder heimkehrte. Die Ihrigen
erkannten dann leicht, wie vollkommen sie sich gesättigt habe;
denn sie eilte sogleich in ihr stilles Kämmerlein, und verharrte
dort bis zur späten Nacht; und forderte man sie auf, nach der
langen Nüchternheit jetzt einmal Speise zu sich zu nehmen, dann
erwiederte sie: vor Übersättigung sey es ihr unmöglich, irgend
eine andere Speise zu sich zu nehmen. So hielt sie es einmal
acht Tage nacheinander; so wie sie auch bei der Ausstellung
des Sacramentes, im vierzigstündigen Gebete, all die Zeit nicht
von der Stelle wich, wo sie niedergekniet [1]).

Ähnliche Beispiele kommen zahlreich im Leben der Heiligen
vor, vorzüglich häufig bei theilweiser Enthaltsamkeit durch mehr
oder minder lange Zeiträume. Wenn man Lidwina fragte: wo=
her ihr doch Blut und Lebenssaft komme ohne Nahrung? fragte
sie hergegen: woher der Rebe ihr Saft im Frühling geworden,
da sie doch im Winter dürre und trocken gewesen? und fügte
hinzu: sie erhalte von einer guten und gründlichen Betrachtung
mehr Kraft und Stärke, als Andere von den ausgesuchtesten
Speisen; und wäre nicht die Vielheit ihrer Krankheiten und die
Gegenwart der Menschen, dann würde sie sich nicht wundern,
wenn sie bei der Überfülle göttlicher Gnaden stark wie eine
Tonne würde [2]). Angela von Foligno hatte zwölf Jahre lang
in der Eucharistie hinlängliche Stärkung gefunden, um jede an=
dere Nahrung entbehrlich zu finden. So Columba von Rieti,
so Dominica vom Paradiese, die die ganze Fasten hindurch

---

[1]) Rosa de S. Maria p. 88—91. [2]) Vita B. Lidw. p. 275.

keine andere Speise zu sich nahm. Eben so brachte Margaretha, Äbtissin von Gnadenthal oft mehre Tage, einmal drei Wochen, ein andermal einen Monat hin, blos von diesem Brode genährt; da jede andere ihr Eckel erregte. Bischof Mocdoc fastete einst in Ficarna vierzig Tage lang, nur mit dieser Nahrung sich fristend; und erschien nach dem Verlaufe all der Zeit seinen Schülern stärker, ja beinahe größer denn zuvor [1]). Im Norden Englands in Norfolk lebte ein frommes Mädchen, die davon beim Volke den Namen Johanna Matles b. i. ohne Speise hatte, weil sie 15 Jahre lang, außer dem Sacramente, nichts zu sich genommen. Die Schwester Ludovica von der Auferstehung in Spanien lebte so mehre Jahre lang; so Coleta, so Elena Encelmina, der die Speise anderer Art, die sie aus Gehorsam zu sich nahm, durch die Nase wieder ausgetrieben wurde. Nicht anders auch bei den Äbbten Ebrulph, und Fantin, bei Peter von Alcantara und vielen Andern; eben wie es in der frühesten Zeit schon in der Wüste uns begegnet.

2.
Schlaf und Wachen.

Hat die bereitende und reinigende Mystik in der auseinandergesetzten Weise die Lebenserregung geregelt und geleitet, so wendet sie einem andern Lebensverhältniß sich entgegen, das gleichfalls der Regulirung und Anordnung für ihre höheren Zwecke bedarf; das nämlich, was zwischen Wachen und Schlaf besteht. Wo irgend ein Unteres, Dienendes ein Höheres, Herrschendes über sich hat, gewinnt es in der Beziehung zu ihm zwei verschiedene Seiten, und in ihnen zwei verschiedene Arten des Daseyns. Des Höheren vermag es einmal sich nicht zu entschlagen, und weil ihm verbunden, tritt es mit ihm in einen nothwendigen Verkehr. Dieser Verkehr ist aber an der gegen dies Höhere gekehrten Seite am lebhaftesten, und durch ihn sich selbst entrückt, wird es in ihm über sich hinausgehoben. Dieser Seite entgegen bildet sich dann eine andere; der Lichthälfte ge-

---

[1]) Colganus vita s. Mocdochi 31. Januar.

genüber eine beschattete, die dadurch, daß das in Unterwürfig=
keit Gehorchende sich selber im Lichte steht, den Einflüssen des
Höheren mehr entrückt, und minder von ihm in Anspruch ge=
nommen, mehr in sich zurückgehend in sich selber ist und ruht.
Will jedoch das Höhere nicht blos einem Theil des Unteren sich
in seinem Reichthume mittheilen, und will dies nicht blos theil=
weise seiner Einflüsse sich erfreuen, sondern sich um und um
von ihm berührt und durchdrungen fühlen; dann mag dies
nicht anders als in allmäliger Folge geschehen: es muß, um eine
solche hervorzurufen, bewegt werden, und zwar in einer Bewe=
gung um sich selber; wo es dann nacheinander in allen seinen
Theilen gleichmäßig dem von Oben herab Einwirkenden sich
bietet. Dann löst sich die starre Auseinandergehaltenheit der
Gegensätze, und wie in steter Aufeinanderfolge die Bewegung
fortschreitet, durchlauft jeder Punkt vom Zenith zum Nadir hin
alle diese Zustände; indem immer einer dem andern entwächst,
und einer in den andern überfließt. Ein solcher Wechsel der
Zustände in Kreisen eines Untern um sich selber, Angesichts
eines Höheren, Ruhenden, ins Leben eingeführt, begründet aber
nun den täglichen Wandel zwischen Schlaf und Wachen, geknüpft
an die Tagseite und die Nachtseite des Lebens.

Es kann aber das menschliche Leben in zwiefacher Weise
in ein solches Verhältniß treten, mithin also auch ein zweiarti=
ger Wechsel für dasselbe sich begründen. Einmal wird nämlich
ein solcher dadurch hervorgerufen, daß dies Leben zwischen
eine geistige und eine physische Welt in die Mitte gestellt, und
beide in sich wiederholend, sich in Leib und Seele auseinander=
gliedert. Wie nun das Geistige relativ Lichtquelle ist und Tag,
das Physische aber Beschattung und Nacht; so wird auch das
Leben in dieser Stellung eine Lichtseite und eine Schattenseite
gewinnen: die erste wird an der dem geistigen Lichte ursprüng=
lich zugewendeten Hälfte aufgehen, die andere an der, die in die
Körperwelt niedertaucht; die eine an der Seele also, die an=
dere an der Leiblichkeit. Es wird also in einem Sinne Tag
seyn in dem Menschen, wenn er über die Natur und sein Leib=
liches erhoben, mit seinem Geistigen tief eingeht in Gott und
die Geisterwelt, und in ihrem Lichte sich tränkt und sättigt;

während um so mehr Nacht wird für ihn, je mehr er, ablassend vom Höheren, in die Sichtbarkeit niedergeht; etwa so, wie die der Sonne näheren Wandelsterne mehr im physischen Tag, die Sonnenferneren mehr in der Nacht leben. So verstanden, war des Menschen Zustand vor dem Falle, ein lichtes Wachen und Wandeln im geistigen Lichte; wie aber das Böse in ihn einge= drungen, hat dieß eine narketische Wirkung auf ihn ausgeübt; sein Auge hat jenem höheren Lichte sich verschlossen, und ent= schlummernd der obern Welt, hat er in der untern sich gefun= den, die jener gegenüber eine Traumwelt ist. Und wie nun die Mystik das Ursprüngliche wieder herzustellen sich bemüht, schlägt, wo es ihr damit gelingt, zu jenem höheren Wachen zu erwecken, — da ihr gegenüber die Welt und die Natur der Dinge, wie sie einmal sich gestellt, fortdauernd ihr Recht be= hauptet, — dieser Kampf in einen Wechsel aus; indem einmal in der Erhebung der Ecstase die entschlummerte Seele vorüber= gehend erwacht, und im Übersinnlichen klaren Auges um sich schaut; dann aber wieder, ergriffen von den Mächten der Tiefe, in den vorigen Zauberschlaf zurückversinkt. Bei dieser Art des Wechsels tritt dann nur auf einer höheren und weitergreifenden Stufe hervor, was uns in der andern Art in dem zwischen dem gewöhnlichen Wachen und Schlaf begegnet. Der Mensch, aus Leib und Seele in Einheit verbunden, und also zwischen das Geistige und das Naturreich gestellt, wendet in jenem ecstatischen Wachseyn sein innerlich Geistiges, und somit auch sein innerlich Leibliches der höheren geistigen Welt entgegen, und geht sofort an ihrem Gesichts= kreise, sie aber an dem seinigen auf. Es ist aber diese Welt keine für sich im Raume ausgebreitete, sondern eine in eigener Fassung in sich vertiefte; nicht in sie hinaus also erwacht der Geist, son= dern vielmehr in sie hinein. Er fühlt sie nicht um sich, viel= mehr sich um sie; denn in seinen Tiefen hat der neue Lebens= kreis sich aufgethan: eine zweite Unendlichkeit, die, indem er sie zu umfassen scheint, in Wahrheit ihn in sich beschließt. Sie ist ihm also subjectiv und er ihr gegenüber wie objectiv, und so fühlt er sich von Innen heraus von ihr bestimmt; sein in sich gekehrtes Schauen ist auf sie gerichtet, und er nimmt das Licht, das aus ihr ihm einleuchtet, nicht als ein solches auf, das

von Außen kommend in ihn einquellt; sondern als eines, das
im tiefsten Innen, wenn gleich nicht dem seinigen, entsprin=
gend, in ihn ausquellt. Er wirkt daher, wenn selbstthätig, nicht
in sie hinaus, wie in eine gegenständliche Sphäre des Daseyns;
sondern durch sich hindurch und gegen die eigene Mitte und
darüber hinaus, vordringend, in sie hinein; also in großer Le=
bendigkeit, aber durchaus innerlich mit ihr verkehrend. Wie
daher in dieser Weise die Richtung aller Lebensthätigkeiten sich
umgekehrt, wird in solchem Zustand das Innere in ihm wachen;
das Äußere aber, von dem alle Kräfte sich abgezogen, wird
schlafen: denn die in sich gekehrte Seele hat allem Äußern jetzt
den Rücken gewendet, und von ihr absehend nimmt sie nicht von
ihm Bestimmung, noch gibt sie ihm welche. Das Entgegenge=
setzte tritt ein, wenn von der Ecstase zurückgekommen, der Mensch
dem gewöhnlichen Leben sich wiedergegeben findet. Abgezogen
von jener Innerlichkeit, ja von ihr ausgeworfen, hat jetzt dafür
die Äußerlichkeit seiner sich bemeistert, und sein Augenpunkt
ist somit ein ganz anderer geworden. Hat er zuvor, aus eige=
ner Mitte einwärts schauend, dort die ganze ihm früher be=
deckte Welt aufgedeckt gesehen, — einem Reiche unsichtbarer
Töne zu vergleichen, die tausendfältig, aber anders als im
Raum geschieden, auch raumlos in einen Wohllaut zusammen=
klingen, — und hat seine Einwirkung in diese Welt die gleiche
Richtung eingeschlagen; von Innen nach Außen Bestimmung
empfangend, von Außen nach Innen aber gebend: dann schaut
er jetzt anders gerichtet, aus dieser selben Mitte hinaus ins
Weite, und dies steht als ein Objectives, ihm selber als dem
Subjectiven gegenüber; und er gibt nun in gleicher ausgehen=
der Richtung ihm Bestimmung, und empfängt sie in eingehen=
der. Er selber erschaut sich also jetzt in der weiten Ausbreitung
als die Mitte; da er zuvor der tieferen Mitte gegenüber, selbst
in seiner centralsten Fassung, wie Ausbreitung gewesen: wie er
daher zuvor zum Geisterreich gestanden, so jetzt das Naturreich
zu ihm; wie aber zuvor jenes Geistige zu ihm, so er jetzt zum
Natürlichen. Hat er also zuvor in den unsichtbaren Gebieten
geschaut und gewirkt; ist aber, was man gemeinhin das Sicht=
bare nennt, nur vermöge seines unsichtbaren Theiles zu seiner

Kenntniß gelangt: dann ist er jetzt, nachdem er wieder ins Äußerliche sich vertieft, jenem höheren Innerlichen entsunken; es hat sich ihm verdeckt, wie das andere sich ihm aufgedeckt; er ist entschlafen in seiner eigenen Innerlichkeit im Verhältniß, wie er in seiner Äußerlichkeit erwacht; und schaut und wirkt nun im Äußerlichen, im Innerlichen aber nur inwiefern es ein Äußerliches hat; ja er kann es sich kaum anders als mit äußerlichen Formen bekleidet denken.

Wenn aber der Mensch in der wechselnden Beziehung zu einer zwiefachen Welt, einer höheren und einer tieferen, in zwei verschiedenen Zuständen, einem übersinnlichen Erwachen, und einem sinnlichen Schlafen wechseln mag; so wird er innerhalb eines jeden dieser Zustände, in der Beziehung zu sich selber, in ein doppelartiges Verhältniß zu jeder der beiden Welten treten können, und so wird in jedem Zustande wieder ein engerer Wechsel von Schlaf und Wachen statt haben. Er ist nämlich als gesondertes Einzelwesen wieder aus Geist und Leib geeint, und wird nun entweder vorwiegend mit dem Geiste in die eine Welt erhoben; oder mit dem Leibe in die andere untergetaucht. Im ersten Falle erwacht er erst ins rechte Licht des vollen Bewußtseyns und die Leiblichkeit folgt ihm, indem sie von sich selber kömmt; im andern Falle entschläft er, die Leiblichkeit aber erwacht im Dämmerschein des irdischen Lichtes, und die Geistigkeit, die ihr gefolgt, träumt, sich selber entfaltend, den Traum des äußern Lebens. Aber es ist, wie geistige und physische Welt, so Geistigkeit und Leiblichkeit am Menschen nicht abstract eins, sondern, zwei in eins, Himmel und Erde, in einem beide vermittelnden Dritten, zu einem Dreieinigen verbunden. Also wird, — sey es, daß der Geist im Geisterreiche und der Leib im Geiste nach seiner Weise schaut und wirkt; oder daß der Leib im Naturreiche und der Geist im Leibe nach der andern Weise schaut und wirkt, — was Himmel und Erde ist am Menschen, zu Himmel und Erde, dort im Geisterreiche, hier im Naturreiche, sich in ein ähnliches Verhältniß stellen, wie das in dem der ganze Mensch zu beiden Reichen steht; und somit wird, wie gesagt, wieder innerhalb der beiden Zustände, dem ecstatischen und dem gewöhnlichen, ein engerer

Wechsel zwischen Schlaf und Wachen eintreten. Jener erste wird uns später begegnen, hier werden wir nur einen Augenblick bei dem andern verweilen. Wie Wachen in erster Beziehung Aufgehen des Leiblichen in die Geistigkeit gewesen; Schlafen ein Niedergehen des Geistigen ins Leibliche: so ist hier das eine Aufgehen des Irdischen ins Solarische; das andere der Niedergang des Solarischen ins Irdische, und vorwiegendes Ruhen dieses Irdischen in sich selber: beides nicht blos im Verhältniß zur Außenwelt, sondern auch innerlich in der Persönlichkeit selber. Das Irdische innerhalb der Persönlichkeit ist aber einerseits der untere Organism, andererseits die untere dunkle Seite der Seele; das Solarische, dort das höhere Organische, hier die höhere Seelenregion. Wie also Wachen in jenem Sinne das Vorherrschen des Innen, Schlafen das des Außen gewesen; so wird in diesem andern das erste Überwiegen des Oben, das zweite Vorschlagen des Unten seyn. Es bleibt aber in diesem Verhältnisse das Oben als das Centrum relativ unbewegt; das Untere aber, es umkreisend, bewegt sich vor ihm, um sich selber, und dadurch eben wird der Wechsel der Zustände hervorgerufen. Sich umkreisend aber bietet es einmal seine obere Seite dem Lichte dar, und wacht dann, indem diese in der Beleuchtung steht; darauf aber wird diese in Dunkel verhüllt, und der Nadirpunkt, der jetzt Oben geworden, steht im Lichte; und dann tritt Schlaf ein, mit der Finsterniß, die diese andere Seite bedeckt. Es ist aber dieser Wechsel bei dem Menschen wie bekannt, enge an die Achsendrehung der Erde angeknüpft; ob er gleich organisch keineswegs als eine eigentliche Umkreisung hervortritt, sondern als ein schwingendes Umeinander: in dem einmal die Strömung der Nervengeister, ihrer höheren Mitte entquellend, vorherrschend erscheint; und dann wieder die Blutströmung, an ihren Brunnquell geknüpft, die Obhand gewinnt.

Es ergiebt sich nun leicht, wie die mystische Ascese diesen Lebenswechsel zu nehmen und zu bestimmen habe. Sie will die Wiederherstellung in den früheren Zustand vorbereiten, damit der Traumschlaf, der die Stirne des Menschen umhüllt, wie Wolkenmassen die Alpenhäupter, von dem Sonnenblicke der

höheren Welt herabgedrückt, in den Niederungen des Lebens
sich verliere; und die geistigen Höhen geklärt, und im Volllicht
angeglommen, in den ausgeheiterten Äther ragen. Darum
scheut sie jene periodische Rückkehr des Schlafzustandes, durch
welche die Natur der verzehrenden Thätigkeit des Wachens ein
Gegengewicht gesetzt hat, und forscht nach andern Mitteln und
Wegen, um zu dieser Ausgleichung zu gelangen. Denn einmal
kann jene stets sich wiederholende Einkerkerung des Geistigen ins
Leibliche; diese Betäubung, die wie ein ausgesprochener Bann
alle die besseren Kräfte des Menschen umfängt, und ihn be-
wußtlos und willenlos und bewegungslos, ein Bild des Todes,
hinstreckt, nicht auf dem Wege einer Disciplin liegen, deren
ganzes Streben auf Befreiung, Begeistigung, Erhebung und
Überformung in ein Höheres geht, um mit ihm in schauender
Liebe sich zu einigen. Eben so wenig kann es ihr zu diesem
Zwecke gedeihlich seyn, wenn, was in allen Regionen des Menschen erdhaft ist und der Tiefe angehört, das, was dem Himmel
verwandt erscheint, überwächst und bemeistert: denn sie, die da
den Menschen wieder aufrichten, ihn in Gott und der Welt
aufs neue orientiren, und wieder zurechtstellen will; kann nicht
gestatten, daß er, da also der Anfang zum Ende, das Erste
zum Letzten geworden, in der falschen Stellung, in die das
Böse ihn gebracht, sich befestige, und in ihr verwachse. All ihr
Streben ist daher darauf hingerichtet, die Gewalt des Natur-
schlafes zu brechen; jenem innern Locken, das wie der Zug einer
verlarvten Schwere das wache Leben zu ihm herniederzieht,
und es dann wie in den Wellen des Elementenmeeres begraben
hält, sich in aller Macht zu widersetzen; den bindenden Natur-
zauber durch ein höher lösend Wort zu brechen, und die ber-
gende Allmutter zu nöthigen, ihn aus ihrem Schooße auszu-
stoßen, und aus ihrem umhüllenden Dunkel, wenn nicht bleibend doch vorherrschend, dem Reiche des Lichtes einzugebären.
Darum streitet die Ascese so harten Streit mit der natürlichen
Neigung des Menschen zum Schlafe; darum die vielen Vorkehren, die sie trifft, dieses Fluthen der untern Lebenskräfte, das
eine Ebbe der obern zur Folge hat, abzuleiten, und der täglichen Wiederkehr dieses Fieberwechsels so viel möglich Abhilfe

zu thun; daher ihr Bestreben, weil völlige Aufhebung des Wech=
sels, wie gänzliche Lossagung von der Natur, in diesem Leben
nicht möglich ist, das Bedürfniß wenigstens wie das der Nah=
rung zu beschränken, und auf ein Kleinstes, was im Durchschnitt
zu zwei bis drei Stunden angenommen ist, zu beschränken.

Die Folgen dieser andern Abstinenz fürs Leben werden
leicht zu ermessen seyn. Was jenes strenge Fasten angefangen,
wird der sparsame Schlaf, auf hartem Lager nur zur alleräußer=
sten Nothdurft eingenommen, gar vollenden; und hat die dürftige
Ernährung der Leiblichkeit diese erst von Unten herauf leicht
zersetzbar gemacht, dann wird solch ein fortgesetztes Wachen die
Zersetzung von Oben herab nun unausbleiblich bewirken. Die
Lebenskräfte, stets in wirksamer Thätigkeit erhalten, überdem
auch durch körperliche Arbeiten vielfältig angestrengt; müssen in
solcher unausgesetzten Erregung mehr und mehr über sich brennen,
und fortan wie zehrende Flammen an dem Organe hängen,
von dem sie sich losgemacht. Durch die Beruhigung des Schla=
fes in ihrer Spannung nur selten unterbrochen, und selten in
die körperliche Masse zurückgezogen, um sich in ihr zu kühlen,
zu besänftigen und gleichsam abzulöschen; müssen sie ein habi=
tuelles Bestreben gewinnen, sich von dieser Masse, die ohnehin
bei ihrer Abnahme sie zu umhüllen, zu binden und zu sättigen
unzureichend geworden, zu lösen, und von ihr sich fern und ge=
trennt zu halten. Das Verhalten des Gesammtlebens zur Leib=
lichkeit, und jeder besonderen Kraft zu ihrem Träger, in diesen
Zuständen, wird mithin zu dem in den gewöhnlichen Verhält=
nissen etwa in derselben Weise stehen, wie die freie strahlende
Wärme zu der in den Körpern gebundenen sich gestellt findet;
oder der frei aus der Wolke aufzuckende Blitz zu der in ihr
verborgenen Electricität. Organisch und äußerlich wird diese
Lösung durch eine entsprechende des höheren Nervensystemes von
dem unteren Blutsysteme sich andeuten. Jenes im ordentlichen
Lebensverlaufe von diesem umsponnen und umhüllt, will sich
jetzt dieser Bindung und Umfassung immer mehr entringen; und
es muß ihm damit gelingen, weil es fortdauernd in dem bei=
nahe ununterbrochen wachen Zustande in steter Regsamkeit er=
halten, in dieser Thätigkeit bald das andere Trägere, das um=

gekehrt durch die enthaltsame Lebensweise sich gebunden, ent=
kräftet, und in seiner Weise in einer Art von soporösem Zustande
sich zurückgehalten findet, überwächst. Der anfängliche Kampf
und die Gegenwirkung der unteren Natur wird bald überwun=
den und ausgestritten seyn; das Höhere, siegreich, bildet sich
dann immer zarter, feiner, lebendiger, beweglicher und ätheri=
scher aus; und in steter Spannung erhalten, muß es für sich
allen Zufluß des Lebens in Anspruch nehmen, und auf seine
Seite wenden. Also alles Massenhafte, Grobstoffische mehr
und mehr verzehrend, und wie mit Feuerzungen es aufleckend,
wird in ihm die Aura der Nervengeister in beschleunigtem Ver=
hältniß den plastischen Widerhalt des Lebens überwältigen; die
einwohnende Thätigkeit kann sich dann in dem beweglichen,
leicht bestimmbaren Medium immer freier und freier rühren,
und die Psyche, — der Fesseln, die sie niederhalten, entbunden,
so viel es ohne gänzliche Zerstörung der Verbandes thunlich
ist, — schwebt und webt fortan über dem, was aus ihr gleich=
sam niedergeschlagen, sich gegen die Tiefe hält; und die innere
Begeistigung, von der herabziehenden Wucht befreit, kann sich
leicht in allen Richtungen bewegen, wie sie inneres Streben
und die vorherrschende Gesinnung treibt. Da diese Gesinnung
nun aber durchaus eine religiöse ist, und die Religion auch
allein das Beharren in der Hingebung, die eine solche Lebensart
erfordert, möglich macht; so wird die freigewordene untere
Seele ganz in aufsteigender Richtung über sich gehoben, in die
obere sich verklären, wie diese sich in Gott clarifizirt. Alle
Strömungen, die zuvor nach Abwärts in die äußere Natur ge=
gangen, werden daher jetzt nach Innen und nach Aufwärts
zurückgewendet; und müssen die höheren, deren Fließen an sich
in dieser Richtung geschieht, zu verstärken dienen; um, indem
sie selber ihren beschränkten Wirkungskreis nicht zu durchbrechen
vermögen, in dieser ihrer Dienstbarkeit durch Mitwirken ihnen
Kraft und Wirksamkeit zu höhen. Der ganze Mensch wird da=
her durch diese Art der Disciplin, die das Nervenleben vor
dem Blutleben zum herrschenden erhebt, determinirt, dem sinn=
lichen Leben zu entwachsen und ins übersinnliche hineinzuwach=
sen; ruckweise, wie er sich in ihr vom Gesetze des Fleisches

losſagt, wird er in dem des Geiſtes eingebürgert, und in jeder
Region wird, was Himmel iſt in ihr, auch in ihm herrſchend
werden; was aber Erde iſt, zurücktretend in ſeinem Einfluſſe,
ſich gedämpft und gebrochen finden.

3.
Willige Übernahme der Krankheiten.

Die zwiefache Disziplin, wie wir ſie ſeither verhandelt ha=
ben, hilft wohl den inneren, höheren Menſchen entketten und
befreien; ſo daß er bei gutem Verhalten geneſen mag und ge=
ſunden vom alten Übel: aber der äußere, untere Menſch muß es
unausbleiblich dann entgelten, und die Schuld büßen durch
Krankheiten und Leiden, die ihm aufgelegt werden. Denn alle
Geſundheit und Friſche des Lebens ruht auf drei harmoniſchen
Stimmungen: erſtens des unteren Blutlebens zur äußeren Na=
tur; zweitens der höheren geiſtigen zum Nervenleben; drittens
auf dem, aus beiden zuſammengeſetzten, reinen Verhältniß von
Geiſt und Natur, Nervenleben und Blutleben im Seeliſchen.
Alle dieſe Grundverhältniſſe haben in der allgemeinen Ausglei=
chung nach der Cataſtrophe, in einer Art von ſchwebenden Tem=
peratur, möglichſt reine Ausſtimmung erlangt, und ſie beharren,
im ordentlichen Naturleben, leiblich in ihr während der Lebens=
dauer; ſo lange andringende überſtarke Störung die bewahrende
Naturkraft nicht überwältigt. Das myſtiſche Leben aber führt
in andere höhere Regionen hinüber, in denen die früher gülti=
gen Bezüge ihre Geltung verlieren; wo alſo auch die frühere
Concordanz nicht mehr ausreicht; Einklang mithin in Mißklang
ſich verwandelt, und ſomit alſo Krankheit und Leiden hervortre=
ten müſſen, ſo lange bis eine neue höhere Ausſtimmung gelun=
gen iſt. Wie jener relative geſunde Zuſtand auf drei Grund=
verhältniſſen geruht, ſo wird nun auch dieſer krankhafte in
drei Grundſtörungen ſich auslaſſen. Einmal wird nämlich das
Blutleben durch den allzuſparſamen Zufluß des Stoffes geſtört
erſcheinen. Die Blutſeele iſt die Bienenkönigin, die Schaffne=
rin und Speiſemeiſterin im thieriſchen Haushalt; ſie muß aber
Nahrung anſchaffen von Außen, und das Blut damit ſpeiſend,

den angeeigneten Stoff dem Leben eingebähren. Wird ihr nun
spärlicher Zufluß von Außen nur gestattet, also daß das Blut
ungespeist stets hungrig bleibt; dann kann sie auch nicht in ihm
das Lebendige gebären, und da der Lebensproceß doch fortgehend
seine Nothdurft fordert; so muß das Blut, sich gegen die Organe wendend, und sie zur Speise machend und verzehrend, die
aufgelösten in den Kreislauf zurückführen, damit aus ihm das
Werk der Ausgeburt nothdürftig von statten gehe. Aus diesem
Kriege des Blutes gegen das Fleisch wird sich daher bald ein
allgemeiner Krieg der Organe untereinander entwickeln, der,
vom Magen anhebend, durch alle Gebiete des Organisms sich
verbreitet; und indem eines das andere bestreitet, sie alle mit
Schmerz und Trübsal schlägt. Ähnliche Störungen wird die
übergroße Enthaltung vom Schlafe im Nervenleben hervorbrin-
gen. Der Geist, immer wach und thätig, wird seine dienstbaren
Geister in steter Bewegung halten; Welle auf Welle quillt in
seine Strömungen hinaus; immerfort zehrt die Flamme am
Lebensöle, und so lange bis sich durch die Klarifizirung der
Flamme, entsprechend der Ätherisirung des Öles, ein neues
Gleichgewicht hergestellt, muß das Mißverhältniß nach Art dieser Region, indem Nerve mit Muskel kämpft, sich in Kräm-
pfen, Zuckungen und Convulsionen periodisch und dürftig auszugleichen suchen. Wie nun alle Selbstzeugung im Conflicte
des Nervenlebens mit dem Blutleben sich erwirkt; so muß, da
dies Verhältniß von beiden Seiten also gestört erscheint, auch
die Reproduction ins Stocken gerathen, und dies Stocken wird
wieder auf den Zustand des Ganzen seine Rückwirkung zeigen.
Wohl hilft die höhere Region, in die der also Streitbefangene
eingetreten, ihm mit ihren Kräften und Wirksamkeiten den
Kampf streiten; aber da ihr gegenüber die untere in ihm, wie
um ihn, ihrem Rechte nichts vergibt, und ihn stets zu sich
hinabzuziehen strebt, so verlängert sich natürlich der Kampf, oft
bis zum Tode hin. Darum bleibt dem also Angefochtenen nichts
übrig, als willig Schmerz und Leiden auf sich zu nehmen, ja
zu den unvermeidlichen Übeln noch solche zu erbeten, die sonst
gar wohl an ihm vorübergehen könnten; damit die also freiwil-

lig übernommenen zugleich mit den andern ihm zu einem
neuen und dritten Mittel unterer Lebensdisziplin werden mögen.

Daraus ergibt sich leicht, wie verschieden die Weise ist,
in der diese Lebensnoth von Solchen genommen wird, die sich
dem innern Leben zuwenden, und von denen, die im Außeren
beharren. Hier ist es der Instinkt des Lebens, der sich sogleich
gegen das eindringende Übel zur Wehre setzt; und so wie es
gleich beim ersten Versuche sich nicht abweisen läßt, den ernsten
Kampf mit ihm beginnt. Diesen Kampf nun nach Kampfes=
recht und in den Gesetzen einer frischen und nachhaltigen Gym=
nastik zu ordnen, ist die Aufgabe des Menschen nach Außen
hin; weil Tüchtigkeit und Untüchtigkeit fürs Leben an seinen
Ausschlag gebunden ist: nur, wer Sieger geworden ist in
ihm, gilt in der äußeren Welt. Nicht so bei jenen Naturen,
die sich für ein innerlich in Gott beschlossenes Leben bereiten
wollen. Sie wissen, daß all diese Übel Vorbedingungen des
Todes sind, dem der Mensch anheimgefallen; gleichsam der
durchs Leben ausgesäte immer mit ihm ringende Tod, Vorstu=
fen des andern; wie auch seinerseits das mit ihm streitende
Leben durch solche Stufen durchgegangen. Sie wissen aber
auch, daß der physische Tod, an der Gränze des Lebens, durch
die Erlösung keineswegs aufgehoben worden; daß mithin auch
eben so wenig der, durch seinen Verlauf ausgebreitete, durch
innere Erhebung und Heiligung vernichtet und ausgetilgt wer=
den möge. Ist daher jener Waffenstillstand aufgekündet, den
das Leben in ihnen in allmäliger Eingewöhnung mit den feind=
lichen Mächten abgeschlossen; dann sind sie gar wohl darauf
gefaßt, daß das Losmachen von den alten Verhältnissen und
das Eingehen in die neuen, sich nur unter Streit und Wider=
spruch vollbringen kann; und daß Irrung und Gestörtseyn in
mancherlei Weise einen solchen Zustand unbestimmter Aufregung
nothwendig begleiten muß; und sie finden sich leicht in den
Kampf, der zwischen Unverträglichem gestritten seyn muß, da=
mit es zur Wiedergeburt kommen möge, deren critische Stadien
durch die Folge all dieser Widerwärtigkeiten bezeichnet sind.
Sie widersetzen sich daher keineswegs dem andringenden Übel,
um es in Haß und Ungeduld von sich abzuwenden; sie nehmen

es vielmehr als die ihnen zugedachte Prüfung hin, die, wohl
bestanden, sie am schnellsten in den Wegen fördert, in denen zu
gehen, sie sich vorgesetzt. Sie lassen daher auch keineswegs
jenen inneren Instinkt frei gewähren: denn ihnen ist gar wohl
bekannt, daß diese abtreibende, von sich stoßende, das Bedroh-
liche abweisende Naturmacht in ihnen; dieser allzeit wirksame
Trieb des Widerstandes, eben selbst wie alle andern bemeistert
und disziplinirt werden müsse. Aller Streit in ihnen ist ganz
in eine andere Richtung hineingewiesen; nicht das Äußerliche
ist ihm geboten, daß er sich an ihm versuche; gegen sich selber
soll der Kämpfende gewendet stehen, bewaffnet so zum Angriff
wie zum Schutze, soll er zugleich Streiter seyn und Bestrittener,
und wie nun Einer dem Andern ebenbürtig ist; so wird von
Natur aus auch Einer dem Andern wohl gewachsen seyn; der
aber von Beiden, dem Gott hilft, auch dem Andern, der nur
in der Kraft der Natur streitet, überlegen. Das Eindringende
wird daher in dieser Art des Zweikampfes nicht abgetrieben;
lastend, wie es auf die Natur sich legt, gegenwirkend jenem natürlichen Ungestüme, muß es vielmehr ertragen werden in Lang-
muth und Geduld: denn es ist in jener Eigenschaft eben der
Mitstreiter der kämpfenden Macht, die sich gegen ihn wie gegen
alle andern Naturtriebe bewaffnet hat. Und so ist es ein
Kampfspiel ganz anderer Art, das die geistigen Helden streiten,
als jenes in dem die Weltlichen erstarken; und wenn bei diesen
die dramatische Wirkung größer ist, als beim stilleren Thun der
Anderen; dann sind sie überreich dadurch entschädigt, daß Gewinn und Verlust, die dort, unter die Streitenden sich zu nahe
gleichen Theilen vertheilend, gegenseitig sich aufheben; hier
beide gleich sehr dem einen Streiter zu Gewinnste fallen.

Unter den Vielen, die, auf diesen Wegen gehend, als He-
roen sich gehalten, wollen wir nur bei Einigen verweilen, die
leiblicher Krankheit geistige Gesundheit abzugewinnen verstanden. Da ist zuerst Maria Bagnesia, im Jahre 1514 in Florenz
geboren, deren Leben Augustin Campi von Pontremoli, zweiund-
zwanzig Jahre hindurch ihr Beichtvater und Tröster, beschrieben. Die Ältern hatten das Kind einer armen Säugamme
übergeben, die, was sie ihnen zu verbergen wußte, keine Milch

hatte; so daß die Kleine Hungers gestorben wäre, hätten die
Nachbarn dem Weibe nicht bisweilen ein Ei zum Unterhalte
derselben gebracht; worauf sie selbst, sobald sie die Hände zu
gebrauchen wußte, die Brodkrummen an der Erde sich zusam-
mensuchte. Sie erwuchs bald zu einem durch Schönheit aus-
gezeichneten Kinde, mit hellen leuchtenden Augen; so, daß Alle,
die sie sahen, Freude an ihr hatten, und sie gerne um sich sehen
mochten. Bisweilen besuchte sie ihre ältere Schwester, die im
Kloster war; dann ließen die Nonnen nicht von ihr ab, bis sie
ihnen die Lieder gesungen, die sie frühe auswendig gelernt:
Sing Marietta! riefen sie ihr zu, nachdem sie ihr einen Schleier
über das Gesicht gedeckt, singe! denn niemand sieht dich; und
sogleich fing sie an mit einer lieblichen Engelstimme zu singen,
daß Alle darüber entzückt wurden. Frühe schon hatte sie ihre
ganze Neigung dem innern Leben zugewendet, und sie ließ sich
dadurch in keine Weise stören, daß die Kränklichkeit der Mutter sie nöthigte, sich schon in jungen Jahren der Hauswirth-
schaft anzunehmen. So tief war diese Neigung bei ihr gewurzelt, daß, als sie zur Jungfrau gereift, und der Vater, sie auf
Seite nehmend, ihr antrug, sich zu verheirathen, die ohnehin
Furchtsame sich darüber so entsetzte, daß all ihr Blut in den
Adern zu gerinnen schien, und von nun an der Keim zu einer
Krankheit in sie gelegt war, die sie nie mehr verließ. Der
Vater, besorgt über ihren Zustand, bot Alles auf, ihr die Gesundheit wieder zu verschaffen. Damal gab jeder sich mit Heilen ab, der sich irgend zutraute, es werde ihm damit gelingen.
So wurde der Kranken denn auch ein Apotheker zugeführt,
der ihr Übel für ein siebenfaches Quartanfieber erklärte, und
für sie allerlei Arzneien mit einem siebenjährigen Huhn zu einem
Sirup einsieden ließ. Sie hatte dies heftig wirkende Mittel
kaum zu sich genommen, als ihre Krankheit sich so verschlimmerte, daß man ihr die letzte Ölung geben mußte. Als dies
verwunden war, hatte der Vater sein Vertrauen auf ein lom-
bardisches oder romagnolisches Weib gesetzt; die kam und sagte
wieder sichere Heilung zu. Sie ließ aus Salz, Kleien und
allerlei scharfen Mitteln ein Pflaster kochen, dies auf ein Lein-
tuch streichen, und die Arme nackt darein wickeln. Sie lag

nicht lange so, da wurde sie wie halbtodt, und die Haut blieb
am Pflaster hängen, so daß sie wie geschunden war. Mit Mühe
retteten ihr kundigere Ärzte das Leben. Der Vater, um ihr
einige Entschädigung für das zu geben, was sie erduldet, trug
ihr nun selber den Habit des Dominicanerordens an; und sie
legte als Tertiarierin die Gelübde ab. So groß war die
Freude, die sie darüber empfand, daß sie darin hinreiche Stärke
schöpfte, um von ihrem Bette sich zu erheben; und unter dem
Zulauf des verwunderten Volkes, das ihren Zustand kannte,
durch die Stadt zu wandeln, und Umgang in den Kirchen und
Klöstern derselben zu halten. Das war jedoch ihr letzter Ausgang in ihrem sterblichen Leben; nach wenig Tagen legte sie
sich wieder zu Bette, um im Zeitraum von fünfundvierzig Jahren nicht mehr aufzustehen.

Vielartig waren die Übel, die sie im Verlaufe dieser langen Bettlägerigkeit zu dulden hatte. Das allerheftigste Fieber
war mit unabläßigem Kopfweh verbunden; dazu Seitenstechen,
und ein Asthma so heftig, daß sie nicht wagen durfte, ohne
Nachtlicht zu bleiben; und wenn dies etwa zufällig erlosch, dem
Ersticken nahe kam. Bisweilen wurde sie taub, dann wieder
stumm, dann an irgend einem andern Sinne geplagt; Stein-
schmerzen und dazu noch andere, durch alle Glieder verbreitete
Übel, bedrängten sie also, daß die letzte Ölung ihr oft gegeben
werden mußte. Es zeigte sich bald, daß ihre Krankheit mit
dem Kirchenjahre in Zusammenhang stehe. Jeden Freitag
pflegten gewöhnlich neue Plagen hinzuzutreten. Durch die ganze
heilige Woche und in der österlichen Zeit war es eben so; dann
zu Christi Himmelfahrt, an den Festen der Jungfrau und anderer Heiligen; besonders Solcher, die als ihre Schutzheiligen mit
ihr in näherem Verkehre standen. Das wußten ihre Hausgenossen recht wohl, so daß, wenn sie bemerkten, wie sie sich übler
gehabe, die Rede ausging unter ihnen: Das wundert uns nicht,
es ist diese oder jene Zeit; solche oder die andere Festlichkeit
naht! Je mehr sie indessen bei solchen Veranlassungen äußerlich, je nach dem Leibe, sich geschlagen fand; um so freudiger
fühlte sie nach Innen sich gekräftigt und gestärkt. Sie war
dabei in der Speise so enthaltsam, daß ihr ganzes Leben eine

fortdauernde Faste schien. Das Kleinste, kaum für einen Vogel genug, reichte hin, sie zu sättigen; zwei Bissen Brodes, irgend einige noch grüne Beeren, ein Schluck Wasser machte all ihre Erfrischung aus. Bisweilen kaute sie nur einige Kappern, oder Apfelkerne, um doch etwas zu thun; manchmal nahm sie ein Weniges von Kraut, oder eine Olive; und damit nannte sie sich bisweilen wohl, in ihren Selbstgesprächen, eine gefräßige Schlemmerin. Nur die Eucharistie gab ihr Stärke, und wenn sie der Arzneien wegen, mit denen sie gleichfalls viel geplagt · wurde, diese zwei bis drei Tage hinter einander nicht nehmen konnte; dann wurde sie so geschwächt, daß sie dem Tode nahe schien, und die Ärzte deswegen Vorsehen thun mußten.

Zu den körperlichen Übeln, die also auf ihr lasteten, fügten die Menschen, die sie umgaben, nun auch noch überdem vom Ihrigen hinzu. Eine Magd, die seit vierundzwanzig Jahren im Hause ihrer Ältern gedient, war darin den andern ein Mu= ster. Konnte die arme Kranke einmal ja einen Augenblick auf= seyn, dann war diese zur Stelle, um sie zu plagen. Sie gebot ihr, nun dies nun jenes zu verrichten; bald sollte sie, wenn das Weib ausging, Holz, bald Wasser zutragen; bald irgend etwas anderes beschicken, das sie überdem noch halb errathen mußte. Konnte sie das nicht vor Schmerzen und Unvermögen, oder brach sie unter der Last zusammen; dann erfüllte die Zu= rückgekehrte das Haus mit ihrem Geschrei, kehrte Alles unterst zu oberst, spie sie mit Gift an wie ein Basilisk; und wurde nur immer um so wüthender, je mehr die Todtkranke sie zu begüti= gen suchte. Andere brachten die Zorneswuth, in der sie gegen= einander entzündet waren, bis zu ihrem Schmerzenslager hin, und ließen sich durch keinen Zuspruch bedeuten; bis sie selber krank, wie sie war, sich aus dem Bette und zu ihren Füßen warf, sie um Gott anflehend, den Zorn zu lassen. Bei ihr pflegte sich dann vor Schmerz und Betrübniß meist die Krank= heit zu steigern; so daß ihr Bett unter ihr erzitterte, und die Schelle über ihr tönend sich bewegte. Andere trugen ihre Ver= zweiflung zu ihr hin, um bei der Leidenden Trost zu finden; und wenn sie dann, wie es unter ihren Schmerzen oft der Fall war, vor Entkräftung kurz zuvor kein Wort hervorzubringen vermocht, wurde ihr schnell die nöthige Stärke gegeben. Sie saß dann im Bette, das Antlitz im Liebeseifer glühend, und redete, als ob ihr nichts fehle.

Sie aber, unter dem Drucke so vielfältiger Noth und Plage, hatte sich gänzlich und unbedingt resignirt. Habe ich noch nicht Schmerzen genug, pflegte sie zu Gott zu beten, dann sende mir deren noch mehr; aber mehre auch die Geduld, damit ich dich nicht beleidige. Sie hatte sich ganz in den Gehorsam ihres Beichtvaters, ohne den mindesten Widerspruch, gegeben. Einst als sie von so vielen Schmerzen überfallen war, daß sie sich nicht zu lassen, noch im Bette zu bleiben wußte, hatten die Ihrigen nach ihm gesendet; er war gekommen, hatte sie getröstet nach Vermögen, und im Weggehen zu ihr gesagt: Nun Schwester Maria höre und ruhe! Nachdem er ihr darauf den Segen gegeben, war er davongegangen. Sie aber hatte von da an auf der Seite, wo sie gerade gelegen, sich festgehalten; vom Abend zum Morgen nicht zur Rechten noch zur Linken sich bewegend; so daß die Hausgenossen in der Frühe den Beicht- vater wieder besenden mußten, um sie zu lösen. Sie kam, wie begreiflich, in ecstatische Zustände; man sah sie mehrmal schwe- bend über ihrem Bette; ihre Seele zerfloß dann in Thränen: sie aber suchte es vor den Menschen zu verbergen, und gab Alles für Ohnmachten aus; die um sie waren, wußten aber gar wohl zu unterscheiden, da sie in der wirklichen Ohnmacht erblaßte, in der Ecstase aber wie eine Rose erblühte. Immer heiter, unter allen Schmerzen, mochte sie nicht leiden, wenn ein Trauriger ihr nahte; komm her, sagte sie dann tröstend, was ist dir? Sey nicht also, gib dich Jesu, der die rechte Freude ist; der wird in dein Herz kommen und dich fröhlich machen. So brachte sie ein martervolles Leben in wunderbarer Fassung hin, und wie sie in seinem Verlaufe jedes drohende Übel im Gesicht voraus geschaut; so wurde ihr auch ihr Tod, — durch Verschließung der obern und der untern Wege, — im Gesichte gezeigt; und sie nahm ihn mit derselben Ergebung wie jedes andere ihr früher gesendete Übel auf. Am zwanzigsten Tage ihrer letzten Krankheit schloß ihr die Geschwulst die Kehle, daß sie bald selbst die Communion nicht zu sich nehmen konnte; bei

aller Beängstigung aber blieb ihr Angesicht so heiter, als ob sie
den Himmel offen sehe. Sie beharrte in dieser Stimmung bis
zu ihrem Ende, und als schon der Puls zu schlagen aufgehört,
und der Beichtvater ihr die Sterbekerze in die Hand gegeben;
öffnete sie noch einmal das Auge, und der Ausdruck ihres Ge=
sichtes war so fröhlich, daß er das Herz aller Gegenwärtigen
mit unbeschreiblicher Freude erfüllte [1]).

Dieser Duldenden mögen wir füglich Lidwina von Schiedam
zur Seite stellen. Die hatte bis zu ihrem fünfzehnten Jahre
einer guten Gesundheit genossen, und wenig um ein inneres
Leben sich gekümmert. Als sie aber in diesem ihrem Lebens=
jahre einst, nach der Weise der Mädchen in Holland, auf das
Eis gegangen; da kam eine ihrer Mitgesellinnen auf ihren
Schlittschuhen an ihr vorbeigefahren, und suchte, mit dem Falle
bedroht, sich an ihr festzuhalten. Lidwina wurde durch den
Anprall niedergerissen, und brach, gegen einen Haufen Eisstücke
hingeschleudert, auf ihnen eine der kleinen Rippen. Es bildete
sich sofort ein inneres Geschwür, das, was man auch außen
thun mochte, innerlich mehr und mehr um sich fraß; so daß sie
dem Tode nahe kam; endlich aber, da sie einmal in einer
raschen Bewegung ihrem Vater sich in die Arme warf, berstete,
und nun in einem gewaltigen Eitererguß sich durch den Mund
entleerte. Von nun an blieb sie siech dreiunddreißig Jahre lang
für ihre ganze übrige Lebenszeit. In vielerlei Krankheitsformen
gab sich die Zerstörung ihres Organisms kund. Vor dem Jahre
1414, im Anfange ihres Übels, lag sie da, unvermögend sich zu
rühren; und man mußte, wenn man sie von der Stelle bewegen
sollte, ihre Schultern mit einer Binde umwinden, damit sie sich
nicht auseinanderrenke. Von 1414—21 konnte sie sich gar nicht
mehr bewegen noch umdrehen; sie lag die sieben Jahre auf
dem Rücken, unvermögend ein Glied zu rühren, ohne denn das
Haupt und den linken Arm mit der Schulter. Sie verlor da=
bei viel Blut durch Mund, Nase, Ohren und alle andern Zu=
gänge des Körpers; das heftigste Tertianfieber ließ dabei nicht
von ihr ab: nun in brennender Hitze ihre Gebeine dörrend,

---

[1]) Vita. A. S. ad XXVIII. Maii.

dann wieder mit unsäglicher Kälte sie erschütternd; worauf sie zuletzt in eine Bewußtlosigkeit verfiel, daß sie weder sprechen noch hören mochte. Drei Öffnungen hatten in ihrem Leibe sich gebildet; durch sie quollen Würmer grüner Farbe, von der Länge eines Fingergliedes, so dick als eine Spindel, die sich in der Auflösung der Säfte gebildet hatten, hervor; um ihrer einigermaßen Herr zu werden, hatte man Aufschläge von Weizenmehl und Honig auf die Öffnungen gelegt, woran sie sich dann hingen. Meister Gottfried von Haag, des Herzogs von Holland Leibarzt, von seinem Herrn zu ihr gesendet, hatte sie untersucht, die Eingeweide auf Seite gelegt, und sich nun durch den Augenschein überzeugt, wie die Würmer aus der Rückenfäule, die er dem Umstande zuschrieb, daß sie des Genusses von Salz gänzlich sich enthalten, ihren Ursprung nahmen. Bald trat eine Wassersucht ein, die neunzehn Jahre lang dauerte; Lunge und Leber wurden nach und nach stückweise ausgeworfen; sie aß nicht, trank nicht, noch auch genoß sie des Schlafes: aber nicht der mindeste Übelgeruch war an ihr, oder um sie her zu spüren. Großes Hauptweh und vielfältige Zahnschmerzen ließen beinahe nicht ab von ihr. Die beiden Hälften, aus denen, in symmetrischem Bau, des Menschen Leib sich zusammensetzt, schienen an ihr sich voneinander lösen zu wollen; daher hatte ihre Stirne eine Spaltung bis zur Mitte der Nase; eben so die Unterlippe und das Kinn, und beides war mit Blut unterlaufen. Am rechten Auge war sie stockblind; am linken so blöde, daß sie das Licht weder zur Tagszeit noch zur Nachtzeit vertragen mochte. Kein Glied fand sich beinahe an ihrem Leibe, das nicht mit einer besondern Plage behaftet gewesen; und als in ihrer Vaterstadt sich einst die Pest ausbreitete, mußte sie auch von dieser angesteckt werden, und bekam Pestbeulen, an denen sie lange und hart gelitten.

Unerachtet sie also mit Siechthum überladen gewesen, hatte sie Sinne, Vernunft, Gedächtniß und alle Geisteskräfte wohl beisammen; so daß sie Allen, die zu ihr kamen, Trost, ersprießliche Hilfe, Rath, im Leiblichen sogar Arznei mittheilen konnte. Sie war zu ihrer Schwachheit auch noch mit Armuth heimgesucht; in enger, dunkler Kammer lag sie lange Zeit auf Stroh, ja drei Jahre hindurch mit dem Rücken auf einem harten Brette, das man vom Boden eines Fasses genommen: so fand sie der überharte Winter des Jahres 1408, in dem die Gewächse in der Erde und die Fische im Wasser erfroren. Sie erstarrte in seinem Verlaufe oft also, daß ihr die Glieder erschwarzten, und die Thränen in den Augen erfroren; und man mußte sie am Morgen mit warmem Wasser wieder aufthauen: so daß sie nicht ohne ein Wunder damals am Leben geblieben. Die Reichen ihrer Stadt hatten ihrer ganz vergessen; Viele hielten sie für thöricht und verrückt, und hatten ihr Gespötte mit den Verzuckungen ihres Geistes. Sie selber aber hatte nicht also gethan; das Wenige, was ihre Ältern ihr zurückgelassen, war bald Alles verkauft, und der Erlös unter die Armen also ausgetheilt, daß sie sich in kurzem ganz entblößt gefunden. Und obgleich sie nun in bitterer Armuth darbte, ließ sie sich doch dadurch nicht abhalten, das Almosen, das ihr fromme Leute reichten, ohne alle Rücksicht auf sich selbst, Ärmeren wieder auszutheilen; und wenn sie es durch ihre Hausgenossen ausgesendet, lag sie im Gebete vor Gott, dem Geber alles Guten, und dankte ihm, daß er ihr Hilfe für die Nothleidenden gewährt. Wie sehr sie aber mit Nöthen und Entbehrungen zu kämpfen hatte, war ihr doch der Muth geblieben, zur eigenen Bereitung, wie zum Besten Anderer, noch neue Leiden auf sich zu nehmen, und die Bitte darum wurde ihr mehr als einmal gewährt. So war ihr im Jahre 1425 eine Krone gezeigt worden, die sie nach ihrem Tode empfangen sollte; aber die Krone war noch nicht gar ausgemacht, und Einiges noch an ihr unvollkommen anzusehen. Sie hatte darauf Gott gebeten, er möge sie in seinen Fußstapfen zu sich eingehen; dann aber mit Füßen sie wieder hinausstoßen lassen. Ihr geschah, wie sie gewollt. Herzog Philipp von Burgund kam mit einem Heere von Picarden und anderem Kriegsvolk nach Holland gezogen, um sich die Städte zu bezwingen; und so war er denn auch vor Schiedam gekommen, und von der Bürgerschaft mit Ehren aufgenommen worden. Da war es einigen von seinem Hofgesinde, einem Arzt und Wundarzt und Anderen eingefallen, die Lidwina zu besuchen, deren Ruf bis zu ihnen hingedrungen;

und sie hatten den Pfarrer angegangen, daß er sie zu der
Kranken führe. Dieser, nichts Arges vermuthend, hatte gethan,
wie sie gewollt; wie er aber die, mit Lärm und Ungezogenheit
nachdringenden Diener, vom Eintritt abhalten wollte, beantwor-
teten sie seine Vorstellungen mit Stößen und bösen Reden.
Das rohe Gesindel zündete nun im dunkeln Zimmer sich eine
Kerze an; zog die Vorhänge vom Bette der Kranken, bald
auch die Decke von ihrem Leibe, und entblößte sie ganz und
gar. Da ein Kind, ihres Bruders Tochter; das oft um sie
war, diesem ihrem Unfug sich zu widersetzen Miene machte;
wurde es gegen einen Betschemel hingeschleudert, daß es alle
die Tage seines Lebens hinkend geblieben. Sie überhäuften
nun die Leidende mit jeglicher Unbill; gingen sie mit Vorwür-
fen und Scheltworten an; betasteten sie nach der Art solcher
roher Gesellen; und stachen mit Rappieren an dreien Orten in
die von der Wassersucht Angeschwollene, so daß das Blut
reichlich von ihr floß. Darauf zogen sie, nachdem sie das Blut
von den Händen abgewaschen, unter vielen Schmachreden fort.
Sie hatte Alles mit Geduld und Sanftmuth getragen; ihre
Rache aber hatte ein Stärkerer auf sich genommen; die vier
Buben mußten noch denselben Winter an verschiedenen Orten
eines gewaltsamen Todes sterben.

Vor vielen Andern war auch Coleta von Gent ein rechtes
Bild der Schmerzen, und sie war darin vor ihnen ausgezeichnet; daß sie von denselben dann am meisten heimgesucht wurde,
wenn die Menschen sonst zu ruhen pflegen. So wie sie sich
zu Bette legte, begannen ihre Leiden, und zwar ohne Ausnahme das ganze Jahr hindurch; und dauerten bis zur Morgen-
frühe, ja bisweilen bis zur Mittagszeit. An Sonntagen schien
sie besonders bedacht, weil da die Schmerzen sich verdoppelten;
und mit der Abendstunde des Sabbats beginnend, bis zur
Complete dieses, ja bisweilen bis zur Mette des folgenden
Tags anhielten. Eben so war es bei allen gewöhnlichen Festtagen; nur daß bei den vorzüglichsten derselben, zu Weihnachten,
Ostern, Pfingsten und andern im Laufe des ganzen Jahres,
wieder eine Erhöhung der Leiden eintrat; die dann am Mittage
der Vigilie anhuben, bis zum Ende der Festlichkeiten dauerten;

und, wie extensiv, so auch intensiv mit der Heiligkeit der Feier sich steigerten. Das Übernatürliche in diesen Zuständen verrieth sich besonders dadurch: daß wenn, während sie in ihnen sich befand, irgend jemand ihr einen Besuch machte, den sie nicht abweisen durfte; im Augenblicke, wo sie sich ihn anzunehmen entschied, sogleich alles Übel aufhörte; und sie, so lange das Gespräch dauerte, keine Beschwer empfand. Sie war oft, noch einen Augenblick zuvor, ganz gebrochen und gekrümmt unter der Last der Leiden; ihre Zunge wie durchbohrt; ihr Haupt schien einem auf Feuer siedenden Topfe ähnlich, mit einer Gluth, die nichts zu brechen vermochte: mit einemmale war aller Schmerz weg, die Zunge frei und die Temperatur des Kopfes und aller Glieder gleichmäßig; so daß ihr kaum eine Erinnerung des eben erst Erduldeten blieb. Aber sie hatte keinen Gewinn davon; denn so wie die Personen sich entfernten, kehrte der Schmerz in demselben Verhältnisse verstärkt zurück, wie sie zuvor durch Nachlaß desselben Linderung genossen; oft so heftig, daß sie Blut auswerfen mußte. Auch bei ihr waren diese Peinen an den Festen der Märtyrer dieselben, welche die Blutzeugen gelitten, und es verging keine Woche, in der sie nicht eine oder zwei dieser Martergeschichten durchzumachen gehabt hätte. Am Tage des h. Laurentius wurde sie im Feuer gepeinigt; sie wurde mit dem h. Bartholomäus geschunden, mit dem h. Petrus gekreuzigt; bisweilen schien es ihr, als würden die Wurzeln ihrer Augen von brennenden Kohlen angefressen; dann als würden alle ihre Glieder und ihr ganzer Leib mit eisernen Stangen durchfahren. Jedes Glied an ihr hatte überdem noch seine besondere Plage; ihre Augen wurden oft aufs heftigste angegriffen, und es blieb ihr davon zu aller Zeit die Empfindung in ihnen, als hingen zwei brennende Lampen oder zwei kleine Sterne ihr zur Seite, die sich mit ihr bei jeder Umkehr wendeten; ihre Zunge trat ihr einmal in den Rachen zurück, so daß sie weder beten noch sprechen, ja kaum athmen konnte. Sie wurde dann wohl von unsichtbaren Geistern, wenn sie allein war, getröstet; aber sie pflegte doch wohl mitunter ihrem Beichtvater zu sagen: Die Märtyrer, die mit dem Herrn in der Glorie sich befinden, haben guten Kampf gehabt; denn sie durften

nur eine kurze Zeit die Peinen über sich ergehen lassen. Bei
ihr aber dauerte die Plage nicht etwa zehn, zwanzig, oder
dreißig, sondern fünfzig volle Jahre. [1]

Bisweilen will es den Anschein gewinnen, als solle ganz
zuletzt, an der Gränze des Lebens, das Gluthfeuer der Schmerzen
noch einmal bis zum höchsten Grade sich verstärken, um die
letzte Schlacke aus der geläuterten Seele herauszubrennen. So
war es bei der h. Rosa von Lima, die eine so schmerzliche
Endprüfung zu bestehen hatte. Als sie in ihr einunddreißigstes
Jahr eingetreten, hatte sie eines Tages, bei voller Gesundheit,
zu ihrer Freundin, der Gattin des Gonsalvo, gesagt: Wisse
Mutter, daß ich im vierten Monate von heute den Weg alles
Fleisches zu gehen habe! aber die Schmerzen meiner letzten
Krankheit werden wüthend seyn, aller Martern größte aber der
unlöschbare Durst. Darum bitte und flehe ich zu dir aufs in-
ständigste, du wollest mir in dieser allergrößten Noth beispringen, und meinem dorrenden Gaumen und den entzündeten Eingeweiden die Labung nicht versagen, deren ich dann bedürftig
bin. Diese Mittheilung war in Folge eines Gesichtes geschehen,
worin ihr angekündet worden, die Schmerzen, die ihr bevor-
ständen, seyen so vielfältig, scharf und einschneidend, daß Alles, was sie seither ertragen, für nichts dagegen zu rechnen
sey; jede Gliedmasse ihres erschöpften Körpers werde ihren eigenen Stachel haben, daß keine der andern beispringen könne;
derselbe Durst, der den Erlöser am Kreuze gepeinigt, werde
auch ihr zu Theile werden; und der Brand werde bis ins innerste Mark ihrer Gebeine dringen. Sie bereitete sich in willi-
ger Ergebung auf die Ankunft der ihr verkündeten Peinen vor,
und bat auch Andere, sie in diesem Bestreben durch ihr Gebet
zu unterstützen. Drei Tage vor dem anberaumten besuchte sie
noch einmal die ihr lieb und werth gewordene kleine Einsied-
lerzelle im Garten ihres väterlichen Hauses; und dort, sich unbe-
horcht glaubend, sang sie ihr Schwanenlied, in süßer Stimme
und in rhythmisch gesetzten Worten ihre Mutter dem Schutze

---

[1] Vita b. Coletae Act. Sanct. VI. Mart. p. 566.

des Himmels empfehlend; so daß die in Geheim ihr Zuhor=
chende von einem innerlichen Schauder ergriffen wurde.

Am Vorabend des ersten Augustes hatte sie sich noch ge=
sund und heil in ihr Zimmer eingeschlossen; aber als die Mit=
ternacht herangekommen, hörte man sie jämmerlich weheklagen;
und als die Freundin, die sie nach ihrer Bitte zu sich genom=
men, mit den Ihrigen herbeigekommen; fanden sie die Kranke
am Boden liegen, alle Glieder starr und unbeweglich, nur das
Zittern der um Luft ringenden Brust und ein Rest erlöschender
Stimme zeigte, daß noch ein Funke von Leben in ihr sey. Man
fragte ängstlich, was ihr widerfahren; sie aber konnte nur mit
gebrochenen Worten erwiedern, sie leide an keinem besondern
Übel: aber der Tod selbst gebiete unumschränkt in ihren innersten
Eingeweiden. Man fragte sie, ob man den Arzt rufen solle?
Den himmlischen, war ihre Erwiederung. Sie wurde zu Bette
gebracht, aber sie vermochte nicht, weder sich zu bewegen, noch
zu ruhen; der kalte Schweiß stand ihr auf der bleichen Stirne;
der Athem rang wie mit dem Drucke einer unendlichen Last;
in den verschiednen Adern und an den Schläfen stritten die
verschiedenen Arten des Pulsschlages miteinander, um den Vor=
zug größerer Heftigkeit; in unbestimmten Zwischenräumen schwoll
ihr blutloser Körper auf und wurde von Zuckungen erschüttert;
nur dann schien ihr Erleichterung zu kommen, wenn sie leise
den Namen Jesu ausgesprochen. Am Morgen starrten die
Ärzte das stille Schmerzensbild an; und nachdem sie näher zu=
gesehen, erklärten sie: eine solche Masse von Schmerz, im Streite
so mancherlei Krankheitsformen gehäuft, scheine über alle
menschliche Geduld hinauszugehen, noch auch seyen diese Peinen
als natürliche anzusehen; sondern sie seyen von höherer Art,
weit über alle ihre Kunst hinaus.

Einer ihrer Beichtväter forderte sie auf, wenigstens ihrem
Arzte auszulegen, was sie empfinde; und da sie zögerte, gebot
er es ihr unter dem Gehorsam. Sie gewann nun die nöthige
Kraft und sagte: Ich weiß, daß ich verdiene, was ich leide;
aber ich wußte nicht, daß solche Schmerzen den Körper über=
fallen, und durch die verschiedenen Gliedmassen sich austheilen
könnten. Mir ist, als ob eine glühende Eisenkugel mir durch

die Schläfen getrieben werde, und dabei ein glühender Spieß
mir vom Scheitel zur Fußsohle gehe, an dem ich bisweilen
mich mit Gewalt wie aufgehoben fühle. In gleichem Brande
scheint ein glühender Dolch mich, querüber von der Rechten zur
Linken, durch die Herzmitte zu durchbohren; [1] während mein
Haupt mir, wie von einem glühenden Helme beschlossen, und von
beständigen Hammerschlägen allum geschlagen scheint. Meine
Gebeine lösen sich langsam in Staub auf; das Mark in ihnen
verdorrt, wie zu Asche, während von Zeit zu Zeit die schneidendste
Kälte durch alle Fibern zuckt; jedes Gelenke ist von eigener
Plage umsessen, für die ich keinen Namen habe, noch auch
weiß, womit ich sie vergleichen soll. Nur das ist mir kund,
daß ich allmälig durch dies Alles dem Ende entgegengeführt
werde; weil aber meine Schmerzen sich durch mehre Tage ausbreiten sollen, darum schmerzt es mich, daß ich länger, als
ich möchte, diesem Hause zur Last bleiben muß. Übrigens möge Gott in mir vollbringen, was er in seinem heiligen Willen
beschlossen hat; ich werde mich weder des Todes, noch dieser
Schmerzen, die herber sind denn er, weigern. Die Ärzte wurden durch diese Auslegung ihres Zustandes nur noch betretener;
sie durften nicht Zweifel hegen an den Worten der Wahrhafti-
gen; und doch deutete kein Zeichen auf ein tödtliches Übelseyn,
und kein Fieber war im Pulse zu spüren. Die Jungfrau hatte
indessen ihrem Beichtvater schon anvertraut, sie müßten sich
umsonst, die Art ihrer Krankheit zu erkennen; sie sey ihr von
Außen zugesendet, und arbeite sich allmälig in ihr Inneres
hinein: da könne nur die Geduld Hiobs von Nutzen seyn, wobei sie nur einige Tage ruhig gelassen zu werden bat.

Der sechste August, der Tag der Verklärung auf dem Ta-
bor, fand sie nicht dort, sondern auf dem Calvariaberge. Ihre
Schmerzen schienen noch andere natürliche Krankheiten sich zur
Hilfe herbeigerufen zu haben. Zuerst hatte eine Lähmung der
ganzen linken Seite sich eingestellt, nur die Zunge war ihr
frei geblieben; alle anderen Glieder erstarrten, und sie fühlte
nur an ihrem Drucke, daß sie noch dergleichen habe. Bald

---

[1] Man sieht, auch der Schmerz hat die Kreuzesform angenommen.

hatte dem Schlaganfalle eine Entzündung des Brustfells; und dieser ein ängstliches Asthma sich beigesellt, dem eine Ischiatik, bald auch eine schmerzliche Colik, und Gichtknoten auf dem rechten Fuße folgten; worauf ein anhaltendes Entzündungsfieber alle diese Übel gleichsam überdeckte. Sie blieb unter allen diesen Martern ergeben in lieblicher und süßer Gemüthsruhe, voll solchen Vertrauens, daß ihre Beichtväter darüber erstaunten. Sie seufzte wohl bisweilen auf, aber ohne Wehklage; sie forderte nur noch mehr der Leiden, und konnte sogar einmal Scherz treiben mit ihrem Zustande, sagend: sie habe wohl einmal einen armen Knaben aufgenommen, jetzt aber habe sie deren zwei; sie meinte damit ihren erstarrten Arm und Fuß. Nur um Eines hatte sie gefleht: daß der Gebrauch ihrer Vernunft ihr durch die Schmerzen des Hauptes nicht genommen werden möge, und ihr wurde gewährt; wie durch ein Wunder blieb sie bis zu ihrem Ende vollkommen bei Sinnen. Der Durst hatte sich übrigens auch herzugefunden, und peinigte sie mit jedem Tage heftiger. Sie sah dann mit thränenden, schmerzumhüllten Blicken zur Freundin auf, sie um Wasser zur Kühlung flehend; Essig und Galle, sagte sie, würden ihr ein Labsal seyn, wenn sie es haben könne. Die Angeflehte weigerte es ihr, denn die Ärzte hatten es verboten; Rosa erinnerte sie an das Versprechen, das sie ihr vor vier Monaten gegeben; da diese aber auf der Weigerung bestand, blieb ihr nichts übrig, als mit erdörrendem Mund zu rufen: Ich dürste.

Unter diesen harten Kämpfen stellten sich endlich die Zeichen des nahenden Todes ein, und sie wurde versehen. Sie hatte noch Kraft genug, eine Beichte von ihrem ganzen Leben abzulegen; als sie dann hörte, daß man ihr die letzte Wegzehrung brachte, wurde sie sogleich wie mit Leben übergossen; erglühte lieblich gleich der Morgenröthe, und fiel, unfähig, ihre Freude zu bemeistern, in eine tiefe Ecstase; wobei die Gegenwärtigen nur erstaunten, daß sie dem die Hostie fassenden Priester Rede stand. Als sie das Sacrament empfangen, blieb sie blaß und blutlos ohne die mindeste Bewegung, und der Beichtvater mußte sie zu sich rufen, um sich zu versichern, ob sie es niederschlucken können. Die letzte Ölung empfing sie mit Jubel,

als ob sie mit ihr zum Triumphe, nicht zum Tode gehe. Es
war sichtbar, daß im Verhältniß, wie ihr geschwächter Leib der
Auflösung nahte, ihr Geist kräftiger und freudiger wurde; so
daß sie die stündliche Zunahme dieser Heiterkeit nicht zu mei-
stern wußte. Die Verzückungen wurden zugleich auch häufiger
und lieblicher; als sie wenige Stunden vor ihrem Tode von
einer solchen wieder zu sich gekommen, bedauerte sie gegen den
Beichtvater, daß ihr so wenig Zeit noch übrig sey, sonst könnte
sie ihm Freudiges von Gottes Süße und von der Ewigkeit berichten. Sie nahm dann den rührendsten Abschied von all ihren
Befreundeten, und starb am Bartholomäustag um Mitternacht bei
vollen Sinnen, ohne das geringste Zeichen von Furcht oder
Schrecken, die Augen nach Oben gerichtet, mit den Worten:
Jesus, Jesus, Jesus sey mit mir! [1])

II.

Die Reinigung und Disziplin des mittleren Lebens.

Hat das untere Leben erst die Wirkungen der ascetischen
Zucht erfahren, dann kömmt die Reihe an den mittleren Menschen, damit auch dieser seine Bereitung erlangen möge. Denn
dem unteren über, dem oberen untergestellt, wie dieser mittlere
sich in seiner Stätte findet, geht alle Zuleitung und Ableitung
zwischen ihnen unter sich und mit der umgebenden Natur durch
ihn hindurch; dieser wirksame Vermittler des Gesammtverkehrs
darf daher nicht länger ungeordnet bleiben, wenn der untere
Lebenshaushalt die neue Einrichtung erlangt. Hat die erste
Zucht der organisch gebundenen Instinkte und Kräfte sich angenommen; dann wird diese zweite den abwärts in ihnen wur-
zelnden Affecten, Trieben und Neigungen des Gemüthes, seyen
sie begehrlicher oder zornmüthiger Art, oder in Ruhe ergötzlicher,
sich entgegenwenden. Was also der Art in dieser seelischen
Region sich regt und bewegt, und unter Weisung der Sinne
schon mit einer gewissen Freiheit zum Ziele geht, das
wird in den Bereich dieser anderen Ascese fallen; sie wird

---

[1]) Vita. b. Rosae cap. XXVII—XXVIII.

dieser Bewegung in allen Richtungen sich zu bemeistern strebeu: was ausbrechen will mit Ungebühr, bindend und zurückhaltend; was über das Maaß hinaus in sich zu versinken Miene macht, gewaltsam heraustreibend; zügelnd die Triebe, die mit Ungestüm noch vorwärts wollen, anspornend aber jene, die träge und verzagt zurücke gehen; die allzusehr getheilten in Sammlung einigend; die in allzugroßer Spröde Geeinigten aber lösend und schmeidigend: dann wieder solche, die hochfliegend ansteigen möchten, zurückweisend und niederdrückend, die sich aber allzu nieder halten, aufrichtend und erhebend; alle insgesammt aber in großer Armuth und Einfalt mit aufmerksamem Fleiß bewahrend. Sie bedient sich aber dazu ähnlicher Mittel wie jene, deren sie sich in den unteren Lebensgebieten gebraucht. Wie sie dort nämlich, einmal aus eigener Überlegung und Entschließung, die Vorkehrungen zur Bändigung der tieferen Kräfte gemacht; und dann wieder, was unabhängig von ihr von Außen und von Oben verhängt worden, durch die Art, wie sie es genommen, zum gleichen Ziele gewendet; so auch hier. Sie verfügt nämlich entweder durch sich selber frei, und nach den Gesetzen, die sie selbst enterworfen, über die Mittel und Wege, die zur Disziplinirung aller jener Bewegungen dienen; oder wenn die Umstände unter höherer Lenkung darüber verfügt, dann trägt sie nur Sorge, daß diese Fügung fruchtbringend sich erweise und zum Ziele führe. Im ersten sind es, je nach der Richtung gegen sich oder Andere, entweder Mortificationen oder Liebeswerke, die sie übt; im andern sind es vorzüglich die verschiedenen gesellschaftlichen Verhältnisse, die durch das Beisammenleben Vieler sich begründen, die die Modalität ihres Verfahrens bedingen. Ein Moment nach dem andern fordert unsere Aufmerksamkeit.

1.

Abtödtungen und Mortificationen.

Der erste Grad der Ascese hat die Blutseele gebändigt, und sie, soviel es ohne Zerstörung des Lebens thunlich ist, entkettet, und mit ihren freier gewordenen Kräften in die mittlere

Seele eingetragen. In Banden war die Befreite gefangen, und entsunken der Region, in der sie als der ihr eigenthümlichen gewirkt; darum war der Naturkreis, über dem sie zuvor gestanden, scheinbar über sie hinausgestiegen; und sie war nun, wie umfaßt von dem, was sie umfassen sollte; so auch beherrscht von solchem, das sie zu beherrschen berufen war, und fühlte sich von ihrer eigenen in dasselbe verwachsenen Gewalt fortgerissen. Diese Bindung hat die Ascese nun aufgelöst: einmal, indem sie durch die geübte Enthaltsamkeit das stoffische Bildungsmittel gemindert und beschränkt, dadurch aber die in Verborgenheit gefesselte Kraft strahlend gemacht; dann, indem sie durch Wachen und Überwachen die Kraft selbst von Innen heraus gesteigert, gespannt, geschärft; daß sie federkräftiger, electrischer, feiner, wie in innerer Hebung der niederhaltenden Bindung sich entschwingend, und ihrem Organe sich entringend, ihm, dem seinerseits gleichfalls verfeinerten, — nach Art, wie die höheren dem ihrigen tiefer und darum freier einwohnen, — innerlicher wird, und somit ihrer selbst und seiner mächtiger. Die Kräfte dieser Region haben sich also durch diese Steigerung denen der mittleren mehr genähert; wie ihre Organe, gleichsam eine mehr nervöse Natur annehmend, denen dieser anderen näher gekommen. Sie finden aber diese mittleren Kräfte nach ihrer Art in ähnlicher Befangenheit gehalten, wie die, der sie selber unterlegen; die Ascese hat also das Werk, das sie mit jenen angefangen, sogleich an diesen fortzusetzen, um zu ihrem Zwecke zu gelangen. Es sind aber alle die Kräfte auf ein bestimmtes Ziel gerichtet, in dem sie in Lust zu ruhen streben. Im Niedersteigen aber auch ihrerseits überwältigt von der Region, in die sie herabgekommen; hat dies Streben in ihnen, sich abwendend von seinem ursprünglichen Endziele, durchgehends den Gegenständen dieses unteren Gebietes in sinnlicher Lust sich zugewendet. Um nun die Umkehr dieser verkehrten Richtung zu erwirken, und in der Disziplinirung des Affectes die ursprüngliche Ordnung wieder herzustellen; wird also die Unterdrückung dieser niedern Lust, und die Förderung alles dessen, was dem Begehrungsvermögen unlustig ist, vor Allem gefordert seyn. Der Affect, von der Seite abgetrieben, wohin er in seiner

falschen Neigung sich gerichtet, wird eben dadurch zur entge=
gengesetzten Seite hingelenkt, von der er zuvor mit Unlust sich
abgewendet; und durch die anhaltende Fortsetzung dieses An=
kämpfens gegen die natürliche Neigung werden, wie durch den
wiederholten Strich in entgegengesetzter Richtung die Pole des
stärksten Magneten sich umkehren, so die Strömungen der Af=
fecte allmälig umgewendet, und aus dem Niederstreben in das
Aufwärtsstreben umgesetzt. Und weil nur durch solche Übung
die ganze Macht der Begierde, in dem niedern Gebiete, in dem
sie bisher gewirkt, gebrochen wird und ersterben muß, um in
einem höheren verstärkt wieder aufzuleben; darum wird sie in
der Ascese die Mortification genannt.

Voll solcher Abtödtungen, vielfach wechselnd bei der in
allen Gebieten unerschöpflichen Erfindungskraft des Menschen,
sind die Lebensberichte der Heiligen; es genügt von vielen hier
nur einige anzuführen. Suso erzählt uns umständlich in dem
Berichte, der von seinem Leben uns aufbehalten worden, in der
naiven Sprache seiner Zeit; wie er seine gar lebendige Natur
gekästigt habe, und welche List und Buße er aufgesucht, daß er
den Leib möchte unterthänig machen dem Geiste. Ein hären
Hemd und eine eiserne Kette trug er also lang, bis das Blut
von ihm rann, und er beides ablegen mußte. Darauf ließ er
sich ein Niederkleid machen; anderthalbhundert spitze Messing=
nägel waren, die Spitzen einwärts gekehrt, an Riemen gefügt;
darin schlief er des Nachts, die Nächte waren im Winter nim=
mer so lang, oder im Sommer so heiß, daß er davon gelassen
hätte. Dann hatte er sich ein hölzern Kreuz gemacht, das war
in der Länge als eines Mannes Spanne, dazu in ordentlicher
Breite; darin hatte er 30 Nägel mit vorstehenden Spitzen ein=
geschlagen; das spannete er auf seinen bloßen Rücken zwischen
die Schultern auf das Fleisch, und trug es also Tag und Nacht
stätiglich acht Jahre; es machte ihn bei jedem Bücken, oder
wenn er zur Nachtzeit darauf zu liegen kam, blutig und ver=
sehrt, und war so schmerzlich, daß anfangs seine zarte Natur
darob erschrack; er durfte nur mit der Faust darauf schlagen,
wenn er sich eine stärkere Disziplin geben wollte. Damit zur
Nachtzeit er nicht unbewußt sich selber geholfen möge, hatte er

lederne Handschuhe mit Messingstiften um und um besetzen
lassen; die wundeten ihn, wenn er irgend wohin fuhr, um sich
behülflich zu seyn. Die märterliche Übung trieb er wohl sech-
zehn Jahr, bis seine Adern erkaltet und seine Natur gebrochen
war; da erschien ihm im Gesichte ein himmlisch Ingesinde, und
that ihm kund, daß es Gott nicht länger von ihm haben wollte.
Sein Lager war eine alte hingeworfene Thüre, darauf hatte er
eine dünne Matte aus Rohr gelegt; die reichte ihm nur bis an
die Knie; sein Haupt ruhte auf einem kleinen Kissen von Erb-
senstroh; wie er des Tages ging, so lag er des Nachts; nur
daß er einen dicken Mantel um sich that, der aber auch gar
kurz war, so daß die Füße ihm erfroren, wenn er sie außstrecken
wollte. Dazu kam nun noch das öftere scharfe Diszipliniren
unter grimmen Schlägen seiner Geißeln, daß sein Blut den Leib
abfloß; die große Enthaltsamkeit alles Gemachs, in Wärmung,
im Essen, und noch mehr im Trinken; so daß all seine Natur
nach Löschen des unerträglichen Durstes rang, und er oft, wenn
er zur Complet also dürre im Chore stand, und man das Weih-
wasser nach Gewohnheit umgab, oft den dürren Mund weit
gegen den Sprengwedel öffnete, ob etwa ein Tropfen des Wassers seine glühende Zunge ein wenig erkühle [1]).
    Ihn übertraf beinahe noch die h. Rosa von Lima in Er-
findungen zur eigenen Peinigung. Sie hatte, als sie den Habit
angenommen, sich eine Geißel aus Ketten gebildet, damit schlug
sie sich ohne Erbarmen; nur also die Streiche, die sie sich gab,
außtheilend, daß sie immer einen andern und andern Theil
ihres Leibes trafen. Als ihr diese Übung untersagt wurde, legte
sie die Kette dreifach und enge um ihre Lenden; sie in einem
Vorlegeschloße mit den Enden zusammenschließend, und den
Schlüssel dann wegwerfend. Die Haut wurde bald durchgerie-
ben; die Kette schnitt ein ins Fleisch, so daß sie beinahe unsichtbar wurde, und drang endlich bis zu den Nervensträngen
der dortigen Gegend vor. Die Folge davon war, daß eines
Nachts das allerheftigste Hüftenweh die Jungfrau überfiel, mit

---

[1]) Heinrich Suso's Leben und Schriften herausg. von M. Diepen-
brock. Regensb. 1829. p. 41—54.

Schmerzen, die, da sie die Kette mit keiner Gewalt aufzuschließen vermochte, sie ums Leben zu bringen drohten. Lange hatte sie sich umsonst damit bemüht; da begab sie sich ins Gebet, das selbst den Himmel eröffnet: sogleich sprang das Schloß von selbst, die Kette ließ nach); aber sie mußte mit Gewalt weggerissen werden, so daß die Haut hängen blieb, und das Blut nachstürzte. Da die Wunde geheilt war, umgürtete sie sich von neuem; ihr Beichtvater nöthigte sie aber ihm die Kette auszuliefern. Ein Cilizium hatte sie angelegt, aus Pferdehaar geflochten und bis zu den Knien hinunterreichend; das sie noch da und dort durch Spitzen verstärkt, viele Jahre trug, bis es ihr gleichfalls genommen wurde. Als sie aus den Kinderjahren ausgetreten, hatte sie aus Zinn eine Krone sich gebildet; inwendig mit Spitzen versehen, die sie geheim auf ihrem Haupte lange trug. Dann hatte sie für die zehn letzten Jahre ihres Lebens eine andere sich verfertigen lassen; ein Silberstreifen, inwendig mit 99 Stacheln in drei Ordnungen nebeneinander besetzt, und zum Kreise zusammengelöthet. Die trug sie unter dem Schleier verborgen; ein Stachel um den andern verletzte, je nach den Bewegungen, die sie machte, ihr Haupt; selbst das Sprechen wurde ihr schmerzlich, mehr noch Husten oder Niesen. Wandelte sie irgend eine Versuchung an, dann schlug sie ein Paarmal darauf, und fand darin eine Hilfe. Zum Bette hatte sie sich auf eine Tafel sieben knotige Holzstücke nebeneinander gelegt; die Zwischenräume aber mit dreihundert scharfen Scherbenstücken angefüllt, deren Spitzen, gegen den Körper gewendet, ihr solchen Schmerz verursachten, daß ihr, der Heldenhaften, auch der bloße Gedanke an dies schreckliche Lager, auf dem sie fünfzehn Jahre lag, ein Grauen war. Erst in ihren letzten Lebensjahren, als ihre Schwachheiten zugenommen, brachte sie die Nächte sitzend auf einem Sessel und zitternd vor Kälte zu [1]).

Frühe schon im Beginne des eilften Jahrhunderts war man auf das Geißeln, als ein taugliches ascetisches Mittel, verfallen. Die Geißelung gehörte einmal zum Cyclus der Leiden des Herrn, und war dadurch mystisch geheiligt. Zugleich durch den mit ihr

---

[1]) Vit. S. **Rosae** p. 48—55.

verbundenen Blutverlust die unteren Lebenskräfte schwächend, und in den mit ihrem Gebrauch verbundenen Schmerzen den höheren widerwärtig, mußte sie, dem überstrengen Ernste der Zeit, einerseits als das kräftigste Mittel zur Bändigung des Fleisches; andererseits als die anständigste Sühne für eigene Schuld, bald auch in freiwilliger Übernahme für fremde Vergehen sich bieten. Mit Eifer von einem lebenskräftigen Geschlecht ergriffen, mußte die neue Disziplin sich rasch bis zum äußersten Extrem entwickeln. Schon zur Zeit Gregors VII und Peter Damianis hat auf Fonte Avellana Dominicus, der Geharnischte, diese Übung bis zum äußersten Punkt der Möglichkeit getrieben. Seine Jugend war in der Einöde von Luceoli, unter der strengen Zucht des Johannes von Feretri, hingebracht worden, und er hatte später dem Abbte P. Damiani sich untergeben, der in seinen Schriften der Lebensweise, die er geführt, Zeugniß gegeben. Von dem eisernen Harnisch, den er viele Jahre auf bloßem Leibe getragen, war ihm der Name des Geharnischten geworden, und er war bezeichnend auch für sein innerlich Geistiges; denn unempfindlich gegen alle Schmerzen, schien er wie von Erz ergossen. Wie das altdeutsche Gesetz jeden Frevel am Andern, nach vorbestimmtem Maaße, durch Verlust des Eigenthumes büßte, so sollten, im Prinzipe gleicher Substitution, die in den Kirchenordnungen verfügten Bußen durch Blut gelöst werden, und man war übereingekommen, daß tausend Geißelschläge einem Jahre Kirchenbuße gleichgelten sollten. Während der Geißelung wurden die Psalmen abgebetet; so daß hundert Schläge auf jeden derselben fielen, alle 150 also fünf Bußjahren gleichgalten, zwanzig solcher Psalter mit 300000 Schlägen mithin einem Jahrhundert. Dominicus hatte es nun so weit gebracht, daß er in gewöhnlicher Zeit alltäglich zwei Psalter innerlich betend, sie mit der Geißel begleitete; aber zur Fastenzeit, mehr als einmal hundertjährige Buße übernehmend, täglich zum mindesten drei Psalter leistete; und somit binnen sechs Tagen mit der hundertjährigen Buße zu Stande kam, ja einmal sogar im Verlaufe der Fasten tausend Jahre leistete. Dazu fügte er oft noch bei jedem Psalter tausend Kniebeugungen, und so vermochte er auch sechsundzwanzigmal nach-

einander zwölf Psalmen mit in Kreuzesform ausgestreckten Hän=
den abzubeten. Es ging lange zu, bis es ihm gelang, acht
Psalter in einer Tagnacht unter der Geißel in der beschriebenen
Weise abzusingen; dann dauerte es wieder eine geraume Zeit,
bis er noch den neunten hinzuzusetzen vermochte; zehn war das
Äußerste, was er zuletzt erreichte. Da hier nahe zwei Geißel=
schläge auf die Sekunde fallen, was selbst bei einer gleichgülti=
gen Bewegung auf die Dauer zu leisten kaum möglich scheint,
so müßte man geneigt seyn, die Annahme einer, in so enger
Zusammendrängung gegen sich selbst gewendeten Thätigkeit, für
eine Erfindung zu erklären; läge nicht das klare, unumwundene
Zeugniß eines glaubhaften Mannes, abgelegt im Angesichte sei=
ner Zeitgenossen und vieler Zeugen des Vorgangs, uns vor
Augen. Befremdlich muß es erscheinen, daß die Natur dieses
Büßers sich, so lange sie noch in ihrer Kraft gestanden, gegen
eine, mit solcher hartnäckigen Beharrlichkeit so lange fortgesetzte
Mißhandlung und Zerfleischung, nicht in Wuth empört, oder im
Nachlaß in äußerster Erschöpfung zusammengebrochen. Erinnern
wir uns aber, was früher in anderer obgleich verwandter Weise
der Stylite geleistet; bedenken wir die erstaunenswerthe Duld=
samkeit, Fügsamkeit und den Umfang der menschlichen Natur,
die, wenn stufenweise und in allmäligem Vorschritt fortgeführt,
beinahe überall über jede angebliche Gränze hinauszugehen im
Stande ist: dann dürfen wir uns nicht gestatten, an ihr als
unmöglich abzuweisen, was uns unglaublich scheint. P. Damiani
hat uns berichtet, wie die Haut des Büßenden mohrengleich
geschwärzt gewesen, was darauf zu deuten scheint, daß sie wohl
auch zuletzt die Unempfindlichkeit der Bronze angenommen; aber
über die moralische Rückwirkung auf seinen inneren Menschen,
was uns so vielfältig interessant seyn würde, hat er uns gänz=
lich im Dunkeln gelassen; doch scheint die Achtung, mit der er
von ihm spricht, zu beweisen, daß er von dieser Seite nichts
zu verschweigen hatte. Die Sache selbst, die in ihrer Übertrie=
benheit, in den Händen schwächerer Nachahmer, zu greuelhaften
Verzerrungen hätte führen können; wie sie später, in den Fla=
gellanten in die Breite ausgelaufen, zu einer Landplage gewor=
den, mußte bald vielfältigen Widerspruch erwecken. Peter Ce=

rebrosus besonders und der Cardinal Stephan, der früher auf Monte Cassino gelebt, erhoben sich dagegen; machten auf die Nachtheile des Übermaaßes aufmerksam und die Gefahren, die nie im Gefolge jeder Übertreibung fehlen, und bewogen zuletzt Peter Damiani, daß er selbst zur Mäßigung rieth, und in Fonte Avellana das Übermaaß als unvernünftig einstellte [1]). Übrigens hat es ihm der Carmelite Francus, zwei Jahrhunderte später in der Panzerung seines Leibes, gleich gethan, und selbst eine Frau, die Tertiarierin Columba von Rieti, hatte den Muth, es ihnen, eine Art von Amazone, nachzuthun [2]).

Aus dem gleichen Grunde übernommener Büßung für eigene und fremde Sünden, sah man noch im 17ten Jahrhundert einen Carmeliter Laienbruder, Franciscus de Cruce, ein hölzern Kreuz nach Palästina und wieder zurück in die Heimath tragen. Am 16. März 1643 war er in seinem 57ten Jahre von Vallisolet in Spanien ausgezogen; sein Weg ging über Navarra und Bayonne nach Frankreich, Savoyen, Genua, Mailand, Parma, Florenz nach Rom, wo er am 16. Sept. desselben Jahres ankam. Am 12. April des folgenden Jahres ging er, immer das Kreuz auf der Schulter, nach Venedig; von da zu Schiffe nach Alexandria, und über Joppe nach Jerusalem. Nachdem er am Thore sein Herr Gott, dich loben wir! abgesungen, betrat er die Stadt; besuchte mit großer Andacht alle heiligen Orte, und pflanzte dann sein Kreuz auf dem Calvarienberge an der Stätte, wo das rechte gestanden, auf, und verweilte dort drei Stunden lang im Gebete und tiefen Betrachtungen. Von da ging er, seine Last wieder auf die Schulter nehmend, zum Jordan, nach Bethlehem, Nazareth, auf den Thabor und den Carmel; schiffte sich dann in Gesellschaft eines jüdischen Rabbinen, der sich über den Anblick bekehrt, nach Triest ein, ging von da wieder nach Rom, und dann über Lucca, Genua, Nizza, durch die Provence und Languedoc, und dann mitten im Winter über die Pyrenäen nach Biscaya und St. Jacob in Gallizien, durch Schnee

---

[1]) Sct. Petri Damiani Cardin. episcop. Ostiens. opera omnia Paris. 1743. T. I. p. 256. [2]) Specul. Carmelitan. p. Dan. a Virg. Mar. §. 2795.

und beinahe unwegsame Gegenden, und kehrte von da nach
Vallisolet und Madrid zurück, wo das, in Rom auf Befehl
des Papstes eingesegnete Kreuz, unter großem Zulaufe des
Volkes auf dem Altar der Carmelitenkirche aufgestellt wurde.
Nicht ohne die allergrößte Mühe und Beschwerde hatte er sein
Unternehmen ausgeführt. Die damals schon keimende Polizei
war ihm überall auf den Fersen, und hatte, besonders in Frank=
reich, ihn Monate lang in ihren Kerkern aufgehalten; Maho=
medaner und Juden thaten ihm allen Bedrang an; selbst in
Rom wollte man ihn nicht ziehen lassen, der Ungewöhnlichkeit
der Sache wegen; auch die mißtranische venetianische Regierung
hatte ihn lange aufgehalten; in der Nähe von Jerusalem, als
er die Stelle besuchte, wo Stephan gesteinigt worden, hätte er
beinahe dasselbe Schicksal erfahren. Er aber blieb immer tapfer
und guten Muthes; da auf der Rückkehr nach Triest ein über=
aus heftiger Sturm die Reisenden überfallen, und Alle sich schon
verloren gegeben, als das Wetter den Mast gestürzt; hatte er
statt desselben sein Kreuz aufgepflanzt, und nachdem er unter dem=
selben zu Gott um Rettung gefleht, hatte sich sogleich die Luft
aufgeheitert, die Winde hatten sich gestillt, und sie konnten nun
ihre Reise ohne weiteren Aufenthalt beendigen [1]).

So haben diese es gehalten, unzählige Andere sind nicht
gelinder mit ihrem Leib verfahren; sie sind ihm harte und über=
harte Herrn gewesen, und haben nicht abgelassen, bis sie seine
Kraft gebrochen und seine Macht gebunden hatten. Aber man
darf nicht glauben, daß dies, selbst so ertremen Mitteln, so
leicht und ohne viele Rückfälle gelinge; und diese Rückfälle eben
sind denen, die auf diesen Wegen gegangen, gleichfalls wieder
eine Kasteiung gewesen, stärker selbst als die Bußwerke, die sie
hervorgerufen. Jene untere Seele, die in die Mühle des Leibes
gesendet, dort den niederen Verrichtungen des Lebens obliegt,
kann nämlich durch das, was die Büßenden die Kreuzigung des
Fleisches nennen, wohl zuletzt theilweise abgelöst, befreit, gerei=
nigt und auf einen höheren Exponenten gebracht werden; jedoch

---

[1]) Speculum Carmelitanum p. P. Danielem a Virgine Maria T. II.
P. II. p. 995—97.

selten gefahrlos, nie, so lange das Leben dauert, mit bleibender
Sicherheit; nie auch in stetem ununterbrochenen Vorschreiten:
sondern im Gange allgemeiner Naturgesetze, unter wechselnden
Anwandlungen des Vorgangs und des Rückgangs, die nur bei der
unerschütterlichsten Beharrlichkeit allmälig ausschwankend, eini=
germaßen sich befestigen. Denn nach diesen Naturgesetzen wird
in allem Organischen, im Verhältniß wie die Energie irgend
eines Organes sich gebrochen findet, die Beweglichkeit desselben
um so mehr gesteigert; mit dieser aber der Umkreis, in dem es
Reizen und Erregungen geöffnet ist, erweitert seyn; und diese,
wenn sie endlich bis zu einem gewissen Grade sich gehäuft, be=
wirken dann den Umschlag, wo eine fieberhafte Energie wieder
an die Stelle der Entspannung tritt, und so lange anhält, bis
die angehäufte Erregbarkeit durch die übermäßig verstärkte Er=
regung sich verzehrt. Überdem hört die alte Schuld nimmer
auf, ihre niederziehende Gewalt gegen den Menschen auszuüben,
und hemmt mit Macht den Flug. Jene dem Leben, wie in an=
derer Weise der Materie, einwohnende Trägheit, die das eine
wie die andere, in den einmal festgestellten Verhältnissen zur
Umgebung, zurückzuhalten strebt, thut gleichfalls das Ihre; und
im Verhältniß wie die ansteigende Strebung mächtiger die Flü=
gel schlägt, wird der Widerstand größer, den sie ihr entgegen=
setzt; weil alles Gewicht, was zuvor auf breitem Fuße auf=
sitzend, von der Erde und dem Irdischen getragen worden, jetzt
von der eigenen Selbstthätigkeit schwebend erhalten werden muß.
Wie daher der Geist dem Fleische sich mehr und mehr entwin=
det, einigt dieses seine früher durch ihn vielfältig getheilte, ge=
hemmte und gleichsam gesättigte Wucht; und setzt sich nun von
eigener Mitte aus, bis zu einem gewissen Punkte mit stets wach=
sender Macht, jedem weiteren Versuche einer noch größeren
Befreiung ungestüm entgegen; ja schlingt das schon Befreite
wieder zu sich hinab, es in neue und stärkere Fesseln schlagend.
Wie bei der entgegengesetzten Strebung, die, im Übergewicht
der thierischen Natur, durch Laster den Mächten der Finsterniß
entgegenführt, die scheidende Geisterwelt durch die Stimme des
Gewissens ruft und warnt; so hier die scheidende, und als Zu=
leiterin der Sünde mißhandelte Natur, durch das, was jene

Männer mit dem Namen **Anfechtungen des Fleisches**
bezeichnet haben, darum, weil diese Einsprache eben so aus der
Tiefe aufquillt, wie jenes andere Orakel von der Höhe nieder=
kommt. Und es stehen diese Anfechtungen nun in einem be=
stimmten Bezuge zu jenen Bußübungen, ja sie werden durch
diese hervorgerufen; wie dessen das oft vorkommende Wälzen
in Dörnern, oder das Untertauchen in kaltem Wasser zur Däm=
pfung des Reizes Zeugniß geben. Denn, aufs engste verbunden und
ineinander übergehend, wie Tod und Zeugung, sind auch Mord
und Wohllust; Blutvergießen und orgiastischer Taumel, Geißeln
und Sinnenreiz. Und indem nun, wenn in der Beharrlichkeit
des Willens alle jene Bußübungen untereinander sich verketten,
und ihnen gegenüber eben so alle Anfechtungen in der Rückwir=
kung, und das Leben dadurch in Ebbe und Fluth auf und
nieder sich bewegt, von einem steten Wechselfieber hin und
hinüber geworfen; begreift sich erst im Anblicke der Gefahr die
Höhe des Muthes, der dazu gehört, auf einem Lebenswege
fortzugehen, der eben so leicht den dämonischen Mächten
wie Gott entgegenführt. Nur die festeste Ausdauer, hinschrei=
tend in Demuth und Bescheidenheit, kann in völliger Bändigung
der Natur mit Hilfe von Oben, zu gutem Ziele kommen; da
das Stehenbleiben auf halbem Wege Verderben bringt.

Aber ruft diese Zeit in ihrem Geiste: Wie! zu einer solchen
finstern, unsinnigen Lehre sollten wir uns bekennen, und durch
solchen trüben Ernst das lachende, fröhliche Leben sicherer Ge=
genwart uns verdunkeln lassen, um auf gefahrdrohendem Wege
eine unsichere Zukunft zu gewinnen! Wie! der Erde, die uns
Gott gegeben, sollten wir entsagen, und uns dafür mit einer
Anweisung auf Güter, die wir nicht kennen, ausgestellt von
unsichtbarer Hand, wieder gezogen auf ein unsichtbares Haus,
in unsichtbarer Welt, und nach Ablauf des Lebens erst zahl=
bar, abfinden lassen. Dürstend gleich diesen Thoren, sollten
wir unter heißem Sonnenbrande, mitten unter kühlen Wässern
gehen, und umgeben von allen Gutern, die die Erde in reichem
Maaße für uns spendet, hungern bis zur Erschöpfung; ja so=
gar den Tröster in aller Noth, den Schlaf von unserer sinken=
den Augenwimper weisen, damit ja keine Unterbrechung der

ewigen Mühsal sey, und diese fort und fort wie der Alp uns
drücke. Zu all der Noth und Sorge, die schon unabwendbar
auf dem Leben drücken, sollten wir noch diese erdrückende Last
freiwillig übernommener fügen, die uns nicht angerechnet wird,
weil wir eigenwillig sie uns selber aufgeladen; die aber, der
andern Bürde hinzugelegt, unter der gesammten Last der gedrück-
ten Brust keinen freien Athemzug ferner mehr gestattet. Diesen
Leib, ohnehin schon mit Krankheiten und Gebrechlichkeiten überladen, ihn sollten wir noch überhin mit solchen Quälereien bis
zum Tode plagen; die frische Jugend in Ketten legend, das edle
Herzblut an den Boden gießen; das edelste aller Güter, die
Gesundheit muthwillig vergeuden: um, nachdem wir selbst das
sonst ruhig hinströmende Leben durch unbehutsames Dämmen
zur Wildheit aufgeregt, und den Aufruhr in den Frieden hin-
eingetragen; nichts als Siechheit im gebrochenen, verwüsteten
Körper zu bereiten; und am Ende noch mit Recht den Vorwurf auf uns zu laden, daß wir langsamen Selbstmord
geübt, indem wir uns zum Herrn eines Lebens aufgeworfen,
das nur zur Nutznießung uns anvertraut worden. Und eine
so trübselige, freudenscheue Lehre, wie sie in der unnatürlichen
Abgeschlossenheit kräftiger aber nachtbedeckter, in sich selbst ver-
lorner, zur Ungebühr fanatisirter Geister hervorgegangen; sollte
die heitere, milde, in Allem menschliche, bescheidene und geordnete Christenlehre seyn; und dieser Gott, der am rieselnden
Blute sich erfreut, der die Geißelhiebe seiner Verehrer zählt, und
immer zu einem Mehreren noch antreibt und ermuntert; der da
will, daß der, den er zu seinem Gastmahl geladen, an reich
besetzter Tafel verschmachte; dessen Auge allein an den Zuckungen der Creatur sich weidet, die sich zu seinen Füßen windet:
das wäre wirklich der liebreiche, barmherzige Christengott; und
das wäre die leichte Bürde und das sanfte Joch, das er seinen
Bekennern angekündet; und so grausames Thun wäre wirklich
der rechte Kultus, mit dem die Religion der Liebe würdig ge-
feiert würde!

Ihr erwiedern dagegen die andern Menschenalter, die an
solcher Lebensweise sich erbaut: Mit Nichten ist Solches zu
thun euch aufgegeben; noch wird euch zugemuthet, durch solche

überstrenge das blühende Leben euch zu wüsten und zu entblät=
tern! An die·Erde lautet euere Sendung; in irdische Verhält=
nisse seyd ihr eingewiesen; die dazu erforderlichen Tugenden
habt ihr zu pflegen, die daran geknüpften Mühsale sind euch
aufgeladen: dafür ist auch alles Freudige euch zugetheilt; ihr
mögt es mit Maaß genießen, und euch an allem Reiz der schö=
nen Welt ergötzen. Darum ist euch der Leib gegeben, damit
das Thun in euch mit dem Lassen um euch, und wieder äuße=
res Thun mit innerem Leiden vermittelt sey; aber von seinen
Kräften belebt, ist er euch zum Diener nicht zum Leibeigenen
und zum Sclaven gewährt; und mit dem Dienstbaren habt ihr
nun mild zu handeln, nicht aber tyrannisch gegen ihn zu wü=
then. Wohl soll er des Herrn Male tragen, aber Maaß und
Bescheidenheit ist in Allem geboten; seine Tücke habt ihr zu
bändigen, aber das Nothwendige ihm zu entziehen, kann euch
nicht gestattet seyn: denn Opfer aus dem Raube des Armen
mag Gott nimmer wohlgefallen. So haben wir es gehalten,
als wir über die Erde hingegangen, so wird es die Regel aller
Zeiten seyn; sonst würde der irdische Haushalt nicht bestehen.
Anders ist es aber um die bestellt, von·denen jetzt die Rede
geht; was sie, die Privilegirten der Gnade, gewirkt, kann un=
sere Bewunderung auf sich ziehen: aber es kann nicht für sich
selber die Regel des Lebens werden; ja es muß, eben weil es
als Ausnahme des Maaßes und des harmonischen Verhaltens
in allen Vorkommnissen gegeben ist, diese Ordnung stärken und
bekräftigen, statt sie umzustoßen. Privilegirte nennen wir sie,
weil sie sich nicht in ihre Bestimmung eingedrungen, und des
Rufs dazu erharrend, sofort auch die Leitung von Oben herab
erlangt. Man wird sich nicht einbilden, daß ihre Natur eine
andere, als die gemeinmenschliche gewesen; diese aber neigt von
selber nicht auf solche Wege. Auf Lust gerichtet hat sie vor
jeder Unlust Abscheu, und ihr schaudert vor solchen Qualen;
instinktartig erwehrt sie sich alles dessen, was alle ihre Gefühle
so hart verletzend auf sie angeht; und weist sie es nicht mit
Anstrengung aller ihrer Mittel ohne Umschweif ab, dann weiß sie
tausend Wege, es zu umgehen. Wird also dieser Naturschrei
im Menschen besiegt, dann muß es ein Stärkerer seyn, der zu

diesem Sieg gestärkt; und dieser Selbe muß dem mit sich strei=
tenden Leben eine Sicherheit und Gewähr gegeben haben, auf
die es festen Glaubens vertrauend, den harten Kampf begon=
nen. Solches aber kann nur der Geist von Oben, dieser hat
sie daher in diese Kampfbahn eingeführt. Er hat sie aber be=
rufen, daß sie, Jeglicher in seiner Zeit, lebendige Zeugen seyen
des großen Opfers, das im Aufgange des neuen Lichtes, als
tiefster Grund, allem Christenthum sich unterlegt; zugleich aber
auch Organe, in denen das gerettete Geschlecht thätlich seinen
Dank ausspricht, für die Wohlthat, die ihm dadurch geworden.
Das Opfer am Altare ist die Fortsetzung jenes Opfers durch
alle Jahrhunderte; wie der Streit, den die Kirche fortdauernd
zu streiten hat, Fortsetzung des Kampfes, den der, so Priester
und Opfer zugleich gewesen, gestritten; und so sind denn diese
Sichselbstopfernden, indem sie ihr Vorbild auf seinem Leidens=
weg begleiten, Ministranten in jenem Opferdienst. Und wenn
nun der, dessen Kreuz sie auf sich genommen, sie von Oben
durch Leiden und Entsagung sich nachfolgen sieht; dann hat er
nicht etwa Freude an dem Blute, das ihre Fußstapfen röthet;
er ergötzt sich nicht an den Zuckungen einer gepeinigten, zerrisse=
nen Natur: denn er ist kein Schiva, dessen Zorn nur rauchen=
des Blut versöhnt; aber ihm gefällt die Ergebenheit eines Her=
zens, das seiner selbst sich ganz und völlig ausgeleert, um des
Gegenstandes seiner Liebe ganz voll zu werden. Ihm gefällt
jener Heldenmuth, der, indem er das Sichlassen wie eine That
vollbringt, ganzes Thun mit vollem Lassen ohne Vorbehalt ver=
bindet, und zugleich in höchster Energie zu ergreifen, und mit
tiefster Resignation sich hinzugeben weiß: wie ja auch ihr ehrend
anerkennt, wenn Einer aus euerer Mitte sein Leben setzt an
eine Idee, ja sogar an eine Leidenschaft; indem er sich dem
Vaterlande, der Wissenschaft, einer Liebe, oder auch nur einem
Vorurtheile opfert. Wie sie aber also unter der speziellen Lei=
tung der Vorsehung auf ihren Wegen gehen, wollen sie so wenig
zu Gegenständen der Bewunderung wie unbehutsamer Nachah=
mung sich aufwerfen; sie haben vielmehr immer ernstlich ge=
warnt, solche Wege ohne Leitstern zu betreten, und Jeden auf
die Bahn seiner eigensten Bestimmung einzuweisen sich bemüht.

Darum, so geht denn ihr immerhin auf den Wegen, die euch bereitet sind; aber laßt die Andern auf den ihrigen gewähren: sie haben vor Allem die Harmonie mit Gott gesucht; sicher, daß ihnen dann zuletzt in ihm auch die aufgegebne Harmonie mit der Welt zufallen werde. Euere Aufgabe ist, die rechte Harmonie mit der Welt aufzusuchen; denn im tiefsten Grunde derselben ist die Harmonie mit Gott verborgen, und die wird euch dann gefunden seyn.

Inzwischen ist nicht zu läugnen, daß, ist einmal die umschreibende Linie natürlicher Lebenszustände durchbrochen; in dem schrankenlosen Gebiete, das sich nun öffnet, das Maaß schwer zu finden, und die Unterscheidung zwischen dem Treiben des höheren Geistes und dem eigenen übertreibenden Eifer schwer zu finden sey. Der Besitz des Leibes ist keine Allode; er hat die Natur des zu Lehn übertragenen Eigenthums; nur über die Zinsen, und auch die nicht unbedingt, können wir verfügen: denn auch er ist zu einer höheren Verklärung vorbestimmt. Manche haben aber, wohl von großem, aber unbehutsamen Eifer hingerissen, mit ihm nicht blos wie mit einem unbedingten Eigenthum geschaltet; sondern es läßt sich bisweilen an, als sey mitunter in einem Anfluge manichäischer Täuschung, die in ihm ausschließlich den Grund alles Bösen sucht, auf seine Zerstörung hingearbeitet worden: was grell und nackt bei manchen Secten des Mittelalters hervorgetreten. · Darum hören wir wohl bisweilen den Mund unzweifelhafter Heiligen sich selber strafen, daß sie, des rechten Maaßes verfehlend, die Macht ihrer Natur allzu sehr gebrochen, und dadurch des Werkzeuges für das thätige Leben sich selbst beraubt. Eine allgemeine Regel ist indessen weder für die Übung, noch auch für die Beurtheilung festzusetzen; da alles von der Eigenthümlichkeit der Natur abhängt; und was die schwächere schon zerrüttet, kaum hinreicht, um die stärkere nur einigermaßen zu bändigen. Darüber ist besonders das Leben der Schwester Francisca vom Sacramente, der Zeitgenossin der h. Theresia, wie Michael Baptiste de Lanura es geschrieben, sehr unterrichtend. Ihr war ein wildes, afrikanisches Naturell zum Loos gefallen, und sie hatte sich, siebenzehn Jahre alt, in einem Liebeshandel mit

einem ihrer Verwandten, der Gluth desselben hingegeben. Nichts
Gelinderes als die Erscheinung, die ihr, nachdem dies Leben
einige Zeit, wahrscheinlich unter vielen Gewissensvorwürfen, ge=
dauert, eines Tages wurde, konnte sie von ihm zurückbringen.
In dunkler Hütte schien ihr, als öffne sich die Erde vor ihren
Augen bis zum Abgrund, und sie schaute mit unaussprechlichem
Entsetzen bis zum Grund der Hölle. Über ihren Schrecken
waren nun alle weltlichen Gedanken von ihr gewichen; sie ließ
sich unter die barfüßigen Carmelitinnen in Soria aufnehmen,
legte dort eine allgemeine Beicht ab, und begann ihr Noviziat.
In ihm hatte sie den allerheftigsten Streit zu streiten, sowohl
mit ihrem Blute; wie mit den bösen Geistern, die ihr alle ihre
Sünden von frühester Jugend auf unaufhörlich vorhaltend, sie
beinahe zur Verzweiflung brachten. Sie harrte inzwischen, von
andern Gesichten wieder von Zeit zu Zeit getröstet, tapfer aus,
und legte zuletzt ihre Profession ab. Aber der Streit war da=
mit nicht zu seinem Ende gekommen, er schien vielmehr nun
erst recht anzuheben. Sie war durch ihre Anlage über die
Maßen unfreundlich und zornig; das Geringste, was ihr un=
recht vorkam, machte sie unwillig, und wenn jemand sie nur
unfreundlich ansah, brauste sie gleich im Zorne auf; sie wurde
deswegen oft gestraft, fiel aber trotz aller Vorsätze immer wie=
der zurück. Eben so unbändig waren alle ihre anderen Leiden=
schaften und Neigungen; alle ihre Sinnen schienen unbezähm=
bar, und ihre Natur widerstrebte aufs heftigste jeder Samm=
lung in Andacht und irgend einem höheren Gefühle. Sie aber
beschloß nicht eher abzulassen, bis sie den Sieg davongetragen,
und griff nun zu allen Mitteln der Ascese: steter Arbeit, un=
ablässigem Gebete, Fasten, Bußwerken und Kasteiungen; gei=
ßelte sich Stunden lang, und legte Cilizien an, die ihren Leib
überall verwundeten. Der Herr erschien ihr und sagte: Du
gefällst mir wohl, indem du dich bemühst, vor meinem Ange=
sicht zu wandeln; er setzte aber hinzu: Du mußt aber nicht ge=
denken, daß du Solches mit Gewalt überkommen werdest; da=
rum wandle fortan in Lieblichkeit und gutem Gewissen vor
mir, und es wird besser mit dir werden! Es geschah, wie
vorhergesagt; sie zermarterte sich, die Widerspenstigkeit ihrer

Natur zu bezwingen, und es wollte kaum gelingen: sie hatte bis
in ihr hohes Alter fortdauernd mit sich selbst zu schaffen und
zu streiten. Einfältig von Verstand, und unfähig hohe Dinge
zu begreifen, wurde sie von ihren Mitschwestern verachtet; und
weil unangenehm von Gestalt, in der Rede unlieblich, im
Gange unbehutsam, in ihrer Gemüthsart heftig, wurde sie
überdem von Allen gescheut und geflohen. In allen Capi=
teln sah sie sich von ihrer Obrigkeit hart gestraft, von den
Weltlichen verkleinert, von ihren Beichtvätern ausgescholten,
von ihrem eigenen Gewissen angeklagt. Sie entschuldigte sich
nie, klagte nur ihre Bosheit heftiger an; und vertraute nur
im Gebete unter Thränen Gott ihr Leid, daß er ihr eine so
üble Natur verliehen. Sie erhielt dann die Antwort: Diese
Natur kommt dir zu; ich aber will, daß du mit selber strei=
test: darum weine nicht, sondern bessere dich! Wenn ihre
Zornmüthigkeit sie allzuweit hingerissen, erschien ihr der Herr
mit zürnendem Angesicht; sie erhielt scharfe Worte, sollte wohl
auch mit Ruthen gestrichen werden; so daß sie hernach bei sei=
nem Wiedererscheinen von ganzem Herzen erschrack, und er sie
mit den Worten: Ich komme im Frieden, beruhigen mußte.
Ihr übles Vernehmen mit der Umgebung dauerte indessen im=
merfort; als daher der Provinzial zur Visitation des Klosters
sich eingefunden, klagten alle Schwestern, wie vom bösen Geiste
angetrieben, sie aufs heftigste an; sie wurde als Zänkerin und
Ruhestörerin aufs bitterste ausgescholten; sieben Monate lang
sollte sie büßen, drei Monate von der Gemeinde abgesondert
und des Sacramentes beraubt seyn; ihr Beichtvater wurde ihr
zudem genommen, der bisher ihr einziger Trost gewesen. Bei
dreimaliger Rückkehr des Provinzials wiederholte sich das drei=
mal in immer längeren Fristen. Bis zum Grunde ihres Her=
zens, in dieser ihrer gänzlichen Hülflosigkeit, betrübt, blieb sie
doch gefaßt und resignirt; obgleich sie, zu all ihrer andern Noth,
in ihrer Einsamkeit durch unabläßige dämonische Erscheinungen
geängstiget und mißhandelt wurde, die erst vier Jahre vor ih=
rem Tode von ihr abließen. Um so heftiger wurde aber nun
der Reiz zur Lust und sinnlichen Begierlichkeit in ihr; ihr Leib
schien in allen seinen Gliedern wie in einem höllischen Feuer

entzündet; was sie vornehmen mochte, es half kein Streiten und Wehren. Noch in ihrem zwei und sechzigsten Jahre, war ihr, als ob sie in den Flammen eines Glühofens stehe, wenn die Anfechtungen sie anwandelten, und sie ließen nicht ab von ihr; bis sie, nachdem sie 46 ganzer Jahre hindurch täglich wiedergekehrt, ohne je ihrer Einstimmung Meister zu werden, wenige Tage vor ihrem Tode, der 1629 im acht und sechzigsten Jahre ihres Alters erfolgte, endlich von ihr wichen.

2.
Starkmuth und Gelassenheit in jeder Art des Unglücks.

Solcher Art sind die inneren Kämpfe, welche die Wanderer auf der engen, steilen Bahn zu kämpfen haben; aber zur gleichen Zeit wollen auch andere mit der äußeren Umgebung ausgestritten seyn. Neben der allgemeinen, äußeren, physischen Natur, in die sie sich aufgenommen finden; sind sie auch einer moralischen als untergeordnete Glieder eingefügt, und helfen, zusammt den andern, den großen gesellschaftlichen Organism eben so zusammensetzen, wie sie andererseits integrirend in das äußere Naturganze eingehen. Aber dadurch, daß sie über beide Gesellschaften hinaus, tiefer denn die anderen, in einem dritten unsichtbaren Reiche, Einbürgerung erlangt; finden sie in jenem unteren Doppelverbande ganz anders sich gestellt, als Jene, die dem einen mit ganzem Leibe, dem anderen mit ganzer Seele angehören. Die Natur ihrerseits nämlich geht ihre gewiesenen Wege, und kümmert sich um keine Mystik; der geistige Gesammtverband ist auch nichts weniger als mystisch gestimmt: das reißende Thier in ihm geht lauernd durch die Nacht; während das jagdbare durch die Wälder und über die Höhen streift; das zahme aber im Pfluge geht, oder auf dem Anger weidet: innen aber der rechnende Verstand als Hausmeister Buch hält, und die nöthigste Zucht besorgt. Was sich nun zu dieser Ordnung hält: Gewaltsames in sich dem Gewaltsamen, Zahmes dem Zahmen beigesellend, und dem Imperativ des Oeconomen sich fügend; das gedeiht leiblich, physisch und mö-

ralisch in Gesundheit und Wohlbehagen. Da erscheinen aber
nun diese Fremdlinge, wie Meteore einer höheren Welt, in
Mitte dieser Ordnung, die ihnen eine Unordnung ist, wie sie
ihr ein Ärgerniß; und finden natürlich keine Stätte sich berei=
tet. Sie haben nicht irdische Schwerkraft genug in sich, um
in die auf sie eindringenden Verhältnisse scharf einzuschneiden,
das allzu Zudringliche von sich abzuwehren, und, mit dem Un=
abwendbaren langsam sich setzend, auf Erden einen sicheren
Fuß zu gewinnen. Mehr des Flugs gewohnt als ruhig ge=
messenen Ganges, fühlen sie vielmehr bald sich aufgehoben;
und wie Vögel, die in den Sturm gerathen, von der Macht
unbemeisterter Elemente hingerissen und hin und her geworfen.
Nach einem andern Grundtone ausgestimmt, finden sie bald
nach allen Seiten hin sich von Mißklängen berührt; und das
Fremdartige in ihnen will nirgendwo recht passen und zusam=
mengehen. So Natur wie Gesellschaft fühlen beide, in der ihnen
eigenthümlichen Heimath, sich allzu stark, um durch ihre Nähe
sich im mindesten irren zu lassen; sie also, die Eingedrungenen,
die kaum das Recht der Schutzgenossen genießen, müssen es
entgelten und büßen; und wie das physische Mißverhältniß sich
in Krankheiten, Gebrechlichkeiten und Schmerzen aller Gattungen
an ihnen ausläßt; so das moralische durch Heimsuchungen und
Prüfungen anderer Art, die sie nun als solche, die· da zur
weitern Bereitung der noch ungebrochenen Natur, über sie ver=
hängt und ihnen aufgelegt sind, .in Ergebung hinnehmen müssen.
Wie hart angefaßt sie also immer sich fühlen; wie tief ein=
schneidend, versehrend, ja zerreißend ihre wunden Sinne die
Einwirkung dieser Verhältnisse empfinden mögen: sie werden
das Alles, als sey es eine Lebensbedingung ihrer Persönlich=
keit, hinnehmen müssen; und es wird dann erziehend, läuternd,
reinigend wirken, und somit als reinigendes Mittel in die my=
stische Diszjplin aufgenommen seyn. Es wird nicht nöthig
seyn, dies weiter in vielen Worten auseinanderzusetzen; wir
dürfen nur zum Belege einige der merkwürdigeren Fälle hier
anführen.

Agatha a Cruce, 1547 im Bisthum Toledo geboren, unfern
von Madrid, war ausgezeichnet durch die viele Noth und Unbill,

die sie in ihrem Leben ertragen müssen. Sechsjährig wurde sie von einer ihrer Gespielinnen von einem Felsen herabgestoßen, und nur durch ein Wunder erhalten. Dann fiel sie sich von einer Bank den Finger ab, der ihr aber wunderbar heilte. Wieder wollten sie ihre eigenen Verwandten tödten, und warfen sie von einer Klippe herab; die Ältern selbst wurden zuletzt, wegen ihrer Freigebigkeit gegen die Armen, wider sie erzürnt, und warfen sie mit Schlägen aus dem Hause; so daß sie sich gezwungen fand, den Bauern die Schaafe zu hüten. Dort kam sie in neue Gefahren: schlechte Leute stellten ihr nach, ein Räuber wollte sie ermorden, die Wand einer Scheune verschüttete sie; immer wieder wurde sie durch höheren Schutz gerettet. So viele Thränen vergoß sie in ihren Betrachtungen, daß sie endlich erblindete; sie wurde aber wieder geheilt, und begab sich nun in ein Kloster, wo sie das erste Probejahr mit unerhörten Abtödtungen sich quälte, zuletzt aber doch verstoßen wurde. Sie ertrug die Schmach mit Geduld, wurde in ein anderes Kloster in Alcala aufgenommen, dort aber ebenfalls von den Schwestern verachtet, verlacht und verspottet; der Herr erschien ihr während dieser Verfolgung, sein Kreuz tragend, und sie ermahnend, es ihm nachzuthun. Sie ward darauf abermal aus dem Kloster vertrieben; fällt nun aus Betrübniß in eine schwere Krankheit, wird aber durch Erscheinungen getröstet, und ermuntert, die dritte Regel des heiligen Dominicus anzunehmen. Sie folgt der Aufforderung; nun erhebt sich aber ein neuer Sturm gegen sie: beim Provinzial angeklagt, als lebe sie mit Liebhabern in Unzucht, wird sie vorgefordert, befragt, als eine scheinheilige, lasterhafte Betrügerin, Schänderin des Ordens und ein Schandfleck der Religion erklärt; das Ordenskleid wird ihr genommen, sie selbst aber der Inquisition übergeben, und mit Schande und Spott über die Gassen geführt. Die Untersuchung beginnt; sie verbreitet sich über ihr ganzes Leben, all ihren Handel und Wandel; die weltliche Obrigkeit verbindet sich zu diesem Zwecke mit der geistlichen; zuletzt, nach genauester und langdauernder Nachforschung, wird sie von beiden als unschuldig erkannt, und auf freien Fuß gesetzt. Sie hat nun endlich ihren langen Streit ausge=

stritten; alle Schmach, und alle Unbill hatte sie mit Sanftmuth
und Geduld getragen, fortdauernd unter der Regel sich gehal=
ten; und in allen diesen Prüfungen zur höchsten Heiligkeit er=
wachsen, wird sie nun durch viele Erscheinungen getröstet. Von
ihr ist aufgeschrieben, daß sie in den letzten acht Jahren ihres
Lebens nimmer mehr geschlafen; vier Jahre vor ihrem Tode
hat sie Tag und Stunde desselben vorgesagt, und er erfolgte
dann, wie sie verkündet, am 20. April 1621 [1]).

Andern ist der Ehestand, der ihnen auferlegt worden,
Schule zum höheren Leben gewesen:

Als jene Johanna Rodriguez aus Burgos, die unsere
Aufmerksamkeit in den fröhlichen Tagen ihrer Kindheit schon
in Anspruch genommen [2]), dreizehn Jahre alt gewesen, wurde
sie ihrer Abkunft, ihrer Schönheit und ihres Reichthums wegen
von Vielen gesucht; am ernstlichsten von Matthias Ortiz, der
bei ihren Ältern um sie anhielt. Diese willigten ein. Sie nun
entsetzte sich ob des Antrags; flehte zu ihren Ältern ohne Er=
folg; flehte zu ihrem Beichtvater, der ihr den Bescheid gab:
alle ihre Erscheinungen könnten leere Täuschung seyn, nimmer
aber das Gebot, ihren Ältern zu gehorchen, sie irre führen;
flehte darauf in ihrer Kammer vor dem Kinde, dem sie sich
verlobt, und erhielt zur Antwort: Thue, was deine Ältern dir
befehlen, dir soll höherer Schirm und Schutz nimmer fehlen!
So mußte sie geschehen lassen, was sie nicht verhindern konnte,
und wurde die Gattin des Ortiz. Es zeigte sich bald, daß
diese Heirath ihr Ascese, Cilizium und Disziplin seyn sollte,
beinahe auf ihre ganze Lebenszeit. Ortiz konnte nämlich die
Ehe mit ihr nicht vollziehen; er aber, ein Spanier brennenden
Temperamentes, heftiger und zorniger Gemüthsart, immer an=
kämpfend gegen eine unsichtbare Hemmniß der Befriedigung
seiner Leidenschaft, und doch außer Stand sich findend, sie aus
dem Wege zu räumen; mußte in dem stets wiederkehrenden Reiz
zur höchsten Erbitterung getrieben werden; die bei der unbe=
schränkten Macht, die die Sitte des Landes ihm über die Gat=

---

[1]) Steill Ephem. p. 536.
[2]) Weiter oben p. 533.

tin einräumte, sich bald an ihr in einer furchtbaren Weise aus-
ließ. Anfangs wohnten Beide im Hause der Ältern der Johanna, und der im Herzen des Gatten sich entwickelnde Haß,
dadurch einigermaßen in Schranken gehalten, äußerte sich nur
im Grollen und Zanken; was ihr dann von Seite der Mutter,
die in ihr die Ursache der Mißstimmung suchte, thätliche Mißhandlungen zuzog. Als der Vater aber, um das Herzeleid der
Tochter nicht täglich vor Augen zu haben, den beiden Eheleuten
ein eigenes Haus verschafft; da hub sich ihre Noth erst recht
an. Die Mutter hatte sie in das neue Leben schon durch eine
furchtbare Scene eingeweiht: als sie nämlich beim Auszuge
Abschied von ihr genommen; da hatte Schmerz, und Leid, und
Zorn und Trauer sie also übermannt, daß sie wie wahnsinnig,
mit dem Ausruf: Nimmer soll sie wegziehen, eher ein Kind des
Todes werden! einem Tiger gleich, die Tochter angefallen;
und sie also zerkratzte und wundete, daß sie drei Wochen lang
sich vor Niemand sehen lassen durfte. Schmerzlicher noch als
dieser ihr Abschied von den Ältern, war der andere von jener
Hauscapelle, in der sie die fröhlicheren Jugendtage gelebt, und
von jenem Kinde, das den Gespielen derselben gemacht. Es
erschien ihr jetzt nicht mit Blumen im vielfarbnen Röcklein,
sondern mit dem Kreuz auf der Schulter; sie aber, wie sehr
sie mit Schmerzen selber beladen war, eilte schnellen Laufes
auf die Erscheinung zu, um die Last dem wankenden Kinde
abzunehmen. Sie erhielt, was sie verlangte, und vernahm die
Worte: Nimm es hin, wie du gewollt, du wirst es viele Jahre
tragen; aber es wird nimmer an Muth und Stärke dir ermangeln, denn ich werde dein Helfer sein. Der Gruß, mit dem
der Mann, als er zum erstenmale mit ihr sich allein im Hause
fand, die Unglückliche empfing, zeigte ihr das ganze Gewicht
der auf ihre Schultern gelegten Last: Jetzo bist du allein in
meiner Gewalt, so redete er zu ihr, und du hast keine andere
Zuflucht, als allein zu Gott; denn wer ist in der Welt, der
dich von meinen Händen erretten könnte? Wohlan so sollst du
denn in Allem bis zum Allerkleinsten hin mir gehorsam seyn,
und in keinem Dinge deinen Willen thun! So sollst du dich
halten, als wären deine Ältern und alle deine Verwandten

dir gestorben; von diesem Tage an darfst du deiner Ältern
Haus nie betreten, auch mit keinem von deinen Verwandten
sprechen; selbst wenn du deiner Mutter, oder wem sonst, auf
der Straße oder in der Kirche begegnest, sollst du gleichwohl
nicht mit ihr der Rede pflegen. Und habe scharfe Acht, daß
du in Allem, was ich dir also befehle, vollen Gehorsam leistest;
denn ich schwöre dir bei Gott, würdest du, nur um ein kleines
davon abgehend, dich gegen mich verfehlen, daß ich dir ein
grausamer Henker seyn, und es deinen Leib entgelten lassen
werde. Die Arme hatte mit Schrecken und Furcht den Grimmigen angehört, und antwortete nun mit Demuth: Herr, was
ihr befehlet, das werd ich thun, und jederzeit mich befleißen,
euch in Allem zu gehorchen.

Es ergab sich bald die Gelegenheit, die Drohung in Erfüllung zu setzen. Johanna war in die Kirche zur Messe gegangen, und hatte dort ihre Mutter gefunden; gern wäre sie
ihr, eingedenk der Gebote ihres Wütherichs, ausgewichen; aber
da sie niedergekniet, war die Mutter herzu gekommen, und
hatte sie gegrüßt, und sie ihr nur gedankt. Das hatte Jemand
gesehen, und unbehutsam dem Manne hinterbracht. Der hatte
sogleich die Rache gerüstet, und dicke Schnüre, womit Ballen
gebunden waren, in Salz und Essig eingeweicht. Als es nun
Nacht und Alles still im Hause geworden, befahl Matthias der
15jährigen Frau ihm zu folgen; und ging mit ihr zum Vor-
hause, wo eine starke Bettlade stand, an deren vier Pfosten er
sie nackend mit Händen und Füßen band; und nun schlug er
sie mit jenen Schnüren also, daß sie bald mit Blute überronnen stand. Er aber, durch das fließende nicht besänftigt,
sondern nur noch mehr ergrimmt, schlug fort in die Wunden;
und ließ dann von einer Fackel geschmolzenes Wachs in sie
hinab träufeln. Sie that keinen Mund zu Allem auf; das
Geräusch der Streiche hatte inzwischen die Mägde aufgeweckt,
die einen andern Bewohner des Hauses herzugerufen; Ortiz
hatte die Bewegung gespürt, löste sie schnell von ihren Banden, trug sie halbtodt auf ihr Bette; und drohte nun ihr und
den Mägden mit dem Dolche den Tod, wenn ein Wort über

ihre Lippen komme. Mit Mühe wurde sie von einem Arzte wieder geheilt.

Kaum wieder hergestellt, mußte sie eine andere noch härtere Mißhandlung erdulden. Einstmal hatte ein Knabe, Vetter ihres Mannes, mit einigen Canarienvögeln, die dieser am Fenster hielt, gespielt, und einen der Körbe herabgeworfen. Als Ortiz darüber herbeigekommen, und den Korb an der Erde sah, brüllte er gleich einem Löwen auf, und fuhr die Frau an: sie habe ihm zum Trotze den Korb heruntergeworfen, oder die Mägde hätten es ihr zu Gefallen gethan. Was sie sagen mochte, half nicht, denn er suchte nur einen Vorwand; er führt sie darum ins Vorhaus, in dem ein Brunnen war; besiehlt ihr dort, die Kleider abzulegen, und wie sie dessen aus Scham sich weigert, durchschneidet er ihr, rasend vor Ungeduld und Zorn, Gürtel und Kleider unter vielen Schlägen; bindet sie dann an das Brunnenseil, und läßt sie bis zum Halse ins Wasser hinab. Die Dienstmägde hatte er zuvor eingesperrt, damit ihr Niemand zu Hilfe komme; und so ließ er sie zur Winterszeit 24 Stunden im Wasser hängen, in dem sie ohne Zweifel vor Kälte umgekommen wäre; hätte nicht jene höhere Liebe, die sie durchglühte, die Wirkung der Elemente gebrochen. Nach Verlauf jener Zeit zog er sie mit Hilfe seines Vetters wieder aus dem Brunnen herauf; sie lag zwei ganze Monate, einem kalten Marmor gleich, auf einer Stelle ihres Bettes, ohne daß ihr die Macht geblieben wäre, sich zu regen oder zu bewegen; und genas nur langsam wieder. Sie blieb in all diesen Trübsalen sanft und demüthig; wenn der Mann aufhörte sie zu peinigen, kniete sie vor ihm nieder, und bat ihn um Verzeihung; sie sehe wohl, wie billig er sie strafe! Die einzige Antwort, die sie erhielt, waren neue Mißhandlungen, denn sagte er: er lasse nicht mit solcher Heuchelei und eitel glatten Worten sich abfinden.

Durch die Nachbarn kam es an die Ältern, wie ihre Tochter mißhandelt werde; diese ließen ihr Ehescheidung antragen: sie aber weigerte sich dessen mit Beharrlichkeit; und nun wurde sie auch von den Ihrigen verlassen, weil sie sich nicht einbilden konnten, daß sie wirklich so übel gehalten werde, ohne ein

Zeichen der Bedrängniß von sich zu geben. Bald geschah es,
daß auch ihrer Ältern Reichthum in Abnahme kam, und sie
endlich verarmten; ihr Mann seinerseits hatte seine Güter nach
und nach verschwendet, und wie er, der vorher reich gewesen,
sich also ohne Mittel sah, sprach er eines Tags zu ihr: Ich
will das Wenige, so wir noch übrig haben, bis auf deine Klei=
der verkaufen, und dich anders wohin führen, wo deine Ver=
wandten nimmer ein Wort mehr von dir hören werden. Jo=
hanna antwortete ihm kein einzig Wort; er aber ließ in der
Folge mit Mühe sich bereden, in die Dienste eines Adeligen zu
treten, und gebot nun der Gattin, da er sie nicht länger er=
nähren könne, zu ihren Ältern zurückzukehren. Da sie in ihrem
unbeschreiblichen Leidensmuthe dessen sich weigerte, that er ihr
ihren Mantel um, und stieß sie zur Hinterthüre seines Hauses
hinaus. Also betrübt und verlassen setzte sie sich auf einen
Stein an einen dort vorüberfließenden Bach; eine starke Ver=
suchung wandelte sie an, sich in das Wasser zu stürzen; sie
überwand aber die aufsteigende, und gestärkt durch eine innere
Stimme, ging sie zurück; um ins geheim, während sie ihren
Mann in seiner Schreibstube beschäftigt glaubte, sich wieder
ins Haus zu schleichen. Dieser aber hatte alle ihre Schritte
bewacht, und wie sie die Stiege hinauf ging, war er ihr ge=
folgt; und als sie oben angelangt, hatte er mit grimmigem
Gemüthe sie unversehens hinter sich gezogen, und warf sie die
Stiege herunter. Der Fall war so schrecklich, und das Blut
war ihr davon also zum Haupt gedrungen, daß sie, des Ver=
standes und aller Sinne beraubt, dreißig Tage lang wie in einer
fortdauernden Ohnmacht geblieben. Die Gattin des Edelman=
nes, in dessen Diensten Matthias jetzt war, hatte aus Erbar=
men sich ihrer angenommen, und ihre Heilung durch einen Arzt
besorgt.

Je unmenschlicher und brutaler das Verfahren des Man=
nes wurde, um so demüthiger und ergebener Johanna; und es
konnte nicht fehlen, daß sie in solcher Schule innerlich schnell
erstarkte, und daß die Schwingen ihres gewaltigen, kräftigen
Geistes sich mehr und mehr entfalteten; was sie denn auch wie=
der zum Dulden kräftigte. Ihr Mann wurde des Dienstes

überdrüssig, und zog mit ihr nach Caletayud in Arragonien;
wo sie mit ihm nur ein Jahr blieb, aber unaussprechlich
zu leiden hatte. Dann zog er mit ihr nach Burgos zurück;
band sie eines Nachts auf der Reise in einer Herberge mitten
unter dem Vieh an eine Krippe; und löste sie erst Morgens,
damit sie die Anstalten zur Weiterreise treffe. In Burgos zurückgekehrt, trat er den vorigen Dienst wieder an, und wurde
vier Meilen von da als Rentmeister in ein altes Schloß
seines Herrn gesetzt. Dort diente sie ihm mit Freundlichkeit,
einer Dienstmagd gleich, und ihr wurde fortdauernd mit Mißhandlungen aller Art vergolten. Als sie einst am Abend ihn
erwartet, und vor Ermüdung spät in der Nacht eingeschlafen,
gleich beim ersten Schlage ihn nicht vernommen; durchstach er
ihr mit einem Dolch den Arm, und drängte ihr ein Tuch mit
siedendem Öle in die Wunde. Als er später wieder in der
Burreba den Landbau angefangen, mußte sie als eine Bäuerin
sich halten, mit vieler und großer Arbeit und geringer Leibes-
nahrung; sie jetzt achtzehnjährig, in der Blüthe ihrer Jugend,
hatte kaum Kräfte zu leben, aber immer genug, um zu leiden.
Sie wurde dort wieder aus dem Hause gestoßen, nackt an einen Baum gebunden und blutig geschlagen, und blieb dann
acht Tage in einer Kirche ohne irgend etwas zu essen:
Niemand wagte ihr Einiges zu geben, weil er jeden bedräut,
der dessen sich unterfange. Er war aber ein sehr großer Mann,
stark wie ein Riese, und grausam wie ein wildes Thier. Zum dritten Male kehrte er darauf in seinen alten Dienst nach Burgos
zurück; in Wintersmitte mußte sie durch ellenhohen Schnee die
Reise antreten. Am Abend, als sie erfroren und erschöpft, eine
Meile von Burgos, zu ihrem Manne sagte: Gewißlich ich sterbe,
und kann nicht einen Schritt mehr fortkommen, erwiederte er:
So steige ab und gehe etwas zu Fuße. Sie gehorchte; matt
aber wie sie war, konnte sie, vom Mantel gehindert, im Schnee,
der ihr bis zu den Knien ging, nicht weiter. Wie er sie also
sah, ergriff ihn sein Jähzorn; er band sie fest an das Maul-
thier, auf dem er ritt; und schleppte sie, ihr mit dem Zügel
immer aufs Haupt schlagend, wohl eine Meile Weges fort.
Erscheinungen, die sie hatte, stärkten sie indessen, daß sie auf

dieſer Fahrt bei Leben blieb; ſie kam endlich bei einer Capelle unfern von Burgos an, zum Tode müde; das Blut drang ihr durch Naſe und Ohren hervor, und unbeſchreibliche Angſt war ihr im Herzen. In ſolchem Zuſtande ſprach ſie zu ihrem Manne: Mit euerer Erlaubniß will ich dieſe Nacht hier bleiben; denn es iſt mir unmöglich, weiter fort zu gehen. Die Küſterin der Capelle redete ihm gleichfalls zu; es müſſe ein ſteinern Herz ſeyn, das kein Mitleid habe mit dieſer betrübten, armſeligen Frau. Er aber erwiederte: Davon iſt nicht zu reden, ich ſchwöre bei Gott, ſie muß dieſen Abend noch nach Burgos gehen, ſie lebe dann oder ſterbe! Sie wurde nun innerlich geſtärkt, daß ſie ein kleines Pferd beſteigen konnte; der Weg führte durch ein fließend Waſſer, das von vielem Schnee gar hoch angelaufen war; voll Schrecken ſprach ſie es anſehend: O Jeſu, wie tief iſt dieſes Waſſer! Da er das hörte, überfiel ihn wieder ein jäher Zorn, und er gab ihr einen Schlag aufs Haupt, daß ſie in den Fluß ſtürzte, und mehr noch mit dem Tode, als mit dem Waſſer rang. Sie wurde halb todt heraus gezogen, mußte wieder aufs Pferd, und obenein verſprechen, daß ſie Niemand erzähle, was ſich begeben, wolle ſie nicht in Stücke gehauen ſeyn.

So dauerte es noch lange fort: er immer gleich wild, grauſam und gewaltthätig; ſie immer gleich ergeben, Alles zum Beſten wendend, und für ihn zwiſchentretend, wenn Andere, um ſie zu retten, an ihn wollten; oder ſein Zorn ihn in böſe Händel verwickelt hatte. Sie ſelber ſagt in einem Abriſſe ihres Lebens, den ſie eigenhändig aufgeſchrieben hinterlaſſen: Ich kann mit aller Wahrheit ſagen, wie gar übel mich mein Mann gehalten hat, und wie viel Böſes er mir zugefügt; ſo hat mich dennoch niemal gedäncht, daß er ſolches ohne Urſach thue; habe auch Anderes nicht erkennen mögen, als daß ich noch zu viel Mehrerem ihm Urſache und Gelegenheit gegeben; habe auch niemal deswegen gegen ihn Zorn getragen, ſondern gegen mich ſelbſt. Und es war immer, daß, je übler er mich hielte, je mehr ich verlangte, daß ich in ſein Haus wieder käme, um von ihm Verzeihung zu erbitten; und das that ich, vor ſeinen Füßen mich zur Erde ausſtreckend, wie ich es mit Allen halte,

wie viele Beschwerden sie mir immer anthun mögen. Ich er=
zürne mich nicht gegen sie, ja ich verlange vielmehr mit ihnen
gütlich zu reden; und Alles das durch große Barmherzigkeit
Gottes.

Bis zu ihrem drei und dreißigsten Jahre, lebte sie in solcher
Trübsal fort; dann erhielt ihr Mann an der Domkirche zu
Burgos ein Amt, und wurde nun allmälig ruhiger. Anfangs
wandelten ihn wohl noch häufig die Ausbrüche seines zornigen
Naturelles an, und Johanna hatte fortdauernd viel zu leiden;
die Anfälle kehrten aber in immer längern Zwischenräumen zu=
rück, und blieben endlich, wie es scheint, völlig aus. Diesem
selben Manne, der wie ein wildes, rasendes Thier gegen diese
seine schuldlose Frau gehandelt; konnte man sonst im Leben
keinen Vorwurf machen. Man hörte nie, daß er mit einem
andern Weibe sich eingelassen; er gab gern und reichlich Almo=
sen; war barmherzig und liebreich gegen die Armen, und hatte
seiner Frau oft gesagt, sie solle ihm lieber in etwas ermangeln
lassen, als den armen Leuten, die zu ihr kämen. Nach 40jäh=
riger Ehe überfiel ihn zuletzt eine harte Krankheit, und Jo=
hanna wich nun, wie ein Schutzengel, nicht von seiner Seite.
Obgleich die Ärzte die Krankheit für unbedenklich erklärt, hatte
sie in ihrem Schauen die Tödtlichkeit derselben erkannt; und
ließ nicht ab, bis er die Sacramente empfangen. Als er dann
sogleich die Sprache verloren, ging sie vier Tage und Nächte
nicht von seiner Seite; erweckte ihn, tröstete ihn, sprach ihm
zu in der Todesnoth, und so starb er unter ihrem eifrigen Bei=
stand 1622. Sie zweifelte nicht an seinem Heile; die heilige
Theresia hatte ihr vor seinem Tode in einer Erscheinung ver=
kündet, durch ihr heroisches Leiden habe sie ihres Mannes
Seele zugleich gewonnen.

Man darf nicht glauben, daß Johanna unter der Last
jener auf sie gelegten Leiden, es an eigenen und freiwillig über=
nommenen habe fehlen lassen. Sie lebte in der größten Ent=
haltsamkeit; binnen vier und zwanzig Jahren hatte sie kein an=
der Ding verkostet, dann etwa die Rinde einer Birne, das
Blatt eines Kohlkopfs, Lattich oder Citronen, je nach der Jah=
reszeit. Bisweilen zwang der Mann sie, Einiges zu sich zu

nehmen, und sey es nur so viel der Schnabel einer Taube faßt; sie that sich dann Gewalt an, kaum aber hatte sie, wenn auch nur das Kleinste verschluckt, kehrte sich ihr Magen um; sie warf Blut aus, und tödtliche Ängsten überfielen sie; so daß die Ärzte erklärten, wie Gefahr darauf hafte, sie zu dergleichen zu nöthigen. Sie war dazu wie geharnischt am ganzen Leibe, mit Gürteln und Cilizien und Ketten und allerlei Bußinstrumenten. Die Nächte brachte sie, in Blöße und Kälte, oft in Eis und Schnee im Gebete zu; die Tage mit ihrer Hausarbeit, durch die sie ihrem Manne die Woche 6 Thaler zu verdienen pflegte; dann mit der Übung aller Liebeswerke in den Hospitälern, bei den allereckelhaftesten Kranken, bei geistig wie leiblich Siechen, und in Hilfeleistungen aller Art gegen die Bedürftigen. Als ihr Mann etwas milder geworden, hatte sie sich in den Gehorsam einer thörichten, halbverrückten Magd gegeben; die dann bald in der Keckheit, nach Art solcher Leute, so weit kam, daß sie ihre Frau wie eine Leibeigene behandelte, und jeden Augenblick ihr scharfe, ungebührliche Worte zuredete; dann von den Worten zu den Werken schritt, ihr Backenstreiche gab, ins Gesicht spie, bald sie bei den Haaren umherschleppte. Was ihr durch den Sinn fuhr, befahl sie ihr zu vollbringen: sie sollte sich an die Erde legen, dann stieß und trat sie ihren Mund mit Füßen; oder sie führte sie an abgelegene Orte, hieß sie sich entblößen, und wie eine wüthende Närrin schlug und geißelte sie dieselbe dann mit großer Grimmigkeit. Auch diese Schule machte sie durch in Gelassenheit; kein Wunder, daß die heroische Frau zu einer Gewalt der Selbstbeherrschung gekommen, wie sie kaum eine Andere je gewonnen.

Wenn in allen diesen Fällen die Führung ein Joch bereitet, und es dem Geführten auf den Nacken gelegt hat, damit dieser sich beugen lerne, und also in den rechten Neigungswinkel gebracht, die volle Strömung höherer Einflüsse in sich aufnehme; dann gehen aus der Abkehr einer sich in höhere Regionen vertiefenden Persönlichkeit von der Welt, Mißstimmungen andrer Art hervor, die, wofern sie im Streite wohl besteht, zu gleichem Ziele führen. Man erzählt, daß wenn bisweilen in der Südsee Seefahrer auf Inseln gelandet, die, seit sie aus

den Wellen sich erhoben, noch keines Menschen Fuß betreten,
die ungewohnte Erscheinung die ganze thierische Bevölkerung
all umher in Neugierde und Verwunderung aufgeregt. Aus
Waldes Dunkel kamen dann die Vögel angeflogen, umkreisten
in Schaaren die Häupter der Fremdlinge, und setzten sich ihnen
wohl auf Arm und Schultern; selbst die Bewohner der Tiefe,
Seehunde und was sonst der Sippschaft angehört, stiegen aus
dem Grunde an die Ufer, um mit trübem Auge das neue
Weltwunder sich zu beschauen. Nicht anders geschieht es auch
Solchen, die, auf einsamen Pfaden gehend, das Leben nicht
auf gemeiner, offener Heerstraße durchwandern. Lange ziehen
sie unbemerkt oder ignorirt dahin; werden sie aber endlich durch
die Lichtspuren, die ihre Fußstapfen zurücklassen, entdeckt, dann
stürzt Alles auf sie ein; dann geht es an ein Schauen und
Forschen, an ein Zerren und Betasten, daß sie bald vom
Schicksale jenes alten Propheten, der in die Hände der Thya-
den gefallen, sich bedroht sehen. Jeder drängt sich heran, um
den Geist zu erforschen, von dem sie getrieben werden; jeder
deutet das Unbegreifliche sich nach seiner Weise: Wahnwitz,
Betrug, Selbsttäuschung, natürliche Magie, Magnetism; auf
Alles, nur auf das Rechte nicht, wird hingerathen. Nach allem
Gaffen, Untersuchen und Versuchen bleibt darum auch das
Wunder unbegriffen in seiner Beschlossenheit; gleichsam spottend
der Überklugen, die gleich den Lalenbergern ausgezogen, um
mit Netzen den Mondschein sich einzufangen; deren groben
Fäusten aber jedesmal der Geist entschlüpft, wie sie ihn gefaßt zu haben glauben. Die aber, welche diesem massiv expe-
rimentirenden Vorwitz in die Hände zu fallen, das Unglück
haben, sind dann freilich auf den Sezirtisch wie zur Vivisection
ausgestreckt; und dürfen kaum zucken unter dem Messer, das
in ihren Eingeweiden wühlt [1]). Sonderbare, ungewöhnliche

---

[1]) Wir haben dergleichen in unseren Tagen an der Emmerich in
Dülmen erlebt, die zur mitternächtlichen Zeit von solchen Physikanten, in ihre Tücher eingewickelt, aus ihrem Krankenbette davon
geführt, vierzehn Tage lang dergleichen Tortur bestehen müssen,
und am Ende mit der schwarzweißgestreiften Sentenz entlassen

Wege geführt, müssen sie es sich gefallen lassen, daß die Welt
daran Anstoß nimmt;ᐧund es ist ihnen nimmer gestattet, große
Vorkehr zur Rechtfertigung zu treffen; oder auch die Mißgunst,
die Bosheit, den Neid, die sie umlauern, auf eine bessere
Meinung von sich zu bringen. Schon der bloße Zudrang, der
sich um sie her sammelt, ist ihnen eine harte Plage; ihrer
Stille und Einsamkeit mit Gewalt entrissen, sind sie mit einem
Male in die Mitte des Getümmels, das sie so sorgfäl=
tig geflohen, zurückversetzt; ja sie sind wie in die Geleise der
Landstraße hineingelegt; gehörnt und ungehörntes Vieh, Roß
und Wagen; Reiter und Fußgänger: Alles zieht, reitet, fährt,
stolpert, rasselt über sie daher, und sie müssen es mit aller
Geduld über sich ergehen lassen; denn jedes ungeduldige Über=
wallen würde an ihnen innerlich aufs härteste geahndet werden.
Am allergefährlichsten für sie aber ist der Zudrang der Massen
des Volkes, die in gläubiger Einfalt ihnen mit Verehrung
nahen, und indem sie an ihnen sich erbauen, wie zu Heiligen
im Leibesleben beten; und sie dadurch an den Rand eines Ab=
grundes drängen, wo ein Augenblick eitler Selbstbespieglung
sie um die Früchte der Beharrlichkeit vieler Jahre bringt. Die
Lebensberichte über die Mystischen sind voll von solchen Nö=
then; statt aller andern führen wir hier nur an, was in die=
ser Art mit der Columba von Rieti, freilich zum Theil ver=
anlaßt durch ihre seltsamen Führungen, sich begeben.

Columba war 1467 geboren in Reate, der alten Urhei=
math der Aborigener. In frühester Jugend schon war der Geist
über sie gekommen, und hatte auf die Wege sie geleitet, die
so viele Andere vor und nach ihr gegangen. Jede Entsagung,
jegliche Art von Bußwerken hatte sie früh geübt, und war da=
durch vor der Zeit zur Reise gelangt. Im zwölften Jahre
war die geistige Verlobung bei ihr eingetreten, nachdem sie
jede weltliche von sich abgewiesen, unter dem heftigsten Wider=
stande ihrer Ältern und Verwandten; wobei sich die ecstatischen

wurde: sie sey eine in den Stricken unwillkührlicher Täuschung
befangene Unglückliche; ein Urtheil, das sie mit größerem Rechte
ihren Prosectoren zurückgeben konnte.

Zustände bei ihr häufig und immer häufiger eingestellt. Beim
Eintritte ihres zwanzigsten Jahres hatte sie in den Dominicaner-
orden sich aufnehmen lassen; jedoch nur in freier Verbindung
ohne eigentliche Ablegung der Gelübde, nach der Weise der
Tertiarier, außerhalb des Klosters mit Andern ihrer Art, unter
der geistlichen Leitung eines seiner Mitglieder lebend. In solcher Lebensweise wurde ihr eines Tages ein Gesicht gezeigt:
sie erblickte sich am Taufbecken der Cathedralkirche von Rieti;
ihr zur Seite ihr Ordensheiliger sammt der h. Catharina, die
ihr auf einen vor ihr liegenden, breiten, gerad ausgehenden
Weg deuteten, der an einer Dominicanerkirche endete, und sie
vernahm zugleich die Worte: Gehe aus von hier, um nicht
mehr zurückzukehren, und komme zu dieser meiner Kirche! Sie
sah verwundert zu den Heiligen auf; neigte sich vor ihnen;
war aber furchtsam, und wußte nicht, was sie beginnen solle.
Fürchte nicht, war die Erwiederung, der Herr wartet dort
deiner; zögere nicht, denn es dient zu deinem Heile, wir werden mit dir seyn! Sie faßte nun Muth, und gab sich auf
den Weg; sah aber bald Niemand mehr, als zwei Drachen,
die ihr denselben verlegen wollten; wie sie aber zum Herrn um
Hilfe rief, griffen die Bestien sich untereinander an, und ließen
ihr freie Straße. Sie ging weiter, und bald drangen aus
Waldesdunkel eine Menge gräulicher Thiere auf sie ein; Füchse,
Wölfe und andere, die sie nie gesehen, umgaben sie; aber ein
großer Hund zeigte sich, und verscheuchte sie durch seinen bloßen
Anblick. Als sie, betroffen über die Gefahren, zu wanken anfing, erschienen ihr die beiden Heiligen, ihr Muth einsprechend.
Und wie sie in ihrer Mitte gegen die Kirche ging, kam Raub-
gevögel an sie herangeflogen, als ob es ihr die Augen aus-
reißen wolle; sie aber, nun ermuthigt, machte keine Bewegung,
sie abzuwehren; lockte sie vielmehr auf sich heran. Wie sie
aber nun miteinander der Kirche nahten, sah sie viel Volkes
in den Thüren stehen beiderlei Geschlechtes; die stritten miteinander, und sahen sie mit wilden, schreckenerregenden Augen
an, als ob sie ihr den Zugang wehren wollten. Sie trat inzwischen ein in die Kirche, und sah sie nun gedränge mit Hei-

ligen und Engeln angefüllt, die anbetend vor der Jungfrau
mit dem Kinde neigten.

Es war das Gesicht ihres ganzen Lebens, das ihr gezeigt
worden; sie verstand das gar wohl, und deutend die Kirche
ihrer Vaterstadt auf den Anfang, die andere, zu der sie gewiesen worden, als das Ziel ihrer Laufbahn, urtheilte sie, es
sey ihr gesagt, wie dort dem Stammvater der Hebräer: Gehe
aus von deinem Geschlechte und aus deiner Heimath in das
Land, das ich dir zeigen werde; und sie rüstete sich sofort zur
Vollziehung des Gebotes. Sie deutete bald ihrer Mutter die
Nähe ihres Hinwegganges an, und die erschrack über die harte
Rede, die sie auf bevorstehenden Tod auslegte; besonders als
die Tochter deswegen Messen lesen ließ. Als die Zeit herangekommen, hatte sie am Vorabend ihrer Fahrt sich ein Oster-
lamm bereiten lassen, und zwölf ihrer geistlichen Schwestern
dazu eingeladen. Sie hielt mit ihnen dann ein heiteres Mahl,
wusch ihnen die Füße, alle Mysterien des Erlösers an jenem
Abend bei sich überlegend; und entließ sie nicht eher, bis sie
ihnen Lebewohl gesagt und sich in ihr Gebet empfohlen. Am
folgenden Morgen kam sie um ihre gewohnte Stunde nicht zum
Vorschein; die Mutter wartete bis Mittag; ging dann sorgenvoll
vor ihre Kammer, und da sie auf ihren Ruf keine Antwort
erhalten, hob sie oben auf dem Boden ein Brett auf, das die
Decke ihres Zimmers bildete; und sah nun das Zimmer bei
verschlossener Thüre leer. Als diese erbrochen war, fanden sie
ihre Kleider in Kreuzesform auf dem Boden ausgestreut, gleich
der abgelegten Schlangenhaut; von ihr selber war keine Spur
zu finden.

Die Nachricht von dem, was geschehen, verbreitete sich bald
im Orte; neugierig lief das Volk herzu, und da sie die Ältern
in Thränen fanden, konnte keiner von Allen, die gekommen,
des Weinens sich enthalten. Es schien Allen unbegreiflich, wie
sie bei beschlossenen Thüren und Stadtthoren also nackt davon
gegangen; und die Sache wurde nur noch unerklärbarer, als
man nach den genauesten Nachforschungen keine Spur von ihr
gefunden. Es ging zwar die Rede, sie sey im Geiste zur Ein-
siedelei eines heiligen Mannes bei Spoleto geführt worden,

28 *

und habe dann, nach einer gehabten Unterredung mit ihm, sich entfernt. Eine Frau wollte auf der Landstraße sie gesehen haben, im Gefolge eines großen Hundes; aber man kam auf nichts Gewisses. Sie selber erzählte in der Folge auf Befragen ihrem Beichtvater: Sie habe sich nach ihrer Gewohnheit dem Gebete hingegeben; da sey sie, ohne daß sie wisse, wie ihr geschehen, ihrer alten Gewande entkleidet und mit andern angethan worden; und so habe sie, wieder ohne zu wissen wie, auf der Straße sich gefunden. Als sie auf ihr nun einer Stadt, wahrscheinlich Spoleto genaht, sey ihr ein Mann begegnet, der sie in sein Haus unfern der Landstraße zu Frau und Kindern eingeladen. Da sie ihm gefolgt, habe er sie in ein leeres Gebäude geführt; gegen die Fragende die Abwesenheit der Seinigen durch irgend einen Vorwand entschuldigt; und sey dann, sie einschließend, davon gegangen, baldige Rückkehr versprechend. Es hatte aber gerade damals, in einem benachbarten Königreiche (Neapel), ein Geistlicher die einzige Tochter eines angesehenen Mannes entführt; dieser hatte rund umher Steckbriefe der Entwichenen, mit großen Versprechungen für die Finder, nachgesendet; und das war einigen ausgelassenen jungen Leuten als eine günstige Gelegenheit erschienen, zugleich ihre Habsucht und ihre Lust an der Gefundenen zu büßen; und dafür hatten sie jenes Haus zu ihrem Hinterhalt, den Mann aber zu ihrem Späher gewählt.

Columba, als sie sich allein gefunden, hatte sich ins Gebet begeben; vertrauend, daß ihr von Oben Hilfe kommen werde. Der Mann kam bald mit allem zu einem Gelage Nothwendigen zurück; mit ihm auch jene jungen Leute, die sogleich bei ihrem Anblick, weil Alter und Schönheit zusammentrafen, die Gesuchte in ihr gefunden zu haben glaubten. Sie redeten sie mit schmeichelnden Worten an, und fragten sie nach der Heimath und dem Ziele der Reise, und ob sie Claretta aus dem Reiche sey. Sie schwieg eine Zeit lang; als sie aber stärker in sie drangen, sagte sie: Ich bin allerdings Clara, aber vom größeren Reiche, und gehe, wohin mich mein Meister berufen. Die Jünglinge wurden durch diese Worte nur noch hitziger und erpichter, boten ihr Kleider und Geschmeide; und

baten und beschwuren sie, daß sie ihnen hier in der Verbor=
genheit, von Niemand gesehen, zu Willen werde. Der Aus=
druck von Zucht und Würde, der in ihrem Antlitz lag, jagte
ihnen indessen, ohne daß sie wußten, wie ihnen geschah, eine
gewisse Scheu ein; und sie hörten eine Weile schweigend an,
wie sie ihnen von den Höllenstrafen, von Kürze der Lust und
der harten Ahndung redete; bald aber unvermögend, den Un=
gestüm ihrer Leidenschaften länger zu mäßigen, brachen sie mit
den Worten auf sie ein: Nun du an deinen Liebhabern dich
gesättigt, lügst du Keuschheit und Enthaltsamkeit; aber lebendig
oder todt, mußt du unser seyn! Wie sie aber der Wüthenden
sich erwehrte, wurde sie unter ihren Händen wie Stein, und
sie vermochten sie nicht von der Stelle zu bewegen. Blind in=
dessen vor Lust und Eifer, wollten sie ihr die Kleider weg=
reißen; da sie über diesem Bestreben ein Klingen an ihr ver=
nahmen, wähnten sie, es sey Geld, und wurden nur um so
hastiger; wie sie aber ihr Brusttuch geöffnet, fanden sie ein
Crucifix, Reliquien und eine Geisel. Als sie bestürzt die Klei=
der ihr weiter durchschnitten, sahen sie sie mit einem Cilizium
angethan, und um die Lenden mit zwei eisernen, drei Finger
breiten Bändern gegürtet; während zwei einschneidende Eisen=
ketten über der Brust sich kreuzten. Vom Schrecken des
Herrn geschlagen, flohen sie entsetzt von dannen, und haben in
kurzer Zeit, Einer nach dem Andern, den Tod gefunden. Der
Elende aber, der sie ihnen zugeführt, warf sich ihr zu Füßen;
flehte um Verzeihung, und geleitete sie bis in die Vorstadt von
Trevi; wo er ihr Frauen zum Geleite nach Foligno gab, und
dann in der Folge sein Leben besserte.

In Foligno kam sie ins Kloster der Clarissinnen, die ver=
wundert, wie sie hereingekommen, sich erkundigten, wer sie
sey und von wannen sie gekommen. Sie sey eine Schwester,
erwiederte sie auf diese Frage, und verschwieg alles Andere.
Wie sie die Jungfrau nun also schweigsam, dabei schön und
anmuthig, zugleich aber dem Gebete sehr zugethan befanden,
stieg ihre Verwunderung; mehr noch, als sie keine Speise zu
sich nehmen wollte. Sie meinten nun, nach der Frauen Art,
ihr Herz leide vielleicht an Liebesnoth; redeten ihr darum mit

freundlichen Worten zu; lachten sie an; suchten mit Scherzen sie zu ermuntern, und sprachen ihr zu, sich nicht verschmachten zu lassen. Da all ihr Zureden aber nicht fruchten wollte, lehnten sie, ihr freundschaftlich Gewalt anthuend, das Haupt zurück, und suchten ihr mit einem Löffel ein Confect von Anis beizubringen, das sie inzwischen ausspie. Doch saugte sie eines Tages, um ihnen zu Willen zu seyn, an etwas Gemüse und trank Wasser dazu; redete aber sonst, mit ihnen zusammen= sitzend, von göttlichen Dingen; so daß Alle in Thränen zer= floßen. Inzwischen war ihre Ankunft dem Podesta der Stadt bekannt geworden, und der sandte Einen zu ihr, um sie zu befragen, ob sie jene vielgesuchte Claretta sey. Lächelnd er= wiederte sie: sie sey eine Clara, aber nicht jene, die sie suchten; in Wahrheit aber setzte sie hinzu, bin ich Columba von Rieti, und gehe, wohin mich mein Meister ruft. Es wurde sofort nach Rieti geschrieben, worauf ihr älterer Bruder mit eini= gen Gewaffneten herüberkam, Willens, sie umzubringen. Er kehrte indessen, nachdem er sie vielfach mißhandelt hatte, wieder heim, und ließ sie dort zurück; wo sie bald der Stadt ein Wunder galt. Die Nonnen beobachteten sie genau, bei Tage wie zur Nachtzeit; sahen sie aber immer wachend, betend und sich kasteiend; und die Matrone, die sie in ihre Celle aufge= nommen, betheuerte, sie mehrmals anderthalb Ellen hoch in der Luft schwebend gesehen zu haben. Ihr Orden that nun Vorsehung für sie; einige Ordensbrüder wurden abgesendet, und der Prior, der ihr früher den Habit zugetheilt, führte sie im Geleite einiger ehrbaren Frauen, da man übereingekommen, dem Rufe Gottes zu folgen, den Weg, den sie selbst angab. Sie kamen so nach Assisi; dann an die Tiber, wo sie von den Müllern aufgehalten wurden, und erreichten zuletzt Perusia. Dort fanden sie das ganze Volk aufgeregt; Alles strömte ihr, wie vom Geiste ergriffen, entgegen; die Heilige, die Heilige kommt, auf und ihr entgegen! Männer und Frauen und Kin= der in Haufen führten sie wie im Triumphe ein. Dort blieb sie nun Allen durch ihre Einfalt, ihre Frömmigkeit und ihre Ecstasen ein Gegenstand der Verwunderung; und man beschloß, da auch andere Städte um sie buhlten, damit sie dort befe=

stigt werde, ihr ein Kloster zu erbauen. Und es geschah, wie sie Raths geworden, und sie wurde Vorsteherin von etwa 50 Schwestern, die sich um sie versammelt hatten; nachdem sie im Jahre 1490 in ihrem 23sten Jahre ihre Gelübde abgelegt.

Wenn in solcher Weise, durch die Begeisterung des Volkes, sich in so kurzer Zeit ihr Gesicht erfüllte; so war ihr darum die Zustimmung der Einsichtigen, selbst in ihrem Orden, nicht so leicht gewonnen. Ein zwanzigjähriges Mädchen, das in einer Zeit, wie die laufende, der Alexander VI, durch seine Ausschweifungen verrufen, so nahe stand; — einer Zeit geistiger Auflösung, wilden Parteikampfes und kirchlicher wie politischer Zerrüttung, — einsam auf den Landstraßen wandelte; in verdächtigen Häusern Abenteuer bestand, und für dies seltsame Thun und sein Entweichen aus dem väterlichen Hause, keinen andern Grund angab, als das Treiben des Geistes, der sich dieser seltsamen Führung angenommen; mußte bei Allen, die, tiefer gehend, von der leicht dem Irrthum unterworfenen Begeisterung der Massen sich nicht bestechen ließen, großes Bedenken erregen; am meisten unter einem klugen, scharfsinnigen, genau aufmerkenden Volke, wie die Italiener. Durchaus war sie daher von den älteren Geistlichen und den ersten Theologen mit Mißtrauen angesehen; schon öfter gewitzigt, nahmen sie billig großen Anstand, dem, was ihnen gefahrdrohend schien, ohne Rückhalt sich hinzugeben; sie wollten daher nichts wissen von ihr; betrachteten, was ihnen von ihr hinterbracht wurde, als verdächtige Neuerung und Aberglauben; erklärten sie für eine heuchelnde Vagabundin, die des Gewinnes wegen sich in der Welt umtreibe; glaubten nicht an ihre Enthaltsamkeit, und suchten sich in glimpflicher Weise von ihr loszumachen, damit nicht etwa der Orden durch ihre Schuld beeinträchtigt werde. Unter diese Zweifler gehörte auch ihr späterer Beichtvater und Lebensbeschreiber, Sebastian von Perusio, der, als er mit dem damals noch jungen Cäsar Borgia zugegen gewesen, und mit ihm Zeuge, wie sie ein sterbendes, erblindetes Kind zum Leben und zum Augenlichte erweckt, da der Jüngling deswegen die Glocken läuten wollte, ihn beschwichtigte, mit den Worten: Nicht also; diese Schwester ist eine Fremde, Zugelaufene, noch

Neuling im Orden, und wir wissen nicht, wenn sie gleich sagen, sie enthalte sich des Essens, ob sie heilig sey. Arg ist des Menschen, besonders der Weiber Bosheit; viel sind der Täuschungen und Ränke, womit sie die Gemüther berücken und verführen: sehen wir darum wenigstens zehn Jahre zu, um ein sicheres Urtheil über ihre Tugend und Heiligkeit zu fassen!

Dieser Ansicht gemäß ließ man sie nun in all ihrem Thun und Lassen aufs genaueste beobachten; sandte ihr Leute von mancherlei Art, um ihren Geist zu prüfen, und ihr Inneres zu erforschen; ihr wurde vielfach, insbesondere vom Bruder Sebastian, ins Herz geredet; nicht durch Lügen, Erdichtungen, und ein leichtsinniges Leben sich die Verdammniß, und dem Orden Schande, zu bereiten. Sie antwortete auf Alles mit Einfalt und heiterer Gelassenheit. Es geschah aber, daß der ordentliche Beichtvater der Schwestern erkrankte, und Sebastian an seiner Stelle eintreten mußte, und somit ihre Seelsorge erhielt. Das bedünkte ihm eine günstige Gelegenheit, sich über seine Zweifel Gewißheit zu verschaffen; und er traute sich Verschlagenheit genug zu, wenn etwas Unklares oder Unreines vorgefallen, sie darüber zu ertappen, und dann mit Vorsicht sie zu beseitigen; mit dem Vorbehalte jedoch, ihr die Anerkenntniß nicht zu versagen, wenn sie auf rechten Wegen gehe. Als er daher ihre erste Beichte hörte, ließ er sie eine Zeit lang reden; und sagte dann: Was sie dort gesprochen, sey einfältig und von der Art, wie es wohl häufig vorzukommen pflege; seyen wir vorsichtig, daß wir auf unserer Fahrt nicht in die Grube stürzen! Ich weiß nicht, wie meine Vorgänger es in diesen Dingen gehalten haben; es wird daher rathsam seyn, daß mir eine klare Ansicht des ganzen früher geführten Lebens von Jugend auf gegeben werde, damit ich für die Zukunft ein sicheres Urtheil zu fällen im Stande bin. Sie erwiederte, daß sie mit Freude seinem Rathe folge; und nachdem sie die nöthige Zeit zur Vorbereitung sich genommen, entfaltete sie vor ihm ihren ganzen Lebenslauf. Punkt vor Punkt wurde Alles, so Lebensweise wie Vergehen, aufs genaueste erörtert; bald sprach er ihr mit milden, liebreichen und herzgewinnenden Worten zu; dann suchte er sie mit den Schrecken von jenseits herüber zu erschüttern; dann wieder durch Erinnerung an die ewigen Güter sie zu bestimmen. Je tiefer er in ihr Gewissen drang; je mehr sie die innersten Falten ihres Herzens vor ihm entschleierte; mit um so größerer Freude, Überraschung und Erstaunen mußte er ihre Unschuld und Reine bewundern; er hatte nicht eine schwere Schuld an ihr gefunden. Indessen begnügte er sich noch keineswegs mit diesen Aufschlüssen; als ihr geistlicher Vater wieder genesen, nahm er Abrede mit ihm und ihren früheren Beichtvätern; sie sandten überall vorsichtige, vertraute Leute aus zu ihren Freunden und Bekannten, und an alle die Orte, die sie durchwandert; sie untersuchten Alles aufs genaueste, und fanden es, wie sie gesagt, durch viele Zeugen bewährt. Er beobachtete überdem ihre ganze Lebensweise; sie mußte ihm entdecken, welchen Bußwerken sie sich unterziehe; und gestatten, daß er sie ordnete nach seinem Gutbefinden. Er hatte Alles gethan, was ein verständiger Mann thun kann in solchem Falle; wurde er nichts desto weniger betrogen, dann war keine Wahrheit mehr auf Erden, und nichts denn Trug im menschlichen Herzen. Er mußte sich indessen nun seinerseits gefallen lassen, daß Diejenigen, denen so anschauliche Überzeugung nicht werden konnte, ihm vorwarfen, er habe sich durch Altersschwäche von ihr bethören lassen.

Columba lebte unterdessen fort am Orte ihres Aufenthaltes, vom Volke umdrängt und als eine Heilige und Prophetin des Herren verehrt; sie unterrichtete, erbaute, betete, übernahm dräuendes Unglück, warnte gegen bevorstehende Gefahr, und verkündete bisweilen Glück und Sieg. Es war, sieht man, damals in den italischen Städten eine Art von Wetteifer, sich solche Sibyllen zu gewinnen, um in den verworrenen Zeiten, wo Alles brach und riß und auseinanderfallen wollte, sich eine Art von Halt zu verschaffen; wie daher Perusia diese, so ehrte aus gleichem Grunde Narni die Lucia, Mantua die Osanna, andere Orte wieder Andere. Es begab sich aber im Jahr 1495, daß der Papst Alexander VI, aus Furcht vor König Carl von Rom flüchtend, nach Perusia kam. Ihr Ruf war, wie natürlich, zu ihm gedrungen, und nachdem er den Gottesdienst in der dortigen Predigerkirche abgehalten, hatte er nach ihr gesendet. Sie kam an der Spitze ihrer Schwestern; kaum konnten die Hatschirer des Papstes durch das Gedränge ihr den Weg zum Throne des Kirchenfürsten im Chore öffnen. Als sie endlich dem Papste, umgeben von den Cardinälen, genaht, kniete sie nieder auf der Stufe seines Stuhles; faßte den Saum seines Gewandes, um ihn zu küssen; wurde aber sogleich unbeweglich gleich einem Steine. Alle ihre Mitschwestern wurden dem Papste vorgestellt, und gingen dann ab, in der Ordnung, wie sie gekommen. Sie beharrte immer noch in gleicher Stellung. Ihre Mutter, die man gleichfalls herzugeführt, wurde über sie befragt; immer noch hielt sie den Saum des Gewandes so fest, daß die Gelenke ihrer Finger eher gebrochen als gebeugt worden wären. Der Papst mußte sich also gedulden, bis sie wieder zu sich kam. Es geschah endlich; sie stand auf, und wurde nun vom Papste befragt und ausgeforscht. Sie antwortete auf alle Fragen mit Klugheit, und in ihrer gewöhnlichen Einfalt und Bescheidenheit. Wie der Papst aber tiefere Dinge berührte, wurde sie abermal ecstatisch; und stand nun da, einer Marmorsäule gleich. Alexander erstaunt, wendete sich nun wie drohend gegen ihren Beichtvater, der in der Nähe kniete, und sagte: Hüte dich und wisse, ich bin der Papst, darum sage mir über die se die reine Wahrheit! Sebastian gab ihr nun mit lauter Stimme, so gut er wußte und konnte, Zeugniß; und Cäsar Borgia, der zugegen, bestärkte dies sein Zeugniß, durch die Erzählung, die er von dem frühern Unglauben des Zeugen an ihre Heiligkeit machte. Zu sich gekommen, antwortete sie wieder, wie sie zuvor gethan; und wurde dann vom Papste gelobt, und mit geistlichen Gaben entlassen.

Nun hub sich aber unter seiner Umgebung, unter Frommen und Unfrommen, wie sie dieser wüste Hof damal in sich beschloß, ein Reden und Meinen und Vermuthen über die ihnen seltsame Erscheinung. Die Ecstase hatten sie mit eigenen Augen gesehen, sie mußten diesen Glauben beimessen. Aber ihre Enthaltsamkeit im Essen und Trinken erschien, wie gewöhnlich bei Leuten, die einen übergroßen Werth auf dergleichen legen, noch unbegreiflicher; obgleich es keine gänzliche Enthaltung war, da

Columba eben, um den Ruf derselben von sich abzuwenden, öfter vor den Leuten getrunken und einige Beeren genossen hatte. Die Philosophen kamen, wie gewöhnlich, mit ihrer Weisheit zuerst herangezogen; sie redeten Vieles von der Circe; von den andern Zauberweibern, die Menschen in Thiere umgewandelt, und machten dann viel Worte von den Sibyllen. Einige wollten ihr Horoscop erforschen; Andern erschien sie mondsüchtig; Manche meinten, sie sey mit irdischer Feuchtigkeit überladen, oder weissage Verstandes beraubt; noch Andern schien sie besessen; ja Einige hielten sie in ihrer Weisheit für ein bloßes Phantasiegebilde. Ihnen schloßen sich dann die Ärzte an; die machten sich mehr mit der Ecstase zu schaffen, und mit dem Pulse, der im Verlaufe derselben ruhte; so wie auch kein Athem im Antlitz sich bewegte. Sie zerbrachen sich die Köpfe, ob sie es als die Entkräftung einer der Auflösung zueilenden Natur zu nehmen hätten, oder in welcher Weise sonst. Keinem fiel ein, die Ehre Gott zu geben; sie suchten sie der Natur lieber zuzuwenden, und beriefen sich dabei auf Hermes im Asclepius, der gesagt: der Mensch habe etwas·von göttlichem Verstand in sich, und werde dadurch über die Welt erhoben, und fähig, Wunder in ihr zu wirken. In Bezug auf ihre Enthaltsamkeit forschten sie nach Haarwuchs und nach dem Verhalten ihrer Nägel; nach Schweiß und Ausdünstung und dem Geruche, der von ihr ausging; nach ihrer Menstruation, nach der Farbe ihres Angesichtes und nach dem Grade der Schärfe, die ihren Augen einwohnte. Dergleichen war nicht unverständig, ob es gleich nur mit großen Umwegen zum Ziele führen konnte; nur Einer war klug genug, einen näheren Weg einschlagend, sich Kenntniß vom Zustande ihrer Zähne zu verschaffen; und er urtheilte nun, da er diese völlig unangegriffen fand, sie müsse all ihr Leben in großer Enthaltsamkeit zugebracht haben. Die Religiosen nahmen unterdessen Anstoß an ihrer Lebensweise; daß sie dem Volk gestatte, Stücke ihrer Kleider abzuschneiden; daß sie bisweilen täglich zum Abendmahle, und gegen die Gewohnheit ihres Ordens in größter Kälte barfuß gehe; daß sie manchmal, gegen das Gebot: Mulier taceat in ecclesia, zum Volke rede und mehr dergleichen. Des

Redens und Streitens war gar viel; wie gewöhnlich kam nichts dabei heraus, und sie gingen davon so klug, wie sie gekommen: Alles ganz wie in ähnlichen Fällen noch heute und immerdar.

Sie, wieder zur Ruhe gelangt, fuhr in ihrer Lebensweise fort; wirkte manche wunderbare Heilungen; sah viel Kommendes im Geiste vor, und schaute eben so im inneren Lichte in die räumliche Ferne. Von Rom aus ließ man indessen, zwischen Glauben und Unglauben immer schwankend, von Zeit zu Zeit über Kommendes sie befragen. Da begab es sich eines Tages, als der päpstliche Schatzmeister sie des Papstes wegen erforschte; daß sie in der Peterscapelle an der Erde sitzend ihm in Gegenwart Sebastians ihre Gesichte auslegte; dabei redend und dräuend und zürnend mit solcher Kraft, daß Schrecken über die Hörer fiel, als sie mit Nachdruck die Gerichte verkündete, die hereinzubrechen im Begriffe seyen. Nie hatte man die milde Jungfrau so gesehen, wie damals, als sie der Geist wie im Sturme angeweht. Es war zu der Zeit, als Spanien und Portugall Gesandte nach Rom sendeten, mit der Aufforderung an den Papst, seinen und seines Hofes Greueln endlich Schranken zu setzen; kurz zuvor als Mord und Krieg über ganz Italien ausgegangen; und Alexander selbst, da unter Blitz und Donner das Gemach über ihm zusammengebrochen, nur wie durch ein Wunder, mit dem Leben davon gekommen. Es war aber auch die Zeit, wo Savanarola in Florenz, mit Kraft und Muth und eindringender Beredsamkeit, aber auch mit einem allzu ungebändigten Ungestüm, gegen jene Zuchtlosigkeit sich erhob, und ein Opfer der aufgeregten Parteiwuth fiel. Das mußte bei Hofe eine üble Stimmung gegen jede Art von Begeisterung und Begeistigung, und Mißtrauen gegen die ganze Sibyllenschule hervorrufen; und so wurde neuerdings der Verdacht auch gegen Columba, diesmal aber mehr gegen ihren Beichtvater, rege. Er mußte nach Rom wandern, und dort schriftlich und mündlich, über ihren ganzen Wandel und all ihr Thun, Rechenschaft ablegen; dann auch sich selbst darüber ausweisen, wie er es mit ihr gehalten, und welches seine eignen Grundsätze in ihrer Führung seyen. Er that Alles mit Freimüthigkeit und Geschick, und wurde vom Papst beschenkt, in Frieden entlassen.

Aber von der Jungfrau ließ man darum noch nicht ab; ihr
wurden von Rom aus Späherinnen gesendet, die sie aber bald
im Geiste erkannte, und nun leicht ertrug. Falsche Kranke
schlichen sich ein zu ihr, unter dem Vorwande, Heilung bei ihr
zu suchen. Sie selbst wurde, als dies nicht zum Ziel geführt,
von ihren Oberen abgesetzt, und mit geistlichen Strafen be=
legt; überdem wurde ihr Beichtvater ihr genommen, und ein
anderer ihr gegeben. Pater Michael von Genua, ein vortreff=
licher Prediger und ausgezeichneter Theologe, trat an Seba=
stians Stelle ein. Die Arges von ihr dachten, hatten ihn
gegen sie eingenommen; er hatte deswegen sich fest vorgesetzt,
Licht in dieser Sache sich zu verschaffen. Er bereitete daher
aufs beste sich selbst durch eine Generalbeichte, durch Gebet,
strenge Fasten und viele Bußwerke, zu dem übernommenen neuen
Amte, mit solchem Ernste vor, daß er vor Schwäche und Hin=
fälligkeit ganz ein Anderer, denn zuvor erschien. Columba,
wie immer, in ungestörter Heiterkeit beharrend, hatte seinem
Treiben zugeschaut, und warnte ihn einst zu Weihnachten mit
behutsamer Rede vor Übermaaß. Als er, betreten darüber,
sein Thun vor ihr zu verbergen suchte, erzählte sie, wie ihr
sein ganzes Vorhaben gar wohl bekannt sey, und setzte hinzu:
Vater, Euere Sorgfalt gefällt mir, ich will gleichfalls beten,
und weiß sicher, ehe das neue Jahr gekommen, soll Euch Ge=
wißheit werden. Er schien nicht darauf zu achten, verschloß
aber ihr Wort in seinem Herzen. In der folgenden Christ=
nacht, als Michael den Dienst geendet, blieb sie verzückt, und
ihr wurde gesagt: Heute soll ihm Gewißheit werden. Am
Morgen ging er zum Altare, und wie er den Introitus kaum
gesagt, entbrannte er in solcher Liebesgluth, daß er in Thränen
ausbrach, die er nicht aufzuhalten im Stande war. Als er
zur Communion gelangte, wurde er mit solcher Süße übergos=
sen, daß er sich nicht zu lassen wußte; so daß er übersättigt
zu seiner Zelle ging, und jede andere Speise ihm zum Abscheu
war. Am andern Tage sagte Columba ihm begegnend mit
Lächeln: Vater, ich war freudig, daß du meine Speise ge=
schmeckt; beharrst du, dann wird sie dir immer lieblicher; zwei=
fele nur nicht länger an meiner Erquickung, denn dies ist meine

überaus süße Speise! Er war nun vollkommen von seinem
Zweifel geheilt. Sie aber, in solcher Weise, alle ihre Lebenszeit
hindurch, einer mißtrauischen Prüfung ausgesetzt, nahm Alles
in Geduld, antwortete nach der Wahrheit in schlichter Einfalt,
überhob sich nicht in ihrem Selbstbewußtseyn; so wie sie auch
andererseits durch die Zudringlichkeit, die bisweilen ins Un=
glaubliche ging, sich nicht erzürnen ließ.

Schon seit lange hatte sie geweissagt, daß sie bald nach
ihrem 33sten Jahre sterben werde; jetzt als im Jahre 1501
diese Zeit herangekommen, wurde ihr näher der Himmelfahrts=
tag, als der Tag ihres Hingangs, anberaumt. Sie bereitete
sich dazu im Verlaufe der Faste aufs beste vor; hatte unter=
dessen viele Verzuckungen und Gesichte; ging am Auferstehungs=
tage zum letztenmale zum Abendmahle, und legte sich dann nach
wenig Tagen nieder, um nicht wieder aufzustehen. Um die
Mitte der Osterwoche, überfiel sie in der Nacht ein heftiges
Erbrechen; sie warf zuerst reines Blut in großer Menge aus,
dann kam es in Stücke geronnen, zuletzt mit Eiter gemischt.
Die Ärzte wurden herzu gerufen, konnten aber über ihren Zu=
stand und ihre Behandlung sich nicht vereinigen. Sie schwieg
in großer Fassung, ließ sich das Sacrament geben, wurde ver=
zückt, und hatte viele Gesichte, deren einige sie den Umstehen=
den deutete und unter andern sagte: O Herr! du läßt mich
deine Magd, durch die mancherlei Zeichen an meinem Blute, die
künftigen Zeichen im Himmel, das ist in der Kirche, andeuten;
denn die Verschiedenheit des Blutes soll die verschiedenen Ru=
then ausdrücken, die in kurzem über deine Kirche kommen
sollen: Mord und Blutvergießen nämlich der Christen unterein=
ander; Seuche, Sterben und Verderben vieler Völker. Die
Hörer deuteten sich daraus die Krankheitssymptome, die sie ge=
sehen. Die Leidende schien ihnen ein Bild der Kirche; ihr
Blut das ihr einwohnende geistliche Leben, und zwar schien
das ungemischte die Häupter der Priesterschaft; das geronnene
die Führer der Factionen; das mit Eiter gemischte das sich
versündigende Volk zu bedeuten. Die Sterbende hatte nur allzu
gut gesehen. Denn kurze Zeit darauf, nach Alexanders Ver=
giftung, hat Cäsar Borgia den Streit um die Nachfolge an=

gehoben, der ganz Oberitalien in Flammen setzte, und den der kriegerische Julius II nur mit Strömen Blutes löschte. Sie aber lag in ihrem Cilizium drei und dreißig Tage auf nackten Brettern, in all dieser Zeit nichts denn Wasser genießend; einmal nur kostend von einem Syrupe, den man ihr geboten; dazu einigemal an Orangen oder Kirschen saugend, und nur durch die Eucharistie von Zeit zu Zeit gestärkt, und durch liebliche Visionen aufgerichtet. Während dem Verlaufe der Krankheit quollen aus dem Boden ihrer Stube, und zwischen den Brettern ihres Bettes Schaaren von Ameisen mit rothen Köpfen auf, die emsig sie umirrten; sie selber deutete sie auf das fremde französische Kriegsvolk, das die Kirche bedrängen, und dann weggenommen werden solle. Die Gesichte nahmen zu, je näher sie ihrem Ende rückte; kurz nur war der Kampf mit dem Versucher: sie starb, heimgesucht von dem, den sie liebte, zur Mitternacht vor dem Tage seiner Auffahrt, den Kommenden freudig begrüßend. Das Auge der Todten blieb geöffnet, und das Angesicht geröthet, als ob sie in sanften Schlaf gefallen; alle Glieder waren geschmeidig und in Allem so anzusehen, als ob sie in Ecstase läge ¹).

Hatte diese Zeit ihres Lebens vielfache Plage auszustehen, so hatte sie doch das Glück gehabt, nacheinander tüchtige Männer zu Beichtvätern zu gewinnen; und so war wenigstens die eine Noth an ihr vorübergegangen, von Unwissenden, aller jener zarten innerlichen Verhältnisse Unkundigen, sich mißhandelt, und von blinden Führern verwirrt, gehemmt und irregeleitet zu sehen; oder ihnen gar als Gegenstand ungeschickt angelegter Experimente zu dienen, wie es z. B. Lidwina von

---

¹) Nach dem Leben, das Sebastian von ihr, nach dem was er selbst gesehen, und die andern beiden Beichtväter und mehre seiner Ordensbrüder in Rieti ihm berichtet, geschrieben. A. S. XX. Maii p. 519—598. Am vierten Tage nach ihrem Tode wurde sie geöffnet, die Gedärme waren blos mit Luft erfüllt; im Magen und in der Blase war einige Feuchtigkeit, einige wenige Excremente in den Dickdärmen; das Herz war wie von Wachs, trocken und zäh, um dasselbe her aber das Blut noch flüssig, rein, hell und wie lebendig.

Schiedam über sich ergehen lassen mußte. Im Jahre 1407 hatte der Prämonstratenser Andreas die Pfarre ihrer Vater= stadt übernommen, der keinen Glauben hatte an ihre Enthalt= samkeit, und ihr eine Zeit lang nur widerwillig die Commu= nion reichte. Im Jahre 1412 fiel ihm ein, mit ihr zu ver= suchen, ob sie denn, wie die Rede ging, wirklich allein von Gottes Gnade lebe; und als sie nun zu Mariä Geburt um die Communion bei ihm anhielt, hörte er ihre Beichte und reichte ihr dann eine ungeweihte Hostie. Sie aber, als sie die ge= reichte nicht unterzuschlucken vermochte, schloß daraus, daß sie unconsecrirt sey, und spie sie aus. Er schalt sie darüber hef= tig; sie aber erwiederte: Herr, haltet Ihr mich für verrückt, daß ich nicht zu unterscheiden wisse zwischen dem Leibe des Herrn und gemeinem Brod, das ich von mir zu geben gezwun= gen bin, da ich jenen leicht verschlucke. Der Pfarrer wurde durch diese Worte etwas betroffen, stand auf, und kehrte heim; die Jungfrau aber blieb in Thränen zurück, theils der Entbeh= rung wegen, die sie zu dulden hatte, theils um der Härtig= keit des Priesters willen. Sie wurde in ihrer Betrübniß bald durch ein Gesicht getröstet: in Mitte einer Klarheit, die ihre kleine Zelle erfüllte, erschien ihr zu Füßen ihres Bettes ein Kreuz, und an ihm der Erlöser in Gestalt und Größe eines Knaben. Wie sie sofort lieblich und freudig mit ihm redete; erhob sich das Kreuz bis zur Zimmerdecke über ihr, und ließ sich dann, in die Größe einer Hostie einschwindend, mit Glanz umgeben vor ihr nieder zu der Decke, die sie verhüllte, und die Wunden waren an ihr deutlich mit Blut bezeichnet. Die Jungfrau kam darüber in solchen Jubel, daß sie sterben zu müssen glaubte; so daß eine der anwesenden Frauen ihr das ungestüm aufschlagende Herz halten mußte, damit es nicht zerspringe. Sechs Andere, theils Hausgenossen, theils Solche, die herzugekommen, und die ihr Leben alle mit Namen nennt, sahen gleich ihr, die Erscheinung. Lidwina sandte nun ihren Bruder zum Pfarrer, daß er komme, und das Wunder schaue; er aber wollte nicht glauben; erhob sich jedoch von seinem Lager, und kam mit ungewaschenen Händen zu dem der Jungfrau, und sah gleich den Andern. Er trieb diese zuerst aus der

Stube, verriegelte dann die Thüre, und beschwor die Jung=
frau beim Gerichte des lebenden Gottes, keinem Menschen zu
sagen, was sich begeben. Sie aber bat inständig, daß er ihr die
Hostie reiche; er dagegen erwiederte: Nicht also; wenn du com=
municiren willst, dann werde ich dir die Eucharistie aus der
Kirche geben; von der weiß ich, daß es der Leib des Herrn
sey, bei dieser aber muß ich zweifeln, was sie sey. Da Lid=
wina indessen auf ihrem Gesuch bestand, reichte er sie·ihr hin;
ohne übrigens im mindesten zu glauben, daß sie von einiger
Kraft und Wirkung sey. Am andern Morgen nach der Messe,
ermahnte der Pfarrer das versammelte Volk, für die Jungfrau
zu beten, die, ihrer Vernunft nicht ganz mächtig, die vergan=
gene Nacht vom bösen Feinde versucht worden; darauf nahm
er das Sacrament, und ging im Geleite vieler Leute zu ihrem
Hause. Dort angelangt, ließ er Alle wieder kniend für sie be=
ten, und redete dann abermal zu ihnen: In dieser Nacht sey
der Teufel hier gewesen, und habe der Getäuschten eine falsche
Hostie zurückgelassen; darum wolle er ihr jetzt die wahre zu
ihrer Stärkung geben. Sie mochte nun widersprechen, und
bitten und flehen, daß er andere Meinung fasse; er blieb bei
der seinigen, und kehrte, nachdem er ihr die Communion ge=
reicht, zur Kirche zurück. Die Augenzeugen hatten unterdessen
das Volk verständigt, über das, was sich begeben; und es hob
sich nun ein großer Unwillen gegen den Pfarrer, so daß dieser
die Kirche nicht zu verlassen wagte. Die Bewegung mehrte sich
noch, als er auf die Frage: was er denn mit jener Hostie an=
gefangen, einmal versicherte, er habe sie verbrannt; ein ander=
mal, er habe sie ins Wasser geworfen. Da der Tumult sich
mehrte, kam die Nachricht auch an den Bischof von Utrecht,
der seinen Suffragan· mit einigen andern vertrauten Männern
zur Untersuchung hinübersandte. Der Pfarrer kam in Verzweif=
lung, und ließ Lidwina um Gottes willen beschwören, durch
ihre Zwischenkunft die Sache zu vermitteln. Die Commissäre
gingen nun, von ihm unter vielen Thränen begleitet, in die
Zelle der Kranken; diese weigerte sich aber, ein Wort zu reden,
wenn nicht einem ausdrücklichen Gebote von Seiten des Bi=
schofs sich das Versprechen beifüge, daß alles Entdeckte dem

Pfarrer keine Gefährde bereiten werde, und vor der Welt bei ihrem Leben ein Geheimniß bleibe. Als man ihr das zugesagt, erzählte sie Alles, wie es sich zugetragen; die Augenzeugen bekräftigten ihre Erzählung, und so wurde die Sache in Güte vermittelt [1]).

Auch die Sendung, entartete oder erkältete Orden zu reformiren, ist für Jene, an die sie gekommen, durch die Widerspenstigkeit der dabei Betheiligten, und den Aufruhr, in dem sich dann gemeinlich die Welt gegen das Unternehmen zu erheben pflegt, ein mühseliges und dornenvolles Amt; weigern sie sich aber, solche Sendung hinzunehmen, dann werden sie in anderer Art geschlagen. Davon können Johannes vom Kreuze, die heilige Theresia, Carl Borromäo und so viele Andere Zeugniß geben; unter ihnen auch die selige Coleta, geboren bei Corbey um 1580, gestorben in Gent 1646. Sie hatte in einem großen Gesichte aller Welt Sünden und ihre Bestrafung gesehen; große Trauer hatte sie seither übernommen, und sie hatte nicht abgelassen, Gott zu bitten, daß er sich der Verlornen erbarme, und sie zur Bekehrung bringe. Da wurde ihr endlich gesagt: Sie werde dies Bekehrungswerk mächtig fördern, wenn es ihr gelinge, die drei Orden des heil. Franciscus zu reformiren, und zum ersten Eifer und der früheren Strenge zurückzubringen. Sie betete nun fort, Gott möge denn einen solchen Reformator der Welt zusenden, und erhielt darauf in einer neuen Verzuckung vom Herren den Bescheid: Sie habe selbst das Werk zu vollbringen. Darüber wunderte sie sich nun so sehr, daß sie sich nicht begreifen mochte; denn sie dachte, in der ganzen weiten Welt sey kein Mensch untauglicher dazu, denn sie. Sie zankte deswegen mit der h. Jungfrau und dem h. Franciscus, daß sie ein so armes, einfältiges, ungelehrtes, unerfahrnes, unberedtes Mägdlein, ohne alle Tugend und Geschick, zu solchem Werke dem Herrn vorgeschlagen; sie könne es nicht thun und werde es nicht thun, und hoffe, Gott werde sie nicht zum Unmöglichen zwingen wollen. Sie beharrte auf diesem Entschlusse einige Tage, konnte aber nicht zu ihrer vo-

---

[1]) Ihr Leben A. S. XIV. April. p. 295.

rigen Ruhe gelangen; und versammelte deswegen ihre Freunde
und andere kundige Personen um sich, daß sie ihr rathen sollten.
Die nun redeten ihr zu, Folge zu leisten; da die Erscheinung nicht
vom Bösen, sondern von Gott gekommen. Sie aber fuhr nichts
desto weniger fort, Gott zu bitten, ihr die Bürde abzunehmen;
wurde aber nun augenblicklich stumm, und konnte kein deut=
liches Wort aussprechen. Da das drei Tage also anhielt,
glaubte sie dem Zeichen, und versprach Folge zu leisten; so=
gleich wurde ihre Zunge wieder gelöst. Als sie aber nun nach=
dachte, wie sie es anzufangen, um die Sache zum Ende zu
bringen; kam ihr die Last wieder so schwer vor, daß es ihr
unmöglich schien, sie auf sich zu nehmen, und sie erklärte wie=
der rund heraus: Einmal kann ichs nicht thun, und werde es
nicht thun, und verhoffentlich wird mich auch Gott nicht
zwingen, es zu thun. Kaum hatte sie das ausgeredet, da
wurde ihr urplötzlich ihrer Augen Licht genommen, und sie
blieb drei Tage und Nächte stockblind. Da bat sie Gott um
Verzeihung, und versprach sich zu fügen; ihre Reue wurde an=
genommen, und das Gesicht ihr zurückgegeben. Sie sah nun
aus dem Boden ihrer Zelle ein gar schönes Bäumlein auf=
sprossen, das in schneller Eile also groß wurde, daß es sich durch
den ganzen Raum ausbreitete; es war aber von wundersamer
Schöne und Anmuth, und hatte unter grünem Laub in Gold=
licht glänzende, süß duftende Blüthen verborgen; unter ihm
gingen noch andere auf, ihm jedoch nicht an Größe und Schöne
vergleichbar. Sie sah mit Verwunderung dem Wachsen zu,
und ihr wurde in den Sinn gegeben, der größere bedeute sie;
die kleineren aber diejenigen, die durch sie zur Reformation
würden gebracht werden. Ihre Demuth aber war so groß,
daß sie dem keinen Glauben beimessen konnte; sondern es für
eine Verblendung des Teufels hielt, um sie zur eiteln Ehre
anzureizen. Sogleich riß sie im Zorneseifer den größeren Baum
aus, und warf ihn stückweise zum Fenster hinaus, die kleineren
aber diesem nach. Nach einigen Tagen aber, als sie wieder im
Gebete war, fing es abermal an um sie her zu sprossen; schöne
blumenreiche Bäume wuchsen wieder aus dem Boden, und
nachdem sie eine Zeit lang in ihrer Zelle gestanden, versetzten

sie sich selbst von Ort zu Ort, und erfüllten zuletzt einen guten
Theil der Welt. Sie mußte nun endlich ihre Widerspenstigkeit
bekennen, und sich Gottes Willen gefangen geben; jedoch auf
das Geding, daß sie nicht vornehmste Urheberin, sondern nur
Mithelferin im Werke sey. Sie erhielt nun die klare Erkennt=
niß alles dessen, was zur Ausführung nothwendig war; bald
auch im Pater Heinrich von Balma einen Gehülfen, und in
Isabella, Gräfin von Burgund, eine Gönnerin und Reisege=
fährtin nach Rom zum Papste. Dieser billigte ihr Unternehmen,
jedoch nicht eher, bis der Widerspruch der Cardinäle durch
eine sich verbreitende Pest gebrochen war; nahm sie, damit sie
das Werk beginnen könne, in den Orden der h. Clara auf;
und weihte sie ohne ihr Wissen zur Abbtissin. Sie mußte es
geschehen lassen, und kehrte nach ihrem Vaterland zurück. Dort
aber ging nun die rechte Noth erst an. Alle Geistlichen und
Weltlichen, alle ihre Freunde und Verwandte, alle Stände und
Geschlechter waren ihr ganz zuwider; hielten sie für eine
Heuchlerin und Betrügerin, und redeten ohne Scheu über sie:
wie sie Menschen und Vieh bezaubere, und mit den bösen
Geistern Gemeinschaft habe. Sie wurde nun von aller Welt
gehaßt und verfolgt, so daß Niemand sie in seinem Hause
aufnehmen, oder ihr auch nur eines leihen wollte. Es kam so
weit, daß sie endlich mit ihrem Beichtvater aus dem Lande
vertrieben wurde. Dieser führte sie zuerst auf Schloß Balma
zu seinem Bruder in Savoyen; die Gräfin Blancha in Genf
lud sie dann zu ihrem Schlosse, und räumte ihr die Hälfte
desselben ein; wo sie darauf ihr erstes Klösterchen zu bauen an=
gefangen. Der Papst versetzte sie sofort zu den Clarissinnen
nach Besançon, die sie nach der strengen Regel zuerst refor=
mirte, und dann von da ausgehend die Reformation in andere
und andere Klöster übertrug. Aber alle die Tage ihres Lebens
dauerten die Verfolgungen fort. Wollte sie irgendwo ein Klo=
ster bauen, dann fand sie so viele Widersacher, daß sich ganze
Städte und Herrschaften gegen sie auflehnten. Siegte sie zu=
letzt doch durch Demuth und Geduld; dann blieben sie ihr
aufsätzig und erbittert, und sagten alles erdenkliche Böse von
ihr. Ihre vertrautesten Freunde, ja ihre geistlichen Väter,

sahen sich oft plötzlich umgewendet; so daß frühere Zuneigung sich in den grimmigsten Haß verwandelt fand; was sie später freilich aufs bitterste bereuten. Man schrie sie als eine Solche aus, die den abscheulichsten Lastern ergeben sey; dabei Geld auf Wucher ausleihe, und wenn sich ja Gutthäter fanden, die ihr einen Platz zur Erbauung eines Klosters erstehen wollten, dann wurden sie von ihren Feinden abgeboten. Sie öffnete bei dem Allen nie den Mund zum klagen; sie ertrug, was ihr geboten wurde, mit Lammesmuth, und vollbrachte das Werk, zu dem sie berufen war [1]).

So erhält Ursulina von Parma im Gesichte die Sendung nach Avignon, zum Gegenpapste Clemens VII, um ihm zu gebieten, im Namen des Herrn, daß er durch Aufhebung des Schisma den Frieden in der Kirche wieder herstelle. Sie gehorcht, und zieht mit ihrer alten Mutter über die Alpen hinüber; erhält Zutritt beim Gegenpapst, und erschüttert ihn durch anderthalbstündige Rede. Aber eben der Schrecken, den sie in ihm hervorgerufen, bestimmt ihn, sie nicht wieder zu sehen, und so muß sie unverrichteter Sache wieder abziehen. Sie geht nun nach Rom zum Papst Bonifaz IX, der ihrer Rede Anfangs keinen Glauben schenkt; als ihm aber die Wahrheit durch einen Augenzeugen bestättigt wird, sie wohl aufnimmt, und sie zum andernmale mit Vollmacht in gleichem Auftrag nach Avignon hinübersendet. Sie zieht wieder hin; läßt sich durch die Nachricht, daß die Cardinäle des falschen Papstes ihr Verderben suchen, nicht in Schrecken setzen; tritt nochmal furchtlos vor ihn und diese ihre Feinde hin, und spricht also, daß nicht nur Keiner zu widersprechen wagt, sondern Clemens zur Unterwerfung neigt. Nun aber erheben sich die Cardinäle, besonders der Cardinal Martinus aufs heftigste gegen sie, und suchen sie zuerst durch hinterlistig gestellte Fragen zu fangen. Da sie aber mit großer Klugheit in ihren Antworten ihre Fallstricke zu vermeiden weiß, suchen sie die Unbequeme durch erneute

---

[1]) Vita b. Coletae ex Gallico Petri a Vallibus sive a Remis confessarii ipsius Beatae làt. redd. a St. Juliaco. c. VI. VII. c. XVIII. Act. Sanct. VI. Mart.

Drohungen abwendig zu machen; sie trennen sie von ihrer Mutter, die sie für die Anstifterin der Sache halten, und geben sie einer Frau in der Stadt zu hüten. Sie inquiriren nun auf Herenwerk und Zauberkünste; lassen ihr neue Gewänder geben, und durchsuchen die abgelegten aufs allergenauste, ob sich nicht irgend etwas Verdächtiges in ihnen finde. Da auch das nicht zum Ziele führt, wollen sie durch die Folter Geständnisse von ihr erpressen; schon sind ihr die Hände auf den Rücken gebunden, als ein Erdbeben ihre Peiniger zerstreut. Sie müssen daher von ihr ablassen; aber auch sie kömmt mit Clemens nicht zum Ziele, der aber nun jähen Todes stirbt [1]).

Selbst die Visionen werden für Manche, denen sie zu Theil geworden, ein Gegenstand des Anstoßes und der Verfolgung, somit auch großer Prüfungen. Der heilige Petrus von Mailand, der in den Tagen Innocens IV ein gewaltiger Verkündiger des Worts gewesen, und zuletzt als Märtyrer der Wahrheit gestorben, lebte zu einer Zeit im dortigen Kloster des heiligen Johannes Baptista in großer Heiligkeit, von öfteren Erscheinungen heimgesucht. Einst waren ihm in einer solchen freundlichen Vision die heiligen Agnes, Catharina und Cäcilia erschienen, und er sprach mit ihnen, und hörte ihre Antworten. Da geschah es, daß von ungefähr einer der Geistlichen des Klosters an seiner Zelle vorüberging; er hört in derselben Frauenstimmen, tritt näher hinzu, und sieht nun durch eine Ritze drei aufs schönste geschmückte Frauen mit Peter im freundlichsten Gespräche. Voll Erstaunen und Entrüstung läuft der Augenzeuge solchen Greuels sofort zum Vorgesetzten, und mit den Worten: Da haben wir den Gleisner, der sich immer so sauber und rein gemacht; jetzt ist seine lange verborgene Scheinheiligkeit entdeckt; sogar in seine Zelle hat er sich unterstanden, Frauen aufzunehmen, und belustigt sich ohne Scheu mit ihnen, eröffnet er dem Prior das Geschehene. Dieser, er-

---

[1]) Nach ihrem Leben, das der Carthäuser Simon de Zanaches etwa 40 Jahre nach ihrem um 1410 erfolgten Tode, aus Manuscripten, die im Kloster St. Quintin vorhanden waren, geschrieben. **A. Sanct. VII. April. p. 728 u. f.**

zürnt, beruft den Convent, um zu berathen, was mit dem Ordensschänder anzufangen; einstimmig wird beschlossen, den Verbrecher einige Tage einzusperren, dann aber von Como nach Chim ihn in die Pönitenz zu schicken. Ohne ihn weiter zu hören, wird die Sentenz vollzogen; er wird mit Schmach und Spott eingesperrt, mit Hunger und Durst gepeinigt; endlich in jenen Ort abgeführt, um dort elendiglich zu leben. Petrus schweigt und nimmt Alles mit Demuth und Gehorsam hin; nur vor dem Crucifire klagt er dem Herrn seine Noth, und fragt ihn, was er doch verschuldet, daß ihm solches geworden. Ihm wird die Antwort: Was hab denn ich verschuldet, daß sie mich also geschlagen, zerfetzt und getödtet haben? Er, getröstet, duldet nun fort, bis seine Unschuld durch andere Erscheinungen sich entdeckt, und er wieder in Ehren zurückgerufen wird. Man hat dies Ereigniß in Como in dem Zimmer, wo die Erscheinung eingetreten, gemalt, und jenes Crucifix zum Andenken darin aufgestellt [1]).

3.

Liebeswerke.

Durch die bisherigen Bereitungen werden die in Welt und Leiblichkeit verwachsenen Kräfte abgelöst, um, nachdem sie also beweglich und frei geworden, in rechter Ordnung ihre ungetheilte Richtung auf Gott und Göttliches zu erhalten. Aus der Bindung in dem Vielen geht der Weg, zur Befreiung in dem Einen, durch die Überwindung dieses Vielen, das zuvor gebunden hielt; ehe daher die Nöthigung zu dem, was unter uns und um uns ist, in der Umkehr freies Streben wird zu dem, was über uns ist; muß zuvor in eigener Selbstüberwindung, was früher im Zwang geschehen, als selbstgegebene That sich wiederholen; um so durch die Liebe das Band des zwingenden Gesetzes auf immer zu zerreißen. Solches geschieht nun

---

[1]) Stoill T. I. p. 668. In wiefern die Erzählung historisch oder legendenhaft sey, muß, da keine kirchliche Untersuchung vorliegt, dahingestellt bleiben.

in der Übung der Liebeswerke; in denen der Übende, nachdem
er von untergeordneter Selbstliebe und Weltliebe Befreiung er=
langt, durch die Nächstenliebe zur Gottesliebe den Durchgang
findet, nach dem Grundsatze: daß was eins ist in einem Drit=
ten, eins auch untereinander ist, und beim gegenseitigen Sich=
zusammenthun, der Mitte sich nicht entzieht. Auch diese Lie=
beswerke gelten daher als fördernde Mittel in der christlichen
Ascese; die Armen unterstützen, die Kranken pflegen, sich des
Seelenheils der an sie Gewiesenen annehmen, hat allen Asceti=
schen als unumgängliche Übung und Bereitung gegolten; und
sie haben geglaubt, nicht leicht möge Einer auf den Weg der
Maria gelangen, er sey denn zuvor auf denen der Martha
hingegangen. Es wird nicht nöthig seyn, über allbekannte
Dinge, wie sie hier vorkommen, uns weitläuftig auszubreiten;
die Schaaren barmherziger Schwestern und Brüder mit ihren
Werken, die dies mystisch=christliche Prinzip hervorgetrieben,
sprechen allein schon laut genug; nur Einiges vom Auffallend=
sten wollen wir im Vorbeigehen berühren, damit die Abthei=
lung nicht ganz leer ausgehe. Vor vielen Andern hatte die
h. Catharina von Siena in solchen Liebeswerken es weit ge=
bracht. Nicht blos, daß sie mehr als einmal, selbst so krank,
daß sie auf ihren Füßen nicht stehen gekonnt, zur Unterstützung
der Armen an Speise und Trank sich mit Lasten beladen, unter
denen eine Gesunde erlegen seyn würde; sie trug auch solche
Liebe zu den Kranken, daß sie in ihrer Pflege das Unglaub=
liche geleistet. Die Wittwe Tecta hatte ihrer Armuth wegen
sich in ihrer Vaterstadt in ein Hospital begeben, das selber
kaum die Nothdurft hatte; sie wurde aussätzig am ganzen Leibe,
und sollte aus dem Hause, ja aus der Stadt geschafft werden,
weil Jeder einen Abscheu an ihr hatte. Da nahm sich Ihrer
die Jungfrau an, und pflegte sie mit aller Sorgfalt und Liebe.
Das Weib ließ sich ihren Dienst gefallen, wurde aber zur Hof=
fart dadurch getrieben, nahm Alles als eine Schuldigkeit auf;
und scheute sich nicht, sie mit harten trotzigen Worten anzu=
geben, und sie zu höhnen und zu schmähen. Die Jungfrau
ließ sich nicht irre machen; auch da nicht, als ihre Mutter
Lapa sie abmahnte; selbst dann nicht, als, was diese gefürchtet,

eingetroffen, und sie selber an den pflegenden Händen mit dem
Ausfaße angesteckt wurde. Sie blieb bei der Frau, bis sie ge=
storben, sie tröstend und stärkend; wusch dann den todten Leib
und begrub ihn mit eigenen Händen; worauf dann sofort der
Ausfaß an ihr selbst verschwunden, und ihre Hände reiner
wurden, als sie je zuvor gewesen. Ein anderes Weib hatte
den Krebs an der Brust mit so abscheulichem Gestanke, daß
es schier unmöglich war, bei ihr auszuhalten; so daß sie schwer=
lich Jemand fand, der ihr die Nothdurft reichte. Das eben
wars, was Catharina bestimmte, sich ihrer anzunehmen; sie
wartete ihr aufs fleißigste auf; reinigte und verband ihre Wun=
de mit freundlichem Angesicht, zum Erstaunen des Weibes. Die
Wunde verschlimmerte sich indessen mehr und mehr; immer un=
leidlicher wurde der Gestank, so daß der Heldenmüthigen eines
Tages der Magen sich umkehren wollte. Da erzürnte sie über
sich selbst, und sprach zu ihrem Leibe: Scheust du also sehr deine
Schwester, die gekauft ist mit dem Blute unseres Herrn! wahr=
lich, das soll dir nicht ungestraft bleiben! Mit diesen Worten
legte sie ihren Mund, die Nase und das ganze Angesicht auf
die abscheuliche Wunde; so lange bis sie empfand, daß der
Geist die Widerspenstigkeit des Fleisches überwunden. Das
Weib sann unterdessen dem Thun der Jungfrau nach, und kam,
wie es die Art gemeiner Naturen ist, die solch Übermaaß von
Liebe nicht begreifen mögen, auf bösen Argwohn; sie möge
wohl nur der Deckmantel für andere Absichten seyn, und ihre
Pflege solle nur die Unzucht verbergen vor den Leuten, die sie
hinter ihrem Rücken treibe. Sie verhehlte diesen Argwohn nicht,
so daß er in der Stadt auskam, und selbst ihre Mitschwestern
im Orden, nachdem sie das Weib befragt, zur Jungfrau ge=
kommen, und wegen ihrer Schaamlosigkeit aufs heftigste sie aus=
gescholten. Sie nahm Alles mit Sanftmuth auf; unterließ aber
nichts in des Weibes Pflege, und diente ihr vor wie nach mit
solcher Freundlichkeit, daß sie endlich seine Bosheit überwand,
und bittere Reue in seinem Herzen weckte. Immer abscheulicher
wurde indessen das Übel, so daß die Jungfrau noch einmal
ein Eckel anwandelte; da that sie, was vor ihr schwerlich Je=
mand gethan; sie trank den Eiter und die Unreinigkeiten, die

von den Wunden abgewaschen, in einem Becken standen, aus;
und bekannte später ihrem Beichtvater, daß sie nie in ihrem ganzen
Leben einen lieblicheren Trank geschmeckt [1]). Damit aber dies
Wunder von Selbstüberwindung nicht vereinzelt bleibe, und
dadurch in späterer Zeit den Glauben verliere, wiederholte
dritthalb Jahrhunderte später Rosa von Lima, was sie gethan;
indem sie einst das aus der Ader einer kranken Magd gelassene
Blut, das mit schwarzen und gelben Flecken bedeckt, und mit
Eiter unterlaufen, ihrem Magen ein Abscheu war, ausge=
trunken [2]).

Neben diesen wollen wir hier in der Kürze nur noch den
h. Joannes von Gott anführen. Wenn irgend Jemanden der
Beruf geworden, Barmherzigkeit zu üben wie im Drange eines
unwiderstehlichen Instinktes, dann ist es dieser heilige Mann
gewesen. Eine vielleicht legendenhafte Sage in seinem Leben
drückt die Weise dieses Berufes aufs allerbeste aus. Als er
einst über Feld ging, begegnete ihm ein überaus schönes Kind,
das im Bauernröcklein barfuß einherging, und wegen des rau=
hen Weges, sich die Füße gar übel verletzte. Joannes hatte
großes Mitleiden mit dem Kleinen, wie er so erbärmlich daher
ging; zog deswegen seine Schuhe ab, und sagte: Liebes Kind!
mein Herz wendet sich um, wenn ich dich also sehe, darum
ziehe lieber diese meine Schuhe an, ich kann leichter barfuß
gehen als du. Das Kind nahm die Schuhe an, und versuchte,
ob es darin gehen könne, weil sie ihm aber gar zu groß wa=
ren, gab es sie ihm zurück, sprechend: Ich kann in deinen
Schuhen nicht gehen, gib sie aber einem Andern, welcher größer
ist und ärmer denn ich. Joannes war betrübt und sagte:
Eia du gebenedeites Knäblein, weil dir meine Schuhe nicht
dienen können, so mag dir wohl mein Rücken dienen, und ich
will dich aus Liebe des Weges tragen. Er nahm nun das
Kind auf den Rücken, und trug es die Straße daher. Wie er
aber eine Weile fortgegangen war, wurde das Kind so schwer,
als wenns ein großer Mann wäre, und drückte ihn so hart,

---

[1]) Ihr Leben cap. XII—XIV.
[2]) Rosa de Scta. Maria cap. XVI. p. 96.

daß ihm am ganzen Leibe der Schweiß ausbrach. Gleichwohl ging er fort mit seiner Last, so gut es gehen wollte; und das Kind wischte ihm den Schweiß mit der Hand von der Stirn. Er kam endlich an einen Brunnen, und war so müde, daß er nicht weiter fortgehen konnte; deswegen wollte er ein wenig ruhen, und seinen Durst aus dem Brunnen löschen. Er setzte deswegen das Kind unter einem Baume nieder, und ging dem Brunnen zu. Nach einer kleinen Zeit hörte er das Kind sich rufen, und als er sich umwendete, sah er in seiner Hand einen Granatapfel, in dessen Spalt ein kleines Kreuz stand. Das Kind hatte auch ein so schön leuchtendes Angesicht, als ob's ein Engel wäre, und sprach zu ihm mit lieblicher Stimme: Johannes, zu Granada wird dein Kreuz seyn! Mit diesen Worten verschwand die Erscheinung, Johannes stand eine Zeit lang voll Erstaunens; dann brach er in Thränen aus, darum, daß er das Kind nicht erkannt, und daß es so bald von ihm gewichen. Es war das Bild seines ganzen Lebens, das ihm hier also vorgekommen. Er ging nach Grenada, wurde dort durch die Predigten des Avila aufs tiefste ergriffen, und spielte nun, um für seine Sünden durch Demüthigung zu büßen, eine Zeit lang den Thoren in jener Stadt; wurde deswegen ins Irrenhaus abgeliefert, und dort so lange furchtbar mißhandelt, bis er glaubte, es sey nun genug, und die angenommene Larve der Thorheit von sich that. Er diente darauf den Kranken eine Zeit lang in jenem Hause, und hier kam ihm der Gedanke, selber ein Hospital zu gründen, um in ihm dem Berufe seines Lebens ganz und gar nachzuleben. Er begann damit, daß er auf dem nahen Berge Reißig sammelte, und es in die Stadt zum Verkaufe trug, wovon er sich selbst und Andere ernährte. Es gelang ihm bald, ein leer stehendes Haus zu miethen; darin nahm er so viel Arme auf, als es fassen mochte; was sie bedurften, gewann er ihnen bald durch sein flehend Wort, das der Menschen Herzen bis zum tiefsten Grunde im Mitleid zu bewegen wußte. Der Segen war über all seinem Thun; je mehr die Mittel wuchsen, um so mehr erweiterte er die Anstalt, und breitete sie auf jede Art von Dürftigkeit und Preßhaftigkeit aus. Auf seinem Rücken schleppte er selber die

Kranken herzu, daß er oft unter der Last zusammenbrach; Tag und Nacht sorgte er rastlos für seine Pflegbefohlenen. Kein Undank, keine Mißhandlung vermochte seinen Eifer zu hemmen. Nicht eigene Noth und drückender Mangel konnte ihn abhalten; wo die Almosen nicht ausreichten, lieh er Geld, um ihren Bedürfnissen zu genügen; und immer fand er dann Solche, die für ihn einstanden. Einst war im königlichen Spitale bei Gelegenheit eines Gelages, das die Vorsteher gaben, Feuer ausgebrochen; und die Flammen hatten so schnell um sich gegriffen, daß, als die Leute herzugeeilt, Niemand sich, der Wuth des Feuers wegen, in die Nähe des Gebäudes wagte; und man davon redete, von der Alhambra aus, ein Mittelgebäude mit dem Geschütze zu demoliren, um den noch unversehrten Theil zu retten. Johannes war auch unter den Ersten herbeigeeilt; als er die Wehklagen der Kranken von den Fenstern hörte, konnte er es nicht über sich gewinnen, müßig zu bleiben, und drang durch eines der ganz mit Rauch verhüllten Thore ein. Ohne Verzug schritt er innen zum Werke; den Kranken, die noch gehen konnten, wies er die Wege; andere führte er, andere wurden getragen, noch andere bisweilen paarweise geschleppt; die unteren wurden durch die Fenster herabgelassen: Alles mit solcher Kraft und Schnelle, daß Alle, besonders Solche, die seinen durch Fasten und Wachen geschwächten Körper kannten, darüber staunten. Als die Kranken in Sicherheit waren, rettete er vom Geräthe, was zu retten war, überall vorn an, und mit Besonnenheit die beste Vorkehr machend. Er nahm dann eine Art, und bestieg den Speicher, um den Flammen zu wehren; während es ihm aber damit auf einer Seite gelang, brachen sie auf der andern um so heftiger hervor. Eine halbe Stunde lang hatten die Anwesenden ihn aus den Augen verloren und ihn schon aufgegeben; als er auf einmal aus den Flammen hervorsprang, die Kleidung unverletzt, nur Augenbrauen und Wimpern verbrannt. Siebenzig Zeugen haben den Vorgang eidlich beschworen. In solchen Werken hatte er die zwölf letzten Jahre seines Lebens hingebracht, als ihn endlich im 55sten der Tod, am Fuße des Crucifixes, im Jahr 1550 fand.

Die Hospitaliter, nach ihm genannt, haben ihren Ursprung von ihm genommen. [1])

IV.

Reinigung und Disziplinirung des höheren Menschen.

Die Ascese findet den Menschen vor, wie ihn seine Schuld umgestaltet und entstellt. Ursprünglich in seiner Mitte in der Gottesmitte gegrundfestet und erbaut, war ihm die Bestim= mung geworden, in der auf diese seine Mitte übergehenden Kraft der Gottesmitte, nach seinem leiblichen Theil, Centrum zu seyn seines irdischen Naturkreises, nach seinem geistigen, Mitte des irdisch geistigen Kreises, und in seinem seelischen wieder, vom Centrum aus, beide Kreise unter sich und mit Gott zu verknüpfen. Wie es aber dem Drachen der Sünde gelungen, sein Haupt zwischen die Mitte des Schöpfers und die des Ge= schöpfes einzuschieben; da hat sein Leib, sich hinringelnd durch alle Kreise des Daseyns, auch die andern Mitten von einan= der abgelöst — die leibliche Mitte unter die Naturmitte, die gei= stige unter die geistige, die seelische unter die seelische drückend, — und so ist eine allgemeine Verrückung der Centra eingetreten, und die Größe der Eccentricität, durch alle Gebiete, erscheint bedingt durch die Größe der primitiven im tiefsten Grunde; Ausdruck der Spaltung, die zwischen Gott und dem Menschen Platz gegriffen. Die Leiblichkeit hat also die Macht der Trans= substantiation irdischen Stoffes verloren, und nur die der Transformation bewahrend, ist sie bedürftig des Äußeren ge= worden; in ihrem Bestande gebunden an den Zufluß des äuße= ren Stoffes, den sie mühsam zu ihrer Fristung zusammenreiht; und dessen Metamorphose sie nicht fördern mag, ohne selber durch eine solche durchzugehen. Wie also das Leibliche sich mit Beklommenheit überall von den Banden des Naturgesetzes umschrieben und gehalten, und vom Naturstoffe befangen fühlt;

---

[1]) Vita Francisci de Castro. A. Sanct. VIII. Mart. p. 814. An= tonii Gouea ibid. p. 835.

so das Geistige, im Zudrange der Naturbilder, von der Noth=
wendigkeit des geistigen Gesetzes und seiner Categorien; weil
auch ihm der Schlüssel des Geheimnisses der Transsubstan=
tiation der Begriffe in Ideen und hinwiederum verloren gegan=
gen, und der Geist mithin, nachdem er die beherrschende rationale
Formel verloren, überall von den unendlichen Reihen der Mannig=
faltigkeit der Dinge sich umzogen und gefesselt findet. Psychisch
endlich ist die Seele nicht mehr, ruhend in Gott, das unbewegt
Bewegende; sondern durch die Ausweichung selber in die Reihe
der beweglichen Dinge eingetreten, findet sie nach Maaßgabe
derselben auch in ihre Wirbel sich hineingerissen; und abwärts
zwischen Zeugung und Tod eben so auf= und niedergetrieben, wie
aufwärts zwischen Pflicht und Neigung, ist sie in der Mitte
zwischen Lust und Unlust getheilt. Alles Absehen der Mystik ist
aber nun auf die Wiedervereinigung mit Gott gerichtet; hätte
sie dies ihr Ziel je vollkommen erreicht, und ruhte nun in dem
gewonnenen, ohne Wandel und immerdar, dann wäre jene
primitive Schiedniß zwischen Gott und der Creatur aufgehoben;
die Spaltung wäre geheilt, und mit der Beseitigung jener in=
nersten Eccentricität wären auch die andern untergeordneten,
mit ihrem ganzen Gefolge kleinerer Spaltungen, wieder in ihre
Mitten aufgegangen, und dadurch vertilgt. Wie ihr aber ein
solches in diesem Leben unerreichbar ist, und das, was erreicht
werden mag, nur annäherungsweise ihr durch ein langsames,
beharrliches und behutsames Fortschreiten, immer auf die Mitte
zu, gewonnen werden kann; so hat sie in ihrem Ausgange die
Ascese zur Gehülfin sich genommen, um durch sie die Reihe
dieses Fortschrittes zu eröffnen, und in weiter Gottesferne die
Annäherung zu beginnen. Diese Ascese ist also ihr gegenüber
peripherischer Natur, zuerst um die Mittel sich bekümmernd,
die zum Ziele führen; und dann erst um das Endziel selber;
und wieder zuerst um die Endursachen unterer Ordnung, und
dann erst um die letzte, der vorzüglich die Mystik selbst entge=
genstrebt. Indem sie also um die Aufhebung jener Schiednisse
sich bemüht, werden es zuerst jene unteren seyn, die aus jener
ersten Grundwurzel ausgeschlagen; und indem sie in geordne=
tem Vorschritt eine nach der andern zu lindern sich bemüht,

bereitet ſie der Myſtik den Weg, in gerader Anbringung auf die
Mitte, das Werk zu vollenden, das ſie angefangen. Auf die=
ſem ihrem Vorſchritte ſind wir ihr ſchon durch die zwei un=
teren Gebiete gefolgt; jetzt, beim dritten angekommen, müſſen
wir auch hier dem Werke, das ſie wirkt, mit Aufmerkſamkeit
zuſchauen. Sie wirkt aber ein zwiefach Werk: einmal die gei=
ſtigen Kräfte dieſer höheren Region abzulöſen von der Man=
nigfaltigkeit der Bilder, in die ſie im Gefolge ihrer Decentra=
liſirung ſich verlaufen, und ſie in das eigene Centrum einzu=
tragen; dann aber dies Centrum gegen die Gottesmitte hinzu=
wenden, und es zur Einigung mit dieſer vorzubereiten. Was
ſie aber in ſolcher Doppelwirkung wirkt, das wirkt ſie in einer
beſtimmt geordneten Form und Weiſe, die zum dritten unſere
Betrachtung fordert.

1.

Die Ablöſung der höheren geiſtigen Kräfte.

An dem Übergange, der aus dem vorigen Gebiete in die=
ſes hinüberführt, ſehen wir es umfloſſen von allen den Strö=
mungen, die es hinaus in die umgebende Natur entſendet, und
die ihm wieder von da zugeſendet werden. Denn auch der
Geiſt ſtrebt hinaus ins Weite; in jedem Frühling, ,wenn die
Vögel ziehen, fühlt ſich auch der Menſch hinausgetrieben; es
lockt ihn der Sonne Licht, des Himmels Bläue, das Winken
ferner Gebirge, daß er durch Wald und Wieſe dem neu er=
wachten Naturgeiſt folge. Die Ascese thut nun dieſem Einhalt;
ſie dämmt die vorbrechenden Lebenskräfte, und hemmt, Nüchtern=
heit gebietend und den lockenden Zauber entwaffnend, das Aus=
laufen auch dieſer Triebe; und ſie im engſten Beſchluſſe haltend,
will ſie ihnen nur das Erſteigen und Erfliegen geiſtiger Höhen
gewähren, die in einem anderen, höheren, als dem Naturlicht
leuchten. Aber auch die Strömungen wahrnehmen'er Sinne
werden in ſtrenger Zucht und ſcharfer Bindung feſtgehalten.
Die Sinnen ſind die Pforten, durch die die Eindrücke von
Außen ſich in die Verborgenheit der Seele drängen; und dieſe,
durch ihre Anſprache aufmerkſam gemacht, geht nun durch die=

selben Pforten aus sich hinaus, und Form werdend von Allem, was sie in sich aufgenommen, wird sie -dadurch in Alles über= formt und somit zerstreut. Und es ist dessen viel, was sie also in Anspruch nimmt; tausend Stimmen kreuzen mit einem Male ihre Schwingungen im Ohre; Formen, im schnellsten Wechsel ineinander überspielend, laufen durch das Auge; bunte Farben sind darüber hingegossen, dazu die Gerüche, was sich dem Geschmacke zu kosten bietet, was die Hand ertasten mag: Alles winkt und ruft und lockt die Lauschende zu sich hinüber, daß sie sich ihm befreunde und zu ihm überbilde. Thut sie nun, wie diese wollen; dann muß sie, unausbleiblich sich selbst entfremdet, und das Bewußtseyn ihres Zustandes verlierend, in jener Art von Naturecstase aufgehen, wie sie die gegenwärtige Zeit eigenthümlich charakteristisch bezeichnet. In den Zeiten, wie sie gegenwärtig laufen, ist nämlich die auf den Geist an= dringende Fluth äußerer Eindrücke also angewachsen, daß er, unfähig, ihrer Überfülle sich zu erwehren, in Betäubung sich hingibt; und nun im Kerne seiner Mitte sich zur Hohlheit ganz entleerend, all seinen Trieb und seine Kraft gegen die Ober= fläche wendet, und so nun sinnend auf Anderes und. immer Anderes, die Selbstbesinnung verliert. Solche Ecstase aber will nicht die Mystik; denn nicht das Äußere ist's, in dem sie als in ihrem Ziele zu ruhen strebt; im Innern und im Inner= lichsten sucht sie diese Ruhe, und dahin wird also das Streben ihrer Ascese gerichtet seyn. Sie muß also den in die Natur ausgelaufenen Geist wieder aus der Zerstreuung sammeln, und ihn sich entgegenwenden; damit er, einkehrend in das, was sie die innere Einöde nennt, dort das Mysterium des Lebens wieder finde; in ihrer Umschattung, wie durch das geschlossene Augen= lied, das zärtere höhere Licht gewahre, und in ihrer Stille den leiseren, innern Einspruch vernehme, und also allein mit sich und seinem Gotte ein in sich verborgenes Leben führe. Da= rum gebi tet sie denen, die auf ihren Zuspruch hören, vor Allem, um den Ungestüm all des Zudrangs abzuwehren, jene Pforten zu verschließen, und die Sinne so viel thunlich in enge Hal= tung zu legen, damit sie, also gebunden, nicht jedem störenden Eindruck freien Zugang gewähren. Solche enge Fassung sehen

wir nun durch alle Sinne von allen Mystischen geübt. Und
zwar ist das Beschließen der untern vitalen unmittelbar schon
in die Übung der Abstinenz aufgenommen. Damit der Geruch
nicht seine Lust am Essen büße, muß er sich jedes Übelrie=
chende gefallen lassen; und dieses wird um so willkommener
seyn, je mehr die Natur dagegen sich empört. Damit die
Speise nicht den Gaumen kitzle, wird sie mit Wermuth, Galle und
jedem Übelschmeckenden gewürzt; das Übermaaß des Ungeschmacks
und Widergeschmacks, an einen Träger beinahe ohne Körper
geknüpft, wird bald den Sinn stumpfen und gänzlich binden:
wie man von Vielen, insbesondere vom heiligen Bernhard weiß,
daß sie zuletzt die Unterscheidungskraft verloren; und Öl und
Essig ihrer Zunge gleich gegolten. Mit den andern Sinnen ist
es dann in derselben Weise gehalten worden. Man erzählt,
wie derselbige St. Bernhard, vom Morgen zum Abend, den
Genfer See entlang gegangen, ohne seine Nähe wahrzunehmen.
Der h. Peter von Alcantara hat es ihm darin gleichgethan.
Seinen Augen gestattete er kaum, ihre Verrichtungen zu üben;
während drei Jahren hatte er nie Jemand in seinem Kloster
im Gesicht gesehen; er erkannte die Brüder nur an ihrer Stimme.
Am Tische suchte er, einem Blinden gleich, tastend die Schüs=
sel; im Chore hielt er die Augen ganz geschlossen, weil er das
Officium auswendig wußte. Ein ganzes Jahr lang hatte er
die Decke seiner Zelle nicht gesehen, und eben so wenig die der
Kirche; ein Baum, der am Eingang des Klosters stand, war
ihm die längste Zeit unbekannt geblieben. Er ging darum
immer hinter seinem Gefährten, weil er die Wege nicht kannte,
oder die Pforte zum Kloster. So schwieg er auch immer, selbst
wenn man ihn angriff oder schmähte, ja sogar schlug; nur
wenn ihm unter dem Gehorsam aufgelegt wurde, zu reden,
sprach er wenig mit Bescheidenheit. Die Klöster, die er denen
erbaut, die sich der von ihm in alter Strenge reformirten Or=
densregel untergaben, waren auf gleiche Abgeschlossenheit be=
rechnet. Sie waren so arm und klein, daß man wohl eher
sie für Gräber gehalten. Selbst die Kirche war so enge, daß der
Chor, durch ein Gitter vom Schiff getrennt, neben dem Priester
nur noch den Dienenden fassen mochte. Das Kloster selber bil=

bete ein Quadrat, so enge, daß zwei Brüder, an den beiden Enden aufgestellt, sich mit ausgestreckten Händen berühren konnten; also kaum zwölf Fuß ins Gevierte. Die eine Hälfte des Raums der Zellen war besetzt durch ein Bette, aus drei Brettern erbaut, die andere war leer; die Thüre dabei so enge und niedrig, daß man nur zur Seite und gebückt eintreten konnte. Seine eigene Zelle war nach dem Zeugniß der heiligen Theresia in nichts unterschieden von den andern. Sie war fünfthalb Fuß lang, drei breit; dabei so niedrig und enge, daß er nicht aufrecht darin stehen konnte, noch auch sich ausstrecken; ein Stein diente zum Sitz und Bette. Nichts war sonst darin, als ein Kreuz, ein anderes Bild auf Papier, denselben Gegenstand vorstellend; dazu noch ein Stück Holz in der Wand, an das er das Haupt zu kurzem Schlaf anlehnte, und nebenbei noch ein alt zerrissen Brevier. Sein Kleid war immer das abgetragenste vor den andern; er ging unausgesetzt barfuß, und aß nur das härteste und schwärzeste Brod; bisweilen etwas Suppe, mit so viel kaltem Wasser verdünnt, daß sie gänzlich geschmacklos wurde. Und bei all dieser Härte und Strenge gegen sich selbst, war er freundlich gegen Andere, und sprach wenig, aber sehr angenehm; denn er hatte Geist und richtiges Urtheil. [1])

Aber nicht blos durch die Sinne wird der Mensch aus sich verlockt und in die Welt zerstreut; auch die höheren Kräfte, die beim Denken und Wollen in wirksamer Thätigkeit erscheinen, thun gleichfalls das Ihrige, ihn außer sich zu bringen; und in seinem eigenen Thun und Dichten und Trachten zu verstricken und zu absorbiren. Da der Fall des Menschen in der Richtung aus der Gotteshöhe in die Naturtiefe; und wie aus dem Seelischen tiefer ins Leibliche, so aus der geistigen Welt in die natürliche geschehen: so ist er auch im Gebiete des Wissens dem höheren centralen Wissen, dem Wissen der Vision; wie im Handeln dem Wunderwirken in Gott und seiner Liebe entfallen, und tiefer ins untere, blos discursive Wissen, und

---

[1]) La vie de S. Pierre D'alcantara p. 180 — 290.

das im Gebrauche der Mittel allmälich und mühsam zum
Ziele vorschreitende Handeln hinabgesunken. Darum strebt
auch im Gebiete seines höheren Denkens und Wollens, und alles
höheren geistigen Lebens in Aneignung und Aussonderung, Alles
nach Auswärts und nach Abwärts, und ins Viele hinaus.
Denn er sieht nicht ferner mehr die Dinge in einem Blicke, sie
in ihrer Mannigfaltigkeit in einer Mitte zusammenschauend;
und so wirkt er auch nicht aus einem solchen Centrum heraus,
mit ungetheilter Kraft das Getheilte beherrschend: sondern er
muß sich vom einen auf das andere kehren; und indem auch
immer jedes auf jedes deutet, fühlt er sich von allen Seiten
gerufen, angesprochen, ins Weite hinausgeleitet; und also in
der Irre umhergetrieben und abgehetzt, verkömmt er, nun dem,
dann jenem und wieder anderem nachjagend, zuletzt sich selber;
und verliert, in der schwindelnden Bewegung der Gedanken und
Entschlüsse allumher, den inneren Halt, dem er vertrauen könnte.
Auch hier also ist es das Geschäft der Ascese, die im Sturm
schwellenden Segel einzureiffen; die Aufmerksamkeit des Geistes
von jenem Rufen und Wecken und Locken abzuziehen; und hat
sie erst die zurückgekehrten Kräfte und Triebe in der Ruhe gei=
stiger Einsamkeit in sich gesammelt, dann langsam und allmä=
lig ihre gänzliche Abkehr von der Welt zu erwirken, und ihre
Zukehr zu Gott wieder herzustellen. Sie gewöhnt den Geist,
nicht ferner mehr das Licht und die Wahrheit; den Willen aber,
das letzte Endziel in den Dingen nicht länger außer sich zu suchen,
weil das Suchen immer weiter vom Gesuchten fernt; sondern
es zunächst im eigenen gereinigten und gevesteten Grund zu fin=
den. Sie hemmt und mäßigt und bindet daher auch in diesem
Gebiete alle ausstrebenden und einstrebenden Bewegungen, um
die allmälige Überleitung der ersten in einstrebende, der andern
in ausstrebende höherer Ordnung vorzubereiten. „Wann, sagt
Thauler, die Seele ist also gebunden zu den Kräften, daß sie
mit ihnen hinfließet, wo sie hinfließen. Denn in allen Werken,
die sie wirken, da muß die Seele bei seyn, und mit ihnen an=
gedenken, oder sie möchten ohne sie nit gewirken. Fließt sie
dann mit ihren Gedanken zu äußerlichen Werken; so muß sie
inwendig von Noth desto kränker seyn an ihren inwendigen

Werken. Sie sucht daher auch den Einfluß von Außen abzu=
halten, und so Gedächtniß wie Einbildungskraft und Verstand
von allen Bildern und Formen auszuleeren. Denn fährt er
fort: Gott muß haben eine ledige, unbekümmerte, freie Seele,
in der nichts sey, denn er allein; und die keines Dinges noch
irgend Jemands warte, denn Sein allein. Will dein Auge alle
Ding sehen, und dein Ohr all Ding hören, und dein Herz alle
Ding bedenken; in Wahrheit! in all diesen Dingen muß deine
Seele zerstreut werden. Davon sprach ein Meister: Wann der
Mensch ein inwendig Werk soll wirken, so muß er alle Kraft
inziehen, recht als in einem Winkel der Seele, und sich ver=
bergen vor allen Bilden und Formen; er muß kommen in ein
Vergessen und Nitwissen; allda mag er wirken. Es muß seyn
in einer Stille und einem Schweigen, da das Wort soll ge=
hört werden, und man mag mit nichten diesem Worte besser
gedienen, denn mit Stillheit und mit Schweigen; damit versteht
man es, und da man sein nicht weiß, da offenbart es sich.
Dies Unwissen ist aber in Wahrheit kein Unwissen, vielmehr
ein überformet Wissen, durch das alle Unkundigkeit geadelt
wird und geziert.

Aber es ist mit diesem Zurückgange in sich selber noch kei=
neswegs gethan; denn eben hier lauert der ärgste Feind, der
Eigenwille und die Versessenheit im eigenen Wissen und Trach=
ten. Laßt den Eigenwillen aufhören, und die Hölle wird nicht
seyn, sagt der h. Bernhard; denn wogegen sonst könnten ihre
Flammen wüthen. Hat Einer auf dem Wege der Ascese auch
scheinbar sich von Allem, und Alles von sich abgelöst, ist aber
selber, in seiner Eigenheit ungebrochen, sich gegenüber zurückge=
blieben; dann ist in Wahrheit nichts geschehen. Er flieht nun
das Eine, das ihm ein Übel dünkt; sehnt sich nach Anderem,
das ihm ein Gut erscheint, und wird dabei zwar nicht von den
Dingen, wohl aber von sich selbst bewegt: die Sachen und die
Werke hindern und hemmen ihn nicht, wohl aber er sich selbst
in den Sachen und den Werken; weil er von sich nicht abzu=
kommen vermag. Darum gebietet ihm die Ascese, mit sich sel=
ber anzuheben, sich selber zu verläugnen, und von jeder un=
geordneten Eigenheit sich loszusagen. „Wenn Jemand, sagt

Rußbroch, [1] einem großen Reiche oder auch der Herrschaft über die ganze Welt entsagte, sich aber zurückbehielte; dann hätte er nichts oder nur wenig hingegeben. Wer aber sich selbst im Grunde verläugnet und aufgibt, und wäre er auch genöthigt, viel Anderes, Reichthümer, Ehren oder was sonst zu behalten; der hat doch in Wahrheit Alles verlassen, denn er weiß dann Alles zu seiner stricten Nothdurft zu gebrauchen. Wieviel du aber, dich und Alles aufgebend, aus dir hinaus (oder vielmehr hinein) gegangen; so viel und nicht mehr geht Gott mit allen seinen Schätzen in dein Inneres ein; und so viel du dir selbst erstorben, so viel lebt er in dir. Darum, was du hast und vermagst, das gib Alles in Selbstverläugnung hin; so wirst du allein wahren Friedens froh, den, weil er in Gott gegründet und gevestet steht, Niemand stören mag. Wer nämlich seinem Willen und sich selbst entsagt, der hat von Allem sich losgesagt; so eigentlich, als wenn es ihm gänzlich angehörte, und er es in seiner Gewalt hätte. Denn Alles dessen man um Gotteswillen nicht begehrt, das hat man verlassen und aufgegeben; und Gott liebt nichts so sehr in uns, als diese unsere Ergänzung durch Loslösung von uns selber; indem er nun seinen ganzen Willen in uns vollbringen kann. Der Weg aber zu dieser Selbstverläugnung führt durch Demuth und Selbstverachtung. Denn, was gegen einen Andern, den wir hassen, ausgeübt, sagt der eben angeführte Ascete, strafbar ist, und uns verderblich; das ist, gegen uns selbst gewendet, löblich und fruchtbar; weil wir keinen ärgeren Feind haben können, denn uns selber, und hätten wir diesen vollkommen überwunden, kein anderer uns weiter zu schaden vermöchte. Die Demuth läßt aber nach dem Worte Gillberts nicht ab, bis sie den tiefsten Ort gefunden; wo sie dann endlich mit Wohlgefallen verweilen könnte. Der tiefste Ort aber ist bei der vollkommenen Selbstentsagung, wo also nichts Sündliches, was noch tiefer wäre, zurückgeblieben; und sohin ein gänzliches Ersterben für alles Böse eingetreten. Weil wir aber,

---

[1] Rusb. de praecipuis quibusdam virtutibus libellus. **Op. omn.** Col. 1572. p. 232.

so lange wir hienieden wirken, immer etwas abzulegen haben;
so mag also auch vollkommenste Demuth den untersten Ort in
diesem Leben nie erreichen: weil, den Erlöser ausgenommen,
nie Jemand so demüthig gewesen, daß er nicht noch demüthiger
hätte werden können. Dieser Demuth gesellt sich dann auch
der wahre Gehorsam bei, der nicht sagt: Ich will oder will
nicht, so oder so, dies oder das; sondern dessen Sinnen nur
darauf gerichtet ist, unbedingt aus sich herausgehend, nie und
nirgendwo das Seine zu suchen und seine Gelüste zu befriedigen. In steter Übung solcher Selbstverläugnung wird der
Fortschreitende dann seiner immer mächtiger; so daß ihm dann
frei und gewaltig, wie er geworden ist, die Seele in die Hand
gelegt ist, daß er sie gebe, wem er wolle. [1])

2.
Eintragung der gelösten Kräfte in Gott.

Auch mit dem Ablösen von sich selber ist das Werk der
Ascese noch nicht vollendet; die gelöste Seele mag nicht schwebend ohne alle tragende Unterlage bleiben; sie muß eine andere
suchen, und diese kann ihr allein in Gott gefunden werden.
Sie muß sich also nach dieser Seite wenden, und die Bande,
die sie nach Abwärts gelöst, wieder nach Aufwärts anzuknüpfen suchen. Denn es reicht nicht hin, daß die Werke nicht
blos in ihr und für sie nicht gethan, die Gedanken in ihr
und für sie nicht gedacht werden; sie soll auch in Gott und
für Gott handeln und denken. Diesem Eintragen fügen sich,
ist der Hochmuth einmal gebrochen, die Kräfte leichter in ihrem
obersten Theile, wo sie an sich schon mehr gegen die obersten Dinge
gerichtet stehen; und weil sie allzumal geistig und abgeschieden
sind, und weder Zeit noch Stelle, noch irgend eines Stoffes
zu ihrem Wirken bedürfen, mehr nach Aufwärts streben. Schwie-
riger aber ist's im anderen Theile, in dem sie niederwärts
streben, und zu den unteren Dingen sehen, und sinnliche Wahrheit suchen, und den Unterschied der Dinge auswendig geben, und

---

[1]) Rusbr. l. c. p. 220—29.

darum auch der Richtung nach Aufwärts, als der ihnen un=
natürlichen, zuwider sind. Dieser ihr Widerstand muß zuerst
gebrochen, und sie müssen in ihren Strömungen in sich gewendet,
und die gewendeten dann in die höheren eingetragen seyn; ehe
denn sie alle miteinander, in die große göttliche Grundströmung
gebracht, und nachdem sie ihrer selbst darbend geworden, in
Gott verloren, sich auch in Gott wiederfinden mögen. Dieses
Verwerden des ganzen innern Menschen, ist daher die unum=
gänglich nothwendige Vorbedingung, seines neuen Erwerbens in
Gott, und seiner vollkommenen Reinigung und Wiederherstellung.
Darum sagt derselbe alte Meister, den wir früher angeführt: [1]
„Je mehr der Mensch alle Dinge thut in einem Verachten und
Entfalten sein selber, so je besser; so je niederer, so je höher;
so je enger, so je weiter. Denn das ist der Grund vieler Un=
gebühr, daß der Mensch all sein Werk zu sehr mit ihm selber
thut; also wirklich, als ob Gott ohne seine Hilfe nit gethun
könnte. Der Mensch sollte aber, in allen Dingen inwärts ge=
kehrt, ihm die Kraft des Werkes lassen, und thun das Seine
läßlich, einfältiglich, gelassenlich; Gott aber bekennen des Wir=
kens, des Worts und des Thuns. Ziehe dich in, senk in den
Grund deiner Seele, da Gott gegenwärtig inwohnt; mit Kräf=
ten, mit Sinne, mit Wille, mit Wirken; und peine dich, zu
begehren den allerbehäglichsten Willen Gottes. Und hast du
keine Begerung, so begere, daß du Begerung erlangest; und
gib dich Gott gefangen, nicht in weltlicher Weise, sondern in
wesentlicher über Wort, in gelassen leidender Weise, in einem
Entsinken dein selbst, da bittet man allein in dem Geist.“
Geht der Wanderer auf diesen Wegen, lehrt die Ascese weiter,
dann will ihn Gott in dem Verhältnisse, wie er aufhört, sich
selbst zu wollen; er weiß Gott in dem Maaße, wie er sich
selbst, als alles Wissens ersten Grund, zu wissen aufhört; und
im Verhältnisse, wie er sich gestorben in Gott, wird er leben
in ihm über sich hinaus; und Gott herrscht in ihm in seiner
Herrlichkeit, und lebt in ihm in seinem höheren Leben. Ist er
dahin gelangt, dann ist er heilig in seinem Seyn, und nicht

---

[1] Thauler Predigten fol. XXXII.

blos in seinen Werken; denn die Werke heiligen nicht als solche, sondern nur insofern der heilig ist, der sie übt, und einen guten Grund hat, aus dem sie gewirkt werden, und der, wenn selber heilig, die in ihm hervorkeimenden heilig macht.

Damit aber nun dieser Eintrag des menschlichen Grundes in den göttlichen sich vollbringe, muß ein von jenem ausgehendes Verlangen, die Verbindung zu wirken, sich erheben; und die Möglichkeit begründen, daß ein Band der Einigung sich vom einen zum andern hinüberwebe. Jenes Verlangen äußert sich nun im Gebete, dem im Falle der Erhörung die Gewährung, wie Einschlag dem Aufzuge, zur verknüpfenden Webe sich einwebt. Aller Gebete erstes und vorzüglichstes aber, sagt Rußbroch, ist dieses: „Gib mir, Herr mein Gott, was du willst, und thu mit mir in Allem nach deinem Wohlgefallen! dasselbe, was der Herr im Beginne seiner Leidenszeit gebetet, als er gesagt: Vater, nicht mein, sondern dein Wille geschehe! und damit den Grund zu unserem Heile gelegt. Dies Gebet, inwiefern es sich zwischen alles Creatürliche und das Höhere im menschlichen Grunde setzt, löst und trennt ihn von Natur und aller Weltlichkeit in sich und um sich her; es reinigt ihn, indem alle Eigenheit in ihm sich aufgibt, damit alsdann der Gelöste und Gereinigte sich einigen könne mit dem Gottesgrunde. Scheidend aber und reinigend gehört das Gebet der Ascese an, und alle Mystischen haben es als ein mächtiges ascetisches Mittel, und die Virtuosität in seiner Übung, als die nothwendige Vorbedingung jedes weiteren Vorschrittes, anerkannt. Unter den vielfältigen Belegen, die sich uns bieten, wollen wir hier nur des einzigen erwähnen, den uns die Lebensgeschichte der h. Rosa von Lima bietet. Schon in frühester Jugend war ihr, gleich ihrem Vorbild, der h. Catharina von Siena, die Gabe des Gebetes zu Theil geworden; so daß sie in ihrem zwölften Jahre schon die höchste Stufe in der Übung derselben erstiegen. Es schien gleichgiltig, ob sie schlief, ob sie wachte; immer waren die Augen ihres Gemüthes auf Gott gerichtet. Wenn sie nähte, webte, stickte; wenn sie mit Andern redete, aß, wandelte; in der Kirche, im Garten, zu Hause, auf der Straße, überall und stetig war sie in der Ge-

genwart der Majestät, der die Engel dienen. Und das war
das Erstaunenswerthe in der Sache: während diese göttliche
Nähe alle ihre inneren Kräfte und Vermögen in Anspruch
nahm, blieben ihre äußeren Sinne völlig frei und ungebunden;
so daß, während sie innen mit Gott redete, nach Außen nichts
die Geschäftige hinderte, im Haushalt alles Nothwendige zu
besorgen; allen an sie gerichteten Fragen Rede zu stehen; klar
und ohne alle Zerstreuung zu sprechen und mit derselben Leich=
tigkeit, besonnenen Raschheit und regen Aufmerksamkeit zu han=
deln, wie solche pflegen, die nur den äußeren Geschäften mit
Eifer obliegen. Ihre Gespielinnen sahen mehr als einmal, daß,
wenn sie mit Nähen beschäftigt war, und den Faden nach Auf=
wärts auszog, mit dem Arme auch ihr Geist sich in Ecstase zu
erheben schien; mit ihm eine kleine Zeit schwebend sich erhielt,
und dann mit ihm sich zur Arbeit wieder niederließ; ohne daß
die Spitze der Nadel auch nur um ein Kleinstes von dem
Punkte auswich, von dem sie sich erhoben.

Auch das war wundersam an ihr, daß sie während des
Betens nicht leicht von Gegenständen geirrt wurde, die sie
nichts angingen; so daß es den Anschein hatte, als seyen für
diese allein ihre äußeren Sinne geschlossen. Man sah sie oft,
wie sie in einer gefüllten Kirche, in einem Winkel unfern des
Hochaltares, niedergekniet; so stundenlang unbeweglich beharren,
die Augen auf den Altar gerichtet, keinen an ihr Vorübergehen=
den gewahrend, kein auch noch so plötzliches Geräusch verneh=
mend; ja wenn etwas unmittelbar gegen ihr Auge sich bewegte,
blieb dies ungerührt, und sie schloß nicht die Augenlieder; als
sey sie, dem Adler gleich, innerlich in ihre Sonne schauend,
nach Außen gänzlich erblindet. Sie schien dabei unbeweglich
wie ein Fels; denn in welcher Lage sie im Anfange sich ins
Gebet begeben, fand man sie nach Stunden, nach einem ganzen
Tag und länger unverändert wieder. So blieb sie in der Kirche,
wohin sie zum vierzigtägigen Gebete gegangen, wie versteinert
vom Morgen bis zum Abend, ohne einige Bewegung, und ohne
etwas zu sich zu nehmen. So pflegte sie sich in ihrem häus=
lichen Oratorium, vom Freitag Morgen bis zum Samstage,
manchmal bis zum Sonntage einzuschließen, und bat dabei

inſtändig, ſie dieſe ganze Zeit ungeſtört zu laſſen, was auch
vorfallen möge. Als man um den Grund dieſer Bitte in ſie
gedrungen, geſtand ſie aufrichtig, ſie könne in all dieſer Zeit,
wie unbeweglich geworden, nicht aufſtehen, um etwa die Thüre
zu öffnen, wenn Jemand daran klopfe. Sie hatte überdem
täglich drei verſchiedene Stunden beſtimmt, in denen ſie ſich
dem Gebete hingab; um darin Gottes Wohlthaten und Gnaden
mit Dankbarkeit zu erwiedern, und ſeine Attribute und Eigen=
ſchaften eine nach der andern anbetend zu verehren; die ſie ſich
zu dem Ende durch kundige Theologen hatte auslegen laſſen,
und die ſich unter ihrer eifrigen Nachforſchung ſtets mehrten,
bis ſie endlich die Zahl von 150 erreicht. Sie ermüdete dabei
nicht, Andern die Nützlichkeit des Gebetes empfehlend, ſie zu
gleicher Inbrunſt zu entzünden; und beſchwor die Beichtväter,
ihre Beichtkinder zu Gebetsübungen aufzumuntern, und ſie da=
durch geiſtig immer mehr zu kräftigen. So groß war dieſer
Affect zum Gebete in ihr, daß ſie allen Geſchöpfen, ſelbſt ſol=
chen, die ſie nicht vernehmen zu können ſchienen, den gleichen
Eifer anmuthete; und ſie zum Lobe und zur Anbetung Gottes zu
beſtimmen, ſich mühte. In dem letzten Jahre ihres Lebens,
kam durch die ganze Faſten hindurch, mit Untergang der Sonne,
ein kleines Vögelchen mit wunderlieblicher Stimme, zu ihrem
Zimmer hingeflogen; und ſetzte ſich auf einen nahen Baum,
dort gleichſam das Zeichen zur Anhebung des Geſangs erwar=
tend. Roſa, wenn ſie ihren abendlichen Sänger anſichtig wurde,
rüſtete ſich ihrerſeits gleichfalls, das Lob Gottes zu beginnen;
und forderte das Vögelchen in eigenem Liede, das ſie dafür
gedichtet, zum Wettgeſang heraus.

> Heb an, o liebe Nachtigall,
> Singe ſüße Liedesweiſe!
> Schmettre hohen Sang aus voller Kehle,
> Damit wir den Herrn loben allzumal.
> Du ſollſt deinen Schöpfer preißen,
> Ich den Heiland voll Erbarmen,
> Unſern Gott wir beide insgeſammt.
> Thu auf die Kehle Sanges voll,
> Damit im muntern Wechſelliede
> Unſere Töne lieblich ſich begegnen.

Sogleich begann das Vögelchen mit linder, leiser Stimme seinen Schlag, schwang sich dann, auf Tonesschwingen ansteigend, höher und immer höher; wirbelte darauf eine Zeit lang schwebend auf der Höhe der Töne, wie in Bogenlinien; und ließ dann, selbst schweigend, die Jungfrau an die Reihe kommen. Rosa fiel sogleich mit der süßesten, wohlklingendsten Stimme ein, mit wundergroßer Behendigkeit und Fülle, Gottes Lob fortsingend. Hatte sie geendet, dann nahm das Vögelchen das Lied wieder auf, mehrte die Einschnitte, goß aus geschmeidiger Kehle nun schmetternde, nun wirbelnde, bebende Laute; und nachdem es die Stimme bald gehoben, bald gesenkt, und sie dann wieder in schnellem Übergange gebeugt, schwieg es plötzlich, als sey das Zeichen ihm dazu gegeben. Sogleich fiel die Jungfrau wieder ein, hob aufs neue zu jubeln an, hochpreißend die unaussprechlichen Vollkommenheiten des höchsten Wesens; nun gehoben vom Ungestüm des Geistes, dann wieder in Seufzern sich verhauchend; bis ihr Schweigen den Gegengesang wieder hervorrief. So wechselten beide in Gottes Lobe, und das nicht etwa nur gelegentlich und zufällig, sondern eine ganze Stunde lang mit solcher Fuge und Ordnung: daß, wenn der Vogel sang, Rosa sich nicht rührte; und umgekehrt, wenn diese den Sang aufgenommen, der Vogel, aufmerksam zuhorchend, nicht einmal zwitscherte. Endlich um die sechste Abendstunde flog er dann, wie nach wohl vollbrachtem Werke davon, um zu ihm am folgenden Tage zurückzukehren.

Das zweite Reinigungsmittel in diesen Gebieten ist die Liebe, die von Oben in einem Flammenregen zum Herzen niederregnet, und dann ein unlöschbar Feuer in ihm brennt. Dies Feuer seiner übergroßen Stärke wegen, im Gegensatze mit der Schwäche der Seele, überwältigt diese, wenn es in sie eingefallen, und ängstet, bedrängt, übermeistert und sengt sie also: daß, da alle ihre Bewegungen zu dem, wornach sie verlangt, sich gebunden und niedergehalten fühlen, es den Anschein gewinnt, als sey die Liebeskraft des Herzens aufgehoben, und das Entzündete wolle gänzlich in Flammen sich verzehren. Dann hebt sich in ihr eine schmerzliche Abneigung gegen Alles, dessen sie zuvor begehrt, und was sie geliebt, und woran sie

mit Unmaaße gehangen; und indem das gewonnene höhere Gut
ihr wie zum zweischneidigen Schwerdte wird, hebt sich in ihr
ein Kampf zwischen der göttlichen und der menschlichen Liebe,
der nicht eher endet, als bis die reinere Gotteskraft alle die
Formen unvollkommener Eigenschaftlichkeit völlig bemeistert und
ausgetrieben; und nachdem alle, auch die höheren geistigen Genüsse des Willens vernichtet sind, dieser arm und verlassen und
trauernd um den verlornen Reichthum zurückgeblieben. Die Seele
wird dann eine Zeit lang wie eine trunkene umhergetrieben, sich
dahin und dorthin werfend, ob ihr nicht irgendwo ein Trost werden
möge; und findet sie endlich, daß ihr Fuß nirgendwo haften
mag, dann beschließt sie sich zuletzt in sich selber, und wird
nun von den zunehmenden Flammen mehr und mehr durchglüht;
alle Unruhe, aller Ungestüm, alle Unvollkommenheit wird von
dem fressenden Elemente verzehrt; alle Eigenschaftlichkeit geht
im Rauche auf, und die Seele bleibt wie ausgebrannt, und
von aller Schlacke, die in die Capelle sich gezogen, gereinigt
zurück. Sehen wir uns nach einem Beispiele zum Belege solcher Wirkung um, dann können wir nicht an der h. Catharina
von Genua, jener großen Meisterin der Gottesminne, vorübergehen. Von frühester Jugend bis zu ihrem letzten Athemzuge,
all ihr Leben hindurch, war diese wundersame Heilige von
jener Liebe erfüllt; die geistige Gluth, in der sie als in ihrem
Elemente athmete und lebte, hatte sich selbst ihrem Leiblichen
mitgetheilt; und ihr Leben glich jener Opferflamme, die dort
auf dem Felsen vor Gideon sich von Oben herab entzündet,
und in der ihr Geist gleich jenem Boten nun schwebend aufgegangen. Als sie einst ihren Freunden, die eine Zeit lang stau-
nende Augenzeugen ihres Glühens gewesen, sagte: Ach, wenn
ihr nur wüßtet, was mein Herz empfindet! und diese nun in
sie drangen, zu ihrem Troste und Unterricht sich näher zu erklären, antwortete sie: Ich finde keine Worte, um eine so brennende Liebe auszudrücken. Alles, was ich sagen kann, ist, daß,
wenn nur ein Funke von den Flammen, die in meinem Herzen
brennen, in die Hölle fallen könnte, sie sogleich in den Himmel sich umgewandelt fände: die Dämonen würden Engel, die

Strafen Tröstungen; denn mit Gottes Liebe mag nimmer eine Strafe bestehen [1]).

Bei solcher Erfahrung an sich selber kann, was sie in ihren Schriften über diese Wirkungen aufgeschrieben, nicht anders als höchst unterrichtend seyn. In ihrer Theologie der Liebe im dritten Buche, Cap. 4. sagt sie unter Andern: O Feuer der Liebe, was machst du aus dem Menschen! Du läuterst ihn von allen Schlacken, wie das Feuer das Gold; und führst ihn dann in den Himmel ein, damit er das Ziel erreiche, zu dem du ihn geschaffen hast. Die Liebe ist ein göttliches Feuer, die, wie das irdische Feuer seiner Natur nach immer wärmend ist, so seinem Wesen nach den Menschen durchglüht, und nie aufhört, zum Heile des Geliebten zu wirken. Nur einmal, ehe ich sterbe, möchte ich sagen können, wie ich diese Liebe in mir empfinde, wie sie in mir wirkt, und was sie von mir will; indem sie in jeden Winkel meines Innern dringt, und eine unaussprechlich süße Zufriedenheit darin ausbreitet. In einem glühenden, flammenden, durchdringenden Strahle dringt sie in das Herz; versengt und verzehrt darin jegliche Liebe, jegliche Neigung, jegliche Begierde, jegliche Lust, die sie jemals an Dinge dieser Erde band, oder noch binden könnte. Es sagt dann, einwilligend in alle ihre Fügungen, sich los von allen Dingen, völlig bereit, ihr mit allen seinen Kräften und Fähigkeiten Genüge zu leisten, und fühlt sich mit solcher Gewalt von ihr angezogen, daß eine staunenswerthe Verwandlung sich in ihm begibt. Gern würde die also ergriffene Creatur von ihren Flammen sich verzehren lassen; denn der Eifer, den sie wirkt, läßt sich von keiner Widerwärtigkeit, wie groß sie auch seyn möge, schrecken. Die Anschauung der heißen Liebe, die Gott zu ihr trägt, verursacht ihr unsägliche Qual,

---

[1]) Vita auct. anonymo, ex processibus Canonizationis conscript. Rom. 1737. C. IV, 59. Umständlicher in ihrem Leben nach ihren Mittheilungen zuerst von ihrem Beichtvater Latan. Marabotti geschrieben, und von Hector Vernaccia vollendet, bald nach ihrem Tode, gedruckt 1551 zum erstenmale in Genua, dann in Florenz, Venedig u. anderswo.

und sie kann in diesem Gefühle nichts mehr in sich dulden, was Gott mißfallen könnte. Sie legt deswegen nicht nur alle ihre Fehler, bis auf die geringsten; sondern auch alle Unvollkommenheiten und unnütze Gewohnheiten ab; ohne auf Einwendungen ihrer eigenen sinnlichen Natur, und auf die Widersetzlichkeit des Teufels, der Welt und des Fleisches zu achten. Sie findet sich gestärkt, vertheidigt und geschützt, gegen jedes Übel des Leibes und der Seele; denn die Liebe gibt ihr hinlängliches Licht und Waffen gegen den Betrug des Bösen, die Arglist der Welt, und ihr eigenes Selbst, welches voll Eigennutz und Bosheit sich ihr widersetzt. Und so wird sie mit ihrer Hülfe stärker als alle ihre Feinde, weil sie mit Gott vereinigt steht, welcher die Stärke Aller ist, die Ihn fürchten, Ihn lieben und Ihm dienen; und die selbstische Menschennatur kann ihr nimmer schaden, weil sie in Gottes Hand und von seiner Güte gehalten und beschützt ist.

Da die in steter Liebesgluth also Durchläuterte, die mächtige Einwirkung dieses Reinigungsmittels auf ihr Leben, aus eigener Erfahrung so wohl erkannt; so war es kein Wunder, daß ihr die Fortwirkung dieser reinigenden Kraft der Liebe über das Leben hinaus einleuchtete, und daß diese die Grundlage ihrer ganzen Anschauung vom Fegfeuer wurde. Darum sagt sie unter andern in der kleinen Schrift, die sie darüber geschrieben: Ich sehe Gott zur Seele also gemuthet, daß er dieselbe, wenn er sie mit der Reinheit geschmückt findet, in der er sie ausgeschaffen, mit so brennender Liebe an sich zieht, daß sie, obgleich unsterblich, dadurch vernichtet werden könnte; dabei überformt er sie also mit sich, daß sie nicht sich noch Anderes, nur Gott allein schaut; der nicht aufhört, sie zu ziehen und zu entzünden, bis er sie zur ursprünglichen Reine, und zum Seyn, von dem sie ausgeflossen, zurückgeführt. Die Seele nun, in jenem Leben, sich also von Gott in solchem Feuer gezogen fühlend, wird zuerst durch diese in sie einströmende Liebe erweicht, und zerfließt in ihr ganz und gar. Wie sie aber nun gewahrt, daß sie ob der Sünde, die noch an ihr ist, diesem Zuge nicht Folge leisten kann; und überdem erwägt, welch schwere Sache es sey, von Gottes Anschauung sich ausge-

schloſſen zu finden; erwacht in ihr das Verlangen, dieſer Hemm=
niſſe ſich entledigt zu finden; und dieſe Einſicht iſt meiner Über=
zeugung nach der Grund der Peinen, die die Seelen im Feg=
feuer erleiden; die, obgleich ſehr groß, doch von ihnen geringer
geachtet werden, als die peinliche Empfindung jener Hemm=
niſſe, Gottes Willen und ſeiner reinſten Liebe zuwider, die ſie
in ſich mit Klarheit gewahren. Ich ſehe aber von dieſer Got=
tesliebe Strahlen, und wie brennende Flammen in die Seelen
eingehen; mit ſolcher Kraft und ſolchem Ungeſtüm, daß ſie die=
ſelben, wenn es anders möglich wäre, vernichtigen würden.
Denn dieſe Strahlen haben eine zwiefache Wirkung, ſie reini=
gen und verflüchtigen. Bedenke aber, wie das natürliche Feuer
oft Gelöstes immer reiner macht; ſo daß es geſchehen könnte,
daß alle beigemiſchte Unreine zuletzt gänzlich ausgeſchieden
würde. Die Seele kann nun wohl in ſich, aber nicht in Gott
vernichtet werden; und wie ſie mehr gereinigt wird, um ſo
mehr wird ſie in ſich vernichtet, und in Gott dann rein und
makellos. Dem Golde aber, bis zu 24 Karaten gereint, kann
kein Feuer mehr etwas anhaben, weil es nichts wegzunehmen
findet; und ſo hält denn auch Gott die Seele ſo lange in ſei=
nem göttlichen Feuer, bis dies alle ihre Fehle und Unvoll=
kommenheit verzehrt; und ſie nun, vierundzwanzigkarätig ge=
worden, vollkommen rein und nichts mehr von dem Ihrigen in
ſich habend, ganz in Gott überformt wird; und fortan nicht
ferner mehr der Leidſamkeit ſich unterworfen findet, weil nichts
in ihr zu verzehren übrig geblieben. Bliebe ſie alſo geſühnt
auch im Feuer zurück, es würde ihr keine Pein mehr ſeyn; die
Flammen würden ihr Himmel werden, und wie das ewige
Leben ohne Widerwärtigkeit [1]).

Als das dritte Reinigungsmittel, wird dann endlich, das
in dieſer Liebe ſich entwickelnde, eingegoſſene höhere Licht ſich
geltend machen. Dies Licht, in ſeiner übergroßen Macht und
Fülle, umfluthet nämlich den Geiſt, und ihn mit unwiderſteh=
licher Gewalt überſtrömend, bindet es alle ſeine auswärts ge=

---

[1]) Beatae Catharinae Adornae.Genuensis tractatus de Purgatorio.
Monach. 1766. p. 19.

richteten Kräfte und Vermögen; daß der Sinn wie erdorrt, und er selbst gebunden, wie im Dunkeln wandelt; dafür aber eine wahre, von Täuschungen ungeirrte Anschauung seines eigentlichen Grundes gewinnt. Indem er nun in dieser Anschauung sich selbst der Majestät der Gottheit gegenüber in seiner ganzen Nichtigkeit erkennt; indem er die tiefe Leere in sich gewahrt, im Gegensatze mit dem Abgrunde unerschöpflichen Reichthums, und die eigene Verfinsterung gegenüber dem Lichte, die Unreine der höchsten und reinsten Heiligkeit entgegen; will er verzagen im Gefühle dieser seiner Nichtigkeit, so daß er sich selber kaum wiederzufinden und zu erkennen weiß. Da kommen nun Schrecken des Todes über die zagende Seele; ihr schwindelt in dem Dunkel, das sich um sie her gelagert; sie verliert in ihrem Wirken und Thun alle Sicherheit; das Gedächtniß alles dessen, was sie irgend je Gutes gethan, ist von ihr hinweggenommen, und nur die Erinnerung an ihre Verschuldungen ist ihr geblieben; jegliche Tröstung ist von ihr gewichen, und nur Trauern, Furcht und Bitterkeit sind noch zur Stelle [1]). Das sind alles Wirkungen jenes Lichtes, dem Gott einwohnt im Verborgenen; und der sie geschehen läßt, damit die Seele, im Feuer der Trübsal gereinigt, nicht mit Selbstgefälligkeit auf ihren Werken ruhe; vielmehr den letzten Rest des Bösen in ihrem Grunde bis zur Wurzel ausrente. Es wird dadurch zunächst die Scheidung des Geistigen und Seelischen bewirkt; und in der größeren Freiheit, die dadurch der Geist gewinnt, erlangt er zugleich die Fertigkeit, sich von allen natürlichen Formen abzulösen, in deren keiner er festen Fuß zu fassen im Stande ist. Denn, sagt Johannes vom Kreuze [2]): wie die Elemente, damit sie allen zusammengesetzten natürlichen Körpern sich mittheilen können, keine sonderheitliche Eigenschaft in Farbe, Geruch, Geschmack, haben dürfen, und darum mit allen Farben, Gerüchen und Geschmäcken zusammengehen mögen; so muß auch der Geist vereinfacht, gereinigt und aller sowohl actuellen als

---

[1]) Johannes vom Kreuze Noct. Obscur. L. II. C. 6. Philipp. a SS. Trinitate Theolog. myst. P. I. Tr. III. disc. 5.

[2]) Noct. obsc. L. II. c. 9.

habituellen natürlichen Anmuthungen entkleidet werden; damit
er frei Theil nehmen könne an der Fülle des Geistes gött=
licher Weisheit, in der er unzweifelig in einer höheren Weise
den Geschmack aller Dinge kostete. So also ausgeleert von
allem Störenden, gewöhnt er sich, in jener Erkenntniß stehen
zu bleiben, die über ihm ist, höher denn er; er erweitert sich
also, und wird fähig, die göttliche Mittheilung aufzunehmen.
Und diese Mittheilung geschieht, indem Gott entweder die leuch=
tende Eingießung dem aufnehmenden Vermögen; oder dieses
jenem anpassend, das reinigende Licht in das erleuchtende Licht
umwandelt: wo dann vor der aufgehenden Sonne der Wahr=
heit, alle die Finsternisse fliehen, die die Seele zuvor umnach=
tet; und sie nun alle ihre früheren Schrecken als Schatten und
Phantome der reinigenden Dunkelheit, mithin als eitel erkennt;
und endlich vollkommen einsieht, welche Güter ihr dadurch zuge=
wachsen, und welch ein seiner würdiges, wunderbares Werk
der göttliche Meister in ihr gewirkt.

3.

Rückblick auf das allmälige Fortschreiten in der Disziplin bis zur Meisterschaft.

Wie die Übung jeglicher Kunst, anhebend mit dem Lehr=
stande, in einer bestimmten Stufenfolge voranschreitet, nach
Maaßgabe der Zunahme gewonnener Fertigkeit, in gewisse Sta=
bien abgetheilt, und so allmälig nach Überwältigung aller
Hemmnisse zuletzt zur Meisterschaft führt; so wird es auch um
die überaus schwere beschaffen seyn, in der die Persönlichkeit
selbst, zugleich Künstler und roher Kunststoff, die Meisterschaft
nur dann erlangt, wenn sie diesen zum rechten ethischen Kunst=
werk ausgewirkt, und sich selber als Meisterstück geliefert.
Zwischen der Einführung durch die Wahl und erste Weihe, bis
zur Lossprechung an diesem Ziele, wird von der Tiefe zur
Höhe, in stets fortlaufender Reinigung und innerer Entwicklung,
eine abgestufte Folge von Momenten liegen; in denen die Füh=
rung abläuft, und zuletzt das begonnene Werk sich vollbringt. Diese
Momente, also in einer bestimmten Folge des Vorganges aus=

einander sich entfaltend, werden nun eben so auch in einer organischen Folge von äußeren Formen gefaßt erscheinen, die bei Religiosen am natürlichsten von den Formen der Genossenschaft, in der sie leben, abgeleitet werden; und in der Betrachtung dieser ihrer successiven Entfaltung wird sich dann leicht ein umfassender Überblick der gesammten reinigenden Mystik gewinnen, die füglich an den Schluß der ganzen Erörterung tritt. Wie überall das Formale am klarsten in bestimmten Beispielen hervorzutreten pflegt; so wird auch hier die innere Verkettung aller dieser einzelnen Momente sich am deutlichsten in einem solchen nachweisen, und an seinen Thatsachen sich entwickeln lassen. Wir wählen dazu Maria von Jesu, Äbtissin des Conventes der Barfüßerinnen in Agreda; theils weil in ihrem Leben, der in Abgemessenheit vorschreitende Stufengang, am bestimmtesten sich ausgedrückt; und theils weil ihre Biographie am Schlusse ihrer Ciudad de Dios, von ihren Beichtvätern, zum Theil nach ihren Handschriften ausgearbeitet, uns umständliche Auskunft darüber aufbehalten.

Bei Maria von Agreda war die Führung der Art, daß Gott, von Stufe zu Stufe zu einem immer vollkommneren Stande sie erhebend, die also in der Gnade Fortschreitende durch immer neue Versuchungen und Widerwärtigkeiten hindurchgeleitete; so zwar, daß meist der Streit, den sie streiten mußte, und die Gnade, die sie dann erhielt, einer Gattung angehörten. Das war schon in ihrer frühesten Jugend der Fall gewesen, wo auf die ersten Erleuchtungen große Heimsuchungen gefolgt; und es hatte sich in erweitertem Maaße wiederholt, als sie mit der Mutter und Schwester ins Kloster eingetreten, und einem noch strengeren und geordneteren Leben sich ergeben. Sie hatte nun vorzüglich mit Bildern und Erscheinungen zu kämpfen. Bei der größten Entschlossenheit war ihr von Natur doch auch wieder eine große Furchtsamkeit, besonders in Sachen des Heiles, eigen, und diese schienen finstere Gewalten zu benutzen, um sie von dem Wege abzubringen, den sie eingeschlagen. Gab sie sich in dunkler Nacht den Werken der Andacht hin, dann erlosch ihr das Licht wohl plötzlich, und sie wurde von Schrecken und Grauen überfallen. Sie sah von

furchtbaren Gestalten wie wilder Thiere sich umdrängt; dann
war es wieder wie ein eingewickelter todter Leichnam, der sie
erschreckte; dann hörte sie die abscheulichsten Worte; wie von
lebendigen Menschen ausgewürgt; ja selbst ihr Leib wurde an=
gegriffen, und von einer fast unerträglichen Schwere bedrängt.
Anfangs entsetzt durch solche Gesichte, wurde sie bald durch
Übung ihrer Gefühle Meister; so daß sie nun ohne Furcht
unter diesen Larven umwandelte, und dafür durch Erscheinungen
freudiger Art sich getröstet fand.

Es schärften sich im weiteren Fortschritte so die Beschwer=
den wie die Versuchungen. Ihr Leib, von Krankheiten heim=
gesucht, fiel in die äußerste Schwachheit. Wenn sie sich ins
Gebet begab, wurde sie an allen Gliedern so gepeinigt, daß
sie wähnte, ihr Gebein werde ihr auseinander gerissen, und es
müsse ihr das Leben kosten. Nebenbei dauerten die innern Ver=
suchungen mit gestärkter Gewalt fort. Ihre Einbildung wurde
mit den unreinsten Gesichten erfüllt; die schändlichsten Bilder
wurden ihr gewiesen, und ängsteten sie dermaßen, daß sie za=
gend glaubte, es wären ihr alle Thore des Trostes geschlossen.
Ihr wurde zugesprochen, ihr Weg führe nicht zu Gott, son=
dern gehe zum Verderben; da sie jenen beleidigt, und alle Mit=
tel ihn zu versöhnen verscherzt habe. Solche und andere Peinen
thaten ihr ohne Unterlaß Bedrang an; so daß sie selbst sagt:
weder Maaß noch Zahl könne ausdrücken, was sie ausgestan=
den. Bald fügte eine andere Noth sich diesen Nöthen bei. In
dem langen Streite wurde sie hinfällig, abgemergelt, und ihr
Angesicht bleich, wie eines Todten. Das erregte die Aufmerk=
samkeit der andern Klosterfrauen, und sie wurde Tag und Nacht
beobachtet; man schrieb ihre Schwachheit der Strenge ihres Lebens
zu, und beschloß, damit sie zu fernerem Dienste nicht ganz un=
tauglich würde, ihren Andachten Einhalt zu thun. So wurde
sie jegliche Stunde des Tages, in Gegenwart Anderer, ununter=
brochen beschäftigt; zur Nachtzeit waren Einige bestellt, bei ihr
zu wachen, bis sie tiefer Schlaf überfallen, damit sie zu ihren
Bußwerken nicht aufstehe. Wenn sie dennoch sich aufrichtete,
sah sie sich mit Versagung der Communion bestraft; weil man
wußte, daß sie dies am härtesten empfinde. Die Zeit der Beichte

wurde ihr auf eine halbe Viertelstunde beschränkt, und sie
nur einmal oder zweimal wöchentlich erlaubt. Sie wurde dabei
scharf angefahren, als ob sie es nur Andern nachthun wolle,
und fromm scheinend sich selbst zum Verderben führe. Brach
die Natur, wegen Heftigkeit des innern Leidens, in den Ausdruck eines Schmerzes aus; dann erzürnten sich die Andern
über sie, und gaben ihr Verweise, sie eine Heuchlerin scheltend.
Schwieg sie dazu still, dann machten sie ihr wieder ein Verbrechen daraus; und so konnte sie es ihnen nimmer zu Danke
machen. Während also alle menschlichen Dinge ihr keine Hilfe
brachten, blieben zugleich ihre inneren Tröstungen aus. Gebet
und der Gebrauch der Sacramente waren ihr nur in gewiesenem Maaß gestattet. Eine Stimme in ihrem Innern sprach
höhnend zu ihr: Sie sehe nun wohl, daß sie doch den rechten
Weg verfehlt; indem sie sich von Gott verlassen, von den
Obern bestraft, von den Creaturen gescheut, und jeder Versuchung zur Peinigung hingegeben finde. Sie aber, wie
also alle Fluthen der Widerwärtigkeit über ihr zusammenschlu-
gen, hielt sich wie eine Heldin; sie vermochten das Streben ihres
Geistes nicht vom rechten Laufe abzubringen. Alle äußern
Qualen und Schwachheiten, die ihr öfter kaum zu athmen ver-
gönnten, waren vergebens; sie blieb ohne Wandel unveränder-
lich dieselbe, und that über alle Schmerzen, die sie erlitt, ihrer
Natur, noch durch andere freiwillig übernommene, Gewalt an;
und also Gewalt mit Gewalt vertreibend, blieb sie Siegerin
auch in diesem Streite.

Den schärferen Peinen folgten nun freilich größere Hulden,
die dann ihrerseits auch wieder heftigere Beschwerden her-
beiführten, aber ihr Inneres nur mehr und mehr zu reinigen dienten, und das Irdische, das den Schwung ihres
Geistes hinderte, vollends von ihr nahmen. Sie hat damals
über diese Verhältnisse ein kleines Buch geschrieben, das noch
vorhanden ist, und das sie Scala oder die Leiter nannte. Bisher war es ihr gelungen, die Gnaden, die ihr zu Theil geworden, vor den Augen der Menschen zu verbergen; jetzt aber
wurde die Gewalt des Geistes so stark in ihr, daß sie ihn zu
hindern und zu verhüllen nicht ferner mehr vermochte. Die

äußeren Wirkungen, durch die er sich verrieth, entgingen nicht den Klosterfrauen; was dann diejenigen, die zuvor ihrer Weise zuwider gewesen, noch mehr verwirrte: da einige es für Betrug, andere für Nachäfferei, andere für Thorheit erklärten. Alle aber insgesammt meinten: es erfordere die Nothwendigkeit, sie zu züchtigen, ihr die öftere Communion zu versagen, und die Verschließung in ihre Zelle ihr nicht mehr nachzusehen. Sie fand sich wenigstens dadurch getröstet, daß die Welt die Geheimnisse ihres Geistes, die sie nicht zu verbergen vermocht, doch zu ihrer Verachtung ausdeutete; so daß dies ihr Urtheil ihr wieder zur Abtödtung diente. Sie unterließ aber übrigens nichts, die Heftigkeit des Geistes zu mäßigen, oder wenigstens in verborgene Orte zu beschließen; und gebrauchte sich tausenderlei scharfsinniger List, ihn unsichtbar zu machen, und zu verhindern, daß ihr innerliches Feuer nicht in offene Brunst ausbreche. All ihr Fleiß und ihre Sorge aber war vergebens; der Geist wuchs immer höher in ihr: also daß öffentliche Verzuckungen bei ihr eintraten; ihre Seele wurde in die innere Freundschaft des Herrn eingeführt, durch Erleuchtung des Geistes und Entzündung des Willens. So wurde sie denn ecstatisch, was sie denn natürlich wieder unter den vorliegenden Umständen in eine ganze Folge von Bedrängnissen verwickelte; deren Verlauf an einem anderen Orte unsere Aufmerksamkeit in Anspruch nehmen wird. Sie hielten an, bis sie es von Gott erbeten, daß alle diese äußeren Zeichen von ihr genommen wurden; wo dann die Leiden, die sie zu dulden hatte, zwar in der bisherigen Form nachließen; aber dafür unter einer andern, entgegengesetzter Art, wiederkehrten.

Sie wurde nun einen ganz andern verborgenen Weg geführt. Auf ihr Gebet, daß der Herr ihr die Heimlichkeit des Geistes gewähren, und sie von dem unteren, sinnlichen Theil, von woher sie die Gefahr fürchtete, ablösen wolle, wurde ihr gesagt: Sie solle in einen Stand des Lichtes gesetzt, und durch geheime Pfade geführt werden; wenn sie anders selbst ernstlich darnach verlange, und in einem vollkommenen Leben, sich selbst in scharfer Huth haltend, das ihr Gewährte nur ihren Lehrmeistern und Vorstehern offenbaren wolle. Von da an gewahrte sie eine große Änderung in ihrem Innern; das gemeine Licht war zu einer höheren Region erhoben, als jene, die sie bisher bewohnte; die Erhebung des Geistes war verwunderlicher, weit über das, was menschliche Rede erklären mag; der obere Theil der Seele flog ganz Gott entgegen, zu einer unsäglichen Höhe sich erschwingend, und verließ den unteren Theil gleichsam öde und verlassen. Obschon die äußerlichen Sinne sich nicht mehr ihrer selbst entäußerten, und die innerlichen Kräfte der sinnlichen Seele nicht von sich kamen, ruhten sie doch in einer verwunderlichen Stille und Insichgezogenheit. Der Geist erhielt die höheren Erleuchtungen in einer allein in ihm haftenden Art und Weise; der Wille entzündete sich in reinster Liebe, und wirkte dem höchsten Gute, als seinem Ziel, entgegen. Alles aber blieb im Innersten der Seele verschlossen, das untere blos Sinnliche hatte keinen Theil daran, und so war es dann den sterblichen Augen ganz verborgen: bei der höchsten Geisteserhebung konnte man keine andere außerordentliche Äußerung wahrnehmen, als eine sehr eingezogene geistliche und andächtige Haltung, die eine große Hinwendung gegen das Innere andeutete; dessen Flug durch die Schwere der unteren Natur sich nicht ferner aufgehalten fühlte. Auf diesem Wege wurde sie von ihrem 22sten Jahre bis zu ihrem Tode fortgeführt; dabei stufenweise zu immer höherer Vollkommenheit ansteigend, im Verhältnisse wie sie, zunehmend strenger gegen sich selbst, ihre Lebensweise immer gleichförmiger der des Herrn ordnete. Die dreiunddreißig Punkte, die sie für diese Ordnung auf einen Denkzettel, der dieser Zeit angehört, aufgeschrieben, geben Zeugniß von dem Ernste, den sie dabei übte. Es konnte nicht fehlen, die Trefflichkeit, die ihr aus steter Durchübung in allem Guten erwuchs, mußte, wie sehr sie dieselbe zu verbergen strebte, durchbrechen vor ihren Mitschwestern. Sie sahen ihren unsträflichen Lebenswandel, ihren Bestand und Fortschritt in allem Guten, und fanden sich gedrungen, trotz dem Verschwinden ihrer Ecstasen, sie als eine Heilige zu ehren, und in Liebe ihr wieder zugethan zu werden; und das Gerücht von ihren Tugenden begann nun, noch mehr als zuvor, sich außer dem Kloster auszubreiten. Ihr inneres Leben aber blieb

verborgen, nur den Beichtvätern war von Zeit zu Zeit ein
Blick in dasselbe vergönnt. Diese fanden die Fähigkeiten ihrer
Seele, zur Aufnahme höherer Gnaden und Verständnisse, um ein
Großes erweitert; ohne daß ihrer Tüchtigkeit, zu den äußerlichen
Geschäften ihres Berufes, dadurch nur der geringste Eintrag
geschehen; so wie denn auch mitten unter ihnen ihre innerliche
Sammlung ungestört fortbestand. Die Erhebung und der Flug
ihres Geistes waren so anhaltend, daß sie in ihr wie bleibend
wurden in Beharrlichkeit; und sie nun, obgleich von Zeit zu
Zeit auch andere Erscheinungen eintraten, über alles Äußere
und Innerliche erhoben, große Verständnisse erlangte. Die
Geheimnisse des Glaubens und das Gesetz des Herrn wurden
ihr zuerst, in aller ihrer Tiefe, ausgedeutet; dann aber die Geheimnisse vom Leben Christi und seiner Mutter ihr offenbart.
Sie fühlte sich, nach ihrem eigenen Ausdruck, in allem dem,
gleich fern dem Überflusse, wie der Gespärigkeit und Unvollkommenheit der Sinne entrückt, über sich selbst erhoben; und
aller Anmuthung zu den Creaturen baar, fand sie sich wie in
einer Einöde, und dort in ihrem obern Theile nur den Einflüssen des Allerhöchsten zugänglich.

Wie gewöhnlich bei ihr, mußte auch hier größerer Gabe,
größere Drangsal vorangehen und nachfolgen. Wenn sie sich
in den höheren Zuständen befand, zu denen sie der Herr erhoben, hatte jetzt freilich, — weil die Klarheit des Lichtes jeden Zweifel ausschloß, — ihre natürliche Sorglichkeit nicht
Raum, sich zu ängstigen. Wenn aber ihre Gesichte und Offenbarungen wieder zu dem untersinnlichen Theil hinabstiegen; und
die Verständniß dessen, was sie zuvor empfunden, in engerem
Umkreise beschränkt, die frühere Klarheit verlor; dann begann
die Noth von neuem. Ihre Armseligkeit im Handeln und allem
Wandel, wurde ihr dergestalt vorgebildet; daß die Vergleichung
der Hoheit der Gnade, deren sie sich erinnerte, mit der Un-
würdigkeit der Empfängerin, sie von neuem hart beunruhigte;
und der Argwohn, ob sie nicht etwa auf schlimmen Wegen
wandele, und das Spiel leerer Einbildung sey, sich neuerdings
in ihr erhob; und neue Einsprechungen von Seite ihrer Furchtsamkeit sie verwirrten und bestürzten. Diese Einsprechungen

suchten sie mit Nachdruck zu bereden: all ihre Gesichte seyen
Erfindungen natürlicher Vernunft; all ihr Leben sey eine fort=
dauernde Verstellung, und wie sie damit die Beichtväter be=
trogen und Gott erzürnt, müsse sie nothwendig auf diesem
Wege zu Grunde gehen. Der Streit selber wurde ihr dann
wieder zu einem Werkzeuge ihrer Bestreitung gemacht; und ihr
als ein Beweis, der von ihrem Gewissen zum voraus geahnde=
ten Verwerfung, vorgestellt. Die Folge davon war: Betrüb=
niß, Bestürzung, Zerschlagenheit, die das natürliche Licht in
ihr verwirrend und verfinsternd, sie abhielten, zum Höheren ihre
Zuflucht zu nehmen, und sich in Gott zu flüchten. In solchen
Peinen bewaffnete sie sich dann mit Geduld und Demuth; ent=
schlug sich jedes Grübelns über ihre höheren Zustände; bemühte
sich, Gott im Lichte des Glaubens wieder zu finden; ging zur
Beichte, und gebrauchte sich der Heilmittel, die ihr die Kirche
bot. Diese Marter ließ, mit Gnaden wechselnd, nicht ab von
ihr, durch die ganze übrige Lebenszeit; sie selbst, sich wundernd,
daß sie nie getröstet durch den Ausgang dessen, was sie das
vorigemal gelitten, immer wieder neu und frisch im Leiden sich
befunden, konnte sich dasselbe nur als göttliche Zulassung er=
klären.

Nun aber wurde sie auch auf den Weg der Liebe und des
Verkehres mit ihrem Nächsten hingewiesen; um auch in diesem
Gebiete sich zu bewähren, und die Schule ihres Lebens fortzu=
setzen. Ihr Kloster war 1623, durch die Vorsteher des Ordens,
unter die Regel der strengen Observanz der Recollecten gesetzt
worden, und seither hatten alle erzählten Vorgänge mit Maria
sich begeben. Ob sie gleich das 25ste Jahr noch nicht erreicht,
schien es doch den Obern, als sey sie vollkommen reif, die
Führung ihrer Mitschwestern zu übernehmen; ein Entschluß,
der ihr bald durch ihre innern Offenbarungen kund wurde.
Große Angst ergriff sie nun, und sie hatte einen harten Kampf
zwischen ihrer Demuth und Unterwürfigkeit zu kämpfen. Sie
betete aufs eifrigste, um die drohende Gefahr von sich abzu=
wenden; aber sie wurde bedeutet, daß sie das Amt anzunehmen
habe; jedoch mit Zusage höherer Hülfe in allem Kummer und
aller Bedrängniß des neuen Standes. Was sie sonst von

Gegenmitteln vorkehren mochte, führte Alles nicht zum Ziele; und so mußte sie sich unterwerfen, und es geschehen lassen, daß sie 1627 zur Vorsteherin gewählt wurde. Fortan immer wieder aufs neue gewählt, leitete sie, selbst von Oben herab geleitet, fünfunddreißig Jahre lang die Gemeinde mit großer Klugheit, milder Strenge und heiterem Ernste. Bei jeder neuen Wahl aber, hatte sich 'in ihr immer wieder der alte Streit erhoben; jedesmal mußte sie sich wieder gefangen geben: nur einmal im Jahre 1652 gelang es ihr, durch Vermittlung des päpstlichen Nuntius, sich der Bürde auf drei Jahre zu entziehen. Aber es war nur zugelassen, damit sie den übrigen Klosterfrauen sich eben so als das Muster eines schnellen, freudigen und genauen Gehorsams bewähre; wie sie ihnen zuvor das einer aufmerksamen, gewissenhaften Oberin gewesen: dann mußte sie wieder geschehen lassen, daß bis zum Jahre 1664 die Wahl sich immer auf ihr vereinigte. Ihr Kloster nahm unter ihr zu an innerem wie an äußerem Wohlstand. Obgleich sie es ganz arm im Anfange gefunden, begann sie doch schon im ersten Jahre ihrer Leitung, — wenn auch im größten Mangel, nur über hundert Realen (etwa 20 Gulden) gebietend, — den Bau eines neuen geräumigen Klosters, so wie einer neuen Kirche; und beendete das angefangene Werk glücklich binnen sieben Jahren. Denn der Segen von Oben ruhte auf all ihrem Thun. Die Himmelskönigin, die sie überall als die wahre Oberin des Klosters erklärte, hatte, wie sie sagte, für Alles vorgesorgt; und so konnte es ihr nicht fehlen, Alles zum guten Ziel zu führen.

Sie hatte unterdessen neuerdings wieder große Fortschritte im innern Leben gemacht, und das ihr gewährte Licht durchdrang jetzt jeder Sache Wesenheit und Eigenschaft, bis ins innerste hinein. Weil aber solcher Gabe nur zu leicht der Hochmuth sich beigesellt, weil der Geist nie ein höheres Maaß des Lichtes, ohne neue Reinigung von dem ihn verfinsternden Bösen, ertragen mag; mußte sie das Gewährte durch neue Peinen und Arbeiten hart erkaufen. So wurde sie zuerst in stockfinstere Nacht eingeführt, ihre Schutzgeister hatten sich ihr verhüllt, jede Erleuchtung und jeder Trost blieb aus; also daß ihr

nicht einmal einfiel, ihre innerlichen Kräfte zu versammeln.
Sie kümmerte und härmte sich in dieser Verlassenheit durch
achtzig lange Tage ab, zugleich den härtesten Versuchungen
preis gegeben. Ihre Sinne wurden durch gräßliche höllische
Larven geängstigt, die sie unaufhörlich umschwebten; nichts war
so schändlich, grausenhaft und unflätig, das ihr nicht vorge=
stellt wurde; Gespenster aller Art brachten ihr Entsetzen; Todte,
die sie in ihrem Leben gekannt, traten schreckend vor sie hin;
kein Schmachwort war zu ersinnen, keine Lästerung gegen den
Himmel zu erdenken, die sie nicht zu hören genöthigt war.
Dann wurden ihre inneren Seelenkräfte geängstigt; keine Bos=
heit, kein Irrthum, keine Häresie war zu finden, die ihr nicht vor=
gespiegelt worden; keine Angst blieb unversucht, um sie zu foltern;
falsche Wunder wurden ihr vorgegaukelt, die Hölle war in ei=
nen Himmel umgewandelt, der Teufel in einen Heiligen ver=
kleidet, und selbst Kirchengebräuche wurden vor ihr nachgeäfft.
Unsäglich war ihre Angst; am meisten als ihr zuletzt, da sie
schon todtschwach geworden, drei Tage hindurch alle Qualen
der Hölle vorgestellt wurden: endlich nach langem Kampfe,
wurde sie Siegerin; nur der Stärke des Glaubens hatte sie
ihren Sieg zu danken, und sie war nun zur Höhe der Wissen=
schaft bereitet, auf die sie geführt werden sollte.

Sie war in den Stand der Braut des Herrn einge=
treten. Nach vielen Proben ihrer Treue, ihrer Reinigung von
allem Irdischen, nachdem ihre höheren Seelenkräfte in hoher
Anschauung gründlich bereitet waren, hatte die wunderbare
mystische Einigung und Vermählung statt gefunden; und sie
erhielt nun neue Lehren und Anweisungen, wie sie es anzu=
fangen, um in einer noch höher gesteigerten Vollkommenheit sich
dieses Standes würdig zu machen. Ihr wurde dann geboten,
diese Lehren schriftlich aufzusetzen, damit sie ihr zur Richtschnur
ihres ferneren Lebens dienten. Sie gehorchte, verschloß sich
auf einige Zeit in der Einsamkeit, und schrieb dort eine Schrift,
unter dem Titel: Gesetz der Braut, Gipfel ihrer Menschenliebe,
und Unterweisung der göttlichen Wissenschaft. Gott verlangt
in dieser Schrift von ihr, daß sie ihm in ihrem Innern einen
mystischen Tempel erbaue, wie es seiner Hoheit gebühre, damit

dort seine Gnade für immer bei ihr Wohnung nehme. Und nun Gleichniß nehmend vom Tempelbau Salomons, theilt sie das Werk in drei Bücher. Im ersten wird der Boden geebnet, die Materialien werden gerüstet, behauen und füglich geglättet; hier sind die Gesetze der Abtödtung der Sinne und ihrer Kräfte, so wie ihrer Reinigung ausgelegt. Im zweiten geht es an den Aufbau; er unterweist im Vollkommneren der Tugenden, und wie Alles in die Liebe zu Gott zu richten und zu ordnen; er zeigt, wie der obere und der untere Theil der Creatur sich zum Schöpfer kehren müsse, um zur Erbauung des Tempels mit= zuwirken. Der dritte befaßt die Weihe des Erbauten, die Ho= heit der innerlichen Gemeinschaft Gottes mit der Seele aus= legend, und die Gnaden dieser so vertraut freundlichen Hand= lung erklärend. Nachdem sie das also aufgeschrieben, schritt sie sogleich zum Werke; und indem sie alles zuvor Geschriebene jetzt ihrem Herzen eingrub, und es dann in allen seinen Thei= len durch viele Jahre vollführte, erbaute sie in sich selber jenen Tempel; in dem der Herr, als in seinem Eigenthum wohnte, um in dessen Geheimniß seiner Gemeinschaft zu genießen. Sie arbeitete fortan mit immer zunehmendem Eifer, ihm zum Wohl= gefallen in seinem Dienste, und zum Heil der Seelen, die sie ihm durch alle Mittel zu gewinnen strebte.

Das Gebet, das an sie gekommen, das Leben der Jung= frau zu verfassen, war die Veranlassung geworden, auf ihrer Bahn einen neuen, bedeutenden Vorschritt zu machen. Im Jahre 1637 hatte sie in strenger Absonderung und großer Ruhe ihres Innern begonnen, und das erste Buch binnen 20 Tagen vollendet; unter so großem Zudrang der Ideen, daß ihre Fe= der dem Strome kaum zu folgen vermochte. Nun aber drangen auch sogleich wieder große Versuchungen auf sie an; ihr wurde vorgestellt, welche Verwegenheit es sey, auf das Schreiben so hoher Sachen sich zu begeben; nimmermehr möge Gott einer so unwürdigen Creatur zu solchem Werke sich gebrauchen; von ihm könne darum auch in keine Weise die Erleuchtung kommen. Sie wurde verwirrt, der Herr aber ihrer Zaghaftigkeit wegen erzürnt, und der Fortgang des Unternehmens war wenigstens

eine Zeit lang wieder aufgehalten. Es wurde indeſſen, da ſie
Muth gefaßt, aufs neue wieder aufgenommen; ihr Herz brannte
innerlich bei der Abfaſſung, und die Feuerzungen, die die
Apoſtel zu Pfingſten empfangen, ſchienen auf ihr zu ruhen.
Ein ſtarkes, liebliches, kräftiges und mächtiges Licht, Verſtand,
Kraft und Sinn gänzlich unterwerfend, hat ſie innerlich, be-
ſonders in dem letzten Theile, angeſchienen; alle ihre Anmuthungen, Neigungen und Begierden abgetödtet, und ſie mit großer Gewalt gezwungen, allzeit das Vollkommnere, Heiligere
und Nützlichere zu wirken. Da das Werk endlich vollendet
worden; offenbarte ſich ihr der Herr in einer innern Anſchauung;
und mit neuen Gnaden und Zierden bekleidet, bedünkte es ſie,
als werde ſie von ihm dem ewigen Vater vorgeſtellt, und ſie
vernahm: es wolle ſich geziemen, daß was ſie zuerſt beſchrieben, auch durch ſie zuerſt ins Werk geſetzt werde, damit es
gleich im Anfang ſich durch die gewirkte Frucht bewähre. Sie
war willig, das beſchloſſene Werk ſogleich zu beginnen, und
eine Stimme ertönt nun über ihr: Die Tage deiner Seele ſind
nun beſchloſſen; ſie iſt ſchon der Welt abgeſtorben, heute werde
ſie erneuert und wiedergeboren vor Gott, gleich Einem, der ein
neues Leben beginnt. Sie demüthigte und vernichtete ſich nun
noch mehr denn zuvor; und hielt ſich ganz als die Lehrjünge-
rin, die dem Unterricht ihrer Meiſterin in Allem und Jedem
folgte; und war ſomit auch die Erſte, die die Frucht eines
ſolchen Lebens eingeſammelt. Allen Unterricht, den ſie auf dieſem Weg empfangen, faßte ſie nun in ein anderes Buch zuſammen, unter dem Titel: Geſetz der Braut, Gedanken und
Seufzer des Herzens, um das beſte und wahre Ziel, das Wohlgefallen des Herrn zu gewinnen. Sie fügte eine Abhandlung
von den Tugenden und Vortrefflichkeiten der Mutter Maria
bei; eine andere von der Betrachtung des Leidens Chriſti, und
ſetzte, ſich zur ſteten Erinnerung, die Folge ihrer täglichen Übungen bei; das Ganze wurde 1641 vollendet, und wird noch von
ihrer Hand geſchrieben, in ihrem Kloſter aufbewahrt. Ihr
Beichtvater richtete nun ihr äußerliches Leben, der Stufe, die
ſie erreicht, angemeſſener ein; befahl ihr von ihrer ſtrengen

Enthaltung und ihren Fasten nachzulassen, und sich der Ge=
meinde mehr zu bequemen. Er schaffte das Bußbrett ab, auf
dem sie zu schlafen pflegte; er verbot ihr das Cilizium auf
bloßem Leibe zu tragen; sie wurde überall von den äußerlichen
Uebungen mehr auf die Innerlichkeit zurückgewiesen, und über=
haupt ihr aufgegeben, nach der gemeinen Lebensart der andern
Klosterfrauen sich zu halten und zu richten; welch Allem sie mit
Gehorsam nachkam, auch darin ein Muster für die Andern.

Ein zweiter Beichtvater hatte ihr geboten, alle ihre Schrif=
ten zu verbrennen; und sie hatte ohne Widerspruch Folge ge=
leistet. Als aber nun der erste zurückgekehrt, befahl er ihr, die
Vernichteten, so gut sie vermöge, wieder herzustellen; und über=
dem noch ihr Leben und seine Führungen aufzuschreiben. Sie
gehorchte auch hier, glaubte aber auch diesmal das Werk mit
einer neuen durchgreifenden Vorbereitung anheben zu müssen.
Sie begann also 1651 mit einer Generalbeichte, die drei Tage
dauerte, und zu der sie 62 Tage hindurch ihr Gewissen er=
forscht; worauf dann neuerdings der geistliche Tod für sie ein=
getreten, und ein neues Leben mit erhöhter Erleuchtung ange=
fangen: so daß Alles, was sie zuvor in Gottes Dienst geübt,
ihr jetzt als ein Kleinstes vorgekommen. Krieg und Streit und
Aufruhr dauerten zwar fort in ihr; aber ihre Seele war ge=
flügelt, die obern Kräfte standen meisterlich herrschend, und so
wurde der Sieg leichter erstritten. Ihr wurde gesagt, daß sie,
nun in einen noch vollkommneren Stand neuerdings wieder er=
hoben, auch vollkommner es dem Vorbild nachthun müsse, das
sie zu entwerfen habe; und daß ihre Aufgabe sey, wie eine
Tochter der Mutter nachzufolgen. Sie willigte sogleich ein,
und betrat das Noviziat dieses neuen Standes, den sie den der
Religion genannt; und nun mystischer Weise den reinen und
weißen Habit des neuen Ordens annehmend, gab sie sich als
Novizin in die Zucht der Himmelskönigin, die sie an Kindes=
statt angenommen. Um Lichtmeß 1652 war sie in das Noviziat
eingetreten, und hatte ihre neuen Gelübde in die Hände der
Mutter abgelegt. Nachdem sie durch das Noviziat der Nach=
folge Marias hindurchgegangen, wurde sie in das der Nach=

folge Christi versetzt, und auf die genaueste Befolgung der Lehre des Evangeliums, bis zum kleinsten Punkte hin, angewiesen. Der geistliche Tod, der diesem Eintritt in eine neue Ordnung vorhergegangen, war viel nachdrücklicher als der vorige; die Absonderung von allem Unvollkommenen gründlicher, die Anschauung höher, die Kleidung von größerer Weiße und Reinigkeit; der Herr selber war ihr Lehrmeister auf dieser Stufe. Endlich trat am Tage der Himmelfahrt Maria 1653 die dritte Stufenzeit ihres Noviziates ein; und mit ihm ein Zustand, desgleichen sie ihr ganzes sterbliches Leben hindurch noch nicht gekannt: der Stand der vollen Vereinigung mit Gott nämlich, worin Gott in der Seele lebt, und als ihre Seele wirkt; ein Gipfel, über den, wie es scheint, die Seele in diesem Leben nicht zu größerer Höhe gelangen mag. Ein Jahr später, nachdem sie diese dritte Stufe betreten, legte sie in Verzuckung vor dem Throne des Allerhöchsten Profeß ab, in der Nachfolge Christi und seiner Mutter, und der Einigung mit Gott; und schrieb nun 1658 unter vielen Verzuckungen, aufs neue die Geschichte in der Form und Ordnung, wie sie gegenwärtig noch vorhanden ist.

Hoch war die Stufe der Vollkommenheit, die sie jetzt erstiegen. Sie selber sagt darüber: Ich bemerkte große und wunderfame Wirkungen des Lichtes, das mich erleuchtete, und mich entzweiend mit allem Irdischen mich ganz und gar zu Gott führte; so daß ich erkannte, wie ich mehr dort sey, wo ich liebte, als wo ich gelebt. Der Leib war in großer Unmacht geschwächt, die übeln Neigungen waren abgetödtet, unterworfen und gebunden; die Tugenden schwangen sich je in ihrer Ordnung zur Höhe; die Liebe entbrannte und führte die höhere Seele, und diese wieder die untere dem Herrn zu; alle übeln Begierden, wie die zornigen Triebe, waren ohne Macht; die besseren aber waren alle auf die Liebe der Tugend hingerichtet, alle zürnenden aber gegen das Böse und die Sünde zur Gegenwehr gewaffnet: wobei Alles, was ich vorher geliebt, mir ein Abscheu und Schrecken wurde. Die Seele blieb dann, allem Irdischen entrückt, in großer Stille, von Anmuthungen und

Neigungen nimmer gestört, die Sinne geöffnet, aber ohne Wir=
kung: denn Gott war in sie getreten, wie die Sonne in die
Welt, die Finsternisse des Verstandes vertreibend, die übeln
Anmuthungen und Wirkungen des Willens stillend, den Schat=
ten der Sünde, und die Nebel der Sinne zerstreuend; so daß
die Seele, zu einem durch die Klarheit neuen Himmel verjüngt,
und völlig im Lichte stehend, durchglänzt ward von jener
Sonne.